Benjamin Loy
Roberto Bolaños wilde Bibliothek

Mimesis

Romanische Literaturen der Welt

Herausgegeben von
Ottmar Ette

Band 78

Benjamin Loy

Roberto Bolaños wilde Bibliothek

Eine Ästhetik und Politik der Lektüre

DE GRUYTER

Gedruckt mit freundlicher Unterstützung der Geschwister Boehringer Ingelheim Stiftung für Geisteswissenschaften in Ingelheim am Rhein sowie der Potsdam Graduate School.

ISBN 978-3-11-076606-6
e-ISBN [PDF] 978-3-11-065894-1
e-ISBN [EPUB] 978-3-11-065825-5
ISSN 0178-7489

Library of Congress Control Number: 2019938702

Bibliografische Information der Deutschen Nationalbibliothek
Die Deutsche Nationalbibliothek verzeichnet diese Publikation in der Deutschen Nationalbibliografie; detaillierte bibliografische Daten sind im Internet über http://dnb.dnb.de abrufbar.

© 2021 Walter de Gruyter GmbH, Berlin/Boston
Dieser Band ist text- und seitenidentisch mit der 2019 erschienenen gebundenen Ausgabe.
Satz: Integra Software Services Pvt. Ltd.
Druck und Bindung: CPI books GmbH, Leck

www.degruyter.com

But I have swam through libraries and sailed through oceans; I have had to do with whales with these visible hands; I am in earnest; and I will try.
Herman Melville

A veces creo que los buenos lectores son cisnes aun más tenebrosos y singulares que los buenos autores.
Jorge Luis Borges

Ja, es scheine, als hätten im Kunstwerk die Männer einander verehrt wie Brüder, einander dort oft ein Denkmal gesetzt, wo ihre Wege sich kreuzten.
W.G. Sebald

Der Text ist ein Wald, in dem der Leser der Jäger ist.
Walter Benjamin

Die Kunst der Interpretation ist verloren, wenn man im Namen einer höheren poetischen Einsicht die klaren Worte des Textes vernachlässigen zu können meint.
Erich Auerbach

Danksagung

Nonum premātur in annum – bis ins neunte Jahr soll, so Horaz in seiner *Ars poetica*, ein Schriftwerk bekanntlich zurückgehalten werden, damit es zur Reife gelange. Nun wurde an dem vorliegenden Buch nicht neun Jahre gefeilt, doch sind mit der Niederschrift der letzten Zeilen dieser Arbeit exakt neun Jahre seit meiner ersten Lektüre von *Los detectives salvajes* in einem Hinterhof von Santiago de Chile an einem frühlingshaften 11. September 2009 vergangen.

Die Anzahl der gelesenen Seiten in diesen neun Jahren entspricht dabei in etwa dem Umfang der Dankbarkeit, die den folgenden Personen mit Blick auf die Entstehung dieser Arbeit und – in den meisten Fällen – noch weit darüber hinaus zukommt:

An erster Stelle gilt mein Dank Ottmar Ette für die Betreuung dieser Arbeit, die Aufnahme in die Reihe *mimesis* und seine unübertroffene Fähigkeit, zum richtigen Zeitpunkt stets die richtigen Fragen gestellt zu haben, die diese Arbeit entscheidend vorangebracht haben, sowie für einige Potsdamer Gespräche über Wissenschaft und Politik, die stets getragen wurden von dem, was am Grund der philologischen Tätigkeit stehen sollte: kritisches Bewusstsein. Gesine Müller hat das Zweitgutachten dieser Dissertation übernommen als weiteren Mosaikstein innerhalb einer mehr als sechsjährigen Zusammenarbeit, der ich unendlich mehr verdanke als an dieser Stelle mit Blick auf die Beachtung der Regeln und des Umfangs dieses Genres gesagt werden kann. Dass philologische Erkenntnis nur im Kollektiv und in der Kontroverse erwachsen kann, durfte ich bei all den Gelegenheiten erfahren, bei denen ich meine Arbeit in verschiedenen Kontexten vorstellen und dem kritischen Blick der Kolleginnen und Kollegen aussetzen durfte: Mein Dank gilt daher vor allem den literaturwissenschaftlichen Kolloquien und Forschungstagen in Potsdam (v.a. Jens Häseler und Markus Lenz), Köln (v.a. Wolfram Nitsch und Hermann Doetsch), Leipzig (v.a. Alfonso de Toro) und Santiago de Chile (insbesondere dem Forschungskolloquium der PUC) sowie der Kölner ERC-Forschungsgruppe *Reading Global* mit Yehua Chen, Silja Helber, Judith Illerhaus und Jorge Locane und natürlich meinen Studierenden am Romanischen Seminar der Universität zu Köln.

Sylvester Bubel (Saarbrücken) gilt mein Dank für mehr als ein geteiltes Exil ebenso wie für viele Gespräche und gemeinsame Lektüren und Büronachmittage in Köln und Saarbrücken. A Carlos van Tongeren (Manchester) le agradezco las muchísimas veladas y conversaciones compartidas en Köln y Berlin y su generosísima e infinita hospitalidad en un mundo no pocas veces inhóspito; a José González Palomares (Toulouse) mis agradecimientos por ser uno de los mejores lectores de Bolaño y una de las personas más bellas que han pisado el planeta tierra.

Den unvergleichlichen Potsdamer Gefährtinnen und Gefährten Johanna Abel, Julian Drews, Anne Kern, Tobias Kraft und Marie-Therese Mäder gilt der Dank dafür, nicht wenig zu einer gewaltigen Stärkung meines nicht selten erschütterten Glaubens an die philologische Tätigkeit und die Existenz intellektueller und menschlicher Schönheit beigetragen zu haben. Gleiches gilt für Teresa Hiergeist (Erlangen), Paul Strohmaier (Trier), Simona Oberto (Freiburg) und Stephanie Béreiziat-Lang (Heidelberg).

Leonie Meyer-Krentler (Berlin) sei Dank gesagt für wichtige Gespräche über den Gegenstand dieser Arbeit. Así también le agradezco a Miguel Casado (Toledo) por más de una conversación sobre Bolaño y la poesía y su generosidad de poder compartir sus horizontes infinitos de lector y algún que otro contacto muy útil. Lo mismo vale para las muchas e intensas conversaciones con lxs amigxs y colegas bolañistas, latinoamericanistas y escritorxs, sobre todo Óscar Barrientos Bradasic (Punta Arenas), Karim Benmiloud (Montpellier), César Domínguez (Santiago de Compostela), Leila Gómez (Boulder), Gustavo Guerrero (Paris), Héctor Hoyos (Stanford), Gabriel Inzaurralde (Leiden), Andrea Jeftanovic (Santiago de Chile), Alejandra Laera (Buenos Aires), Ignacio López-Calvo (Merced), Annick Louis (Paris), Lina Meruane (New York), Ignacio Sánchez Prado (St. Louis), Samanta Schweblin (Berlin), Mariano Siskind (Harvard), Alia Trabucco (London) y Alejandra Uslenghi (Chicago).

A Carolina López le agradezco algunas informaciones precisas y valiosas sobre la presencia y ausencia de ciertos libros en la biblioteca de Bolaño.

Von Gesprächen über Bolaño und die lateinamerikanischen Literaturen (und andere Dinge) von gestern und heute mit Piero Salabè (München), Michi Strausfeld (Berlin) und Victoria Torres (Köln) habe ich ebenso profitiert wie von den Anregungen und vom Austausch mit Wolfgang Bongers (Santiago de Chile), Vittoria Borsò (Düsseldorf), Rike Bolte (Barranquilla), Matei Chihaia (Wuppertal), Karen Genschow (Frankfurt), Susanne Hartwig (Passau), Ursula Hennigfeld (Düsseldorf), Susanne Klengel (Berlin), Kirsten Kramer (Bielefeld), Anne Kraume (Konstanz), Markus Messling (Berlin), Alexandra Ortíz (Berlin), Kai Nonnenmacher (Bamberg), Julio Prieto (Potsdam), Janett Reinstädler (Saarbrücken), Susanne Schlünder (Osnabrück), Robert Stockhammer (München), Christian Wehr (Würzburg) und Sukkyun Woo (Seoul).

Mit den «wilden Lesern» beginnt nicht nur dieses Buch, sondern auch ein Teil meiner Beschäftigung mit Bolaños Lektüren, auch ihnen sei daher gedankt. Für das Lesen und Schreiben dieser Arbeit waren umfangreiche Bibliotheken unerlässlich: Edgar Kreitz und Francisca Roldán vom IAI Berlin gilt mein Dank dafür, dass sie diesem Ort die Anziehungskraft eines zweiten Schreibtischs verleihen, Gabrielle Cornefert für die verlegerische Begleitung und die aufmerksame Lektüre des Manuskripts.

Die schönen Menschen, die ich ohne die Literatur niemals getroffen hätte, dürfen hier ebenfalls nicht fehlen: muchas gracias a Sergej Gordon, Diana Grothues, Sebastian Paiva, María Ignacia Schulz y especialmente a la fabulosa Johanna Schwering.

Weder dieses Buch noch sonst irgendetwas in diesem Leben wären etwas wert ohne die Existenz und die Unterstützung von Gabriele, Désirée und Victoria Loy, Peter Blietschau, Lieselotte und Frauke Mundanjohl, María Soto, Miguel und Carles Díaz. Das gilt ebenso für Jan Claas, Eric Dabrock, Anna Güttes, David Henrich, Tina Hoscheit, Andrej Kilian, Liliana Kozlowska, Tadeusz Kozlowski, Fred Paquet, Javier Ruiz, Andreas Schäfer und Matthias Schürmann – ich schulde ihnen allen unendlich mehr, als ich je zurückgeben könnte.

Para cerrar: una ruptura con la tradición del gesto del heróico machito académico escribiendo su libro y disculpándose por sus ausencias frente a su amada. Todas las lecturas y la escritura de este libro no crearon distancia sino cercanía, para ser exacto: la de tres pasos entre dos escritorios, y jamás podría haber pasado tanto tiempo cerca de la persona que más amo en este mundo como con la escritura de este libro. Por las luchas comunes ante las páginas vacías y todas las demás, por su apoyo, amor y generosidad le dedico este libro a Valeska Díaz (y a Rufo, el verdadero *chien andalou* quien acompañó con su alegría incondicional no pocos momentos de la escritura de este trabajo).

Berlin und Santiago de Chile, im März 2019

Inhalt

Danksagung —— VII

I **Roberto Bolaño. Leser** —— 1
Leser in der Ferne —— 1
Unkontrollierbare Lektüren —— 3
Im Spiegelkabinett der Texte —— 14
Ästhetik der Lektüre —— 25
Politik der Lektüre —— 45
Die Aufgabe des Kritikers —— 53

II **Monströse Texte und wildes Lesen: Bolaño und Lateinamerika** —— 58
Letzte Meldung vom Planet der Monster —— 58
Ein Nest aus rauchenden Trümmern —— 65
Poesie mit dem Rücken zur Wand —— 72
Das fahle Echo des großen Knalls —— 88
Text-Vertilger und Form-Destillateure —— 102

III **Ursprung des chilenischen Trauerspiels: Allegorien von Macht und Kunst in *Nocturno de Chile*** —— 128
Ruinierte Symbole und allegorische Lektüren —— 128
Fatale Auspizien oder die Einsamkeit des Pilgers —— 152
Ästhetisierung des Schreckens und das Affekttheater der Kälte —— 172

IV **Der Dichter und sein Henker: Spiele auf Leben und Tod in *Estrella distante* und *La literatura nazi en América*** —— 212
Sternbilder —— 212
Die Avantgarde des Wi(e)derwärtigen —— 217
Dichter der irdischen Welt —— 243
Erlesene Kadaver —— 306

V **Die (Un-)Lesbarkeit der Welt: Chaos und Kosmos in *2666*, *Los sinsabores del verdadero policía* und den Erzählungen** —— 331
Verwilderte (Text-)Welten —— 331
Negative Anthropologie und leibhaftige Lektüren —— 350
Kosmopolitische Schau-Spiele und die Ethik der Optik —— 381
Das fröhliche Ende der alten Weltrepublik der Literatur —— 409

VI Aus. Lesen. Bolaño posthum —— 429

Bibliographie —— 437

Namenregister —— 463

I Roberto Bolaño. Leser

Leser in der Ferne

Eine Nacht irgendwann im Herbst 2009, es sitzen vor ihren Computerbildschirmen: ein pensionierter Oberstudienrat irgendwo im Ruhrgebiet; ein junger Fotograf, der in der ostwestfälischen Provinz von Abenteuern und der weiten Welt träumt; ein ehemaliger Bibliotheksobersekretär Ende fünfzig im Niedersächsischen, der nach einer Lebertransplantation nun von Arbeitslosengeld lebt und Gedichte schreibt; eine schwäbische Buchhändlerin, die nach vielen Jahren in den lauten Hauptstädten Mittelamerikas melancholisch in die Tübinger Nachtstille hineinhorcht; ein österreichischer Schriftsteller, der in den grauenden Morgen vor seinem Arbeitszimmerfenster in Hiroshima blinzelt; ein junger deutscher Literaturstudent im Getöse des Feierabendverkehrs in einem Internetcafé an der Avenida 11 de Septiembre in Santiago de Chile. die Monitore leuchten, Finger tanzen auf den Tastaturen und wischen von Zeit zu Zeit hektisch durch einen Stapel von Büchern und Zetteln mit Notizen, Anmerkungen und verworrenen Diagrammen. Interpretationen werden geäußert und zerredet, Verbindungen hergestellt und wieder verworfen, Assoziationen florieren, die Leser beugen sich über die Bücher wie aufgekratzte Insektologen über einen flirrenden Haufen voller unbekannter Ameisen. Sie alle sind: *die wilden Detektive*.

Als Ende 2008 die englische und ein knappes Jahr später die deutsche Übersetzung von Roberto Bolaños monumentalem Roman *2666* erscheinen, ist sein Verfasser bereits seit fünf Jahren tot, verstorben an den Folgen eines Leberversagens an einem infernalisch heißen Sommertag in einem Krankenzimmer des *Hospital Vall d'Hebron* in Barcelona. Neun Romane, zwei Erzähl- und mehrere Gedichtbände hat der 1953 in Santiago de Chile geborene Autor zu diesem Zeitpunkt bereits veröffentlicht.[1] Doch es ist dieses von seinem Schöpfer selbst als Monster» bezeichnete, mehr als 1000 Seiten starke Werk, das rund um den Globus ein Phänomen auslöst, welches in den Vereinigten Staaten rasch als *Bolaño fever* bekannt wird. «Not since the publication in English of *One Hundred Years of Solitude* has there been such a rapturous critical reception of a Latin

---

1 Vgl. zur bislang umfänglichsten und chronologisch genauesten Werkübersicht die *cronología creativa* in: Juan Insua/Valerie Miles (Hg.): *Archivo Bolaño. 1977–2003*. Barcelona: Centro de Cultura Contemporánea de Barcelona 2013, S. 28–29.

https://doi.org/10.1515/9783110658941-001

American author in Britain and the USA»,² schreibt die Kritikerin Jean Franco. Erzählt man sich im Fall von Gabriel García Márquez' Welterfolg noch heute die mythischen Tage nach dem Erscheinen seines Romans, als die Leser in Buenos Aires, wo das Werk 1967 zuerst erschien, sich um die zu Tausenden über die Theken der Buchläden gehenden Exemplare balgten und die Kapazitäten der Druckereien erschöpften, so wurde das Bolaño-Fieber über die üblichen Kanäle des Literaturbetriebs hinaus von jenem neuen und eingangs geschilderten Phänomen begleitet: sich über das Internet formierenden Gruppen von Leserinnen und Lesern, die wie Besessene über Wochen und Monate zwischen Cleveland und Klagenfurt, Bogotá und Bologna, Paris und Punta Arenas die Romane und Erzählungen des chilenisch-mexikanisch-katalanischen Autors diskutierten und zu dechiffrieren versuchten. Das unendlich vernetzte Erzähluniversum Bolaños brachte sein eigenes globales und über das Web verwobene Lesernetz hervor. Sein Kennzeichen war – und hier trafen sich die utopischen Träume des Internets mit denen des Autors – eine Anarchie der Lektüre, das nicht regulierte Zirkulieren der Stimmen, Auslegungen und Ideen, der Leseakt als die von keinen Verwertungserwägungen bestimmte, reine Lust am Text. Wie in den Geschichten Bolaños, wo die Literatur in all ihren Facetten die stete Begleiterin der Figuren ist und von der Kellnerin bis zum Schuhverkäufer, vom Anwalt bis zum Architekt all jene Charaktere auf den Straßen von Mexiko-Stadt, in den Mansarden von Paris oder einem verlassenen Haus in der Ukraine nichts anderes zu tun scheinen, als zu lesen und zu schreiben, so bildeten sich im Netz jene Zirkel von wilden Lesern, die geradewegs dem Erzähluniversum des Autors selbst entsprungen schienen und sich anschickten, diese für seine Geschichten so charakteristische Brüchigkeit der Grenzen zwischen Fiktion und Realität aufs Neue zu bekräftigen.

Ähnlich uferlos wie die ständig irgendwo neu entstehenden Leserunden waren die Anknüpfungspunkte, die jene Leserschaft zwischen Bolaños stets um die Literatur kreisenden Geschichten und anderen Texten der Weltliteratur reklamierten: Der Bottroper Deutschlehrer beharrte auf der klaren Referenz auf Bertolt Brechts *Kinderkreuzzüge* in Bolaños Kurzroman *Amuleto*, während der in der *Beatnick*-Literatur beschlagene junge Fotograf nicht von den Kerouac-Echos abrücken wollte, die er allenthalben durch *Die wilden Detektive* wabern sah. Auf Kafka konnte man sich einigen, die Borges-Bezüge waren offensichtlich, doch was hatte es mit diesem Enrique Lihn auf sich und warum war ein gewisser Nicanor Parra offensichtlich der Privatheilige Roberto Bolaños? Jede

---

2 Jean Franco: Questions for Bolaño. In: *Journal of Latin American Cultural Studies* 18, 2–3 (2009), S. 207–217, hier: S. 207.

Lektüre eines Bolaño-Textes entwickelte sich zu einem *paseo por la literatura*, wie der Autor eine von Georges Perecs unendlichen Listen inspirierte Sammlung von Träumen genannt hatte, in denen er unter anderem eine Nacht mit Carson McCullers verbringt und versucht, Robert Desnos aus Theresienstadt zu befreien.³ Dass diese Spaziergänge durch die Literatur bei Bolaño nicht selten zu Aufenthalten *en la sala de lecturas del Infierno* werden konnten, wie es im Titel eines seiner Gedichte heißt,⁴ mussten seine Leserinnen und Leser gleichsam als ‹Berufungsrisiko› miteinrechnen.

Lesen als Möglichkeit des Utopischen. Lesen als fundamental freie Empfindung der Lust am Text. Lesen vor allem aber als Gemeinschaftserfahrung, als Moment des Kollektiven in Zeiten der radikalen Vereinzelung – so ließe sich der revolutionären Charakter der Literatur Roberto Bolaños für seine Leserinnen und Leser bestimmen, womit dem Autor zugleich die Einlösung jener im Brustton des rebellischen Jungdichters vorgetragenen Forderung gelungen zu sein schien, wie er sie in seinem allerersten Beitrag in der mexikanischen Zeitschrift *Plural* aus dem Jahr 1977 in einem Text über die französische Neoavantgarde formuliert hatte: «[L]a verdadera imaginación es la que activa otras imaginaciones, la que subvierte otras imaginaciones».⁵

Unkontrollierbare Lektüren

«Diríase que ayer nos reunimos ante el mármol final y entre los cipreses infaustos y ya el Error trata de empañar su Memoria»,⁶ heißt es im manierierten Tonfall des Erzählers zu Beginn von Jorge Luis Borges' Erzählung *Pierre Menard, autor del Quijote*, die nicht nur – wie vielfach gezeigt – ein Text über die Unmöglichkeit der Stillstellung des Lesens und Auslegens von Textbedeutungen ist, sondern – und das macht das genannte Zitat deutlich – zugleich immer die Frage impliziert nach dem Urteil der Nachwelt über den Menschen selbst, jenem, wenn man so will, Lesen des Lebens *post humationem*. Die Behauptung scheint nicht übertrieben,

---

3 Vgl. Roberto Bolaño: Un paseo por la literatura. In: Roberto Bolaño: *Tres*. Barcelona: Acantilado 2000, S. 76–105.
4 Roberto Bolaño: En la sala de lecturas del Infierno. In: Roberto Bolaño: *La Universidad Desconocida*. Barcelona: Anagrama 2007, S. 85.
5 Roberto Bolaño: El universo hinchado. Nueva poesía francesa. In: *Plural* 64 (1977), S. 20–24, hier: S. 21.
6 Jorge Luis Borges: Pierre Menard, autor del Quijote. In: Jorge Luis Borges: *Obras Completas I. (1923–1949)*. Edición Crítica. Anotada por Rolando Costa Picazo e Irma Zangara. Buenos Aires: Emecé 2009, S. 842–847, hier: S. 842.

dass eben dieses zutiefst borgesianische Thema der unvermeidlichen Interpretation alles Geschriebenen und Gelebten und die damit einhergehende, zwischen Freiheit und Bedrohlichkeit schwankende Unkontrollierbarkeit der Lektüren auch eine der stetig wiederkehrenden Obsessionen in Roberto Bolaños Werken darstellt – eine Tatsache, die möglicherweise wenig verwundert bei einem Autor, dem im Alter von vierzig Jahren eben jene schwere Lebererkrankung diagnostiziert wurde, die zehn Jahre später zu seinem Tod führen sollte. Die Frage nach dem Leben und Überleben der Texte und der Erinnerung an die eigene Person verhandelt Bolaño mittels zweier in seinem Werk kontinuierlich präsenten Register: dem Melancholisch-Ironischen und dem Grotesken. So entspinnt sich etwa auf den letzten Seiten von 2666 auf einer Hamburger Caféterrasse ein Gespräch zwischen Benno von Archimboldi, dem mysteriösen Autor und Protagonisten des Romans, und dem Besitzer des Cafés, der sich als Nachfahre des Lausitzer Fürsten Hermann von Pückler-Muskau zu erkennen gibt und sich wie folgt über dessen Nachleben äußert:

> Ya nadie recuerda al fürst Pückler botánico, nadie recuerda al jardinero ejemplar, nadie ha leído al escritor. Pero todos, en algún momento de su vida, han saboreado un fürst Pückler [...] El caballero suspiró, debía de rondar los setenta años, y luego dijo: – Vaya legado más misterioso, ¿no cree usted?[7]

Die Beobachtung des Gegensatzes hinsichtlich eines zu Lebzeiten hochproduktiven Autors und der Tatsache, dass sein Name kaum einhundert Jahre nach seinem Tod mit nichts anderem als einer Eissorte in Verbindung gebracht wird, bringt auf einer der mutmaßlich letzten von Bolaño selbst geschriebenen Seiten jene von einer nicht zu übersehenden Melancholie durchsetzte und doch ironische Grundhaltung des Autors gegenüber den Ambitionen des Menschen – und des Künstlers im Besonderen – zum Ausdruck. Diese beinahe barocke Form der Reflexion über die Vergänglichkeit und Vergeblichkeit von Leben und Kunst speist sich dabei im Falle Bolaños unmittelbar aus der eigenen Kenntnis der Literaturgeschichte, wie er in einem Interview kundtat:

> ¿Cuántos escritores que estaban activos en 1910 son recordados ahora? Uno o dos, o lo más probable que ninguno. La literatura es como esos lugares donde meten a las reses para matarlas: casi ninguna sale viva. En este sentido la literatura es tremendamente cruel, y todos esos escritores, pero todos, hasta el más infame, quieren reservarse su trocito de perdurabilidad, de inmortalidad, cosas que no existen. [...] Yo soy lector, yo conozco la historia de la literatura.[8]

---

7 Roberto Bolaño: *2666*. Barcelona: Anagrama 2004, S. 1118.
8 Bolaño in Andrés Braithwaite (Hg.): *Bolaño por sí mismo – entrevistas escogidas*. Santiago de Chile: Ediciones Universidad Diego Portales 2006, S. 95.

Die Literatur als Schlachthof ruft hier einen Sinnkomplex auf, der bei Bolaño in unterschiedlichen Ausprägungen immer wieder die literarische Tätigkeit des Autors als solche in den Bildern eines unausweichlichen und gleichfalls nie zu gewinnenden Kampfes bezeichnet: «La literatura se parece mucho a las peleas de los samuráis; pero un samurái no pelea contra otro samurái: pelea contra un monstruo. Generalmente sabe, además, que va a ser derrotado. Tener el valor, sabiendo previamente que vas a ser derrotado, y salir a pelear: eso es la literatura.»[9] Wenngleich diese Beschreibung des Autors als Kämpfer auf verlorenem Posten häufig zitiert worden ist, so scheint die tiefere Bedeutung des Bildes weniger auf die Realität des lebendigen Autors zu zielen als vielmehr auf die Unkontrollierbarkeit der Interpretationen und Aneignungen nach jenem – im Sinne von Roland Barthes – doppelten, d.h. physischen wie hermeneutischen Tod des Autors.[10] Jenseits der eingangs angeführten Dimensionen des Ironischen und des Melancholischen, die jedem Akt des Lesens als einer uneinholbaren Entfernung von der Idee eines wie auch immer beschaffenen Originals oder Ursprungs eingelassen sind, werden die Gewaltpotentiale, wie sie jeder Form der Aneignung innewohnen, bei Bolaño immer wieder aufgerufen, etwa wenn es in einem nur als Archivmaterial erhaltenen und ursprünglich für *2666* vorgesehen Fragment über einen in einem Science-Fiction-Roman entführten Schriftsteller heißt:

> Ha sido secuestrado por extraterrestres y está igual que hace cien años, cuando desapareció. Milagro. Ve lo que han hecho sus seguidores y se espanta. Les pregunta por qué lo han hecho. Estos responden que siguiendo sus instrucciones. X les dice que es solo literatura, solo literatura, imbéciles. Sus seguidores lo matan.[11]

Die in diesem Fragment aufscheinende Pervertierung von Ideen bzw. Idealen sowie die aus Worten entstehende tödliche Gewalt lässt sich dabei allegorisch lesen im Sinne jener politischen Grunderfahrung, wie sie für Bolaños Generation bzw. – in einem weiteren Rahmen – die linken Utopien des 20. Jahrhunderts prägend waren. Bolaño nimmt diesen Punkt in seiner Preisrede nach dem Gewinn des *Premio Rómulo Gallegos* 1999 in Caracas wieder auf, wenn er sagt:

> [T]odo lo que he escrito es una carta de amor o de despedida a mi propia generación, los que nacimos en la década del cincuenta y los que escogimos en un momento dado el ejercicio de la milicia, en este caso sería más correcto decir la militancia, y entregamos lo poco

---

9 Ebd., S. 90.
10 Vgl. Roland Barthes: Der Tod des Autors. In: Fotis Jannidis/Gerhard Lauer u.a. (Hg.): *Texte zur Theorie der Autorschaft*. Stuttgart: Reclam 2000, S. 185–193.
11 Zit. nach Juan Insua: Vuelta al origen. In: Juan Insua/Valerie Miles (Hg.): *Archivo Bolaño. 1977–2003*. Barcelona: Centro de Cultura Contemporánea de Barcelona 2013, S. 30–41, hier: S. 39.

que teníamos, lo mucho que teníamos, que era nuestra juventud, a una causa que creímos la más generosa de las causas del mundo y que en cierta forma lo era, pero que en la realidad no lo era [...]. [P]usimos toda nuestra generosidad en un ideal que hacía más de cincuenta años que estaba muerto.[12]

Jedem Akt der Lektüre, so gibt Bolaño zu verstehen, eignet eine unumgängliche Ambivalenz, indem er eben jenes schon durch Borges' *Pierre Menard* ironisierte Anliegen Schleiermachers von der Wiederherstellung des ursprünglichen Zustandes des Kunstwerks[13] aufnimmt, bezüglich dessen Gadamer bekanntlich bemerkte: «Wiederherstellung ursprünglicher Bedingungen ist, wie alle Restauration, angesichts der Geschichtlichkeit unseres Seins ein ohnmächtiges Beginnen.»[14] Die Figuren der Melancholie und Ironie als quasi-hermeneutische Operationen eines stets prekären Weltverstehens bei Bolaño erwachsen dabei unmittelbar aus jener zeitlichen Dialektik, die Paul Ricœur als wesentlich für menschliches Sprechen und Handeln ansieht: In der unüberbrückbaren Kluft zwischen der Intention bzw. dem propositionalen Gehalt einer (Sprach-)Handlung und ihren Wirkungen im Sinne der illokutionären Effekte entwickelt sich für den Sprechakt wie das Handlungsereignis, so Ricœur, eine «Dialektik zwischen seinem zeitlichen Status, nämlich als ein in Erscheinung tretendes und wieder entschwindendes Ereignis, und seinem logischen Status, der darin besteht, durch einen bestimmten identifizierbaren Sinngehalt ausgezeichnet zu sein.»[15] Es ist eben dieses, wie im Folgenden noch eingehend zu zeigen sein wird, Phänomen der Unkontrollierbarkeit jeder menschlichen Äußerung oder Tat, das bei Bolaño immer wieder im Sinne einer anthropologischen Grundproblematik verhandelt wird, wie sie Ricœur beschreibt: «Auf die gleiche Weise, wie sich ein Text von seinem Verfasser loslöst, so löst sich eine Handlung vom Handelnden und bringt ihre eigenen Konsequenzen hervor.»[16]

---

12 Roberto Bolaño: *Entre paréntesis. Ensayos, artículos y discursos (1998–2003)*. Barcelona: Anagrama 2004, S. 37.
13 Vgl. Friedrich Schleiermacher: *Ästhetik*. Hg. von Thomas Lehnerer. Hamburg: Felix Meiner Verlag, S. 28.
14 Hans Georg Gadamer: *Wahrheit und Methode. Grundzüge einer philosophischen Hermeneutik*. Tübingen: Mohr 1990, S. 172. Vgl. zu einer literaturwissenschaftlich fundamentierten Kritik dieser Vorstellung etwa Bourdieus in eine ähnliche Richtung zielende Kritik an Sartres Konzept vom «ursprünglichen Entwurf» in dessen Flaubert-Biographie in: Pierre Bourdieu: *Die Regeln der Kunst. Genese und Struktur des literarischen Feldes*. Aus dem Französischen von Bernd Schwibs und Achim Russer. Frankfurt am Main: Suhrkamp 1999, S. 299ff.
15 Paul Ricœur: Der Text als Modell: hermeneutisches Verstehen. In: Stephan Kammer/Roger Lüdeke (Hg.): *Texte zur Theorie des Textes*. Stuttgart: Reclam 2005, S. 184–207, hier: S. 201.
16 Ebd., S. 202.

Die Frage nach den Implikationen dieser Überlegungen zur Unkontrollierbarkeit der Lektüren bezieht mit Blick auf Bolaños Werk und Person ihre Dringlichkeit aus den bislang nur unzureichend geklärten Mechanismen, die ihn innerhalb von nur fünfzehn Jahren nach seinem Tod zu einem der weltweit bedeutendsten Autoren seiner Generation und zum wichtigsten lateinamerikanischen Schriftsteller seit den Nobelpreisträgern Gabriel García Márquez und Mario Vargas Llosa gemacht haben. Wenn eingangs bemerkt wurde, dass Bolaños realweltliche Leser auf verblüffende Weise den Leserfiguren seiner Fiktionen zu ähneln scheinen, so werden aus der posthumen Rezeption Bolaños nachgerade unheimliche Effekte ersichtlich, welche den real existierenden Autor Roberto Bolaño als eine Schöpfung seiner selbst erscheinen lassen: Eine Vielzahl von Bolaños Romanen und Erzählungen beziehen ihre narrative Energie aus dem Motiv der Suche nach einem verschwundenen Autor. In *Los detectives salvajes* sind es die mexikanischen Poeten der 70er Jahre um Bolaños *alter ego* Arturo Belano, die zunächst die Straßen von Mexiko-Stadt und schließlich das nördliche Grenzgebiet Mexikos auf der Suche nach der mythischen Avantgarde-Dichterin Cesárea Tinajero durchstreifen; in *Estrella distante* ist es wiederum Belano, der mithilfe einiger Mitstreiter dem Mörder und Dichter Carlos Wieder nachspürt, und auch in *2666* ist der sagenumwobene Benno von Archimboldi Gegenstand der verzweifelten Nachforschungen von vier Literaturwissenschaftlern, die seiner, nicht zuletzt zur Befriedigung ihrer eigenen Ruhmsucht, habhaft zu werden suchen. In jeder dieser Geschichten jedoch fungieren diese abwesenden Autoren in erster Linie als Projektionsflächen für die Lektüren, die Sehnsüchte und Lebensprojekte ihrer Leser. Lesen im Sinne einer Suche und Auslegung von Spuren dessen, was in seiner Unmittelbarkeit und Präsenz nie erfassbar ist und daher immer nur in seiner Entrücktheit und Mittelbarkeit zugänglich sein kann, ist für diese Leser gleichbedeutend mit dem Leben selbst.[17] Dies wird bereits aus der Tatsache ersichtlich, dass das Auffinden jener Urheber von Spuren – des ‹Originals›, wenn man so will – gleichbedeutend mit dem Tod und damit auch mit dem Ende der Abenteuer des Schreibens bzw. Lesens ist: Als Ulises Lima, Arturo Belano und Juan García Madero, die wilden

---

17 Es wird noch einzugehen sein auf diese Bedeutung von Dokumenten menschlichen Handelns als Spuren in Zeit und Raum bei Bolaño, die wiederum im Sinne Ricœurs zu lesen sind, wenn er schreibt: «Eine Handlung hinterläßt eine ‹Spur›, sie setzt ein ‹Zeichen›, wenn sie zur Entstehung solcher Strukturen und Handlungsmuster beiträgt, die *Dokumente* menschlichen Handelns genannt werden können» (Paul Ricœur: Der Text als Modell, S. 203). Vgl. einige grundlegende Überlegungen zum Spur-Begriff bei Bolaño in: Benjamin Loy: El nacimiento del detective vacunado en el espíritu de la (pos)modernidad – la búsqueda de huellas como paradigma en la obra de Roberto Bolaño. In: Luca Melchior/Albert Göschl u.a. (Hg.): *Spurensuche (in) der Romania. Beiträge zum XXVIII. Forum Junge Romanistik*. Frankfurt am Main: Peter Lang 2014, S. 85–94.

Detektive, Cesárea Tinajero im Norden Mexikos aufspüren, findet diese wenig später den Tod bei einem Schusswechsel, was letztlich auch das Ende der mexikanischen Abenteuer der viszeralistischen Dichterfreunde bedeutet. Ebenso verhält es sich in *Estrella distante* mit der Figur Wieders, der für seine Verbrechen während der chilenischen Militärdiktatur zur Rechenschaft gezogen und schließlich von Belano und dem Detektiv Abel Romero an der spanischen Costa Brava zur Strecke gebracht wird, womit der Roman und Belanos Eintauchen in seine chilenische Vergangenheit enden.

Beobachtet man nun die internationale Rezeption Bolaños seit seinem Tod, so scheinen es gerade die sich in diesem Verschwinden des Autors eröffnenden und schier unendlichen Projektionsflächen für Lektüren aller Art gewesen zu sein, die Bolaño zu jenem weltweiten posthumen Erfolg mitverholfen haben – ein Aspekt, der in den zahlreichen Untersuchungen zu diesem Thema bislang kaum eine Rolle spielte.[18] Eine wichtige Grundlage dieses globalen Erfolgs waren und sind die vielfachen Mythisierungen der Person Bolaños. Diese entstanden zu einem erheblichen Teil aus den Verstärkereffekten zwischen Werk und (vermeintlichem) Leben des Autors, wobei vor allem die Unausrottbarkeit biographistisch verfahrender Literaturkritik in den Feuilletons und die von der Marktlogik seiner internationalen – und vor allem US-amerikanischen – Verlage befeuerte und übertriebene Rückbindung seiner Geschichten an Biographeme wie seine Inhaftierung unter der Pinochet-Diktatur oder sein ausschweifendes Dichter-Leben samt kolportierter Heroinsucht eine zentrale Rolle einnehmen.[19] Vor dem Hintergrund dieser Überlegungen drängt sich die Frage auf, wie die Rezeption Bolaños verlaufen wäre, wenn er die Publikation und internationale Aufnahme von *2666* noch erleben bzw. kommentieren hätte können, was ebenso für weitere seiner posthum erschienenen Werke wie *El gaucho insufrible* oder *El Tercer Reich* gilt. Dass Bolaño auch über diesen Punkt zu Lebzeiten durchaus intensive Reflexionen

---

18 Vgl. zu verschiedenen Aspekten der internationalen Rezeption Bolaños v.a. folgende zentrale Artikel: Ignacio Echevarría: Bolaño internacional: algunas reflexiones en torno al éxito internacional de Roberto Bolaño. In: *Estudios Públicos* 130 (2013), S. 175–202; Sarah Pollack: Latin America Translated (Again): Roberto Bolaño's *The Savage Detectives* in the United States. In: *Comparative Literature* 61, 3 (2009), S. 346–365; für die deutsche Rezeption: Benjamin Loy: Der Teil der Kritiker: die deutschsprachige Bolaño-Rezeption zwischen Exotismus-Perpetuierung und globaler Prestige-Ökonomie. In: Stephanie Catani (Hg.): *Bolaño: Autor und Werk im deutschsprachigen Kontext*. Bielefeld: transcript 2019 [im Druck]; ebenso folgende Monographien, auf die noch näher einzugehen sein wird: Héctor Hoyos: *Beyond Bolaño. The Global Latin American Novel*. New York: Columbia University Press 2015; Wilfrido Corral: *Bolaño traducido: nueva literatura mundial*. Madrid: Escalera 2011.

19 Zu einer umfassenden Diskussion dieser biographischen Elemente bzw. ihrer Widerlegung vgl. Benjamin Loy: Der Teil der Kritiker.

angestellt hatte, wird etwa aus einem Kommentar über das Werk und Leben Georg Büchners deutlich, in dem es heißt:

> ¿Qué hubiera pasado si Büchner no hubiera muerto, qué escritor hubiera habido ahí? [...] [E]l silencio de la muerte es el que corta de tajo lo que pudo ser y nunca más va a poder ser, lo que no sabremos jamás. [...] Y eso mismo se extiende en todo el planeta como una mancha, una enfermedad atroz que de alguna u otra manera pone en jaque nuestras costumbres, nuestras certezas más arraigadas.[20]

Ein Beispiel für diese ironische Begleitung der eigenen Rezeption lieferte Bolaño noch zu Lebzeiten, als er die sich verselbständigenden Auslegungen seiner einwöchigen Inhaftierung im Süden Chiles in den Wochen nach dem Militärputsch 1973 zur Steigerung der Verkäufe seiner Werke durch die Verlage wie folgt kommentierte:

> Estuve detenido ocho días, aunque hace poco, en Italia, me preguntaron: ¿qué le pasó a usted?, ¿nos puede contar de su año y medio en prisión? Y eso se debe al malentendido de un libro en alemán donde me pusieron medio año de prisión. Al principio me ponían menos tiempo. Es el típico tango latinoamericano. En el primer libro que me editan en Alemania me ponen un mes de prisión; en el segundo, en vistas de que el primero no ha vendido tanto, me suben a tres meses; en el tercer libro, a cuatro meses; en el cuarto libro, a cinco meses, y, como siga, todavía voy a estar preso.[21]

Wenn also Antonio Gómez schreibt, Bolaño sei gegenwärtig «el narrador en español que genera más expectativa y promete mayor proyección sobre el mercado internacional, a pesar de su inopinada muerte en 2003»,[22] dann ließe sich angesichts der hier angestellten Überlegungen argumentieren, dass die massive internationale Rezeption Bolaños nicht *trotz*, sondern gerade *wegen* seines frühen Todes und den Möglichkeiten einer posthumen Vermarktung seiner Werke und Person ohne jedwede relativierende Einflüsse des Autors selbst stattfinden konnte.[23]

---

20 Bolaño in Andrés Braithwaite: *Bolaño por sí mismo*, S. 45.
21 Ebd., S. 38. Vgl. zur Widerlegung dieser Geschichte Bolaños die Aussagen des chilenischen Dichters Jaime Quezada in: Joaquín Sánchez Mariño: Los rastros y los mitos de Bolaño. In: *La Nación* (12.07.2015), verfügbar unter: www.lanacion.com.ar/1808789-los-rastros-y-los-mitos-de-Bolaño [letzter Zugriff: 09.03.2017]. Auf welches angeblich in Deutschland erschienene Buch sich Bolaño bezieht, konnte der Verfasser dieser Arbeit nicht in Erfahrung bringen.
22 Antonio Gómez: El boom de Roberto Bolaño: literatura mundial en un español nuevo. In: *Insula* 787–788 (2012), S. 34–36; hier S. 34.
23 Einen gelungenen ironischen Kommentar hinsichtlich der internationalen Rezeption Bolaños liefert die mexikanische Autorin Valeria Luiselli in ihrem Roman *Los ingrávidos*, wo es über ein Gespräch zwischen der Protagonistin und dem Chefs des New Yorker Verlags, in dem

Die zentrale Problematik, die sich aus dieser Art der Rezeption ergibt, liegt in dem nur auf den ersten Blick paradox anmutenden Phänomen begründet, dass eben die massive Rezeption Bolaños durch Buchmarkt, Kritik und Literaturwissenschaft Zweifel an der literarischen Qualität des Autors haben aufkommen lassen. Dies stellt nun insofern keinen Widerspruch dar, als sich dieser Umstand relativ leicht mit den von Pierre Bourdieu etablierten Kategorien innerhalb dessen erklären lässt, was der französische Soziologe bekanntlich als literarisches Feld bestimmt hat. In diesem herrschen nach Bourdieu fortwährende Auseinandersetzungen zwischen zwei Prinzipien der Hierarchisierung, nämlich «dem heteronomen Prinzip, das diejenigen begünstigt, die das Feld ökonomisch und politisch beherrschen [...] und dem autonomen Prinzip [...], das seine radikalsten Verfechter dazu treibt, irdisches Scheitern als Zeichen der Erwähltheit anzusehen und den Erfolg als Mal der Auslieferung an den Zeitgeschmack.»[24] Im Fall von Roberto Bolaño hat folglich sein immenser globaler Erfolg dazu geführt, dass seine Wandlung von einem über lange Jahre praktisch im Verborgenen schreibenden Autor hin zu einem mit den wichtigen Romanpreisen der spanischsprachigen Welt ausgezeichneten Schriftsteller[25] und schließlich zum neuen *global icon* der lateinamerikanischen Literatur als eine Art stete Transition vom autonomen zum heteronomen Pol des spanischsprachigen literarischen Feldes wahrgenommen wurde, denn, wie Bourdieu argumentiert, «[d]er Umfang des Publikums [...] stellt gewiß den sichersten und eindeutigsten Indikator für die Position innerhalb des Feldes dar, mißt er doch vortrefflich das Ausmaß an Unabhängigkeit von der Nachfrage des ‹breiten Publikums› und den vom Markt ausgehenden Zwängen [..] bzw. das Ausmaß an Unterordnung unter sie.»[26] Die mit dieser Verschiebung von Bolaños Position einhergehende Kritik innerhalb des literarischen Feldes hat sich dabei häufig nicht um eine allzu differenzierte

---

sie arbeitet, heißt: «¿No fuiste amiga de Bolaño?, preguntó White a gritos desde su escritorio [...] No tienes cartas suyas o alguna entrevista o algo que podamos publicar?, siguió gritando. No, White, nunca lo conocí. Pues lástima. ¿Ya oíste, Minni?, tenemos el honor de trabjar con la única latinoamericana que no fue amiga de Bolaño. ¿Quién es ése, chief?, preguntó Minni, que nunca se enteraba de nada. Es el escritor chileno muerto con más amigos vivos» (Valeria Luiselli: *Los ingrávidos*. Mexiko-Stadt: Sexto Piso 2011, S. 24).
24 Pierre Bourdieu: *Die Regeln der Kunst*, S. 344.
25 Gemeint sind die Verleihung des Premio Herralde de Novela 1998 und des Premio Rómulo Gallegos als wichtigstem lateinamerikanischem Literaturpreis im Jahr 1999 für *Los detectives salvajes*. Zur Funktion von Literaturpreisen vgl. die Überlegungen von James English: *The economy of prestige: prizes, awards and the circulation of cultural value*. Cambridge: Cambridge University Press 2005.
26 Pierre Bourdieu: *Die Regeln der Kunst*, S. 345.

Betrachtung dieser Mechanismen bemüht, wenn sie Bolaño als einen «Kurt Cobain de la literatura latinoamericana»[27] oder den Verfasser einer leicht konsumierbaren und vermarktbaren «prosa funcional y atiborrada de clichés»[28] kritisiert hat – eine Kritik, die möglicherweise umso harscher ausfällt, als Bolaño sich selbst und eine Vielzahl seiner Figuren stets als sich stark gegen den heteronomen Pol des literarischen Feldes wendende Autoren inszeniert hat:

> Nunca tuve un mecenas. Nunca nadie me conectó con nadie para hacerme beneficiario de una beca. Nunca ningún gobierno ni ninguna institución me ofreció dinero, ni ningún caballero elegante se sacó la chequera delante de mí, ni ninguna señora trémula (de pasión por la literatura) me invitó a tomar el té y se comprometió a pagarme una comida diaria.[29]

Dass diese Beziehung Bolaños zum literarischen Feld zeitlebens wesentlich komplexer war und keine Position an den absoluten Rändern oder gar außerhalb des Feldes anstrebte, sondern vielmehr in einem Spiel mit unterschiedlichen Positionierungen bestand, die gleichwohl gewisse Grenzen zum heteronomen Pol nicht zu überschreiten hatten, ist an anderer Stelle bereits gezeigt worden und soll hier nicht noch einmal vertieft werden.[30] Konsens herrscht darüber hinaus bezüglich der Tatsache, dass Bolaños Erfolg bis zu einem gewissen Grad der wirkungsvollen Partizipation an ganz bestimmten thematischen und theoretischen Konjunkturen

---

27 Horacio Castellanos Moya: Sobre el mito Bolaño. In: *La Nación* (19.09.2009), verfügbar unter: http://www.lanacion.com.ar/1176451-sobre-el-mito-Bolaño [letzter Zugriff: 09.03.2017].
28 Alberto Olmos: Bolaño y yo: la historia jamás contada. In: *El Confidencial* (04.10.2016), verfügbar unter: http://blogs.elconfidencial.com/cultura/mala-fama/2016-10-04/Bolaño-y-yo-la-historia-jamas-contada_1269498 [letzter Zugriff: 09.03.2017].
29 Roberto Bolaño: *Entre paréntesis*, S. 193. Noch expliziter ist diese polarisierende Haltung in der infrarrealistischen Anfangszeit Bolaños in Mexiko Mitte der 70er Jahre, auf die im zweiten Kapitel dieser Arbeit noch ausführlich einzugehen sein wird. Zu Bolaños Zeit als Begründer der mexikanischen Neo-Avantgardebewegung der *Infrarrealistas* vgl. die dokumentarisch angelegte, aber informative Darstellung von Montserrat Madariaga Caro: *Bolaño infra. 1975–1977. Los años que inspiraron* Los detectives salvajes. Santiago de Chile: RIL 2010. Zur kritischen Auseinandersetzung Bolaños mit dieser Vergangenheit bzw. ihrer literarischen Inszenierung vgl. José González Palomares: El palimpsesto infrarrealista: Tras las huellas del manifiesto poético en la narrativa de Roberto Bolaño. In: *Romanische Studien* 1 (2015), S. 53–68.
30 Vgl. Benjamin Loy: Der Teil der Kritiker, bzw. die Lektüre von Andrea Cobas Carral und Verónica Garibotto, die im zweiten Kapitel noch ausführlich zu kommentieren sein wird (Andrea Cobas Carral/Verónica Garibotto: Un epitafio en el desierto. Poesía y revolución en *Los detectives salvajes*. In: Edmundo Paz Soldán/Gustavo Faverón (Hg.): *Bolaño salvaje*. Barcelona: Candaya 2008, S. 163–189, hier S. 183.) Zu Bolaños eigenen Bemühungen der Etablierung im literarischen Feld vgl. etwa auch die Dokumente, wie etwa eine abgelehnte Bewerbung um ein Guggenheim-Stipendium, in Jorge Herralde: *Para Roberto Bolaño*. Santiago de Chile: Catalonia 2005.

zu verdanken ist[31] bzw. seine Rezeption in einen Moment der Abwesenheit eines paradigmatischen lateinamerikanischen Autors nach dem Ende des *Boom* fällt, in dem, wie Sarah Pollack treffend gezeigt hat, «U.S. publishers, critics, and readers seemed to be awaiting the appearance of the successor to García Márquez, a new author-figure around whose persona and work the terms of a new breed of Latin American fiction can be fixed.»[32] Auch dass Bolaños Erfolg in der internationalen Wahrnehmung der lateinamerikanischen Literatur jenseits seines eigenen Werks zahlreiche ‹Verdrängungseffekte› hervorgebracht hat, ist gänzlich unstrittig.[33]

Die entscheidende aus diesen Überlegungen zur Rezeption Bolaños im Sinne einer Unkontrollierbarkeit der Auslegung ableitbare Erkenntnis, die gleichbedeutend mit der Ausgangslage dieser Arbeit ist, besteht nun darin, dass fünfzehn Jahre nach dem Tod Roberto Bolaños eine *naive* Lektüre seines Werks nicht mehr möglich ist. Dies gilt insbesondere für jede neue Annäherung an Bolaños Werk aus dem akademischen Feld, das in seiner aufmerksamkeitsökonomischen Funktionslogik in nicht geringer Weise versucht hat, an dem auch die *academia* ergreifenden *Bolaño fever* zu partizipieren, wobei dem Diktum Wilfrido Corrals durchaus beizupflichten ist, wenn er konstatiert: «[L]a literatura sobre Bolaño comienza a ser vasta pero no satisface.»[34] Wenngleich in den vergangenen Jahren einige substanzielle Arbeiten zu Bolaños Werk erschienen sind,[35] täuscht das nicht

---

31 Vgl. auch dazu Benjamin Loy: Der Teil der Kritiker.
32 Sarah Pollack: Latin America Translated Again, S. 353.
33 Vgl. Héctor Hoyos: Bolaño como excusa: Contra la representación sinecdótica en la Literatura Mundial. In: *Letra anexa* 1 (2015), S. 92–106.
34 Wilfrido Corral: Bolaño traducido, S. 44. Ebenso ist Corral zuzustimmen, wenn er anderer Stelle eine Reihe von rezenten Publikationen zu Bolaño aufgrund ihrer fehlenden Selbstreflexivität kritisiert, da «[t]hese studies perpetuate the lack of attention to criticism's role in their author» (vgl. Wilfrido Corral: Bolaño, Ethics, and the Experts. In: Nicholas Birns/Juan De Castro (Hg.): *Roberto Bolaño as World Literature*. New York: Bloomsbury 2017, S. 101–124, hier: S. 103).
35 Zu nennen wären hier die erhellenden romanistischen Monographien von Pablo Valdivia Orozco: *Weltenvielfalt. Eine romantheoretische Studie im Ausgang von Gabriel García Márquez, Sandra Cisneros und Roberto Bolaño*. Berlin/Boston: De Gruyter 2013 und Arndt Lainck: *Las figuras del mal en 2666 de Roberto Bolaño*. Berlin: LIT 2014. Im internationalen Kontext zudem die Monographien von einem der englischsprachigen Übersetzer Bolaños: Chris Andrews: *Roberto Bolaño's fiction: an expanding universe*. New York: Columbia University Press 2014; außerdem die Studie von Oswaldo Zavala: *La modernidad insufrible: Roberto Bolaño en los límites de la literatura latinoamericana contemporánea*. Chapel Hill: University of North Carolin Press 2016. Unter den zahlreichen Sammelbänden zu Bolaños Werk vermag in der Breite weiterhin allein zu überzeugen: Edmundo Paz Soldán/Gustavo Faverón (Hg.): *Bolaño salvaje*. Barcelona: Candaya 2008.

über die mit Blick auf Bolaño ungewöhnliche hohe Zahl an Aufsätzen und Sammelbänden hinweg, denen eher an einer Partizipation an Bolaños innerhalb des akademischen Feldes unbestreitbar hohem symbolischen Kapital denn an einer profunden Auseinandersetzung mit seinem Werk gelegen scheint. Ebenso unbestreitbar ist jedoch auch in diesem Fall die Tatsache, dass eine derart explosionsartige und breite Rezeption in Teilen dieser akademischen Zirkel Zweifel gesät hat, inwiefern diese Kanonisierungsbemühungen von Bolaños Werk angemessen oder doch eher Ausdruck gewisser Schwarmprozesse oder Schneeballeffekte sind. Dass die massive Rezeption eines Autors bzw. seines Werks unweigerlich mit einer Entkomplexifizierung einherzugehen scheint, hat Bolaño selbst wiederum in einer Art Vorwegnahme seiner eigenen Rezeption in *2666* beschrieben, wenn es heißt: «[L]a fama, que cuando no se cimentaba en el arribismo, lo hacía en el equívoco y en la mentira. Además, la fama era reductora. Todo lo que iba a parar en la fama y todo lo que procedía de la fama inevitablemente se reducía. [...] La fama y la literatura eran enemigas irreconciliables.»[36] Nimmt man Peter Bürgers Forderung an eine kritische Literaturwissenschaft ernst, «nach der jeder Wissenschaftler die Wahl seines Gegenstandes und seiner Problemstellung begründet»,[37] so stellt sich für jede wissenschaftliche Auseinandersetzung mit Bolaños Werk, die sich nicht dem Vorwurf der Naivität bzw. des Opportunismus aussetzen will, die Frage, inwiefern sie sich zu dem skizzierten Problem verhält, durch ihre Untersuchung zu einer weiteren Kanonisierung Bolaños beizutragen. Anders gewendet muss sie Folgendes entscheiden: Handelt es sich bei Bolaños Werk tatsächlich um Literatur, welche die Aufnahme in einen Kanon der Weltliteratur aufgrund ihrer ästhetischen Qualität rechtfertigt, oder lässt sie sich bis zu einem gewissen Grad entlarven als ein primär durch die erwähnten günstigen (Markt-)Konjunkturen und Rezeptionsprozesse hervorgebrachtes und daher überschätztes Phänomen? Diese Frage ist insofern nicht trivial, als sie einmal mehr bei Bolaño bereits im Medium seiner Fiktion angelegt ist: In *2666* bezeichnet er die universitäre Literaturkritik in Form eines von einem der europäischen Kritiker über Benno von Archimboldi verfassten Buches als «el pez guía que iba a nadar durante mucho tiempo al lado del gran tiburón

---

[36] Roberto Bolaño: *2666*, S. 1003. Der Zusammenhang zwischen der (Un-)Sichtbarkeit und der Qualität eines literarischen Werks wird in *2666* wiederholt aufgerufen (vgl. S. 982–984), wobei das Gespräch zwischen Archimboldi und dem Mann, der ihm im Köln der Nachkriegszeit seine erste Schreibmaschine zur Verfügung stellt, hier klar dem Diktum Nicanor Parras folgt: «Primera condición de una obra maestra: pasar inadvertida».
[37] Peter Bürger: *Theorie der Avantgarde*. Frankfurt am Main: Suhrkamp 1974, S. 8. Vgl. zur Diskussion über die gegenwärtigen Möglichkeiten einer kritischen Literaturwissenschaft im Anschluss an Bürger auch: Benjamin Loy: Nach den Elegien. Überlegungen zu einer kritischen Literaturwissenschaft. In: Julian Drews/Anne Kern u.a. (Hg.): *Romanistik in Bewegung. Aufgaben und Ziele einer Philologie im Wandel*. Berlin: Kadmos 2017, S. 115–137.

negro que era la obra del alemán.»[38] Die Metapher vom Literaturkritiker als Pilot- oder Lotsenfisch (*Naucrates ductor*) ist eines jener für Bolaño so typischen und dem Bereich des Kreatürlichen zugeordneten Bilder zur Beschreibung der Literatur bzw. des literarischen Feldes als anti-idealistischem Ort der Auseinandersetzung: Der Lotsenfisch ernährt sich von Speiseresten und Ausscheidungen größerer Fische wie eben Haien oder Mantarochen, was in der für Bolaño charakteristischen polemischen Haltung nichts anderes bedeutet, als dass der Kritiker für ihn immer schon angelegt ist als Parasit am Werk des Autors. Die aus dieser bei Bolaño so zentralen Reflexionen über die Machtmechanismen des literarischen Feldes erwachsende Verunmöglichung einer naiven Lektüre seines eigenen Werks ist es also, die als Erkenntnis – nimmt man Bolaño ernst – am Anfang jeder kritischen Auseinandersetzung mit seinem Werk zu stehen hat.

Im Spiegelkabinett der Texte

Kaum eine Frage scheint im Kontext der seit geraumer Zeit andauernden radikalen Hinterfragung und Öffnung des hergebrachten literarischen Kanons und seiner Auswahlkriterien einen größeren Schritt auf vermintes Terrain darzustellen als die nach den Möglichkeiten der Bestimmbarkeit eines ästhetischen Wertes von Literatur, der sich primär auf werkinhärente Parameter stützt.[39] Ohne den emanzipatorischen Impetus hinter diesen notwendigen Forderungen nach einer kritischen Revision des traditionellen Kanons verkennen oder diese von postkolonialen, feministischen bis hin zu marxistischen Positionen aus formulierten Entwürfe gar in Bloomscher Manier als haltlose Forderungen einer «School of Resentment»[40] abtun zu wollen, sind die Implikationen dieser

---

38 Roberto Bolaño: *2666*, S. 47.
39 Theo D'haen hat am Beispiel des US-amerikanischen und verschiedener europäischer Kanones gezeigt, wie sich diese Prozesse des Aufbrechens als verbindlich angesehener Lektüren in Abhängigkeit von einer Vielzahl an sich verändernden demographischen, politischen, ideologischen und literaturtheoretischen Parametern entwickeln, vgl. Theo D'haen: How many canons do we need? World Literature, National Literature, European Literature. In: Liviu Papdima/David Damrosch u.a. (Hg.): *The Canonical Debate Today. Crossing Disciplinary and Cultural Boundaries*. Amsterdam: Rodopi 2011, S. 19–37. Zu einer weiteren Übersicht über verschiedene historische Etappen der Kanonformierung vgl. auch: Jan Gorak: *The Making of the Modern canon. Genesis and Crisis of a Literary Idea*. London: Athlone 1991.
40 Harold Bloom: *The Western Canon. The Books and School of the Ages*. New York: Riverhead Books 1995, S. 22.

Re- bzw. Anti-Kanonisierungsdiskurse im Gefolge jener von René Wellek etwas dramatisierend bezeichneten «attack on literature»[41] zweifellos kommentierungsbedürftig. Nimmt man den anti-universalistischen Grundgedanken dieser Relativierungsversuche des Kanons bzw. der Literatur als solcher ernst, dann scheint die Möglichkeit der Aufrechterhaltung dieser Konzepte *per se* problematisch zu sein: «It would seem that no standard, no ‹canon› for measuring literary merit and thereby establishing the enduring value of literary works is possible in such a perspective.»[42] Bolaño selbst hat auf diese Problematik wiederholt hingewiesen und sich dabei zumindest implizit jener von Bloom[43] vertretenen Auffassung angenähert, nach welcher der Kanon kein «program for social salvation»[44] sei, als er in einem Interview bekannte:

> En el momento en que llegamos en la literatura al todo vale, a una especie de democracia mediática en donde todo es bueno, en donde todos podemos tener nuestros quince minutos de fama, pues ahí se acaba la literatura y se acaba, en gran medida, porque les estamos dando mierda a los lectores.[45]

---

[41] René Wellek: *The attack on literature and other essays*. Chapel Hill: University of North Carolina Press, S. 3–18. Wellek geht es bei seinen konservativen Überlegungen ebenfalls um die Frage nach der literarischen Qualität angesichts der vielfältigen Phänome eines sich erweiternden Literatur-Begriffs, wenn er schreibt: «All these objections to the concept of literature have one trait in common: they do not recognize quality as a criterion of literature; quality that may be either aesthetic or intellectual, but which in either case sets off a specific realm of verbal expression from daily transactions in language» (S. 12). Eine der wohl schönsten Polemiken zu diesem Thema des *moral turn* in der Literaturwissenschaft und seiner Auswirkungen auf den Kanon findet sich bei Manfred Engel: Kanon – pragmatisch. Mit einem Exkurs zur Literaturwissenschaft als moralischer Anstalt. In: Nicholas Saul/Ricarda Schmidt (Hg.): *Literarische Wertung und Kanonbildung*. Würzburg: Königshausen & Neumann 2007, S. 23–34.

[42] William Franke: The Canon Question and the Value of Theory: Towards a New (Non-)Concept of Universality. In: Liviu Papdima/David Damrosch u.a. (Hg.): *The Canonical Debate Today. Crossing Disciplinary and Cultural Boundaries*. Amsterdam: Rodopi 2011, S. 55–71, hier: S. 67.

[43] Bolaño hat sich selbst intensiv mit Bloom auseinandergesetzt und bezeichnet ihn mit Blick auf dessen Urteil über Neruda als Nachfolger Whitmans als «errado, como en tantas otras cosas, así como en tantas otras es probablemente el mejor ensayista literario de nuestro continente» (Roberto Bolaño: *Entre paréntesis*, S. 186). Eine ähnliche Einschätzung äußerte Bloom gegenüber Bolaño, mit dem dieser zeitweilig eine Korrespondenz unterhielt: vgl. Valerie Miles: «Todos los días recibo correos con el mismo lamento: ‹Leemos basura›». In: *El País*, 9 de diciembre 2014, verfügbar unter: http://cultura.elpais.com/cultura/2014/12/08/actualidad/1418055903_266402.html [letzter Zugriff: 10.03.2017].

[44] Harold Bloom: *The Western Canon*, S. 28.

[45] Bolaño in Andrés Braithwaite: *Bolaño por sí mismo*, S. 97.

Wenn für Bolaño also – und die Vehemenz, mit der dieses Thema in praktisch all seinen Roman behandelt wird, belegt dies[46] – die Frage nach der Bestimmbarkeit des ästhetischen Werts von Literatur und damit auch ihres Anspruchs auf Kanonisierung (im Sinne einer Unterscheidung zwischen zu tradierenden und zu vergessenden Texten) eine zentrale Bedeutung einnimmt, dann wäre zunächst zu klären, welche Eigenschaften diese Form ästhetischen Wertes auszeichnen und inwiefern sein eigenes Werk diesen Parametern im Sinne einer eigenen Poetik folgt. Die erste von Bolaño definierte Voraussetzung für den ästhetischen Wert eines Textes bezieht sich auf seine Form und Struktur bzw. das Bewusstsein des Autors für die Geschichte literarischer Formen und ihre Bedeutung für die Gegenwart, wie er am Beispiel der Romanform zu zeigen versucht:

> Una novela [...] que sólo se sostiene por el argumento, por un argumento y por la forma lineal de contar un argumento, o no lineal, simplemente un argumento que se sostiene en una forma más o menos archiconocida pero no archiconocida en este siglo, sino en el XIX – esa novela se acabó. Se va a seguir haciendo ese tipo de novelas y se va a seguir haciendo durante muchísimos años. Pero esa novela ya está acabada, y no está acabada ahora porque yo lo diga, está acabada desde hace muchísimos años. Después de *Sobre héroes y tumbas* no se puede escribir en español una novela así. Después de *La invención de Morel*, no se puede escribir una novela así, en donde lo único que aguanta la novela es el argumento. En donde no hay estructura, en donde no hay juego, en donde no hay cruce de voces.[47]

Die Betonung dieses Aspekts der literarischen Form[48] findet sich bei Bolaño bereits im ersten, von ihm maßgeblich mitverfassten *Manifiesto del Movimiento Infrarrealista*: In der Kritik an einer erschöpften und nur noch auf Vermarktung ausgelegten lateinamerikanischen Kunst («Lienzos que solo servirán de anuncios

---

[46] «[L]os textos de Bolaño que recuperan la crítica del canon evitan esa separación [entre el espacio de la creación y el de la crítica], casi universalmente establecida, para hacer coincidir el momento de la crítica con el de la ficción», hat dazu treffend Celina Manzoni festgestellt in: Celina Manzoni: Ficción de futuro y lucha por el canon en la narrativa de Roberto Bolaño. In: Edmundo Paz Soldán/Gustavo Faverón (Hg.): *Bolaño salvaje*. Barcelona: Candaya 2008, S. 335–358, hier: S. 342.
[47] Transkription aus dem Fernsehinterview Bolaños mit Cristián Warnken in der Reihe «La belleza de pensar» (Chile: UC Televisión, 1999), verfügbar unter: https://www.youtube.com/watch?v=4opmK0SO-J8 [Letzter Zugriff: 17.07.2018].
[48] Vgl. auch eine ähnlich geartet Bemerkung Bolaños über die Notwendigkeit des ästhetischen Risikos als Formrisiko: «La literatura aburrida, precisamente, es la que no asume riesgos. Y los riesgos, en literatura, son de orden ético, básicamente ético, pero no pueden expresarse si no se asume un riesgo formal» (Bolaño in Andrés Braithwaite: *Bolaño por sí mismo*, S. 77).

luminosos en las salas de los ingenieros y médicos que coleccionan»[49]) spielt die Betonung der Notwendigkeit der Suche nach neuen künstlerischen Formen eine zentrale Rolle, wobei diese explizit gemacht wird in einem Verweis auf Bertolt Brecht, wenn es heißt: «‹Nuevas formas, raras formas›, como decía entre curioso y risueño el viejo Bertolt.»[50] Was die Merkmale dieser Form[51] angeht, so nennt Bolaño in der eingangs zitierten Aussage zumindest drei Dimensionen: Struktur, Spiel und sich kreuzende (Erzähl-)Stimmen. Es ist unschwer zu erkennen, dass fast alle Romane Bolaños formal einer besonderen Ausgestaltung dieser Parameter folgen. Mit Ausnahme möglicherweise von Texten wie *Una novelita lumpen*, *La pista del hielo* und des posthum veröffentlichten Werks *El Tercer Reich* spielen fast alle seine narrativen Werke mit fragmentierten Strukturen, am emblematischsten zu erkennen wohl in *Los detectives salvajes* und *Estrella distante*, aber auch in *2666*, welches trotz seiner fünf in sich mehr oder minder geschlossenen Teile eher als eine monströse Aneinanderreihung lose zusammengehaltener Episoden und Bilder zu lesen ist. Während einige Texte diese Form der Zersplitterung sogar noch radikalisieren und damit ihren eigenen Gattungsstatus ins Diffuse verlegen (*Amberes* oder *Consejos de un discípulo de Morisson a un fanático de Joyce* ebenso wie die Pseudo-Enzyklopädie *La literatura nazi en América*), zielen die quasi als Monologe konzipierten Texte wie *Amuleto* und *Nocturno de Chile* ins Genre des Dramatischen, wie Bolaño selbst unterstreicht, wenn er sie als «novelas musicales, de cámara, y [...] piezas teatrales, de una sola voz» bezeichnet.[52]

Die Tatsache, dass Bolaño die Frage der literarischen Form unmittelbar aus dem Kontext des Kanons heraus entwickelt, wenn er die Beispiele Sábato und Bioy Casares nennt, hinter die es kein Zurück gebe, erfordert freilich eine genauere Betrachtung, vor welchem literaturgeschichtlichen Hintergrund die

---

[49] Roberto Bolaño: Primer Manifiesto del Movimiento Infrarrealista. In: Montserrat Madariaga Caro: *Bolaño infra. 1975–1977. Los años que inspiraron* Los detectives salvajes. Santiago de Chile: RIL 2010, S. 142–151, hier: S. 148.

[50] Ebd., S. 144. Diese Anspielung bezieht sich mutmaßlich auf Brechts Äußerungen in der sog. Formalismus-Debatte, wobei die Ähnlichkeit zwischen Brechts Einlassungen und Bolaños oben zitiertem Insistieren auf die Bedeutung der Form auffällt, wenn es bei Brecht heißt: «In der Kunst spielt die Form eine große Rolle. Sie ist nicht alles, aber doch so viel, daß Vernachlässigung ein Werk zunichte macht» (Zit. nach: Ana Kugli/Michael Opitz: *Brecht-Lexikon*. Stuttgart: Metzler 2006, S. 118).

[51] Vgl. auch die mit Blick auf Brecht beinahe wortgleich Äußerung Bolaños in einem späteren Interview: «La estructura jamás es un recurso superfluo. Si la historia que narras es inane o está muerta o es archisabida, una estructura adecuada puede salvadarla [...] en tanto que una historia muy buena, si está contenida en una estructura, digamos, periclitada, no la salva ni Dios» (in Andrés Braithwaite: *Bolaño por sí mismo*, S. 98).

[52] Ebd., S. 115.

Ausbildung von Bolaños Ästhetik erfolgt – ein Aspekt, der im zweiten Kapitel dieser Arbeit mittels einer Untersuchung von Bolaños Verhältnis zur lateinamerikanischen Tradition eingehender geklärt werden soll. Verallgemeinernd kann jedoch bereits an dieser Stelle festgehalten werden, dass Bolaños Poetik sich fundamental aus einer leserzentrierten Ästhetik heraus speist, in deren Zentrum ein Modell-Leser steht, der sich durch die Bereitschaft auszeichnet, bei der Auslegung jener als Rätsel angelegten Romane mit ihren Fragmentierungen, Verspieltheiten und puzzleartigen Strukturen[53] partizipativ im Sinne jenes von Julio Cortázar konzipierten *lector activo* zu fungieren, als ein «cómplice, un camarada de camino»[54] also, wie es in *Rayuela* bekanntlich heißt. Wenn Cortázar in seiner ‹Lese(r)-Theorie› Morelli notieren lässt, dass die radikal-aktivischen Leser jener von ihm als *novela cómica*[55] bezeichneten ludischen *Spiel*-Art des Romans, wie sie sich auch Bolaño zu eigen machen wird, vor dem Text wie vor einem Haus zu stehen hätten, um hinter dessen Fassaden, Fenstern und Türen die verborgenen Mysterien im Akt der Lektüre zu dechiffrieren,[56] dann stellt sich die Frage, welche textuellen Elemente dieses *misterio* konstituieren bzw. welches Bild eines idealen Lesers Bolaño in diesem Zusammenhang entwirft.

Ein zentrales textuelles Merkmal innerhalb dieser formalen Gestaltung des Romans als leserzentriertem Spiel mit Fragmenten stellt dabei – wenig überraschend – die Auseinandersetzung mit der literarischen Tradition im Sinne intertextueller Bezugnahmen dar, die als solche für Bolaño kategorisch noch wichtiger als die reine Lust am Text ist bzw. als Voraussetzung für ein Überleben eines Textes gelten muss:

> En principio se intenta que un lector común y corriente lea el texto y le guste, y se entretenga. Pero – claro – un texto que lo leas y te entretengas nada más, que esa sea la

---

[53] Nicht von ungefähr ist neben Borges, Bioy und Cortázar vor allem Georges Perec für Bolaño zentrales Vorbild und Referenz. Zur Beziehung von Perec und Bolaño vgl. Kapitel vier dieser Arbeit.

[54] Julio Cortázar: *Rayuela*. Madrid: Cátedra 2008, S. 560.

[55] Zur zentralen Bedeutung des Humors für das Schreiben Bolaños vgl. ebenfalls das vierte Kapitel dieser Arbeit bzw. einige grundlegende Überlegungen in: Benjamin Loy: Dimensiones de una escritura horroris/zada – violencia y (los límites del) humor en la obra de Roberto Bolaño. In: Ursula Hennigfeld (Hg.): *Roberto Bolaño – escritura, violencia, vida*. Madrid/Frankfurt am Main: Iberoamericana/Vervuert 2015, S. 137–154.

[56] Vgl. die Textstellen in *Rayuela*: «En ese sentido la novela cómica debe ser de un pudor ejemplar; no engaña al lector, no lo monta a caballo sobre cualquier emoción o cualquier intención, sino que le da algo así como una arcilla significativa, un comienzo de modelado, con huellas de algo que quizá sea colectivo, humano y no individual. Mejor, le da como una fachada, con puertas y ventanas detrás de las cuales se está operando un misterio que el lector cómplice deberá buscar (de ahí la complicidad) y quizá no encontrará (de ahí el compadecimiento)» (S. 561).

finalidad del texto – tiene una vida cortísima. Los textos tienen que tener espejos donde ellos se miren a sí mismos. En donde el texto se mire a sí mismo y vea también qué hay detrás suyo.[57]

Der literarische Text, so Bolaño, fungiert als eine Art Spiegelkabinett, in dem er über seine eigene Verfasstheit reflektiert, die – und in diesem Sinne fungiert die Präposition des *detrás* hier zugleich auf der topographischen Ebene des textuellen Raumes wie der temporalen Ebene als der dem Text zeitlich vorangehenden Tradition – stets eine über sich selbst hinausverweisende Dimension anzeigt, wie sie dem Roman als Gattung prinzipiell eignet.[58] Zugleich nimmt Bolaño auch hier ein borgesianisches Postulat im Sinne einer Definition der Eigenschaften eines klassischen, weil sich stets in der Lektüre erneuernden Werkes auf: «La obra que perdura es siempre capaz de una infinita y plástica ambigüedad. [...] [E]s un espejo que declara los rasgos del lector y es también un mapa del mundo»,[59] heißt es bei Borges, der eben die Multiplizierung der Anknüpfungspunkte im Akt des Lesens als Teil der Form eines Textes in den Mittelpunkt stellt. Die Unkontrollierbarkeit der Lektüren, die als Effekt einer solchen Ästhetik eingangs diskutiert wurde, ist in diesem Sinne also immer schon genuiner Teil der formalen Ausgestaltungen des Textes und, mehr als ein Nebeneffekt, das eigentliche Ziel, d.h. sein, um noch einmal mit Ricœurs sprechakttheoretischer Auffassung von Hermeneutik zu sprechen, propositionaler Gehalt. Dass zur ‹vollen› illokutionären Entfaltung dieses Gehalts – um im Bild zu bleiben – bestimmte Empfängerdispositionen aufseiten der Leserschaft notwendig sind, hat Bolaño dabei in der persönlichen Definition seines idealen Lesers deutlich gemacht: «Y un lector ideal, si es que puedo pretender tenerlo – aunque lo hago –, es el que maneja referencias culturales.»[60] Die Lebensdauer eines literarischen Werks – und damit kehren wir zur Ausgangsfrage nach dem Zusammenhang von Kanonisierung und literarischer Qualität zurück – hängt für Bolaño also aufs Engste von den Fähigkeiten eines Textes ab, durch formal komplexe Strukturen die Voraussetzungen dafür zu schaffen, dem an dieser ludischen Grundausrichtung des Textes interessierten Leser vielfältigste Möglichkeiten der Auslegung zu

---

57 Bolaño in Cristian Warnken: La belleza de pensar.
58 Vgl. zu dieser Überschreitungslogik des Romans und ihren Implikationen im Kontext der lateinamerikanischen Literatur auch die Überlegungen in Pablo Valdivia: *Weltenvielfalt*, S. 84–168 bzw. 490ff.
59 Jorge Luis Borges: El primer Wells. In: Jorge Luis Borges: *Obras Completas II. (1952–1972)*. Edición Crítica. Anotada por Rolando Costa Picazo e Irma Zangara. Buenos Aires: Emecé 2010, S. 69–70, hier: S. 70.
60 Bolaño in Marcela Acuña: Una visita ilustre. In: *Ercilla* 3099 (30.11.1998), S. 76.

bieten, wobei das erschließende Verstehen von in unterschiedlichen Ausprägungen chiffrierten intertextuellen Verweisen als jenen «Spiegeln des Textes» essentieller Teil dieses literarischen Spiels ist.

Wenn Borges' Erzähler den frustrierten Kommentar Pierre Menards zitiert, wonach der *Quijote* ursprünglich primär ein angenehmes Buch gewesen sei, sich heute aber in eine «ocasión de brindis patriótico, de soberbia gramatical, de obscenas ediciones de lujo»[61] verwandelt habe, dann ist dieses aus der ästhetizistischen Position Menards heraus bedauerliche Faktum der Unkontrollierbarkeit des Textes für Borges eben ein Ausweis der literarischen Qualität des *Quijote* im Sinne eines – und die Erzählung löst dieses Postulat selbst ein – immer wieder neu les- und ausdeutbaren Textes. Diese aus der *Wieder-Lesbarkeit* erwachsende Vitalität steht bei Borges immer schon einer Idee von einer verbindlichen Lektüre entgegen, die sich etwa lediglich auf eine aus einer unhinterfragten Tradition erwachsene Kanonizität eines Textes stützt. So heißt es etwa in *Examen de la obra de Herbert Quain* über die (borgesianischen) Ansichten dieses Autors: «También le parecía que el hecho estético no puede prescindir de algún elemento de asombro y que asombrarse de memoria es difícil. Deploraba con sonriente sinceridad ‚la servil y obstinada, conservación' de libros pretéritos».[62] Bolaño erweitert in seinem Werk diese Kritik mit Blick auf jene eingangs genannten Versuche, Kanonizität durch außertextuelle Parameter wie Geschlecht, Rasse oder ideologische Orientierung einzufordern, was etwa auf ironische Art und Weise in der in *La literatura nazi en América* enthaltenen Erzählung *Las mil caras de Max Mirebalais* formuliert wird: Sie schildert die literarische Karriere des haitianischen Autors Max Mirebalais, der als erfolgloser Plagiator erst zu Anerkennung im literarischen Feld gelangt, als er diese Plagiate in entsprechende identitätspolitische Hüllen zu kleiden beginnt. Stellvertretend für diese generelle Problematik steht bei Mirebalais sein Vorsatz, «todas las expresiones de la negritud» auszuschöpfen, was schließlich auch gelingt und ihm einen, wie es spöttisch heißt, «cargo de agregado cultural en Bonn»[63] einbringt. Bolaño zeigt auf die ihm eigene radikale Weise die problematischen Implikationen dieser machtpolitischen Komponenten des literarischen Feldes auf, wenn er dieses Spiel Mirebalais' ins Groteske treibt, indem der Haitianer nach der Erschöpfung seiner ersten, auf das Paradigma der *Négritude* gestützten Erfolgsphase eine neue Identität annimmt und sich von nun an Max Von Hauptmann [sic] nennt. Diese Autor-Figur wiederum

---

61 Jorge Luis Borges: Pierre Menard, S. 847.
62 Jorge Luis Borges: Examen de la obra de Herbert Quain. In: Jorge Luis Borges: *Obras Completas I. (1923–1949)*. Edición Crítica. Anotada por Rolando Costa Picazo e Irma Zangara. Buenos Aires: Emecé 2009, S. 857–860, hier: S. 857.
63 Roberto Bolaño: *La literatura nazi en América*. Barcelona: Anagrama 2010, S. 137.

gibt sich als Nachkomme eines in der Karibik gestrandeten Unteroffiziers der von Doenitzschen U-Boot-Flotte aus und schickt sich an, in einer Überbietung des aus der Mode gekommenen Identitätsdiskurs der *Négritude* nun durch eine besonders bizarre Form der *Créolité* neue Maßstäbe an Extravaganz setzen, die sich neuerdings auf seinen literarischen Erfolg positiv auswirken:

> Sobre sus textos, manipulados, maquillados, metamorfoseados, se levantó la figura de un bardo que hurgaba y cantaba la magnificencia de la raza aria y de la raza masai a partes iguales. [...] Ser un poeta nazi y no renunciar a cierto tipo de negritud pareció entusiasmar a Mirebalais. [...] De la noche a la mañana el fenómeno Mirebalais-Von Hauptmann se extendió entre las clases pudientes como un virus.[64]

Die Intention hinter diesem literarischen Possenspiel Bolaños ist nicht nur die Kritik an den Funktionsmechanismen des literarischen Feldes, in denen Erfolg völlig unabhängig von der ästhetischen Qualität des Geschriebenen stattfinden kann;[65] in dem steten Druck auf Mirebalais, sich neue literarische bzw. partikularistisch grundierte Identitäten suchen zu müssen – «la fama en el trópico no es duradera», kommentiert Bolaños Erzähler – wird die Problematik manifest, die entsteht, wenn sich Fragen des literarischen Werts bzw. des Kanons (immer verstanden im borgesianischen Sinne als Möglichkeit der Aktualisierbarkeit eines Textes) an extratextuelle Parameter knüpfen.[66] Stattdessen definiert sich diese literarische

---

[64] Ebd., S. 138.
[65] Bolaño spottet hier vor allem über das wiederholt bei ihm auftauchende Thema der Literatur als sozialer Aufstiegsmöglichkeit, welches er als solches vor allem in Lateinamerika kritisiert. Über Mirebalais heißt es: «Pronto comprendió que sólo existían dos maneras de acceder a él [den Kreis der gesellschaftlichen Elite, BL]: mediante la violencia abierta, que no venía al caso pues era un hombre apacible y nervioso al que repugnaba hasta la vista de la sangre, o mediante la literatura, que es una forma de violencia soterrada y que concede respetabilidad y en ciertos países jóvenes y sensibles es uno de los disfraces de la escala social» (S. 135). Ähnlich äußert sich Bolaño in seiner letzten öffentlichen Rede über die Angepasstheit vieler junger Autoren: «¿De dónde viene la nueva literatura latinoamericana? La respuesta es sencillísima. Viene del miedo. Viene del horrible (y en cierta forma bastante comprensible) miedo de trabajar en una oficina o vendiendo baratijas en el Paseo Ahumada. Viene del deseo de respetablidad, que sólo encubre al miedo» (Roberto Bolaño: *Entre paréntesis*, S. 312).
[66] Die Geschichte von Mirebalais ließe sich zugleich im bei Bolaño so häufig praktizierten Modus einer Darstellung lateinamerikanischer Realität als grotesker Kopie europäischer Vorbilder lesen («Latinoamérica fue el manicomio de Europa», notiert Bolaño an anderer Stelle), welche am Beispiel Haitis gleichfalls ein historisches Vorbild in Gestalt des ‹haitianischen Kaisers› Faustin I. (1849–1859) hatte. Dieses wurde jüngst von Peter Sloterdijk aufgegriffen, dessen rhetorische Frage die gleiche ironische Stoßrichtung aufzeigt wie Bolaños Erzählung über den Négritude-Profiteur Max Mirebalais, wenn er bezüglich der grotesken Figur Faustins anmerkt: «Sollte man heute behaupten, diese pompösen Entkolonisierten seien durch falsche

Wertigkeit eines Textes für Bolaño, fernab von den ästhetizistisch grundierten Träumen Pierre Menards von der Schaffung eines *reinen*, weil spur- und damit zeitlosen Textes⁶⁷ auf der einen und den identitätspolitisch gestützten und radikal zeitgebundenen Plagiaten eines Max Mirebalais auf der anderen Seite, allein in jener literarischen Form der Immer-Wieder-Lesbarkeit, die als einzige dazu geeignet ist, sowohl die Lust am Text für den Leser als auch ein Überleben des Textes im Sinne einer (zumindest theoretisch) immer wieder neu gegebenen Möglichkeit zur Tradierung und damit zur Kanonisierung zu ermöglichen.⁶⁸

Dass jene bereits in den einführenden Passagen dieser Arbeit deutlich gewordene «infrecuente capacidad de conectar con lectores de todo tipo»⁶⁹ bei Bolaño nicht nur mit den detektivischen Plots und Verrätselungsstrukturen seiner Romane als solchen zusammenhängt, sondern fundamental auch durch die Möglichkeit der Herstellung intertextueller Anschlussfähigkeit bedingt ist, wurde in Ausnahmen von der Literaturkritik zwar erkannt,⁷⁰ aber bislang kaum näher thematisiert. So ist etwa Neige Sinnos Bemerkung geradezu paradigmatisch, wenn sie schreibt: «Como en Cortázar, las citas y referencias en Bolaño permiten varios niveles de lectura, pero su desciframiento no es necesario para

---

Vorbilder von ihrer wahren Identität entfremdet worden? Oder wären sie besser als schlagfertige Plagiateure der westlichen Herrschaften zu begreifen? Waren sie nicht von Anfang an ironische Kopisten, die sich über die post-kolonialen Studien des späteren 20. Jahrhunderts mitsamt ihren mühsamen Diskursen über subalterne Aspiration, Hybridität und Anerkennung im Voraus lustig machten?» (Peter Sloterdijk: *Die schrecklichen Kinder der Neuzeit. Über das anti-genealogische Experiment der Moderne*. Berlin: Suhrkamp 2015, S. 127).
67 Vgl. dazu auch den lesenswerten Aufsatz von Christian Wehr: Originalität und Reproduktion. Zur Paradoxierung hermeneutischer und ästhetizistischer Textmodelle in Jorge Luis Borges' *Pierre Menard, autor del Quijote*. In: *Romanistisches Jahrbuch* 51 (2000), S. 351–369.
68 Es ist – wie noch zu zeigen sind wird – diese Eigenschaft von Texten, zum Leser zu sprechen, die bei Bolaño immer wieder hervorgehoben wird und die Gadamers Auffassung von Weltliteratur nahekommt, wonach «Werke, die zur Weltliteratur gehören, sprechend bleiben, obwohl die Welt, zu der sie sprechen, eine ganz andere ist» (*Wahrheit und Methode*, S. 167).
69 Ignacio Echevarría: Bolaño internacional, S. 176.
70 Vgl. wieder Echevarría, der auf die Breite des Lektürewissens Bolaños verweist: «Las lecturas de Bolaño alcanzaban parajes muy remotos, tanto en el tiempo como en el espacio» (Ebd., 191). Ebenso die Bemerkung Heinrich von Berenbergs als seinem ersten deutschen Übersetzer: «Man kann sich nur vorstellen, dass Bolaño ein wilder Leser gewesen ist. Das heißt, er hat in dem einen Buch dieses gelesen, aus dem anderen Buch jenes. Die ganze Bibliothek in seinem Kopf ist – das spiegeln auch seine Romane – eine sehr heterogene Bibliothek gewesen» (Peter B. Schumann: Der kultivierte ‹Wilde›. Roberto Bolaños Bibliothek. *Deutschlandradio Kultur* (04.05.2010), verfügbar unter: http://www.deutschlandradiokultur.de/der-kultivierte-wilde. 974.de.html?dram:article_id=150683 [letzter Zugriff: 12.03.2017]).

acceder a otros niveles de la narración.»[71] Sinno beschränkt sich hierbei, wie der überwiegende Teil der Forschungsliteratur zu Bolaño, auf eine *Feststellung* der gewaltigen Präsenz intertextueller Bezüge in seinem Werk, ohne jedoch näher nach den Hintergründen dieser Ästhetik bzw. ihren Funktionen zu fragen. Ähnliche Beispiele in dieser Hinsicht bieten etwa Chris Andrews, der in seiner formalen Analyse von Bolaños «fiction-making system» zwar das Funktionieren seiner Prosa als ein «expanding and opening up [of] what has already been written, from the scale of the sentence up to that of the book»[72] konstatiert, sich dabei aber fast ausschließlich auf das Thema der werkinternen Um- und Neuschreibung *intra*textueller Bezüge bei Bolaño beschränkt, oder auch die Studie von Myrna Solotorevsky, wenn sie zwar treffend die Dichte des Geschriebenen bei Bolaño im Sinne eines *espesor escritural* beschreibt, sich aber gleichfalls darauf beschränkt, eine «proliferación de significados, un exceso de referentes, que se instalan e irradian en diferentes niveles del texto y juegan entre sí» festzustellen, ohne die Frage der intertextuellen Dichte der Texte zu behandeln.[73] Eine Ausnahme bildet der rezente Essay von Susanne Klengel zur Verbindung von Bolaño und Ernst Jünger, der das Argument vertritt, dass der deutsche Autor «nicht nur eine unter vielen inszenierten Figuren und literarischen Anspielungen in Bolaños Werk», sondern vielmehr «*die* zentrale ästhetische Referenz»[74] für Bolaño gewesen sei. Dabei verfällt Klengel jedoch, wie im dritten Kapitel dieser Arbeit noch zu erläutern sein wird, gewissermaßen in ein gegenläufiges Extrem, wenn sie versucht, das erwiesenermaßen auf einer Vielzahl von intertextuellen Einflüssen aufbauende Werk Bolaños auf eine einzige vermeintliche ‹Schlüsselquelle› in Gestalt von Ernst Jünger zu reduzieren.[75] Überzeugender ist der Versuch von Pablo

---

71 Neige Sinno: *Lectores entre líneas. Roberto Bolaño, Ricardo Piglia y Sergio Pitol*. Mexiko-Stadt: Aldus 2011, S. 73.
72 Chris Andrews: *Roberto Bolaño's fiction*, S. 10.
73 Myrna Solotorevsky: El espesor escritural en novelas de Roberto Bolaño. In: *Mitologías hoy* 7 (2013), S. 163–171, hier: S. 164. Ein ähnlicher Befund gilt für eine ganz Bandbreite an Monographien der jüngeren Vergangenheit. Stellvertretend sei hierfür etwa die in ihrem Titel vollkommen irreführende und oberflächliche Untersuchung von Íñigo Ainoa: *El universo literario de Roberto Bolaño*. Madrid: Verbum 2015.
74 Susanne Klengel: *Jünger Bolaño. Die erschreckende Schönheit des Ornaments*. Würzburg: Königshausen & Neumann 2019, S. 25 (Kursivierung im Original). Ich danke Susanne Klengel an dieser Stelle für die Möglichkeit der Vorablektüre ihres Textes, um diesen noch kurz vor Drucklegung dieses Manuskripts integrieren zu können.
75 Diese Argumentation, die Klengel um das wenig überzeugende Motiv einer vermeintlich bewussten «Camouflierung» von Jüngers Präsenz durch Bolaño zu konstruieren versucht, basiert dabei auf einer ursächlich falschen Annahme, nach der Bolaño eine Art grundlegende Änderung seines Schreibens in Richtung einer von Ernst Jünger inspirierten Ästhetik nach der Lektüre einer 1992 ins Spanische übersetzten Essaysammlung zu Jünger aus der Feder des

Valdivia in dem Bolaño gewidmeten Kapitel seiner Studie, in dem er zeigt, wie Bolaño in *2666* mittels eines intertextuellen Verweises auf García Márquez' *Cien años de soledad* das Problem der Genealogie thematisiert und «dabei nicht einfach nur einen Roman parodiert, sondern [...] eine bestimmte Aussagefunktion dieses Romans in Frage stellt.»[76] Während sich eine Vielzahl von Untersuchungen zu Bolaño darauf beschränken, die Frage der Intertextualität mit Allgemeinplätzen à la «bookish references and intertextualities are common throughout his oeuvre»[77] zu konstatieren, gelingt es Valdivia, den überzeugenden Nachweis einer «literaturästhetisch komplexere[n] Rekonstruktion» zu führen, bei der es Bolaño gegenüber seinem prominenten Vorläufer «um mehr geht als eine rein rhetorische Zurückweisung, um sich selbst zu autorisieren.»[78] Auch wenn sich Valdivia dabei – wie viele andere Studien zu Bolaño – lediglich auf einen punktuellen Ausschnitt möglicher intertextueller Referenzen konzentriert, ist eben seine Betonung der Frage nach den Aussagefunktionen dieser Referenzen zentral, wie sie bereits Wolfgang Iser in seinen einschlägigen Überlegungen zum Akt des Lesens hervorgehoben hatte, wenn er über das Phänomen der Intertextualität schrieb: «Die in wechselnder Anspielungsdichte parat gehaltene Literatur erscheint im Repertoire des Textes in der gleichen Reduktion, wie sie die selektierten Normen der Sinnsysteme erfahren. Denn auch hier geht es nicht um Reproduktion, sondern um die *Funktionalisierung des Wiederholten.*»[79] In diesem Sinne soll der Fokus dieser Arbeit im Folgenden auf einer über diese bislang nur sehr beschränkt geleisteten Untersuchungen zur Frage der Formen und Funktionen intertextueller Referenzbezüge in Bolaños Gesamtwerk liegen, um anhand einer deutlich weitreichenderen Auswahl an Bezugstexten nachzuweisen,

---

Wuppertaler Germanisten Rainer Gruenter unternommen hätte, welche Klengel als «unumgänglichen Schlüsseltext in Bolaños Bibliothek» (S. 32) bezeichnet. Abgesehen von der Tatsache, dass Bolaños Witwe Carolina López die Existenz dieses Buchs in Bolaños nachgelassener Bibliothek nicht bestätigen konnte, liegt das Grundproblem der Argumentation Klengels vor allem in der Tatsache begründet, Bolaños Werk gewissermaßen aus einer einzigen (Lektüre-)Quelle maßgeblich erklären zu wollen bzw. insbesondere seine nachweislich komplexe und tiefgründige Auseinandersetzungen mit der Kunst und Ideengeschichte der Moderne, wie sie vor allem in Kapitel drei und vier der vorliegenden Arbeit untersucht werden, auf Jünger als vermeintlich entscheidenden Schlüssel zu reduzieren, aus welcher sich zudem ein ebenfalls noch zu kommentierender Fehlschluss bezüglich zentraler ästhetischer und ethischer Prämissen von Bolaños Schreiben ableitet.

76 Pablo Valdivia: *Weltenvielfalt*, S. 455.
77 Ignacio López-Calvo: Introduction. In: Ignacio López-Calvo (Hg.): *Roberto Bolaño, a less distant star. Critical Essays*. New York: Palgrave Macmillan 2015, S. 1–14, hier: S. 3.
78 Pablo Valdivia: *Weltenvielfalt*, S. 460.
79 Wolfgang Iser: *Der Akt des Lesens. Theorie ästhetischer Wirkung*. Stuttgart: Fink 1994, S. 133, meine Hervorhebung.

inwiefern Bolaño jene von ihm postulierte Ästhetik eines ‹wilden Lesens› im Rahmen seiner eigenen literarischen Produktion zur Anwendung gebracht hat, wobei deren Merkmale hier jedoch zunächst noch genauer zu bestimmen sind.

Ästhetik der Lektüre

Die Untersuchung von Intertextualitätsbezügen innerhalb literarischer Werke fällt in einem weiteren Sinne unter jene die theoretischen und methodischen Debatten der Literaturwissenschaft der vergangenen sechzig Jahre umtreibende Frage nach den Möglichkeiten und Grenzen der Kontextualisierung literarischer Texte im Akt der Interpretation. Die Vielfalt dieser Theorien- und Methodenentwürfe ließe sich in Form eines Denkmodells als Punkte einer nach dem Grad ihrer ‹Kulturalisierung› bestimmten Skala vorstellen, die sich zwischen den Polen einer dezidiert textzentrierten Sicht auf literarische Werke als «weitgehend geschlossenes Ordnungsgefüge bzw. als autonomes Symbolsystem»[80] und einer zentral durch die Relationierung literarischer Texte mit Blick auf andere literarische bzw. ‹kulturelle› Texte bestimmten Perspektive aufspannt.[81] Die sich innerhalb dieses Spannungsfeldes ergebenden Möglichkeiten literaturwissenschaftlicher Textinterpretation, deren Relevanz für das in dieser Arbeit zur Anwendung kommende Konzept von Intertextualität im Folgenden noch zu erläutern sein wird, sind für die (wie erwähnt massive) akademische Rezeption eines Autors wie Roberto Bolaño dabei insofern von Bedeutung, als sie auf eine selten explizit gemachte, aber entscheidende Weise Einfluss auf die eingangs gestellte Frage nach der Angemessenheit von Interpretationen eines Werks nehmen. Vor diesem Hintergrund gilt es zunächst zu klären, welche Lektüremuster die akademische Rezeption Bolaños bestimmt haben, um im Ausgang davon die theoretischen und methodischen Ziele dieser Arbeit genauer benennen zu können.

Als unstrittig kann grundsätzlich die Tatsache gelten, dass Bolaños Werk – jenseits des eingangs betrachteten Erfolgs auf dem globalen Buchmarkt – auch

---

80 Birgit Neumann/Ansgar Nünning: Kulturelles Wissen und Intertextualität: Grundbegriffe und Forschungsansätze zur Kontextualisierung von Literatur. In: Marion Gymnich/Birgit Neumann u.a. (Hg.): *Kulturelles Wissen und Intertextualität. Theoriekonzeptionen und Fallstudien zur Kontextualisierung von Literatur*. Trier: Wissenschaftlicher Verlag 2006,, S. 3–28, hier: S. 5.
81 Vgl. die entsprechende Skala in: Ansgar Nünning/Roy Sommer: Kulturwissenschaftliche Literaturwissenschaft: Disziplinäre Ansätze, theoretische Positionen und transdisziplinäre Perspektiven. In: Ansgar Nünning/Roy Sommer (Hg.): *Kulturwissenschaftliche Literaturwissenschaft. Disziplinäre Ansätze – Theoretische Positionen – Transdisziplinäre Perspektiven*. Tübingen: Narr, S. 9–29, hier: S. 14.

im akademischen Feld eine extrem produktive Aufnahme erfahren hat, deren Wurzeln nicht zuletzt in der Kompatibilität seiner Ästhetik mit den dominierenden diskursiven und theoretischen Programmen gegenwärtigen literaturwissenschaftlichen Arbeitens zu liegen scheinen, oder wie es Álvaro Bisama formuliert: «El corpus de Bolaño se presta para eso: puede ser una matriz inextinguible de zonas de sentido disparada por la necesidad de probar tal o cual teoría, de lucir el soporte más o menos brutal de la iluminación metodológica, de entender al texto como una serie de trampas listas para ser pisadas y perder con eso una pata.»[82] Über diese Anschlussfähigkeit an theoretische Strömungen im engeren Sinne drängt sich bei einer Betrachtung der Bolaño-Forschung in ihrer Breite gleichwohl der Eindruck auf, dass es vor allem die thematischen Konstanten seiner Romane und Erzählungen sind, die in Form jener «jargongefährdete[n] Signalwörter»[83] wie *Globalisierung* oder *Postmoderne* mit ihren jeweiligen populären Subkategorien[84] auf fatale Weise eben jenes Misstrauen gegenüber kulturwissenschaftlichen Kontextualisierungsmodellen von Literatur befeuern, wie es von Seiten einer ‹konservativen› Literaturwissenschaft vielfach (und bisweilen nicht zu unrecht) geäußert wird. Die zentrale Problematik dieser im Falle Bolaños kaum noch zu überblickenden Zahl an (vermeintlich) kulturwissenschaftlich inspirierten Auslegungen besteht dabei in der in diesem theoretisch-methodischn Zusammenhang generell auftretenden und problematischen Tatsache, dass sie «literarische Texte allzu leicht auf bloße ‹Gedanken-, Formel- oder Motivsteinbrüche› zusammenschrumpfen statt etwa die besonderen Formen der literarischen Repräsentation in den Blick zu rücken.»[85] Die wohl produktivste der in der Bolaño-Forschung dominierenden Lesarten schreibt dabei in dieser Ausrichtung ein klassisches Rezeptionsmuster lateinamerikanischer Literaturen fort, wie es Ottmar Ette einmal für den Fall der Bolaño vorangehenden *Boom*-Autoren als sog. «modernes Lektüremuster» identifiziert hat, nämlich in dem Sinne, dass diese «durch den Boom sich rasch verbreitende Lesart lateinamerikanischer Literatur versuchte, diese [Literatur] nicht mehr in ein freies Spiel kreativer Anverwandlung einzubeziehen, sondern an die politisch-soziale Realität der lateinamerikanischen

---

[82] Álvaro Bisama: Todos somos monstruos. In: Patricia Espinosa (Hg.): *Territorios en fuga. Estudios críticos sobre la obra de Roberto Bolaño*. Santiago de Chile: Frasis 2003, S. 79–94, hier: S. 80.
[83] Doris Bachmann-Medick: *Cultural Turns. Neuorientierungen in den Kulturwissenschaften.* Reinbek: Rowohlt 2006, S. 19.
[84] Negativ-paradigmatisch in diesem Sinne etwa: Chiara Bolognese: *Pistas de un naufragio. Cartografía de Roberto Bolaño*. Santiago de Chile: Editorial Margen 2009.
[85] Doris Bachmann-Medick: *Cultural Turns*, S. 30.

Länder rückzubinden.»⁸⁶ Aus dieser Perspektive erscheinen Bolaños Texte, insbesondere die stark an historisch-politische Themenkomplexe geknüpften wie *Amuleto, Estrella distante* oder *Nocturno de Chile*, primär als eine Art ‹Dokumentationsraum› der politischen Geschichte Lateinamerikas in der zweiten Hälfte des 20. Jahrhunderts. Die ihre Literarizität als ästhetisch formal-komplexes Phänomen begründenden Dimensionen werden dabei bestenfalls noch marginal berücksichtig; vielmehr dienen Bolaños Romane und Erzählungen als eine Art Illustrationsmaterial für bestimmte aktuelle Problemstellungen der politischen Philosophie oder auch dezidiert chilenischer oder mexikanischer Vergangenheitsverhandlungen, vor deren Folie der Text diskutiert wird, ohne dass seinen spezifischen literarischen Merkmalen in diesen Lektüren eine besondere Bedeutung zukäme.⁸⁷ Ein zweites, wenngleich weniger dominantes Lektüremuster hingegen funktioniert geradezu spiegelverkehrt: In zahlreichen, gerade aus der internationalen Komparatistik stammenden Texten spielen jene partikularen historischen Problemkomplexe, die Bolaño in seinen Werken verhandelt, sowie das im zweiten Kapitel dieser Arbeit diskutierten Faktum, dass es sich bei aller globalen Anschlussfähigkeit bei Bolaño letztlich um einen ‹lateinamerikanischen› Autor mit einer aus einer bestimmten Auseinandersetzung mit einer literarischen Tradition stammenden Ästhetik handelt, eine untergeordnete Rolle. Stattdessen rückt Bolaño ein in den universellen Kanon der postmodernen Formenkünstler, wird seine Ästhetik bevorzugt in Verbindung mit der anderer Ikonen einer ‹neuen Weltliteratur› wie David Foster Wallace oder Haruki Murakami gelesen und damit in gewisser Weise aus der Perspektive eben jenes typisch postmodernen Rezeptionsmusters lateinamerikanischer

---

86 Ottmar Ette: Asymmetrie der Beziehungen. Zehn Thesen zum Dialog der Literaturen Lateinamerikas und Europas. In: Birgit Scharlau (Hg.): *Lateinamerika denken. Kulturtheoretische Grenzgänge zwischen Moderne und Postmoderne.* Tübingen: Narr 1994, S. 297–326, hier: S. 314.
87 Einen eindrucksvollen Beleg dieser Art von Lektüren liefern etwa die Beiträge einer Spezialausgabe zu Bolaño des *Latin American Journal of Cultural Studies*, in denen – um nur ein beliebig gewähltes Beispiel zu nennen – Blüten auftauchen wie: «I suggest that the work of Roberto Bolaño enters the concept of the political – and in particular the sovereign field of ‹enemy recognition› – precisely through the reductionism internal to the Schmittian axiom that has been overlooked by Zizek» (Gareth Williams: Sovereignty and melancholic paralysis in Roberto Bolaño. In: *Latin American Journal of Cultural Studies* 18, 2–3 (2009), S. 125–140, hier: S. 127). Auf die inhaltliche Fehleinschätzung Williams' wird in Kapitel vier noch einzugehen sein. Vgl. auch die Beobachtung von Corral, wonach «it is increasingly evident that the use Bolaño makes of the past has been explained by critics only in political terms and not, for example, in relation to the influence of ancient literary classics» (Bolaño, Ethics, and the Experts, S. 108).

Literatur nach Ette heraus interpretiert, innerhalb dessen «der positive Aspekt einer tendenziellen ‹Gleichstellung› der lateinamerikanischen Texte mit den Werken der sogennanten ‹first world writers› dadurch an Aussagekraft und Bedeutung verliert, daß gerade die Differenzqualität lateinamerikanischer *écriture* überspielt wird.»[88]

Es dürfte in dieser Hinsicht kaum überraschen, wenn die vorliegende Arbeit es sich zur Aufgabe macht, einen Lektürerahmen für Bolaños Werk zu entwickeln, der die benannten Defizite der dominanten und hier skizzierten Lesarten in einer alternativen methodischen Herangehensweise zu überwinden sucht.[89] Dies impliziert zunächst eine dezidiert eng am Text arbeitende und auf seine literarischen Formalisierungsstrategien sowie insbesondere den Komplex der Intertextualität ausgerichtete *philologische* Perspektive, die Bolaños ‹wildem Lesen' (zumindest punktuell) durchaus im Sinne jener ‹wilden Philologie› begegnen will, wie sie Werner Hamacher einmal beschrieben hat, nämlich als einem Sprechen «*mit* der Literatur nicht als einem Mittel, das sie in den Dienst von Disziplinierungspraktiken stellt, [sondern] indem sie auf sie hin, *für* sie und zugunsten dessen spricht, was sich in der Literatur freizusetzen sucht.»[90] Dieser Beschreibung der Freisetzungsprozesse der literarischen Sprache Bolaños, die in den oben beschriebenen Interpretationen keine Rolle spielen, weil der Text als solcher nicht in seiner ‹Sprachhaftigkeit›, sondern als Belegexemplar oder Projektionsfläche eines immer schon jenseits des Textes situierten Erkenntnisinteresses wahrgenommen wird, gilt also ebenso ein Hauptaugenmerk dieser Arbeit wie der Frage, inwiefern sich – ähnlich wie bei Borges – hinter und unter dieser auf den ersten Blick

---

88 Ottmar Ette: Asymmetrie der Beziehungen, S. 320. Ein anschauliches Beispiel einer solchen Lektüre findet sich etwa in: Stefano Ercolino: *The Maximalist Novel. From Thomas Pynchon's* Gravity's Rainbow *to Roberto Bolaño's* 2666. New York: Bloomsbury 2014. Vgl. in Analogie zu Ettes Kritik etwa auch die Bemerkung von Héctor Hoyos im Kontext von Bolaños globaler Rezeption mit Blick auf die Tatsache, dass «many world literature scholars and non-professional readers lack the signposts and cultural expertise for making sense of Latin American letters on their own terms. Paradoxically, it is those same readers who have turned Bolaño into a global phenomenon» (*Beyond Bolaño*, S. 8).
89 Im Sinne eines ersten Versuchs, das Thema der Erinnerungsinszenierung an die chilenische Militärdiktatur mittels einer kulturwissenschaftliche Kontextualisierung und literarische Formalisierung gleichermaßen berücksichtigenden Perspektive zu diskutieren vgl. Benjamin Loy: Escritores bárbaros, detectives distantes y un cura amnésico – escenificaciones de la (post-)dictadura chilena en la obra de Roberto Bolaño. In: Annette Paatz/ Janett Reinstädler (Hg.): *Arpillera sobre Chile. Cine, teatro y literatura antes y después de 1973*. Berlin: tranvía 2013, S. 117–138.
90 Werner Hamacher: Für – die Philologie. In: Jürgen Paul Schwindt (Hg.): *Was ist eine philologische Frage? Beiträge zur Erkundung einer theoretischen Einstellung*. Frankfurt am Main: Suhrkamp 2009, S. 21–60, hier: S. 47. Für den Hinweis auf diesen Text und einige Anmerkungen diesbezüglich gilt mein Dank Robert Stockhammer.

so mühelosen, im Wortsinne ‹oberflächlich› wirkenden Sprache Bolaños vielfältigste Abgründe eröffnen, die den Blick auf ihre eigenen Tiefenstrukturen freigeben. Zugleich will diese Arbeit sich in keinem Fall der Möglichkeit berauben, diese text- und sprachzentrierte Perspektive eben dort um kulturwissenschaftlich inspirierte Kontextualisierungen zu bereichern, wo diese als transdisziplinäre Wissensbestände zu einer Erhellung des literarischen Textes bedeutende Beiträge zu liefern vermögen. Wenn also etwa im vierten Kapitel dieser Arbeit die Frage nach den literarischen Verhandlungen von Geschlechterrollen bei Bolaño diskutiert wird, bedeutet dies, dass es nicht nur um eine Freilegung der spezifischen sprachlichen Modellierungen und der in ihnen angelegten intertextuellen Verweisstrukturen geht, sondern zugleich um eine Einordnung und Funktionsbestimmung dieser Phänomene vor dem Hintergrund historischer Geschlechterdiskurse der Moderne oder von spezifischen Männlichkeitskonstruktionen in Lateinamerika, zu denen kulturwissenschaftliche Arbeiten fundamentale Erkenntnisse bereithalten. Es geht also, so ließe sich die theoretisch-methodische Grundausrichtung dieser Arbeit zusammenfassen, um eine reflexiv-pragmatische Position, die sich keinem der vielfach sich als unvereinbar gerierenden Pole literaturwissenschaftlichen Arbeitens ausliefern will, sondern vielmehr Formen des ‹textnahen› und ‹textfernen› Lesens im Sinne jener Beschreibung der Lektüre als mobiler Perspektivierungskunst einlösen will, wie sie Ricardo Piglia einmal formuliert hat: «[L]a lectura es un arte de la microscopía, de la perspectiva y del espacio.»[91]

Im engeren Sinne des sich ab den 1970er Jahren in der Literaturtheorie etablierenden Paradigmas der Intertextualität hat sich diese Frage nach den Extensionen bzw. Limitationen des (Inter-)Texbegriffs bekanntlich zum entscheidenden Richtmaß der Situierung der vielfältigen Beiträge dieser Debatte entwickelt, oder um mit den schon klassischen Worten Manfred Pfisters zu sprechen:

---

[91] Ricardo Piglia: *El último lector*. Barcelona: Debolsillo 2014, S. 18. Oder um in einem literaturwissenschaftlich expliziteren Duktus zu sprechen: «*Close reading* als das textgenaue Erfassen und Verstehen der einzelnen Zeichen und Elemente eines Textes ist nur möglich bei gleichzeitigem *wide reading* im Sinne eines *co-reading* der Texte des kulturellen Kontextes; denn dieser ist zwar textuell, nicht aber semantisch außerhalb des fraglichen Textes angesiedelt; er ist eine bedeutungskonstitutive Dimension des literarischen wie jedes anderen Textes. Zugespitzt lässt sich das so formulieren: *close reading* ist nicht möglich ohne *wide reading*, da die kontextuell-kulturelle Dimension den Zeichen und Strukturen eines Textes eingeschrieben ist» (Wolfgang Hallet: Intertextualität als methodisches Konzept einer kulturwissenschaftlichen Literaturwissenschaft. In: Marion Gymnich/Birgit Neumann u.a. (Hg.): *Kulturelles Wissen und Intertextualität. Theoriekonzeptionen und Fallstudien zur Kontextualisierung von Literatur*. Trier: Wissenschaftlicher Verlag 2006, hier: S. 64.)

> Die Theorie der Intertextualität ist die Theorie der Beziehung zwischen Texten. Dies unumstritten; umstritten jedoch ist, welche Arten von Beziehungen darunter subsumiert werden sollen. Und je nachdem, wieviel man darunter subsumiert, erscheint Intertextualität entweder als eine Eigenschaft von Texten allgemein oder als eine spezifische Eigenschaft bestimmter Texte oder Textklassen.[92]

Wenn diese Aussage Pfisters implizit suggeriert, dass die jeweilige Handhabung von Intertextualitätsbegriffen stets in Abhängigkeit von prinzipiellen theoretischen und methodischen Auffassungen bezüglich bestimmter Textbegriffe zu begreifen sei, so wirft dies wiederum die Frage auf, inwiefern bestimmte theoretische ‹Überzeugungen› im Rahmen literaturwissenschaftlicher Analysen mit Blick auf ihren Untersuchungsgegenstand jenseits ihrer simplen und faktischen Existenz plausibel zu machen sind. Mit Blick auf den Untersuchungsgegenstand dieser Arbeit bedeutet dies – wie im zweiten Kapitel noch ausführlich zu zeigen sein wird –, dass die Frage nach der Handhabung ihres Text- bzw. Intertextualitätsbegriffs weniger auf einer durch extratextuelle Parameter begründeten Vorentscheidung beruhen soll, als vielmehr aus den zu untersuchenden Texten selbst abzuleiten wäre, wenngleich dieses Unterfangen bis zu einem gewissen Grad freilich dem Dogma der strikten Trennung zwischen Theorie und Text im Sinne jener «Verwechslung von Exegese und Theoriebildung»[93] zuwiderläuft, wie sie der kulturwissenschaftlichen Theoriebildung als solcher vielfach vorgeworfen wurde. Für den Fall der lateinamerikanischen Literatur bedeutet dies konkret, dass der für sie kennzeichnende Textbegriff, wie sie ihn selbst entwickelt hat, nicht einfach mittels einer ahistorisch zu begründenden theoretischen oder produktionsästhetischen Entscheidung verstanden werden kann, sondern seine Entwicklung vielmehr aus konkreten materialistischen und literaturhistorischen Problemstellungen und Produktionsbedingungen von Literatur heraus genommen hat, innerhalb derer die Erfahrungen von Kolonialität und peripherer Moderne prägend waren. In diesem Sinne ist es die lateinamerikanische Literatur selbst, aus deren Geschichte in Form konkreter Textbeispiele heraus hier eine ihr gemäße ‹Theorie›, oder angemessener, *Ästhetik des Textes* bzw. *der Lektüre* entwickelt werden soll, die als solche gleichermaßen als

---

[92] Manfred Pfister: Konzepte der Intertextualität. In: Ulrich Broich/Manfred Pfister (Hg.): *Intertextualität. Formen, Funktionen, anglistische Fallstudien.* Tübingen: Niemeyer 1985, S. 1–30, hier: S. 11.
[93] Andreas Kablitz: Theorie der Literatur und Kunst der Interpretation. Zu einigen Blindstellen literaturwissenschaftlicher Theoriebildung. In: *Poetica* 41 (2009), S. 219–231, hier: S. 224. Zur Problematisierung der Frage nach den Motivationen bestimmter philologischer Auffassungen von Theorie vgl. auch Benjamin Loy: Nach den Elegien.

fundamental für das Werk Roberto Bolaños zu erachten ist. Dass dieses Vorgehen gerade im Kontext der Intertextualitätstheorie durchaus heuristisches Potential bereithält, wurde in den Theoriedebatten vielfach bemerkt:

> Der literarische Text ist also sowohl das wichtigste Beispiel für Intertextualität als auch deren selbstreflexives Medium. In den (meisten) Intertextualitätstheorien spiegelt sich in Metaphern und Modellen genau diese Tatsache wider, dass am literarischen Text so viele Phänomene – und so viele gleichzeitig – zu beschreiben sind, dass ihre Beschreibung immer wieder an die Grenze von Begriffen und Begriffssystemen gelangt.[94]

Ganz im Sinne jener reflexiv-pragmatischen Grundausrichtung dieser Arbeit soll es also auch hinsichtlich ihrer theoretisch-methodischen Ausrichtung mit Blick auf die Handhabung des Intertextualitätsbegriffs nicht um eine Fortführung jener meist feldmotivierten, apologetischen Konzepte zwischen den erwähnten ‹Polen› kulturwissenschaftlicher bzw. hermeneutisch/(post-)strukturalistischer Inspiration gehen, sondern um eine dem Werk Bolaños angemessen erscheinende und aus ihm selbst heraus zu entwickelnde Herangehensweise. Es wäre hier also in einem ersten Schritt eine näherungsweise Bestimmung des Textbegriffs zu leisten, wie er sich aus Bolaños Ästhetik bzw. seinen poetologischen Aussagen extrahieren lässt.

Dabei fällt zunächst (und kaum überraschend für ein vielfach innerhalb einer postmodernen Ästhetik[95] verortetes Werk) die grundsätzlich weite Auffassung von Bolaños Textbegriff im Sinne jener poststrukturalistischen Vorstellungen vom Text als Barthescher «chambre d'échos»[96] oder dem Derridaschen Gewebe von Spuren[97] auf, wenn er etwa postuliert: «Y la literatura, el flujo clásico de la literatura, [...] está hecho de plagios consecutivos. Es decir, todos estamos escribiendo el mismo libro, al final de cuentas.»[98] Gleichzeitig lässt sich in Bolaños Werk unschwer eine extreme Breite an Bezugnahmen auf *andere Texte* im weitesten Sinne erkennen: Diese Breite impliziert nicht nur eine literaturgeschichtliche (von den klassischen Texten der Antike bis zur

---

94 Frauke Berndt/Lily Tonger-Erk: *Intertextualität. Eine Einführung*. Berlin: Erich Schmidt Verlag 2013, S. 13.
95 Auf Bolaños Problematisierung dieser (Post-)Moderne-Konzepte wird an anderer Stelle noch näher einzugehen sein. Aus analytischer Perspektive teilt diese Arbeit die Skepsis an der Möglichkeit einer dichotomischen Gegenüberstellung von Moderne und Postmoderne, wie sie etwa treffend von Andreas Kablitz formuliert wurde, vgl. dazu: Andreas Kablitz: *Zwischen Rhetorik und Ontologie. Struktur und Geschichte der Allegorie im Spiegel der jüngeren Literaturwissenschaft*. Heidelberg: Winter 2016, S. 13–15.
96 Roland Barthes: *Roland Barthes par Roland Barthes*. Paris: Seuil 1975, S. 78.
97 Vgl. etwa die Aussagen in Jacques Derrida: *Positionen*. Graz 1986: Böhlau, S. 66.
98 Bolaño in Cristian Warnken: La belleza de pensar.

unmittelbaren Gegenwartsliteratur) und literaturräumliche (der gesamte ‹westliche› Kanon[99]), sondern zugleich eine ästhetische (von *Peter Pan* und US-amerikanischer Science-Fiction der 60er Jahre bis eben zu den Autoren des klassischen und modernen Kanons) und mediale (von den Gemälden Giuseppe Arcimboldos bis zum mexikanischen Unterhaltungskino der 70er Jahre) Dimension der Entgrenzung, welche als solche Aufschluss über Bolaños Verständnis vom literarischen Text als einer Sammlung von Fragmenten und Zitaten kultureller Texte gibt.[100] Gleichzeitig spielt die Frage nach der Verhandlung von Sichtweisen auf Welt und Gesellschaft im Medium der Kunst für Bolaño seit den Anfängen seiner literarischen Tätigkeit eine zentrale Rolle, sind seine Texte in extremem Maße aufgeladen mit dem, was sich im Sinne Stephen Greenblatts als «soziale Energie»[101] bezeichnen ließe, oder wie es im radikalen Duktus des *Manifiesto Infrarrealista* heißt: «Vamos a meternos de cabeza en todas las trabas humanas, de modo tal que las cosas empiecen a moverse dentro de uno mismo, una visión alucinante del hombre.»[102] Ebenso lässt sich auf der Ebene der Sprache selbst jene fundamental von den Poetiken Nicanor Parras und Jorge Luis Borges' inspirierte Auffassung Bolaños bezüglich der Sprache als stets, im Sinne Bachtins,[103] dialogischem und transgressivem Phänomen feststellen, das Bolaño selbst als kontinuierliche Form der literarischen Erneuerung galt:

---

[99] Bolaño selbst bekennt sich zu dieser Zugehörigkeit zu einem westlichen Kanon, auch wenn er diesen in einem weiteren Sinne verortet als Bloom: «Me siento parte de la tradición literaria occidental, cuyo centro son los fragmentos de los poetas griegos arcaicos y no Shakespeare, como sostiene Bloom» (Bolaño in Uwe Stolzmann: Entrevista a Roberto Bolaño. In: Augusta López Bernasocchi/José Manuel López de Abiada (Hg.): *Roberto Bolaño. Estrella cercana. Ensayos sobre su obra*. Madrid: Verbum 2012, S. 364–376, hier: S. 371).
[100] Als Belege für diese Unersättlichkeit Bolaños als Leser und ‹Kulturfresser› allgemein mögen die im Rahmen der 2013 in Barcelona im Rahmen der Ausstellung seines Archivs einzusehenden Listen dienen, auf denen er akribisch alles Gelesene, Gehörte und Gesehene dokumentierte. Für eine eingehendere Betrachtung dieser ‹abseitigen› Genre-Präsenzen von Science Fiction über erotische Literatur bis hin zu Western und Fernsehserien vgl. die bemerkenswerte Studie von Felipe Ríos Baeza: *Roberto Bolaño. Una narrativa en el margen. Desestabilizaciones en el canon y la cultura*. Valencia: Tirant Humanidades 2013.
[101] Vgl. die Ausführungen im ersten Kapitel von Stephen Greenblatt: *Shakespearean Negotiations: The Circulation of Social Energy in Renaissance England*. Berkeley: University of California Press 1988.
[102] Roberto Bolaño: Primer Manifiesto del Infrarrealismo, S. 145.
[103] Vgl. die bekannten Überlegungen in Michail Bachtin: Das Wort im Roman. In: Michail Bachtin: *Die Ästhetik des Wortes*. Aus dem Russischen von Rainer Grübel und Sabine Reese. Frankfurt am Main: Suhrkamp 1979, S. 154–300.

[N]o creo que la literatura esté agotada. Eso no va a suceder jamás, al menos mientras los seres humanos puedan hablar. La literatura se alimenta de la oralidad, del habla de la tribu, de la jerga de la tribu. Las voces entrecruzadas y superpuestas que se pueden oír en un autobús, por ejemplo, probablemente contengan más energía que la mayor parte de los poemas que hoy se escriben en Santiago.[104]

Ohne Bolaños Konzeptionen von Text und Sprache, die immer auch aus einer post-avantgardistischen Position heraus die Frage nach einer Möglichkeit der Sprache nach dem avantgardistischen Erreichen der Grenzen der Sagbarkeit thematisieren,[105] an dieser Stelle bereits vertiefen zu wollen, kann wohl unschwer konstatiert werden, dass Bolaños Textbegriff bzw. seiner Ästhetik grundsätzlich eine zentrifugale Ausrichtung eignet. Aus literaturtheoretischer Sicht weist sie damit zweifellos Anknüpfungspunkte mit jenem poststrukturalistischen (Inter-) Textbegriff nach Kristeva auf, wonach bekanntlich die «literarische Struktur nicht ist, sondern sich erst aus der Beziehung zu einer anderen Struktur herstellt.»[106] Diese Feststellung, mit der sich nicht wenige Untersuchungen von Bolaños Werk, insbesondere mit Blick auf die intertextuellen Referenzbezüge, begnügen, wirft die Frage auf, inwiefern diese manifeste Unkontrollierbarkeit der Texte auf der konkreten Ebene der Analyse in ihrer Transgressionsdynamik eingehegt und ihre Funktionsmechanismen sichtbar gemacht werden können. Dass die in dieser Arbeit vertretene Antwort dabei zurück zu jenen konzeptuellen Auffassungen von Intertextualität führt, die sie als «Verfahren eines mehr oder weniger bewußten und im Text selbst auch in irgendeiner Weise konkret greifbaren Bezugs auf einzelne Prätexte, Gruppen von Prätexten oder diesen zugrundeliegenden Codes und Sinnsystemen»[107] erfasst, wird dabei mit Blick auf die Notwendigkeit der Operationalisierbarkeit kaum überraschen. Gerade vor dem Hintergrund der Kritik an einem poststrukturalistisch inspirierten, «total entgrenzte[n] Texbegriff»[108] muss

---

104 Bolaño in Andrés Braithwaite: *Bolaño por sí mismo*, S. 27. Vgl. die analoge Bemerkung in Borges' bereits genannter Erzählung *Examen de la obra de Herbert Quain*: «Le parecía que la buena literatura es harto común y que apenas hay diálogo callejero que no la logre» (S. 94). Zur Bedeutung von Nicanor Parras Sprachkonzept für Bolaños Poetik vgl. Kapitel vier dieser Arbeit bzw. die Überlegungen in: Benjamin Loy: Chistes par(r)a reordenar el canon – Roberto Bolaño, Nicanor Parra y la poesía chilena. In: *Romanische Studien* 1 (2015), S. 45–60.
105 Vgl. ebenfalls die Überlegungen im vierten Kapitel im Anschluss an Parra und Georges Perec bzw. zum Thema der postavantgardistischen Ästhetik die auch in diesem Kapitel diskutierten Thesen von Andreas Gelz: *Postavantgardistische Ästhetik. Positionen der französischen und italienischen Gegenwartsliteratur*. Tübingen: Niemeyer 1996.
106 Julia Kristeva: Wort, Dialog und Roman bei Bachtin. In: Jens Ihwe (Hg.): *Literaturwissenschaft und Linguistik. Bd. III.* Frankfurt am Main: Fischer 1972, S. 345–375, hier: S. 346.
107 Manfred Pfister: Konzepte der Intertextualität, S. 15.
108 Ebd., S. 7.

es im Kontext dieser Studie darum gehen, die Grenzen der Interpretation von Bolaños radikalem Textuniversum bis zu einem gewissen Grad zu bestimmen. Wenn Chris Andrews das Phänomen der *overinterpretation* als charakteristisch für Bolaños Figuren und Erzähler ansieht,[109] so ließe sich dieses durchaus auch auf die realen Leser von Bolaños Texten erweitern, die sich tendenziell in der sich stets erweiternden Vielzahl an Verweisen aller Art zu verlieren drohen. In diesem Sinne scheint für eine Interpretation von Bolaños Werken – und ihre intertextuellen Bezüge im Besonderen – ein Rückgriff auf jene von Umberto Eco eingeforderte «*intentio operis*, die sich dem mit gesundem Menschenverstand ausgestatten Leser erschließt»[110] angeraten, wobei auf einer konkreten Analyseebene zumindest näherungsweise nach jenem von Pfister postulierten «Grad der Bewußtheit des intertextuellen Bezugs beim Autor wie beim Rezipienten, der Intentionalität und der Deutlichkeit der Markierung im Text selbst»[111] zu fragen wäre. Dieser auf den ersten Blick etwas antiquiert wirkende Rückgriff auf die, wie eingangs dargestellt, gerade bei Bolaño so unsichere Institution des Autors ist gewiss kommentierungsbedürftig: Wenn gerade die Verfechter eines ‹engen› Intertextualitätsbegriffs wie Pfister oder Genette auf die Bedeutung der Markiertheit solcher Relationen insistiert haben, dann soll dieses Argument innerhalb dieser Arbeit insofern berücksichtig werden, als sie sich im Folgenden ausschließlich mit Verweisen beschäftigen wird, bei denen eine solche Markierung der intertextuellen Beziehung hergestellt werden kann. Dabei ist allerdings die Intensität dieser Markierung nicht entscheidend, da – wie in allen weiteren Kapiteln zu beobachten sein wird – eine Strategie der intertextuellen Bezugnahme in Bolaños Werk, im Sinne seiner Ästhetik einer detektivisch verfahrenden Lektüre, gerade darin besteht, mögliche Bedeutungsherstellungen zu anderen Texten auf besonders geschickte Weise zu chiffrieren. Zur Plausibilisierung dieser aus Sicht der ‹konservativen› Intertextualitätstheoretiker ‹gewagten› Thesen scheint jedoch die Instanz des realweltlichen Autors Roberto Bolaño insofern zur Stützung mancher Thesen zu dienen, als sein Lektürewissen bzw. die Äußerungen über bestimmte Autoren oder Texte in textexternen Kontexten bedeutsame Aufschlüsse über die Angemessenheit bestimmter Interpretationen ermöglichen. Um ein konkretes Beispiel zu geben: Wenn im dritten Kapitel in der Analyse von *Nocturno de Chile* Luis de Góngora *Soledades* als ein zentraler Verweistext des Romans interpretiert wird, obwohl dieser als solcher bei Bolaño nur minimal markiert ist, dann lässt sich diese Interpretation trotz ihrer vergleichsweisen schwachen textuellen Markierung als solche sicher dadurch

---

109 Vgl. Chris Andrews: *Roberto Bolaño's Fiction*, S. 56.
110 Umberto Eco: *Die Grenzen der Interpretation*. München: dtv 1995, S. 48.
111 Manfred Pfister: Konzepte der Intertextualität, S. 27.

plausibilisieren, dass Bolaño als profunder Kenner des spanischsprachigen Kanons zweifellos ein ebenso profundes Textwissen über das Hauptwerk des spanischen Barockdichters besaß. Umgekehrt sollen Texte, bezüglich derer eine Relation überhaupt nicht nachzuweisen ist, keinen Eingang in diese Analyse finden.[112] Gleichwohl soll es nicht darum gehen, eine Art neuaufgelegter Einflussforschung im Sinne positivistisch arbeitender Nachweisverfahren zu betreiben,[113] sondern Bolaños Texte vielmehr auf ihre dialogischen Potentiale hin zu lesen, die sie im Rahmen einer jeweils individuell in ihrer Plausibilität zu begründenden Auslegung ermöglichen – und damit das von der Bolaño-Forschung häufig formulierte Postulat einer Art Kartographie der bolañoschen Intertextualität (zumindest ansatzweise) einzulösen.[114] Ebenso wenig besteht das Ziel dieser Arbeit darin, Bolaños Ästhetik der Lektüre in Form jener (mehr oder weniger) strikten Strukturmodelle und Terminologien durchzuarbeiten wie sie vielfach in der Theoriebildung zum Intertextualitätsbegriff zu finden sind. Vielmehr wird es darum gehen, diese unterschiedlichen Theorien und ihre Begrifflichkeiten pragmatisch und im Sinne eines Werkzeugkastens dort anzuwenden, wo der jeweilige Analysekontext dies nahelegt. Konzepte wie Auto-, Intra- und Intertextualität im eigentlichen Sinne werden dabei praktisch überall sichtbar werden, spezifische Konzepte wie Einzel- oder Systemreferenz finden sich etwa im fünften Kapitel, wenn es um Bolaños Referenzen auf den Detektivroman als Gattung geht, während Aspekte psychoanalytischer Einflussforschung à la Harold Bloom ebenfalls im fünften Kapitel unübersehbar in spielerischer Anverwandlung ihren Platz bei Bolaño finden, ebenso wie unterminierende und kritische Funktionen von Intertextualität im Sinne genderkritischer oder postkolonialer Lektüremuster in den Kapiteln vier und fünf aufgehoben sind. Im Mittelpunkt stehen also das Erkennen und Diskutieren der Funktionen intertextueller Referenzbezüge sowie die

---

112 Ein Beispiel wären die verblüffenden Parallelen zwischen Bolaños Romanen *2666* und *Los sinsabores del verdadero policía* und J.M. Coetzees *Disgrace* wie ich sie in einem anderen Zusammenhang untersucht habe. Vgl. dazu: Benjamin Loy: The Precarious State of the Art: Writing the Global South and Critical Cosmopolitanism in the Works of J.M. Coetzee and Roberto Bolaño. In: Gesine Müller/Jorge Locane u.a (Hg.): *Re-mapping World Literature. Writing, Book Markets, and Epistemologies between Latin America and the Global South*. Berlin/Boston: De Gruyter 2018, S. 91–116.
113 Vgl. zur real-existierenden Bibliothek Bolaños auch die Beobachtungen im Schlusskapitel dieser Arbeit.
114 Vgl. dazu etwa die Aussage von Rodrigo Pinto: «Queda pendiente el ejercicio de construir la biblioteca de Bolaño a partir de los rastros que dejó en la poesía y en la ficción» (Rodrigo Pinto: Las listas de Bolaño y Perec. In: *Revista UDP 9* (2012), S. 173–176, hier: S. 173; oder ähnlich von Ignacio Echevarría in der Forderung eines «intentar levantar [...] un mapa de las devociones literarias de Bolaño» (Bolaño internacional, S. 191).

Erschließung ihrer jeweiligen Bedeutungsmöglichkeiten, die durch ihre – mit Wolfgang Iser gesprochen – «Entpragmatisierung»[115] in der Wiederholung im Sinne einer Einbettung in neue textuelle Umgebungen eröffnet wird. Im Kern geht es dabei fundamental immer um eine Untersuchung jener Dialoge, die Bolaños Werke nicht nur mit einzelnen Texten, sondern vielmehr mit ganzen Blöcken an ideen- und literaturgeschichtlichen Diskursen der Moderne unterhalten haben und die sie für eine kritische Betrachtung der Gegenwart im Medium des Literarischen heranziehen.

Diese Form der Annäherung an das Phänomen der Intertextualität in Bolaños Werk kann dabei möglicherweise auch insofern als zielführend bewertet werden, als die Rolle des Modell-Lesers in Bolaños Ästhetik der Lektüre durchaus mit starken Ambivalenzen behaftet ist. «La pregunta ‹qué es un lector› es, en definitiva, la pregunta de la literatura. Esa pregunta la constituye, no es externa a sí misma, es su condición de existencia»,[116] schreibt Ricardo Piglia und formuliert damit die Dringlichkeit, neben der Frage nach dem Textbegriff im Rahmen der Interpretation zugleich die nach der im Text angelegten Dimension des Lesers zu klären. Als Modell-Leser ist hier im Sinne Ecos jene hypothetische Instanz zu verstehen, die der empirische Autor im Sinne einer Textstrategie anlegt[117] und die sich als eine innerhalb einer Vielzahl diese Ästhetik der Lektüre bildenden Strategien bei Bolaño analysieren lässt, wobei das Konzept der Strategie hier mit Iser als «Lenkungspotential» fiktionaler Rede zu denken ist.[118] Betrachtet man Bolaños Literatur als ein Beispiel jener von Eco als «offene Kunstwerke» bezeichneten Gattung, so besteht deren Ziel mit Blick auf den Leser bekanntlich darin, in ihm «‹Akte bewußter Freiheit› hervorzurufen, ihn zum aktiven Zentrum eines Netzwerkes von unausschöpfbaren Beziehungen zu machen, unter denen er seine Form herstellt, ohne von einer Notwendigkeit bestimmt zu sein, die ihm die definitiven Modi der Organisation des interpretierten Kunstwerks vorschriebe.»[119] Diese extreme Offenheit des Textes und die Möglichkeit seiner vielfältigen Anschließbarkeit für eine breite Leserschaft, wie sie Bolaños Literatur auszeichnet, scheint dabei zunächst einmal jener Auffassung von Text-Leser-Beziehungen entgegenzustehen, wie sie sich etwa Gérard Genette «unter einem sozialisierten, vertragsähnlichen

---

115 Vgl. Wolfgang Iser: *Der Akt des Lesens*, S. 134.
116 Ricardo Piglia: *El último lector*, S. 23.
117 Vgl. Umberto Eco: *Lector in fabula*. Aus dem Italienischen von Heinz-Georg Held. München: Hanser 1987, S. 76ff.
118 Vgl. Wolfgang Iser: *Der Akt des Lesens*, S. 100.
119 Umberto Eco: *Das offene Kunstwerk*. Aus dem Italienischen von Rolf Eichler. Frankfurt am Main: Suhrkamp 1977, S. 31.

Blickwinkel als Bestandteil einer bewußten und organisierten Pragmatik»[120] vorstellt. Vielmehr geht es Bolaño primär um die nicht vorhersehbaren Effekte, die ein Werk in seinem Leser auszulösen imstande ist – ein Aspekt, den er in einem kurzen Aufsatz mit dem Titel *La traducción es un yunque* formuliert hat:

> ¿Cómo reconocer una obra de arte? ¿Cómo separarla, aunque sólo sea un momento, de su aparato crítico, de sus exegetas, de sus incansables plagiarios, de sus ningunedores, de su final destino de soledad? Es fácil. Hay que traducirla. Que el traductor no sea una lumbrera. Hay que arrancarle páginas al azar. Hay que dejarla tirada en un desván. Si después de todo esto aparece un joven y la lee, y tras leerla la hace suya, y le es fiel (o infiel, qué más da) y la reinterpreta y la acompaña en su viaje a los límites y ambos se enriquecen y el joven añade un gramo de valor a su valor natural, estamos ante algo, una máquina o un libro, capaz de hablar a todos los seres humanos.[121]

Statt in der Form eines Vertrages beschreibt Bolaño den Prozess der Lektüre hier als einen radikal kontingenten Akt der Begegnung mit dem literarischen Werk, dessen Wert sich eben darin erweist, dass es noch in seiner «Misshandlung» durch den Leser einen unzerstörbaren Effekt auf diesen auszuüben vermag. Als Beispiele für solche Werke führt Bolaño im gleichen Text den *Quijote* und *Macbeth* sowie das Spektakel der Passionsspiele an: Allen gemeinsam ist die Tatsache, dass sie offensichtlich noch in den armseligsten Übersetzungen und Inszenierungen einen unzerstörbaren Kern wahren, der im Betrachter einen Effekt auszulösen vermag, «que a falta de una palabra mejor llamaremos magia.»[122] Gleichzeitig aber geht diese vermeintliche Apologetik einer radikal freien Lust am Text bei Bolaño mit einem Diskurs über den Akt des Lesens einher, der die darin stets schon angelegten Potentiale von Gewalt und Verirrung betont und damit auf die rhetorische Frage zielt, die schon Eco in seinen Überlegungen zum offenen Kunstwerk stellt: «Und sind die ‹offenen› Texte, von denen tausend verschiedene Lektüren möglich sind, alle und allen zu unbeschränkter Lust?»[123] Gerade diese vordergründig so gefeierte Unkontrollierbarkeit des Textes könne, so Jonathan Culler in einem Kommentar zu Ecos Text, «als Akte angesehen oder erzählt werden, die von der manipulierenden Strategie eines planenden Autors provoziert werden können.»[124] Nicht umsonst vergleicht Eco an anderer Stelle die Tatsache, «daß ein Text ein Produkt ist, dessen Interpretation Bestandteil des eigentlichen

---

120 Gérard Genette: *Palimpseste: die Literatur auf zweiter Stufe*. Aus dem Französischen von Wolfram Bayer und Dieter Hornig. Frankfurt am Main: Suhrkamp 1993, S. 20.
121 Roberto Bolaño: *Entre paréntesis*, S. 223.
122 Ebd.
123 Umberto Eco: *Das offene Kunstwerk*, S. 69.
124 Jonathan Culler: *Dekonstruktion. Derrida und die poststrukturalistische Literaturtheorie*. Aus dem Englischen von Manfred Momberger. Reinbek: Rowohlt 1999, S. 76.

Mechanismus seiner Erzeugung sein muß», als Beispiele jener Formen der Strategie, welche das Literarische und das Militärische in ihren Funktionsweisen auszeichnen, auch wenn er den Unterschied anführt, «daß in einem Text der Autor gewöhnlich den Gegner gewinnen statt verlieren will.»[125] Eben diese unterschwellige Gewalt, die dem affektiv stets durch Formen des Begehrens charakterisierten Akt der Lektüre eignet, inszeniert Bolaño in seinen Werken immer wieder neu, wie etwa in dem ebenfalls posthum veröffentlichten Roman *El Tercer Reich*: In diesem Ende der 80er Jahre von Bolaño verfassten Werk reist Udo Berger,[126] ein deutscher Durchschnittsbürger mit einem Faible für Strategiespiele wie das titelgebende *Rise and Decline of the Third Reich*, in den Sommerurlaub an die Costa Brava, wo er im Rahmen der zunehmend bedrohlich wirkenden und rätselhaften Kulisse des Urlaubsortes mit seinen seltsamen Gestalten immer tiefer in eine Partie des Spiels versinkt, welche er mit einem mysteriösen lateinamerikanischen und von allen aufgrund seiner Narben nur als *El Quemado* bezeichneten Tretboot-Vermieter bestreitet. Der ganze Roman mit seiner «doppelte[n] Perspektive auf das Spiel, die zwischen immersiver Dynamik und distanziertem strategischem Blick oszilliert»,[127] kann dabei als eine Allegorie der Lektüre und des in ihr eingelassenen Begehrens gelesen werden, etwa wenn es über die Spieler vor ihrem Brett heißt: «Recordé al jugador que Alguien ve desde arriba, sólo cabeza, hombros y dorsos de las manos, y el tablero y las fichas como un escenario donde se desarrollan miles de principios y finales, eternamente, un teatro caleidoscópico, único puente entre el jugador y su memoria, su memoria que es deseo y es mirada.»[128] Eben jenes «Gleiten von den ersten Spielbeschreibungen mit ihrer vor

---

125 Umberto Eco: *Lector in fabula*, S. 66–67.
126 Bolaños Faible für die polysemantischen Potentiale homophoner Wörter im Deutschen und Spanischen ist ein immer wieder auftauchendes Phänomen in seinen Textes, welches eben jene tieferen Sinnstrukturen verdeutlicht und als solches weder in deutsch- noch in spanischsprachigen Interpretationen Beachtung gefunden hat: *Berger* wird im spanischen zum homophonen *verga* und lässt den Protagonisten damit schon im Namen seine eigenen unterschwelligen Begehrensdimensionen tragen, wie sie im Verlauf des Romans immer wieder hervorbrechen, etwa wenn er – möglicherweise in einer Inversion von Arthur Schnitzlers *Fräulein Else* – den jungen Udo mit der wesentlich älteren Hotelbesitzerin gleichen Namens anbandeln lässt. Ähnlich verhält es sich mit Carlos Wieder, dem (pseudo)vitalistischen Übermenschen aus *Estrella distante*, welcher diese lebensbezogene Dimension im homophonen Lexem *vida* schon im Namen trägt. Vgl. zur Analyse dieser Sprachspiele mit den Eigennamen ausführlich auch die Ausführungen in Kapitel vier dieser Arbeit.
127 Jörg Dünne/Christian Hansen: Welt, Literatur und Kriegsspiel: Roberto Bolaños *El Tercer Reich*. In: Gesine Müller (Hg.): *Verlag Macht Weltliteratur. Lateinamerikanisch-deutsche Kulturtransfers zwischen internationalem Literaturbetrieb und Übersetzungspolitik*. Berlin: tranvía 2014, S. 257–274, hier: S. 260.
128 Roberto Bolaño: *El Tercer Reich*. Barcelona 2010: Random House, S. 263.

allem die topologische Struktur der Spielfelder akzentuierenden Genauigkeit zu einer zunehmend existenzieller werdenden, vom kontingenten Geschehen auf dem Spielfeld auf die Befindlichkeit des Spielers übergreifenden Immersion in das Spiel»[129] ist es, das in dieser allegorischen Dimension gleichermaßen die Funktionsmechanismen des Strategiespiels und des Lese-Effekts des Romans bzw. von Bolaños gesamter Ästhetik der Lektüre kennzeichnet. Der Akt des Lesens als Konfrontation mit der Unkontrollierbarkeit des Textes ist bei Bolaño stets durch diese Ambivalenz zwischen der Lust am Text und seiner Bedrohlichkeit gekennzeichnet, wie sie exemplarisch noch einmal in den vergeblichen Sinn-Suchen der vier Exegeten Benno von Archimboldis in *2666* zum Ausdruck kommt, wenn es heißt:

> Dicho en una palabra y de forma brutal, Pelletier y Espinoza, mientras paseaban por Sankt Pauli, se dieron cuenta de que la búsqueda de Archimboldi no podría llenar jamás sus vidas. Podían leerlo, podían estudiarlo, podían desmenuzarlo, pero no podían morirse de risa con él ni deprimirse con él, en parte porque Archimboldi siempre estaba lejos, en parte porque su obra, a medida que uno se internaba en ella, devoraba a sus exploradores.[130]

Das literarische Werk als stets unerreichbare Fülle also, das seine Leser zu einem Abenteuer der Lektüre verführt, das den Mut hebt und zugleich mit Verschlingung droht – welche Art der Lektüre, so ließe sich fragen, findet sich in Bolaños Werk für seine eigenen Leser angelegt und wie kann ihm begegnet werden?

Wenn die Literatur, wie Bolaño in seinem *Discurso de Caracas* betont, eine Gefahr ist,[131] dann gilt diese Idee vom Lesen als Wagnis für seinen Modell-Leser in besonderer Weise, oder wie es sein chilenischer Dichter-Freund Bruno Montané Krebs, Mitglied jenes in den *Detectives salvajes* fiktionalisierten infrarrealistischen Dunstkreises, einmal ausgedrückt hat: « [A] Roberto le gustaba decir [...] que es posible que existan reglas, pero que éstas han de ser creadas por el propio lector, ese lector activo que, en la sala de lectura del infierno, camina sobre la luminosa cuerda floja de la reinterpretación de una infinita y extrañamente dilucidadora clase de sentidos.»[132] Was impliziert nun diese Vorstellung vom Leser als Turner auf dem Drahtseil der Interpretation für die konkrete Perspektive des literaturwissenschaftlichen Lesers, der in seinen Lektüren keine banalen Sicherheitsnetze zu

---

129 Jörg Dünne/Christian Hansen: Welt, Literatur und Kriegsspiel, S. 261.
130 Roberto Bolaño: *2666*, S. 47.
131 «La literatura, como diría una folklórika andaluza, es un peligro» (Roberto Bolaño: *Entre paréntesis*, S. 37).
132 Bruno Montané Krebs: Prefiguraciones de la Universidad Desconocida. In: Universidad Pompeu Fabra (Hg.): *Jornadas Homenaje Roberto Bolaño (1953–2003): simposio internacional*. Barcelona: Universidad Pompeu Fabra 2005, S. 95–104, hier: S. 99.

spannen bestrebt ist, aber doch Vorkehrungen zu treffen hat, um seine Denksprünge nicht zu einem *salto mortale* werden zu lassen? Eine erste Voraussetzung wäre die Kenntnis – um im Bild zu bleiben – der gesamten Manege, d.h. des vollumfänglichen Werks Bolaños, um zu verstehen, mit welchem Artisten- und Illusionistenarsenal man es zu tun hat, unter welchen Lichtverhältnissen man als Leser da turnt und wo in der Tiefe des Text-Raumes die Raubtiere lauern – eine Notwendigkeit im Übrigen, die Bolaño selbst in dieser Form formuliert hat, wenn er, noch zu Zeiten seiner relativen Unbekanntheit, feststellte: «Estoy condenado, afortunadamente, a tener pocos lectores, pero fieles. Son lectores interesados en entrar en el juego metaliterario y en el juego de toda mi obra, porque si alguien lee un libro mío no está mal, pero para entenderlo hay que leerlos todos, porque todos se refieren a todos. Y ahí entra el problema.»[133] Der erträumte Leser seines Werks ist für Bolaño ein Abbild seiner eigenen radikalen Praxis der Lektüre, jener Leser «que se mete a fondo en la obra completa de un escritor. Por ejemplo, leer un solo libro de Camus me parece imperdonable. O un sólo libro de Flaubert. O de Stendhal. Hay que leer todo Stendhal. Buscar sus libros, coleccionar sus libros, acariciar sus libros.»[134] Wenn dieser Anspruch auf eine vollumfängliche Lektüre des Werks mit Blick auf die Texte Bolaños noch einlösbar scheint, so ist der Drahtseilakt einer vollständigen Erfassung und Diskussion seiner Bezüge auf andere Werke notwendig zum Scheitern verurteilt. Eine Interpretation von Bolaños Lektüreuniversum mit derart total(itär)en Bestrebungen wäre zum Schicksal der Kartographen in Borges' berühmter Kurzerzählung *Del rigor en la ciencia* verurteilt, deren monströses Hauptwerk bekanntlich in der Schaffung einer «Mapa del Imperio, que tenía el tamaño del Imperio y coincidía puntualmente con él» besteht. Das Urteil der nachfolgenden Generationen der Kartographen über deren Werk ist eindeutig: «[E]ntendieron que ese dilatado Mapa era Inútil y no sin Impiedad lo entregaron a las Inclemencias del Sol y los Inviernos».[135] Der Akt der Lektüre – und das ist die Botschaft von Bolaños Idee des den Leser verschlingenden Werks wie von Borges' zerfetzter Landkarte – ist unausweichlich (und glücklicherweise) reduktiv und damit stets nur im Register der Verschobenheit denkbar, die am Urgrund der Ironie und Melancholie eines jeden Lesens steht. Bolaño – auch darauf wird zurückzukommen sein – entwickelt eine ganze Affektlehre des Lesens, deren erster Merksatz für den philologischen Leser zu sein

---

133 Bolaño in Andrés Braithwaite: *Bolaño por sí mismo*, S. 118.
134 Bolaño in Uwe Stolzmann: Entrevista a Roberto Bolaño, S. 374.
135 Jorge Luis Borges: Del rigor en la ciencia. In: Jorge Luis Borges: *Obras Completas II. (1952–1972)*. Edición Crítica. Anotada por Rolando Costa Picazo e Irma Zangara. Buenos Aires: Emecé 2010, S. 339.

scheint, dass eben jenes die philologische Lektüre auszeichnende Begehren[136] auf vollumfängliche Sinnkonstitution und ‹Besitz› des Textes nie auf Erfüllung hoffen kann. Der Leser – und der philologische insbesondere – kann nur auf ein mehr oder minder gelungenes und vorläufiges Hantieren mit den Fragmenten und Bezügen von Bolaños ihn stets in seiner Fülle übersteigenden Werks hoffen, welche seiner individuell konditionierten Lektüre zugänglich sind, die wiederum weniger im Sinne einer universellen Dechiffrierung als vielmehr mit jenem von Bolaño bemühten und hier bereits angeführten Bild des immer schon ‹verfälschenden› Übersetzers zu denken wäre. Wenn Bolaños Texte wesentlich durch ihre jegliche Idee von Wesentlichkeit unterminierende Ästhetik einer unendliche Ketten von Fragmenten zusammensetzenden Lektüre gekennzeichnet sind, dann wäre auch jede Lektüre Bolaños immer schon zu denken als ein translatorischer Akt im Sinne von Walter Benjamins Scherben-Metapher:

> Wie nämlich Scherben eines Gefäßes, um sich zusammenfügen zu lassen, in den kleinsten Einzelheiten einander zu folgen, doch nicht so zu gleichen haben, so muß, anstatt dem Sinn des Originals sich ähnlich zu machen, die Übersetzung liebend vielmehr und bis ins Einzelne hinein dessen Art des Meinens in der eigenen Sprache sich anbilden, um so beide wie Scherben als Bruchstück eines Gefäßes, als Bruchstück einer größeren Sprache erkennbar zu machen.[137]

Benjamin, dessen Bild vom Engel der Geschichte gleich auf den ersten Seiten der *Detectives salvajes* als die historische Grundkonfiguration von Bolaños Schreiben umreißende Metapher auftaucht,[138] benennt in seiner Übersetzungstheorie jenes dem translatorischen Akt eignende Moment der Nicht-Identität wie es Bolaño in seinen Überlegungen zur Lektüre als Übersetzung wieder aufgreift: Im Moment der Differenz zwischen Original und Lektüre eröffnet sich jene Verschobenheit, die für Bolaño die Voraussetzung für das Leben (und Überleben) eines Textes ist. Denn es ist – wie es in der oben zitierten Passage über die seitenfleddernde und verunstaltende Übersetzung als Maßstab für den literarischen Wert eines Werks heißt – eben nicht jene auf eine unveränderliche Essenz der Bedeutung setzende, sondern eine auf die Benjaminsche «Art des Meinens» abzielende Form des

---

136 Vgl. dazu auch das fünfte Kapitel dieser Arbeit sowie allgemein zum Begehren der Philologie die Überlegungen in Hans Ulrich Gumbrecht: *Die Macht der Philologie*. Frankfurt am Main: Suhrkamp 2003, insbesondere S. 15–21. Zur Auseinandersetzung mit Gumbrechts problematischer Idee einer auf Präsenzeffekte gerichteten Philologie vgl. Benjamin Loy: Nach den Elegien.
137 Walter Benjamin: Die Aufgabe des Übersetzers. In: Walter Benjamin: *Walter Benjamin. Ein Lesebuch*. Leipzig: Edition Suhrkamp Leipzig, S. 45–57, hier: S. 54.
138 Vgl. dazu die ausführlichen Überlegungen im zweiten Kapitel dieser Arbeit.

Lesens, welche die Aneignung eines Textes überhaupt erst ermöglicht. Oder anders gefasst: Lesen als den Leser bewegendes *Ereignis* – und Bolaños Diskussion der ästhetischen Paradigmen der literarischen Moderne beweist dies – wird in dem Moment verunmöglicht, in dem Sprache und Text nicht mehr in ihrer eigenen Gebrochenheit, ihrer ‹Scherbenhaftigkeit› zu denken sind, sondern lediglich im Modus des Hermetischen und Dogmatischen operieren. Die Unkontrollierbarkeit des Textes und seiner Auslegungen, wie sie der Borges-Leser Bolaño in all seinen Werken inszeniert, postuliert dabei ein Lektüremodell, in dessen Mittelpunkt das Bewusstsein jener radikalen Unterwerfung des (Text-)Sinns unter das Arbeiten der Zeit steht. Wenn Borges in dem 1:1-Modell seiner Kartographen über die Sinnlosigkeit des totalen Raumes nachdenkt, dann lässt sich seine Erzählung von *Funes el memorioso* als Spekulation über die Sinnlosigkeit der totalen Zeit lesen: Funes, der bekanntlich «no sólo recordaba cada hoja de cada árbol de cada monte, sino cada una de las veces que la había percibido o imaginado»,[139] verkörpert eben jene Unmöglichkeit eines eine übersetzende Lektüre eröffnenden Zeit-Raumes, weil er sich an alles genau erinnert. Mit Benjamin gesprochen: Für Funes, der eine Art personifiziertes Aleph ist, gibt es kein abstrahierendes Lesen des Originals, welches die jeder Übersetzung zugleich eingeschriebene Überlagerung von Verlust und Überschuss der Bedeutung ermöglichen könnte, denn: «En el abarrotado mundo de Funes no había sino detalles, casi inmediatos.»[140] In der mikroskopisch genauen und unerschöpflichen Erinnerungsfähigkeit aber geht eben diese Möglichkeit einer affektiv ‹bewegenden› Lektüre verloren, die aus der Unvollkommenheit des übersetzenden Lesens und des stets mit dem Vergessen durchsetzen Erinnerns entsteht: Borges' Funes ist ein affektiv ‹kalter› Leser, eine exakte Registriermaschine aller Dinge und Ereignisse, die doch zugleich unfähig zu denken ist, denn, so Borges' Erzähler: «Pensar es olvidar diferencias, es generalizar, abstraer». Eben diese Fähigkeit aber zur Abstraktion im Sinne eines Lesens, welches eben nicht auf die totale Durchdringung des Sinns setzt –«que el traductor no sea una lumbrera», betont Bolaño –, sondern auf eine sich durch jeweils individuelle und notwendig unvollständige Aspekte auszeichnende Begegnung mit dem Gelesenen, ist für Bolaños Ästhetik der Lektüre kennzeichnend.

Für den Drahtseilakt der philologischen Lektüre von Bolaños Texten bedeutet das nicht weniger, als dass genau in dem Moment, in dem sie sich der Idee jener Uneinholbarkeit ihres Untersuchungsgegenstandes ergibt, eine Interpretation erst möglich wird, die eine Balance zwischen einer Nähe zum Text im Sinne jener

---

139 Jorge Luis Borges: Funes el memorioso. In: Jorge Luis Borges: *Obras Completas I. (1923–1949)*. Edición Crítica. Anotada por Rolando Costa Picazo e Irma Zangara. Buenos Aires: Emecé 2009, S. 879–884, hier: S. 883.
140 Ebd.

intentio operis und einer zugleich jenseits der Idee eines eindeutig bestimmbaren Textsinnes operierenden Interpretation herstellt. «Die wahre Übersetzung ist durchscheinend», schreibt Benjamin – die vielfältigen Bezugnahmen von Bolaños Werk auf die literarische Tradition in diesem Sinne zu untersuchen hieße dann just, eine solche Form der übersetzenden Lektüre zu unternehmen, welche die Verbindung von Bolaños Texten zu ihren Intertexten im Sinne einer permeablen und transparenten Beziehung denkt.[141] Die letzthinnige Uneinholbarkeit des Textes und die Unmöglichkeit der rationalen Bestimmbarkeit seines *misterio* im Sinne seiner Wirkungseffekte hat Bolaño als Fehdehandschuh dem (insbesondere philologischen) Leser immer wieder hingeworfen, etwa wenn es in *2666* über die Reflexion des Verlegers Bubis hinsichtlich der Gründe für die Erfolge seines Autors Benno von Archimboldi heißt:

> Archimboldi respondía a todas las expectativas que en él tenía depositadas. ¿Qué expectativas eran éstas? Bubis no lo sabía, ni le importaba saberlo. Ciertamente no eran expectativas sobre su buen quehacer literario, algo que puede aprender a hacer cualquier escritorzuelo, ni sobre su capacidad de fabulación [...] Bubis no lo sabía aunque lo presentía, y el no saberlo no le producía el más mínimo problema, entre otras cosas porque tal vez los problemas empezaban *al saberlo*.[142]

Wenn eingangs von der Unmöglichkeit naiver Lektüren von Bolaños Werk die Rede war, dann meint dies – und das Zitat macht es noch einmal anschaulich, dass sich seine Texte selbst immer schon bis zu einem gewissen Grad ihrer Durchdringung verwehren bzw. die Rolle der Literatur selbst infrage stellen, was ihre Möglichkeiten als Erkenntnismedium innerhalb einer radikal-komplexen Welt anbetrifft. Eben diese Problematik – wie sie exemplarisch in *2666* verhandelt wird – soll im fünften Kapitel dieser Arbeit diskutiert werden, wobei im Sinne jenes übersetzenden Lesens transparent gemacht werden soll, inwiefern Bolaño Referenzen auf Texte von Sor Juana Inés de la Cruz und Blaise Pascal über Giacomo Leopardi bis hin zu Charles Baudelaire für die Verhandlung dieser Themen heranzieht. Wenngleich die philosophische Frage nach den Dimensionen des Bösen zu den in der Bolaño-Forschung meistbearbeiteten Aspekten

---

[141] Auch hier ist der Bezug auf Borges eindeutig, folgt man der treffenden Beschreibung von Wehr bezüglich der intertextuellen Inszenierungsformen im Werk des Argentiniers: «Auch wenn seine Erzählungen reich an literarischen und philosophischen Anspielungen sind, verselbständigt sich dieses komplexe Zitationsverfahren nicht: Es wird organisch in die Ereignisfolge von Geschichten integriert, die immer als solche lesbar bleiben, ohne die Transparenz auf ihren hintergründigen Beziehungsreichtum einzubüßen» (Christian Wehr: Originalität und Reproduktion, S. 368).
[142] Roberto Bolaño: *2666*, S. 1049–1050 (Kursivierung im Original).

seines Werks gehört, so wurde der Zusammenhang zwischen ethischen Gehalten und konkret historisch verortbaren ästhetischen Modellen in diesem Kontext bislang nur unzureichend diskutiert. Dieser Aufgabe widmet sich entsprechend das dritte Kapitel dieser Arbeit, wobei in einer vor allem auf *Nocturno de Chile* fokussierten Untersuchung die Bezüge dieses Romans zu Werken von G.K. Chesterton und Luis de Góngora über Joris-Karl Huysmans bis zu Ernst Jünger reichen. Die Frage nach den Grenzen der Les- und Schreibbarkeit des historischen Traumas und der individuellen Biographie verhandelt das vierte Kapitel, wobei die auf *Estrella distante* fokussierte Bandbreite an Bezugstexten Autoren von Nicanor Parra, Enrique Lihn und Georges Perec bis hin zu Bruno Schulz, Filippo Tommaso Marinetti oder William Carlos Williams umfasst. Jenseits der anthropologischen Fragestellungen beschäftigt sich das fünfte und abschließende Kapitel darüber hinaus mit einer stärker auf die Funktionsmechanismen des literarischen Feldes zentrierten Fragestellung, welche die Verhandlung von Aspekten wie National- und Weltliteratur unter Einbeziehung von Texten von V.S. Naipaul bis hin zu Alain Robbe-Grillet und Adolfo Bioy Casares untersucht. Dass diese nicht geringe Menge an Bezugstexten gleichwohl nur die berühmte Spitze des Eisbergs und ein Schlagen erster Breschen in jene «selva espesa de lo intertextual» ist, wie man in Abwandlung der Worte Juan José Saers[143] sagen könnte, kann hier ebenso wenig bestritten werden wie die vielfältigen Absenzen innerhalb dieser Arbeit. Ganz im Sinne der romanistischen Perspektive dieser Arbeit stehen, wenig überraschend, vor allem französisch-, spanisch- und italienischsprachige Autoren im Fokus, ergänzt durch einzelne wenige Vertreter der deutsch- und englischsprachigen Tradition. Innerhalb dieser letzten fehlen beispielsweise die von Bolaño häufig als zentrale Referenzen aufgeführten Herman Melville oder Mark Twain, ebenso wie die von Bolaño stark rezipierte russische Tradition um Autoren wie Leo Tolstoi oder Michail Bulgakow. Die Bezüge zu den Texten der klassischen Antike kommen ebenso wenig zur Sprache, da sie nicht nur den Umfang dieser Arbeit, sondern primär auch die beschränkten Lektürekenntnisse ihres Verfassers deutlich übersteigen würden. Wenngleich alle konkreten Textanalysen auf den Überlegungen der beiden Einführungskapitel basieren, sind sie als solche auch unabhängig voneinander zu lesen, offerieren sie – ähnlich wie Bolaños Werk – vielfältige Aus- und Eingänge für den Leser, welche die grundlegende Idee eines auf potenzierte Anschlussfähigkeit setzenden Schreibens aufzunehmen versuchen. Inwiefern diese Ästhetik der Lektüre,

---

143 Vgl. Juan José Saer: La selva espesa de lo real. In: Juan José Saer: *El concepto de ficción*. Buenos Aires: Seix Barral 2004, S. 267–271. Saers Werk gehört zu den ungewöhnlichen Lücken innerhalb von Bolaños insbesondere mit Blick auf die argentinische Literatur ausgeprägter Kommentarfreude.

wie sie hier zu skizzieren versucht wurde, zugleich immer schon Implikationen für die Frage nach den politischen Dimensionen von Bolaños Werk hat, soll im folgenden Punkt dieses Kapitels noch einmal gesondert diskutiert werden.

Politik der Lektüre

«Siempre quise ser un escritor político, de izquierda, claro está, pero los escritores políticos de izquierda me parecían infames»[144] – dass Bolaños Perspektive auf politische Themen eine Konstante des Großteils seiner Werke ausmacht, ist wohl unschwer zu erkennen und wird nicht zuletzt durch die zahlreichen diesen Aspekten gewidmeten Studien unterstrichen, welche gleichwohl – wie eingangs erwähnt – über der Analyse jener Phänomene (wie den lateinamerikanischen Militärdikaturen und der Darstellung von Gewalt und Neoliberalismus im globalen Kontext) in Bolaños Werk die Frage nach den politischen Dimensionen seines Schreibens jenseits dieser rein inhaltlichen Ebene weitgehend vernachlässigt haben. Bolaño selbst wiederum hat seine Abneigung gegen eine solche sich vorgeblich als kritisch und links gebende Literaturkritik mit der ihm eigenen Polemik kommentiert, wenn er in einem Text über unterschiedliche Formen des Mäzenatentums bezüglich der akademischen Lateinamerikanistik schreibt:

> Tampoco están en peligro de extinción los profesores latinoamericanos en universidades norteamericanas. Su concepción del mecenas se sustenta en la fuerza bruta y en una cobardía sin fin. La mayoría son de izquierdas. Asistir a una cena con ellos y con sus favoritos es como ver, en un diorama siniestro, al jefe de un clan cavernícola comiéndose una pierna mientras sus acólitos asienten o ríen. El mecenas profesor en Illinois o Iowa o Carolina del Sur se parece a Stalin y allí radica su más curiosa originalidad.[145]

Andere Stimmen, die Bolaños Verbindung zwischen Ästhetik und Politik mutmaßlich an den Parametern des *Boom* messen,[146] formulieren hingegen eine vorgebliche Abwesenheit von Politik in seinem Werk, so etwa Jean Franco: «In the post-political world of Bolano's novels, politics as such are almost completely absent; instead, when people talk it is mostly about other people.»[147] Die Frage der Bestimmung des politischen (und im weiteren

---

144 Bolaño in Andrés Braithwaite: *Bolaño por sí mismo*, S. 89.
145 Roberto Bolaño: *Entre paréntesis*, S. 195.
146 Zur Frage dieser Veränderung des Verhältnisses zwischen politischer Macht und Intellektuellem vgl. das zweite Kapitel dieser Arbeit.
147 Jean Franco: Questions for Bolaño, S. 210.

Sinne ethischen) Gehalts scheint also mit Blick auf Bolaños Werk durchaus kontrovers und verdient hier nähere Beachtung. Ein erster Hinweis bezüglich dieser Frage findet sich wie so oft in einer Aussage Bolaños in einem Interview:

> Toda literatura, de alguna manera, es política. Quiero decir, es reflexión política y es planificación política. El primer postulado alude a la realidad, a esa pesadilla o a ese sueño bienhechor que llamamos realidad y que concluye, en ambos casos, con la muerte y con la abolición no sólo de la literatura sino también del tiempo. El segundo postulado alude a las briznas que perviven, a la continuidad, a la sensatez, aunque, por supuesto, sepamos que en términos humanos, en una medida humana, la continuidad es una entelequia y la sensatez sólo una frágil verja que nos impide desbarrancarnos en el abismo.[148]

Zusammenfassend lässt sich sagen, dass sich die politische Dimension von Literatur für Bolaño also aus zwei Komponenten zusammensetzt, die hier im engeren Sinne diskutiert werden sollen und im Zitat in zwei Metaphern des Fragilen genannt werden: Die erste bezieht sich auf ihre Fähigkeit, die Wahrnehmung jenes stets prekären Konstrukts namens Realität zu diskutieren; die zweite in der Möglichkeit einer im Literarischen angelegten, extrem fragilen Form von Transzendenz – *briznas que perviven* – im Sinne einer gleichfalls zerbrechlichen Erlangung von Erkenntnis als wackligem Zäunchen am Rande des Abgrunds (*la sensatez como frágil verja*). Die Suche nach den Möglichkeiten und Notwendigkeiten der Literatur, ihre politische Relevanz aus einer kritischen Repräsentation einer als krisenhaft empfundenen Realität zu beziehen, lässt sich in Bolaños Werk bis auf seine infrarrealistischen Anfänge in Mexiko zurückverfolgen, wenn er 1977 postuliert:

> Vivimos la aparición de formas nuevas, condicionadas por factores económicos, formas marginales que poco a poco vamos reconociendo como poesía. Un aire de poesía desligado de los medios sociales donde tradicionalmente se mueve la poesía. Vivimos la aparición de una poesía del lado salvaje de las calles [...] es hora de sacar a la vanguardia de sus territorios marginales, de sus territorios de sueños, y lanzarla en una lucha de poder a poder contra el aparato oficial, reaccionario hasta los huesos. Para eso hay que organizarse, ensayar nuevos canales de comunicación, experimentar, estar siempre en la disposición de arriesgarse en mundos desconocidos, proponer frenéticamente, cotidianamente afilar la capacidad de asombro y de amor. La subversión de la cotidianidad no puede circunscribirse a los ámbitos puramente socioeconómicos, la revolución y la vida deben ser la ética y la estética (una–sola–cosa) de cualquier proyecto de vanguardia.[149]

---

148 Bolaño in Andrés Braithwaite: *Bolaño por sí mismo*, S. 119.
149 Roberto Bolaño/Jorge Alejandro Boccanera: La nueva poesía latinoamericana, S. 49.

Wenngleich sich dieser avantgardistische Impetus im Prosawerk Bolaños verliert – *Los detectives salvajes* erzählt auf ironische Weise bekanntlich das Scheitern dieses Projekts –, so bleibt jener Anspruch an die Literatur, ein Medium zur Verhandlung von Wahrnehmungen von Welt in ihrer literarischen Form zu sein, erhalten. «Realidad múltiple, nos mareas! [...] Formas de vida y formas de muerte se pasean cotidianamente por la retina. Su choque constante da vida a las formas infrarrealistas», heißt es im Manifest der Infrarrealisten noch, welche sich explizit als «EL OJO DE LA TRANSICIÓN»[150] verstehen. Bereits hier deutet sich jene das gesamte Werk Bolaños durchziehende Formel von der «wahren» Literatur als derjenigen an, die bereit ist, «die Augen weit zu öffnen». Diese in beinahe allen Romanen wiederkehrende Geste des Blicks, die im fünften Kapitel dieser Arbeit noch ausführlich zu analysieren sein wird, lässt sich dabei insofern als politisch erfassen, als sie jenes Verständnis von der Politik der Literatur aufgreift, wie es Jacques Rancière in seinem gleichnamigen Text formuliert und wonach «die Literatur als Literatur in diese Einteilung der Räume und der Zeiten, des Sichtbaren und des Unsichtbaren, der Sprache und des Lärms eingreift. Sie greift in dieses Verhältnis zwischen den Praktiken, den Formen der Sichtbarkeit und den Sprechweisen ein, die eine oder mehrere Welten zerteilen.»[151] Es ist eben dieses Verständnis des Ästhetischen als eines die gewöhnlichen Hierarchien der Weltwahrnehmung sprengenden Aktes,[152] das zugleich seine politische Dimension ausmacht. Diese allerdings unterscheidet sich fundamental von jener Politik der Schriftsteller, wie sie implizit dem eingangs erwähnten Kommentar Jean Francos zugrunde liegen zu scheint, denn, so Rancière, die Politik der Literatur «betrifft nicht deren persönliches Engagement in politischen oder sozialen Kämpfen ihrer Zeit. Sie betrifft auch nicht die Weise, wie sie in ihren Büchern die sozialen Strukturen, die politischen Bewegungen oder die diversen Identitäten darstellen. Der Ausdruck ‹Politik der Literatur› impliziert, dass die Literatur als Literatur Politik betreibt.»[153] Wenn also Bolaños Literatur in dieser stets agonistisch verfassten Infragestellung der Wahrnehmung von Welt eine ihrer Konstanten besitzt, dann ließe sie sich eben in

---

150 *Primer Manifiesto Infrarrealista*: S. 144.
151 Jacques Rancière: *Politik der Literatur*. Aus dem Französischen von Richard Steurer. Wien: Passagen Verlag 2011, S. 14.
152 «‹Ästhetik› definiert sich zuallererst als eine Weise der Erfahrung eines Sinneszustands, der die Hierarchien, die die Sinneserfahrung normalerweise organisieren, aufgegeben hat, etwa die Hierarchie zwischen der Sinnlichkeit, die empfängt, und des Verstandes, der organisiert, oder der Intelligenz, die bestimmt, und den Händen, die gehorchen. Man kann sagen, dass diese hierarchischen Organisationsformen der Erfahrung zugleich politische und gesellschaftliche Formen sind» (Jacques Rancière: *Politik und Ästhetik im Gespräch mit Peter Engelmann*. Aus dem Französischen von Gwendolin Engels. Wien: Passagen Verlag 2016, S. 37).
153 Jacques Rancière: *Politik der Literatur*, S. 13.

diesem Sinne Rancières als politisch bestimmen, da Politik für den französischen Philosophen nichts anderes ist als «die Verfassung eines spezifischen Erfahrungsraumes, in dem bestimmte Objekte als gemeinsam gesetzt sind und bestimmte Subjekte als fähig angesehen werden, diese Objekte zu bestimmen und über sie zu argumentieren. Aber diese Verfassung ist keine Gegebenheit, die auf einer anthropologischen Konstante beruhen würde. Die Gegebenheit, auf der die Politik beruht, ist immer strittig.»[154] Die Kunst agiert in diesem Sinne also politisch, nicht weil sie eine bestimmte Form von Ideologie postulieren würde – ein Weg, der – wie im zweiten Kapitel deutlich werden wird – Bolaño und den Autoren seiner Generation (im Unterschied zu ihren Vorgängern) vollkommen versperrt ist. Vielmehr ist es die Fähigkeit der Literatur, «in die Aufteilung des Sinnlichen einzugreifen, die die Welt, die wir bewohnen, definiert: die Weise, in der sie für uns sichtbar ist und in der dieses Sichtbare sich sagen lässt, und die Fähigkeiten und Unfähigkeiten, die dadurch zu Tage treten.»[155] Bolaño schließt damit – und die Bezüge sind vom an Breton angelehnten infrarrealistischen Manifest bis zu *2666* offensichtlich – an jene Postulate der historischen Avantgarden nach einer Unterminierung einer einseitig rationalistischen Weltwahrnehmung an: «Sin sueños no hay literatura. Soy totalmente fiel a los postulados surrealistas: el sueño es vital. No sólo diría que sin sueños no hay literatura, sino que sin sueños no hay vida.»[156] Gleichwohl interagiert Bolaños Fiktion diese Formen der Hinterfragung der Aufteilung des Sinnlichen natürlich in einer eigenen literarischen (und im Folgenden noch genauer zu beschreibenden) Form aus, oder wie es Markus Messling beschreibt:

> Eher als um die Vorstellung einer Aufhebung der Irrationalität über Techniken der Narration geht es Bolaño um eine Erweiterung der Realität im Sinne des Breton'schen Surrealismus-Konzepts: Den Lesern soll eine erzählte Welt erfahrbar werden, die Irrationalität und Vernunft in ein permanentes Miteinander verwebt, das deshalb realer als der ‹Wirklichkeitsschein› ist, weil es die anthropologischen Grundlagen offenlegt, aus denen die Welt, in der wir leben, geboren wurde.[157]

Diese Frage nach dem Verhältnis von Vernunft und Irrationalität führt unmittelbar zur zweiten eingangs genannten Dimension des Politischen bei Bolaño, die wohl eher unter dem Begriff des Ethischen zu verhandeln wäre. Auf einer

---

154 Ebd.
155 Ebd., S. 17–18.
156 Bolaño in Andrés Braithwaite: *Bolaño por sí mismo*, S. 92.
157 Markus Messling: *2666: Die Moderne als Echolot der Globalisierung. Roberto Bolaño und das Erbe Baudelaires*. In: Ottmar Ette/Uwe Wirth (Hg.): *Nach der Hybridität. Zukünfte der Kulturtheorie*. Berlin: tranvía 2014, S. 199–215, hier: S. 211.

grundlegenden Ebene scheint sich die Möglichkeit einer Ethik der Literatur ebenso wenig aus einem in ihr explizit artikulierten Normenkanon bestimmen zu lassen, als vielmehr aus der bei Bolaño stets wiederkehrenden Frage nach den Grenzen der Literatur und der Imagination als solchen. Literatur wird bei Bolaño stets als ein – der eingangs diskutierten Metapher von der Lektüre als Drahtseilakt nicht unähnlich – Wandeln am Abgrund verstanden, in denen der Schriftsteller – und wieder taucht hier das Motiv des Blicks auf – hineinzuschauen hat:

> ¿Entonces qué es una escritura de calidad? Pues lo que siempre ha sido: saber meter la cabeza en lo oscuro, saber saltar al vacío, saber que la literatura básicamente es un oficio peligroso. Correr por el borde del precipicio: a un lado el abismo sin fondo y al otro lado las caras que uno quiere, las sonrientes caras que uno quiere, y los libros, y los amigos, y la comida. Y aceptar esa evidencia aunque a veces nos pese más que la losa que cubre los restos de todos los escritores muertos.[158]

Von Bedeutung ist hinsichtlich dieser Beschreibung die Tatsache, dass die Literatur stets am Rande des Abgrunds zu wandeln hat im Sinne einer Grenzerfahrung und eines Wissens um eben jenen Punkt, an dem die Notwendigkeit der Imagination und des Traums umschlagen in eine ins Inhumane abdriftende Irrationalität, wie sie nicht wenige Figuren in Bolaños Schriftsteller-Universum auszeichnet. Dass diese Form der Begrenzung wiederum dezidiert aus einer Lektüre der problematischen ethischen Implikationen der ästhetischen Moderne heraus entwickelt wird, soll in Kapitel drei und vier dieser Arbeit noch ausführlich gezeigt werden. Für den Moment kann festgehalten werden, dass die ethische Grundausrichtung bei Bolaño sich eben durch eine Skepsis gegenüber der Figur eines bedingungslosen Rausches auszeichnet, wie er ihn als Grundübel einer maßlosen Welt in seiner letzten zu Lebzeiten geschriebenen Rede erfasst, die ausführlich noch im fünften Kapitel dieser Arbeit im Rahmen der Überlegungen zu einer negativen Anthropologie in Bolaños Werk zu analysieren sein wird.

Die Frage nach den ethischen Implikationen in Bolaños Werk ist von verschiedenen Interpreten aufgegriffen worden. So schreibt etwa Chris Andrews: «Bolano's fictional universe [...] has clearly marked ethical poles, but is not Manichaean in that term's common, pejorative sense.»[159] Andrews argumentiert, dass sich Bolaños Texte durch eine komplexe Inszenierung der Kategorien von Gut und Böse auszeichnen und identifiziert die Ethik seiner Figuren mit John Stuart Mills «Harm Principle» bzw. dem Konzept einer «minimalist

---

158 Roberto Bolaño: *Entre paréntesis*, S. 36–37.
159 Chris Andrews: *Roberto Bolaño's Fiction*, S. 173.

ethics», deren Kern darin zu sehen sei, dass innerhalb eines radikal libertären Bildes vom Menschen die fundamentale Beschränkung allen Tuns in der Vermeidung von Schädigungen des Nächstens liege.[160] Dabei irrt Bolaños australischer Übersetzer jedoch in der Beobachtung, dass gerade in der Darstellung der größten Übeltäter innerhalb seines Werks – des Nazi-Schergens Leo Sammer in *2666* oder des Dichter-Mörders Carlos Wieder in *Estrella Distante* – jene alle Werke Bolaños durchziehende satirische Grundhaltung ende. Vielmehr arbeitet Bolaño, wie im vierten Kapitel noch zu zeigen sein wird, auch noch in den extremsten Momenten seines Werks, wie etwa dem *Teil der Verbrechen* in *2666* mit seinen im forensischen Duktus geschilderten und nicht enden wollenden Beschreibungen ermordeter Frauen, mit spezifischen rhetorischen und formalen Mitteln, welche in Randbereiche dessen führen, was mitunter als ‹ethisch› im Sinne einer Wahrung bestimmter Rede- oder Affektnormen verstanden werden kann.[161] Entsprechend lassen sich die Irritationen einiger Interpreten diesbezüglich verstehen, wenn es etwa bei Candia heißt: « [N]o es posible sostener que ‹La parte de los crímenes› de *2666* tenga un sentido y que este lleve el sello perenne del humor [...] [u]na mujer desmembrada no es el humor.»[162] Einen ähnlichen Zweifel an der Möglichkeit der Extrahierung eines ethischen Gehalts in Form eines kollektiv sinnstiftenden Diskurses artikuliert Valdivia, wenn er mit Blick auf die Differenz von *2666* zu *Cien años de soledad* fragt:

> Welches Engagement, mehr noch, welche kollektive Revolution kann sich von den Frauenmorden ableiten, welche allegorische Funktion kann die Schilderung dieser anonymen Morde und Vergewaltigungen haben? Wer kann hier für wen die Stimme erheben? [...] Statt der großen und mythischen Gegenerzählung bleibt nur die Verzerrung eines uneinsehbaren Intertextes, den die Mikroerzählung andeutet.[163]

Tatsächlich lässt sich Bolaños Ästhetik nur noch schwerlich im Sinne jener von den Autoren des *Boom* entwickelten identitätsstiftenden Entwürfe lesen;[164] gleichwohl, so ließe sich argumentieren, bedeutet dies keinesfalls die Abwesenheit eines ethischen Gehalts seiner Texte. Dieser besteht vielmehr darin, mit

---

160 Vgl. ebd., S. 177–178.
161 Vgl. zu diesen Extremformen des Humors bei Bolaño einige erste Überlegungen in Benjamin Loy: Dimensiones de una escritura horroris/zada, S. 143–149.
162 Alexis Candia: *El «paraiso infernal» en la narrativa de Roberto Bolaño*. Santiago de Chile: Cuarto propio 2011, S. 45.
163 Pablo Valdivia:*Weltenvielfalt*, S. 465.
164 Vgl. dazu die Arbeit von Gesine Müller: *Die Boom-Autoren heute: García Márquez, Fuentes, Vargas Llosa, Donoso und ihr Abschied von den «großen identitätsstiftenden Entwürfen»*. Frankfurt am Main: Vervuert 2004. Mit Blick auf die Problematisierung der ethischen Positionen dieser Autoren im Zuge ihrer Kanonisierung vgl. insbesondere S. 217–220.

spezifischen (und hier noch näher zu bestimmenden) literarischen Strategien den Leser in exakt jene problematischen anthropologischen bzw. epistemologischen Zonen der Wahrnehmung und Affekte zu führen, die nach Bolaño Teil der Misere unserer Zeit sind. Wenn sich also bei der Lektüre der insgesamt 109 geschilderten Frauenmorde in *2666* etwa jener Abstumpfungseffekt einstellt, der den gegenwärtigen Medienkonsumenten globaler Gewaltnachrichten aus seiner sicheren Beobachterposition zu ergreifen vermag, dann spiegelt Bolaño eben diese problematischen Dimensionen im Register des Extremen, um sie für den Leser im Akt seiner eigenen Lektüre erfahrbar zu machen. Die Ethik bzw. Politik der Lektüre bei Bolaño bestünde also in diesem Sinne eben im Entwerfen komplexer literarischer Formen in Gestalt leserzentrierter Strategien wie Humor, Vielstimmigkeit und eben Intertextualität, die alle aus einer spezifischen Leseerfahrung bzw. Leserbeteiligung am Text heraus eine Bewusstwerdung und einen Reflexionsprozess im Leser anzustoßen vermögen im Sinne jener von Rancière postulierten Eingriffe in die Aufteilung des Sinnlichen. Die Literatur Bolaños wird dabei für den Leser einmal mehr zu jener Gefahrenzone, die Lektüre zum emotionalen Drahtseilakt, denn «der emotionale Nachvollzug soll kein wohldosierter Unterhaltungshorror sein, sondern will über seine inszenatorische Kraft das Erleben zur Erfahrung machen, Erleben und Erfahren integrieren.»[165]

In diesem Sinne ist die ethisch-politische Bedeutung der Lektüre für Bolaño also zu verstehen, wenn er etwa davon spricht, dass der Akt des Lesens verstehbar sei als ein «poner[se] con esa acción en una tradición yo no diría literaria sino humana, humanística»[166] oder es in *2666* heißt: «La lectura es placer y alegría de estar vivo o tristeza de estar vivo y sobre todo es conocimiento y preguntas. La escritura, en cambio, suele ser vacía.»[167] Dieses humanistische und zugleich *Wissen*[168] und *Fragen* generierenden Potential der Lektüre ist dabei aber bei Bolaño auf der strukturellen Ebene seiner Texte eben nicht im Sinne jenes Allgemeinplatzes einer «narrative imagination» zu lesen, wie sie etwa Martha Nussbaum definiert als eine «essential preparation for moral interaction. Habits of empathy and conjecture conduce a certain type of citizenship and a certain form of community: one that

---

165 Markus Messling: *2666*: Die Moderne als Echolot der Globalisierung, S. 210.
166 Bolaño in Sònia Hernández/Marta Puig: Entrañable huraño. Entrevista con Sònia Hernández y Marta Puig. In: Edmundo Paz Soldán/Gustavo Faverón (Hg.): *Bolaño salvaje*. Barcelona: Candaya 2008, S. 475–478, hier: S. 477.
167 Roberto Bolaño: *2666*, S. 983.
168 Zum Zusammenhang von Literatur und Wissen vgl. die Lebenswissen-Trilogie von Ottmar Ette: *ÜberLebenswissen I–III*. Berlin: Kulturverlag Kadmos 2004–2010 bzw. die sich darum entspannende Debatte in Wolfgang Asholt/Ottmar Ette (Hg.): *Literaturwissenschaft als Lebenswissenschaft. Programm – Projekte – Perspektiven*. Tübingen: Narr 2010.

cultivates a sympathetic responsiveness to another's needs.»[169] Mehr als auf der Ebene einer Art Sensibilisierung oder moralischen Einfühlung agieren Bolaños Texte ihre ethischen Belange in einer Weise aus, die immer wieder die ontologischen Ambivalenzen von Kunst und Imagination ins Zentrum ihrer eigenen Reflexion stellt und damit «eine vulgärpsychologische Instrumentalisierung von Literatur zurück[weist], die sich müht, diese als eine Form der Vergangenheitsbewältigung oder Aufarbeitung des Schreckens zu nutzen.»[170] Zugleich aber lassen sich Literatur und Lektüre auch nicht einfach als «gegentranszendentale Figur[en]»[171] erfassen, die vermeintlich eine «therapeutische Sicht auf die Literatur [...] ad absurdum [führen], indem eine allumfassende Unheilbarkeit diagnostiziert wird, die in der Unabschließbarkeit von Text und Wort ihr literarisches Gegenüber findet.»[172] Eher generieren Literatur und Lektüre in Bolaños Werken jene Formen, die eingangs im Sinne einer schwachen Transzendenz bezeichnet wurden: Der Akt des Lesens ist in der Lage, den Menschen über seine rein materielle Existenz hinaus zu erheben und zugleich quasi-epiphanische Momente der Erkenntnis oder affektiver Art hervorzurufen, die momenthafte Formen des Transzendenten kreieren, die jedoch im nächsten Moment bereits wieder verschwinden oder revidiert werden.[173] «Menos mal que he conocido a los Poetas y que he leído las Novelas. [...] Menos mal que he leído. Menos mal que aún puedo leer, se decía entre escéptico y esperanzado», heißt es über die Figur des chilenischen Literaturprofessors Óscar Amalfitano in *Los sinsabores del verdadero policía*,[174] die mit jener Mischung aus Skepsis und Hoffnung explizit jene beiden den Lektüreakt Bolaños kennzeichnenden Dimensionen benennt. «De lo perdido, de lo irremediablemente perdido, sólo deseo recuperar la disponibilidad cotidiana de mi escritura, líneas capaces de cogerme del pelo y levantarme cuando mi cuerpo ya no quiera aguantar más»,[175]

---

[169] Martha Nussbaum: *Cultivating Humanity. A classical defense of reform in liberal education*. Cambridge: Harvard University Press 1997, S. 90. Vgl. zur Diskussion des Konzepts einer «sympathetischen Phantasie» auch den Artikel von Micha Werner: Kann Phantasie moralisch werden? Erkundigungen bezüglich eines fragwürdigen Topos. In: Jean-Pierre Wils (Hg.): *Anthropologie und Ethik: Biologische, sozialwissenschaftliche und philosophische Überlegungen*. Tübingen: Francke 1997, S. 41–63.
[170] Nataniel Christgau: *Tod und Text. Zu Roberto Bolaños 2666*. Berlin: Matthes & Seitz 2016, S. 39.
[171] Pablo Valdivia: *Weltenvielfalt*, S. 470.
[172] Nataniel Christgau: *Tod und Text*, S. 39.
[173] Vgl. dazu auch die Erläuterungen in Kapitel fünf dieser Arbeit.
[174] Roberto Bolaño: *Los sinsabores del verdadero policía*. Barcelona: Anagrama 2011, hier: S. 127–128.
[175] Roberto Bolaño: *Amberes*. Barcelona: Anagrama 2002, S. 119.

beschreibt Bolaño in einem autobiographischen Fragment jene fast physische Dimension dieser Erhebungskraft des Schreibens. Primär werden jene momenthaften Formen einer aus der Lektüre entspringenden schwachen Transzendenz in Bolaños Texten vor allem über humoristische Strategien sowie in Momenten der Trance oder des Wahnsinns inszeniert, die zugleich als Möglichkeiten einer besonderen Form der Erkenntnis, der Affekterfahrung sowie der Gemeinschaft fungieren, darüber hinaus aber in ihrer Momenthaftigkeit und ihrer letztlich doch anti-transzendentalen Prägung ihre eigenen Transzendenzeffekte stets wieder einholen. Nicht umsonst setzt Bolaño in einem Text über ein Gedicht Nicanor Parras Witz und Ethik in eins, wenn er schreibt: «[A]unque a primera vista parece un chiste, y además es un chiste, al segundo vistazo se nos revela como una declaración de los derechos humanos.»[176] Valdivia, wenngleich er wie fast alle Interpreten den Bolaños Werk zentral bestimmenden Aspekt des Humors ignoriert, beschreibt jene permanente Bewegung von Bolaños Literatur zwischen Affirmation und Revision ihrer Transzendenz insofern treffend, als sie «der Verführung widersteht, Teil jener ‹otras historias› zu sein, die, da sie die eigene Geschichtlichkeit verdrängen, als eine Quelle letztgültiger Autorisierung und Sinnvermitlung fungieren sollen.»[177] Wenn also Bolaños Figuren einerseits immer jene «lectores puros» nach Piglia sind, für die der Akt der Lektüre nicht nur «una práctica, sino una forma de vida»[178] ist, verlieren Bolaños Texte doch nie ihr eigenes Bewusstsein bezüglich der Tatsache, dass es sich bei der Welt der Literatur letztlich um ein «oficio poblado de canallas»[179] handelt. Inwiefern diese Politik der Lektüre in all ihren Ambivalenzen auf der Ebene literarischer Formen – und auch hier spielt die Strategie der Intertextualität eine zentrale Rolle – in seinen Werken konkret verhandelt wird, soll daher ein weiterer Fokus der folgenden Textanalysen sein.

Die Aufgabe des Kritikers

«Man soll vom Kritiker wissen: wofür steht der Mann. Er soll es zu erkennen geben»,[180] notiert Walter Benjamin 1929 in einem Fragment über die Aufgabe des Kritikers. Ähnlich argumentiert Adorno in seinen Überlegungen zur

---

176 Roberto Bolaño: *Entre paréntesis*, S. 45.
177 PabloValdivia: *Weltenvielfalt*, S. 471.
178 Ricardo Piglia: *El último lector*, S. 19.
179 Bolaño in Cristian Warnken: La belleza de pensar.
180 Walter Benjamin: Die Aufgabe des Kritikers. In: Walter Benjamin: *Gesammelte Schriften VI. Fragmente, autobiographische Schriften*. Frankfurt am Main: Suhrkamp 1991, S. 171.

Musikkritik, wenn er den Verfall der Kritik offenbart sieht «nicht durch Subjektivismus, sondern durch Schrumpfung von Subjektivität, die sich als Objektivität verkennt»,[181] wobei dieser Subjektivismus «hier die intime Kennerschaft und Vertrautheit mit dem Gegenstand der Kritik und nicht subjektivistische Meinung, sondern ein begründetes, sachkundiges und streng gegenstandsorientiertes Urteilen [bedeuten].»[182] Bolaño, das sollte auf diesen einführenden Seiten deutlich geworden sein, verunmöglicht in seinen anti-idealistischen und ironischen Inszenierungen des literarischen Feldes jede naive Vorstellung von Literatur und Kritik, was für jede kritische Lektüre seines Werks, die dieses Adjektiv für sich beanspruchen will, unvermeidlich eine Klärung ihres eigenen Standpunkts voraussetzt. Welche Motivationen lagen also den folgenden Lektüren von Bolaños Werk zugrunde, welcher Art ist ihr Erkenntnisinteresse und welche Erfahrungen haben sich – aus der ganz subjektiven Sicht des Kritikers – im Rahmen dieser langen Auseinandersetzung mit diesen Romanen, Erzählungen, Essays und Gedichten ergeben?

Bolaño selbst hat die Aufgabe einer zukünftigen Kritik und Literatur – denn die Kritik war für Bolaño eine eigene Disziplin innerhalb des Literarischen[183] – für den Fall der chilenischen Literatur klar formuliert und beschreibt sie als die Herausforderung, «de hacer de la literatura [...] algo razonable y visionario, un ejercicio de inteligencia, de aventura y de tolerancia. Si la literatura no es esto más placer, ¿qué demonios es?»[184] In dieser Idee von der Literatur als Akt der Vernunft und des Visionären, als Erfahrung des Abenteuers und der Lust, liefert Bolaño gewissermaßen die Beschreibung der Lektüreerfahrung seines eigenen Werkes ab, die für den Verfasser dieser Zeilen bis auf jene Zeit der gemeinschaftlichen Lektüren im Kreis jener eingangs geschilderten *wilden Leser* zurückgeht, in denen ein aus den gegenwärtigen akademischen Kontexten vielfach getilgtes interesseloses Lesen um der reinen Lust am Text willen die einzige Motivation der Lektüre war. «A mí la literatura me ha servido básicamente para leer», bekennt

---

181 Theodor W. Adorno: Einleitung in die Musiksoziologie. Zwölf theoretische Vorlesungen. In: Theodor W. Adorno: *Gesammelte Schriften, Bd. 14: Dissonanzen. Einleitung in die Musiksoziologie*. Frankfurt am Main: Suhrkamp 1997, S. 169–433, hier: S. 343.
182 Peter Winter/Peter Zima: *Kritische Theorie heute*. Bielefeld: transcript 2015, S. 135.
183 «Para mí, la crítica literaria es una disciplina más de la literatura. [...] Y creo que, sobre todo en nuestros países, es muy necesario que haya un crítica literaria no accidental, no la de diez líneas sobre un autor al que probablemente el crítico no va a leer nunca más; es decir, se necesita una crítica que vaya recomponiendo el paisaje literario» (in Andrés Braithwaite: *Bolaño por sí mismo*, S. 43).
184 Roberto Bolaño: *Entre paréntesis*, S. 105.

Bolaño und beschreibt damit wiederum treffend die Essenz der hier vorliegenden Erfahrungen mit seinem Werk: Bolaño lesen heißt – wenn man die Herausforderung seines Werks annimmt – den Blick in jenen verlockenden und manchmal aufgrund seiner Fülle verstörenden Abgrund der Weltliteratur zu richten, die Lektüre seines Werks hauptsächlich als Vorwand für die Entdeckung anderer Lektüren zu sehen und dem wilden Leser Roberto Bolaño dabei – ein wenig wie Dante seinem Vergil – durch die Kreise von Himmel und Hölle in dieser großen Komödie zu folgen, als die Bolaño das Schauspiel der Literatur immer wieder beschrieben hat. Es mag viele Gründe dafür geben, von Bolaños Werk fasziniert zu sein; der am Ursprung dieses Buches liegende aber war gewiss die Faszination der Radikalität, mit der Bolaño sein Leben weniger der Literatur als Produktion, sondern der Lektüre vermacht hat, die er dem Schreiben als solchem stets vorzog, wie er in einem Selbstporträt bekannte: «Soy mucho más feliz leyendo que escribiendo.»[185] Der Reiz dieser Unternehmung bestand vor allem darin, dass es nicht darum ging, Bolaño primär aus der Perspektive einer wie auch immer gerade in Konjunktur befindlichen literaturwissenschaftlichen Perspektive zu lesen, sondern seine Texte auf einer fundamentaleren Ebene in den Dialog mit einigen der Autorinnen und Autoren treten zu lassen, die er in seinen ausgreifenden Lektüren – und noch viel mehr als sein vorgeblich ausschweifendes Leben – zur Grundlage seines Schaffens machte, denn, so Bolaño: «En fin, da lo mismo si los fantasmas salen de la realidad o de la cabeza. Lo que importa es la biblioteca.»[186]

Wenn also am Anfang dieser Lektüren die Lust stand, Bolaño auf den Pfaden durch seine wilde Bibliothek zu folgen, dann waren diese Streifzüge – ganz wie im Fall seiner *wilden Detektive* – immer auch ein Vorwand für Bewegungen jenseits dieser Bücher, für Reisen, für Gespräche und Abenteuer mit all jenen wilden Lesern, in- und außerhalb der Akademie, die seinen Texten verfallen waren. Zugleich sind Bolaños Lektüren Lektionen gewesen über den Menschen an sich und über den *homo academicus*, über die Flüchtigkeit aller Existenz und der Literatur im Besonderen, ein Serum gewissermaßen gegen das Gift des Narzissmus und den Irrglauben an die Möglichkeit der eigenen Transzendenz:

> Todos estamos condenados al olvido, a la desaparición no sólo física, sino a la desaparición total: no hay inmortalidad. Y ésta es una paradoja que los escritores conocen muy de cerca y sufren muy de cerca, porque hay escritores que se lo juegan todo, todo, por

---

[185] Roberto Bolaño: *Entre paréntesis*, S. 20.
[186] Bolaño in Andrés Braithwaite: *Bolaño por sí mismo*, S. 84.

reconocimiento, por la inmortalidad, palabras rimbombantes donde las hayas y palabras inexistentes: no existe el reconocimiento, no existe la inmortalidad. Es decir, en el gran futuro, en la eternidad, Shakespeare y Menganito son lo mismo, son nada.[187]

Nicht im Register des Zynischen, sondern auf der Basis jener Lektion vom Leben und der Literatur als einem «bailar un vals en un montón de escombros»,[188] die Bolaño von Nicanor Parra als seinem Meister des Humors gelernt hat, sind jene Reflexionen Bolaños zu lesen, die nicht zuletzt der *Aufgabe* des Kritikers eine weitere Sinndimension hinzufügen: Diese besteht in der Einsicht, jenseits des Anspruchs auf eine bestmögliche Lektüre eben jene Hoffnungen *aufzugeben*, ein Werk jemals vollständig durchdringen zu können, ja den Autor als Vorwand und Instrument im Sinne jener Kritik Walter Benjamins am Gebrauch des Kunstwerks durch den Kritiker als «blanke Waffe in dem Kampfe der Geister»[189] zu verstehen. Bolaño hat sich wiederholt über solche Formen der instrumentalisierenden Lektüre lustig gemacht, wie etwa am Beispiel eines Verses von Parra, in dem dieser Rubén Darío und Alonso de Ercilla als beste chilenische Schriftsteller preist, also eben zwei Autoren, die zwar ihre wichtigsten Werke in Chile verfasst, aber niemals als Teil einer nationalkanonisierenden Lektüre vereinnahmt wurden. Die Botschaft Bolaños ist klar, wenn er sagt: «En fin, tenemos a Rubén Darío y tenemos a Alonso de Ercilla, que son los cuatro grandes poetas chilenos, y tenemos lo primero que nos enseña el poema de Parra, es decir, que no *tenemos* ni a Darío ni a Ercilla, que no podemos apropiarnos de ellos, sólo leerlos, que ya es bastante.»[190] Die Aufgabe des Kritikers besteht also nicht zuletzt darin, in der Benjaminschen Definition seines Anliegens sich zugleich jene zweite Aufgabe seiner selbst im Sinne seiner eigenen Begrenztheit vor Augen zu führen. So ist Bolaños Spiel mit dem Tod des Autors zugleich immer auch als ein Spiel mit dem Tod des Kritikers zu lesen im Sinne jener Konsequenz, wie sie Roland Barthes in seinem Essay einforderte: «Die vielfältige Schrift kann nämlich nur entwirrt, nicht entziffert werden. [...] Der Raum der Schrift kann durchwandert, aber nicht durchstoßen werden.»[191]

---

[187] Ebd., S. 96.
[188] Nicanor Parra: *Obras completas & algo†*. Barcelona: Galaxia Gutenberg. Barcelona: Galaxia Gutenberg 2006, S. 116.
[189] Walter Benjamin: Die Technik des Kritikers in dreizehn Thesen. In: Walter Benjamin: *Gesammelte Schriften IV*. Frankfurt am Main: Suhrkamp 1991, S. 108–109, hier: S. 109.
[190] *Entre paréntesis*, S. 46.
[191] Roland Barthes: Der Tod des Autors, S. 191.

Eben ein Durchwandern der Schrift, ein *paseo por la literatura* als ein Streifzug durch Bolaños Werk und seine Lektüren, soll dieses Buch sein – im steten Bewusstsein, dass sie immer nur Abbildung eines Wegstücks, nie aber ein Ankommen an ein (und welches sollte das sein?) endgültiges Ziel sein kann, oder wie es über die Erkenntnis der Kritiker am Ende ihrer erfolglosen ‹vereinnahmungsphilologischen› Suche nach ‹ihrem› Autor in dem ihnen in *2666* zugedachten Teil heißt: «Archimboldi está aquí –dijo Pelletier–, y nosotros estamos aquí, y esto es lo más cerca que jamás estaremos de él.»[192]

---

[192] Roberto Bolaño: *2666*, S. 207.

II Monströse Texte und wildes Lesen: Bolaño und Lateinamerika

Letzte Meldung vom Planet der Monster

«Ésta es mi última transmisión desde el planeta de los monstruos. No me sumergiré nunca más en el mar de mierda de la literatura. En adelante escribiré mis poemas con humildad y trabajaré para no morirme de hambre y no intentaré publicar»[1] – mit dieser zwischen Entsetzen und Resignation schwankenden Feststellung resümiert Bolaños autofiktional angelegter Erzähler in *Estrella distante* seine Lebens- und Generationengeschichte ebenso wie seine detektivischen Nachforschungen und Reflexionen zum Wesen der Literatur und den sie konstituierenden Figuren in jenen, um eine Formel von Hannah Arendt zu gebrauchen, «finsteren Zeiten»,[2] die sich in Bolaños Werk auf und um das neuralgische Jahr 1973 und den chilenischen Militärputsch taxieren lassen (und deren Implikationen zugleich weit über dieses nationale Ereignis hinaus auf kontinentale und globale Konstellationen verweisen). Dass die für Bolaños Schreiben so prägende Verbindung von Politik und Ästhetik, wie sie seit *La literatura nazi en América* quasi den Kern seines vor allem narrativen Werks ausmacht, hier durch die Figur des Monströsen benannt wird und diese weiterhin quasi als Beschreibungsformel der allgemeinen Einrichtung der Welt dient, ist in der Kritik nicht unkommentiert geblieben.[3] Weitgehend unbeachtet hingegen blieb in diesem Zusammenhang die Frage, inwiefern das Konzept des Monströsen bei Bolaño nicht nur als Signatur seiner Welt- und Geschichtswahrnehmung fungiert, sondern zugleich für die ästhetische Form seiner Texte und als hermeneutische Figur eine fundamentale Bedeutung für sein Werk sowie mit Blick auf bestimmte Linien einer insbesondere lateinamerikanischen Traditionslinie von Literatur besitzt, in die sich Bolaños «monströse Texte» und seine «wilde Bibliothek» einzuschreiben anschicken.[4] Diese Implikationen einer Semantik und Heuristik des Barbarischen, des Monströsen und des

---

[1] Roberto Bolaño: *Estrella distante*. Barcelona: Anagrama 1996, S. 138.
[2] Vgl. Hannah Arendt: *Menschen in finsteren Zeiten*. München: Piper 2012.
[3] Vgl. den unter einer Vielzahl an oberflächlichen und redundanten Texten hervorstechenden Artikel von Silvana Mandolessi: El arte según Wieder: estética y política de lo abyecto en *Estrella distante*. In: *Chasqui – Revista de Literatura Latinoamericana* 40, 2 (2011), S. 65–79.
[4] Eine Ausnahme, die allerdings auf die spezifische Figur des Vampiresken beschränkt bleibt, bilden die Überlegungen von Matei Chihaia: Bolaño y Drácula. Cuatro modelos para hablar del autor. In: Ursula Hennigfeld (Hg.): *Roberto Bolaño. Violencia, escritura, vida*. Madrid/Frankfurt am Main: Iberoamericana/Vervuert 2015, S. 155–172.

«Wilden» gilt es daher zunächst zu verstehen, um die im ersten Kapitel skizzierten, allgemeinen Überlegungen zur Ästhetik und Politik der Lektüre bei Bolaño in einem zweiten Schritt konkreter an jene (literatur-)historischen Entstehungskontexte zu knüpfen, in denen sich Bolaños Schreiben seit Mitte der 1970er Jahre auszubilden beginnt.

Wenn Bolaño, wie eingangs erwähnt, den Akt des Schreibens selbst als Kampf gegen ein Monster, als «pelea contra un monstruo»,[5] definiert und wiederum seine eigenen Werke wie *2666* oder *Los detectives salvajes* als ihren eigenen Schöpfer verschlingende Texte («un monstruo que me devoraba»[6]) bezeichnet, dann wäre angesichts dieser Häufung der Figur des Monströsen im werkästhetischen wie historischen Kontext Bolaños zunächst allgemeiner danach zu fragen, welche heuristischen Potentiale diese Figur in derlei Zusammenhängen bereitzuhalten vermag. Die in jüngerer Vergangenheit florierenden Forschungen zum Monster-Begriff[7] kommen trotz berechtiger Zweifel hinsichtlich der Frage, «ob sich die Polysemie und Polymorphie des Monströsen überhaupt begrifflichen fassen lässt»,[8] in der Feststellung überein, dass dem Monströsen eine spezifische Semiotik eignet, die es grundsätzlich als «paradox und liminal» bestimmbar macht, da in ihm «die penetrante Sichtbarkeit ausnahmehafter Erscheinungen mit unsichtbarer, potentiell unsicherer Referenz sinnfälliger Zeichenhaftigkeit [koinzidiert]. Das Monströse oszilliert zwischen (körperlicher) Wahrnehmbarkeit und semiotischem Entzug, der das Monster als Phänomen prekärer Klassifizierbarkeit überhaupt erst konstituiert. »[9] In diesem Sinne hatte bereits Michel Foucault in seinen 1975 am Collège de France gehaltenen Vorlesungen über die juristischen und dis-

---

5 Bolaño in Andrés Braithwaite: *Bolaño por sí mismo*, S. 90.
6 Ebd., S. 113.
7 Als Beleg für die Prominenz des Themas sei etwa die Existenz eines Bandes wie des folgenden herangezogen: Asa Simon Mittman/Peter Dendle (Hg.): *The Ashgate Research Companion to Monsters and the Monstrous*. Farnham/Burlington: Ashgate 2012. Einen umfassenden Forschungsüberblick bieten auch die im Folgenden noch näher betrachteten Beiträge in Achim Geisenhanslüke/ Georg Mein (Hg.): *Monströse Ordnungen. Zur Typologie und Ästhetik des Anormalen*. Bielefeld: transcript 2009; sowie das Eingangskapitel in Jan Niklas Howe: *Monstrosität: Abweichungen in Literatur und Wissenschaften des 19. Jahrhunderts*. Berlin/Boston: De Gruyter 2016. Im lateinamerikanistischen Kontext vgl. die rezente und umfangreiche Studie von Mabel Moraña: *El monstruo como máquina de guerra*. Madrid/Frankfurt am Main: Iberoamericana/ Vervuert 2017.
8 Jan Niklas Howe: *Monstrosität*, S. 47.
9 Rasmus Overthun: Das Monströse und das Normale. Konstellationen einer Ästhetik des Monströsen. In: Achim Geisenhanslüke/Georg Mein(Hg.): *Monströse Ordnungen. Zur Typologie und Ästhetik des Anormalen*. Bielefeld: transcript 2009, S. 43–79, hier: S. 50.

kursgeschichtlichen Implikationen des Konzepts des *Anormalen* hinsichtlich des Transgressionscharakters des Monströsen bemerkt, dass der «Begriff des Monsters [...] im wesentlichen ein Rechtsbegriff ist – des Rechts freilich im weiteren Sinn des Wortes, denn das Monster ist durch die Tatsache definiert, daß es qua Existenz und Form nicht nur eine Verletzung der gesellschaftlichen Gesetze darstellt, sondern auch eine Verletzung der Gesetze der Natur.»[10] In diesem Sinne stellt das Monströse jenseits eines wie auch immer gearteten Verstoßes gegen ein bestimmtes Ordnungssystem auf eine ganz grundsätzliche Art «einen Problemfall der Zeichenordnung dar»;[11] dieser ergibt sich nach Foucault aus der fundamentalen Eigenschaft des Monströsen, dass durch sein «Auftauchen das Recht in Frage gestellt wird und nicht mehr walten kann. Das Recht muß seine eigenen Grundlagen oder sogar seine eigene Praxis in Frage stellen oder schweigen oder sich für unzuständig erklären oder ein anderes Bezugssystem anrufen oder sogar eine andere Kasuistik erfinden.»[12] Wenn also das Auftauchen bzw. die Verwendung der Figur des Monströsen sich durch eine «offensive Zeichenhaftigkeit in Verbindung mit ihrer prinzipiell vagen Bedeutung»[13] auszeichnet, so ließen sich mit Blick auf die von Bolaño wiederholt aufgerufene Diagnose einer monströsen Welt im weiteren Sinne mindestens drei Dimensionen identifizieren, in denen diese Monstrosität innerhalb seines Werks ausagiert wird bzw. auf mehr oder weniger explizite Weise relevant ist:

1. *Hermeneutik des Monströsen*: Nimmt man die hier umrissene Semiotik des Monströsen ernst, so lässt sich ihre spezifische Dialektik im Sinne einer liminalen Hermeneutik verstehen, die im Auftauchen des Monströsen als kategoriensprengendem Phänomen als solche immer schon die Konstruktionsbedingungen und Funktionsweisen von bestimmten Systemen und ihren normativen Geltungsansprüchen infrage stellt. Die in der Präsenz des Monströsen verankerte Überschreitung etablierter Zeichensysteme im Sinne von Formen der Wahrnehmung von Welt und ihrer Signifikation verweist damit folglich immer schon auf die Frage der Funktionsbedingungen solcher Systeme, d.h. im übertragenen Sinne auf die Möglichkeiten von *Lektüre* bzw. die damit zusammenhängende Politik der Lektüre und der Literatur, wie sie eingangs mit Blick auf Rancière diskutiert

---

10 Michel Foucault: *Die Anormalen. Vorlesungen am Collège de France (1974–1975)*. Aus dem Französischen von Michaela Ott und Konrad Honsel. Frankfurt am Main: Suhrkamp 2007, S. 76.
11 Jan Niklas Howe: *Monstrosität*, S. 17.
12 Michel Foucault: *Die Anormalen*, S. 87.
13 Jan Niklas Howe: *Monstrosität*, S. 17.

wurde. Wenn Bolaños Weltwahrnehmung also fundamental durch Figurationen des Monströsen bestimmt ist, dann wird im Folgenden danach zu fragen sein, inwiefern sein Werk (und die darin entworfene Welt) im Rückgriff auf das Monströse einerseits auf eine Erschöpfung bestimmter historischer Beschreibungs- bzw. Orientierungsmuster der Welt reagiert, und diese andererseits mit einer Kritik an der Geltungsmacht spezifischer ästhethischer Paradigmen bzw. den sie legitimierenden Instanzen verbindet. Im engeren Sinne soll dieser Aspekt im Verlauf dieses Kapitels vor allem mit Blick auf das Scheitern der revolutionären Utopien in Lateinamerika im Sinne des zentralen historischen Substrats von Bolaños Werk (und seiner Rezeption) diskutiert werden, wobei der Zusammenhang dieses Scheiterns mit dem Ende bestimmter ästhetischer Paradigmen sowohl in Gestalt des (narrativen) Projekts des lateinamerikanischen *Boom* als auch hinsichtlich bestimmter Modelle der Lyrik (mit Octavio Paz und Pablo Neruda als zentralen Instanzen) offensichtlich ist und als solcher ebenfalls noch einmal eingehender in Bezug auf die Figur des Monströsen beleuchtet werden soll.

2. Monster und narrative Form: Neben einer Präferenz für monströse Figuren, sei es im physischen Sinne (in Gestalt von Charakteren wie etwa des «Verbrannten» (*el Quemado*) in *El Tercer Reich* oder des mehrfach amputierten Transvestiten Lorenzo in *Estrella distante*[14]) oder im moralischen Sinne (wie im Fall jener langen Galerie an Schurken und abjekten Persönlichkeiten, die von *La literatura nazi en América* an sein Werk bevölkern), lassen sich für die Mehrzahl von Bolaños narrativen Texten bestimmte formale Strukturen ausmachen, die ihrerseits auf die spezifische Semiotik und Hermeneutik des Monströsen rekurrieren. «Monsters cannot be announced. One cannot say: ‹here are our monsters›, without immediately turning the monsters into pets»,[15] hat Jacques Derrida einmal jene in der Semiotik des Monströsen angelegte Dialektik von Präsenz und Absenz skizziert, die bei Bolaño vielfach zur Grundstruktur seiner Romane wird bzw. zum Generator der narrativen Energie seiner Texte wird: Im Zentrum von Werken wie *Estrella distante*, *Los detectives salvajes* oder *2666* steht, ebenso wie in zahlreichen Erzählungen, die Suche nach bestimmten abwesenden (Künstler-)Figuren, die als solche vielfach mit zwischen Sublimierung und Ironisierung schwankenden Merkmalen des Monströsen ausgestattet werden, wie sie etwa Autorenfiguren wie Carlos

---

14 Vgl. dazu Kapitel vier dieser Arbeit.
15 Jacques Derrida: Some Statements and Truisms about Neologisms, Newisms, Postisms, Parasitisms, and other small Seismisms. In: Jacques Derrida: *The States of Theory*, hg. von David Carroll. New York: Columbia University Press 1989, S. 63–94, hier: S. 80.

Wieder, Césarea Tinajero oder Benno von Archimboldi eignen. Die strukturelle Anlage dieser Narrationen ähnelt sich dabei jeweils: Im Mittelpunkt steht die Suche einer ebenso notorischen wie mysteriösen und zugleich abwesenden Persönlichkeit, die eben die eingangs genannte «offensive Zeichenhaftigkeit» des Monsters verkörpert. Dieser kommt eben aufgrund ihrer Absenz und der Unüberprüfbarkeit der ihr zugeschriebenen Eigenschaften zugleich jene semiotische Unschärfe im Sinne einer zweifelsfreien Bestimmung ihres Wesen zu, die wiederum am Beginn aller Suchaktionen der eigentlichen Protagonisten der Texte steht. Diese sind, eben aufgrund der aus der Absenz des Monsters erwachsenden Notwendigkeit der Suche und Deutung seiner Spuren,[16] zu einer das semiotische Vakuum füllenden Aktivität angehalten, die, wie Bolaños australischer Übersetzer Chris Andrews einmal angemerkt hat, tendenziell stets in eine Art «overinterpretation» abzugleiten droht, im Sinne einer bestimmten Form, mittels derer «certain characters and narrators seize on minimal details, invest them with weighty significance, and invent stories to connect and explain them.»[17] Diese Art einer radikalisierten Deutungstätigkeit, deren Nähe zur Paranoia Andrews ebenfalls anmerkt und über die im weiteren Verlauf dieser Arbeit noch zu reden sein wird, sowie die prinzipiell für Bolaños Werk feststellbare «poetics of inconclusiveness»[18] werden im Zusammenhang mit den unzähligen Autorenfiguren, zu denen nicht zuletzt Bolaño selbst in Gestalt seines fiktionalen alter ego Arturo Belano zählt, für den realen Leser der Texte noch verstärkt durch die Tatsache, dass allen hier genannten Charakteren die faktische Abwesenheit der literarischen Werke gemeinsam ist, auf die sich ihre Bekanntheit begründet.[19] Die Implikationen dieser Inszenierung des literarischen Werks bzw. seiner Autorschaft sind dabei durchaus als ambivalent anzusehen: Einerseits verweist sie in Form von Bolaños Parodien auf die Funktionsweisen von Machtkämpfen im literarischen Feld unmittelbar auf jene institutionellen Bedingungen der Entstehung von Literatur, die insofern als monströs gelesen werden können, als literarischen Texte per se, wie im

---

16 Vgl. zum Spur-Begriff bei Bolaño die Überlegungen in Benjamin Loy: El nacimiento del detective vacunado.
17 Chris Andrews: *Roberto Bolaño's fiction*, S. 56. Vgl. zum Motiv eines paranoiden Lesens auch die Überlegungen in Kapitel fünf dieser Arbeit.
18 Ebd., S. 93.
19 «Bolaño nos entrega el contexto, pero nos niega el texto», hat es in seinen diesbezüglichen Überlegungen der mexikanische Dichter Luis Felipe Fabre formuliert (vgl. Luis Felipe Fabre: *Leyendo agujeros. Ensayos sobre (des)escritura, antiescritura y no escritura*. Mexiko-Stadt: Conaculta 2005, S. 79.)

Eingangskapitel schon angedeutet, keine essentiellen Eigenschaften zugeordnet werden können und sich ihr Sinn und ihre Wirkungsmöglichkeit stets über sekundäre Motivierungen im Prozess der Lektüre auszubilden pflegen; wenngleich diese Prozesse bei Bolaño häufig im Register des Infamen artikuliert werden und seine Autorenfiguren von zweifelhafter Moralität sind,[20] so ist diese Fokussierung der Texte auf eine Idee von Literatur als Effekt geteilter (bzw. antagonistischer) Lektüren zugleich für zahlreiche (Leser-)Figuren eine Form der Gemeinschaftsbildung bzw. ein auslösendes Moment für Handlungen, die mit dem «unsichtbaren» Werk als solchem nur mittelbar in Verbindung stehen (wie etwa im Fall der Beziehungen, die zwischen den wilden Detektiven García Madero, Belano und Lima auf ihrer Suche nach Cesárea Tinajero oder in 2666 zwischen den vier europäischen Philologen entstehen).

«Un volumen, en sí, no es un hecho estético, es un objeto físico entre otros; el hecho estético sólo puede ocurrir cuando lo escriben o lo leen», notiert Borges im Prolog seines Gedichtbandes *Elogio de la sombra*[21] – eine Definition des «ästhetischen Ereignisses», wie er sie später in einem weiteren Prolog zu dem Band seiner gesammelten Gedichte wieder aufnimmt, wenn er mit Blick auf Berkleys Erkenntnistheorie schreibt: «El sabor de la manzana (declara Berkley) está en el contacto de la fruta con el paladar, no en la fruta misma; análogamente (diría yo) la poesía está en el comercio del poema con el lector, no en la serie de símbolos que registran las páginas de un libro. Lo esencial es el hecho estético, el *thrill*, la modificación física que suscita cada lectura.»[22] Das in diesem Zusammenhang bereits im ersten Kapitel diskutierte, radikale Ausgesetztsein der Sprache und des Textes (bzw. ihrer Bedeutungen) gegenüber dem Arbeiten der Zeit und den sich in ihr vollziehenden Lektüren ist es, welches auch am Grunde von Bolaños fiktionalem Universum und seinen formalen Strukturen steht. Der literarische Text operiert bei Borges – und Foucault hat dies bekanntlich zum prominenten Ausgangspunkt seiner Überlegungen in *Les mots et les choses* gemacht – wie auch bei seinem Leser Bolaño insofern immer schon im Register des Monströsen, als er jenseits einer nur oberflächlich ausgestellten, ‹fixen› Sinnhaftigkeit eine poröse und eben deshalb monströse Struktur bewahrt, die in ihrer Offenheit bzw. ihrer Fragilität permanent Deutungsüberschüsse produziert, welche den Text zu einem sich

---

20 Vgl. auch dazu Kapitel vier dieser Arbeit.
21 Jorge Luis Borges: Prólogo a *Elogio de la sombra*. In: Jorge Luis Borges: *Obras Completas II. (1952–1972)*. Edición Crítica. Anotada por Rolando Costa Picazo e Irma Zangara. Buenos Aires: Emecé 2010, S. 613–614, hier: S. 613.
22 Jorge Luis Borges: Prólogo. In: Jorge Luis Borges: *Obra poética*. Buenos Aires: Emecé 1977, S. 15–16, hier: S. 15.

gemäß seiner Auslegung ständig wandelnden Gebilde transformiert – ein Punkt, der jenseits seiner theoretischen Implikationen im Folgenden wiederum an eine Erschöpfung bzw. Entwertung bestimmter ästhetischer Paradigmen innerhalb der lateinamerikanischen Tradition gebunden werden soll, mit denen sich Bolaño in der Genese seines eigenen Werks konfrontiert sieht.

3. Genealogien des Monströsen: Die Tatsache, dass die Figur des Monströsen bei Bolaño offensichtlich eng an eine umfassende historische wie ästhetische Krisenerfahrung geknüpft ist, als deren Indikator sie angesichts ihrer Produktivität zu fungieren scheint, soll gleichzeitig nicht die Tatsache verdecken, dass sein Werk in vielfältiger Weise an ein ebenso bedeutendes wie langlebiges Substrat der Kultur- und Literaturgeschichte Lateinamerikas anknüpft, wie es sich im Topos des ‹Wilden› vom Beginn der Moderne an ausgebildet hat. Die Frage nach den semantischen Implikationen jenes bei Bolaño gehäuft auftretenden und bewusst gebrauchten Lexems des ‹Wilden›, wie es in den *Detectives salvajes* seine sichtbarste Ausprägung findet, ist dabei gerade mit Blick auf die Verbindungen Bolaños zur lateinamerikanischen Tradition bislang kaum diskutiert worden, was umso verwunderlicher ist, als eben jener Topos des *salvajismo americano* ein zentrales Merkmal der diskursiven Verortung Lateinamerikas innerhalb der modernen westlichen Weltwahrnehmung war[23] und dabei zugleich innerhalb der lateinamerikanischen Literatur auf eine äußerst produktive Auseinandersetzung zurückblicken kann.[24] Dass eine eingehendere Betrachtung dieser Verbindung Bolaños zur lateinamerikanischen Tradition[25] bislang ausgeblieben ist, wird dabei möglicherweise vor dem Hintergrund verständlich, dass diese kontinentale Perspektive eben durch das dominante Changieren der Bolaño-Kritik zwischen national (chilenisch, mexikanisch, katalanisch)

---

23 «El relato del salvajismo americano es moderno: Articula la concepción misma de Occidente como centro geopolítico universal mediante una supuesta comprobación empírica de su alegada superioridad ontológica respecto del salvaje. Esta asincronía es usada teleológicamente para justificar la civilización de los Otros» (Carlos Jáuregui: *Canibalia. Canibalismo, calibanismo, antropofagia cultural y consumo en América Latina*. Madrid/Frankfurt am Main: Iberoamericana/Vervuert 2008, S. 67).

24 Eine erste Diskussion dieser Thesen habe ich vorgenommen in: Benjamin Loy: *Leer en filigrana – Zur Produktivität und Praxis von Metaphern als Wissensformen in den lateinamerikanischen Literaturen zwischen Moderne und Postmoderne*. In: Graduiertenkolleg Literarische Form (Hg.): *Formen des Wissens. Epistemische Funktionen literarischer Verfahren*. Heidelberg: Winter 2017, S. 335–366.

25 Eine Ausnahme in dieser Hinsicht bildet wie so oft die Arbeit Pablo Valdivias, auf die in diesem Zusammenhang noch einzugehen sein wird.

und global[26] grundierten Lektüren bislang in gewisser Weise verstellt war. Diese Tatsache mag nicht zuletzt damit zusammenhängen, dass der für Bolaño von Ignacio Sánchez Prado so treffend postulierte «grado de fluidez semántica inusitado»,[27] also jene eingangs diskutierte Vielzahl an Interpretationen, Lektüren und Vermarktungen des ‹Mythos Bolaño›, den Autor im Sinne einer riesigen Projektionsfläche gleichsam selbst als eine Verkörperung des Monströsen erscheinen lassen und eben aufgrund der großen Bandbreite an möglichen Auslegungen gewisse näherliegende Verbindungen blockiert haben. Dies gilt insbesondere für die Dominanz des gerade von der US-Rezeption beförderten Narrativs von Bolaño als radikalem Revolutionär der lateinamerikanischen Literatur, welches an der Frage nach den tieferen Verbindungen Bolaños zur lateinamerikanischen Tradition aus einer philologisch grundierten Perspektive eher nicht interessiert war; was wiederum nicht bedeutet, dass eben der Topos des ‹wilden Lateinamerikaners› auf der thematischen Ebene nicht eine zentrale Rolle bei seiner globalen Rezeption gespielt hätte.[28] Auch aus diesem Grund soll am Ende dieses Kapitels, das zunächst unter dem Blickwinkel des Monströsen Bolaños Situierung im bzw. jenseits des literarischen Feldes Lateinamerikas seiner Zeit skizzieren möchte, eine vertiefte Auseinandersetzung mit der Frage stehen, inwiefern Bolaños Ästhetik der Lektüre sich trotz des dominanten Diskurses eines Bruchs mit (ausgewählten) Vorgängern in eine weit zurückreichende Genealogie ‹lateinamerikanischen› Schreibens einordnen lässt.

Ein Nest aus rauchenden Trümmern

«Quiero decir: me puse a pensar en mi pasado como si pensara en mi presente y en mi futuro y en mi pasado, todo revuelto y adormilado en un solo huevo tibio, un enorme huevo de no sé qué pájaro interior (¿un arqueopterix?) cobijado en un nido de escombros humeantes»[29] – Formulierungen wie diese finden sich

---

[26] Vgl. dazu exemplarisch die Beiträge im bereits genannten Band von Nicholas Birns/Juan De Castro (Hg.): *Roberto Bolaño as World Literature*. New York: Bloomsbury 2017.
[27] Ignacio Sánchez Prado: Más allá del mercado. El uso de la literatura latinoamericana en la era neoliberal. In: José Ramón Ruisánchez Serra (Hg.): *Libro Mercado. Literatura y Neoliberalismo*. Mexiko-Stadt: Universidad Iberoamericana 2015, S. 15–40, hier: S. 30.
[28] Vgl. dazu den Kommentar von Chris Andrews: «Bolaño is an exceptional writer, but his success in the United States does not represent an exception to this tendency [of exotizing Latin American literature], because barbarity is not scarce in his work, and that has given it ‹hooks›, as people say in the publishing trade» (Chris Andrews: *Roberto Bolaño's fiction*, S. 14)
[29] Roberto Bolaño: *Amuleto*, S. 35.

wiederkehrend im deliranten Diskurs von Auxilio Lacouture, der Protagonistin von Roberto Bolaños Novelle *Amuleto*.[30] Die an eine überlieferte Episode bzw. die historische Person der uruguayischen Malerin Alcira Soust Scaffo[31] angelehnte Auxilio harrt im September 1968 während der zweiwöchigen Belagerung bzw. Invasion der *Ciudad Universitaria* der UNAM in Mexiko-Stadt durch das mexikanische Militär auf einer Toilette der geisteswissenschaftlichen Fakultät aus, wobei sie in einem 150 Seiten umfassenden Monolog über ihr Schicksal und das jener Generation Bolaños (bzw. seines *alter ego* Arturo Belano) und seiner infrarrealistischen Dichterfreunde sinniert. In der beständig zwischen Zeiten und Orten springenden Suade Auxilios wird die Frauentoilette der Fakultät zu einer Art borgesianischem Aleph, wenn die Malerin von ihr als ihrem «nave del tiempo desde la que puedo observar todos los tiempos»[32] spricht. Allerdings ist dieser «mirador de 1968»,[33] wie Auxilio den raum-zeitlichen Ort ihres Diskurses auch bezeichnet, keineswegs ein fixer Punkt, von dem aus eine erzählerische Souveränität über die Geschichte und das Geschehen zu erlangen wäre. Vielmehr, so legt es bereits das eingangs zitierte Bild nahe, handelt es sich bei *Amuleto* um ein Prosa-Gedicht, in dem vor allem über die Metaphorisierungen von Raum und Zeit die Idee einer möglichen Ordnung, Sinnhaftigkeit und Kontinuität dieser Instanzen ad absurdum geführt wird:[34] Der schwankende *lieu de l'énonciation* auf der Kloschüssel,

---

30 Auch dieser Text ist bekanntlich ein Beispiel für Bolaños mehrfach praktiziertes Verfahren der «circulating characters» (Chris Andrews: *Roberto Bolaño's fiction*, S. 41–48), die in mehreren seiner Geschichten auftreten, wobei auch diese Praxis gewissermaßen auf einen ‹monströsen›, weil nie abschließbaren Textbegriff hinweist, da nicht nur einzelne Charaktere die Grenzen zwischen den Texten überspringen, sondern wie im Fall von *Amuleto* als *reescritura* einer Episode aus *Los detectives salvajes* oder von *Estrella distante* als erweiterter und veränderter Version des letzten Kapitels von *La literatura nazi en América* ganze Geschichten ihre ‹ursprünglichen› Text-Orte verlassen bzw. diese vervielfältigen. Zu dieser «Poetik der Zitation als immanente[r] Überschreibung» (Pablo Valdivia: *Weltenvielfalt*, S. 470) vgl. ausführlich auch die Überlegungen in Kapitel vier dieser Arbeit.
31 Vgl. dazu den Artikel von Ignacio Bajter: Alcira Soust, la poeta de Bolaño en busca de la verdadera Auxilio Lacouture. In: *Quimera. Revista de Literatura* 305 (2009), S. 70–76.
32 Roberto Bolaño: *Amuleto*, S. 52.
33 Ebd.
34 Genau darin liegt auch der entscheidende Unterschied zum Argument von Susanne Klengel, die die erzählerische Konfiguration des Textes, insbesondere in Gestalt der Erzählerin Auxilio, als Beispiel für ein vermeintlich an Ernst Jünger entwickeltes stereoskopisches Schreiben interpretiert (vgl. Susanne Klengel: *Jünger Bolaño*, S. 52–67): Während es allerdings für Jünger im stereoskopischen Modell, das in Kapitel drei noch näher zu analysieren sein wird, gerade um die Möglichkeit geht, durch eine Vereinigung von Technik und Mythos innerhalb einer bestimmten modernistischen Ästhetik eine Art souveräne Verfügung über eine chaotische Welt zurückzugewinnen, ist diese Hoffnung auf eine ‹Welt-Verfügbarmachung› bei Auxilio vor dem Hintergrund des radikalen Weltverlusts und des Scheiterns der

auf der Auxilio balancieren muss, damit die patrouillierenden Soldaten ihre Füße unter dem Türrahmen der Toilette nicht erspähen, wird in Bolaños Text in einer ganzen Kette von Metaphern als das Terrain chiffriert, von dem aus sich die Erzählung über das Schicksal einer Generation entspinnt, deren prägende Erfahrung das Scheitern der revolutionären Projekte Lateinamerikas sein wird. Das rauchende Nest aus Trümmern, in welchem die traumatischen Erfahrungen Auxilios (und einer ganzen Generation) wie in einem gigantischen Ei eines Ur-Vogels eingekapselt sind, verknüpft sich in der Novelle mit ähnlichen mehr oder minder stark metaphorisierten Bildern eines zwischen Trauma und Widerstand schwankenden Erzählerdiskurses, etwa wenn Auxilio ihren Beobachtungspunkt bezeichnet als «mi atalaya [...] mi vagón de metro que sangra [...] mi inmenso día de lluvia.»[35] Das Jahr 1968 vermischt sich dabei in den tranceartigen Ausschweifungen Auxilios mit einer ganzen Reihe anderer historischer Fixpunkte dieser Zeit, die als solche nicht näher erläutert werden, aber bestimmten einschneidenden politischen Ereignissen in Lateinamerika zugeordnet werden können, die vom mutmaßlichen Zeitpunkt der Erzählung Auxilios[36] aus bereits in ihrer ganzen Macht das Scheitern der revolutionären Projekte in ihrer Niederschlagung durch die Militärdiktaturen belegen: «El año 68 se convirtió en el año 64 y en el año 60 y en el año 56. Y también se convirtió en el año 70 y en el año 73 y en el año 75 y 76»[37] – das Jahr 1968, das als Chiffre für die Invasion der UNAM und vor allem

---

Revolution immer schon ausgeschlossen. Statt der Möglichkeit einer neuen Synthese von Zeit und Raum durch eine stereoskopische (und stets schon transzendental aufgeladene) Wahrnehmung, wie es bei Jünger der Fall ist, wird in Auxilios Sprechen eindeutig das Trauma und eine allegorisch-melancholische Wahrnehmung der Welt ins Zentrum gerückt, für die gerade, wie Ryan Long überzeugend gezeigt hat, die (Zeit-)Erfahrung der *intemperie* entscheidend ist: «Referring to a maladjustment both in terms of time and space, *intemperie* suggests a more complete exposure, an at once historical and geographical condition of being unsettled. Furthermore, as *tempus* refers specifically to a portion of time, *intemperie* suggests a portion of time that finds itself out of place. *Amuleto*, with its reflections upon trauma and its critique of chronology, presents time as always being out of place. The novel also demonstrates that to posit anything other than a condition of *intemperie* is to insist upon a dangerous illusion» (Ryan Long: Traumatic Time in Roberto Bolaño's *Amuleto* and the Archive of 1968. In: *Bulletin of Latin American Research* 29 (2010), S. 128–143, hier: S. 133). In eine ähnliche Richtung gehen die Ausführungen von Moira Alvarez: La voz de Auxilio en «Amuleto» de Roberto Bolaño. In: *Revista de Crítica Literaria Latinoamericana* 38, 75 (2012), S. 419–440.
35 Roberto Bolaño: *Amuleto*, S. 52.
36 In *Los detectives salvajes* wird dieser mit «diciembre de 1976» angegeben (S. 190).
37 Roberto Bolaño: *Amuleto*, S. 35.

das Massaker von Tlatelolco[38] steht, verbindet sich hier mit den neuralgischen Jahreszahlen der Etablierung der brasilianischen (1964), der chilenischen und uruguayischen (1973), der peruanischen (1975) sowie der argentinischen (1976) Militärdiktatur zu einem kontinentalen und generationellen Panorama, das den historischen Hintergrund für Bolaños Schreiben und seine Wahrnehmung von Welt, Geschichte und Literatur fundamental bestimmen wird. Der sprechende Name Auxilio Lacoutures zeigt dabei bereits jene Idee eines *Vernähens* dieser lateinamerikanischen Generationenerfahrung durch die Literatur an, wobei eben das Ausstellen dieser *Nähte* des Erzählten immer schon Ausweis einer *condition couturée*, also eines *vernarbenden Erzählens* ist, das einerseits die Präsenz der Wunde in ihrer Spurhaftigkeit, aber zugleich – und in dieser Ambivalenz ist auch der Vorname *Auxilio* zu lesen – eine Idee der Hilfe bzw. der Heilung durch den Akt des Erzählens suggeriert.

Die Relevanz dieser Ereignisse erklärt sich dabei vor allem mit Blick auf die Tatsache, dass sie einen fundamentalen Bruch hinsichtlich aller bis dahin gültigen Kategorien und Begrifflichkeiten des Denkens, der Sprache und der Wahrnehmung Lateinamerikas bedeuteten, wie etwa Jean Franco hinsichtlich der Konsequenzen für die Kultur (und die Literatur) des Kontinents bemerkt hat: «Este notable cambio fue brutal. La represión, la censura y el exilio forzoso pusieron fin a los sueños utópicos de los escritores y a los proyectos de emplear la literatura y el arte como agentes de la ‹salvación y la redención›. [...] Términos como ‹identidad›, ‹responsabilidad›, ‹nación›, ‹futuro›, ‹historia› y hasta ‹latinoamericano› hubieron de ser repensados.»[39] Die Frage nach den Auswirkungen für die lateinamerikanische Literatur lässt sich dabei anhand von Roberto Bolaños Werk besonders tiefgreifend diskutieren, weil es sich in seiner Poetik eben in jener Phase der Umbrüche zwischen 1970 und 1976 auszubilden beginnt, in denen die politischen wie ästhetischen Leitideen der vorangehenden Epoche ihre Gültigkeit zu verlieren beginnen.[40] In *Amuleto* wird die Erfahrung dieser

---

[38] Unter den zahlreichen historiographischen Bearbeitungen des Themas vgl. etwa die rezente Studie, die Tlatelolco in eine Reihe der Staatsgewalt in Mexiko bis zu den Vorfällen von Ayotzinapa stellt, von Sergio Aguayo: *De Tlatelolco a Ayotzinapa: las violencias del Estado*. Mexiko-Stadt: Ediciones Proceso 2015.

[39] Jean Franco: *Decadencia y caída de la ciudad letrada. La literatura latinoamericana durante la guerra fría*. Barcelona: Debate 2003, S. 23.

[40] Den Zeitraum dieser ausgehenden Epoche, über deren Charakteristika im Folgenden noch zu sprechen sein wird, bestimmt Claudia Gilman in ihren Überlegungen zum intellektuellen Feld Lateinamerikas als den jener «langen» 60er Jahre, wenn sie schreibt: «La noción de época parece un concepto heurístico adecuado para conceptualizar los años que van desde el fin de la década del cincuenta hasta mediados de la década del setenta. [...] Ese período (1959 hasta circa 1973 o 1976) es aquel que los norteamericanos y europeos denominan habitualmente los

Generation, ähnlich wie eingangs der Arbeit bereits in Bolaños bekanntem Zitat aus der Caracas-Rede, in den Worten Auxilios beschrieben als die einer «generación salida directamente de la herida abierta de Tlatelolco, como hormigas o como cigarras o como pus, pero que no había estado en Tlatelolco ni en las luchas del 68, niños que cuando yo estaba encerrada en la Universidad en septiembre del 68 ni siquiera habían empezado a estudiar la prepa.»[41] Bolaño fungiert vor diesem Hintergrund als eine Art Chronist des Übergangs zwischen der ihm vorangehenden Generation des *Boom* bzw. der großen Lyriker wie Paz und Neruda und den ihm nachfolgenden, nach 1970 geborenen Autorinnen und Autoren: Er partizipiert an den utopischen Projekten seiner Zeit quasi nur noch in ihrem Moment des Erlöschens, weshalb das für die Werke des *Boom* (und ihre weltweite Rezeption) so zentrale Motiv der Revolution bei Bolaño nur noch im Schwundstadium zu besichtigen ist, oder wie es Ignacio Echevarría formuliert hat: «[C]abe entender la obra entera de Bolaño como el negativo de la pasión utópica.»[42] Als biographischer Ausweis dieser Zeugenschaft des Scheiterns der Revolution, die sich – und auch dafür ist *Amuleto* in seinem deliranten Diskurs und seiner poetischen Prägung ein Beleg – ästhethisch zu keinem Zeitpunkt bei Bolaño im Genre der *Testimonio*-Literatur[43] niederschlagen wird, dient vor allem die bereits im ersten Kapitel thematisierte Reise Bolaños 1973 von Mexiko auf dem Landweg nach Santiago de Chile,[44] wo er sich bekanntlich an der Unterstützung von Salvador Allendes Unidad Popular beteiligen wollte: «Cuando volví a Chile, poco antes del golpe, creía en la lucha armada, creía en la revolución permanente y creía que eso estaba ya. Volví dispuesto a luchar en Chile y después seguir

---

sesenta» (Claudia Gilman: *Entre la pluma y el fusil. Debates y dilemas del escritor revolucionario en América Latina*. Buenos Aires: Siglo XXI Editores Argentina 2003, S. 37).
41 Roberto Bolaño: *Amuleto*, S. 69.
42 Ignacio Echevarría: Bolaño internacional, S. 199. Dass aber dieses Substrat der Revolution auch noch in seiner gescheiterten Form zentral für Bolaños globale Rezeption war, ist dabei unstrittig und wurde in diesem Sinne ebenfalls von Echevarría gesehen: «En cuanto al tema del fracaso de la revolución y de la vanguardia, quizá contengan, más que ningún otro, la clave de la atención que la obra de Bolaño ha conquistado por doquier, y una espinosa justificación del lugar tan destacado que su figura ha terminado por ocupar en la ‹literatura mundial›» (S. 194).
43 Vgl. dazu die ausführlichen Überlegungen in Kapitel drei.
44 «[E]l viaje iniciático de todos los pobres muchachos latinoamericanos, recorrer este continente absurdo que entendemos mal o que de plano no entendemos», heißt es diesbezüglich in *Amuleto* (S. 63). Gleichwohl mutet es irritierend an, dass ansonsten fast nirgendwo in Bolaños ansonsten stark autobiographisch grundiertem Werk die Erlebnisse dieser Reise literarisch verarbeitet werden.

luchando en Perú, en Bolivia.»[45] Die Erfahrung des Scheiterns dieses Projekts (und vieler weiterer im übrigen Lateinamerika) verhandelt Bolaño dabei in zwei Registern: einerseits grotesk-humoristisch, wenn er – und dieser Punkt wird in Kapitel vier noch einmal ausführlicher zu diskutieren sein – etwa über das Erlebnis des Militärputschs in Chile sagt: «Fue divertidísimo. Como una película de los hermanos Marx. Órdenes, contraórdenes. ‹Tu haz esto›, ‹tú lo otro›»;[46] andererseits aber im eng damit verbundenen Bild des Monströsen, als welches sich die revolutionären Hoffnungen nicht nur aufgrund der rechten und militärischen Konterrevolutionen, sondern auch der Verbrechen innerhalb der linken Bewegungen selbst an vermeintlichen Abweichlern schließlich entlarven. So heißt es etwa in *Un paseo por la literatura* über das Schicksal des von Gesinnungsgenossen ermordeten salvadorianischen Dichters Roque Dalton, das bei Bolaño wiederholt als Paradigma der Perversion jenes politischen Engagements seiner Generation aufgerufen wird: «Soñé que estaba soñando y que en los túneles de los sueños encontraba el sueño de Roque Dalton: el sueño de los valientes que murieron por una quimera de mierda.»[47]

Der Traum entpuppt sich als eine Chimäre – eine Vision, die zugleich die Wahrnehmung von der Idee des Geschichtlichen selbst bei Bolaño bestimmen wird: An die Stelle der utopischen Hoffnungen auf den Triumph des sozialistischen Projekts und die Geburt des *hombre nuevo* tritt eine fundamental durch die Idee des Katastrophischen bestimmte Vision der Geschichte, die gleich zu Beginn von *Los detectives salvajes* (wir befinden uns im Jahr 1975) zwischen Juan García Madero und Ulises Lima im benjaminschen Bild vom Engel der Geschichte artikuliert wird: «Según él [Ulises Lima], los actuales real visceralistas caminaban hacia atrás. ¿Cómo hacia atrás?, pregunté. De espaldas, mirando un punto pero alejándonos de él, en línea recta hacia lo desconocido. Dije que me parecía perfecto caminar de esa manera, aunque en realidad no entendí nada. Bien

---

45 Bolaño in Andrés Braithwaite: *Bolaño por sí mismo*, S. 37.
46 Ebd., S. 106. Eine ähnliche Beschreibung findet sich in dem aus 69 Fragmenten bestehenden autobiographischen Text *Carnet de baile* in dem Erzählband *Putas asesinas*, wo es heißt: «29. El once de septiembre fue para mí, además de un espectáculo sangriento, un espectáculo humorístico. 30. Vigilé una calle vacía. Olvidé mi contraseña. Mis compañeros tenían quince años o eran jubilados o desempleados» (Roberto Bolaño: *Putas asesinas*. Barcelona: Anagrama 2001, S. 211).
47 Roberto Bolaño: Un paseo por la literatura, S. 97. Vgl. dazu auch etwa folgende Interview-Aussage Bolaños über diese Episode: «Conversan toda una noche, la discusión entra en un punto muerto. Dalton se va dormir. Deciden deshacerse de él porque no estaba de acuerdo con ellos y le pegan un tiro en la acebza mientras duerma. La locura absoluta. Y esos mismos hijos de puta, después de un año de sangrar al pubelo, pactan con la derecha. Es la muerte de la quimera» (Bolaño in Andrés Braithwaite: *Bolaño por si mismo*, S. 80).

pensado, es la peor forma de caminar.»⁴⁸ Die Vorstellung der Geschichte als einer, wie es bei Benjamin in seiner Lektüre von Klees *Angelus Novus* bekanntlich heißt, «Kette von Begebenheiten»⁴⁹ wird bei Bolaños Figuren aufgelöst zu jener Vision des Engels von der Vergangenheit als «einzige[r] Katastrophe, die unablässig Trümmer auf Trümmer häuft und sie ihm vor die Füße schleudert.»⁵⁰ Auch die Figur Auxilio Lacoutures gleicht dem benjaminschen Engel in dem Sinne, dass auch sie «die Toten wecken und das Zerschlagene zusammenfügen»⁵¹ will, während sie der vom Paradies (als den Utopien der Zeit) her wehende Sturm – «el torbellino del pasado»,⁵² heißt es im Text – zugleich immer wieder von jenem unmöglichen festen Blickpunkt hinfortweht. «Estiremos el tiempo como la piel de una mujer desvanecida en el quirófano de un cirujano plástico»,⁵³ lautet die metaphorische Umschreibung dieses unmöglichen ‹Glättungsversuchs› gleich zu Beginn des Textes, der wiederum mit der monströsen Vision Auxilios von den im Abgrund eines Tals verschwindenden «muchachos latinoamericanos» endet.⁵⁴ Die Verwandlung der Geschichte in etwas Monströses⁵⁵ bzw. die Entlarvung der

---

48 Roberto Bolaño: *Los detectives salvajes*, S. 17.
49 Walter Benjamin: Über den Begriff der Geschichte. In: Walter Benjamin: *Gesammelte Werke II*. Frankfurt am Main: Zweitausendeins 2011, S. 957–966, hier: S. 961.
50 Ebd.
51 Ebd.
52 Roberto Bolaño: *Amuleto*, S. 59. In dieser Figur des Strudels wird Bolaño im weiteren Verlauf seines Werks immer wieder jene Bahnungen und Tiefenstrukturen der Geschichte aufrufen, die man ganz im Sinne Ottmar Ettes als Formen einer «Vektorisierung» von Geschichte im Sinne einer «Bewegungsgeschichte» bezeichnen kann (vgl. zum Konzept der «Vektorisierung» die gleichfalls an Benjamin angelehnten Überlegungen in Ottmar Ette: *ZwischenWeltenSchreiben. Literaturen ohne festen Wohnsitz*. Berlin: Kadmos 2005, S. 31–60.)
53 Roberto Bolaño: *Amuleto*, S. 12.
54 Dabei scheint Auxilio dem benjaminschen Engel in seiner Beschreibung des Bildes von Paul Klee auch fast physisch zu gleichen: «Seine Augen sind aufgerissen, sein Mund steht offen und seine Flügel sind ausgespannt. Der Engel der Geschichte muss so aussehen» (Walter Benjamin: Über den Begriff der Geschichte, S. 961), heißt es bei Benjamin. Auxilio hingegen wird in ähnlich monströser Weise beschrieben als «un ser extraño, mitad sulamita y mitad muerciélago albino» (Roberto Bolaño: *Amuleto*, S. 37), wobei neben dieser fledermaushaften Gestalt es vor allem die gestische Koinzidenz mit Klees Engel ist, wie sie am Ende des Buchs aufgerufen wird, wenn es über Auxilio beim Beobachten der Katastrophe heißt: «Los niños, los jóvenes, cantaban y se dirigían hacia el abismo. Me llevé una mano a la boca, los dedos temblorosos y extendidos como si pudiera tocarlos. [...] Extendí ambas manos, como si pidiera al cielo poder abrazarlos, y grité, pero mi grito se perdió en las alturas donde aún me encontraba y no llegó al valle» (Ebd., S. 152–153).
55 Zur Konjunktur des Monströsen in Momenten der Krise vgl. auch die Bemerkung von Jeffrey Cohen, der das Monster als «harbinger of the category crisis» beschreibt: «Because of its ontological liminality, the monster notoriously appears at times of crisis as a kind of third

Idee einer Heilsgeschichte als Chimäre wird dabei explizit, wenn Auxilio an anderer Stelle noch einmal bemerkt: « [A]sí es la Historia, un cuento corto de terror.»[56] Trotz dieses Schwundes einer *Historia* im Sinne eines (heils-)geschichtlichen Zukunftsentwurfs bewahren Bolaños Figuren die Fähigkeit des Erzählens jener anderen *historias*, erwächst ihnen eben aus ihrer Position der Zeugenschaft in der Katastrophe die Notwendigkeit jener am Kern der bolañoschen Ethik situierten Geste des Öffnens der Augen, wie sie Bolaño etwa in dem Gedicht «Autorretrato a los veinte años» formuliert: «Y me fue imposible cerrar los ojos y no ver/aquel espectáculo extraño, lento y extraño,/aunque empotrado en una realidad velocísima:/miles de muchachos como yo, lampiños/o barbudos, pero latinoamericanos todos,/juntando sus mejillas con la muerte.»[57] Das lyrische Ich in diesen autobiographisch grundierten Gedichten Bolaños entwirft aus der Tatsache des eigenen Erlebens bzw. Überlebens der Katastrophe die Notwendigkeit, diese Geschichten zu erzählen, wie es an anderer Stelle in «Los pasos de Parra» heißt: «A caminar, entonces, latinoamericanos/A caminar a caminar/A buscar las pisadas extraviadas/De los poetas perdidos [...] Y los sueños de generaciones/Sacrificadas bajo la rueda/Y no historiadas. »[58] Dass dieses Erzählen vor dem Hintergrund einer Welterfahrung erfolgt, in der nicht nur hergebrachte Vorstellungen von Geschichte, sondern auch der Literatur selbst nicht mehr in den Kategorien der Bolaño vorangehenden Generationen zu denken sind, liegt auf der Hand und soll dementsprechend in den folgenden Ausführungen näher beleuchtet werden.

Poesie mit dem Rücken zur Wand

«Coincidimos plenamente en que hay que cambiar la poesía mexicana. Nuestra situación (según me parece entender) es insostenible, entre el imperio de Octavio Paz y el imperio de Pablo Neruda. Es decir: entre la espada y la pared»[59] – so notiert Bolaños Tagebuch führender Dichternovize Juan García Madero zu Beginn

---

term that problematizes the clash of extremes – as ‹that which questions binary thinking and introduces a crisis›». Jeffrey Cohen: Monster culture (Seven theses). In: Jeffrey Cohen (Hg.): *Monster theory. Reading culture*. Minneapolis: University of Minnesota Press 1996, S. 3–25, hier: S. 6. Auch Moraña stellt die Verbindung zwischen Benjamin und dem Monströsen her, vgl. *El monstruo como máquina de guerra*, S. 23–24.

56 Roberto Bolaño: *Amuleto*, S. 60.
57 Roberto Bolaño: Autorretrato a los veinte años. In: Roberto Bolaño: *Los perros románticos*. Barcelona: Lumen 2000, S. 14.
58 Ebd., S. 84–85.
59 Roberto Bolaño: *Los detectives salvajes*, S. 30.

der *Detectives salvajes* die poetische Großwetterlage der Zeit, innerhalb derer die Gruppe um Arturo Belano und Ulises Lima ihr Projekt des *realismo visceral* verfolgt. Mit Paz und Neruda werden von García Madero jedoch nicht nur die beiden wirkmächtigsten lateinamerikanischen Dichter der Epoche genannt, an denen sich die *viscerrealistas* abzuarbeiten gedenken; vielmehr markieren die beiden Nobelpreisträger, gleichsam als Pole des literarischen Feldes, auch zwei diametral entgegengesetzte Auffassungen über den Status von Dichtung und ihre Aufgaben mit Blick auf die sie umgebenden Realitäten ihrer Epoche, oder um im Bild des eingangs bemühten Monströsen zu bleiben: Paz und Neruda markieren wie Skylla und Charybdis jenen Durchgang, den Bolaño/Belano, sein (gewiss nicht zufällig so benannter Gefährte) Ulises Lima und die *infrarrealistas/viscerrealistas* zu queren haben. Dabei steht Neruda, der in den *Detectives salvajes* ansonsten nur marginal auftaucht, exemplarisch für jene Politisierung der Poesie bzw. ihr Primat über eine (vermeintliche) Dichtung der Innerlichkeit, wie sie etwa William Rowe für die hispanische Welt ab dem Spanischen Bürgerkrieg beschreibt, wenn er – und Nerudas Übergang von den frühen Werken wie *Residencia en la tierra* zu *España en mi corazón* mag auch hier zur Anschauung dienen – spricht von einer «clear declaration of a politics of poetry, consisting in the idea that responsibility to history takes priority over what one might call ‹inner reverie›.»[60] Neruda verkörpert in einer für Lateinamerika einmaligen Synthese von Dichtung und Politik den revolutionären Anspruch der Kunst jener Zeit, die geprägt ist von einem «intenso interés por la política y la convicción de que una transformación radical, en todos los órdenes, era inminente.»[61] Zugleich aber fungiert Neruda zum Zeitpunkt der eingangs zitierten Äußerung García Maderos – wir schreiben das Jahr 1975 und Neruda ist seit zwei Jahren tot – schon nurmehr als Chiffre für die problematischen ideologischen Implikationen bzw. die Perversion jener revolutionären Ansprüche, wie sie auch auf politischer Ebene mit Blick auf die Ermordung Roque Daltons eingangs angerissen wurden: Bezüglich der Figur Nerudas entzündet sich jene Kritik vor allem an seinen hinlänglich bekannten Huldigungen an Stalin, wie sie exemplarisch in der gleichnamigen *Oda a Stalin* zum Ausdruck kommen, wo es etwa heißt: «Stalin construía./Nacieron de sus manos cereales,

---

60 William Rowe: *Poets of contemporary Latin America. History and the inner life*. Oxford: Oxford University Press 2000, S. 2. Vgl. ausführlich auch zum Verhältnis von Politik und Poesie bei Neruda die erhellende Studie von Greg Dawes: *Verses against the darkness: Pablo Neruda's poetry and politics*. Lewisburg: Bucknell University Press 2006; außerdem die Überlegungen von Federico Schopf: El problema de la conversión poética en la obra de Pablo Neruda. In: *Atenea* 488 (2003), S. 47–78.
61 Claudia Gilman: *Entre la pluma y el fusil*, S. 39.

tractores, enseñanzas, caminos, y él allí, sencillo como tú y como yo,/[...] Su sencillez y su sabiduría, su estructura de bondadoso pan y de acero inflexible nos ayuda a ser hombres cada día,/[...] y hay que aprender de Stalin su intensidad serena, su claridad concreta».[62] Diese ideologische Problematik einer politischen Dichtung, deren *Politik* konträr zur eingangs erläuterten Bedeutung dieses Terminus bei Rancière steht, arbeitet Bolaño, ebenso wie den Einfluss der übermächtigen Gestalt Nerudas, in dem bereits zitierten autobiographischen Text *Carnets de baile* durch, in dem er seine Lebensgeschichte gewissermaßen mit einer Form der Lektüregeschichte der (vor allem chilenischen) Lyrik verknüpft, innerhalb derer Neruda eine zentrale Bedeutung zukommt. So heißt es über Bolaños jugendliche und naive Lektüren des ihm zunächst von seiner Mutter, einer chilenischen Spanischlehrerin, nahegebrachten Neruda: «Yo era por entonces un joven hipersensible, además de ridículo y muy orgulloso, y afirmé que el mejor poeta de Chile, sin duda alguna, era Pablo Neruda.»[63] Erst nach dem Zerfall aller revolutionären Träume, die in *Carnets de baile* parallel zu Bolaños *éducation lectrice* mit Nicanor Parra als neuem Fixpunkt geschildert werden, erscheint Neruda dem depressiven Erzähler des Textes als eine Art Phantasma, das ihn – nachdem er zuvor bereits von Adolf Hitler heimgesucht wurde – in seiner Einsamkeit wie ein historisches Menetekel zu verfolgen beginnt:

> 49. Quince días después Hitler se esfumó y yo pensé que el siguiente en aparecer sería Stalin. Pero Stalin no apareció. 50. Fue Neruda el que se instaló en mi pasillo. No quince días, como Hitler, sino tres, un tiempo considerablemente más corto, señal que la depresión amenguaba. 51. En contrapartida, Neruda hacía ruidos (Hitler era silencioso como un trozo de hielo a la deriva), se quejaba, murmuraba palabras incomprensibles, sus manos se alargaban, sus pulmones sorbían el aire del pasillo (de ese frío pasillo europeo) con fruición, sus gestos de dolor y sus modales de mendigo de la primera noche fueron cambiando de tal manera que al final el fantasma parecía recompuesto, otro, un poeta cortesano, digno y solemne. 52. A la tercera y última noche, al pasar por delante de mi

---

62 Pablo Neruda: Oda a Stalin. In: Pablo Neruda: *Obras completas*. Hg. von Jorge Sanhueza. Buenos Aires: Losada 1962, S. 747. Bolaño hat diese Kritik in einem Interview explizit gemacht, als er bekannte: «Neruda nunca me gustó. O no me gustaba tanto como para ponerlo de modelo literario. Alguien capaz de escribirle odas a Stalin y de mantener los ojos cerrados ante el horror estalinista no me merecía el más mínimo respeto» (Bolaño in Uwe Stolzmann: Entrevista, S. 370). Dass Bolaño mit dem im gleichen Atemzug als Vorbild genannten Borges, dessen politische Positionen etwa hinsichtlich der chilenischen wie argentinischen Militärdiktatur nicht minder problematisch waren, zeitlebens ungleich milder umgegangen ist, sei an dieser Stelle gleichwohl angemerkt.

63 Roberto Bolaño: *Putas asesinas*, S. 209. Der Vollständigkeit halber sei angemerkt, dass Bolaño sich wiederholt euphorisch über Nerudas frühe Lyrik geäußert hat und die Kritik vor allem dem späteren ‹politischen› Werk des Dichters gilt.

puerta, se detuvo y me miró (Hitler nunca me había mirado) y, esto es lo más extraordinario, intentó hablar, no pudo, manoteó su impotencia y finalmente, antes de desaparecer con las primeras luces del día, me sonrió (¿como diciéndome que toda comunicación es imposible pero que, sin embargo, se debe hacer el intento?).[64]

Die monströse Gestalt Nerudas, der in *Nocturno de Chile* noch einmal in einem ähnlichen Zusammenhang auftreten wird,[65] verweist dabei für den jungen Bolaño und die infrarealistischen Dichter über die ethischen Problematiken der Figur hinaus auf jene bei Bolaño stets wiederkehrende Frage nach der ästhetischen Qualität von Literatur bzw. den sie unvermeidlich betreffenden Wertungs- und Wirkungsfaktoren der Machtkonstellationen innerhalb des literarischen Feldes. Im gesamten Werk Bolaños wird dieser Aspekt immer wieder durchgespielt, wenn sich zahllose seiner Dichterfiguren eben nicht an der Entwicklung einer eigenen Ästhetik versuchen, sondern vielmehr als Adepten und Epigonen bestimmter Dichter und ihrer normsetzenden Poetiken ihren Platz im literarischen Feld der Zeit zu erobern suchen – eine Problematik, die von den in den *Detectives salvajes* ironisch dargestellten Gruppen der miteinander in Mexiko konkurrierenden Poeten der 1970er Jahre bis zu Bolaños nicht minder satirischen Auslassungen über die als *Donositos* verspotteten Anhänger José Donosos im Chile der 1990er Jahre reicht.[66] Vor dem Hintergrund der gescheiterten Revolution und den Irrwegen, auf denen sich eine politisierte (linke) Dichtung verloren hat, erklärt sich folglich die Notwendigkeit für Bolaño, nach neuen Möglichkeiten einer politischen Ästhetik (im Sinne Rancières) zu suchen, hatte sich doch, wie Rowe bemerkt, jenes Ideal und Potential einer (sozial-)kritischen Lyrik zum Zeitpunkt von Bolaños ersten Suchbewegungen nach einer neuen Poetik längst erschöpft: «By the 1970s, the fashion for ‹social› poetry often obscured a considerable gap between the reputation and the actual capability of a poet. In these cases, commitment functioned as an alibi, promoted by publishers, media, and university critics.»[67] Diese Lähmung der Dichtung angesichts ihrer Nähe zur bzw. Kongruenz mit der politischen Macht, die in der Rede von Neruda als «poeta cortesano» zum Ausdruck kommt, sowie das Bild seines vergeblich nach Worten ringenden Gespenstes sind es folglich, denen es für Bolaño und seine mit dem Rücken zur Wand stehenden infrarealistischen Dichter zu entkommen gilt.

Wenn Pablo Neruda stellvertretend für ein Übermaß des Ideologischen steht, hinter dem das Ästhethische zu verschwinden, mindestens aber zu

---

64 Ebd., S. 214.
65 Vgl. Kapitel drei dieser Arbeit.
66 Vgl. Roberto Bolaño: *Entre paréntesis*, S. 100.
67 William Rowe: *Poets of contemporary Latin America*, S. 4.

korrumpieren droht, so fungiert Octavio Paz als der zweite jener von García Madero benannten Pole des literarischen Feldes der Zeit im diametralen Gegensatz dazu als ein Repräsentant einer Lyrik, die jenseits einer (in Ermangelungen eines besseren Begriffs) als quasi ‹historisch-materialistisch› zu bezeichnenden Poesie wie der Nerudas auf eine idealistische, ins (Kunst-)Religiöse und damit potentiell Utopische zielende Literatur setzte. Jean Franco hat diesen Gegensatz zwischen Neruda und Paz, der an dieser Stelle nicht ansatzweise in seinen Tiefendimensionen ausgearbeitet werden kann, anschaulich nachgezeichnet, wenn sie auf die wechselseitigen Vorwürfe der beiden Autoren hinsichtlich ihres Mangels bzw. ihres Überschusses an politischem Engagement verweist[68] und dabei auf die Werkpraxis Paz' eingeht, die just in einer zunehmenden Tilgung bestimmter historischer Referenzialitätsbindungen innerhalb seiner Lyrik bestand im Sinne eines «proceso de purificación y abstracción [que] era coherente con una poética que adjudicaba a la poesía el rango de religión, de ética e incluso de una política. La poesía es una religión herética en la tradición de los gnósticos y de los místicos, y promete una verdadera revolución que restaurará al ser dividido.»[69] Auch vor diesem Hintergrund ist die Figur Paz' zu verstehen, wie sie Bolaño in *Los detectives salvajes* auftreten lässt, nämlich als eines Dichters und Theoretikers, der sich in unverständlichen Gedankengebäuden fernab der ‹Realität› und in seiner eigenen Performance als Intellektueller verliert. So notiert García Madero einmal mehr über einen Besuch einer Konferenz von Paz, den er mit seinen Dichterfreunden unternimmt:

> Para colmo [...] yo no había entendido nada de la conferencia de Octavio Paz y puede que tuvieran razón, sólo me había fijado en las manos del poeta que llevaban el compás de las palabras que iba leyendo. [...] ¿En qué pensé entonces? En mi camisa que apestaba. En el dinero de Quim Font. En la poeta Laura Damián muerta tan joven. En la mano derecha de Octavio Paz, en sus dedos índice y medio, en su dedo anular, en sus dedos pulgar y meñique que cortaban el aire de la Capilla como si en ello nos fuera la vida.[70]

Ähnlich ironisch wie Neruda an andere Stelle wird auch Paz in den *Detectives salvajes* von seiner als ‹Zeugin› auftretenden Sekretärin Clara Cabeza nicht als brillanter Denker, sondern als tattriger und vergesslicher Schwätzer dargestellt, der von ihr an das Einnehmen seiner Tabletten erinnert werden muss und sich ansonsten dem Pflegen seiner kosmopolitischen Briefkorrespondenzen und dem Erfinden von abstrusen Theorie-Konstrukten widmet: «No voy a cometer la falta

---

68 Vgl. Jean Franco: *Decadencia y caída de la ciudad letrada*, S. 74.
69 Ebd.
70 Roberto Bolaño: *Los detectives salvajes*, S. 86.

de desvelar lo que decía en sus cartas, sólo diré que hablaba más o menos de lo mismo que habla en sus ensayos y en sus poemas: de cosas bonitas, de cosas oscuras y de la otredad, que es algo en lo que yo he pensado mucho, supongo que como muchos intelectuales mexicanos, y que no he logrado averiguar de qué se trata.»[71] Was Neruda für Chile, ist Paz für Mexiko: ein Gravitationszentrum, um das die jungen Dichter kreisen wie Planeten um einen Fixstern, der einen Diskurs von der Poesie als Möglichkeit der individuellen Transzendenz des an der Moderne leidenden Invididuums pflegt, hinter dem sich letztlich aber doch nur banale Machtinteressen verbergen, welche eine (institutionen-)kritische Kunst verunmöglichen, denn, so Rowe:

> [T]he difficulty with Paz's position is his tendency to make poetry itself into a type of transcending discourse. [...] Paz's follower have tended to carry out their own act of substitution. In their models of reading, the capacity of a poem to change the life of its readers is made into an intellectual construct, and thus a matter of will, or a religious statement, which entails accepting an apparatus of beliefs. At its most damaging, this attitude leads to poets becoming indebted to an institution – in Mexico, the State – for the achievement of prestige.[72]

Bolaño selbst hat diese Ausgangssituation seines eigenen Schreibens in einem Interview mit Dunia Gras noch einmal explizit gemacht, wenn es mit Blick auf die beiden unmöglichen Optionen von Paz und Neruda heißt:

> Para mi generación, o para algunos poetas de mi generación, la disyuntiva estaba entre una poesía comprometida con la lucha social, que nos llevaba directos a la afasia, a la catatonía, como era la poesía de Neruda, de la que realmente abominábamos, o la de Octavio Paz, que era una poesía o una actitud con la que tampoco comulgábamos, como de torre de marfil, o torre de algo, por la que no sentíamos el menor interés. Y lo que buscábamos era una tercera vía estética, algo que no fuera ni el realismo socialista al que nos abocaba Neruda, ni ‹la otredad› paciana.[73]

Den Ausweg aus der hier nur grob umrissenen ästhetischen und politischen Sackgasse seiner Zeit benennt Bolaño im gleichen Atemzug mit Verweis auf Nicanor

---

71 Ebd., S. 503.
72 William Rowe: *Poets of contemporary Latin America*, S. 25–26. Vgl. in diesem Sinne auch die konkrete Kritik Francos zur Unfähigkeit Paz', die neoliberalen Verwerfungen in Mexiko zu erkennen, die seit Mitte der 1980er Jahre mit die Grundlage jener Gewaltexzesse bildeten, wie sie Bolaño später in *2666* beschreiben wird (Jean Franco: *Decadencia y caída de la ciudad letrada*. S. 78–80).
73 Bolaño in: Dunia Gras: Entrevista con Roberto Bolaño. In: *Cuadernos Hispanoamericanos* 604 (2000), S. 53–65, hier: S. 53.

Parra, «el poeta que más nos influyó».[74] Was mit Blick auf die Figur des chilenischen Anti-Poeten dabei besonders herausgestellt wird, ist der von der Bolaño-Forschung konsequent ignorierte Verweis Bolaños auf Parras Konzept eines spezifischen Humors, das angesichts der verhärteten – und, wie das Beispiel Roque Daltons beweist, in letzter Instanz tödlichen – ideologischen Kämpfe der Zeit einen Ausweg im Sinne eines (durchaus im Bachtinschen Sinne zu verstehenden)[75] nicht-ideologischen Sprechens: «Sobre todo, lo que tenía – y en grandes dosis – era sentido del humor, algo que Paz no tenía. [...] En Neruda también faltaba. Y en Parra había muchísimo. Y el mejor sentido del humor del mundo, que es humor negro.»[76] So bekennen noch Bolaños traumatisierste Erzählerinnen wie Auxilio Lacouture die Bedeutung des Lachens angesichts des katastrophischen Zustands der Welt, wenn diese an einer Stelle bemerkt: «Si no me volví loca fue porque simpre conservé el humor.»[77]

Der Verweis auf Nicanor Parra ist dabei zunächst insofern von Bedeutung, als er die in der Bolaño-Forschung weit verbreitete Lesart abschwächt, nach der Bolaños ästhetisches Projekt in vermeintlich direkter (und exklusiver) Linie zu Borges zurückzuführen scheint;[78] zugleich aber eröffnet er eine wichtige Perspektive auf die ästhetischen und politischen Positionen Bolaños in ihrer Abgrenzung nicht nur von den Projekten Paz' und Nerudas, sondern eines weiteren fundamentalen Kapitels der Literaturgeschichte der Moderne: den historischen Avantgarden. «Soy un sobreviviente. Siento un enorme cariño por ese proyecto, no obstante sus excesos, desmesuras y extravíos. Ese proyecto es perdidamente romántico, esencialmente revolucionario, y ha visto quemarse o perderse a muchos grupos y generaciones de artistas. Aún hoy nuestra concepción del arte en Occidente es deudora de esa visión»,[79] beschreibt Bolaño die Zentralstellung des avantgardistischen Projekts für seine eigene Poetik, die sich ohne Zweifel, mehr noch als eine postmoderne, vor allem als eine, so man das Oxymoron gebrauchen will, primär post-avantgardistische erfassen lässt. Als solches wird das Thema der Avantgarden mit seinen ästhetischen, politischen und ethischen Implikationen bei Bolaño vor allem in *Estrella distante* und *Los detectives salvajes* diskutiert: Während ersteres Werk dabei eine stark geschichts- und sprachphilo-

---

74 Ebd.
75 Vgl. dazu ausführlicher auch die Überlegungen in Kapitel vier dieser Arbeit.
76 Bolaño in Dunia Gras: Entrevista, S. 53.
77 Roberto Bolaño: *Amuleto*, S. 42.
78 Eine Interpretation, wie sie etwa auch bei Valdivia fälschlicherweise nahegelegt wird (vgl. Pablo Valdivia: *Weltenvielfalt*, S. 406–425).
79 Bolaño in Andrés Braithwaite: *Bolaño por sí mismo*, S. 50–51.

sophisch grundierte Reflexion über die monströsen Abgründe der avantgardistischen Revolutionsträume entwickelt, die im vierten Kapitel dieser Arbeit dezidiert mit Blick auf Bolaños intertextuelle Bezüge zu den post-avantgardistischen Projekten von Borges, Parra und Lihn, aber auch mit Blick auf Georges Perec entwickelt werden, herrscht in *Los detectives salvajes* eine deutlich melancholischere und (selbst-)ironischere Deutung jenes eigenen bolañoschen (Neo-)Avantgarde-Projekts des *Infrarrealismo* vor. Nicht die (bio-)politischen Verheerungen der Moderne und die faschistischen Ästhetisierungen des Politischen, wie sie in *Estrella distante* oder auch *La literatura nazi en América* dominieren, sind daher der Gegenstand der *Detectives salvajes*, sondern die Geschichte des *Infrarrealismo* als einer Art Echokammer jener hier beschriebenen «problemas centrales que surcan el campo cultural de la izquiera latinoamericana de los 70: el de la función del escritor.»[80] Ohne an dieser Stelle noch einmal auf die hinlänglich beleuchteten Parallelen zwischen den realen Mitgliedern und Aktivitäten des *Movimiento Infrarrealista* und seiner fiktionalen Verarbeitung in Gestalt des *realismo visceral* eingehen zu wollen,[81] scheint im Kontext der hier unternommenen historischen Verortung der Ursprünge von Bolaños Poetik ein genauerer Blick auf die eigene Inszenierung und Stilisierung als Autorfigur interessant bzw. auf die Diskrepanzen, die sich zwischen dem Diskurs des historischen, infrarrealistischen Bolaño und der restrospektiven, fiktionalen Darstellung der Dichtergruppe im Roman eröffnet.

Neben dem bekannten (ersten) Manifest[82] des *Movimiento Infrarrealista* ist es vor allem ein langes Gespräch zwischen Bolaño und dem argentinischen Autor und Journalisten Jorge Alejandro Boccanera, unter dem Titel «La nueva poesía latinoamericana. ¿Crisis o renacimiento?»[83] 1977 in der Zeitschrift *Plural* veröffentlicht, welches einen Einblick in die literarischen Anfänge Bolaños erlaubt und in diesem Zusammenhang betrachtet werden soll. So beginnt das Manifest wiefolgt:

---

80 Andrea Cobas Carral/Verónica Garibotto: Un epitafio en el desierto, S. 169.
81 Vgl. Montserrat Madariaga Caro: *Bolaño infra*. Vgl. ebenfalls die Beobachtungen in: Chiara Bolognese: Roberto Bolaño y sus comienzos literarios: El infrarrealismo entre realidad y ficción. In: *Acta Literaria* 39, II (2009), S. 131–140.
82 Für eine umfassende Analyse der insgesamt drei Manifeste, die an dieser Stelle den Rahmen sprengen würde, vgl. die Studie von Andrea Cobas Carral: «La estupidez no es nuestro fuerte». Tres manifiestos del infrarrealismo mexicano. In: *Osamayor. Graduate Student Review* XVII, 17 (2006), University of Pittsburgh, S. 11–29.
83 Roberto Bolaño/Jorge Boccanera 1977: La nueva poesía latinoamericana. ¿Crisis o renacimiento? In: *Plural* 68 (1977), S. 41–49.

›Hasta los confines del sistema solar hay cuatro horas-luz; hasta la estrella más cercana, cuatro años-luz. Un desmedido océano de vacío. Pero ¿estamos realmente seguros de que sólo haya un vacío? Únicamente sabemos que en este espacio no hay estrellas luminosas; de existir, ¿serían visibles? ¿Y si existiesen cuerpos no luminosos u oscuros? ¿No podría suceder en los mapas celestes, al igual que en los de la tierra, que estén indicadas las estrellas-ciudades y omitidas las estrellas-pueblos?‹[84]

Es ist vielsagend, dass das bilderstürmerische Manifest der neo-avantgardistischen *Infras* nicht nur bereits in der Titel-Formel des «Déjenlo todo, nuevamente» die Verbindung zu André Bretons *Lâchez tout* herstellt, sondern zudem mit einem Zitat aus der Science-Fiction-Story «La infra del Dragón» des russischen Autors Georgij I. Gurevich beginnt:[85] In diesem Bild der «infrasoles» als «dunklen Sternen», die unsichtbar sind, aber doch existieren und voller Energie stecken, artikuliert sich für Bolaño die Position der *Infras* innerhalb des literarischen Feldes im Mexiko der Zeit, wobei es die darin aufgehobene Dialektik von Sichtbarkeit und Unsichtbarkeit, von Präsenz und Absenz ist, die gleichsam als Beschreibung jenes Pendelns der Dichtergruppe zwischen Ablehnung und Annäherung an die Literatur der Epoche gelesen werden kann. Bemerkenswert – im Unterschied zu den *Detectives salvajes* – ist vor allem der von Bolaño in den besagten Texten der infrarrealistischen Zeit noch vorhandene revolutionäre Gestus, der – ganz im Sinne der Nivellierung der Grenze zwischen Kunst und Leben, wie sie Bürger bekanntlich als Merkmal der Avantgarden formuliert hat[86] – auf eine Fusion der beiden Sphären abzielt: «Nuestra ética es la Revolución, nuestra estética la Vida: una-sola-cosa.»[87] Die *Infras* verstehen ihren poetischen wie politisch-ethischen Auftrag dabei eben in jenem «[d]esplazamiento del acto de escribir por zonas nada propicias para el acto de escribir»,[88] des Betretens eben jener von den übrigen Autoren gemiedenen Gebiete also, welche lediglich innerhalb des ihnen Bekannten bzw. den Positionen verharren, die ihnen die bestehenden Strukturen des Feldes offerieren. «Por un lado escriben los jóvenes decentes, los de la cotidianidad de *toilette*, los caligrafistas, los que buscan un *statu* de escritor. Por el otro están los

---

84 Roberto Bolaño: Déjenlo todo nuevamente, S. 143. Das Original des Manifests erschien in: *Correspondencia infra, revista menstrual del movimiento infrarrealista*, octubre-noviembre 1977, S. 5–11.
85 Vgl. dazu auch den Hinweis in Andrea Cobas Carral: «La estupidez no es nuestro fuerte», S. 10.
86 Vgl. Peter Bürger: *Theorie der Avantgarde*, bzw. ausführlich zu diesem Problem das Kapitel vier dieser Arbeit.
87 Roberto Bolaño: *Manifiesto Infrarrealista*, S. 146. Auch in *Amuleto* erscheint diese Formel explizit, wenn Auxilio an einer Stelle das Ziel der Dichter beschreibt als «[s]er beatniks, no estar atados a ningún lugar, hacer de nuestras vidas un arte» (S. 122).
88 Ebd., S. 147.

anarquistas, los poetas narrativos y los nuevos líricos marxistas, los vagabundos. Los que *viven poesía*, los que se pasean vestidos de erizos por la cotidianidad pequeñoburguesa, a los que les importa un comino el oficio de escritor»,[89] fasst Bolaño diesen Gegensatz noch einmal zusammen. Das *Wilde* der Poesie, nach dem Bolaños wilde Detektive suchen, ist in dieser Logik eben nur in jenen Räumen zu finden, die gerade nicht jene klar umrissenen Räume der Literatur als System sind, oder wie der Autor 1977 konstatiert, «[u]n aire de poesía desligado de los medios sociales donde tradicionalmente se mueve la poesía. Vivimos la aparición de una poesía del lado salvaje de las calles.»[90] Die Emphase des Erlebens, wie sie sich im Manifest artikuliert, lässt dabei – trotz der intertextuellen Verweise und der Einordnung in die Tradition der Avantgarden bzw. der lateinamerikanischen Neo-Avantgarden[91] – überraschenderweise noch nicht die zentrale Bedeutung der Intertextualität erkennen, wie sie die späteren (Prosa-)Werke Bolaños prägen wird, wenngleich bereits hier jene später immer wieder aufgenommene Kritik der Idee einer Nationalliteratur artikuliert wird, wenn Bolaño im Gespräch mit Boccanera postuliert: «[C]reo que los antecedentes de los nuevos poetas latinoamericanos no son primordialmente literarios. Ni nacionales. No existen antecedentes puramente nacionales.»[92] Und auch die retrospektiv so betonte Bedeutung Nicanor Parras als Ausgang aus der poetischen Sackgasse scheint sich Bolaño zu diesem Zeitpunkt noch nicht in diesem Umfang erschlossen zu haben, denn, so heißt es weiter im rebellischen Gestus: «No bebemos de Parra ni de Neruda.»[93] Zugleich aber offenbart bereits das im Grundsatz so aktivistische Manifest ein profundes Bewusstsein von den eingangs geschilderten radikalen historischen Brüchen, die jeden Geschichtsoptimismus zu verunmöglichen scheinen, wie in der Formel am Ende des Textes deutlich wird: «Soñábamos con utopía y nos despertamos gritando.»[94]

Es ist dieses Pendeln zwischen der Affirmation des Glaubens an die transformative Kraft der Dichtung und dem Bewusstsein vom «fin de la poesía como una

---

89 Roberto Bolaño/Jorge Boccanera: La nueva poesía latinoamericana, S. 43.
90 Ebd., S. 49.
91 Vgl. dazu auch die Bemerkungen von Susanne Klengel: Surrealistische und estridentistische Prä-Texte: Zur poetischen Spurensicherung des mexikanischen Infrarealismus in Roberto Bolaños *Los detectives salvajes*. In: Nanette Rißler-Pipka/Michael Lommel u.a. (Hg.): *Der Surrealismus in der Mediengesellschaft zwischen Kunst und Kommerz*. Bielefeld: transcript 2009, S. 127–139.
92 Roberto Bolaño/Jorge Boccanera: La nueva poesía latinoamericana, S. 44.
93 Ebd.
94 Roberto Bolaño: *Manifiesto Infrarrealista*, S. 150. Vgl. eine ähnliche Formulierung in dem Gedicht «Visita al convaleciente», wo es heißt: «Es 1976 y la Revolución ha sido derrotada/ pero aún no lo sabemos» (Roberto Bolaño: *Los perros románticos*, S. 43).

tentativa de transformación del mundo»,⁹⁵ das zwanzig Jahre später gewissermaßen die Grundbewegung und die Faszination der Beschreibungen der Lebenswege von Bolaños Dichterfiguren in *Los detectives salvajes* auszeichnen wird und es ist natürlich kein Zufall, dass der möglicherweise zentrale Referenztext, der die *Detectives* wie ein roter Faden durchzieht, eben Cervantes' *Don Quijote* ist. Die Darstellung der Suche der neo-avantgardistischen Poeten nach ihren Vorgängern, der historischen mexikanischen Avantgardegruppe der *Estridentistas*,⁹⁶ findet im *Quijote* eben jene Idee des unmöglich gewordenen Abenteuers in den Parametern einer vergangenen Zeit beschrieben, die ihre eigenen rastlosen Bewegungen durch Mexiko und später den Rest der Welt auszeichnen wird, oder wie es in Foucaults bekannter Auslegung von Cervantes' Klassiker heißt: «Das Epos erzählte (gab vor, zu erzählen) wirkliche Taten, die für die Erinnerung bestimmt waren. Don Quichotte muß die inhaltslosen Zeichen der Erzählung mit Realität erfüllen. Sein Abenteuer wird eine Entzifferung der Welt sein, ein minuziöser Weg, um an der ganzen Oberfläche der Erde Gestalten aufzulesen, die zeigen, daß die Bücher die Wahrheit sagen.»⁹⁷ In den post-utopischen und post-epischen, weil post-avantgardistischen Zeiten des *Infrarrealismo* bevölkern sich Bolaños Texte mit quijotesken Charakteren und Erzählerfiguren: So wird etwa Auxilio Lacouture, jene Verkörperung des Engels der Geschichte, gleich mehrfach in Anspielung auf Cervantes' Protagonisten beschrieben, etwa wenn es heißt, es sei vermutlich der Wahn gewesen, der sie ursprünglich zu ihrer Reise nach Mexiko aufbrechen ließ – «Tal vez fue la locura que me impulsó a viajar»⁹⁸ –, oder sie in ihrem Aussehen ebenfalls dem sinnenreichen Junker aus der Mancha ähnlich geschildert wird, «los ojos azules, el pelo rubio y canoso con un corte a lo Príncipe Valiente, la cara alargada y flaca, las arrugas en la frente.»⁹⁹ Auch in der Darstellung der Figur Juan García Maderos, jenes jugendlichen Tagebuch-Schreibers und Chronisten der realviszeralistischen Abenteuer des ersten und dritten Teils der *Detectives salvajes*, spielt Bolaño mit diesen quijotesken Elementen, etwa wenn es, in Anspielung auf den (eigentlich inexistenten) Initiationsritus am Beginn von Cervantes' Roman, gleich im Incipit der *Detectives* heißt: «He sido cordialmente invitado a formar parte del realismo visceral. Por supuesto, he aceptado. No hubo ceremo-

---

95 Luis Felipe Fabre: *Leyendo agujeros*, S. 77–78.
96 Vgl. dazu ausführlich etwa die Studie von Tatiana Flores: *Mexico's Revolutionary Avant-Gardes. From Estridentismo to ¡30–30!*. New Haven/London: Yale University Press 2013.
97 Michel Foucault: *Die Ordnung der Dinge. Eine Archäologie der Humanwissenschaften*. Aus dem Französischen von Ulrich Köppen. Frankfurt am Main: Suhrkamp 1976, S. 79.
98 Roberto Bolaño: *Amuleto*, S. 13.
99 Ebd., S. 27.

nia de iniciación. Mejor así»;[100] oder wenn sich García Madero selbst als ritterliche Figur beschreibt, als «el jinete de Sonora.»[101] Das quijoteske Zentralmotiv der schon dort nur noch in gebrochener Form möglichen Verfolgung der mittelalterlichen *aventure* bzw. des *quest* der Ritterromane wird in den *Detectives* gleichfalls zum eigentlichen Gegenstand und Motor der Erzählung und als solches immer wieder in verschiedenen Anspielungen auch auf biblische Motive ergänzt, wenn etwa García Madero bereits in seinem Geburtsdatum des 6. Januars die Konstellation der Suche nach dem Erlöser bzw. der Erlöserin in Gestalt von Césarea Tinajero aufruft oder Ulises Lima an anderer Stelle als eine Art Wiedergänger Jesu auftritt.[102]

> Qué hicimos los real visceralistas cuando se marcharon Ulises Lima y Arturo Belano: escritura automática, cadáveres exquisitos, performances de una sola persona y sin espectadores, *contraintes*, escritura a dos manos, a tres manos, escritura masturbatoria (con la derecha escribimos, con la izquierda nos masturbamos, o al revés si eres zurdo). [...] Nos movimos... Nos movimos... Hicimos todo lo que pudimos... Pero nada salió bien.[103]

In dieser langen Aufzählung avantgardistischer Schreibtechniken und der Vergeblichkeit, aus ihrer Wiederholung vierzig Jahre später ein künstlerisches Werk zu gewinnen, fasst einer der Weggefährten von Belano und Lima noch einmal jenen Bruch zwischen der Schrift (als den Topoi und des Epos der historischen Avantgarden) und den Dingen (als der mexikanischen Realität ihrer Nachfolger) zusammen, wie ihn Foucault am Urgrund der Abenteuer des Quijote und als Ausgangspunkt seiner Bewegungen gesehen hat: «Die Dinge bleiben hartnäckig in ihrer ironischen Identität: sie sind nicht mehr das, was sie sind; die Wörter irren im Abenteuer umher, inhaltslos, ohne Ähnlichkeit, die sie füllen könnte. [...] Die Schrift und die Dinge ähneln sich nicht mehr. Zwischen ihnen irrt Don Quichotte in seinem Abenteuer.»[104] Das Bild vom Scheitern der Kunst als weltverändernder Kraft wird in *Los detectives salvajes* bereits mit Blick auf die historischen Avantgarden entwickelt, wenn in der Rückschau auf die Abenteuer der *estridentistas* klar wird, dass deren Projekte, wie etwa die Gründung einer utopischen und futuristischen Stadt namens Estridentópolis, welche gleichsam metonymisch für die Moderne selbst steht, letztlich alle gescheitert sind. So heißt es etwa in einem Gespräch zwischen dem ehemaligen

---

100 Roberto Bolaño: *Los detectives salvajes*, S. 13.
101 Ebd., S. 23.
102 Vgl. Ebd., S. 48 bzw. S. 303–316. Ebenso das Jona-Motiv in der Episode um den chilenischen Exilanten Andrés Ramírez in Barcelona (S. 386–396).
103 Ebd., S. 214
104 Michel Foucault: *Die Ordnung der Dinge*, S. 80.

estridentista Amadeo Salvatierra und Césarea Tinajero, das von ersterem gegenüber Belano und Lima resümiert wird:

> Tú eres una estridentista de cuerpo y alma. Tú nos ayudarás a construir Estridentópolis, Césarea, le dije. Y entonces ella se sonrió, como si le estuviera contando un chiste muy bueno pero que ya conocía y dijo que hacía una semana había dejado el trabajo y que además ella nunca había sido estridentista sino real visceralista. Y yo también, dije o grité, todos los mexicanos somos más real visceralistas que estridentistas, pero qué importa, el estridentismo y el realismo visceral son sólo dos máscaras para llegar a donde de verdad queremos llegar. ¿Y adonde queremos llegar?, dijo ella. A la modernidad, Césarea, le dije, a la pinche modernidad.[105]

Die Kluft zwischen diesen Bestrebungen und den tatsächlichen Resultaten wird am Ende der Reise von Belano, Lima und García Madero in Begleitung der Prostituierten Lupe durch den Norden Mexikos deutlich, als die Gruppe Césarea Tinajero begegnet, die in einem Dorf ohne Strom und Wasser lebt und dabei wiederum in einer Referenz auf das quijoteske Motiv des *desencanto* in ihrer realen Erscheinung als das völlige Gegenteil jener mythischen Erzählungen entlarvt wird, die sich um ihre Persönlichkeit rankten. García Madero notiert lakonisch: «Cuando llegamos sólo habían tres lavanderas. Cesárea estaba en el medio y la reconocimos de inmediato. Vista de espaldas, inclinada sobre la arteas, Cesárea no tenía nada de poética. Parecía una roca o un elefante.»[106] Der auch kurz darauf sich ereignende physische Tod der legendären Avantgarde-Dichterin in einer Schießerei mit dem Zuhälter Lupes, der die Gruppe bis in den Norden verfolgt hat, besiegelt dann gewissermaßen ein zweites Mal das endgültige Ende des avantgardistischen Projekts, dem kurze Zeit später die Abreise von Belano und Lima nach Europa und damit auch das Ende der realviszeralistischen (infrarrealistischen) Bewegung folgen.[107] Zugleich jedoch – und gerade hieraus scheint sich in Bolaños durchaus ambivalenter Bewertung der Avantgarden die Errungenschaft dieser Vorstellung von Kunst zu offenbaren – ist innerhalb dieses

---

105 *Los detectives salvajes*, S. 460.
106 Ebd., S. 602.
107 Vgl. zum Ende des historischen Infrarrealismus auch folgende Aussage Bolaños: «El infrarrealismo fue una especie de Dadá a la mexicana. En algún momento hubo mucha gente, no sólo poetas, sino pintores y sobre todo vagos y ociosos, que se consideraron a sí mismos como infrarrealistas, pero en realidad el grupo lo integrábamos dos personas, Mario Santiago y yo. Ambos nos vinimos a Europa en 1977. Después de algunas aventuras desastrosas, una noche en la estación de trenes de Port Vendres, en el Rosellón, muy cerca de Perpignan y de la estación de trenes de Perpignan, decidimos que el grupo como tal se había acabado» (Bolaño in: Carmen Boullosa: Carmen Boullosa entrevista a Roberto Bolaño. In: Celina Manzoni (Hg.): *Roberto Bolaño. La escritura como tauromaquia*. Buenos Aires: Corregidor 2002, S. 105–114, hier: S. 112).

Scheiterns des avantgardistischen Projekts und des Nicht-Erreichens eines bestimmten Ziels im Sinne eines ‹konkreten›, d.h. vereinnahmbaren und letztlich in seiner Wirkung auch ‹fixierbaren› (und zumeist auch: ‹kommerzialisierbaren›) Werks stets noch jene utopische Eigenschaft der Kunst aufgehoben, wie sie sich exemplarisch in *Los detectives salvajes* findet und gewissermaßen mit am Grund von Bolaños Poetik steht: Die Rede ist von der Idee der Literatur – und der Dichtung im Besonderen – als Möglichkeit der Erfahrung von Gemeinschaft und des Erlebens, welche eben erst auf der Basis der Existenz jenes ‹bedeutungslosen›, (noch) nicht vereinnahmten Werkes ergibt, das noch *lesbar* ist im Sinne jener radikalen Freiheit eines ‹wilden› Lesens bzw. jener Ästhetik der Lektüre, wie sie im ersten Kapitel skizziert wurde. Diese Idee wird am Beispiel der realviszeralistischen Dichtergruppe besonders deutlich, wenn García Madero begeistert in sein Tagebuch notiert: «Hablamos de poesía. Nadie ha leído ningún poema mío y sin embargo todos me tratan como a un real visceralista más. ¡La camaradería es espontánea y magnífica!»[108] Vor dieser für alle fiktiven Autorenfiguren Bolaños so charakteristischen Abwesenheit eines (für den realen Leser) zugänglichen Werks erschließt sich weiterhin die für Bolaños eigene Poetik so zentrale Bedeutung des Spiels: Angesichts des einzigen von Cesárea Tinajero erhaltenen Gedicht namens *Sión*, welches in Wahrheit schlicht aus drei Linien besteht, von denen eine gerade, eine schlangenförmig und die dritte in diagrammartigen Zacken verläuft, und den fortwährenden Grübeleien Amadeo Salvatierras über den tieferen Sinn dieses rätselhaften Kunstwerks, sind es schließlich Belano und Lima selbst, die in einer Art metaleptischen Interpretation die gesamte Grundidee von Bolaños Roman in ihrer Lesart des Gedichts freilegen.

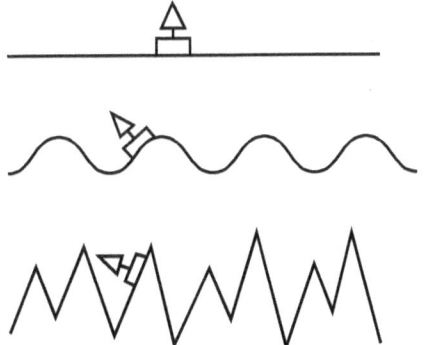

[109]

---

[108] Roberto Bolaño: *Los detectives salvajes*, S. 29.
[109] Vgl. ebd., S. 400.

Während Salvatierra eine Art philologische Analyse versucht – «Sión, el monte Sión en Jerusalén [...] y también la ciudad suiza de Sion, en alemán Sitten, en el cantón de Valais»[110] – zeichnen Belano und Lima auf die drei Linien jeweils ein kleines Schiff und liefern dazu folgende Erklärung:

> El poema es una broma, dijeron ellos, es muy fácil de entender, Amadeo, mira: añádele a cada rectángulo de cada corte una vela [...] ¿Qué tenemos ahora? ¿Un barco?, dije yo. Exacto, Amadeo, un barco. Y el título, *Sión*, en realidad esconde la palabra *Navegación*. Y eso es todo, Amadeo, sencillísimo, no hay más misterio, dijeron los muchachos y yo hubiera querido decirles que me sacaban un peso de encima, eso hubiera querido decirles, o que *Sión* podía esconder *Simón*, una afirmación en caló lanzada desde el pasado, pero lo único que hice fue decir ah, caray, y buscar la botella de tequila y servirme una copa, otra más. Eso era todo lo que quedaba de Cesárea, pensé, un barco en un mar en calma, un barco en un mar movido y un barco en una tormenta.[111]

Es ist diese Form des Spiels und der radikalen Bedeutungsoffenheit der Sprache und der literarischen Form, die für Bolaño eine bestimmte Strömung der Avantgarden auszeichnet und die er für seine eigene Poetik in Anspruch nimmt, welche als solche wiederum auf chiffrierte Art und Weise in *Los detectives salvajes* in einem auto- bzw. metapoetologischen Kommentar in einem Gespräch zwischen Arturo Belano und dem Künstler Guillem Piña 1994 aufgeworfen wird. Dort heißt es in einer klaren Referenz auf den Zusammenhang zwischen Bolaños Werken *La literatura nazi en América* und *Estrella distante* über Belanos Kommentar: «A continuación me explicó que su penúltimo libro y su último libro tenían unas semejanzas que entraban en el territorio de los juegos imposibles de descifrar. Yo había leído su penúltimo libro y me había gustado y no tenía idea de qué iba su último libro así que no le pude decir nada al respecto. Sólo preguntarle: qué clase de semejanzas. Juegos, Guillem, dijo. Juegos.»[112] Dabei ist die Tatsache von Bedeutung, dass es sich bei diesem Spielbegriff keineswegs um ein Konzept von Literatur als Spiel handelt im Sinne eines – wie im Kontext der Postmoderne-Debatten vielfach postulierten und kritisierten – beliebig freien Florierens von Zeichen und Texten, d.h. um des ‹reinen› Spielens willen: «[E]s una broma, Amadeo, el poema es una broma que encubre algo muy serio»,[113] betonen Belano und Lima in ihrer Interpretation und verweisen damit indirekt vor allem auf jene sowohl für die historischen Avantgarden als auch die eingangs dieses Kapitels problematisierten Ästhetiken Paz' und Nerudas so zentrale wie

---

110 Ebd., S. 398.
111 Ebd., S. 400–401.
112 Ebd., S. 474.
113 Ebd., S. 375.

problematische Frage der Sinnfixierung von Literatur im Sinne ihrer Instrumentalisierung für politische Zwecke.[114]

Vor diesem Hintergrund ließe sich Bolaños Ästhetik – und auch hier wird die Präsenz des *Quijote* als jenem Text, in dem man «die grausame Vernunft der Identitäten und Differenzen bis ins Unendliche mit den Zeichen und den Ähnlichkeiten *spielen* sieht»,[115] deutlich – als ein Beispiel jener post-avantgardistischen Literatur lesen, wie sie Ottmar Ette einmal im Anschluss an Roland Barthes als «avantgardistisch geimpft»[116] bezeichnet hat. Vor dem Hintergrund von Barthes' Überlegungen in *Le Plaisir du texte* über die Problematik der dem avantgardistischen Ideal des Bruchs stets inhärenten Neigung zur Zerstörung bzw. der sie andererseits ständig bedrohenden Vereinnahmung durch die Mechanismen des Systems Literatur zeigt Ette, wie bei Barthes «[a]n die Stelle einer Ästhetik des Bruchs [...] eine Ästhetik der Verstellung [tritt], wohlgemerkt in des Wortes mehrfacher Bedeutung als Verrückung, Täuschung und Heterotopie.»[117] Die daraus bei Barthes entstehende Positionierung und Blickrichtung wird dabei von dem französischen Theoretiker bestimmt als «*in der Nachhut der Vorhut zu sein*: zur Vorhut (avant-garde) gehören heißt wissen, was tot ist; zur Nachhut (arrière-garde) gehören heißt, es noch immer zu lieben; ich liebe das Romaneske, aber ich weiß, daß der Roman tot ist.»[118] Eben diese Situierung in der Nachhut des Kampfgeschehens scheint für Bolaños eigene Positionierung und Poetik eine zutreffende Beschreibung zu sein, die sich just in jenem Moment ausbildet, als die Paradigmen der Moderne mit ihren klaren Frontlinien, wie sie bis zum Zerfall der Utopien noch möglich schienen, zerbrechen. Dass auch die Nachhut allerdings «noch immer im Paradigma des (avantgardistischen) Kampfes verharrt»,[119] lässt sich auch für Bolaños bereits vielfach angeführte polemische Haltung zweifellos konstatieren: In *Los detectives salvajes* wird dieses Ideal des Kampfes exemplarisch und auf spielerische Weise in einer weiteren intertextuellen Referenz auf den *Quijote* verhandelt, wenn Arturo Belano sich – gleich der berühmten metaleptischen Episode, in der Cervantes' Held im achten bzw. neunten Kapitel des Romans den *vizcaíno* zum Duell fordert – mit dem Literaturkritiker Iñaki Echevarne zu einem Duell mit echten Waffen an einem Strand der Costa Brava verabredet. Ebenso wie Don Quijote schließlich den

---

114 Dieser Punkt wird in Kapitel vier und den Überlegungen zu Bolaños Avantgarde-Kritik in *Estrella distante* noch einmal deutlicher werden.
115 Michel Foucault: *Die Ordnung der Dinge*, S. 81 (meine Kursivierung).
116 Ottmar Ette: *Literatur in Bewegung. Raum und Dynamik grenzüberschreitenden Schreibens in Europa und Amerika*. Weilerswist: Velbrück Wissenschaft 2001, S. 376.
117 Ebd., S. 377.
118 Zit. nach ebd., S. 378.
119 Ebd.

vizcaíno am Leben lässt, unter der Bedigung «que este caballero me ha de prometer de ir al lugar del Toboso y presentarse de mi parte ante la sin par doña Dulcinea»,[120] geben sich auch Belano und Echevarne zwar dem Kampf hin, ohne dass dieser mit der Vernichtung des anderen zu enden hätte. In diesem gleichsam ‹geimpften› Bewusstsein von den möglichen Extremen der Literatur, um die der selbsternannte «sobreviviente» der Avantgarden Roberto Bolaño als Kenner der (Literatur-)Geschichte nur zu gut weiß, entwickelt dieser seine Ästhetik des ernsten Spiels. Diese wird in einem weiteren Verweis auf die Abenteuer Don Quijotes noch einmal aufgerufen, wenn Arturo Belano in seiner Funktion als Wachmann eines Campingplatzes an der Costa Brava zu einem Unfall gerufen wird, bei dem – in Anlehnung an die Episode Don Quijotes in der *Cueva de Montesinos* – Belano sich an einem Seil in eine Höhle zur Errettung eines abgestürzten Jungen hinablässt. In einer Wendung, die wiederum klare metapoetologische Implikationen eröffnet, heißt es über den in die Dunkelheit der Höhle hinabsteigenden Dichter – also in jenen Raum, der in seinen platonischen Konnotationen zugleich als Ort all der ästhetischen (und potentiell illusorischen) Erscheinungen lesbar wird – in einem Bild, das wie kein anderes die Notwendigkeit einer *anderen*, jenseits der sicheren Seile und Seilschaften operierenden, ästhetischen Orientierung zu verdeutlichen scheint: «El vigilante del camping descendió hasta que se acabó la cuerda. [...] Con no poco esfuerzo, conseguimos comunicarnos con el vigilante y descifrar sus gritos. Pedía que soltáramos la cuerda. Así lo hicimos.»[121]

Das fahle Echo des großen Knalls

Wenn für Bolaños literarische (und das heißt: dichterische) Anfänge hier zunächst vor allem die Frage nach den ästhethischen und politischen Konstellationen der lateinamerkanischen Lyrik betrachtet wurden, dann muss in einem zweiten Schritt einer historischen Situierung seines Werks gleichermaßen seine Beziehung zu jenen Autoren erläutert werden, die in den 1960er Jahren unter dem Label des *Boom* wie keine Generation vor ihnen die lateinamerikanische (Erzähl-)Literatur auf der Karte der Weltliteratur verortet haben. Dies gilt umso mehr, als die bisweilen in der Forschung, aber auch in Bolaños Selbstinszenierung als Autor oftmals strikte Trennung zwischen Lyrik und Prosa kaum haltbar

---

120 Miguel de Cervantes: *Don Quijote de la Mancha*. Edición del IV Centenario. Real Academia Española/Asociación de Academias de la Lengua Española. Madrid: Alfaguara 2004, S. 89.
121 Roberto Bolaño: *Los detectives salvajes*, S. 432.

scheint, wie etwa Valerie Miles mit Blick auf die hinterlassenen Notizbücher Bolaños bemerkt hat:

> Contrary to what has been repeatedly claimed about Bolaño the poet versus Bolaño the prose writer, his notebooks show that he had every intention of becoming a novelist since the moment he arrived in Spain and that he pursued the construction of a narrative voice without renouncing to his life as a poet. [...] It's safe to say that writing narrative was not the result of hardship or financial duress, and that poetry was not the only pure form for pursuing truth. One form served as a stimulant to the other, coexisting in happy communion and cross-fertilization.[122]

Bezüglich der Autoren des *Boom* wäre zunächst das höchst ambivalente Verhältnis Bolaños zu konstatieren, das dieser in der Bewertung ihrer Werke und Persönlichkeiten äußert. So bemerkt er etwa in einem kurzen Text über Mario Vargas Llosas Debütroman *Los cachorros*, dieser sei, ebenso wie *El coronel no tiene quien le escriba* von Gabriel García Márquez, *El perseguidor* von Julio Cortázar und *El lugar sin límites* von José Donoso, als Teil eines Quartetts früher Romane der Boom-Autoren anzusehen, « [que] [s]on, sin lugar a dudas, obras perfectas.»[123] Ähnlich äußert er sich an anderer Stelle, wenn es heißt: «La literatura de un Vargas Llosa o de un García Márquez es gigantesca [...]. Son superiores. Superiores a los que vinieron después y por cierto que también a los escritores de mi generación. Libros como *El coronel no tiene quién le escriba* son secillamente perfectos.»[124] Zugleich jedoch insistiert Bolaño auf dem fundamentalen Bruch, der sich zwischen seinem Schreiben bzw. dem seiner Generationskollegen und den genannten Vorgängern vollziehe. Dabei speise sich diese Haltung, so Bolaño, weniger aus einer Kritik an einer mangelnden literarischen Qualität der *Boom*-Autoren, als vielmehr aus der Erschöpfung bestimmter von ihnen entwickelter literarischer Formen und Modelle, wie sie sich in den rein epigonalen Projekten der ihnen unmittelbar nachfolgende Riege von Autorinnen und Autoren finde, deren Erfolge auf dem Buchmarkt mit einer vollkommenen Entwertung ästhetischer wie politischer Innovation einhergehe:

> El territorio que marca a mi generación es el de la ruptura. Es una generación muy rupturista, es una generación que quiere dejar atrás no sólo el boom sino lo que genera el boom, que es una generación de escritores muy comerciales. [...] Aunque me estuviera

---

[122] Valerie Miles: A journey forward to the origin. In: Juan Insua/Valerie Miles (Hg.): *Archivo Bolaño. 1977–2003*. Barcelona: Centro de Cultura Contemporánea de Barcelona, S. 136–141, hier: S. 137.
[123] Roberto Bolaño: *Entre paréntesis*, S. 295.
[124] Bolaño in Andrés Braithwaite: *Bolaño por sí mismo*, S. 49.

> muriendo de hambre no aceptaría ni la más mínima limosna del boom, aunque hay escritores muy buenos, que releo a menudo, como Cortázar o Bioy. El boom, al principio, como suele suceder en casi todo, fue muy bueno, muy estimulante, pero la herencia del boom da miedo. Por ejemplo, ¿quiénes son los herederos oficiales de García Márquez? Pues Isabel Allende, Laura Restrepo, Luis Sepúlveda y algún otro. [...] Como lectores hemos llegado a un punto, en donde, aparentemente, no hay salidas. Como escritores hemos llegado literalmente a un precipicio. No se ve forma de cruzar, pero hay que cruzarlo y ése es nuestro trabajo, encontrar la manera de cruzarlo. Evidentemente en este punto la tradición de los padres (y de algunos abuelos) no sirve para nada; al contrario, se convierte en un lastre.[125]

Stehen also einerseits die Autoren des Post-*Boom* in der Kritik, weil sie in ihrer kommerziellen Fortführung der einstmals innovativen ästhetischen Modelle des *Boom* die lateinamerikanische Literatur in jene Sackgasse manövriert haben, wie sie eingangs für die Modelle von Paz und Neruda in der Lyrik beschrieben wurde, so gelten Bolaños direkt gegen die *Boom*-Autoren vorgebrachte Angriffe vor allem der Tatsache ihres zunehmenden Konformismus innerhalb eines literarisch-politischen Systems, in dem sie sich mit der Macht vollkommen gemein gemacht haben bzw. diese selbst repräsentieren. So ätzt Bolaño in einem seiner letzten Texte im für ihn typischen satirischen Ton:

> Ahora es la época del escritor funcionario, del escritor matón, del escritor que va al gimnasio, del estrcitor que cura sus males en Houston o en la Clínica Mayo de Nueva York. La mejor lección de literatura que dio Vargas Llosa fue salir a hacer jogging con las primeras luces del alba. La mejor lección de García Márquez fue recibir al Papa de Roma en La Habana, calzado con botines de charol, García, no el Papa, que supongo iría con sandalias, junto a Castro, que iba con botas. Aún recuerda la sonrisa que García Márquez, en aquella magna fiesta, no pudo disimular del todo. Los ojos entrecerrados, la piel estirado como si acabara de hacerse un lifting, los labios ligeramente fruncidos, labios sarracenos habría dicho Amado Nervo muerto de envidia.[126]

Eben vor dem Hintergrund dieser Kritik am Verhältnis des Autors zur (politischen) Macht einerseits und zur Macht des Marktes andererseits entwickelt Bolaño, sowohl in den *Detectives salvajes* als auch einer ganzen Reihe von Erzählungen, einen eigenen Diskurs bzw. eine eigene Position, die im Lichte der Erschöpfung bzw. Entwertung des *Boom*-Projekts zu lesen sind. Ohne an dieser Stelle die vielfältigen Dimensionen dieser Autoren und ihrer Werke bzw. die gleichfalls stark divergienden Positionen der Kritik hinsichtlich des *Boom*

---

125 Ebd., S. 99.
126 Roberto Bolaño: *El gaucho insufrible*, S. 170–171.

bewerten zu können,[127] ist seine Bedeutung im Sinne eines Metadiskurses für die lateinamerikanische Literatur kaum zu bestreiten.[128] Das Projekt des *Boom* charakterisierte sich bekanntlich zunächst durch einen doppelten Transformationsanspruch, wie ihn etwa Claudia Gilman beschreibt, wenn sie von einem «doble sentido de modernización cultural y cambio social» spricht: «La Revolución Cubana y el surgimiento de un incipiente mercado editorial sugerían que las expectativas de participación en un proceso de transformación eran posibles y que la cultura y la política en el continente hallaban finalmente ese estado inaugural.»[129] Dieser Anspruch eines ästhetischen wie politischen Modernisierungsprojekts des Kontinents ging dabei einher mit einer, wie Avelar in seiner kritischen Perspektivierung des *Boom* bemerkt, Schaffung einer Reihe von «grandes símbolos identitarios» bzw. einer «combinación de una retórica adánica – la retórica del ‹por primera vez› – con una voluntad

---

127 Vgl. auch etwa die Aussage von Mario Vargas Llosa, der bezüglich des Begriffs bemerkte: «[N]adie sabe exactamente qué es» (zit. in Angel Rama: El boom en perspectiva. In: Angel Rama: *La novela en América Latina. Panoramas 1920–1980*. Santiago de Chile: Ediciones Universidad Alberto Hurtado 2008, S. 259–320, hier: S. 267).
128 Vgl. dazu die Aussage von Pablo Sánchez: «De cualquier forma, su existencia al menos como metarrelato o como topos de la historia de la crítica latinoamericana parece fuera de discusión» (Pablo Sánchez: *La emancipación engañosa. Una crónica transatlántica del Boom (1963–1972)*. Alicante: Cuadernos de América sin nombre 2009, S. 21). Sánchez liefert auch eine der möglicherweise besten Definitionen des Phänomens, wenn er folgendermaßen resümiert: «[E]l periodo que se etiquetó como el boom (o cualquier equivalente terminológico que queramos buscar y que supere ese sentido epidérmico y comercial) sería un segmento cronológico que podemos situar cautelarmente entre 1963 y 1972, en el que el sistema literario latinoamericano se articula con una cierta unidad frente a otros sistemas internacionales, e incide en sus propios subsistemas, preferentemente nacionales, según unas determinadas reglas y condiciones (‹mayoría de edad› cultural, intercomunicación, politización en diverso grado de la actividad literaria, modernización y tecnificación, conciencia latinoamericanista, etc.), con un repertorio específico de obras canonizadas en las que la narrativa ocupa un lugar dominante, pero en las que también la poesía de Borges, Paz o Neruda cumplen una función, un mercado en expansión [...] y unas instituciones (*Casa de las Américas, Mundo Nuevo, Marcha, Seix Barral*, etc.) que pugnan por el control del sistema de acuerdo a sus intereses. La correlación, lógicamente, afecta también a los autores o productores, que ven modificada su situación socioliteraria y que se ven obligados a unas determinadas tomas de posición y a una singular lucha por la legitimidad literaria en ese nuevo mercado; a los lectores, que, guiados por las instituciones, sancionan y jerarquizan, y, last but not least, a los textos, que son interpretados y consumidos con el horizonte del nuevo repertorio, que a su vez enriquecen y modifican, presentando determinados valores literarios con los que se busca una posición central en el sistema y favoreciendo, por ejemplo, el proceso experimental hasta su automatización y agotamiento a princpios de los setenta» (S. 37–38).
129 Claudia Gilman: *Entre la pluma y el fusil*, S. 30.

edípica, según la cual el padre europeo se encontraría superado, rendido al hecho de que sus hijos latinoamericanos se han adueñado de su corona literaria.»[130]

Wenn Bolaños literarisches Projekt nun, wie schon mit Blick auf Paz und Neruda gezeigt, als eine gleichermaßen ästhethische wie politische Reaktion auf die Erschöpfung des *Boom*[131] zu lesen ist, dann stellt sich hier noch einmal – jenseits der bereits behandelten Dimension des Scheiterns der Revolution und der Dichtung als weltverändernder Kraft – die Frage nach den spezifischen Implikationen dieser Reaktion. Diese hängt eng zusammen mit einer, wie bereits eingangs mit Blick auf Jean Franco zitiert, Entwertung bestimmter Diskurse und Vorstellungen von Literatur und Politik bzw. ihrem Verhältnis zueinander, oder wie Gilman bemerkt: «[L]a clausura de ese período está vinculada a una fuerte redistribución de los discursos y a una transformación del campo de los objetos de los que se puede o no se puede hablar.»[132] Ein erster und fundamentaler Bruch in dieser Hinsicht wäre mit Blick auf das Selbstverständnis des Autors als Intellektuellem bzw. seine Fähigkeit zur politischen Intervention zu benennen: Übernahmen die Autoren des *Boom* in ihrer Funktion als *public intellectuals* «in den sechziger Jahren die Funktion von Trägern von Universalwerten und füll[t]en das Vakuum ideologischer Produktion, was Repräsentanten staatlicher Macht nicht verm[ochten]»,[133] so verband sich mit diesem Anspruch zugleich eine bestimmte Vorstellung des Verhältnisses von Autor und *pueblo*, welche ihrerseits von jenem für die Epoche charakteristischen Zukunftsoptimismus getragen war. So schreibt etwa Cortázar in einem Brief an Roberto Fernández Retamar im Jahr 1967: «Jamás

---

[130] Idelber Avelar: *Alegorías de la derrota: la ficción postdictatorial y el trabajo del duelo*. Santiago de Chile: Cuarto propio 2000, S. 23 bzw. S. 41. Vgl. zu den Dimensionen dieser «identitätsstiftenden Entwürfe» auch die Überlegungen von Gesine Müller: *Die Boom-Autoren heute*, S. 25–94.
[131] Rama etwa bestimmt das Ende des *Boom* mit dem Jahr 1972 und sieht die Ursachen vor allem in der von Bolaño gleichfalls kritisierten Kommerzialisierung der Literatur: «[H]ubo, pues, una exaltación inicial que contó con un amplio respaldo y un consenso crítico positivo pero que a medida que se perfilaron las características del boom, sobre todo el reduccionismo que operó sobre la rica floración literaria del continente y la progresiva incorporación de las técnicas de la publicidad y del mercadeo a que se vio conducida la infraestructura empresarial cuando las ediciones tradicionales de tres mil ejemplares fueron sustituidas por tiradas masivas, dio paso a posiciones negativas, a reparos y objeciones que llegaron a adquir una nota ácida» (Angel Rama: El boom en perspectiva, S. 261).
[132] Claudia Gilman: *Entre la pluma y el fusil*, S. 53.
[133] Gesine Müller: *Die Boom-Autoren heute*, S. 93. Oder wie es bei Gilman heißt: « [E]l intelectual podía y debía convertirse en uno de los principales agentes de la transformación radical de la sociedad, especialmente en el Tercer Mundo» (Claudia Gilman: *Entre la pluma y el fusil*, S. 59).

escribiré expresamente para nadie, minorías o mayorías, y la repercusión que tengan mis libros será siempre un fenómeno accesorio y ajeno a mi tarea; y sin embargo hoy sé que escribo para, que hay una intencionalidad que apunta a esa esperanza de un lector en el que reside ya la semilla del hombre futuro.»[134] Es ist dieser Glaube an eine in Cortázars Formulierung anklingende mögliche Symbiose von Kunst und Revolution, die bei Bolaño ebenso stark bezweifelt wird wie die Möglichkeit eines konkreten Engagements des Schriftstellers für ein politisch-ideologisches Projekt. Letztere stand für die Autoren des *Boom* noch außer Zweifel, wie folgende Passagen aus dem berühmten Dialog zwischen García Márquez und Vargas Llosa aus dem Jahr 1967 belegen, in dem der Kolumbianer postuliert: «Si el escritor, repito, tiene una posición ideológica firme, va a alimentar su historia, y es a partir de este momento que esa historia puede tener esa fuerza subversiva de que hablo.»[135] Interessant ist in diesem Zusammenhang vor allem die Tatsache, inwiefern der Grad des expliziten politisch-ideologischen Engagements eines Autors bzw. seiner Texte zugleich entscheidend für die Bemessung seines ästhetischen Werts ist. Während etwa Cortázar von García Márquez und Vargas Llosa als «profundamente latinoamericano» klassifiziert wird, heißt es mit Blick auf Jorge Luis Borges:

> [García Márquez:] Yo creo que es una literatura de evasión. Con Borges a mí me sucede una cosa: Borges es uno de los autores que yo más leo y que más he leído y tal vez el que menos me gusta. A Borges lo leo por su extraordinaria capacidad de artificio verbal; es un hombre que enseña a escribir, es decir, que enseña a afinar el instrumento para decir las cosas. Desde ese punto de vista sí es una calificación. Yo creo que Borges trabaja sobre realidades mentales, es pura evasión; en cambio, Cortázar no lo es.
>
> [Vargas Llosa:] A mí me parece que la literatura de evasión es una literatura que escapa de una realidad concreta, de una realidad histórica; diríamos es una literatura obligatoriamente menos importante, menos significativa que una literatura que busca su material en una realidad concreta.[136]

Den Bruch, den Bolaño vor diesem Hintergrund vollzieht (und den die Autoren des *Boom* selbst in ihrem Spätwerk auf eine anders gelagerte Art und Weise vollziehen werden[137]), zielt auf das Verständnis des Politischen selbst, wenn er seine Reaktion auf die Konzepte des *Boom* folgendermaßen verortet: «Es el

---

134 Julio Cortázar: *Obra crítica* 3. Hg. von Saúl Sosnowski. Madrid: Alfaguara 1994, S. 41.
135 Mario Vargas Llosa/Gabriel García Márquez: *La novela en América Latina: diálogo entre Mario Vargas Llosa y Gabriel García Márquez*. Lima: Ediciones Copé 2013, S. 43.
136 Ebd., S. 70.
137 Vgl. dazu ausführlich die Arbeit von Müller, die mit Blick auf das Politische auch «von der Unwiederbringlichkeit geschlossener, auf Totalitätsvorstellungen basierender Weltbilder» spricht (Gesine Müller: *Die Boom-Autoren heute*, S. 225).

territorio del parricidio por un lado. Y por otro lado es el territorio de lo borgiano. Hay que investigar todos los flecos, todos los caminos que ha dejado Borges.»[138] Im Sinne jener eingangs mit dem an Rancière angelehnten Terminus der *Politik der Lektüre* artikuliert sich die Idee einer politischen Literatur bei Bolaño im Rückgriff auf Borges und vor dem Hintergrund des Scheiterns des linken Projekts[139] folglich diametral entgegengesetzt. In engem Zusammenhang damit steht zugleich die mit dem Scheitern des kontinentalen Revolutionsprojekts einhergehende Verunmöglichung einer Positionierung des Autors als eines für das Kollektiv des *pueblo latinoamericano* sprechenden Künstlers: Wenngleich auch bei Bolaño eine kontinentale Idee noch im Sinne des Bezeugens eines kollektiven Scheiterns als Negativ der Utopie präsent ist, so koinzidiert die Entstehung seines Werks doch unumgänglich mit dem Ende einer bestimmten Auffassung kollektiver Identitätsbildung, wie sie sich in den Diskursen und Werken des *Boom* geäußert hatte und wie sie Liliana Weinberg treffend umschrieben hat:

> A través de esta ruptura crítica [...] con el modelo identitario y sus elementos canónicos, se pone en evidencia nada menos que la desarticulación del espacio ideológico de lo latinoamericano y su afirmación sólo en cuanto opción política y económica, para implícitamente dejar de lado los aspectos relacionados con el orden de la cultura o los estilos culturales, la creación, las ideas o la reflexión filosófica. Negativa a definir la identidad latinoamericana a partir de lengua, cultura, territorio, historia, herencia. Disolución de la «constelación» del nosotros en favor del planeta secreto de un nuevo yo, el de cada escritor, el de cada experiencia, y negativa a afirmar lo latinoamericano por el arraigo en algún lugar, real o imaginario.[140]

Des Weiteren verbindet sich diese Erschöpfung der Möglichkeit eines Engagements für ein kollektives ideologisches wie identitäres Projekt mit einer grundlegenden Skepsis bezüglich der für den *Boom* so zentralen Idee der Modernisierung als solcher, die – auf eine monströse Art und Weise – nun von den Militärdiktaturen und ihren neoliberalen Projekten als gewissermaßen neuer lateinamerikanischer (und globaler[141]) ‹Utopie› abgelöst werden: «La caída de Salvador Allende

---

138 Bolaño in Andrés Braithwaite: *Bolaño por sí mismo*, S. 99.
139 Zur besonderen Rolle der kubanischen Revolution und ihres Anteils an diesem Prozess der ideologischen Ernüchterung bzw. der Problematisierung des Verhältnissen von Kunst und Politik, wie es exemplarisch am «Fall Padilla» deutlich wurde, vgl. die Aufführung in Claudia Gilman: *Entre la pluma y el fusil*, S. 143–306.
140 Liliana Weinberg: *Literatura latinoamericana. Descolonizar la imaginación*. Mexiko-Stadt: UNAM 2004, S. 237.
141 Vgl. zu dieser Interpretation auch die globalgeschichtlich orientierte Studie über die Implementierung des Neoliberalismus als «revolutionary turning-point in the world's social and

emblematiza, alegóricamente, la muerte del *boom*, porque la vocación histórica del *boom*, es decir, la tensa reconciliación entre modernización e identidad, pasó a ser irrealizable. Después de los militares ya no hay modernización que no implique integración en el mercado global capitalista.»[142] Waren die Werke des *Boom* noch gekennzeichnet durch die symbiotische Fähigkeit eines «hallazgo de formas que conciliaban admirablemente lo culto y lo popular e incorporaban el paisaje urbano», wie Liliana Weinberg ausführt, so sind diese literarischen Formen offenbar nicht mehr in der Lage, unter den beschriebenen veränderten historischen Vorzeichen weiter eine solche integrative Funktion zu erfüllen, denn, so Weinberg weiter:

> Si con el *boom* llegan a su punto culminante ciertos fenómenos de producción y recepción de las obras, ese mismo fenómeno entrará en crisis hacia los años setenta con la emergencia de nuevos fenómenos económicos, sociales, políticos y culturales, como el ingreso a una nueva etapa del capitalismo, las nuevas demandas sociales y la instauración de regímenes autoritarios en varios países de la región y la consolidación de las nuevas formas de la cultura de masas.[143]

Diese bereits mehrfach thematisierte Notwendigkeit der Suche nach neuen literarischen Formen, wie sie Bolaño seit dem ersten infrarrealistischen Manifest postuliert, lässt sich in ihrer prominentesten Ausprägung wohl an der Erschöpfung des Magischen Realismus als der im Zuge des *Boom* quasi stellvertretend für eine lateinamerikanische Identität gewordenen literarischen Gattung ablesen. Zunächst aus einem kritischen Impetus heraus entstanden, der in der Lage war, spezifischen historisch-kulturellen Problemstellungen eine als adäquat empfundene ästhetische Ausdrucksform zu verleihen, verwandelt sich der Magische Realismus im Verlauf seiner globalen Merkantilisierung zu einer leeren Formel, wie Mariano Siskind beschreibt:

> The genre's rare stability beyond Latin America, achieved thanks to its postcolonial efficacy and global marketability, led to overstretched uses and abuses as pure aesthetic form disengaged from the traumatic historical displacement that had constituted its context of emergence at the height of its cultural-political power. This process transfigured the aesthetic

---

economic history» von David Harvey: *A brief history of Neoliberalism*. New York: Oxford University Press 2007, hier: S. 1. Für ein besonders perverses Beispiel einer neuen transnationalen Kooperation vgl. etwa die Verflechtungen der lateinamerikanischen Militärdiktaturen im Rahdmen der sog. Operación Cóndor und diesbezüglich u.a. die Studie von Patrice McSherry: *Predatory States. Operation Condor and Covert War in Latin America*. Lanham: Rowman & Littlefield Publishers 2005.
142 Idelber Avelar: *Alegorías de la derrota*, S. 55.
143 Liliana Weinberg: *Literatura latinoamericana*, S. 225–226.

value of magical realism into a commodity whose formulaic contours were shaped according to market niche expectations. [...] These novels [Isabel Allende & Co.] no longer operated within the terrain set up by Carpentier and Asturias (and later reinforced by García Márquez), a magical realism defined by an organic interaction with its cultural-historical situation, capable of codifying ethnic and racial tensions and hybriditites in the context of the Carribean, Central American and the Indian subcontinent, nor were they invested in political, emancipatory, messianic imaginaries, postcolonial or otherwise.[144]

Während auf die Frage nach der Möglichkeit bzw. Notwendigkeit einer veränderten Wirklichkeitsdarstellung im Verlauf dieser Arbeit an anderer Stelle noch genauer einzugehen sein wird, lässt sich bereits hier festhalten, dass die historischen Brüche und Entwicklungen im Lateinamerika der 1970er und 80er Jahre, vor denen sich Bolaños literarisches Projekt zu entwickeln beginnt, in dreierlei Hinsicht eine prinzpielle Veränderung von Autorschaft mit sich bringen, welche in ihrem Zusammenspiel in letzter Instanz für eine fortschreitende Marginalisierung eines bestimmten Autoren- bzw. Werkmodells sorgen, die Bolaño in seinen Texten inszenieren wird. Als erster Schritt kann in dieser Hinsicht die Einschränkung jenes nach dem Ende des *Boom* kaum mehr aufrechtzuerhaltenden Optimismus gelten, mit dem etwa Carlos Fuentes noch die Möglichkeit der Einschreibung der lateinamerikanischen Literatur in einen globalen Kanon bewertete:

> A partir de la certeza de esta universalidad del lenguaje, podemos hablar con rigor de la contemporaneidad del escritor latinoamericano, quien súbitamente es parte de un presente cultural común: [...] nuestros escritores pueden dirigir sus preguntas no sólo al presente latinoamericano sino también a un futuro que, cada vez más, también será común al nivel de la cultura y de la condición espiritual de todos los hombres.[145]

Die bei Bolaño wiederkehrend verhandelten Zweifel ob der möglichen (bzw. überhaupt erstrebenswerten) Einschreibung in einen Kanon von Weltliteratur[146]

---

144 Mariano Siskind: *Cosmopolitan Desires. Global Modernity and World Literature in Latin America*. Evanston: Northwestern University Press 2014: S. 95–96. Vgl. eine ähnliche Kritik bei Jean Franco: *Decadencia y caída de la ciudad letrada*, S. 225–226.
145 Carlos Fuentes: *La gran novela latinoamericana*. Madrid: Alfaguara 2011, S. 35. Vgl. die ähnlich gelagerte Aussage von Vargas Llosa zur mit dem *Boom* neugewonnenen Überlegenheit der lateinamerikanischen Literatur gegenüber ihren europäischen Vorgängern, wenn er fragt: «[C]uando tenían a Proust y Joyce, los europeos se interesaban apenas o nada por Santos Chocano o Eustasio Rivera. Pero ahora que sólo tienen a Robbe-Grillet, Nathalie Sarraute o Giorgio Bassani, ¿cómo no volverán los ojos fuera de sus fronteras en busca de escritores más interesantes, menos letárgicos y más vivos? » (zit. in Idelber Avelar: *Alegorías de la derrota*, S. 45).
146 Vgl. dazu auch Kapitel fünf dieser Arbeit.

hängt dabei nicht zuletzt mit dem in den 1980er Jahren erfolgenden Zusammenbruch der lateinamerikanischen Verlagsindustrie zusammen, deren Situation George Yúdice wie folgt beschrieben hat:

> En lo que respecta al campo de la literatura, que según Rama [...] fue el único sector – vis-à-vis la economía, la ciencia, la política, etc. – en que América Latina estaba a la par de la modernidad europea y norteamericana, los derechos han pasado a conglomerados transnacionales mediante las adquisiciones. A través de este proceso de adquisición, las empresas españolas han recuperado su antiguo dominio en el sector editorial, reflejo además de la competencia global en la que los conglomerados financieros y de telecomunicaciones españoles están desplazando a Estados Unidos como primer inversor en muchos países latinoamericanos, sobre todo Argentina, Brasil, Chile y México.[147]

Diese fundamentalen Veränderungen in der Verlagsstruktur und die damit verbundene Transformation der Prämissen der Selektion, Zirkulation und Rezeption der lateinamerikanischen Literatur auf nationaler, kontinentaler und globaler Ebene markieren dabei exemplarisch jenen Übergang vom Primat des Politischen zum Primat des Marktes auf dem Feld der Kultur, wie er sich nach dem Ende des *Boom* ereignet: «[S]i en los '70 ‹todo era política›, a partir de los '90 la economía del mercado pasa a ser el organizador transnacional de la cultura. Al cambiar las reglas de circulación y gestión cultural con miras a lograr una rápida escalada en la rentabilidad y la eficiencia, el nuevo modelo de desarrollo económico cambia también el lugar que ocupa la cultura en la sociedad.»[148] Zugleich impliziert dieser Prozess – weit über die veränderten Produktionsbedingungen von Literatur hinaus – einen Bruch mit eben jener im Zuge des *Boom* erreichten Zentralstellung des Schriftstellers als Intellektuellem bzw. allgemeiner noch der historisch gewachsenen Bedeutung der Literatur als verbindlichem Teil nationaler Elitenbildung in Lateinamerika, oder wie es Avelar zusammenfasst:

> Mientras que la literatura históricamente había florecido a la sombra de un precario aparato estatal, ahora un estado cada vez más tecnocrático dispensaba de sus servicios; si siempre había sido instrumento clave en la formación de una élite letrada y humanista, ahora esa élite la dejaba de lado por teorías económicas más eficaces, importadas de Chicago; las facultades de literatura y filosofía habían sido medios vitales de reproducción ideológica, pero ahora la ideología llevaba la máscara neutral de la tecnología moderna.[149]

---

147 George Yúdice: La reconfiguración de políticas culturales y mercados culturales en los noventa y siglo XXI en América Latina. In: *Revista Iberoamericana* LXVII, 197 (2001), S. 639–659, hier: S. 650.
148 María Eugenia Mudrovcic: Políticas culturales en los procesos de integración regional: el sector editorial en el Mercosur. In: *Revista Iberoamericana* LXVII, 197 (2001), S. 755–766, hier: S. 756.
149 Idelber Avelar: *Alegorías de la derrota*, S. 48–49.

Vor dem Hintergrund dieser trilateralen Transformation der grundlegenden Produktionsbedingungen von Literatur in Lateinamerika, wie sie sich ab Mitte der 1970er Jahre zu entwickeln beginnt, muss also Bolaños Suche nach einem neuen und eigenen ästhetischen Projekt verortet werden, das sich eben den hier beschriebenen Aporien im Spannungsfeld zwischen Ästhetik, Politik und Literaturmarkt zwar nicht zu entziehen, aber kritisch gegenüber zu positionieren weiß. Während auf die Fragen der ästhetischen und politischen Dimension noch stärker in den folgenden Kapiteln einzugehen sein wird, soll an dieser Stelle vor allem die Problematik der Situierung Bolaños gegenüber den dominierenden Parametern des Buchmarkts geschildert werden, auf dem seine Werke bekanntlich bis zum Ausbruch des großen *Bolaño fever*, zunächst Ende der 90er Jahre in Lateinamerika und Spanien und dann posthum im Rest der Welt, kaum vermittelbar schienen. Bolaño resümiert diese Position der Marginalität in einem autobiographischen Text mit dem Titel *Mi carrera literaria*, der in dem posthum veröffentlichten Lyrikband *La universidad desconocida* enthalten ist:

> Rechazos de Anagrama, Grijalbo, Planeta, con toda seguridad/también de Alfaguara, Mondadori. Un no de Muchnik,/Seix Barral, Destino...Todas las editoriales...Todos los/ lectores.../Todos los gerentes de ventas.../Bajo el puente, mientras llueve, una oportunidad de oro/para verme a mí mismo:/como una culebra en el Polo Norte, pero escribiendo./ Escribiendo poesía en el país de los imbéciles./Escribiendo con mi hijo en las rodillas./Escribiendo hasta que cae la noche/con un estruendo de los mil demonios./Los demonios que han de llevarme al infierno,/pero escribiendo.[150]

Auch vor diesem Hintergrund der Erfahrung einer schriftstellerischen Existenz, die sich über lange Zeit praktisch im Verborgenen entwickelt, erklärt sich die Bedeutung, die jener Positionierung des Autors gegenüber dem Literaturmarkt und seinen Funktionsmechanismen bzw. den diversen Möglichkeiten, sich ihm gegenüber zu verhalten, in Bolaños Werk zukommt. Als exemplarisch in dieser Hinsicht können etwa die Fragmente in *Los detectives salvajes* gelten, in denen Bolaño verschiedene Autoren im Rahmen der Madrider Buchmesse von 1994 über ihr Metier reflektieren lässt und dabei vor allem das Problem jener Angepasstheit der Autoren an die Prämissen des allmächtigen Buchmarkts herausstellt. So heißt es etwa in den Worten einer Figur namens Pere Ordóñez:

> Antaño los escritores de España (y de Hispanoamérica) entraban en el ruedo público para transgredirlo, para reformarlo, para quemarlo, para revolucionarlo. Los escritores de España (y de Hispanoamérica) procedían generalmente de familias acomodadas, familias

---

[150] Roberto Bolaño: *La universidad desconocida*, S. 7–8.

asentadas o de una cierta posición, y al tomar ellos la pluma se volvían o se revolvían contra esa posición: escribir era renunciar, era renegar, a veces era suicidarse. Era ir contra la familia. Hoy los escritores de España (y de Hispanoamérica) proceden en número cada vez más alarmante de familias de clase baja, del proletariado y del lumpenproletariado, y su ejercicio más usual de la escritura es una forma de escalar posiciones en la pirámide social, una forma de asentarse cuidándose mucho de no transgredir nada. No digo que no sean cultos. Son tan cultos como los de antes. O casi. No digo que no sean trabajadores. ¡Son mucho más trabajadores que los de antes! Pero son, también, mucho más vulgares. Y se comportan como empresarios o como gángsters. Y no reniegan de nada o sólo reniegan de lo que se puede renegar y se cuidan mucho de no crearse enemigos o de escoger a éstos entre los más inermes. No se suicidan por una idea sino por locura y rabia. Las puertas, implacablemente, se les abren de par en par. Y así la literatura va como va.[151]

In dieser quasi literatursoziologischen Skizze einer zunehmend marktkonformen Literatur äußert sich jenes Autoren-Modell, von dem sich Bolaño abzugrenzen versucht und dabei vor der Herausforderung steht, gleichwohl mit seinem eigenen Werk Zugang zu diesem so kritisierten Markt zu finden. In ihrer Lektüre dieser Passagen haben Cobas Carral und Garibotto gezeigt, inwiefern es Bolaño/Belano nach dem Ende der radikal-oppositionellen Position des *Infrarrealismo* und den ersten Roman-Veröffentlichungen in den 1990er Jahren darum geht, eine solche komplexe Beziehung zu bzw. innerhalb des Buchmarkts zu kreieren: «El Belano de los 90 se debate así entre dos direcciones: por un lado, lejos de la voluntad de invisibilidad realvisceralista, se preocupa por los vaivenes de la crítica y opta por la publicación de sus novelas dentro del mercado editorial; por el otro, transgrede sus códigos de funcionamiento.»[152] Diese Überschreitung bzw. Unterminierung der Marktmechanismen besteht für Bolaño einerseits in der Ausgestaltung der eigenen Autorrolle, die jenem Modell des vollkommen angepassten Schriftstellers diametral entgegenzustehen bestrebt ist, wie sie an anderen Stelle in den *Detectives salvajes* beschrieben wird, wenn ein Kritiker postuliert: «Un escritor, hemos establecido, no debe parecer un escritor. Debe parecer un banquero, un hijo de papá que envejece sin demasiados temblores, un profesor de matemáticas, un funcionario de prisiones.»[153] In den zahlreichen Polemiken, die sich Bolaño zu Lebzeiten etwa vor allem mit der chilenischen Gegenwartsliteratur[154] oder auch, auf

---

151 Roberto Bolaño: *Los detectives salvajes*, S. 485.
152 Andrea Cobas Carral/Verónica Garibotto: Un epitafio en el desierto, S. 183.
153 Roberto Bolaño: *Los detectives salvajes*, S. 486.
154 Vgl. dazu etwa Bolaños Serie an Texten anlässlich seiner ersten Rückkehr nach Chile seit 1974 anlässlich der Buchmesse in Santiago im Jahr 1999, in denen er sich über Diamela Eltit und andere Autoren mokiert (vgl. die unter dem Titel «Fragmentos de un regreso al país natal» zusammengefassten Texte in *Entre paréntesis*, S. 47–105. Ebenso interessant ist der

weniger explizite Weise, mit Blick auf die ihn lange Zeit ignorierenden Vertreter des *Boom*[155] lieferte, hat diese Form der Unangepasstheit wohl ihren deutlichsten Ausdruck gefunden.

Zugleich erprobt Bolaño in zahlreichen seiner Erzählungen immer wieder wie in einer Art Fallstudie verschiedene Modelle der Situierung gegenüber dem Markt bzw. den Institutionen der Macht im literarischen Feld. So fungiert etwa in einer seiner bekanntesten Erzählungen namens *Sensini* die titelgebende Figur des in Madrid lebenden argentinischen und an Antonio di Benedetto angelehnten Autors als eine Beschreibung der Situation des exilierten und unter den neuen Marktbedingungen aus einer Position der Marginalität heraus agierenden Schriftstellers: Ebenso wie der autobiographisch markierte Ich-Erzähler von Bolaños Text verdient Sensini sein Geld mit der Teilnahme an Literaturwettbewerben in der Provinz, da seine literarisch anspruchsvollen Texte aus der Vergangenheit unter den neuen Prämissen eines von den spanischen Großkonzernen kannibalisierten Verlagsmarktes keine Relevanz mehr zu beanspruchen vermögen: «De vez en cuando le llegaba algún cheque por alguno de sus numerosos libros publicados, pero la mayoría de las editoriales se hacían las olvidadizas o habían quebrado. El único que seguía produciendo dinero era *Ugarte*, cuyos derechos tenía una editorial de Barcelona.»[156] Das Bild, das die beiden Autoren dabei für ihre selbstgewählte Marginalität gebrauchen, steht dabei dem des für den Markt und die Sichtbarkeit schreibenden *escritor funcionario* entgegen, wenn sich die beiden als «los pistoleros o los cazarrecompensas, ya no me acuerdo, algo así, los cazadores de cabelleras»[157] bezeichnen, als Kopfgeldjäger also, die zwar das Geld der Wettbewerbe zum Überleben akzeptieren, aber ansonsten als *Outlaws* jenseits der Sphären der Anerkennung und

---

kurze in *El secreto del mal* enthaltene Text «No sé leer», in dem Bolaño eine Episode dieser Reise schildert, bei der sein Sohn Lautaro in einem Schwimmbad von Santiago ins Becken pinkelt und dabei eine Art allegorisches Bild für Bolaños eigene Haltung zum Haifischbecken der Literatur liefert, wenn es heißt: «Lautaro orinando, pero no en el interior, dentro del agua, como hacen casi todos los niños, sino desde el borde de la piscina, expuesto a la mirada de cualquiera» (Roberto Bolaño: *El secreto del mal*. Barcelona: Anagrama 2007, S. 116)).

155 Vgl. etwa Bolaños Aussage über Carlos Fuentes («Hace mucho que no leo nada de Carlos Fuentes» (Roberto Bolaño: *Entre paréntesis*, S. 333), welcher wiederum in seinem 2011 (!) publizierten Kompendium *La gran novela latinoamericana* Bolaño mit keinem Wort erwähnt, während er dem *Crack* oder *McOndo* lange Passagen widmet und zwei andere chilenische Autoren wie Arturo Fontaine und Carlos Franz als «la nueva narrativa más interesante del continente» bezeichnet (Carlos Fuentes: *La gran novela latinoamericana*, S. 295).

156 Roberto Bolaño: *Llamadas telefónicas*, S. 21.

157 Ebd., S. 28.

Inklusion stehen.¹⁵⁸ Die qualitativ hochwertige, weil komplexe und nichtmarktkonforme Literatur verkommt dabei zur Ramschware, wenn der Erzähler an anderer Stelle über die Romane Sensinis berichtet von den:

> vendedores ambulantes de libros, gente que montaba sus tenderetes alrededor de la plaza y que ofrecía mayormente stocks invendibles, los saldos de las editoriales que no hacía mucho habían quebrado, libros de la Segunda Guerra Mundial, novelas de amor y de vaqueros, colecciones de postales. En uno de los tenderetes encontré un libro de cuentos de Sensini y lo compré. Estaba como nuevo – de hecho era un libro nuevo, de aquellos que las editoriales venden rebajados a los únicos que mueven este material, los ambulantes, cuando ya ninguna librería, ningún distribuidor quiere meter las manos en ese fuego.¹⁵⁹

In diesem Sinne funktioniert *Sensini*, wie Alejandra Laera bemerkt hat, als eine Beschreibung des

> mercado literario entre los 70 y los 80, justo después del ‹boom› y justo antes del impacto de la globalización. [...] Este mercado en desaparición [...] es el de los escritores latinoamericanos desaparecidos o exiliados. Y en él se vislumbra, porque le es complementario, el mercado global anunciado en esos libros de editoriales españolas desaparecidas (o sea: reemplazadas por otras) que se venden en mesas de saldos.¹⁶⁰

Ähnliche Figurationen des unsichtbaren Autors, der seine Integrität gerade deswegen zu bewahren weiß, weil er sich der Anbiederung an die Dogmen des Marktes verschließt, liefern die im gleichen Band enthaltenen Erzählungen wie *Henri Simon Leprince* über einen qualitativ mittelmäßigen Autor, der jedoch in der französischen *Résistance* seinen wahren Wert herausstellt, in dem er zahlreichen Schriftstellerkollegen das Leben rettet, die ihn zuvor (und auch nach Kriegsende) verachteten. «Nadie se toma la molestia de saber qué escribe el escritor que les ha salvado la vida. Ajeno a todo, Leprince sigue trabajando en el periódico [...] y pergeñando sus poesías. [...] Su valor excede a menudo la temeridad»¹⁶¹ – die bei Bolaño beständig wiederkehrende Figur des *valor* ist

---

158 Ein Beispiel für den Erfolg dieser Publikationen ist etwa Bolaños später unter dem Titel *Monsieur Pain* publizierter Kurzroman über die letzten Wochen im Leben des peruanischen Dichters César Vallejo, der ursprünglich Anfang der 1980er Jahre unter dem Titel *La senda de los elefantes* den *premio de novela corta Félix Urabayen* in Toledo gewann, wie Bolaño selbst im Vorwort des Romans bemerkt (vgl. Roberto Bolaño: *Monsieur Pain*. Barcelona: Anagrama 2010, S. 11–12).
159 Roberto Bolaño: *Llamadas telefónicas*, S. 17.
160 Alejandra Laera: Los premios literarios: recompensas y espectáculo. In: Luis Cárcamo-Huechante/Álvaro Fernández Bravo u.a. (Hg.): *El valor de la cultura. Arte, literatura y mercado en América Latina*. Rosario: Beatriz Viterbo Editora, S. 43–65, hier: S. 46.
161 Roberto Bolaño: *Llamadas telefónicas*, S. 33.

auch hier das Schlüsselwort, indem es eben – wie im Eingangskapitel dieser Arbeit bereits gezeigt – in seiner Doppelbedeutung von *Wert* und *Mut* jene andere *Wertigkeit* des Wagemuts aufruft, die nach Bolaño jene Autoren auszeichnet, die den Weg des Unangepassten beschreiten.

Über die Gründe, warum Roberto Bolaño gewissermaßen trotz seiner hier umschriebenen komplexen Positionierung bezüglich des Buchmarkts seiner Zeit sich zu einem Welterfolg verwandelt, wurde bereits im ersten Kapitel dieser Arbeit hinlänglich gemutmaßt.[162] Unbestreitbar scheint jedoch die Tatsache, dass dieser sich nicht in einer ästhetischen Anpassung an eine leicht kommodifizierbare und konsumierbare Literatur äußerte, oder wie es Ignacio Sánchez Prado formuliert hat: «Bolaño se destaca por el hecho de que su estética no parece haber cambiado de manera particularmente drástica como resultado del mercado. El trabajo altamente idiosincrático del estilo y su fuerte adherencia a juegos metaficcionales difícilmente podrían considerarse escritura mercantilizada.»[163] Dass Bolaño über diesen spezifischen Diskurs des Bruchs mit bestimmten hergebrachten Autormodellen und Schreibweisen des *Boom* hinaus gleichwohl in dem Entwurf seiner *Ästhetik der Lektüre* und der Entwicklung seines Werks aus einer *wilden Bibliothek* heraus unzweifelhaft an eine lange Tradition lateinamerikanischen Schreibens anknüpft, soll im abschließenden Punkt dieses Kapitels noch einmal deutlich gemacht werden.

Text-Vertilger und Form-Destillateure

«Latinoamérica es como el manicomio de Europa. Tal vez, originalmente, se pensó en Latinoamérica como el hospital de Europa, o como el granero de Europa. Pero ahora es el manicomio. Un manicomio salvaje, empobrecido, violento, en donde, pese al caos y a la corrupción, si uno abre bien los ojos, es posible ver la sombra del Louvre»[164] – in dieser knappen Umschreibung seiner Vorstellung von Lateinamerika verweist Bolaño auf die historisch gewachsene Dialektik zwischen Imagination und Wirklichkeit, wie sie jene von Europa aus zunächst erdachte und dann eroberte Neue Welt von Beginn der Kolonisierung an geprägt hat. Ein wiederkehrendes Merkmal dieses amerikanischen Imaginationsraumes[165] war dabei

---

162 Vgl. auch die Überlegungen dazu in Benjamin Loy: Der Teil der Kritiker.
163 Ignacio Sánchez Prado: Más allá del mercado, S. 29.
164 Bolaño in Andrés Braithwaite: *Bolaño por sí mismo*, S. 111.
165 Die grundlegende Idee der folgenden Ausführungen sowie einige der zitierten Textbeispiele dieser Genealogie des ‹wilden Lesens› habe ich unter einem anders gelagerten Erkenntnisinteresse untersucht in: Benjamin Loy: *Leer en filigrana*.

die Ausprägung einer spezifischen Semantik des Monströsen, die zunächst aus der kolonialen Konfrontation mit jener radikalen Andersheit des amerikanischen Kontinents erwuchs, oder wie es Mabel Moraña mit Blick auf die Kolonialzeit formuliert hat: «La monstrificación del americano se nutre de ese tipo de estrategias representacionales que se aplican tanto a los sujetos como a los procesos culturales y a las narrativas que en ellos se originan.»[166] Das Monströse als jene alle bekannten (materiellen wie sprachlichen) Formen und Regeln sprengende Erscheinung wird dabei aus dieser Perspektive nicht nur zu einem Merkmal der (bio-)politischen und ideengeschichtlichen Diskurse in und über Lateinamerika,[167] sondern fließt dabei zugleich in die von Lateinamerika aus formulierten kulturellen wie literarischen Narrative ein als ein ambivalenter und zu re- und dekonstruierender Topos jenes «margen [que] produce sus propios monstruos para nombrar al Otro, al dominador, al verdugo, al amo, al hacendado, al invasor, al torturador, otorgándole una forma simbólicamente abyecta que alegoriza las actitudes, las conductas y los valores a partir de los cuales ese Otro define sus agendas y sus procedimientos.»[168] Das Monströse wird in diesem Sinne eine liminale und diskursiv umkämpfte Kategorie, die je nach Perspektive als Mittel der Domination oder Subversion gelesen werden kann. Als zentrale Figur jener amerikanischen Monstrosität hat dabei, wie Carlos Jáuregui in seiner monumentalen kulturgeschichtlichen Studie gezeigt hat, die Figur des Kannibalen fungiert, welche als solche exemplarisch für jene lange zwischen Unterwerfung und Ermächtigung changierenden Diskursgeschichte des Monströsen geworden ist:

> El caníbal no respeta las marcas que estabilizan la diferencia; por el contrario, fluye sobre ellas en el acto de comer. Acaso esta liminalidad que *se evade* – que traspasa, incorpora e indetermina la oposición interior/exterior – suscita la frondosa polisemia y el nomadismo semántico del canibalismo; su *propensión metafórica*. [...] El canibalismo ha sido un tropo fundamental en la definición de la identidad cultural latinoamericana desde las primeras visiones europeas del Nuevo Mundo como monstruoso y salvaje, hasta las narrativas y producción cultural de los siglos XX y XXI en las que el caníbal se ha re-definido de diversas maneras en relación con la construcción de identidades (pos)coloniales y ‹posmodernas›. El tropo del canibalismo cruza históricamente – en sus coordenadas de continuidad y de resignificación o discontinuidad – diferentes formulaciones de representación e interpretación

---

[166] Mabel Moraña: *El monstruo como máquina de guerra*, S. 64.
[167] Vgl. dazu etwa die Überlegungen in Ottmar Ette: Wörter – Mächte – Stämme. Cornelius de Pauw und der Disput um eine neue Welt. In: Ottmar Ette/Markus Messling (Hg.): *Wort – Macht – Stamm. Rassismus und Determinismus in der Philologie (18./19. Jh.)*. Paderborn: Fink 2012, S. 107–136.
[168] Mabel Moraña: *El monstruo como máquina de guerra*, S. 13.

de la cultura y hace parte fundamental del archivo de metáforas de identidad latinoamericana. El caníbal es – podría decirse – un signo o cifra de la anomalía y alteridad de América al mismo tiempo que de su adscripción periférica a Occidente.[169]

Worum es vor diesem Hintergrund mit Blick auf Bolaño im Folgenden gehen soll, ist die Frage nach den kulturgeschichtlichen und (text-)ästhetischen Implikationen jenes in seinem Werk gehäuft auftretenden und bewusst gebrauchten Konzepts des ‹Wilden›, das – über die Darstellung der historischen Verheerungen des monströsen *manicomnio Latinoamérica* hinaus – im Sinne der eingangs benannten *Ästhetik der Lektüre* eine Einordnung von Bolaños Werk (jenseits seines eigenen disruptiven Diskurses) in eine spezifische Genealogie lateinamerikanischen Schreibens (und Lesens) erlaubt. Dessen fundamentales Merkmal, so die Hypothese, besteht dabei in einem stets gebrochenen Verhältnis zu einer als ‹eigen› anerkannten Textualität, da diese – vom Beginn der Kolonialliteratur bis zur Gegenwart – sich letztlich innerhalb der Moderne immer aus einer peripheren Schreib- und Sprechsituation über die (mehr oder minder stark markierte) Präsenz jenes anderen, Autorität beanspruchenden ‹europäischen Textes› artikuliert, wie sie noch in dem eingangs zitierten Bild Bolaños in der Figur des Schattens des Louvre innerhalb des amerikanischen Irrenhauses anklingt. In diesem Sinne konstituiert der ‹lateinamerikanische Text› seine Identität und seine Geschichte eben aus seiner ‹Nicht-Identität› heraus im Sinne einer stets problematischen Begründung seiner eigenen Herkunft und Begrenzung, oder wie es Brett Levinson einmal mit Blick auf diesen Charakter der ‹Uneigentlichkeit› der lateinamerikanischen Literatur treffend formuliert hat: «We might even say [...] that Latin American literature was always doomed to emerge as a metaliterature.»[170]

Diese Hypothese vom lateinamerikanischen Text als einem ‹wilden›, d.h. stets schon durch die kannibalisierende Vertilgung anderer Texte entstehenden, lässt sich dabei historisch bis in die Kolonialzeit zurückverfolgen. So hat etwa Julio Ortega in seinen Beobachtungen zu den historiographisch-literarischen, an der Wende zum 17. Jahrhundert entstandenen Texten des Inca Garcilaso de la Vega und seinen zahlreichen Bezügen auf die kolonialen Chroniken von Kolumbus bis zu de las Casas bemerkt:

> Como si no tuviera origen, el discurso hispanoamericano empieza, así, sobre la reescritura hecha por de las Casas sobre la reescritura practicada por Colón sobre las varias escrituras que codifican la representación. Desplazando la escritura del lugar ameno por la del espacio abundante, Colón inscribe, en el comienzo sin origen, un gesto que será una

---

169 Carlos Jáuregui: *Canibalia*, S. 13–15 (Kursivierung im Original).
170 Brett Levinson: *The Ends of Literature. The Latin American «Boom» in the Neoliberal Marketplace*. Stanford: Stanford University Press 2001, S. 27.

práctica sistemática del Inca Garcilaso; otro sujeto construido por su discurso, esto es, por una escritura de la historia que quiere darle un cuerpo, un texto, al porvenir.[171]

Ohne an dieser Stelle detailliert auf Garcilasos Werk eingehen zu wollen, kann zweifellos festgehalten werden, dass es in seiner Form und dem eben auf dem Akt der *reescritura* basierenden «innovative[n] Geschichtsverständnis, das sich bemüht, die bisher von den spanischen Historiographen beherrschte Geschichte umzudeuten und eine polyperspektivische Sichtweise in die Geschichtsschreibung selbst hineinzutragen»,[172] mithin eines der ersten Beispiele in der lateinamerikanischen Literatur für jenes den Diskurs des Anderen verschlingende, ‹wilde› Lesen als Basis eines eigenen Sprechens ist, oder um noch einmal mit Ortega zu sprechen: «Aprender a leer, por lo mismo, será la fábula característica del Nuevo Mundo: el sujeto colonial reapropiará la escritura para desde la historia natural hacerse cargo de una historia cultural.»[173] Lässt sich das ‹Problem› Amerikas definieren als «die Notwendigkeit der ‹Erfindung› oder Konzeption einer neuen Welt als eines universellen neuen Weltbilds angesichts einer neuen Realität, die auf beiden Seiten mit dem bislang zur Verfügung stehenden Imaginarium nicht oder nicht hinreichend begriffen werden kann»,[174] so entwirft Garcilaso in seinen – bezeichnenderweise *comentarios* genannten – Überlegungen der *Comentarios reales de los incas* eine subversive Unterminierung jenes in den Chroniken bemühten Diskurses von Amerika als dem absolut Neuen, indem er, etwa in der diskursiven Verschaltung von Cuzco und Rom, wie Ottmar Ette eindrucksvoll gezeigt hat, den amerikanischen «Stadtraum nicht zum Raum des Eigenen *oder* des Anderen, sondern zum *Bewegungs*-Raum eines Eigenen als Anderem und zugleich eines Anderen als Eigenem [macht], wobei sich das Lexem *otra* in seiner Bewegung niemals stillstellen lässt. Es steht weder für eine feste Identität noch für eine fixe Alterität ein.»[175] Die Literatur, in der bei Garcilaso

---

171 Julio Ortega: Para una teoría del texto latinoamericano: Colón, Garcilaso y el discurso de la abundancia. In: *Revista de Crítica Literaria Latinoamericana* XIV, 28 (1988), S. 101–115, hier: S. 106–107.
172 Ottmar Ette: *Viellogische Philologie. Die Literaturen der Welt und das Beispiel einer transarealen Literatur*. Berlin: tranvía 2013, S. 85.
173 Julio Ortega: Para una teoría del texto latinoamericano, S. 104–105.
174 Florian Borchmeyer: *Die Ordnung des Unbekannten. Von der Erfindung der neuen Welt*. Berlin: Matthes & Seitz 2009, S. 69.
175 Ottmar Ette: *Viellogische Philologie*, S. 84. Vgl. eine ähnliche Beobachtung, wenngleich nicht mit Blick auf Garcilaso, bei Jean Franco, wenn sie festhält, dass «there are forms of double-voicing that shade into mimicry and that acquire deep significance within a colonial or ‹peripheral› context such as obtains in Latin America» (Jean Franco: Pastiche in Contemporary Latin American Literature. In: *Studies in 20th & 21st Century Literature* 14, 1 (1990), S. 95–107, hier: S. 96–97.

«das Nachbilden offenkundig sogar zur spezifisch ‹indianischen› Form des Erfindens wird»,[176] übernimmt dabei in ihren ‹monströsen›, weil nicht fixierbaren Verfahren jene Aufgabe der *poiesis* von Identiät und Geschichte, «for this is precisely what *poiesis*, or ‹making› is [...], the creation of a language for the boundary or intersection between domains of sense, hence for the limit of established meanings, forms of knowledge, and signifiers [...], the invention of an articulation for the relationality of beings, which no existing semiotics or common sense can supply.»[177]

Wenn also anhand dieses frühen Beispiels der Kolonialliteratur bereits deutlich wird, «daß Rückgriff und Aneignung ‹fremder› intertextueller Modelle keineswegs erst mit dem Ende des 19. Jahrhunderts einsetzen»,[178] dann zeigt bereits jenes «indianische Nachbilden» des Inca Garcilaso, dass die Anverwandlung europäischer (Inter-)Texte oder Gattung sich eben nicht in einer simplen Imitation erschöpft, sondern auf der Basis dieser einverleibten Vorläufer quasi unvermeidlich ‹eigene› amerikanische Texte erschafft, denn:

> Wer Intertext sagt, meint immer auch Kontext und Funktion [...]. Die Überquerung des Atlantiks, der Übergang von der europäischen Metropole zur amerikanischen Peripherie, verändert damit über Funktion und Kontext die literarischen Formen selbst, die in Lateinamerika heimisch wurden – über Jahrhunderte freilich in einer Art und Weise, die keine literarischen Rückwirkungen auf die europäischen Literaturen zeitigte.[179]

Erst mit dem Modernismo als Beginn jener «hispanoamerikanischen Moderne [...], die aus dem Bewußtsein der Peripherie eine bewußt periphere Modernisierungsstrategie für den eigenen Raum entwickelte»,[180] erfährt die Frage nach den Dimensionen einer lateinamerikanischen Textualität in einer für die Epoche charakteristischen Dialektik aus der Hinwendung zu einem weltliterarischen Feld einerseits und dem Anspruch an die Realisierung eines lateinamerikanischen Identitätsprojekts andererseits eine neue Dynamik. Dabei lässt sich etwa an den Werken eines Rubén Darío oder eines José Martí exemplarisch die Konstitution eines neuen Text-Modells bzw. eines neuen Lesertypus nachvollziehen, welche Alberto Julián Pérez in einem wenig beachteten Aufsatz eben als jenen für die Hypothese dieser Arbeit so bedeutenden amerikanischen *lector salvaje* bezeichnet hat:

---

[176] Florian Borchmeyer: *Die Ordnung des Unbekannten*, S. 335.
[177] Brett Levinson: *The Ends of Literature*, S. 25–26.
[178] Ottmar Ette: Asymmetrie der Beziehungen, S. 304.
[179] Ebd.
[180] Ebd., S. 321.

> Este proceso poético modernista no hubiese sido posible sin un tipo de lector que reuniera las características específicas del lector americano; esto responde a las condiciones culturales extraordinarias que crea América como cultura trasplantada, cuyo punto de vista está *desplazado*; este lector americano, ansioso de *aprender* lo que otros han vivido y producido, no es simplemente un super-lector, un lector culto a la europea, sino un lector irreverente, al que podríamos llamar un ‹lector salvaje›, que aprehende los productos de las otras culturas como una totalidad acabada y los refleja de manera anacrónica, fuera de su contexto, idealizados y revalorizados de acuerdo a la función que el producto adquiere en su propia cultura. El producto cultural alcanza en este contexto nuevo un valor inusitado, liberador, *modernizador*; el lector salvaje es un lector de apetitos ilimitados, que no se siente obligado ante ninguna tradición, que juega con total libertad con las creaciones que para otros pueden ser sagradas, tratándolas en unos momentos con ironía y en otros sublimándolas, rodeándolas de un aura mágica.[181]

Die auch in dieser Umschreibung der poetischen Praxis präsente Figur des textvertilgenden amerikanischen Lesers lässt sich anhand von Darío und Martí gleichfalls eindrucksvoll belegen. So schreibt der Nicaraguaner Darío etwa in einem am 27. November 1896 in der argentinischen Tageszeitung *La Nación* erschienen Artikel mit Blick auf die Angriffe des Kritikers Paul Groussac bezüglich seines Buches *Los raros*:

> Mi adoración por Francia fué [sic] desde mis primeros pasos espirituales honda e inmensa. Mi sueño era escribir en lengua francesa. [...] Al penetrar en ciertos secretos de armonía, de matiz, de sugestión, que hay en la lengua de Francia, fué mi pensamiento descubrirlos en el español, o aplicarlos. [...] *Qui pourrais-je imiter pour être original?* me decía yo. Pues a todos. A cada cual le aprendía lo que me agradaba, lo que cuadraba a mi sed de novedad y a mi delirio de arte; los elementos que constituirían después una media manifestación individual. Y el caso es que resulté original. [...] Elegí a los que me gustaron para el alambique [...]. Y del racimo de uvas del barrio Latino, comía la fruta fresca.[182]

Vor dem Hintergrund einer mit dem Modernismo erstmals möglich gewordenen Einschreibung der lateinamerikanischen Literatur innerhalb eines weltliterarischen Feldes, innerhalb dessen, wie Darío nicht müde wird zu betonen, Paris das Zentrum jener *République mondiale des lettres*[183] bildet, formuliert Darío in

---

[181] Alberto Julián Pérez: La enciclopedia poética de Rubén Darío. In: *Revista Iberoamericana*, CXLVI-CXLVII (1989), S. 329-338, hier: S. 336 (Kursivierung im Original).
[182] Rubén Darío: Los colores del estandarte. In: Rubén Darío: *Escritos inéditos. Recogidos de periódicos de Buenos Aires y anotados por E.K. Mapes*. New York: Instituto de las Españas en los Estados Unidos 1938, S. 120-123, hier: S. 121.
[183] Vgl. dazu die noch im fünften Kapitel eingehender zu diskutierenden Thesen von Pascale Casanova: *La république mondiale des lettres*. Paris: Seuil 1999.

den Metaphern der Einverleibung[184] (in Gestalt der frischen Frucht des *Quartier Latin*) und des Destillierkolbens bereits den Bildkomplex einer literarischen Praxis, wie er in den lateinamerikanischen Literaturen in den folgenden einhundert Jahren immer wieder aufgerufen werden wird, um jenen ungeregelten, ‹monströsen› Umgang mit den ‹Texten der anderen› als Basis des eigenen, ‹amerikanischen› Textes zu beschreiben, welcher als solcher immer und grundsätzlich im Modus der Verschiebung und des Un-Eigentlichen funktioniert, oder wie Pérez mit Blick auf Darío bemerkt: «[M]antiene una doble visión hacia su propio medio poético y cultural y hacia el mundo poético y los procedimientos propuestos por el modelo; el artista nunca pierde consciencia de la totalidad intertextual del modelo que trata de integrar y opera en su visión un aspecto ‹irónico›, desdoblado de la realidad poética.»[185] Noch früher als bei Darío findet sich dieser Diskurs jedoch in José Martís 1882 zunächst ebenfalls in *La Nación* erschienener Chronik über den von ihm als Korrespondent in New York dokumentierten Besuch von Oscar Wilde. Schon in diesen Forderungen Martís nach einer Befreiung vom klassisch-antiken wie dem spanischen Kanon, denen vor dem Hintergrund der fortbestehenden Kolonialsituation auf Kuba eine besondere Brisanz zukam, erfolgt der Rückgriff auf jene Metaphern der Einverleibung und des Metabolischen, wenn es heißt:

> Vivimos, los que hablamos lengua castellana, llenos todos de Horacio y de Virgilio y parece que las fronteras de nuestro espíritu son las de nuestro lenguaje. ¿Por qué nos han de ser *fruta casi vedada* las literaturas extranjeras, tan sobradas hoy de ese ambiente natural, fuerza sincera y espíritu actual que falta en la moderna literatura española? [...] Conocer diversas literaturas es el medio mejor de liberarse de la tiranía de algunas de ellas; así como no hay manera de salvarse del riesgo de obedecer ciegamente a un sistema filosófico, sino *nutrirse de todos* y ver cómo en todos palpita un mismo espíritu, sujeto a semejantes accidentes, cualesquiera que sean las formas de que la imaginación humana, vehemente o menguada, según los climas, haya revestido esa fe en lo inmenso y esa ansia de salir de sí, y esa noble inconformidad con ser lo que es, que generan todas las escuelas filosóficas.[186]

Das ‹wilde›, weil an an keine Beschränkungen gebundene Lesen wird hier in einem Akt der Ermächtigung, wie er später bei Autoren wie Jorge Luis Borges,

---

[184] Vgl. dazu auch die Überlegungen von Sylvia Molloy zur Dialektik von Imitation und Originalitätssehnsucht bei Darío, den sie als den «primer *bricoleur* deliberado» bezeichnet (Sylvia Molloy: Voracidad y solipsismo en la poesía de Darío. In: *Sin nombre* XI, 3 (1980), S. 7–15, hier: S. 12).
[185] Alberto Julián Pérez: La enciclopedia poética de Rubén Darío, S. 335.
[186] José Martí: Oscar Wilde. In: José Martí: *Ensayos y crónicas*. Hg. von José Olivio Jiménez. Madrid: Cátedra 2004, S. 79–89, hier: S. 79 (meine Kursivierung).

Alfonso Reyes und José Lezama Lima wieder auftauchen wird, eben aus dem Fehlen einer eigenen Geschichte und Tradition im Sinne einer normierenden Kraft artikuliert, wenn Martí ‹seinen› Oscar Wilde mit Blick auf Amerika ausrufen lässt:

> Vuestra carencia de viejas institutionces sea bendita, porque es una carencia de trabas; no tenéis tradiciones que os aten ni convenciones seculares e hipócritas con que os den los críticos en rostro. […] No estáis obligados a imitar perpetuamente un tipo de belleza cuyos elementos ya han muerto. De vosotros puede surgir el esplendor de una nueva imaginación y la maravilla de alguna nueva libertad.[187]

Vor dem Hintergrund einer traditionskritischen Moderne erweist sich das vormals als Makel und Rückständigkeit wahrgenommene Fehlen eines beschränkenden Kanons nunmehr als Erfahrung von Freiheit und Befähigung zur Innovation und damit zu einer erstmals möglich werdenden Einschreibung einer marginalen Literatur in den vormals verriegelten Zentren der Weltliteratur:

> In this sense, world literature would be a constellation of discourses that invoke a world of literature, imprecisely defined by a vague and abstract notion of universality, so welcoming to marginal cultures that Latin American writers see it as a blank screen for the projection of their modern hopes. It is a discursive attempt to posit a literature outside Latin American literature, one that they imagine as a universal repository of modernist aesthetics where marginal cosmopolitans find the bits and pieces they can put together to articulate a nonparticularistic cultural modernization.[188]

In jener dialektischen Bewegung «between the particularistic and universalist drive in Martí's work [that] is, in fact, constitutive of the whole *modernista* aesthetic and cultural formation»,[189] vollzieht sich die ästhetische Praxis eines ‹wilden› Lesens in Lateinamerika über den hispanoamerikanischen Raum hinaus auch in Brasilien, wo die Avantgardebewegung des *Movimento de Antropofagia* um Oswald de Andrade die namensgebende Figur des Kannibalen bekanntlich ins Zentrum ihrer Ästhetik gestellt hat. In der Formel «Só me interessa o que não é meu»[190] bringt das 1928 veröffentlichte *Manifesto Antropófago* eben jenes Begehren des Anderen zum Ausdruck, das sich mit dem Syntheseanspruch einer

---

[187] Ebd., S. 86.
[188] Mariano Siskind: *Cosmopolitan desires*, S. 116.
[189] Ebd.
[190] Oswald de Andrade: Manifesto antropófago. Edição crítica e comentada. In: *Periferia* 3, 1 (2011), verfügbar unter: http://www.e-publicacoes.uerj.br/index.php/periferia/article/view/3407 [letzter Zugriff: 05.10.2017].

sich aus universalen Versatzstücken zusammensetzenden Nationalkultur verbindet und in der Formel des «Tupi or not tupi, that is the question» gipfelt. Wiederum fungiert die Metapher der Einverleibung – das ursprüngliche Stigma der Rückständigkeit der Peripherie – als Ermächtigungsstragie und Türöffner in die Moderne wie Jáuregui bemerkt: «[E]l caníbal – que había sido el marcador del tiempo salvaje americano frente al tiempo de la Modernidad eurocéntrica y occidentalista – hace de su apetito por el mundo la clave de autorización estética y cultural para entrar en la Modernidad.»[191] Dabei ist es bedeutsam, wie Jáuregui unterstreicht, diesen Akt der Inkorporation nicht als simplen Syntheseakt zu lesen, sondern als ein durchaus gewalttätiges Umstürzen bestehender Ordnungsformen, welches auch den Kannibalen verändert zurücklässt: «El MA [Movimento Antropófago] implica un yo que digiere y que en el acto de comer cambia. Después del festín no se es el mismo, pero tampoco se es lo devorado; en la incorporación algo siempre se pierde y algo siempre se gana.»[192] Die Wirkmächtigkeit[193] dieser Vertilgungsmetaphorik wird im brasilianischen Kontext deutlich in ihrer Wiederaufnahme durch die Vertreter der Neo-Avantgardegruppe des *Concretismo* um Haroldo de Campos, der in seinem Essay *Da razão antropofágica* 1981 die Figur des Kannibalen noch einmal als Metapher einer Kritik des europäischen Zentrums bemüht und dabei die nicht mehr nur eine Inkorporation der europäischen Tradition postuliert, sondern auch und gerade anderer globaler Peripherien impliziert:

> Os europeus, já a esta altura, têm que aprender a conviver con os novos bárbaros que ja ha muito, num contexto outro e alternativo, os estão devorando e fazendo deles carnes da sua carne e osso de seu osso, que ha muito que os estão ressintetizando quimicamente por um impetuoso e irrefragável metabolismo da diferença. (E não só a europeus: ingredientes orientais, hindus, chinos e japoneses, têm entrado no alambique ‹sympoético› desses neo-alquimistas).[194]

Neben dem allgegenwärtigen Motiv der Einverleibung findet sich hier bei de Campos auch jenes bereits bei Darío gebrauchte Bild des («sympoetischen»)

---

[191] Carlos Jáuregui: *Canibalia*, S. 432. Auf eine weitere bedeutende Lektüre der Figur des Kannibalen von Roberto Fernández Retamar soll an dieser Stelle nur verwiesen werden. Vgl. die Essays in Roberto Fernández Retamar: *Todo Caliban*. San Juan: Ed. Callejón 2003.
[192] Carlos Jáuregui: *Canibalia*, S. 432.
[193] Vgl. zu den diversen Modulierungen dieser Figur in der brasilianischen Kulturgeschichte auch die Studie von Peter Schulze: *Strategien kultureller Kannibalisierung. Postkoloniale Repräsentationen vom brasilianischen Modernismo zum Cinema Novo*. Bielefeld: transcript 2015.
[194] Haroldo de Campos: Da razão antropofágica. A Europa sob o signo da devoração. In: *Colóquio/Letras* 62 (1981), S. 10–25, hier: S. 21.

Destillationskolbens, das in der Folge bei de Campos weiter ausgeführt wird, wenn es heißt: «São mecanismos que esmagam la matéria da tradição como dentes de um emgenho tropical, convertendo talos y tegumentos em bagaço e caldo sumoso.»[195] Die Kritik am logo- wie eurozentrischen Modell wird bei de Campos weiterhin als Notwendigkeit zur Umkehr der Nahrungskette beschrieben, verbunden mit der Aufforderung, dass «[o]s escritores logocéntricos, que se imaginavan usufrutuários privilegiados de uma orgulhosa *koiné* de mão única, preparem-se para a tarefa cada vez mais urgente de reconhecer e redevorar o tetano diferencial dos novos bárbaros de la politópica y polifónica civilização planetária.»[196]

Diese Form der poetologischen Reflexionen über die spezifische (Inter-)Textualität der lateinamerikanischen Literatur setzt sich, über die *precursores* des *Boom* wie Alfonso Reyes, Alejo Carpentier oder Miguel Angel Asturias, bis zu jenen Autoren fort, die ab Anfang der 1960er Jahre mit Romanen wie *Rayuela*, *Conversación en La Catedral* oder *Cien años de soledad* ein neues Kapitel in der Literaturgeschichte des Kontinents schreiben werden. Dabei zeichnet sich der *Boom*, im Unterschied zum avantgardistischen Diskurs mit seiner expliziten Berufung auf das Motiv des textvertilgenden Barbaren, durch eine Selbstbeschreibung aus, welche den weltweiten Erfolg dieser Werke im Sinne einer Vollendung einer lateinamerikanischen Entwicklungslinie liest, die in Gestalt der Tradition der Vorgänger in einem Akt der Synthese in den Werken des *Boom* quasi harmonisch aufzugehen scheint, oder wie es Carlos Fuentes formuliert: «La novela del boom recuperó la amplitud de la tradición literaria. Hizo suyos a los padres de la nueva novela, Borges y Carpentier, Onetti y Rulfo. Reclamó para sí la gran línea poética ininterrumpida de Hispanoamérica, de la lírica náhuatl a los poetas del barroco colonial a los grandes contemporáneos, Neruda y Vallejo, Huidobro y Lezama Lima.»[197] Zugleich jedoch wird die literarische Qualität der eigenen Werke auch einer ‹verbesserten›, weil weniger respektvollen Lektüre des europäischen Kanons zugeschrieben, wie etwa Julio Cortázar formuliert:

> Hay un distanciamiento, pero en el sentido positivo de alejarse para ver mejor, con la independencia y la lucidez que da el no estar incluido en los primeros planos de lo que se mira. La literatura europea nos llega hoy sin ese nimbo que antaño la sacralizaba ya antes de cortar las páginas de un Mauriac o una Virginia Woolf; nos hemos descolonizado de ese pre-juicio que incluso iba más allá de los escritores para abarcar a los editores, demiurgos infalibles llamados Mercure de France o Faber and Faber. En el fondo el distanciamiento vale por fin como una auténtica toma de contacto sin fabulaciones previas;

---

195 Ebd., S. 22.
196 Ebd., S. 23.
197 Carlos Fuentes: *La gran novela latinoamericana*, S. 291.

creo que hoy leemos mucho mejor que antaño a los escritores europeos, y que sus experiencias, su escritura y sus mensajes entran en una dialéctica fecunda y necesaria con nuestros propios combates creativos.[198]

Auch Cortázar verfällt in diesem Zusammenhang auf die schon bekannte Metaphorik der quasi-physiologischen Inkorporation des Kanons, wenn er schreibt, «que distanciarnos de Europa no significa prescindir de su savia siempre vital y estimulante sino incorporarla sin servilismo ni servidumbre, sin recaer en esa triste serie de sub-Kafkas, sub-Eliots, sub-Faulkners y sub-Sarrautes que hace unos lustros nos llenaron la cara de bostezos.»[199]

Wie lässt sich aber nun Bolaños Idee einer *Ästhetik der Lektüre* vor dem Hintergrund dieser Intertextualitätspolitik des *Boom* beschreiben? Tatsächlich ist der Diskurs des Bruchs mit den Prämissen des *Boom* bzw. *Post-Boom*, wie ihn Bolaño in den oben beschriebenen Dimensionen für sich beansprucht, mit Blick auf die Frage nach der Bedeutung der Intertextualität deutlich ambivalenter zu bewerten. So steht aus Bolaños Sicht neben Borges vor allem auch Cortázar für jene Fähigkeit des «concebir estructuras literarias capaces de internarse por territorios ignotos.»[200] Wie bereits in den Überlegungen zur *Ästhetik der Lektüre* im ersten Kapitel deutlich wurde, ist es hier neuerdings die Bedeutung der *Form*, welche für Bolaño ausschlaggebend für den literarischen Stellenwert eines Autors wie Cortázar ist bzw. die Herausforderungen, die eine solche Form an einen bestimmten Lesertyp stellt, was auch Emilio Sauri treffend bemerkt hat: So sei es dem *Boom*, vor allem im Hinblick auf seine identitätspolitischen Anliegen, (auch) um einen «shift away from the effort to create a specific type of reader to an investment in the identity of the reader»[201] gegangen, denn «what magical realism allows readers to do is assume a particular subject-position.»[202] Angesichts einer

---

198 Julio Cortázar: *Obra crítica*, S. 284.
199 Ebd., S. 283–284. Zugleich formuliert Cortázar seine Zweifel hinsichtlich der europäischen Bereitschaft, die neuen lateinamerikanischen Autoren tatsächlich als Künstler auf Augenhöhe zu betrachten, wenn er im gleichen Zug bekennt: «[L]a opinión corriente sobre nuestra influencia en su literatura me parece más un deseo que una realidad; no basta un boom, no bastan tan pocas décadas para incidir decisivamente en estructuras que para bien y para mal se cierran sobre sí mismas a la vez que coquetean con los recién llegados, vengan de Europa oriental, del Japón, de Estados Unidos, de Australia o de América Latina. Los europeos dialogan ya con nosotros en el plano literario, pero de alguna manera lo hacen todavía acariciándonos la cabeza como cuando se le habla a un niño» (Ebd., 284–285).
200 Roberto Bolaño: *Entre paréntesis*, S. 292.
201 Emilio Sauri: «A la pinche modernidad»: Literary Form and the End of History in Roberto Bolaño's *Los detectives salvajes*. In: *MLN* 125, 2 (2010), S. 406–432, hier: S. 420.
202 Ebd.

Erschöpfung jener im *Boom* und vor allem im Paradigma des Magischen Realismus verankerten Idee einer lateinamerikanischen Identität, die vor dem Scheitern des (linken) Modernisierungsprojekts auf politischer wie ästhetischer Ebene manifest wird, erlangt die Suche nach einer neuen formalen Orientierung eine zentrale Bedeutung innerhalb von Bolaños Poetik. Vor diesem Hintergrund erfolge, so Sauri weiter, ein Rückgriff auf ein «concept of literary form unique to an earlier generation of Latin American writers»,[203] womit vor allem natürlich Jorge Luis Borges gemeint ist, wobei, wie oben angemerkt, auch Nicanor Parras antipoetische Ästhetik oder, wie etwa in *Los detectives salvajes*, ebenso jene ludischen Formexperimente der historischen Avantgarden oder, wie noch zu zeigen sein wird, auf der Ebene des Romans auch die (Sprach-)Spiel-Poetik eines Georges Perec mit einfließen in jene Idee eines ‹wilden Lesens›, in der es vor allem um die radikale Offenheit der Interpretation eines Werks geht, oder wie Sauri mit Blick auf die *Detectives* schreibt: «Bolaño's novel [...] points to a theory of poetic form in which neither the ontology of the work of art (what a poem is) nor its interpretation (what the poem means) is conceivable without reference to the subject [...] [and] issues centering on the relationship between the literary text and the reader.»[204] Dass Borges dabei gleichwohl den zentralen Bezugspunkt einer solchen Ästhetik und ihres Lese(r)-Modells repräsentiert, ist dabei unschwer zu erkennen bzw. wurde in den zahlreichen Bezügen im ersten Kapitel bereits dargestellt, hat doch, wie Valdivia in seinen luziden Überlegungen zur Verbindungen der beiden Autoren bemerkt,

> ein solchermaßen gedeuteter (Rück-)Bezug auf Borges den Vorteil, dass für Bolaño das vor allem durch eine bestimmte magisch-realistische Rhetorik besetzte Problem der lateinamerikanischen Wirklichkeitsdarstellung aus einer anderen Perspektive sich entwickeln lässt bzw. ausgehend von einer an Borges exemplifizierenden Wirklichkeitsdarstellung, in der Wirklichkeit etwas ist, was sich als *erschöpfte* entzieht bzw. immer schon verstellende Darstellung ist und jedenfalls nicht eine *Fülle*, die sprachlich kaum zu bewältigen ist.[205]

---

203 Ebd., S. 414.
204 Ebd., S. 410.
205 Pablo Valdivia: *Weltenvielfalt*, S. 408. Gleichfalls ist Valdivia beizustimmen, wenn er auch die bolañosche Rhetorik des Bruchs mit Blick auf den *Boom* zu entschärfen versucht: «So sehr mit der Linie Borges-Bolaño scheinbar eine Gegengenealogie zum lateinamerikanischen Roman zum Ausdruck kommt, wird hier doch mitnichten eine komplett andere und komplett neue Geschichte erzählt. Auch wenn [...] sich unterschiedliche Positionen hinsichtlich des Vorläufers Borges ausmachen lassen, so geht es bei der den *boom* aussparenden Linie Borges-Bolaño, vor allem um ein Aufbrechen einer verkrusteten magisch-realistischen Identitäts-Rhetorik, die [...] nicht zuletzt dem Roman des *booms* selbst suspekt sein müsste» (Ebd., S. 410).

Gleichwohl lässt sich mit Blick auf die (nicht nur) von Valdivia behauptete Exklusivität von Borges' Bedeutung die Einschränkung anbringen, dass auch dessen Verständnis einer radikal kanon-kritischen und das, wie oben bereits ausgeführt, ‹ästhetische Ereignis› in den Mittelpunkt stellenden (Inter-)Textualität angesichts der weiter zurückreichenden Genealogien dieses amerikanischen Schreibens so als nicht haltbar erscheint. Gewiss jedoch hat Borges, neben Lezama Lima,[206] in Texten wie *El escritor argentino y la tradición* oder *Kafka y sus precursores* am prägnantesten jene Ermächtigungsstrategien der lateinamerikanischen als peripherer Literatur zur Auflösung bzw. ‹Destillation› des traditionellen – und das heißt von Europa aus artikulierten – Kanons formuliert. Wesentlich für das ‹destillatorische› literarische Trennverfahren Borges' ist dabei sein Umgang mit jenen den Kanon bzw. die Tradition fundamental begründenden linearen Zeit- und Raumstrukturen, aber auch mit bestimmten Affektstrukturen, die einem Auflösungsprozess unterzogen werden: So schreibt Borges in *Kafka y sus precursores*: «En el vocabulario crítico, la palabra *precursor* es indispensable, pero habría que tratar de *purificarla* de toda connotación de polémica o rivalidad.»[207] Was hat es mit diesem ‹Reinigungsgedanken› des Konzepts des Vorläufers von der Idee der Rivalität auf sich? Der Zentralgedanke bei Borges ist einerseits die Zurückweisung einer linearen Zeitvorstellung[208] im Sinne eines literarischen Ordnungs- und damit Legitimitätskriteriums: In dem kurzen Text stellt er bekanntlich fest, dass sich von Kafkas Werk eine Vielzahl von Verbindungen zu Autoren herstellen lassen, die historisch sowohl vor als auch nach Kafka geschrieben haben. Was die literarhistorische Lektüre Borges' dabei auflöst, ist die Vorstellung einer Genealogie im klassischen

---

[206] Vgl. zu Lezamas Kanon-Dekonstruktionen meine Überlegungen in Benjamin Loy: La (in)soportable levedad de la tradición: hacia una lectura latinoamericana de la literatura mundial. In: *Inti: Revista de literatura hispánica* 85–86 (2017), S. 36–52.
[207] Jorge Luis Borges: Kafka y sus precursores. In: Jorge Luis Borges: *Obras Completas II. (1952–1972)*. Edición Crítica. Anotada por Rolando Costa Picazo e Irma Zangara. Buenos Aires: Emecé 2010, S. 80–81, hier: S. 81 (meine Kursivierung).
[208] Eine ähnliche Reflexion über die Zeit findet sich bekanntlich in der Erzählung *El jardín de senderos que se bifurcan*: Der Text handelt – eingebettet in den Plot einer Spionageerzählung – von der Beschreibung eines fiktiven Roman eines chinesischen Autors namens Ts'ui Pên, der ein unendliches Buch entwirft. Wie im Fall der chinesischen Enzyklopädie ist auch dieser Text nur *be*schreibbar, aber nicht *erzähl*bar. Das Modell der Zeit, das im Text entworfen wird, ist das einer chaotischen: «A diferencia de Newton y de Schopenhauer, su antepasado [Ts'ui Pên] no creía en un tiempo uniforme, absoluto. Creía en las infinitas series de tiempos, en una red creciente y vertiginosa de tiempos divergentes, convergentes y paralelos» (Jorge Luis Borges: El jardín de senderos que se bifurcan. In: Jorge Luis Borges: *Obras Completas I. (1923–1949)*. Edición Crítica. Anotada por Rolando Costa Picazo e Irma Zangara. Buenos Aires: Emecé 2009, S. 867–874, hier: S. 873).

Sinne. Stattdessen schlägt er ein neues Ordnungskriterium für Lektüren vor, welches Borges' Text am Beispiel Kafkas exemplarisch vorführt:

> Si no me equivoco, las heterogéneas piezas que he enumerado se parecen a Kafka; si no me equivoco, no todas se parecen entre sí. Este último hecho es el más significativo. En cada uno de esos textos está la idiosincrasia de Kafka, en grado mayor o menor, pero si Kafka no hubiera escrito, no la percibiríamos; vale decir, no existiría.[209]

Es ist eben die Möglichkeit der Potenzierung der verknüpfenden Lektüren, welche Borges an Kafkas Texten hervorhebt, wobei diese Art der Verknüpfung für sich genommen wiederum eine Konstellation ist, die so nur aus der spezifischen Perspektive von Borges und seinem individuellen Textwissen möglich ist. Nicht umsonst betont Borges das entscheidende Element, das ihm diese Art der ‹Genealogie› – besser wäre der Begriff ‹Konstellation› – beschert hat, nämlich «el azar de los libros.»[210] Der Zufall fungiert hier als Ordnung konstituierendes Moment. Damit einher geht die Auflösung der Idee von Tradition und Kanon als einer Ordnung, die aus einer Logik der akkumulierten Zeit ihre eigene Überzeitlichkeit beansprucht. Damit wäre, wie es Valdivia treffend mit Blick auf den gleichen Text formuliert hat, aus der Sicht Borges' jenes zentrale *enjeux* einer ‹wilden› lateinamerikanischen Textualität «weniger als Ausdruck einer Genese zu denken, sondern vor allem als retroaktiver Effekt einer Lesekompetenz.»[211] Ihre Bedeutung gewinnt dieses Verfahren der Auflösung vor dem Hintergrund der Problematik von Zentrum und Peripherie, wie sie für die lateinamerikanischen Literaturen bekanntlich allzeit prägend gewesen ist: Die Autorität des Zentrums als Ordnung in Form von Kanones generierendem Ort konstituiert sich fundamental aus seiner Definitionsmacht heraus, eine bestimmt Form von Zeitlichkeit als Grundlage von Geltung zu bestimmen, oder wie es Pascale Casanova mit Blick auf das Verhältnis von Zentrum und Peripherie in einer hegelianisch anmutenden Wendung beschrieben hat: «La loi temporelle de l'univers littéraire peut s'énoncer ainsi: *il faut être ancien pour avoir quelque chance d'être moderne ou de décréter la modernité. Il faut avoir un long passé national pour prétendre à l'existence littéraire pleinement reconnue dans le présent.*»[212] Eben die Entwertung dieser Logik der Akkumulation durch die Auflösung eines linearen Zeitbegriffs ist es also, die für Borges zu einer Ermächtigungsstrategie aus einer peripheren Position heraus wird, da Geschichte als Begründungsdiskurs von

---

209 Jorge Luis Borges: Kafka y sus precursores, S. 81.
210 Ebd., S. 80.
211 Pablo Valdivia: *Weltenvielfalt*, S. 416.
212 Pascale Casanova: *La république mondiale des lettres*, S. 129 (Kursivierung im Original).

literarischer Autorität bzw. Qualität hinfällig wird – eine Volte mit bedeutenden Implikationen, wie Valdivia bemerkt, denn:

> Damit [...] steht nichts Geringeres in Frage als der Gegenstand der (literatur-)historischen Arbeit. Ihr Gegenstand wäre nicht die Genese eines Textkorpus', sondern die Möglichkeiten eines intentionalen Leseaktes. [...] Der Unterschied besteht darin, dass dieser Akt, auch sich selbst in seinem Vollzug historisierend, anders als eine reine Text- bzw. Spurengeschichte historisiert. Diese Verschiebung des historischen Ortes – von der Textgeschichte zur Leseintention – impliziert nämlich sowohl eine Veränderung eines kausalen Zeitenlaufs als auch eine andere Referenz für die Neuordnung desselben.[213]

Dies bedeutet allerdings nicht, dass die Zeit innerhalb von Borges' Konzeption bedeutungslos würde; vielmehr wird sie – und auch dieser Punkt klang in den Überlegungen des ersten Kapitels ja bereits an – in ihrer dynamisierten Form zur Garantin einer den Text permanent verändernden Auslegung – ein Phänomen, das Borges exemplarisch in *Pierre Menard, autor del Quijote* diskutiert. Das ästhetizistische Projekt Menards, eine reine und exakte Kopie des Quijote zu erschaffen, wird durch die Tatsache ad absurdum geführt, dass die Zeit den Text unaufhörlich ‹verschlingt› bzw. ‹destilliert›, indem sie seine Lektüre durch eine permanente Veränderung der Lektürekontexte einem nicht endenden Prozess der Sinnveränderung unterwirft und damit bekanntlich die Existenz eines überzeitlichen «Originals» verunmöglicht. Zielt Borges' Strategie also zunächst auf die Auflösung von statischen Zeit- und Raumkonfiguration zugunsten sich stetig neu und je nach Leseakt bildender Konfigurationen ab, so verbindet sich diese zudem implizit mit einer bestimmten Form von Affektpoetik, wie sie als solche schon eingangs mit Blick auf Martí und Darío deutlich wurde (und später vor allem bei Lezama noch einmal eine fundamentale Rolle spielen wird): In seiner Forderung nach einer Reinigung des Begriffs des Vorläufers von den Konnotationen der Rivalität lässt sich bei Borges eine manifeste Dekonstruktion jener bekanntlich von Harold Bloom als ein Kardinalprinzip literarischer Tätigkeit identifizierten Einflussangst[214] lesen. Borges fordert eine affektive Wende im Verhältnis zur Tradition des Zentrums als Voraussetzung zur kreativen Befreiung der Peripherie, in welcher jenes nicht als, um im Bild Blooms zu bleiben, ödipale Übermacht, sondern vielmehr als offenes Text-Reservoir angesehen wird. Explizit wird diese Idee noch einmal in *El escritor argentino y la tradición*, in dem sich die Forderung, wonach die

---

213 Pablo Valdivia: *Weltenvielfalt*, S. 418.
214 Vgl. Harold Bloom: *The anxiety of influence*. New York: Oxford University Press 1973.

argentinische Tradition «toda la cultura occidental»[215] sei, mit der Feststellung verbindet, diese Haltung zur Tradition zeichne sich auf affektiver Ebene gerade durch das Fehlen einer «devoción especial»[216] aus, der gegenüber die handlungsleitende Haltung der «irreverencia»[217] stehen solle. Aus dieser Auflösung der affektiven Dialektik aus Begehren und Hass im Sinne der Bloomschen Einflussangst hin zu einer fröhlichen Respektlosigkeit im Umgang mit dem Textrepertoire der Literaturen der Welt ergibt sich ein alternativer und dynamischer Kanonbegriff bei Borges, den Alfonso de Toro treffend als «canon del goce»[218] bezeichnet hat. Die Zentralstellung eines ‹genießenden› und zugleich, in seiner Zügellosigkeit und Ungeordnetheit, ‹wilden› Lesens geht bei Borges außerdem einher mit einem weiteren Phänomen, das auch für Bolaños Werk bedeutende Implikationen haben wird: Wie José González überzeugend nachgewiesen hat, entspringt das für Borges typische Spiel mit literarischen Gattungen seiner Suche nach einer alternativen literarischen Form aus einer peripheren Position heraus, welche die Möglichkeit einer literarischen Innovation jenseits der Paradigmen eines realistischen Schreibens einerseits wie den Formexperimente eines *high modernism* andererseits eröffnet. Der Weg ist dabei der explizite Rückgriff auf – am europäischen Kanon der Moderne gemessen – sekundäre literarische Gattungen wie Abenteuerromane oder die phantastische Erzählung, die als Folie und Rezeptor sowohl für realistische als auch modernistische Elemente dienen können:

> He wants his fantastic fiction to incorporate realist and modernist elements in order to go ‹beyond› those artistic forms. This is a reaction to Modernism that does not go back to outmoded artistic expression. Borges's solution to the problem of form, that is, his writing fantastic fiction in a style that is different from the styles of the other two – the avant-garde, the realist – can be considered as a personal way of overcoming literary dependency. He turns his situation as a subject from a peripheral society and a peripheral culture into an advantage. The political meaning of his aesthetics is also obvious. It clearly suggests that being in the margins (subjected culturally and economically to the ‹First World›) is not an impediment to progress.[219]

---

[215] Jorge Luis Borges: El escritor argentino y la tradición. In: Jorge Luis Borges: *Obras Completas I. (1923–1949)*. Edición Crítica. Anotada por Rolando Costa Picazo e Irma Zangara. Buenos Aires: Emecé 2009, S. 438–444, hier: S. 442.
[216] Ebd., S. 443.
[217] Ebd.
[218] Alfonso de Toro: Jorge Luis Borges o la literatura del deseo: descentración – simulación del canon y estrategias postmodernas. In: *Taller de Letras* 39 (2006): S. 101–126, hier: S. 105.
[219] José Eduardo González: *Borges and the politics of form*. New York: Garland 1998, S. 52.

Was Borges damit intendiert, ist allerdings nicht nur eine Innovation der Form, sondern zugleich eine Erhöhung der Lesbarkeit und somit letztlich auch ihrer *Konsumierbarkeit*. Die modernistische Logik des Zentrums, wonach sich literarische Qualität primär anhand ihrer formalen und sprachlichen Komplexität bemessen lässt, die bis zur sowohl bei Borges als auch bei Bolaño immer wieder ironisierten Unverständlichkeit[220] reichen kann, wird somit außer Kraft gesetzt zugunsten einer Literatur, die eine Komplexität des ‹Inhalts› an eine Sprache bzw. literarische Form bindet, welche ihre eigene Lesbarkeit in den Mittelpunkt stellt.

Die konkrete Benennung der Eigenschaften solcher literarischer Strukturen, denen die Fähigkeit einer sich im Akt der Lektüre beständig erneuernden Lesbarkeit eignet, ist dabei in Bolaños Überlegungen bis zu einem gewissen Grad den Mitteln der Sprache entzogen im Sinne eines uneinholbaren Restes, der die Faszination und Qualität eines literarischen Werks auszeichnet, wie etwa in dem eingangs aus *2666* genannten Zitat über die Frage nach dem Geheimnis der Popularität von Benno von Archimboldi deutlich wurde.[221] Was Bolaño in diesem Textmodell einer radikaler Offenheit und – ‹gewarnt› sowohl vom Schicksal der Avantgarden als auch dem des *Boom* – eines Widerstands gegen seine einfache Einholung im Sinne fixer Klassifizierungen anstrebt, ist eben der Versuch einer Literatur, die sich auf der Ebene ihrer Produktion ganz im Sinne ihrer lateinamerikanischen ‹wilden› Textualität aus dem Repertoire der Weltliteratur bedient und damit zugleich auf der Ebene der Rezeption in der Vervielfältigung ihrer Auslegungsmöglichkeiten eine Form von Universalität herstellen will, die sich eben nicht als unilateral begründete Setzung, sondern vielmehr als performativ sich im Akt der Lektüre ausgestaltende versteht. In diesem Sinne könnte man Bolaños Modell vor dem Hintergrund der Kanon-Problematik, wie sie für die lateinamerikanischen Literaturen von jeher relevant gewesen ist, auch mit Blick auf William Frankes bereits eingangs einmal angerissene Überlegungen zum Zusammenhang von Universalität und Kanon verstehen:

> Indeed no work has value simply on the basis of its intrinsic qualities alone, but only as a function of what these qualities can mean to *someone* in some concrete historical context. However, this can still be value of a universal nature, where universality is a matter not of fixed properties or even of definable content but rather of communication without restrictions, of opening outward towards encounters with readers in other times and places and in other cultures [...]. This is universality in a performative sense: cross-cultural, transhistorical communication of value that is demonstrated in being enacted. [...] In recent

---

220 Vgl. zu diesem Motiv auch ausführlich die Beobachtungen in Kapitel vier dieser Arbeit.
221 Vgl. Roberto Bolaño: *2666*, S. 1049–1050.

decades, we have in effect witnessed the emergence of a new concept, or rather non-concept, of universality based not on the categorical thinking of a general concept but on the open-ended reaching out towards communication with others and connection in all directions of what remains conceptually undefined – or always newly to be defined.[222]

Wenn in dem kurzen genealogischen Überblick jener Figur des ‹wilden› Lesens in den lateinamerikanischen Literaturen und den metaphorischen Ausformungen dieses Diskurses in den Bildern der Inkorporation oder Auflösung von Texten und Formen also gewissermaßen versucht wurde, Bolaño durchaus eng an diese Tradition zu binden, so stellt sich abschließend noch die Frage, in welcher Meta-Figur des monströsen Textes Bolaño selbst sich bewusst innerhalb dieses (Inter-) Text-Modells situieren lässt. Das möglicherweise anschaulichste Beispiel bietet diesbezüglich der von Bolaño selbst als «Monster» titulierte Roman *2666*, der sich diese Zuschreibung gewiss schon durch seinen Umfang von über 1000 Seiten und die schier endlose Abfolge aus Einzelepisoden und Querverbindungen innerhalb einer deliranten Struktur verdient (über die in Kapitel fünf dieser Arbeit noch ausführlich zu reden sein wird). Jenseits der in der öffentlichen Wahrnehmung des Textes so dominanten Darstellungen der gewalttätigsten Ausprägungen der Moderne von den sowjetischen Schlachtfeldern des Zweiten Weltkriegs bis zu den Massenmorden an Frauen entlang der mexikanisch-amerikanischen Grenze ist *2666* stets (und vielleicht sogar in erster Linie) ein Roman über die Kunst und das Lesen im Besonderen, voll von «metacomentarios dirigidos a la trascendencia del acto de lectura.»[223] Unter den vielfältigen Reflexionen sticht eine Szene besonders heraus, die sich am Beginn des fünften und letzten Teils des Romans zuträgt, welcher seinem Protagonisten gemäß den Titel *La parte de Archimboldi* trägt. Sie schildert die erste Leseerfahrung des späteren Welt-Autors in seinem ostpreußischen Heimatdorf – die Anklänge an Grass' Oskar Matzerath verdienten in diesem Auftakt des Romans eine eigene Betrachtung –, wo der spätere Benno von Archimboldi unter dem Namen Hans Reiter[224] in der Zeit zwischen den Weltkriegen aufwächst:

---

[222] William Franke: The Canon Question and the Value of Theory, S. 67. Für ein solches alternatives Konzept von Universalität im Bereich der Literatur- und Kulturwissenschaften vgl. ausführlich die Überlegungen von Ottmar Ette: *TransArea. Eine literarische Globalisierungsgeschichte*. Berlin/Boston: De Gruyter 2012.
[223] Arndt Lainck: *Las figuras del mal en 2666 de Roberto Bolaño*, S. 76.
[224] Das Motiv des Reiters, wie es sich durch *Los detectives salvajes* in den Anspielungen auf den *caballero triste* Don Quijote zieht, wird in *2666* bekanntlich im Hinblick auf Eschenbachs Parzival verhandelt, der wiederum als marginales Autormodell das Vorbild für Archimboldis zukünftige Karriere abgibt, vgl. Roberto Bolaño: *2666*, S. 822.

> Y, además, a los seis años había robado un libro por primera vez. El libro se llamaba *Algunos animales y plantas del litoral europeo*. [...] Por esa época comenzó a dibujar en un cuaderno todo tipo de algas. Dibujó la *Chorda filum*, que es un alga compuesta por largos cordones delgados que pueden, sin embargo, llegar a alcanzar los ocho metros de longitud. Carecen de ramas y su apariencia es delicada, pero en realidad son muy fuertes. Crecen por debajo de la marca de la marea baja. Dibujó también la *Leathesia difformis*, que es un alga compuesta por bulbos redondeados de color marrón oliváceo, que crece en las rocas y sobre otras algas. Su aspecto es extraño. Nunca vio ninguna, pero soñó muchas veces con ellas. Dibujó la *Ascophyllum nodosum*, que es un alga parda de patrón desordenado que presenta unas ampollas ovoides a lo largo de sus ramas. Existen, entre las *Ascophyllum nodosum*, algas diferenciadas macho y hembra que producen unas estructuras frutales similares a pasas. En el macho son amarillas. En la hembra de un color verdusco. Dibujó la *Laminaria saccharina*, que es un alga compuesta por una única fronda larga y con forma de cinturón. Cuando está seca se pueden apreciar en su superficie cristales de una sustancia dulce que es el manitol. Crece en las costas rocosas sujeta a múltiples objetos sólidos, aunque a menudo es arrastrada por el mar. Dibujó la *Padina pavonia*, que es un alga poco frecuente, de pequeño tamaño, con forma de abanico. Es una especie de aguas calientes que se puede encontrar desde las costas meridionales de la Gran Bretaña hasta el Mediterráneo. No existen especies afines. Dibujó la *Sargassum vulgare*, que es un alga que vive en las playas rocosas y pedregosas del Mediterráneo y que, entre las frondas, posee pequeños órganos reproductores pedunculados. Se la puede encontrar tanto en niveles bajos de agua como en las grandes profundidades. Dibujó la *Porphyra umbilicalis*, que es un alga particularmente hermosa, de hasta veinte centímetros de longitud y de color rojizo purpúreo. Crece en el Mediterráneo, en el Atlántico, en el Canal de la Mancha y en el Mar del Norte. Existen varias especies de *Porphyra* y todas ellas son comestibles.[225]

Was sich hier zunächst wie eines der zahlreichen Spiele Bolaños mit dem an Georges Perec geschulten Motiv enzyklopädischer Listen darstellt,[226] lässt sich in einer zweiten Lektüre gewissermaßen als eine Art Allegorie bzw. Meta-Kommentar nicht nur des Romans selbst, sondern von Bolaños Vorstellung vom literarischen Text überhaupt interpretieren. So weisen die hier zitierten (und real existierenden) Algen-Arten wie etwa der Knotentang, die Seekartoffel oder die Meersaite trotz ihrer Zugehörigkeit zur selben Art divergierende Erscheinungsformen und Strukturmerkmale auf – eine Tatsache, wie sie auch auf Bolaños in ihrer formalen Anlage stark voneinander abweichende Texte zutrifft.[227] So ließe sich etwa die Be-

---

[225] Ebd., S. 800–801.
[226] Vgl. etwa exemplarisch dazu die Texte in Georges Perec: *Penser/Classer*. Paris: Seuil 2003 bzw. die weiterführenden Überlegungen zu den Verbindungen zu Perec in Kapitel vier dieser Arbeit.
[227] Auch hier lässt sich eine Verbindungslinie zu Perecs Romanwerk erkennen, der über seine Formsuche einmal bekannte: «Si je tente de définir ce que j'ai cherché à faire depuis que j'ai commencé à écrire, la première idée qui me vient à l'esprit est que je n'ai jamais écrit deux

schreibung der Meersaite als Struktur ohne Verzweigungen («carecen de ramas») mit jenen kammerspielartig angelegten Einaktern Bolaños wie *Nocturno de Chile* oder *Amuleto* vergleichen, die zunächst in einer eher harmlosen Erscheinung («apariencia delicada») daherkommen, sich in Wahrheit bei genauerer Analyse aber als extrem komplexe und gehaltvolle Texte («muy fuertes») entpuppen.[228] Die Beschreibung der Seekartoffel mit ihren grünlich-braunen Knollen, die auf anderen Algen und Felsen wachsen, verweist wiederum auf Texte wie *La literatura nazi en América* oder *Estrella distante*, die innerhalb des Werks nicht nur durch ihre Auseinandersetzung mit den dunklen Schattierungen der Kunst hervorstechen, sondern auch durch die markante Ausstellung ihrer eigenen intertextuellen Wucherungen auf anderen Texten («que crece en las rocas y sobre otras algas»). Der Knotentang wiederum mit seinem «patrón desordenado» beschreibt über den Bezug auf die botanischen Merkmale dieser Triebe gewissermaßen perfekt die Struktur jener fragmentierten und ungeordneten ‹Monster›-Texte Bolaños wie *Los detectives salvajes* oder eben *2666*. Diese botanische Allegorie der Literatur ließe sich hier zweifellos noch weiter spinnen; deutlich wird in jedem Fall, inwiefern Bolaño auf diese Weise an jene lange lateinamerikanische Genealogie des Textes als quasi-organischem Produkt anschließt, das bei seiner Konsumierung Zustände des Rauschs (vgl. die Schnaps-Metapher bei de Campos) hervorrufen kann[229] bzw. ebenso als eine Art zu inkorporierendes ‹Lebensmittel› («todas ellas son comestibles») fungiert.[230] Bolaño spinnt diese Metaphorisierung des Textes jedoch noch auf eine andere Art und Weise in der Figur seines Protagonisten Benno von Archimboldi weiter, der zunächst in einer der zahlreichen *trompe l'oeils* des Romans in einer Szene, in der er von einem Mann namens Vogel vor dem Ertrinken gerettet wird, von diesem mit einer Alge verwechselt wird.[231] Die mysteriöse Figur

---

livres semblables, que je n'ai jamais eu envie de répéter dans un livre une formule, un système ou une manière élaborés dans un livre précédent» (Ebd., S. 9)
228 Vgl. dazu beispielhaft die Analysen im folgenden Kapitel dieser Arbeit zu *Nocturno de Chile*.
229 Die Nennung des Mannit («matinol») als Kristallisierungsprodukt des Zuckertangs etwa wird nicht nur als Bestandteil von Abführungs- und Kontrastmitteln im medizinischen Bereich benutzt, sondern auch als Verschnitt bei der Herstellung von Heroin und anderen Drogen, womit hier die in *2666* permanent präsente Thematik des Rauschs auf chiffrierte Weise aufgerufen wird. Vgl. dazu auch Kapitel fünf dieser Arbeit bzw. zum Aspekt des Rauschs bzw. des *pharmakon* die Auslegung des Romans von Hermann Herlinghaus: *Narcoepics. A global aesthetics of sobriety*. New York: Bloomsbury 2013, S. 157–231.
230 Zur Verschränkung von Leben und Literatur bei Bolaño vgl. die Ausführungen in Kapitel vier.
231 «[V]io que un niño, aunque al principio le pareció un alga, se estaba ahogando» (Roberto Bolaño: *2666*, S. 806).

Archimboldis, der für seine Leser, die europäischen Philologen aus dem ersten Teil des Romans, trotz ihrer Nachforschungen bekanntlich stets ungreifbar bleibt und dabei vielmehr als eine Art Projektionsfläche ihrer eigenen intellektuellen und affektiven Bedürfnisse fungiert, verweist wiederum auf jenen Komplex des Monströsen, der Bolaños Texten – und *2666* im Speziellen – zugrunde liegt. Mabel Moraña hat auf das optische Regime hingewiesen, das dem Monster eignet und sich eben durch jenen Akt der Projektion des Betrachters auszeichnet, wie er in *2666* anhand der Figur Archiboldis, aber auch darüber hinaus, entwickelt wird: «Como ser eminentemente performativo, el monstruo vive de la mirada del otro y al mismo tiempo construye a su Otro al observarlo. La mirada del monstruo es un elemento icónico fundamental porque remite a la interioridad del deseo, a la potencialidad del sentimiento, sugeriendo intencionalidad, teleología.»[232]

Darüber hinaus – und es ist verwunderlich, dass diese Interpretationslinie in der Forschung bislang kaum eingehender verfolgt wurde – trägt Bolaños Protagonist sein Pseudonym nicht umsonst, sondern in direkter Anlehnung an den italienischen Manieristen Giuseppe Arcimboldo (1526–1593). Arcimboldo, zu dem sich in den bei der Austellung von Bolaños Archiv in Barcelona zu sehenden Notizheften des Autors ein Eintrag aus dem Jahr 1982 findet, in welchem Bolaño einer «prosa patética de labios gruesos y sensuales como los de Arcimboldo» nachspürt, dürfte Bolaño dabei vor allem aufgrund seiner Bedeutung für die historischen Avantgarden bekannt gewesen sein.[233] In *2666* wird der Bezug zu dem Maler explizit gemacht, wenn Hans Reiter als Wehrmachtssoldat nach seiner Verwundung in einem ukrainischen Dorf seine Rekonvaleszenz verbringt und dort auf die Aufzeichnungen eines (deportierten) jüdischen Autors namens Boris Ansky stößt, worin dieser seine eigene pikareske Lebensgeschichte im postrevolutionären Russland zu Beginn des Jahrhunderts erzählt. Dort stößt Reiter zum ersten Mal auf den Namen Arcimboldos: «En el cuaderno de Ansky aparece, y es la primera vez que Reiter lee algo sobre él, mucho antes de ver una pintura suya, el pintor italiano Arcimboldo.»[234] Bereits hier werden Arcimboldo und seine grotesken Porträts, die als sog. Kompositköpfe Eingang in die Kunstgeschichte gefunden haben, als eine Quelle des Trosts für den gleichfalls mit zahlreichen

---

[232] Mabel Moraña: *El monstruo como máquina de guerra*, S. 27.
[233] Vgl. dazu die Aussage zur Rezeptionsgeschichte des Arcimbold-Spezialisten Thomas DaCosta Kaufmann: «The commercialization of Arcimboldo's imagery followed closely upon his ‹rediscovery› earlier in the twentieth century when, after years of neglect by artists and art historians, he came to be regarded as the grandfather of surrealism and fantastic art» (Thomas DaCosta Kaufmann: *Arcimboldo. Visual jokes, natural history, and still-life painting*. Chicago: The University of Chicago Press 2009, S. 6).
[234] Roberto Bolaño: *2666*, S. 911.

Krisenerfahrungen konfrontierten Ansky beschreiben: «Cuando estoy triste o aburrido, dice Ansky en el cuaderno, [...] pienso en Giuseppe Arcimboldo y la tristeza y el tedio se evaporan como en una mañana de primavera.»[235] Ebenso heißt es wenig später mit Blick auf die Vexierbilder Arcimboldos, von denen *Il cuoco*, *Il giurista* und die *Quattro stagioni* explizit erwähnt werden:

> La técnica del milanés le parecía la alegría personificada. El fin de las apariencias. Arcadia antes del hombre. No todas, ciertamente, pues por ejemplo *El asado* [...] le parecía un cuadro de terror. [...] Pero los cuadros de las cuatro estaciones era alegría pura. Todo dentro de todo, escribe Ansky. Como si Arcimboldo hubiera aprendido una sola lección, pero ésta hubiera sido de la mayor importancia. [...] Cuando estoy triste o abatido, escribe Ansky, cierro los ojos y revivo los cuadros de Arcimboldo y la tristeza y el abatimiento se deshacen, como si un viento superior a ellos, un viento *mentolado*, soplara de pronto por las calles de Moscú.[236]

In dieser ekphrastischen Bemerkung Anskys verbirgt sich die eigentliche Bedeutung Arcimboldos für Bolaños Roman bzw. das generelle Text- und Lektüremodell seines Werks: Die Formulierung des «todo dentro de todo» verweist hier nicht nur auf die fragmentarische und zugleich auf die (unmögliche) Erfassung von Welt als Totalität zielende Struktur von Bolaños Werken, sondern zugleich auf jenes Modell einer radikal integrativen, ‹verschlingenden› Intertextualität, die sich – ebenso wie die Weltdarstellung in *2666* an sich – im Modus des Deliriums vollzieht. Vor dem Hintergrund sowohl dieses Textmodells als auch der in ihm entworfenen Welt wird Arcimboldo zum Patron einer Monstrosität, wie sie Roland Barthes in seiner Interpretation der Werke des Italieners bekanntlich aus den Strukturen eben jener in *2666* zitierten Kompositköpfe abgeleitet hat, wenn er bemerkte:

> Es hat den Anschein, als würde Arcimboldo das System der Malerei durcheinanderbringen, mißbräuchlich verdoppeln, die signifikante, analogische Virtualität in ihm aufblähen und somit eine Art strukturales Monstrum hervorbringen, von dem ein subtiles (intellektuelles) und noch stärker durchdringendes Unbehagen ausgeht, als wenn das Entsetzen aus einer bloßen Übertreibung oder einer bloßen Vermischung von Elementen hervorginge: Weil alles auf zwei Ebenen bedeutet, funktioniert die Malerei Arcimboldos wie eine etwas erschreckende Ablehnung der Sprache der Malerei.[237]

---

235 Ebd.
236 Ebd., S. 917–918.
237 Roland Barthes: Arcimboldo oder Rhétoriqueur und Magier. In: Roland Barthes: *Der entgegenkommende und der stumpfe Sinn. Kritische Essays III*. Aus dem Französischen von Dieter Hornig. Frankfurt am Main: Suhrkamp 1990, S. 136–156, hier: S. 141.

Eben diese doppelte Lektüre ist es, die sowohl Bolaños Weltinszenierung als auch die intertextuelle Anlage seiner Werke kennzeichen: Hinter den Oberflächen lauern stets die Abgründe, welche die sichtbare Welt lediglich als Maske einer darunter verborgenen Monstrosität entlarven, erstrecken sich die für den naiven Leser zunächst kaum sichtbaren, aber bei näherem Hinsehen unendlich verzweigten intertextuellen Wurzelwerke.[238] In eben diesem Sinn spricht Barthes mit Blick auf die Kompositköpfe Arcimboldos auch von einer «Rotation des Bildes, das als umkehrbar präsentiert wird. Die Lektüre kreist, ohne einzurasten.»[239] Das Lektüremodell, wie es Barthes aus Arcimboldos Malerei herausfiltert, funktioniert dabei ebenso wie in den detektivischen Fiktionen Bolaños zentral über den Akt des Chiffrierens, der eine bestimmte *Form* des Lesens im Sinne jener eingangs beschriebenen *Ästhetik der Lektüre* als hermeneutischem Zugang zur Dechiffrierung des Textes voraussetzt:

> Chiffrieren heißt zugleich verstecken und nicht verstecken; die Botschaft ist insofern versteckt, als das Auge durch den Detailsinn vom Gesamtsinn weggeführt wird; ich sehe zunächst nur die Früchte oder die Tiere, die vor mir angehäuft sind; durch ein Bemühen um Abstand, einen Wechsel der Wahrnehmungsebene, erhalte ich eine andere Botschaft, durch einen hypermetropischen Apparat, der mir wie eine Entschlüsselungsschablone gestattet, plötzlich den globalen, den ‹eigentlichen› Sinn wahrzunehmen.[240]

Arcimboldos Kunst wird in diesem Sinne genau wie Bolaños Texte zu einer Perspektivenkunst, in der ein radikal mobiles Textmodell entworfen wird, oder um noch einmal mit Barthes zu sprechen:

> Der Sinn hängt davon ab, auf welche Ebene man sich stellt [...]. Entfernung und Nähe sind sinnstiftend [...]. Im Grunde ist die Malerei Arcimboldos *mobil*: Sie legt dem Leser durch ihr Projekt die Verpflichtung auf, näherzutreten oder zurückzutreten, und versichert ihm, daß er bei dieser Bewegung keinerlei Sinn verliert und immer in einer lebendigen Beziehung zum Bild bleibt. [...] Indem Arcimboldo den Blick des Lesers in die Struktur des Bildes einbezieht, geht er virtuell von einer Newtonschen, auf der Starre der dargestellten Objekte beruhenden Malerei zu einer Einsteinschen Kunst über, derzufolge die Veränderung des Blickpunktes des Betrachters dem Status des Werks angehört.[241]

---

[238] In diesem Sinne ließe sich Barthes Diktum, «ich benötige eine metonymische Bildung» (S. 150), eben auf die Notwendigkeit jener eingangs diskutierten «intertextuellen Bildung» zur angemessenen Lektüre von Bolaños Werken übertragen.
[239] Ebd., S. 137.
[240] Ebd., S. 143.
[241] Ebd., S. 147, Kursivierung im Original.

In diesem Sinne wird erklärlich, warum die «Einsteinsche Kunst» Arcimboldos für Bolaños Schreiben in einem (postmodernen) Zeitalter einer fundamental chaotischen Weltwahrnehmung[242] also als intermediales Vorbild auf der Suche nach einem ästhetischen Modell so explizit zur Inszenierung jener allgemeinen epistemologischen Verunsicherung herangezogen und zugleich zur Hinterfragung einer bestimmten Auffassung von literarischem Realismus wird.[243] Die poetologischen Parallelen zwischen Arcimboldos manieristischem Programm und Bolaños Ästhetik lassen sich dabei mit Blick auf die Aspekte von Repräsentation und Mimesis im Rahmen der Kunst auch vor dem Hintergrund der bolañoschen Suche nach einer neuen Wirklichkeitsdarstellung angesichts des erschöpften magisch-realistischen Paradigmas lesen. DaCosta Kauffmann verweist dabei mit Blick auf Arcimboldo bzw. genauer auf den bekannten, zu Arcimboldos Lebzeiten verfassten Traktat *Il Figino overo del fine della Pittura* aus dem Jahr 1591 des italienischen Historikers und Poeten Gregorio Comanini, auf einen interessanten Aspekt dieser Lektüre:

> While Arcimboldo's work has a mimetic basis that seems similar to that of icastic imitation, because it is founded upon the imitation of creatures, fruits, flowers, animals, and the like, that can be observed in nature, Comanini says it creates something that is

---

242 Vgl. dazu ausführlich auch die Beobachtungen in Kapitel fünf dieser Arbeit.

243 Auch hier wird die im dritten sowie im fünften Kapitel noch näher entwickelte epistemologische wie ästhetische Nähe von Barock/Manierismus und Postmoderne deutlich, reagiert doch auch Arcimboldo mit seinem Werk auf die Erschütterung jener geordneten Welt-Wahrnehmung der Renaissance, die er in seinen Grotesken ad absurdum führt: «Man kann hinzufügen, dass sie [Arcimboldos Paradoxa] ebenso die Sicherheiten einer klaren und stabilen Darstellung der Identität der Dinge in Frage stellten, wie sie die wissenschaftliche Präzision und die naturalistische Akkumulation verherrlicht haben, bevor sie von dieser verrückten asyndetischen Anhäufung irritiert wurden, die auf anthropomorphe Verzerrung und auf eine Mise en abyme des Blicks und des Gedankens abzielt. Dadurch werden die epistemischen Grundlagen der Renaissancekultur selbst erschüttert, denn wenn das traditionelle kosmologische Schema von Mikrokosmos und Makrokosmos sich tatsächlich in den Hintergrund dieser Kompositköpfe einschreibt, wenn der Mensch sich einmal mehr als mit Ähnlichkeiten gesättigtes Zentrum aufpflanzt, als dieser bevorzugte Referenzpunkt, von dem eine Vielzahl von Analogien ausstrahlen, dann nimmt diese zentrale Stellung ein ebenso seltsames wie lächerliches Aussehen an, dann läuft die Logik der Ähnlichkeiten, die ihr zugrunde liegt, ins Leere und verwandelt sich in eine Maskerade oder einen Alptraum. Die im striktesten Sinne rhetorische Kehrseite dieser philosophischen Sichtweise offenbart sich voll und ganz in den Grotesken» (Philippe Morel: Die Kompositköpfe Arcimboldos, die Grotesken und die Ästhetik des Paradoxen. In: Sylvia Ferino-Pagden (Hg.): *Arcimboldo. 1526–1593*. Ausstellungskatalog des Kunsthistorischen Museums Wien. Mailand: Skira 2008, S. 221–231, hier: S. 229).

a product of the imagination, of *fantasia*. The artist takes natural elements such as flowers, but combines them to make something that itself cannot be found in nature, such as a woman composed totally out of flowers.[244]

Diese Beschreibung scheint sich insofern an Bolaños spezifischen Realismus anzunähern, als es ihm – und auch hier ist die Nähe zu Borges natürlich offensichtlich – darum geht, eine Wirklichkeitsdarstellung zu entwickeln, in deren Zentrum eben nicht das letztlich beruhigende Wissen um die ‹Normalität› einer um das ‹Unglaubliche› erweiterten bzw. dieses integrierenden ‹Realität› wie im Magischen Realismus steht, sondern eine fundamentale Beunruhigung über die Beschaffenheit der Wirklichkeit selbst bzw. unserer Wahrnehmung davon, ganz im Sinne jenes «vértigo asombrado y ligero»,[245] wie er Borges' Erzähler angesichts der Brüchigkeit der Welt in *Tlön, Uqbar, Orbis Tertius* überfällt. DaCosta betont mit Blick auf Arcimboldo Comaninis Verwunderung über die Technik des italienischen Malers, wenn er schreibt:

> Indeed, when Comanini says that the application of the parts to the whole in Arcimboldo's painting was so ingenious that it was wondrous, he ties this reaction in specifically with painting from nature: he seems to suggest that part of this wonder resided in the fact that there was ‹no fruit or flower in it [Arcimboldo's painting] that was not taken from nature and imitated with the greatest diligence possible'.[246]

Es ist eben dieser Effekt des aus der ‹unglaublichen› Kombinatorik des Realen entstehenden Wunderbaren, wie ihn Comanini beschreibt, der übertragen auf Bolaño und die lateinamerikanische Literatur die Abgrenzung zum jenem *real maravilloso* beschreibt, das angesichts seiner Erschöpfung im Post-*Boom* als Möglichkeit einer lateinamerikanischen Wirklichkeitsdarstellung für Bolaño nicht mehr infrage kommt. Wenn sich das Schreiben Bolaños also wie gezeigt vor dem Hintergrund eines Bruchs bzw. eines Durchbrechens der zum Klischee erstarrten Modelle des *Boom* vollzieht, dann wird der Rekurs auf Arcimboldo und das Modell einer grotesken *ars combinatoria* als poetologischer Basis von *2666* (und den meisten anderen seiner Werke) immer auch lesbar als Versuch eines Schreibens, das zwischen den erschöpften Modellen einer magisch-realistischen Weltrepräsentation und eines eindimensionalen realistischen

---

244 Thomas DaCosta Kaufmann: Caprices of Art and Nature: Arcimboldo and the Monstrous. In: Ekkehard Mai/Joachim Rees (Hg.): *Kunstform Capriccio. Von der Groteske zur Spieltheorie der Moderne*. Köln: König 1998, S. 33–51, hier: S. 33.
245 Jorge Luis Borges: Tlön, Uqbar, Orbis Tertius. In: Jorge Luis Borges: *Obras Completas I. (1923–1949)*. Edición Crítica. Anotada por Rolando Costa Picazo e Irma Zangara. Buenos Aires: Emecé 2009, S. 831–841, hier: S. 833..
246 DaCosta Kaufmann: Caprices of Art and Nature, S. 42.

Romandiskurses, der gewissermaßen das andere von Bolaño abgelehnte Extrem bildet, einen Innovationsanspruch aufrecht zu erhalten sucht, der jedoch zugleich an zentrale Topoi der Tradition anknüpft. In diesem Sinne eröffnen die ‹monströsen› Texte Bolaños und die mit ihnen einhergehende Praxis eines ‹wilden› Lesens neue ästhetische Spielräume und den Ausgang aus jenen mit Blick auf seine Vorgänger konstatierten Sackgassen, deren Implikationen es in den folgenden Kapiteln nun mit Blick auf ihre intertextuellen Ästhetiken und Politiken der Lektüre zu verfolgen gilt.

III Ursprung des chilenischen Trauerspiels: Allegorien von Macht und Kunst in *Nocturno de Chile*

Ruinierte Symbole und allegorische Lektüren

Lassen sich ein ‹wildes Lesen› im Sinne einer radikalen Intertextualität und die Reflexion über die vielfach problematischen Verflechtungen von Ästhetik und Ethik als Grundpfeiler von Bolaños Schreiben betrachten, so werden diese Dimensionen wohl in keinem anderen Werk des Autors auf derart komplexe Weise inszeniert wie in dem im Jahr 2000 publizierten (Kurz-)Roman *Nocturno de Chile*. Bolaño selbst bezeichnete das Werk als Teil einer Trilogie strukturell ähnlicher Texte, zu der er des Weiteren den 1999 publizierten Roman *Amuleto* sowie einen letztlich nie veröffentlichten Entwurf namens *Corrida* zählte; alle drei Werke seien «[n]ovelas musicales, de cámara, y también son piezas teatrales, de una sola voz, inestable, caprichosa»,[1] wobei Bolaño bezüglich des strukturellen Vorbilds jener «novela-río de 150 páginas» in einer der für ihn typischen ‹gegen-kanonischen› Volten auf den italienischen Autor Giorgio Manganelli verweist, «uno de los grandes escritores del siglo veinte y a quien muy pocos han leído».[2] Während *Amuleto* eine Erweiterung der Erzählung von Auxilio Lacouture ist, die, wie erwähnt, bereits in *Los detectives salvajes* ihre Lebensgeschichte als Begleiterin der infrarrealistischen Dichter in Mexiko-Stadt bzw. ihr Ausharren auf einer Toilette der Universidad Nacional Autónoma bei deren Erstürmung durch Militärs im Jahr 1968 als Beispiel einer marginalen und widerständigen Literatur schildert, nimmt *Nocturno de Chile* eine quasi spiegelverkehrte Perspektive ein: In einem durch keinerlei Absätze oder Kapitel unterbrochenen Monolog unternimmt der chilenische Literaturkritiker und Priester Sebastián Urrutia Lacroix in einer einzigen Nacht eine sich an den Grenzen des Deliriums bewegende Rückschau auf sein Leben und Wirken im Chile des 20. Jahrhunderts, das sich stets durch eine Nähe zur literarischen wie politischen Macht ausgezeichnet hat.[3] In der Figur Urrutias hat Bolaño bekanntlich eine unschwer zu erkennende F(r)iktionalisierung einer der zentralen Kritikerfiguren der chilenischen Literatur, José Miguel Ibáñez Langlois,

---
1 Bolaño in Andrés Braithwaite: *Bolaño por sí mismo*, S. 115.
2 Ebd., S. 116.
3 Eine erste Erwähnung findet die Figur allerdings schon in dem 1996 publizierten Roman *Estrella distante* und stellt damit ein weiteres Beispiel jener vielfältig verflochtenen Textualitäten dar, wie sie für Bolaños Werk prägend sind.

vorgenommen, der unter seinem Pseudonym Ignacio Valente nach dem Militärputsch 1973 zu einer Art Papst der chilenischen Literaturkritik wurde. Die Frage nach dem Verhältnis von Literatur und Politik und den diesen Symbolsystemen inhärenten Machtstrukturen steht dabei im Zentrum des Romans. Allerdings beansprucht dieser über seine vorgebliche Beschränkung auf eine spezifische historisch-politische und nationale Konstellation hinaus, auf die hin er bislang in der Kritik fast ausschließlich gelesen wurde,[4] jene für Bolaños Texte so charakteristische Öffnung auf eine globale bzw. transhistorische Dimension dieses Phänomens, welche im Text bereits ersichtlich wird, wenn der Protagonist am Ende seines als *confession* angelegten Diskurses über die Verquickungen von Politik und Kunst befindet: «Así se hace la literatura en Chile, pero no sólo en Chile, también en Argentina y en México, en Guatemala y en Uruguay, y en España y en Francia y en Alemania, y en la verde Inglaterra y en la alegre Italia. [...] Así se hace la literatura en Chile, así se hace la gran literatura de Occidente.»[5] Zur Illustrierung dieser spezifische zeitliche und nationalliterarische Konfigurationen überschreitenden Überlegungen, die dergestalt als eine Art Reflexion über quasiontologische Bedingungen von Literatur lesbar werden, sollen im Folgenden wiederum drei zentrale intertextuelle, wenngleich auf den ersten Blick in ihrer Kombination reichlich disparat erscheinende Verweisstrukturen in *Nocturno de Chile* diskutiert werden, nämlich zu den Werken des spanischen Barockdichters Luis de Góngora, des französischen Ästhetizisten Joris-Karl Huysmans sowie des deutschen ‹Jahrhundertautors› Ernst Jünger. Vor der konkreten Analyse dieser Bezüge ist jedoch zunächst zu klären, inwiefern diese in eine übergreifende literarische Form des Romans eingebettet sind, welche als solche von der Kritik nur unzureichend kommentiert worden ist. Bolaño selbst hat *Nocturno de Chile* beschrieben als «intento de construir con seis o siete u ocho cuadros toda la vida de una persona. Cada cuadro es arbitrario y al mismo tiempo, paradójicamente, es ejemplar, es decir se presta a la extracción de un discurso moral.»[6] Während auf die Verhandlung der moralisch-ethischen Dimension an späterer Stelle zurückzukommen sein wird, soll hier zunächst die Frage nach der von Bolaño angezeigten Bildhaftigkeit bzw. der Verbindung dieser im Folgenden noch zu benennenden Bilder

---

[4] Vgl. dazu etwa meine eigene Lektüre in Benjamin Loy: Escritores bárbaros, detectives distantes y un cura amnésico, sowie die gelungene Analyse von Paula Aguilar: Pobre memoria la mía. Literatura y melancolía en el contexto de la postdictadura chilena. In: Edmundo Paz Soldán/Gustavo Faverón (Hg.): *Bolaño salvaje*. Barcelona: Candaya 2008, S. 127–144.
[5] Roberto Bolaño: *Nocturno de Chile*, S. 147–148.
[6] Bolaño in Andrés Braithwaite: *Bolaño por sí mismo*, S. 116.

näher erörtert werden, bezüglich derer der Autor ergänzt: «Cada cuadro puede ser leído de forma independiente. Todos los cuadros están unidos por ramitas o pequeños tubos, que en ocasiones son más veloces aun, y necesariamente mucho más independientes, que los cuadros en sí.»[7] Die Hypothese lautet, dass diese *cuadros* bzw. *imágenes* sich genauer bestimmen lassen als eine Abfolge oder Sammlung von Allegorien, wobei diesem Verfahren der allegorischen (De-)Chiffrierung bei Bolaño allgemein eine fundamentale, aber bislang kaum explizit untersuchte Bedeutung zukommt.[8]

Wenngleich Bolaño die Unabhängigkeit der jeweiligen ‹Bilder› voneinander betont hat, folgt der Monolog Urrutias aus einer *in extremis* verorteten Erzählsituation – «Ahora me muero, pero tengo muchas cosas que decir todavía»,[9] heißt es im Incipit des Romans – weitestgehend einer analeptischen und in sich chronologisch aufgebauten Abfolge verschiedener biographischer Stationen, welche ihrerseits durch mehrere allegorische Bilder innerhalb dieser Fragmente ergänzt werden. Innerhalb des Romans lassen sich, in leichter Abweichung zu Bolaños Aussage, sechs größere Episoden[10] identifizieren: Das erste Erinnerungsfragment (S. 1–37) bezieht sich auf die Anfänge von Urrutias Karriere im literarischen Feld bzw. im Priesterseminar in den 1950er Jahren und schildert eine Reise in den Süden Chiles zum Landsitz seines Vorläufers als Kritikerpapst der chilenischen Literatur, Farewell, welcher wiederum ein fiktionalisierter Wiedergänger der historisch realen Kritikerfigur Hernán Díaz Arrieta alias Alone ist, und wo er u.a. auf Pablo Neruda trifft. Die zweite Episode (S. 37–51) bezieht sich auf ein Treffen im

---

[7] Ebd. Vgl. diesbezüglich auch die Bemerkung von Beebee, bei Nocturno de Chile handele es sich um das beste Beispiel von «Bolaños own literary technique of ‹Versammlung›, that is, collection, the juxtaposing of images, and lists without the presence of a thesis that would instruct his readers on how best to combine and compare these in any particular, ‹correct› way» (Thomas O. Beebee: «More culture!»: The rules of Art in Roberto Bolaño's *By Night in Chile*. In: Nicholas Birns/Juan De Castro (Hg.): *Roberto Bolaño as World Literature*. New York: Bloomsbury 2017, S. 41–62, hier: S. 42.
[8] Eine Ausnahme stellt Raúl Rodríguez Freire da, wenn er fragt: «How [...] can we read Bolaño's work if not allegorically and figuratively?», wobei er auf die möglichen Motivationen dieser Zentralstellung der Allegorie bei Bolaño nicht eingeht, wenngleich er das Potential der homerischen wie danteschen Intertexte für die allegorischen Höllenkonfigurationen in den *Detectives salvjes* überzeugend deutlich macht. Vgl. Raúl Rodríguez Freire: Ulysses's last voyage: Bolaño and the allegorical figuration of hell. In: Ignacio López-Calvo (Hg.): *Roberto Bolaño, a less distant star. Critical Essays*. New York: Palgrave Macmillan 2015, S. 85–103, hier: S. 100.
[9] Roberto Bolaño: *Nocturno de Chile*, S. 11.
[10] Auch Beebee nimmt diese Einteilung in sechs Bilder vor und weist auf die Dopplungsstruktur hin, was die thematischen Orientierungen der Bilder anbetrifft (vgl. S. 45).

Haus des chilenischen Autors Salvador Reyes und dessen Schilderung eines Zusammentreffens mit Ernst Jünger 1944 im von den Nazis besetzten Paris, wobei auch diese Episode historisch verbürgt ist.[11] Die dritte Episode wiederum (S. 51–62) wird von Farewell erzählt und dreht sich um die Geschichte eines Wiener Schuhmachers in Kakanien, der dem Österreichischen Kaiser die Errichtung eines Monuments für die gefallenen Helden des Vaterlands namens Heldenberg vorschlägt. Dem Unternehmen wird stattgegeben, ohne dass es je zum Abschluss käme, wobei die Geschichte mit der Schilderung der Ankunft russischer Panzer im Zweiten Weltkrieg an dem verlassenen Ort endet, wo Soldaten den toten Schneider auffinden.[12] Im vierten Teil des Romans wiederum (S. 74–95) schildert Urrutia – nun mittlerweile im Chile der Unidad Popular Salvador Allendes – eine Reise nach Europa, auf die er von zwei mysteriösen Auftraggebern namens Odeim und Oido geschickt wird, um dort Konservierungsmethoden von Kathed-

---

11 Vgl. dazu die Bemerkung zu Jüngers Kriegstagebüchern des im Folgenden noch eingehender zu kommentierenden Artikels von Raphael Estève: Jünger et la technique dans *Nocturno de Chile*. In: Karim Benmiloud/Raphael Estève (Hg.): *Les astres noirs de Roberto Bolaño*. Bordeaux: Presses Universitaires de Bordeaux 2007, S. 135–160, hier: S. 143.
12 Auch diese Episode orientiert sich an einem real existierenden Ort gleichen Namens in Niederösterreich bzw. in der Figur des Wiener Schuhmachers entfernt an dem in den Napoleonischen Kriegen zu Reichtum gekommenen Armeelieferanten Joseph Gottfried Pargfrieder. In dieser historischen Figur wiederum spiegelt sich das im Folgenden noch mit Blick auf Chesterton zu diskutierende Motiv des Aufstiegswillens in den Adel der Zeit, welcher Pargfrieder, einem Juden, schließlich gelingt, indem er die Schulden zweier österreichischer Heerführer begleicht, die sich im Gegenzug auf seinem Heldenberg bestatten lassen, wofür ihn wiederum der Kaiser in den Adelsstand erhebt. Gleichzeitig spiegelt sich in dem Monument die im Roman wiederkehrende Thematik der Verbindung von Nationalismus und Kultur. In der österreichischen Historiographie heißt es darüber: «Der österreichische ‹Heldenberg› ist im Grunde ein verwunschenes ‹Nationaldenkmal›, ideologisch zu sehr der Zeit seiner Errichtung in rückwärtsgewandter Apotheose auf den Kaiserstaat verhaftet, ruht die figurale Inszenierung der Denkmalsanlage in der Verherrlichung der gemeinsamen k.k. Armee, aber gerade durch diese quasi-nationale Komponente sollte die österreichische Geschichte reflektiert und ihr Wesen symbolisch dargestellt werden» (Stefan Riesenfellner: Der «Heldenberg» – die militärische und dynastische «Walhalla» Österreichs. In: Stefan Riesenfellner (Hg.): *Steinernes Bewußtsein I.: die öffentliche Repräsentation staatlicher und nationaler Identität Österreichs in seinen Denkmälern*. Wien: Böhlau 1998, S. 13–30, hier: S. 25). Auch der Verfall des Monuments nach 1900 «in abseitiger Lage mit seiner barocken Bombastik», das Riesenfellner als «kakanisches Walhalla» bezeichnet, wird in *Nocturno* wieder aufgenommen und zur Spiegelung der Vergänglichkeit von Geschichte bzw. der künstlerischen Versuche ihrer Bewahrung verwendet. Literarisch hat Stefan Heym diese Geschichte in seinem Roman *Pargfrider* verarbeitet (München: dtv 1998), zum historischen Kontext von Heldenberg bzw. seines Erbauers vgl. auch: Hubert Michael Mader: *Die Helden vom Heldenberg: Pargfrieder und seine «Walhalla» der k. k. Armee*. Graz: Vehling 2008.

ralen gegen Taubenkot zu erforschen. Kurz nach seiner Rückkehr erfolgt der Militärputsch der Junta um Augusto Pinochet, der Urrutia im Folgenden Marxismusunterricht erteilt, was ihn zum aktiven Kollaborateur des Regimes macht und Gegenstand der fünften Episode des Romans ist (S. 97–123).[13] Der Roman endet schließlich (S. 124–150) mit einem gleichfalls historisch verbürgten Geschehen, nämlich der Beschreibung von Künstler- und Schriftstellersoiréen im Haus der chilenischen Autorin Mariana Callejas, an denen auch Urrutia teilnimmt. Im Keller dieses Hauses in Santiago de Chile fanden während der Militärdiktatur Folterungen von Regimegegnern statt, die u.a. von Callejas' Ehemann, dem für den chilenischen Militärgeheimdienst DINA tätigen US-Amerikaner Michael Townley, durchgeführt wurden.[14] In Urrutias Monolog wird beschrieben, wie sich einer der Gäste zufällig in diesem Kellerlabyrinth verirrt und auf einen Gefangenen trifft, ohne dies jedoch publik zu machen. Die Episode und der Roman enden mit einem letzten Treffen von Urrutia und der im Roman als María Canales

---

13 Auch dieser Teil beansprucht historische Referentialität, hatte Ibáñez Langlois doch tatsächlich im Jahr des Putschs eine kritische Marxismus-Lektüre vorgelegt (vgl. José Miguel Ibáñez Langlois: *El marxismo: visión crítica*. Santiago de Chile: Edición Nueva Universitaria 1973) sowie als «docente de marxismo del general Augusto Pinochet» gewirkt, wie Subercaseaux in seiner historischen Beschreibung des Anti-Marxismus während der Diktatur bemerkt (Bernardo Subercaseaux: *Historia de las ideas y de la cultura en Chile. Volumen III*. Santiago de Chile: Universitaria 2011, S. 206). Für eine theologische Lektüre des Textes, die u.a. auch auf einige der dogmatisch-religiös fundierten Gedichte Ibáñez' eingeht, vgl. die Ausführungen in Mario Boero Vargas: El factor teológico-clerical en la obra *Nocturno de Chile* de Roberto Bolaño: tránsitos entre Sebastián Urrutia Lacroix y José Miguel Ibáñez Langlois. In: *Transmodernity* 2, 1 (2012), S. 53–74. Eine hervorragende Zusammenfassung zu Ibáñez Langlois' weltanschaulichem Denken und seinen Schriften liefert die im Folgenden noch näher zu diskutierende Studie von Alejandro Fielbaum: La crítica de la no crítica. Lectura política de la defensa del estructuralismo de Enrique Lihn. In: *Revista de Derecho y Humanidades* 23 (2014), S. 259–303.
14 Bolaño hat diese Episode mutmaßlich nach der Lektüre einer Chronik des von ihm bewunderten chilenischen Autors Pedro Lemebel konzipiert, vgl. Pedro Lemebel: Las orquídeas negras de Mariana Callejas (o el centro cultural de la DINA). In: Pedro Lemebel: *Poco hombre. Crónicas escogidas*. Santiago de Chile: Ediciones Universidad Diego Portales, S. 112–114. Zu der 2016 verstorbenen und ebenfalls als DINA-Agentin tätigen Callejas existieren mittlerweile – und nicht zuletzt angestoßen durch Lemebels und Bolaños Texte – eine ganze Reihe von Reportagen und Artikeln sowie ein (von der chilenischen Autorin Nona Fernández unter dem Titel *El Taller* verfasstes) Theaterstück und eine 2018 lancierte TV-Serie mit dem Titel *Mary y Mike*. Die Szene um Callejas' Folterkeller, die im Roman eine zentrale Bedeutung einnimmt, lässt sich damit relativ ‹unspektakulär› als eine Fiktionalisierung eines real-historischen Ereignisses identifizieren, wie etwa mit Blick auf den Essay von Susanne Klengel noch einmal angemerkt sei, die die gleiche Szene als vermeintliche intertextuelle Bezugnahme Bolaños auf Ernst Jüngers Kühlräume in einem kannibalischen Berliner Feinkostgeschäft aus der Traum-Erzählung *Violette Endivien* interpretiert (vgl. Susanne Klengel: *Jünger Bolaño*, S. 48).

auftretenden Callejas nach der Rückkehr zur Demokratie und einigen Schlussbemerkungen Urrutias über den Verfall der Dinge.

Wenn Bolaño nun auf die Allegorie als grundlegende formale Figur des Romans zurückgreift, dann lässt sich diese Zentralstellung vor dem Hintergrund der in der Nachfolge von Walter Benjamin und Paul de Man zu neuer Prominenz gelangten Allegorie-Forschung in mindestens dreierlei Hinsicht lesen: zunächst als spezifisches ästhetisches Verfahren, das auf eine Erschöpfung bestimmter literarischer Paradigmen der lateinamerikanischen Literatur im Allgemeinen und des Schreibens über historische und politische Phänomene im Besonderen reagiert; zum zweiten als eine damit einhergehende und doch zugleich über den lateinamerikanischen Kontext hinausgehende ästhetische Form zur Inszenierung einer krisenhaften Wahrnehmung von Welt und Geschichte, die auf eine bestimmte Verbindungslinie zwischen Barock und (Post-)Moderne rekurriert, wie sie im Roman immer wieder als solche eingeblendet wird; und drittens als eine kritische literarische Strategie, mittels derer bestimmte Möglichkeiten einer dechiffrierend verfahrenden bzw. zentral auf Intertextualitätsbeziehungen ausgerichteten Lektüre als jenem bereits ausführlich diskutierten Grundelement der bolañoschen Ästhetik im Text implementierbar werden. Ehe also im weiteren Verlauf die konkreten Entschlüsselungsversuche jener eingangs geschilderten allegorischen ‹Bilder› des Romans erfolgt, soll hier zunächst anhand der narrativen Grundkonfiguration des Textes bzw. seinen historischen Entstehungsbedingungen die Bedeutung der Allegorie als ästhetischem Verfahren in *Nocturno de Chile* plausibel gemacht werden.

Walter Benjamin entwickelt in seiner Arbeit zum *Ursprung des deutschen Trauerspiels* das Konzept der Allegorie bekanntlich als «spekulatives Gegenstück» zum klassischen Symbolbegriff, wobei erstere innerhalb dieser hergebrachten dichotomischen Auffassung «als der finstere Fond abgestimmt war, gegen den die Welt des Symbols hell sich abheben sollte.»[15] Aus dieser grundsätzlichen Gegenüberstellung von Symbol und Allegorie, die sich als solche bis zu Goethe zurückverfolgen lässt, ergeben sich bei Benjamin wie bei seinen Exegeten eine ganze Reihe von Implikationen, die über Fragen der Rhetorik weit hinaus auf elementare Anschauungen bezüglich Ästhetik und Geschichte verweisen bzw. als solche gelesen worden sind.[16] Das Symbol wird dabei von

---

15 Walter Benjamin: *Ursprung des deutschen Trauerspiels*. Frankfurt am Main: Suhrkamp 1978, S. 139.
16 Vgl. dazu ausführlich Bettine Menke: Ursprung des deutschen Trauerspiels. In: Burkhardt Lindner: *Benjamin-Handbuch. Leben – Werk – Wirkung*. Stuttgart: Metzler 2011. S. 210–228 bzw. auch die Ausführungen in Anselm Haverkamp: *Figura cryptica. Theorie der literarischen Latenz*. Frankfurt am Main: Suhrkamp 2002, insbesondere: S. 44–60 und 73–88. Zur Kritik von Benjamins Allegoriekonzept bzw. dem Paul de Mans mit Blick auf ihre problematischen

Benjamin insofern als problematisch erachtet, als es in seiner vorgeblichen Versöhnung von Besonderem und Allgemeinem immer schon auf eine bruchlose Synthese und Aufhebung der Differenzen aus ist, die sich auf der Ebene des Ästhetischen in der Idee des Schönen äußert, auf der Ebene der Wahrnehmung in der Vermittelbarkeit von Sichtbarkeit und Erkenntnis und im Modus der Zeit in einer letztlich auf Überzeitlichkeit zielenden Erfahrung eines «mystische[n] Nu, in welchem das Symbol den Sinn in sein verborgenes und, wenn man so sagen darf, waldiges Inneres aufnimmt.»[17] Die Kritik des symbolischen Bildes bei Benjamin richtet sich auf die ihm inhärente Tendenz der idealistischen Verklärung, welche «etwas Nichtseiendes [...] darstellt, als wäre es bereits, und ihm dadurch den Schein des Seins verleiht.»[18] Die Allegorie hingegen wird bei Benjamin als Bildoperation gedacht, die vor dem (barocken bzw. sich in der Moderne zuspitzenden) Hintergrund einer immer schon gebrochenen Erfahrung von Welt, Zeit und Sprache diese Gebrochenheit nicht zu verdecken sucht, sondern sie bewusst ausstellt. Sie wird damit zur Bedrohung jeglicher symbolischer Verfahren, «weil sie den ‹in jedem Wahrnehmungsvorgang verborgenen Akt der Entzifferung› exponiert, jene Einheit [...], die das souveräne Subjekt seiner Erkenntnis und deren Darstellung gleichermaßen versichern muß.»[19] Gegen den «falsche[n] Schein der Totalität»[20] im Symbol führt die Allegorie die Idee der Ruine ins Feld, die ihr zentraler Gegenstand ist. Die Welt wird im allegorischen Blick folglich in ihrer Gebrochenheit, als eine im Wortsinne *ruinierte* sichtbar, wobei sie eben aufgrund der Tatsache, dass die Dinge in ihr bedeutungsleer geworden sind, immer schon aktive ‹Lesetätigkeit› erfordert, welche aus eben jener «Dissoziation zwischen Sehen und Lesen»[21] entspringt. Die spezifische Zeitlichkeit der Allegorie ist nicht mehr die des überzeitlichen «Nu», sondern indem sie «in den Abgrund zwischen bildlichem Sein und Bedeuten sich versenkt» wird sie der Tatsache gewahr, wie in «diesem Abgrund der Allegorie die dialektische Bewegung braust».[22] Die zeit- und damit stets auch geschichtskritische Anlage der Allegorie

---

ontologischen Prämissen vgl. die Überlegungen in Andreas Kablitz: *Zwischen Rhetorik und Ontologie*, S. 18–55.
17 Walter Benjamin: *Ursprung des deutschen Trauerspiels*, S. 144.
18 Harald Steinhagen: Zu Walter Benjamins Begriff der Allegorie. In: Walter Haug (Hg.): *Formen und Funktionen der Allegorie*. Stuttgart: Metzler 1978, S. 666–685, hier: S. 674
19 Bettine Menke/Anselm Haverkamp: Allegorie. In: Karlheinz Barck/Martin Fontius u.a. (Hg.): *Ästhetische Grundbegriffe*. Stuttgart: Metzler 2000, S. 49–104, hier: S. 87.
20 Walter Benjamin: *Ursprung des deutschen Trauerspiels*, S. 154.
21 Bettine Menke/Anselm Haverkamp: Allegorie, S. 87.
22 Walter Benjamin: *Ursprung des deutschen Trauerspiels*, S. 144.

hat Haverkamp entsprechend als ihr Kernanliegen formuliert, indem er sie als «*figura cryptica* von Geschichte» beschreibt, einer Geschichte, die ihre, wie es im Anschluss an de Man heißt, «*rhetoric* – die *rhetoric* ihrer *temporality* – systematisch verstellt.»[23] In der kryptischen Strukturiertheit der Allegorie, wie sie Haverkamp postuliert, ist die Zeit als Latenz verborgen, wodurch sie «den Raum eines diskursiv vielfältigen, in unterschiedlichen Registern entfalteten Möglichen [eröffnet]: rhetorisch der *memoria*, poetisch des *Andenkens*, psychoanalytisch des *Wiederholens, Erinnerns, Durcharbeitens*.»[24] In all diesen Registern, so Haverkamp weiter, gehe es um die Frage, «wie Kontinuität zustande kommt und über welche Diskontinuität sie zustande kommt.»[25] Genau damit ist das Grundproblem benannt, mit dem sich Bolaño in *Nocturno de Chile* und überhaupt in seinem Werk auseinandersetzt und in dessen Zusammenhang die Allegorie zu einem elementaren Mittel einer kritischen ästhetischen Darstellung wird.

Dazu ist zunächst der historische Kontext des Romans zu betrachten, der sich, wie erwähnt, einschreibt in jene Konjunktur der *Memoria*-Literaturen Lateinamerikas, wie sie nach dem im zweiten Kapitel geschilderten Ende der linken revolutionären Utopien durch die Etablierung von Militärdiktaturen in zahlreichen Staaten des Kontinents zu beobachten war. Dass damit nicht nur ein bestimmtes politisches Projekt an ein abruptes Ende gelangte, sondern sich zugleich die Produktionsbedingungen der Kunst wie die Bedingungen der Möglichkeiten symbolischer Konstruktionen von Identität oder Geschichte radikal infrage gestellt sahen, wurde in diesem Zusammenhang ebenfalls erläutert. Mit dem Ende der bei García Márquez und den anderen Autoren des *Boom* grundlegenden Vorstellungen von der Möglichkeit der Revolution, der Geschichte als Progress (oder gar Erlösung) und der Literatur der Zeit als Kulminationspunkt einer teleologisch gedachten kulturellen Entwicklung Lateinamerikas, die sich zugleich als eine Art Avantgarde der sozio-politischen Modernisierung des Kontinents gerieren konnte, entstand für die von jenem mit den «Knochen der vergessenen Jugend» Lateinamerikas durchsetzten Terrain[26] aus schreibenden Autorinnen und Autoren wie Bolaño die Notwendigkeit, der Erzählung dieser Niederlage eine differente ästhetische Form zu geben. Die Paradigmen einer

---

23 Anselm Haverkamp: *Figura cryptica*, S. 74.
24 Ebd. (Kursivierung im Original).
25 Ebd., S. 75.
26 «Toda Latinoamérica está sembrada con los huesos de estos jóvenes olvidados», heißt es im *Discurso de Caracas* bekanntlich über die an ihren revolutionären Träumen zugrunde gegangene Jugend (vgl. Roberto Bolaño: *Entre paréntesis*, S. 38).

phantastischen oder magisch-realistischen Literatur standen dabei insofern nicht mehr ernsthaft zur Verfügung,[27] als, wie Idelber Avelar in seiner bereits genannten und schon als klassisch zu bezeichnenden Studie über die *Alegorías de la derrota* gezeigt hat, sich der Magische Realismus definierte über eine «relación a un afuera [...] pero tal afuera debía, necesariamente, ser incorporado, demonizado, apropiado y conjurado. En esta dialéctica entre incorporación y otrificación encontró el realismo mágico su especifidad histórica.»[28] Die im Magischen Realismus aufgehobene Möglichkeit der Synthetisierung gegensätzlicher Logiken von Realität und Wunderbarem leisteten historisch einen entscheidenden Beitrag dazu, dass ein ursprünglich universelles zu einem spezifisch lateinamerikanischen (und später in andere Weltperipherien weiterexportierten) Genre werden konnte, weil er sich als eine ästhetische Möglichkeit erwies, die Wunden einer traumatischen lateinamerikanischen Geschichtserfahrung zu verarbeiten, «that hegemonic reason and realist forms of literary representation cannot suture.»[29] Problematisch wurde der Magische Realismus in dem Moment, als er im Zuge seiner globalen Merkantilisierung (und damit zugleich seiner Erstarrung und Transformation ins Symbolische (bzw. in ein Klischee)) eben jener spezifischen historischen Entstehungsfaktoren und damit auch seines kritischen Potentials verlustig ging, welches ursprünglich in seiner bereits genannten Fähigkeit «of codifying ethnic and racial tensions and hybridities [...] invested in political, emancipatory, messicanic imaginaries, postcolonial or otherwise»[30] verortet lag. Vor dem Hintergrund einer Verunmöglichung jener im Magischen Realismus angelegten symbolischen Totalität von Geschichte bzw. der im Phantastischen aufgehobenen Option jenes *Außen*, wie es Avelar bezeichnet, wird die Allegorie als Möglichkeit der Verhandlung jener ruinierten Symbole zum neuen Signum einer Epoche, die – wie eingangs im Auftauchen des benjaminschen Bildes vom Engel der Geschichte in Bolaños *Detectives salvajes* bereits angedeutet – Geschichte nur noch im Modus der Katastrophe bzw. ihrer Besichtigung im Zustand des Ruins erfassen kann. Die einstmals vertrauten Ideen von Geschichte und Welt, aber vor allem auch der Literatur selbst als jenem Medium des Emanzipatorischen, als das es in prä-katastrophischen und zukunftsoptimistischen Zeiten fungierte, werden einem Prozess der Entleerung und Entfremdung unterworfen und

---

27 Isabel Allendes *La casa de los espíritus* kann als Paradigma einer im Epigonalen und im Rahmen des Marktkonformen verfahrenden Schreibens über die Diktatur gelten, vgl. dazu auch die im zweiten Kapitel formulierte Kritik von Mariano Siskind: *Cosmopolitan desires*, S. 95.
28 Idelber Avelar: *Alegorías de la derrota*, S. 109.
29 Mariano Siskind: *Cosmopolitan desires*, S. 88.
30 Ebd., S. 96.

als solche allegorisch.³¹ «Se impone entonces la tarea de ‹hablar otramente› (*allos-agoreuein*)»,³² hält Avelar fest, wobei die allegorischen Schreibweisen, wie er sie in der lateinamerikanischen Postdiktatur (allerdings nicht am Beispiel Bolaños) beschreibt, sich als solche in ihrer Gebrochenheit eben nicht unter einen «postmodernismo satisfecho consigo mismo»³³ subsummieren lassen, sondern vielmehr als ästhetische Reaktion auf spezifische historische Erfahrungen bzw. Bedingungen auch und gerade für die Produktion von Kunst zu denken sind.

Bolaño schreibt sich also in diese Konjunktur des Allegorischen ein und grenzt sich gleichzeitig von einer anderen dominanten literarischen Formalisierungsmöglichkeit von Geschichte ab, wie sie in Lateinamerika im Modus der *Testimonio*-Literatur im selben Kontext manifest wird.³⁴ Wenngleich Bolaño in seinen «allegorischsten» Texten *Nocturno de Chile* und *Amuleto* auf Formen des Zeugenberichts zurückgreift, operieren diese mit der bereits angedeuteten Fiktionalisierung realweltlicher Zusammenhänge, in welche allegorische Elemente stets schon als konstitutive Mittel der Reflexion über jenes oben postulierte ‹Fremdwerden der Welt› eingelassen sind, und eben nicht im Sinne des *Testimonio* als einer im Grunde ‹naiven› und dokumentarischen Ästhetik eines «Sagen-wie-es-war».³⁵ Diese scheint für Bolaño bereits insofern ungeeignet, als sie an einer Problematisierung jenes Themas bestenfalls marginal interessiert ist, das bei Bolaño im Zentrum seines Schreibens steht, nämlich die eingangs erwähnte Frage nach dem Status der Literatur selbst bzw. ihrem Verhältnis zur politischen Macht. Diese wird, wie bereits angedeutet, nach der neoliberalen Revolution der Militärs um ihre hergebrachte Bedeutung als Medium kultureller

---

31 «Los documentos culturales más familiares devienen alegóricos una vez que los referimos a la barbarie que yace en su origen. [...] Mientras el contexto socio-político evoluciona, los discursos que he señalado aquí se vuelven progresivamente ruinas alegóricas» (Idelber Avelar: *Alegorías de la derrota*, S. 316).
32 Ebd.
33 Ebd.
34 Vgl. dazu auch die Kritik Avelars (ebd., S. 92). Zur lateinamerikanischen Testimonial-Literatur vgl. etwa ausführlich die Beiträge in Georg Gugelberger (Hg.): *The Real Thing. Testimonial Discourse and Latin America*. Durham: Duke University Press 1996.
35 Der Wert dieser Textsorte soll, auch mit Blick auf ihre Möglichkeiten der Bewusst- und Sichtbarmachung der Verheerungen der Zeit, hier überhaupt nicht infrage gestellt werden. Die kritische Bewertung bezieht sich vielmehr auf die Frage nach den ästhetischen Implikationen des Genres: Bolaño selbst hat wiederholt sein Misstrauen gegenüber biographischen Erinnerungstexten im klassischen Sinn geäußert bzw. implizit gegenüber jenen testimonialen Ansätzen, wenn er auf die Frage nach der Möglichkeit eines Romans über die Verschwundenen der Diktatur bekannte: «Es posible. El único problema es quién y cómo. Porque escribir sobre ese tema para que al final tengamos, por ejemplo, una novela de las así llamadas de denuncia, bueno, mejor es no escribir nada» (Bolaño in Andrés Braithwaite: *Bolaño por sí mismo*, S. 75).

Selbstvergewisserung und elementarer Bestandteil einer humanistisch geprägten Elitenbildung gebracht, welche im Zuge einer radikalen Technokratisierung und Bürokratisierung des Staates ihre Leitideen aus dem Medium der Ökonomie, namentlich der neoliberalen Chicagoer Schule, bezieht und die Literatur lediglich noch als Hilfsdisziplin einer nationalistisch und paternalistisch ausgerichteten Kulturpolitik benötigt.[36] Vor eben diesem Hintergrund drängt sich in *Nocturno de Chile* bereits im Motto des Romans jenes für die Allegorie eingangs beschriebene Problem des Zustandekommens von Kontinuität bzw. den ihr zugrunde liegenden Diskontinuitäten auf: «Quítese la peluca», lautet das Motto, welches der Erzählung *The Purple Wig* aus einem der *Father Brown*-Bände des britischen Autors G.K. Chesterton entnommen ist. In Chestertons Detektivgeschichte nimmt diese Perücke eine entscheidende Rolle ein, da sie zur Verdeckung eines missgebildeten Ohres eines englischen Herzogs, des Duke of Exmoor, dient, welches so furchtbar anzuschauen sei, dass sich darum in der englischen Oberschicht die wildesten Legenden ranken. Tatsächlich aber ist der Träger der Perücke, mit dem sich Chestertons Detektiv Father Brown in der Erzählung eigentlich konfrontiert sieht, ein vermögender Anwalt namens Green, welcher den mittellosen Herzog zum Verkauf seines Besitzes drängte, woraufhin dieser sich schließlich erschoss. Nach einer Karenzzeit verleiht die britische Regierung dem nicht-adligen Green schließlich den eigentlich nicht mehr existenten Titel des Herzogs, dessen Perückenspiel der Anwalt weiter fortsetzt, obschon seine Ohren gewöhnlich sind, da er – im Gegensatz zum aus der Endogamie des englischen Adels hervorgegangenen Herzog – nicht Teil der authentischen (und damit genetisch belasteten) *noblesse* ist.[37] Die Implikationen dieser Referenz in Bolaños Roman lesen sich dabei wie folgt: Green spiegelt mittels einiger «old feudal fables», wie es heißt, die Kontinuität einer Tradition vor, die unter den realen historischen Bedingungen seiner Zeit zum Aussterben verdammt ist bzw. ihr Bestehen lediglich noch durch einen Verrat ihrer Ideale und die betrügerische Fortführung bestimmter symbolischer Akte zu sichern vermag – eine Farce, die Father Brown am Ende der Erzählung nach der Enttarnung des Geheimnisses entsprechend kommentiert, wenn es heißt: «So that

---

36 Auf diese Rolle der Kulturpolitik als elementarem Bestandteil zur Rückgewinnung der ideologischen Hegemonie im Rahmen der Pinochet-Diktatur wird im Folgenden noch näher einzugehen sein. Vgl. zu diesem Punkt der Entwertung der Literatur auch Idelber Avelar: *Alegorías de la derrota*, S. 48–49 bzw. zur Technokratisierung des Staates die einschlägigen Überlegungen von Guillermo O'Donnell: *El estado burocrático autoritario 1966–1973: triunfos, derrotas y crisis*. Buenos Aires: Prometeo 2009.
37 Vgl. Gilbert Keith Chesterton: The Purple Wig. In: Gilbert Keith Chesterton: *The Father Brown stories*. London: Cassell 1960, S. 244–255.

thousands of poor English people tremble before a mysterious chieftain with an ancient destiny and a diadem of evil stars – when they are really trembling before a gutter-snipe who was a pettifogger and a pawnbroker not twelve years ago.»[38] Bei Bolaño wird dieser Intertext Chestertons lesbar als eine Allegorie der Literatur in Zeiten ihrer gesellschaftlichen Irrelevanz, wie sie sein Protagonist Urrutia Lacroix repräsentiert: Auch dieser schickt sich an, sich in eine Tradition einzuschreiben, in welcher die Literatur bzw. ihre Elite sich noch als Repräsentanten einer Geistesaristokratie wähnten, die in *Nocturno* auf der Ebene der Kritiker durch Farewell und auf der Ebene der Literatur selbst durch Pablo Neruda als lateinamerikanischem Archetypus des politischen Intellektuellen und Volksdichters verkörpert werden. Nerudas im Roman ebenfalls beschriebener Tod markiert dabei, ebenso wie wenig später Farewells geistige Umnachtung, das Ende jener eingangs beschriebenen und von den Autoren des *Boom* bzw. den großen Lyrikern der Zeit wie Neruda oder Octavio Paz verkörperten Epoche der lateinamerikanischen Literatur.[39] Bolaños Protagonist Urrutia aber entscheidet sich – und hier wird die Analogie zu Chestertons Anwalt mit seiner lilafarbenen Perücke deutlich – dafür, auch unter den neuen Bedingungen des Regimes eben auf jene Nähe der Literatur zur politischen Macht zu insistieren bzw. die hergebrachte, aber nun gesellschaftlich vollkommen folgenlose Rolle des obersten Literaturkritikers des Landes zu bekleiden. Die Literatur in ihrer ‹Perückenhaftigkeit› wird dabei von Bolaño allegorisch als ein ruiniertes Symbol überführt, indem unter der vergeblich bemühten Fortführung einer illusorisch gewordenen Kontinuität bzw. Identität im Verlauf von Urrutias Lebensbeichte die Diskontinuitäten und Brüche dieses symbolischen Diskurses sichtbar werden. Genau in diesem Sinne entfaltet sich bei Bolaño die Funktion des Allegorischen, wie sie Paul de Man in seiner Fortführung der benjaminschen Gegenüberstellung von Symbol und Allegorie beschrieben hat:

> Während das Symbol die Möglichkeit einer Identität oder Identifikation postuliert, bezeichnet die Allegorie in erster Linie eine Distanz in Bezug auf ihren eigenen Ursprung, und indem sie dem Wunsch und der Sehnsucht nach dem Identischwerden entsagt, richtet sie sich als Sprachform in der Leere dieser zeitlichen Differenz ein.[40]

---

38 Ebd., S. 254.
39 Vgl dazu auch den in Kapitel zwei zitierten Kommentar Avelars, der analog den Tod Allendes als Emblem dieses Epochenbruchs beschreibt (Idelber Avelar: *Alegorías de la derrota*, S. 52).
40 Paul de Man: Die Rhetorik der Zeitlichkeit. In: Paul de Man: *Die Ideologie des Ästhetischen*. Aus dem Amerikanischen von Jürgen Blasius. Frankfurt am Main: Suhrkamp 1993, S. 83–130, hier: S. 103.

Die Implikationen des Benjaminschen Diktums, wonach «niemals ein Dokument der Kultur [ist], ohne zugleich ein solches der Barbarei zu sein»,[41] welches in Bolaños Rede von der Literatur als «forma de violencia soterrada»[42] seine Entsprechung findet, werden in *Nocturno de Chile* deutlich, wenn Urrutia Lacroix' einziger gesellschaftlich folgenreicher ‹kultureller› Beitrag darin besteht, der Junta um Pinochet Marxismus-Unterricht zu erteilen. Auf diese Art und Weise verwandelt sich der Kritiker zugleich in einen jener von Benjamin als Verkörperung des Allegorikers im Trauerspiel beschriebenen Charaktere: den Höfling bzw. den Intriganten.[43] Die Nähe dieser Figur zum Abjekten hat Bolaño dabei explizit gemacht, als er bekannte: «La literatura, sobre todo en la medida de que se trata de un ejercicio de cortesanos o que fabrica cortesanos, de cualquier especie y de cualquier credo político, siempre ha estado cerca de la ignominia, de lo vil, y también de la tortura.»[44] Die Pointe Bolaños besteht nun darin – und eben darauf bezieht sich die eingangs zitierte Wendung des «Así se hace la literatura» – dass auch die chilenischen Autorinnen und Autoren seiner Generation auf den im Roman beschriebenen Salons im Haus der DINA-Agentin Callejas sich einfinden und sie damit jene Höflingsattitüde und Komplizenschaft auszeichnet, wie sie auch für Urrutia gilt.[45] Bei Benjamin wiederum zeichnet den Intriganten ein weiteres Merkmal aus, was dergestalt auch auf Urrutia als sein Pendant im ‹chilenischen Trauerspiel› zutrifft, als das *Nocturno de Chile* nicht zuletzt in seiner von Bolaño eingangs skizzierten dramatischen Anlage gelesen werden kann. Die Rede ist hier von der affektiven Kälte der Figur, über die es bei Benjamin mit Blick auf das spanische Barock heißt:

> Geist ist das Vermögen, Diktatur auszuüben. Dieses Vermögen erfordert ebenso strenge Disziplin im Innern wie skrupelloseste Aktion nach außen. Seine Praxis führte über den Weltlauf eine Ernüchterung mit sich, deren Kälte nur mit der hitzigen Sucht des Machtwillens

---

41 Walter Benjamin: Über den Begriff der Geschichte, S. 668.
42 Roberto Bolaño: *La literatura nazi en América*, S. 135.
43 Vgl. Walter Benjamin: *Ursprung des deutschen Trauerspiels*, S. 76.
44 Bolaño in Andrés Braithwaite: *Bolaño por sí mismo*, S. 92.
45 Bolaño nennt im Text keine Namen, aber die Präsenz auf den von Callejas' ausgerichteten Veranstaltungen und Schreibsalons von Autoren wie Gonzalo Contreras oder Carlos Franz wurde von den Autoren selbst verbreift. Nicht wenige von ihnen zählten dann nach der Rückkehr zur Demokratie in den 90er Jahren zu jenem kurzlebigen Phänomen der sog. *Nueva Narrativa Chilena*, die auf der Grundlage dieser Netzwerke und der neuen, unter neoliberalen Prämissen funktionierenden Verlagslandschaft der Zeit agierte (vgl. dazu ausführlich die Arbeit von Kathrin Bergenthal: *Studien zum «Mini-Boom» der «Nueva Narrativa Chilena»: Literatur im Neoliberalismus*. Frankfurt am Main: Peter Lang 1999).

an Intensität sich vergleichen läßt. Die derart errechnete Vollkommenheit weltmännischen Verhaltens weckt in der aller naiven Regungen entkleideten Kreatur die Trauer.[46]

Bolaño hat diese Problematik eines kalten, weil banalen Bösen, als dessen Vertreter Urrutia gelten muss, benannt: «[H]ay un mal frío y otro caliente. El caliente es neutralizable. El frío, no. El mal frío es como la sombra de la humanidad y nos acompañará siempre. A menudo es difícil diferenciarlos.»[47] Auf diese Frage der Affektpolitik bzw. ihre ästhetischen Implikationen im Sinne eines ‹Kultus der Kälte› wird im Zusammenhang mit den Betrachtungen zu Jünger und Huysmans noch einmal ausführlich zurückzukommen sein. Für die Analyse der allegorischen Grundausrichtung des Romans ist entscheidend, dass sich das Motiv der Trauer in der Figur des Höflings Urrutia mit der des Melancholikers trifft, wobei eben dieser Zustand der Trauer nach Benjamin am Urgrund einer allegorischen Wahrnehmung der Welt steht.[48] Diese Melancholie wird im Roman von Beginn an immer wieder als Movens der Erzählung Urrutias benannt und leitmotivisch aufgerufen, wenn der Protagonist wiederholt in der Pose der allegorischen Melancholie Albrecht Dürers mit auf dem Ellbogen aufgestütztem Kopf erscheint:

> Yo estaba en paz. Ahora no estoy en paz. Hay que aclarar algunos puntos. Así que me apoyaré en un codo y levantaré la cabeza, mi noble cabeza temblorosa, y rebuscaré en el rincón de los recuerdos aquellos actos que me justifican y que por lo tanto desdicen las infamias que el joven envejecido ha esparcido en mi descrédito en una sola noche relampagueante.[49]

---

46 Walter Benjamin: *Ursprung des deutschen Trauerspiels*, S. 78.
47 Bolaño in Andrés Braithwaite: *Bolaño por sí mismo*, S. 122.
48 «Trauer ist die Gesinnung, in der das Gefühl die entleerte Welt maskenhaft neubelebt, um ein rätselhaftes Genügen an ihrem Anblick zu haben. Jedes Gefühl ist gebunden an einen apriorischen Gegenstand, und dessen Darstellung ist seine Phänomenologie. Die Theorie der Trauer, wie sie als Pendant zu der von der Tragödie absehbar sich zeigte, ist demnach nur in der Beschreibung jener Welt, die unterm Blick des Melancholischen sich auftut, zu entrollen» (Walter Benjamin: *Ursprung des deutschen Trauerspiels*, S. 120).
49 Roberto Bolaño: *Nocturno de Chile*, S. 11. Vgl. eine ähnliche Wiederaufnahme des Motivs bzw. anderer Bezüge auf die Symbolgeschichte der Melancholie wie die schwarze Galle etwa auf S. 41. Diese Motivik soll an dieser Stelle nicht näher betrachtet werden und findet sich exemplarisch analysiert etwa in Karim Benmiloud: Figures de la mélancholie dans *Nocturno de Chile*. In: Karim Benmiloud/Raphael Estève (Hg.): *Les astres noirs de Roberto Bolaño*. Bordeaux: Presses Universitaires de Bordeaux 2007, S. 109–134. Vgl. ebenfalls die bei Benjamin herausgestellte ‹Nachtbindung› des Trauerspiels, welche als solche schon im Titel des *Nocturno* wieder aufgenommen wird: «Die Bindung des dramatischen Geschehens an die Nacht und insbesondere an die Mitternacht hat ihren guten Grund. Es ist eine verbreitete Vorstellung, daß mit dieser Stunde die Zeit wie die Zunge einer Waage einstehe» (Walter Benjamin: *Ursprung des deutschen Trauerspiels*, S. 115).

Das die Rückschau des vor seiner Erinnerung fliehenden Urrutia auslösende Element[50] wird in Gestalt jenes *joven envejecido* genannt, der als ein mit Bolaños biographischen Merkmalen ausgestattetes Phantasma den Kritiker heimsucht und ihn aus seinem prekären Ruhezustand reißt.[51] Diese nur schemenhafte Autofiktionalisierung Bolaños verweist jedoch hier zugleich auf die Präsenz seiner eigenen Ästhetik des Blicks und ihrer ethischen Implikationen, wie sie im fünften Kapitel dieser Arbeit zu *2666* noch einmal detaillierter untersucht werden. Wenn Bolaños Poetik sich durch jene eingangs in der Caracas-Rede zitierte Idee der Literatur als Wagnis im Sinne eines «saber meter la cabeza en lo oscuro» bzw. eines «saber saltar al vacío» auszeichnet und darin ihren ethischen Auftrag benennt, dann fungiert auch die Allegorie in diesem Sinne als kritische ästhetische Form: Wenn Benjamin in seinen Baudelaire-Fragmenten in einer Weiterentwicklung seiner Überlegungen zur Allegorie bekennt, dass diese in der Moderne als Folge der Melancholie der Kunst bezüglich ihres eigenen Status im Warenzeitalter erwächst,[52] dann ist der Zusammenhang dieser Beobachtung zur Problematik der im Neoliberalismus entwerteten Literatur im Lateinamerika des ausgehenden 20. Jahrhunderts augenfällig. Nach Benjamin steht die moderne Allegorie bei Baudelaire für eine «potenzierte Entwertung, die den Dingen ihren Spiegel vorhält: die die reale Entwertung der Dinge, ihren Warencharakter, mit künstlerischen Mitteln aufzudecken vermag.»[53] Dabei ist sie «Abbild und Reflexion des Warencharakters zugleich; und darin bewährt sich eine aufklärerische Intention der modernen Allegorie.»[54] *Nocturno de Chile* als Allegorie ließe sich somit genau

---

50 Die darin enthaltene Allegorie der Memoria-Problematik in Chile nach der Rückkehr der Diktatur mit ihrem sog. *pacto del olvido* soll an dieser Stelle nicht noch einmal *en détail* ausgebreitet werden, da ich diesen Punkt ausführlich untersucht habe (vgl. Benjamin Loy: Escritores bárbaros, detectives distantes y un cura amnésico).
51 Wenngleich diese Figur mit den bio-bibliographischen Merkmalen Bolaños ausgestattet ist, sei darauf hingewiesen, dass Bolaño im Roman auf einige Punkte der historischen Auseinandersetzung zwischen Ibáñez Langlois und Enrique Lihn zurückgreift, wie sie Fielbaum in seiner Studie ausführlich beschreibt und wie sie Lihn insbesondere in *Sobre el antiestructuralismo de José Miguel Ibáñez Langlois* (Santiago de Chile: Ediciones del Camaleón 1983) in seiner harschen Kritik an dem Literaturpapst ausgeführt hat. Auf die Bedeutung Lihns für Bolaños Werk und einige dieser Elemente wird in Kapitel vier noch einmal im Detail einzugehen sein.
52 «Die Einführung der Allegorie ist aus der durch die technische Entwicklung bedingten Situation der Kunst abzuleiten» (Walter Benjamin: *Charles Baudelaire. Ein Lyriker im Zeitalter des Hochkapitalismus*. Frankfurt am Main: Suhrkamp 1974, S. 181).
53 Harald Steinhagen: Zu Walter Benjamins Begriff der Allegorie, S. 677.
54 Ebd.

in diesem Sinne verstehen als ein Werk, das seine eigene Kondition als ‹ruinierte› Literatur in Zeiten des Neoliberalismus spiegelt, aber diese Problematik als solche zugleich in seiner allegorischen Ausprägung kritisch reflektiert, indem es die unmögliche Kontinuität einer sich als symbolische Macht denkenden Literatur offenlegt. Bolaños Ästhetik und Ethik des Blicks überkreuzen sich hier – und diese durchaus humoristische Dekonstruktion wird noch näher zu beleuchten sein – mit der unerschrockenen Geste von Chestertons Father Brown, welcher dem falschen Herzog die Perücke herunterreißt und dabei als exemplarische Geste für jenen von Bolaño wiederholt eingeforderten Mut, den *valor* eines Schreibens, dessen *Wertigkeit* konträr zur Vermarktungslogik der Höflingsliteratur steht, gelten darf. Dieser Mut wird auf identische Weise von Father Brown am Ende von Chestertons Erzählung eingefordert, wenn er über die aus ihrer Feigheit zur Hinterfragung des Symbolischen entspringende Unfähigkeit der englischen Oberschicht zur Demaskierung des Herzogs befindet: «I think it very typical of the real case against our aristocracy as it is, and as it will be till God sends us braver men.»[55]

Gleichzeitig ist jedoch festzuhalten, dass der Allegorie in *Nocturno de Chile* durchaus eine in der Figur Urrutias begründet liegende Ambivalenz eignet: Als Kleriker geschult im allegorischen Diskurs,[56] fungiert dieser aus der Perspektive der Erzählerinstanz weniger im Sinne jener hier skizzierten Entlarvung als im Sinne eines Mittels der Chiffrierung und permanenten Umschreibung einer Leere in Gestalt jener unbenennbaren Schuld, die sich der Kritiker nicht einzugestehen vermag. Eben diese «kryptische Strukturiertheit»[57] der Allegorie ist es also, die das Spiel aus (schuldmotivierter) Chiffrierung und (aufklärerisch motivierter und, wie noch zu zeigen sein wird, vom Leser zu leistender) Dechiffrierung in *Nocturno de Chile* ermöglicht. Eine zentrale Ausprägung dieser Chiffrierungstätigkeit Urrutias ist dabei der barockisierende Duktus des Erzählers selbst, folgt dieser doch jenem von Benjamin ebenfalls für das Trauerspiel als charakteristisch bedeuteten «stilistische[n] Gesetz des Schwulstes.»[58] Jener «ungeheuer gekünstelten Ausdrucksweise» liege, so Benjamin weiter, «dieselbe extreme Natursehnsucht zum Grunde wie den Schäferspielen»,[59] womit

---

55 Gilbert Keith Chesterton: The Purple Wig, S. 254.
56 Das Kultische zeichnet sich als ein Diskurs aus, der «motiviert von der Überzeugung [ist], daß das Höchste nur indirekt artikuliert werden kann» (Gerhard Kurz: Zu einer Hermeneutik der literarischen Allegorie. In: Walter Haug (Hg.): *Formen und Funktionen der Allegorie*. Stuttgart: Metzler 1978, S. 12–24, hier: S. 17).
57 Anselm Haverkamp: *Figura cryptica*, S. 74.
58 Walter Benjamin: *Ursprung des deutschen Trauerspiels*, S. 186.
59 Ebd.

jene unaufhebbare Spannung des Barock zwischen der Distanz des Bezeichneten von den sprachlichen Zeichen und der eben in der Radikalisierung des barocken Signifikanten zum Ausdruck kommenden Sehnsucht nach der Überwindung oder zumindest Reduzierung dieser Distanz im Modus des Exzesses benannt ist. Die Allegorie als Form des Sprechens über das Unaussprechliche, als Autonomisierung des Signifikanten im Sinne einer Reaktion auf den *horror vacui*, wie er im Folgenden noch anhand der Bezüge zu Góngora ersichtlich werden wird, prägt auch den Diskurs Urrutias. Aus den mannigfaltigen Beispielen ließe sich an dieser Stelle etwa eine Szene aus der Anfangsepisode des Romans herausgreifen, in der Urrutia als junger Priester zu besagtem Treffen mit Neruda und anderen Literaten auf dem Landsitz des Kritikerpapstes Farewell im Süden Chiles reist. Dabei trifft der durch eine pseudobukolische Landschaft wandelnde Urrutia auf eine Gruppe von *campesinos*, die dem mit seiner Sutane bekleideten Geistlichen ihr frischgebackenes Brot anbieten: «¿Le gusta el pan, padre?, dijo uno de los campesinos. Lo humedecí con saliva. Bueno, dije, muy gustoso, muy sabroso, grato al paladar, manjar ambrosiano, deleitable fruto de la patria, buen sustento de nuestros esforzados labriegos, rico, rico.»[60] Den überbordenden Diskurs Urrutias, der sich durch jene für das barocke Sprechen so charakteristische Variation des Signifikanten auszeichnet,[61] motiviert in Wahrheit die Bedeutungsentleerung des Brotes als Symbol des Gemeinschaftlichen und Elementaren, egal ob in einem religiösen oder politischen Sinne: Wenn der von der Landbevölkerung in Wahrheit angeekelte Priester – «En realidad, todos eran feos»,[62] kommentiert Urrutia im Anschluss an die Episode – in seinem Versuch der Überwindung dieser ihm entfremdeten Menschen versucht, im Zusammenhang mit dem Brot symbolische Formen eines vergemeinschaftenden Diskurses aufzurufen, wie sie sich in «fruto de la patria» oder «sustento de nuestros esforzados labriegos» äußert, dann sind diese als Ausdruck eines verzweifelt um eine Leerstelle sich drehenden Sprechens zu lesen, welche im weiteren Verlauf des Romans deutlich hervortritt, als Urrutia sich als Helfer der Militärjunta eben auch gegen jene durch die *campesinos* repräsentierte und für die Eliten bedrohliche Kollektivität als einem der Fundamente von Allendes *Unidad Popular* richtet.

---

60 Roberto Bolaño: *Nocturno de Chile*, S. 22.
61 Vgl. dazu die Überlegungen zu jener «proliferación en que los significantes expandidos hacen remota la recuperación de la identidad del objeto representado», wie sie Irlemar Chiampi für den Barock bzw. den Neobarock als kennzeichnend betrachtet (Irlemar Chiampi: *Barroco y modernidad*. Mexiko-Stadt: Fondo de cultura económica 2000, S. 53).
62 Roberto Bolaño: *Nocturno de Chile*, S. 29.

Was in diesem Zusammenhang gleichfalls aufeinanderprallt, sind die Entitäten von Natur und Geschichte innerhalb einer Landschaft, wie sie in ihrer Dialektik bereits bei Benjamin zu finden ist, wenn es heißt: «Während im Symbol mit der Verklärung des Unterganges das transfigurierte Antlitz der Natur im Lichte der Erlösung flüchtig sich offenbart, liegt in der Allegorie die *facies hippocratica* der Geschichte als erstarrte Urlandschaft dem Betrachter vor Augen.»[63] Bereits in Urrutias Wandeln durch eine aufgrund ihrer Bewohner und ihrer sie umgebenden bäuerlichen Lebenswelt als abstoßend empfundenen Landschaft des Verfalls entfaltet sich jene im Kern des Trauerspiels enthaltene «Einwanderung der Geschichte»[64] in den Schauplatz einer ‹schönen›, weil ahistorischen Natur, welche sich im Blick von Bolaños Protagonist nur noch fragmenthaft erfahren lässt, etwa wenn er nach seinem angewiderten Rundgang durch die Hühner- und Schweineställe der Bauern auf eine Araukarie stößt, die als geschichtlich unberührtes Element der göttlichen Schöpfung betrachtet wird: «Al otro lado se erguía una araucaria. ¿Qué hacía allí un árbol tan majestuoso y bello? La gracia de Dios lo ha colocado aquí, me dije.»[65] Wenn in der allegorischen Betrachtung Geschichte nur noch zu haben ist «als Leidensgeschichte der Welt [...] in den Stationen ihres Verfalls»,[66] so findet diese Idee der allegorischen Durchwanderung einer Ruinenlandschaft in *Nocturno de Chile* ihre prägende Entsprechung im Bild jenes Heldenbergs, den ein Wiener Schuster dem Kaiser von Österreich zu Erinnerung der gefallenen Heroen des Vaterlandes zu errichten gedenkt: Die Episode, der über die historische Referenz hinaus wiederum eine für Bolaños Humor so typische Verballhornung der Sentenz des «Schuster, bleib bei deinen Leisten» zugrunde liegt, erzählt die Geschichte eines weithin bekannten Schuhmachers, der sein Geschäft aufgibt, um sich der besagten Errichtung jenes Hügels mit seinen Krypten und Grabmälern für die patriotischen Helden zu widmen. Der allegorische Gehalt der Episode wiederum wird bereits zu Beginn deutlich, wenn die anbiedernde Vorstellung des Schusters vor dem Kaiser eben jenes eingangs erläuterte Leitmotiv des Höflings wieder aufgreift. Gleichzeitig wird das Heldenberg-Monument lesbar als Allegorie der Literatur, wenn der Schuster sich auslässt über die «beneficios morales de un monumento semejante y [...] de los viejos valores, de lo que quedaba cuando todo desaparecía, del crepúsculo de los afanes humanos y del temblor y de los últimos pensamientos.»[67] Das Schicksal, das dem Unternehmen beschieden ist, setzt diese Form der Allegorese fort, wenn

---

63 Walter Benjamin: *Ursprung des deutschen Trauerspiels*, S. 145.
64 Vgl. Ebd., S. 155.
65 Roberto Bolaño: *Nocturno de Chile*, S. 30.
66 Walter Benjamin: *Ursprung des deutschen Trauerspiels*, S. 145.
67 Roberto Bolaño: *Nocturno de Chile*, S. 57.

sich der Schuhmacher mit Enthusiasmus und unter Aufbietung all seiner finanziellen und körperlichen Mittel an die Umsetzung seines Plans macht und dabei eben jene gesellschaftliche Irrelevanz spiegelt, welche eingangs für die Literatur im postauratischen und neoliberalen Zeitalter geschildert wurde:

> Y así día tras día y noche tras noche, con buen o mal tiempo, gastando a manos llenas su propio dinero, pues el Emperador, tras haber llorado y dicho bravo, excelente, no dijo nada más, y los ministros también optaron por el silencio, y los consejeros y los generales y los coroneles más entusiastas, y sin inversores el proyecto no podía andar, pero lo cierto es que el zapatero lo había echado a andar y ya no podía detenerse. Y ya casi no se le veía en Viena salvo para proseguir con sus infructuosas gestiones, pues pasaba todo el tiempo en la Colina de los Héroes, supervisando los trabajos de sus cada vez más pocos obreros montado en un cuartago o cuatropeo resistente a las inclemencias del tiempo, tan duro y obstinado como él, o arrimando el hombro si la ocasión así lo requería. Al principio, en el palacio imperial y en los salones elegantes de Viena, su nombre y su idea corrieron como una delgada línea de pólvora que un dios burlón hubiera encendido como pasatiempo público, mas luego cayó en el olvido como suele suceder con todo.[68]

Die Ambitionen der Schaffung eines überzeitlichen Monuments, der Unsterblichkeit und damit auch der gesellschaftlichen Anerkennung, wie sie Bolaño in all seinen Werken ironisiert, werden auch hier ad absurdum geführt, wenn am Ende das Vergessen der Unternehmung steht, welche in dem abgelegenen Winkel des Reichs erst wiederentdeckt wird, als zum Ende des Zweiten Weltkriegs hin sowjetische Panzer auf die Relikte des Heldenbergs stoßen:

> Y no vieron estatuas de héroes ni tumbas sino sólo desolación y abandono, hasta que en lo más alto de la colina descubrieron una cripta similar a una caja fuerte, con la puerta sellada, que procedieron a abrir. En el interior de la cripta, sentado sobre un sitial de piedra, hallaron el cadáver del zapatero, las cuencas vacías como si ya nunca más fueran a contemplar otra cosa que el valle sobre el que se alzaba su colina, la quijada abierta como si tras entrever la inmortalidad aún se estuviera riendo.[69]

Die Heldenberg-Allegorie macht in den verheerten Landschaften und der Krypta, in welcher der Schumacher sein Ende findet, ihre eigene allegorische Verfasstheit ebenso explizit wie Benjamins Idee, wonach sich Geschichte «in allem was sie Unzeitiges, Leidvolles, Verfehltes von Beginn an hat, [...] sich in einem Antlitz – nein in einem Totenkopfe aus[prägt].»[70] Die Sehnsucht nach Schaffung dem zeitlichen Wirken entzogener Symbole scheitert; was bleibt,

---

68 Ebd., S. 60.
69 Ebd., S. 63.
70 Walter Benjamin: *Ursprung des deutschen Trauerspiels*, S. 145.

sind die allegorischen Ruinenlandschaften gemäß jenes womöglich bekanntesten Satzes aus Benjamins Trauerspielbuch: «Und zwar prägt [...] die Geschichte nicht als Prozeß eines ewigen Lebens, vielmehr als Vorgang unaufhaltsamen Verfalls sich aus. Damit bekennt die Allegorie sich jenseits von Schönheit. Allegorien sind im Reiche der Gedanken was Ruinen im Reiche der Dinge.»[71]

Wenn eingangs Bolaños Rückgriff auf die Allegorie als eine Reaktion auf die Erschöpfung bestimmter ästhetischer Paradigmen der lateinamerikanischen Literatur erfasst wurde, dann lässt sich diese These von *Nocturno de Chile* als einem Trauerspiel im Benjaminschen Sinne möglicherweise noch insofern erhärten, als sich diese Inszenierung der Diktatur signifikant unterscheidet von jenem in Lateinamerika so dominanten Subgenre des Diktatorenromans, mit dem Bolaños Text auf signifikante Weise bricht. Nehmen wir Benjamins Beobachtung ernst, wonach das «Trauerspiel als die Allegorie der wiederkehrend verlorenen Tragödie»[72] fungiert, so lässt sich auch *Nocturno de Chile* als eine Form der Allegorisierung einer nicht mehr möglichen Form der Mythisierung von Gewalt erfassen, wie sie den paradigmatischen Vertretern der Gattung des Diktatorenromans wie Asturias' *El señor presidente* oder García Márquez' *El otoño del patriarca* noch eignete. Diesen ihrerseits stark allegorisch verfahrenden Romanen, die als «negative Variante messianischen Schrifttums [...] die politische Pervertierung einer eschatologischen Verkündigungslehre [inszenieren]»,[73] waren trotz einer kritischen Hinterfragung der Konstitutionsprozesse diktatorischer Macht und ihrer performativen Aspekte stets eine mythologische Komponente inhärent, die als solche bei Bolaño keinen Raum mehr zu finden scheint. Zielte etwa gerade García Márquez' bewusst als historisch nicht an eine bestimmte Diktatorenfigur gebundene Form auf die Inszenierung eines «mythologisch-pathologischen Prototyp[s] unserer Geschichte»,[74] so verortet sich Bolaños chilenisches Trauerspiel schon über die hier deutlich gewordene Bindung an konkrete historische Machtkonstellation jenseits dieser Tradition des Diktatorenromans als einer spezifischen narrativen Ausformung der lateinamerikanischen Tragödie, deren Gegenstand, wie sich wiederum mit Benjamin sagen ließe, «nicht Geschichte [ist], sondern Mythos.»[75] Dies wird in *Nocturno de Chile* nicht zuletzt in der

---

71 Ebd., S. 157.
72 Ebd., S. 215.
73 Christian Wehr: Allegorie – Groteske – Legende: Stationen des Diktatorenromans. In: *Romanische Forschungen* 117, 3 (2005), S. 310–343, hier: S. 317.
74 Zit. nach: Curt Meyer-Clason: Nachwort. In: Gabriel García Márquez: *Der Herbst des Patriarchen*. Übersetzung ins Deutsche von Curt Meyer-Clason. Frankfurt am Main: Fischer 2004, S. 277–281, hier: S. 278.
75 Walter Benjamin: *Ursprung des deutschen Trauerspiels*, S. 45.

Modellierung des Bösen manifest, das in keiner Weise mehr wie in den klassischen Diktatorenromanen im Modus des Numinosen verhandelt wird, sondern vielmehr jenem Arendtschen Paradigma von der Banalität des Bösen folgt, wie es im Folgenden in seiner Relevanz noch näher zu anlaysieren sein wird. Ersichtlich wird dies nicht nur an Urrutia selbst, sondern etwa explizit an den einer streng technokratisch-rationalen Logik folgenden Mittelsmännern Oido und Odeim, die ihre Tätigkeit für die Militärjunta und andere mächtige Kreise nicht unter Verweis auf ideologische Motivationen oder als Agenten einer absoluten Gewalt ausüben, sondern vielmehr im Sinne jener alles dominierenden Logik des ökonomischen Tauschhandels: «Ellos tienen un problema y nosotros buscamos a la persona idónea para solucionar el problema, dijo el señor Oido. Ellos necesitan a alguien que realice un estudio y nosotros les conseguimos a la persona indicada. Cubrimos una necesidad, escrutamos soluciones.»[76]

Ebenso folgt die Figur des Diktators selbst nicht mehr jener Idee eines auratischen und gottgleichen Herrschers: Bolaños Pinochet geriert sich selbst als ein strebsamer Bürokrat, der sich gegenüber Urrutia mit drei selbstverfassten Büchern[77] und zahlreichen Artikeln über militärische Themen brüstet und damit jene utilitaristische Logik von Kultur spiegelt, wie sie auch seinem Marxismus-Lehrer Urrutia zu eigen ist: «¿Por qué cree usted que quiero aprender los rudimentos básicos del marxismo? [...] Exactamente, para comprender a los enemigos de Chile, para saber cómo piensan, para imaginar hasta dónde están dispuestos a llegar.»[78] In dieser radikalen Reduzierung des Phänomens der Gewaltherrschaft auf niedere Beweggründe einer Welt von Intriganten vollzieht Bolaño zugleich eine Verminderung der bekanntlich für die Tragödie konstitutiven Fallhöhe seines Personals – und verunmöglicht damit letztlich jede Form von Katharsis (für Figuren wie Leser), was insbesondere im letzten Satz des Romans zum Ausdruck kommt, wenn Urrutia vor seinem inneren Auge noch einmal sämtliche Gesichter seines Lebens vorbeiziehen sieht und es danach heißt: «Y después se desata la tormenta de mierda». Dieses skatologische Motiv des «Scheißegewitters», das in den Überlegungen zu Jüngers *Stahlgewittern* noch einmal eingehender zu betrachten sein wird, korrespondiert auf der Ebene der Zeitlichkeit mit Benjamins Idee, wonach das Trauerspiel im Unterschied zur Tragödie durch die Unmöglichkeit einer Abgeschlossenheit gekennzeichnet ist,

---

76 Roberto Bolaño: *Nocturno de Chile*, S. 80.
77 Vgl. zu Pinochets literarischem Schaffen auch die Studie von Juan Cristóbal Peña: *La secreta vida literaria de Augusto Pinochet*. Santiago de Chile: Random House 2015.
78 Ebd., S. 118. Bemerkenswert ist die an dieser Stelle von Bolaño intendierte Perversion jener traditionellerweise als einer der Vorzüge literarischen Lesens postulierten Einfühlung – ein Punkt, auf den an anderer Stelle noch einmal zurückzukommen sein wird.

denn «mit seinem Abschluß ist keine Epoche gesetzt, wie diese, im historischen und individuellen Sinne, im Tode des tragischen Helden so nachdrücklich gegeben ist.»[79] Wo García Márquez' Roman mit dem Jubel der Untertanen über den nunmehr definitiven Tod des Patriarchen und «la buena nueva de que el tiempo incontable de la eternidad había por fin terminado»[80] endet und damit den Abschluss einer Epoche und damit auch die Bannung eines historischen Traumas suggeriert, verweigert Bolaños chilenisches Trauerspiel diese Möglichkeit, indem es dezidiert auf seine Unabgeschlossenheit und die Prekarität aller Symbolkonstruktionen, zu denen nicht zuletzt die Erinnerung selbst zählt, verweist.

Dass die Präsenz der Allegorie – und die hier entwickelte dialogische Lektüre mit Benjamin[81] belegt dies in einem gewissen Sinne – über einen strikt lateinamerikanischen Kontext auf universelle Problemstellungen und Fragen der Wahrnehmung von Welt und Geschichte verweist, die Bolaños Text unmittelbar und bewusst an literarische und philosophische Verhandlungen dieser Fragen vom Barock bis zur (Post-)Moderne knüpft, soll an dieser Stelle nur noch einmal betont und exemplarisch in den folgenden Analysen zu den intertextuellen Bezügen zu Góngora, Huysmans und Jünger belegt werden. Die Beobachtung hingegen, dass die Allegorie bei Bolaño als kritische ästhetische Form fungiert, die in einem Wechselspiel aus Chiffrierung und Dechiffrierung zugleich ethische Implikationen zeitigt, ist an dieser Stelle auch mit Blick auf das Phänomen besagter Intertextualitätsbezüge noch einmal näher zu betrachten. Wie am Beispiel von Chesterton bereits deutlich wurde, scheint zwischen Allegorie und Intertextualität ein intrinsischer Zusammenhang bei Bolaño zu bestehen, ja werden bestimmte allegorische Lesarten überhaupt erst möglich, indem bestimmte chiffrierte intertextuelle Bezüge als solche erkannt und expliziert werden. Diesen Zusammenhang von Allegorie und intertextuellen Verfahren hat schon Paul de Man an den Ausgangspunkt seiner Überlegungen zu Symbol und Allegorie gestellt, wenn er am Beispiel Rousseaus kritisierte, die Kritik habe «zu wenig auf die komplexe und kontrolliert eingesetzte Vielzahl von literarischen Anspielungen geachtet, mit denen zum Beispiel Rousseau in der *Nouvelle Héloïse*, und zwar hauptsächlich über Petrarca,

---

79 Walter Benjamin: *Ursprung des deutschen Trauerspiels*, S. 116.
80 Gabriel García Márquez: *El otoño del patriarca*. Buenos Aires: Sudamericana 1975, S. 271.
81 Zur jüngsten Produktivität Benjamins in der Anwendung auf lateinamerikanische Kontexte vgl. auch die Essays von Beatriz Sarlo: *Siete ensayos sobre Walter Benjamin*. Buenos Aires: Fondo de Cultura Económica de Argentina 2000. Zur Rezeptionsgeschichte Benjamins in Lateinamerika vgl. auch die Überlegungen in Horst Nitschack: Walter Benjamin in Lateinamerika: Rezeption, Appropriation und Recycling. In: Gesine Müller (Hg.): *Verlag Macht Weltliteratur. Lateinamerikanisch-deutsche Kulturtransfers zwischen internationalem Literaturbetrieb und Übersetzungspolitik*. Berlin: tranvía 2014, S. 239–256.

eine Verbindung zu seinen Augustinischen Quellen herstellt.»[82] Die eingangs diskutierte Ausrichtung des allegorischen Blicks auf Welt und Geschichte als Ruinenlandschaft findet ihre Entsprechung in einer Textualität, die selbst immer schon die Unmöglichkeit eines organischen – und damit (im Sinne der Moderne) ‹originellen› und tendenziell ‹genialischen› – Textbegriffs ausstellt. Sie ist – und damit rückt sie in unmittelbare Nähe all jener im Eingang dieser Arbeit diskutierten Intertextualitätskonzepte – im Bereich ihrer textuellen ‹Gemachtheit› sich immer schon ihrer Zeitlichkeit bewusst, ganz im Sinne jener Reflexivität über die Diskontinuitäten ihrer Kontinuität: «[D]ie Allegorie ist auf Lektüre angewiesen; sie bezeichnet die Verwiesenheit der Darstellung auf Vorgängiges, andere Texte, andere Bilder – jenseits des Text- oder Bild-Randes, auf Praktiken des Zitierens, in denen sich diese Verweisung und derart allein das Dargestellte realisiert.»[83] Benjamin prägt dafür den Begriff der «Ostentation der Faktur», mittels derer das allegorische Trauerspiel seine eigene Kombinatorik ausstellt, welche, wie es mit Blick auf Calderón heißt, «hervorbricht wie die aufgemauerte Wand am Gebäude, dessen Verputz sich gelöst hat.»[84] Dass die Allegorie als Gattung darüber hinaus sich vor allem an dramatische Handlungsformen wie Reise oder Pilgerfahrt knüpft und ihre Narration von episodischen und paratraktischen Formen geprägt wird, ergänzt die Merkmale einer Gattung, die «den Leser zu einer analytischeren Einstellung auf den Text [zwingt].»[85] Diese aus der allegorischen Darstellungen motivierte analytische – Bolaño würde sagen: detektivische – Haltung des Lesers allerdings fungiert in Texten wie *Nocturno de Chile* tatsächlich weniger im Sinne der Dialektik zweier klar voneinander abzugrenzenden Narrationen, sondern vielmehr als eine Perspektive auf den Text im Sinne eines für das wilde Lesen Bolaños charakteristischen Verständnis vom Text als Sammelsurium von Versatzstücken der Tradition. Wenn Benjamin vom Trauerspiel spricht als Konstruktion von Bildern, die «gestellt [sind], um gesehen zu werden, angeordnet, wie sie gesehen werden wollen»,[86] dann findet sich eben diese bewusste Aufforderung zur dechiffrierenden Lektüre auch in den Bildern und Allegorien in *Nocturno de Chile*. Dass die intertextuellen Dimensionen dieser Allegorien dabei wiederum ein für die Allegorie aus einer sprechakttheoretischen Sicht notwendigerweise

---

[82] Paul de Man: Rhetorik der Zeitlichkeit, S. 103–104.
[83] Bettine Menke: Allegorie: «Ostentation der Faktur» und «Theorie». Einleitung. In: Ulla Haselstein (Hg.): *Allegorie. DFG-Symposion*. Berlin/Boston: De Gruyter 2016, S. 113–135, hier: S. 127.
[84] Walter Benjamin: *Ursprung des deutschen Trauerspiels*, S. 157.
[85] Gerhard Kurz: Zu einer Hermeneutik der literarischen Allegorie, S. 18.
[86] Walter Benjamin: *Ursprung des deutschen Trauerspiels*, S. 100.

«von Autor und Leser gemeinsam geteiltes, stillschweigendes Wissen»[87] voraussetzt, liegt dabei auf der Hand. Gleiches gilt für das Bewusstsein der Tatsache des stets ambivalenten Traditionsbezugs der Allegorie auf die ihr vorgelagerten Texte und Bilder, bezüglich derer sie «als autoritative an den Autoritäten, die sie berufen, teilhaben, eine autoritäre Geste ausbilden» oder sie «zum anderen zitierend, ent-stellend, de- und neu-kontextualisierend, das Zitierte der Bindung an gegebene oder fiktive Ursprünge entziehen [können].»[88] Innerhalb der Dialektik von chiffrierendem Diskurs und dechiffrierender Lektüreanweisung findet sich bei Bolaño in *Nocturno de Chile* eine Reihe ganz bewusster Hinweise darauf, inwiefern Urrutias gleichermaßen mit Lücken und verdeckendem Schwulst behafteter *confession* nicht zu trauen bzw. von Leserseite aus mit dezidiert allegorischem Blick im Sinne einer dechiffrierenden Lektüre zu begegnen ist, etwa wenn es über eine Betrachtung Farewells durch seinen Zögling heißt: «[A]llí estaba Farewell, alto, un metro ochenta aunque a mí me pareció de dos metros, vestido con un terno gris de buen paño inglés, zapatos hechos a mano, corbata de seda, camisa blanca impoluta como mi propia ilusión, mancuernas de oro, y un alfiler en donde *distinguí unos signos que no quise interpretar pero cuyo significado no se me escapó en modo alguno.*»[89] Diese im Roman wiederholt auftretenden Gesten der Verweigerung der Interpretation oder des bewussten Schließens der Augen verweisen den Leser stets schon auf die Notwendigkeit, die Hinter- und Abgründe der Geschichte in den Blick zu nehmen und dabei insbesondere auf die intertextuellen Grundierungen der allegorischen Bilder einzugehen. Dass dabei ganz bewusst eine Interpretationstätigkeit intendiert wird, die zur Transgression von Sinn- und Textgrenzen neigt und die allegorische Lektüre gewissermaßen zu einem Überschussphänomen macht, findet sich als Tatsache bereits in Benjamins Überlegungen, wenn er darauf verweist, dass «[d]ie vielfachen Dunkelheiten des Zusammenhanges zwischen Bedeutung und Zeichen [...] dazu [reizten], immer entfernter liegende Eigenschaften des darstellenden Gegenstandes zu Sinnbildern zu verwerthen, um durch neue Klügeleien sogar die Ägypter zu übertreffen.»[90] Die Herausforderung dieser auch bei Bolaño stets präsenten Gefahr der eingangs erwähnten *overinterpretation* im Zuge des Dechiffrierungsaktes werden insbesondere mit Blick auf die im folgenden Schritt zu diskutierenden Bezüge zum Werk Luis de Góngoras zu berücksichtigen sein, bei denen es sich mitunter wohl um die bestversteckten und zugleich komplexesten

---

[87] Gerhard Kurz: Zu einer Hermeneutik der literarischen Allegorie, S. 16.
[88] Bettine Menke: Allegorie: «Ostentation der Faktur» und «Theorie», S. 114.
[89] Roberto Bolaño: *Nocturno de Chile*, S. 13 (meine Kursivierung).
[90] Benjamin zitiert hier Giehlows Überlegungen zu den humanistischen Entzifferungsversuchen der Hieroglyphen; Walter Benjamin: *Ursprung des deutschen Trauerspiels*, S. 152.

Bezugnahmen handelt, welche in Bolaños Allegorien- und Textlabyrinth *Nocturno de Chile* zu besichtigen sind.

Fatale Auspizien oder die Einsamkeit des Pilgers

Eine Besonderheit von Bolaños Ästhetik der Lektüre besteht zweifellos in der Tatsache, dass sich seine Werke durch intertextuelle Verdichtungsverfahren auszeichnen, die zu einer Art ‹Mehrfachcodierung› bestimmter Themenkomplexe führen: So werden etwa in *Nocturno de Chile* die zentralen Fragen des Romans nach dem Verhältnis von politischer Macht und Literatur oder dem Zusammenhang zwischen bestimmten ästhetischen Paradigmen und ihren ethischen Implikationen nicht anhand von Referenzen auf einen einzigen Bezugstext, sondern ein ganzes Geflecht von Werken inszeniert, die gleichsam eine Art textuelles Spiegelkabinett entwerfen, dessen komplexe Überlagerungen es sichtbar zu machen gilt. Gleichwohl werden die für *Nocturno de Chile* fundamentalen Verbindungen zu den Werken Góngoras, Huysmans' und Jüngers im Folgenden vor dem Hintergrund einer möglichst stringenten Beweisführung weitestgehend separat voneinander diskutiert werden. Um dabei unnötige Redundanzen zu vermeiden, welche durch diese Form der Mehrfachcodierung zwangsläufig entstehen, sollen im Gegenzug unterschiedliche thematische Gewichtungen innerhalb der jeweiligen Analysen gewählt werden, von denen aus jedoch zugleich die wichtigsten Verbindungslinien zu den anderen Knotenpunkten dieses intertextuellen Geflechts gezogen und benannt werden können.

Die Tatsache, dass barocke Intertexte-Bezüge wie Góngora, Cervantes oder Sor Juana Inés de la Cruz eine bedeutende, aber bislang innerhalb der Kritik kaum beachtete Rolle innerhalb der bolañoschen Werkästhetik spielen, lässt sich aus (literatur-)historischer Perspektive zunächst vor dem Hintergrund der Konvergenzen barocker und postmoderner Welterfahrung erklären, wie sie nicht nur innerhalb der poststrukturalistischen Theoriebildung, sondern auch insbesondere der lateinamerikanischen Literaturen innerhalb der letzten sechzig Jahre immer wieder manifest wurden.[91] Autoren wie Gilles Deleuze[92] oder Michel Foucault haben dabei insbesondere auf die Parallelen hinsichtlich der die beiden Epochen

---

[91] Ein Beispiel für die Produktivität dieses Paradigmas hat im romanistischen Kontext jüngst noch einmal die Arbeit von Natascha Ueckmann: *Ästhetik des Chaos in der Karibik. Créolisation und Neobarroco in franko- und hispanophonen Literaturen.* Bielefeld: transcript 2014 geliefert.
[92] Vgl. Gilles Deleuze: *Le pli. Leibniz et le Baroque.* Paris: Les Éditions de Minuit 1988.

verbindenden epistemologischen Implikationen hingewiesen: So sind die Überschneidung von Foucaults bekannter Beobachtung zum Übergangscharakter des Barock als historischem Moment, in dem «das Denken auf[hört], sich in dem Element der Ähnlichkeit zu bewegen»,[93] und der für die Postmoderne gleichfalls als fundamental postulierten Erfahrung einer «Agonie des Realen»[94] augenfällig bzw. als solche hinlänglich diskutiert worden. Die von Benjamin für das barocke bzw. Bolaño für sein chilenisches Trauerspiel herausgestellte Melancholie erwächst dabei aus der Erfahrung einer radikalen Infragestellung weltordnender und sinnstiftender Entitäten, die ihren Ursprung in der Krisenhaftigkeit der Sprache als Medium der Benennung der Dinge hat: «Die Sprache ist nicht mehr eine der Gestalten der Welt oder die Signatur, die seit der Tiefe der Zeit den Dingen auferlegt ist. [...] Die Sprache zieht sich aus der Mitte der Wesen zurück.»[95] Die Verunmöglichung von Totalität im Allegorisch-Werden von Sprache und Welt wurzelt im «Verfall des nach mittelalterlicher Vorstellung von Gott geschaffenen Ordnungsgefüges, aus dem eine chaotische, ihrer metaphysischen Substanz beraubte und dadurch entwertete Realität hervorgeht.»[96] Der Mensch wird – angesichts der Entwertung seiner bislang angenommenen Zentralität im Universum durch das kopernikanische Weltbild als «Zeichen für das Ende der Zeichen»[97] – haltlos. In einer ähnlichen Weise vollzieht sich die postmoderne Welterfahrung angesichts der Erschütterung all jener modernen Ordnungsgefüge von der Idee der Subjektivität über die Zentralstellung der Ratio bis hin zu raum-zeitlichen Orientierungsmustern wie etwa einer teleologischen Vorstellung von Geschichte. Diese Krisen der Wahrnehmung, welche zuvorderst die Perzeption hergebrachter Vorstellungen von Raum und Zeit betreffen, stellen dabei stets den Status der Realität selbst infrage, etwa wenn das barocke Trauerspiel ebenso wie der postmoderne Roman sich in der gemeinsamen Überzeugung tangieren, «daß dasjenige, was Menschen für das Wirklichste halten, unwirklich ist.»[98] Die hieraus erwachsenden Spannungen, wie sie hier bereits mit Blick auf das Verhältnis von Sichtbarkeit und Unsichtbarkeit, von Oberfläche und Tiefenstrukturen oder eben von Symbol und Allegorie

---

93 Michel Foucault: *Die Ordnung der Dinge*, S. 83.
94 Vgl. Jean Baudrillard: *Agonie des Realen*. Aus dem Französischen von Lothar Kurzawa und Volker Schaefer. Berlin: Merve 1978.
95 Michel Foucault: *Die Ordnung der Dinge*, S. 89.
96 Harald Steinhagen: Zu Walter Benjamins Begriff der Allegorie, S. 669.
97 Hans Blumenberg: Kopernikus im Selbstverständnis der Neuzeit. In: *Akademie der Wissenschaften und der Literatur in Mainz* 5 (1965), S. 339–368, hier: S. 366.
98 Willem van Reijen: Labyrinth und Ruine. Die Wiederkehr des Barock in der Postmoderne. In: Willem van Reijen (Hg.): *Allegorie und Melancholie*. Frankfurt am Main: Suhrkamp 1992, S. 261–291, hier: S. 265.

thematisiert wurden, fanden bekanntlich innerhalb der barocken Weltkonfiguration ihre Entsprechung in der Dialektik von Traum und Realität – ein Aspekt, den Bolaños Protagonist in *Nocturno de Chile* immer wieder aufruft, etwa wenn es mit Blick auf das Erleben des Militärputsches heißt: «Los días que siguieron fueron extraños, era como si todos hubiéramos despertado de golpe de un sueño a la vida real, aunque en ocasiones la sensación era diametralmente opuesta, como si de golpe todos estuviéramos soñando.»[99] Vor diesem Hintergrund also gestaltet sich eine basale Nähe von Weltwahrnehmung und ihrer ästhetischen Anverwandlung zwischen einem barocken Autor wie Góngora und einem der Postmoderne zuzurechnenden Schriftsteller wie Bolaño. Die Bedeutung Góngoras, welcher nach Beverley insbesondere für die lateinamerikanische Literatur wie ein unterirdischer und immer wieder aufbrechender Fluss fungiert hat,[100] ist dabei insbesondere für den lateinamerikanischen Neobarock und seine zentralen Autoren wie Lezama Lima und Sarduy immer wieder hervorgehoben worden, wobei diese Referenzen auf den Barock dabei explizit als Grundlage einer aus der Sphäre des Ästhetischen heraus formulierten lateinamerikanischen Modernekritik gelesen worden sind, «como un trabajo arqueológico que no inscribe lo arcaico del barroco sino para alegorizar la disonancia de la modernidad y la cultura de América Latina.»[101] Auch in diesem Sinne lässt sich Bolaños Referenz auf Góngora als Teil einer lateinamerikanischen Traditionslinie lesen. Im Folgenden gilt es nun allerdings jenseits dieser generellen ästhetischen Affinitäten, wie etwa der Tatsache, dass sich in Góngoras Poesie jenes für Bolaños Ästhetik so prägende «play on focus and perception»[102] oder das in *Nocturno de Chile* im Allegorischen sich artikulierende «imagery of assimilation and of disintegration»[103] (wieder-)finden, den Beweis dieser intertextuellen Bezugnahme im engeren Sinne und vor dem Hintergrund jener eingangs als Richtlinie der Interpretation bestimmten *intentio operis* zu führen.

Ein bemerkenswerter Aspekt bezüglich der Referenzautoren Bolaños ist die Tatsache, dass es sich dabei – weit über die ‹klassisch› postmodernen Vorbilder

---

99 Roberto Bolaño: *Nocturno de Chile*, S. 99.
100 John Beverley: Introducción. In: Luis de Góngora: *Soledades*. Madrid: Cátedra 2012, S. 9–61, hier: S. 17.
101 Irlemar Chiampi: *Barroco y modernidad*, S. 29. Zu einer weiteren Betrachtung dieses Phänomens vgl. etwa die Beiträge in Louis Zamora/Monika Kaup (Hg.): *Baroque New Worlds: Representation, Transculturation, Counterconquest*. Durham: Duke University Press 2010.
102 Crystal Anne Chemris: *Góngora's* Soledades *and the problem of Modernity*. Woodbridge: Tamesis 2008, S. 78.
103 Ebd., S. 80.

wie Borges, Parra oder Perec hinaus – immer um Autorinnen oder Autoren handelt, welche ihrerseits dezidiert einer intertextuellen Ästhetik folgen. Dieser Punkt trifft auch auf Luis de Góngora als eine der prägenden Figuren der spanischen Barocklyrik zu, dessen im Fokus dieser Analyse stehendes Hauptwerk, die 1613 vorlegten *Soledades*, die Kritik als ein System von «Pfropfungen»[104] gelesen hat, das sich auszeichnet sowohl durch eine dem Prinzip der *Aemulatio* folgende und sich vor allem auf die klassischen Texte und Mythen der Antike stützende Intertextualität als auch eine im Sinne einer «aesthetics of the fragment»[105] verfahrende Bezugnahme auf im barocken Kontext zunehmend problematisch werdende Gattungen des Epischen bzw. der Bukolik. Die in *silvas* verfassten und in ihrer Endfassung sich aus zwei Teilen von je 1091 bzw. 979 Versen zusammensetztenden *Soledades* schildern dabei bekanntlich in einer den Zeitraum von fünf Tagen umfassenden Handlung die Erlebnisse eines nicht näher benannten *peregrino*, der nach einem Schiffbruch an einem Strand angespült und in der Folge von einer Gemeinschaft von Hirten aufgenommen wird bzw. mit dieser an einer Hochzeit teilnimmt. Wird dieses Geschehen in der ersten *Soledad* geschildert, berichtet die zweite von einer Fahrt, die der Protagonist am Tag nach der Hochzeit mit zwei Fischern unternimmt, während der letzte Tag die Teilnahme an einer Falkenjagd auf einem auf der gleichen Insel gelegenen Schloss zum Gegenstand hat. Bereits die grundlegende Struktur des Werks als einer Abfolge von innerhalb einer chronologischen Abfolge eher lose miteinander verbundenen Bildern erinnert an die eingangs beschriebene Form von Bolaños Roman. Ebenso wird der an die Perspektive des *peregrino* gebundene lyrische Diskurs Góngoras von Beginn an lesbar als die chiffrierte Verbalisierung eines traumatisierten Subjekts. Diese speist sich dabei gleichermaßen aus dem als Grund für seine Odyssee angedeuteten Liebesleid des Protagonisten und einer in die zahlreichen Episoden innerhalb der Handlung verlegten Klage über jene für den Barock kennzeichnende Erfahrung des Orientierungsverlustes, die dabei jedoch nicht im Modus der Abstraktion, sondern vielmehr aus der Bindung an konkrete historische Ereignisse heraus (mit der imperialen Unternehmung Spaniens in Lateinamerika als einem Kernpunkt) artikuliert

---

[104] Mercedes Blanco spricht von den *Soledades* als einer «véritable greffe», vgl. Mercedes Blanco: Les *Solitudes* comme système de figures. In: Jacques Issorel (Hg.): *Crepúsculos pisando. Once estudios sobre las* Soledades *de Góngora*. Perpignan: Presses Universitaires 1995, S. 23–78, hier S. 36.
[105] Crystal Anne Chemris: *Góngora's* Soledades *and the problem of Modernity*, S. 65. Vgl. ausführlich zu diesem Punkt der ‹Gattungserschöpfung› auch die einschlägigen Überlegungen von John Beverley: *Aspects of Góngora's «Soledades»*. Amsterdam: John Benjamins B. V. 1980, insbesondere S. 59–69.

wird. In diesem Sinne folgen die Darstellung von Welt und die sprachliche Konfiguration der *Soledades* keineswegs einer in zahlreichen Lektüren bemühten neoplatonisch-idealisierenden Orientierung; vielmehr stellt Góngoras Hauptwerk die Problematisierung von Weltwahrnehmung und Subjektivität in einer wiederum an den Topos der Melancholie gebundenen Allegorisierung aus, welcher auf der Ebene der Sprache eine ostentative Inszenierung ihrer Entwertung als Medium zur Benennung der Dinge entspricht: «La lengua del poema no es de modo alguno un decir en el sentido de la afirmación, sino más bien un eco, un ánima muda a la vez que facunda, o un oráculo, un decir que ni dice ni oculta, sino que da ‹señas›.»[106] Dieses ‹Zeichenhaft-Werden› der Welt motiviert bei Góngora folglich jene eingangs auch für Bolaños *Nocturno de Chile* herausgestellte Aktivierung des Lesers als eines angesichts der Verrätselung – und diese ist auch bei Góngora fundamental über Intertextualitätsphänomene motiviert – dechiffrierend verfahrenden Interpreten, oder wie Beverley mit Blick auf die Ausgangssituation des Textes und die Verlorenheit des Schiffbrüchigen nach dem Unglück bemerkt: «[S]e nos presenta como una confusión [...] que el peregrino y el lector deben empezar a dominar y ordenar.»[107] Dass darüber hinaus das in den *Soledades* dominierende Leitmotiv der Dunkelheit als Auslöser einer Problematisierung von Wahrnehmung – «No bien, pues, de su luz los horizontes/que hacían desigual, confusamente,/montes de agua y piélagos de montes/desdorados los siente»,[108] heißt es gleich zu Anfang – ebenso einen Nexus zu Bolaños Roman erlaubt wie die thematische Zentralstellung des Bösen[109] im Sinne einer Reflexion über die Laster des Menschen als Ursprung der Verkommenheit der Welt, rundet diese grundsätzliche Ähnlichkeitsbeziehung der beiden Werke ab.

Die expliziten ‹Indizien› für eine textuelle Präsenz Góngoras in *Nocturno de Chile* – und das erklärt wohl auch die völlige Missachtung dieses Zusammenhangs durch die Kritik – muten zunächst spärlich an: So beschränkt sich die einzige Nennung des Barockdichters auf die erste Episode des Romans, wenn es über die Zusammenkunft auf Farewells Landsitz heißt: «Neruda recita un

---

106 Humberto Huergo: Afasia y negación en las *Soledades* de Góngora. In: *Bulletin of Hispanic Studies* 81 (2004), S. 317–334, hier: S. 332.
107 John Beverley: Introducción, S. 47.
108 Luis de Góngora: *Soledades*. Madrid: Cátedra 2012, S. 77–78.
109 Vgl. hierzu die Beobachtung Huergos: „El objeto privilegiado de la atención es el mal. [...] La atención detenida al recato del mal – el desengaño – invade todas las esferas de la experiencia, desde la contemplación del paisaje hasta la más común de las conversaciones» (Humberto Huergo: Algunos lugares oscuros de las *Soledades* de Góngora. Notas sobre el pasaje de la cetrería. In: *Bulletin of Hispanic Studies* 87 (2010), S. 17–41, hier: S. 29).

poema. Farewell y él recuerdan un verso particularmente difícil de Góngora.»[110] Das Motiv, das für den Leser hier den Anstoß nach einer möglichen weiterreichenden Bedeutung Góngoras im Kontext des Romans bildet, funktioniert nach dem gleichen Muster von Chiffrierung und Dechiffrierung wie es im vorhergehenden Punkt schon beschrieben wurde: Explizit genannt wird, wie so häufig bei Bolaño, nur die Tatsache, dass eine gewisse Lektüre, ein Akt der Interpretation oder ein Gespräch über einen bestimmten Autor oder Text stattfindet, aber nicht worin der eigentliche Gehalt dieser Andeutungen besteht. Tatsächlich fungiert diese Präsenz einer Spur im Rahmen von Bolaños Ästhetik der Lektüre stets als Auslöser eben jener detektivisch verfahrenden Form des Lesens, die sich – indem sie dieses Prinzip durchschaut und die Spur als solche zu identifizieren weiß – eben der Entschlüsselung der Hintergründe dieses Verweises widmet. Im Kontext von *Nocturno de Chile* wird dabei rasch deutlich, inwiefern insbesondere die erste Episode des Romans an zentrale Topoi der *Soledades* anknüpft: So wird Bolaños Protagonist Urrutia Lacroix gleich zu Beginn des Textes mit Góngoras *peregrino* verknüpft, wenn er sich seiner ersten Begegnung mit Farewell zu entsinnen sucht und bemerkt: «[A]unque también puede que peregrinara a su oficina en el diario o puede que lo viera por primera vez en el club del que era miembro.»[111] Das in diesem Kontext ungewöhnliche Verb «peregrinar» mag zwar einerseits auf das die Relationen des literarischen Feldes im Roman generell strukturierende Phänomen von Autorität und Unterwerfung sowie die kultischen Dimensionen der Priester-Figur Urrutia verweisen, doch legt eben die lexematische Entsprechung diese Wahrnehmung Urrutias als eines analog zu den *Soledades* einsam durch den Textraum pilgernden *peregrino* nahe. Dieser Verdacht erhärtet sich bei dem Versuch, die Angaben über Urrutias Herkunft zu deuten. So heißt es einige Zeilen vorher: «Por parte de madre provengo de las dulces tierras de Francia, de una aldea cuyo nombre en español significa Hombre en tierra u Hombre a pie, mi francés, en estas postreras horas, ya no es tan bueno como antes.»[112] Der einzige Ort, der dieser kryptischen Beschreibung zu entsprechen scheint, ist der Ort Sauveterre de Béarn[113]

---

110 Roberto Bolaño: *Nocturno de Chile*, S. 25.
111 Ebd., S. 13.
112 Ebd., S. 12.
113 Die spielerische Obsession Bolaños in dieser Hinsicht geht soweit, dass selbst in belanglosen Details mit dieser Form einer netzartigen Hyperchiffrierung operiert wird, etwa wenn es über das auf dem Landsitz von Farewell eingenommene Abendessen heißt, es habe aus «piezas de caza acompañadas de una salsa bearnesa» bestanden, womit der geographische Verweis noch einmal explizit gemacht wird (S. 25). Für die Hilfe bei der Lösung dieses Rätsels gilt mein Dank dem auf allen Pfaden des Baskenlandes wie der Poesie beschlagenen Dichter Carles Díaz.

im französischen Baskenland: Die Umschreibung des «hombre a pie» bzw. «hombre en tierra» verweist auf die Geschütztheit des betreffenden Ortes, der in Sauveterre die bis heute vorhandene Präsenz eines mittelalterlichen Schutzturms, der Tour Monréal, entspricht – das Motiv der Abgeschlossenheit Urrutias vo der Welt bzw. die Flucht ins Ästhetische ist, wie in den Referenzen auf Huysmans noch zu zeigen sein wird, ein wiederkehrendes Motiv des Romans. Bedeutender für die vorliegende Argumentation ist jedoch die Tatsache, dass Sauveterre sich zugleich am Jakobsweg befindet und damit wiederum die Herstellung einer Verbindung zum Motiv des Pilgerns erlaubt. Der Bildkomplex schließt sich, wenn man beachtet, dass Sauveterre quasi als eine Art ‹Spiegelname› zu der im spanischen Baskenland liegenden Gemeinde Salvatierra (*Aguarain* auf Baskisch) fungiert: Auch diese Lokalität liegt am Jakobsweg und verfügt über einen mittelalterlichen, von Mauern umschlossenen Ortskern. Die Sinnhaftigkeit dieser Annahme verdeutlicht sich in der Tatsache, dass auch der Nachname von Bolaños Protagonist diese baskisch-französische Spiegelkomponente aufweist: Der Name Urrutia ist eine Derivation des baskischen Lexems «urruti», dessen Bedeutung – «lejos (sentido espacial o temporal)»[114] – wiederum auf diesen Komplex der Entfernung verweist, während Lacroix ganz offensichtlich religiöse Konnotationen trägt. Vollendet wird diese semantische Komprimierungsleistung Bolaños im Pseudonym Urrutias: Ibacache. Auch dieser Name baskischen Ursprungs verweist auf einen Wehrturm im Baskenland ebenso wie auf den kolonialspanischen Kapitän Pedro Escobar de Ibacache, der im Jahr 1599 erfolglos versucht, Territorien der Mapuche im Süden Chiles zu erobern und dabei Schiffbruch erleidet.[115] Diese versteckte Verweiskette wiederum erscheint wenig später erneut, wenn es von Farewell heißt, er ähnele «algún demente conquistador español enquistado en su fortín del sur.»[116]

Das Incipit von Bolaños Roman wird in diesem Anlanden Urrutias als Schiffbrüchiger, der Rettung in der Welt der schönen Künste sucht, als eine *réécriture* des Beginns der *Soledades* lesbar, wobei sich dieses Motiv innerhalb der ersten Episode mehrfach wiederholt, etwa wenn Farewell von Urrutia in seiner Kritikertätigkeit als «un humilde faro en la costa de la muerte»[117] beschrieben wird oder die Einstiegsszene der *Soledades*, in welcher der schiffbrüchige *peregrino*

---

114 Luis Michelena: *Diccionario general vasco*. Bilbao: Real Academia de la Lengua Vasca 2004, S. 878.
115 Vgl. die Ausführungen dazu in Diego Barros Arana: *Historia general de Chile III*. Barcelona: Red Ediciones 2017, S. 313–315.
116 Roberto Bolaño: *Nocturno de Chile*, S. 19.
117 Ebd., S. 37.

Góngoras auf ein Licht in der Ferne zuwandert,[118] das sich als Lagerfeuer der Schäfer entpuppt, bei Bolaño wiederum in einer Art Inversion im Zustolpern Urrutias auf den als Hafen bzw. sicheres Schiff empfundenen Landsitz Farewells addressiert wird:

> Al salir volví a oír el ladrido del perro y un tremolar de ramas, como si una bestia se ocultara entre la maleza y desde allí sus ojos siguieran mis pasos erráticos en busca de la casa de Farewell, que no tardé en ver, iluminada como un transatlántico en la noche austral. [...] Me dije a mí mismo que mi anfitrión era sin duda el estuario en donde se refugiaban, por períodos cortos o largos, todas las embarcaciones literarias de la patria, desde los frágiles yates hasta los grandes cargueros, desde los odoríficos barcos de pesca hasta los extravagantes acorazados. ¡No por casualidad, un rato antes, su casa me había parecido un transatlántico! En realidad, me dije a mí mismo, la casa de Farewell era un puerto.[119]

Weiterhin wird in Urrutias Durchstreifen der Landschaft um Farewells Haus im ländlichen Süden Chiles ein Motiv der Pastoral-Tradition aufgerufen, welches als solches bereits bei Góngora, wie erwähnt, nur noch in seiner Gebrochenheit gezeigt werden kann: das der arkadischen und unberührten Natur. «The traditional value of the pastoral as a fiction outside of the contigencies of history has [...] become problematic in the *Soledades*»,[120] so Beverley, da die Wahrnehmung der Natur – ganz der barocken Verfallslogik folgend – immer schon durchsetzt ist vom Bewusstsein ihrer Geschichtlichkeit, d.h. ihrer potentiellen Vernichtung. In den *Soledades* wird dieses Spannungsverhältnis von Natur und Geschichte vor allem in den Gesprächen des *peregrino* mit den beiden Schäfern deutlich, etwa wenn der sog. *político serrano* in seinem Monolog (Verse 366–502) innerhalb dessen, was man heute eine kritische globalgeschichtliche Darstellung der Verheerungen der ersten Phase beschleunigter Globalisierung[121] nennen würde, immer wieder auf die Unterwerfung der Natur unter die Technik als Folge jenes Lasters der Gier schildert, das sich hinter den expansionistischen Ambitionen der Zeit verbirgt.[122] Bolaños Protagonist Urrutia ruft diesen Topos in seiner Melancholie

---

118 Vgl. die Verse 52–60 bei Góngora, die exakt derselben maritimen Metaphorik folgen: «Vencida al fin la cumbre/Del mar siempre sonante,/De la muda campaña/Árbitro igual e inexpugnable muro/Con pie ya más seguro/Declina al vacilante/Breve esplendor de mal distinta lumbre:/Farol de una cabaña/Que sobre el ferro está, en aquel incierto/Golfo de sombras anunciando el puerto» (Luis de Góngora: *Soledades*, S. 78).
119 Roberto Bolaño: *Nocturno de Chile*, S. 22–23.
120 John Beverley: *Aspects of Góngora's Soledades*, S. 69.
121 Vgl. zu diesem Aspekt auch Mark Minnes: *Ein atlantisches Siglo de Oro. Literatur und ozeanische Bewegung im frühen 17. Jahrhundert*. Berlin/Boston: De Gruyter 2017.
122 «Piloto hoy la Codicia, no de errantes/árboles, mas de selvas inconstantes» (Luis de Góngora: *Soledades*, S. 92).

noch einmal auf, wenn er über die Begegnung mit einer Gruppe von *campesinos* eben an jene immer schon von Geschichte (im Sinne der sich in dieser Szene Bolaños zwischen dem Großgrundbesitzer Farewell und den Landarbeitern ausdrücken sozialen Klassenverhältnisse) durchdrungene Natur und die Unmöglichkeit ihrer idealisierenden *contemplatio* erinnert wird: «[L]a visión [de los campesinos] (y todo lo que ella conllevaba), pese a su brevedad, consiguió alterar mi equilibrio mental y físico, el feliz equilibrio que minutos antes me había obsequiado la contemplación de la naturaleza.»[123] Konterkariert wird damit auch Urrutias Idee von der Landschaft als einem leeren und unberührten Raum, welcher in der Formulierung schließlich noch einmal einen chiffrierten und zugleich vor dem Hintergrund der bisherigen Analyse reichlich expliziten Hinweis auf den Bezug zu Góngora liefert: «La certidumbre de esa soledad absoluta siguió inmaculada.»[124] Dass diese pastoralen Landschaften bei Góngora zugleich als Kontrastfolien zur Welt des Hofes bzw. der Stadt fungieren und ihnen als solchen auch immer schon die für die Barockepoche charakteristischen Fragen von Macht und Einfluss der Literaten selbst eingelassen sind, ist dabei ein Aspekt, der auch mit Blick auf Góngoras Biographie hinlänglich beleuchtet[125] worden ist und dem, wie hier bereits mehrfach ausgeführt, in *Nocturno de Chile* eine zentrale Rolle zukommt, welche nun in der zweiten direkt auf die *Soledades* bezogenen Episode des Romans noch einmal näher betrachtet werden soll.

Ein im Kontext der Verflechtungen von Macht und Kunst im Roman immer wieder aufgerufenes Motiv ist das – und auch hier drängt sich der Vergleich zur barocken Wortkunst auf – Spiel mit den Signifikanten im homophonen Wortpaar «caza» und «casa»: Bereits in der ersten Episode des Romans wird diese Dialektik zwischen dem als Ort des künstlerischen Austauschs dienenden Haus

---

[123] Roberto Bolaño: *Nocturno de Chile*, S. 30. Die folgende Szene wiederum illustriert perfekt, wie die Begegnung mit den unter prekären Bedingungen lebenden Landarbeitern keinerlei Reflexion über die politischen oder historischen Ursachen dieser Tatsache auslösen, sondern er diese einmal mehr über die barockisierend gefasste Flucht ins Abstrakte zu lösen sucht: «¿Y qué fue lo que vi? Ojeras. Labios partidos. Pómulos brillantes. Una paciencia que no me pareció resignación cristiana. Una paciencia como venida de otras latitudes. Una paciencia que no era chilena aunque aquellas mujeres fueran chilenas. Una paciencia que no se había gestado en nuestro país ni en América y que ni siquiera era una paciencia europea, ni asiática ni africana (aunque estas dos últimas culturas me son prácticamente desconocidas). Una paciencia como venida del expacio exterior. Y esa paciencia a punto estuvo de colmar mi paciencia. Y sus palabras, sus murmullos, se extendieron por el campo, por los árboles movidos por el viento, por los hierbajos movidos por el viento, por los frutos de la tierra movidos por el viento» (S. 31–32).
[124] Ebd., S. 25.
[125] Vgl. John Beverley: Introducción, S. 18–27.

Farewells und dem Phänomen der Jagd aufgerufen, wenn es über das Wohnzimmer auf dem Landsitz heißt:

> [L]lamar living a aquella sala era un pecado, más bien se asemejaba a una biblioteca y a un pabellón de caza, con muchas estanterías llenas de enciclopedias y diccionarios y souvenirs que Farewell había comprado en sus viajes por Europa y el norte de África, amén de por lo menos una docena de cabezas disecadas, entre ellas la de una pareja de pumas que el padre de Farewell había cazado personalmente.[126]

Die simultane Präsenz von Bibliothek und Jagdsouvenirs präfiguriert hier bereits jene räumliche Nähe von Kultur und Gewalt, wie sie praktisch die gesamte im Roman dargestellte Topographie durchzieht. Zugleich spiegelt diese Raumsemantik des Romans stets die verschachtelte Erzählstruktur des Textes und greift damit in Form von labyrinthisch angelegten Räumen wiederum auf eine zentrale Figur des Barock zurück, wo das Labyrinth bekanntlich neben der im Kontext der Allegorie betrachteten Ruine als zweites zentrales «Medium der Darstellung der problematisch gewordenen räumlichen, leiblichen, sozialen und religiösen Orientierung des Menschen» fungiert.[127] Dies wird etwa deutlich, wenn es über die anbiedernde Annäherung des chilenischen Autors Salvador Reyes an Jünger und den Weg zu dem Treffen mit dem Autor der *Stahlgewitter* heißt: «[L]o guió a través de varios salones, cada salón se abría a otro salón, como rosas místicas, y en el último salón había un grupo de oficiales de la Wehrmacht y varios civiles y el centro de atención de toda esta gente era el capitán Jünger.»[128] Die im Folgenden noch näher zu erläuternde Verkörperung dieser Ko-Präsenz von Kultur und Barbarei, wie sie Jünger als Schriftsteller und Hauptmann der Wehrmacht exemplarisch repräsentiert, wiederholt sich in der bereits erwähnten Episode des Hauses von Mariana Callejas alias María Canales, wo sie sich im Kontrast zwischen dem Salon der Autorin und dem darunter liegenden und labyrinthischen Folterkeller – «era muy grande: un crucigrama»[129] – verbildlicht.

---

[126] Roberto Bolaño: *Nocturno de Chile*, S. 19.
[127] Willem van Reijen: Labyrinth und Ruine, S. 268.
[128] Roberto Bolaño: *Nocturno de Chile*, S. 38. Eine ähnliche Verschachtelung, an deren Ende das Treffen eines Bittstellers und eines Herrschers steht, findet sich in der Episode um den Wiener Schuster, in der es heißt: «Y cuando hubo movido todas las palancas empezaron a abrirse las puertas y el zapatero traspuso umbrales y antesalas e ingresó en salones cada vez más majestuosos y oscuros, aunque de una oscuridad satinada, una oscuridad regia, en donde las pisadas no resonaban, primero por la calidad y el grosor de las alfombras y segundo por la calidad y flexibilidad de los zapatos, y en la última cámara a la que fue conducido estaba sentado en una silla de lo más corriente el Emperador» (S. 53).
[129] Ebd., S. 139.

Ihre gleichsam stärkste Ausprägung jedoch findet diese Dichotomie in der Episode um Urrutias Reise nach Europa, um mittels der Besuche einer ganzen Reihe von Kirchenbauten und der dort tätigen Falkner ein patentes Rezept zur Bekämpfung von Taubenkot in Chile zu erkunden. Der allegorische Charakter dieser Episode ist offensichtlich, wobei die möglichen Deutungen in der Forschung von durchaus plausiblen Interpretationen wie einer Referenz auf die Bekämpfung der lateinamerikanischen Befreiungstheologie durch die konservativen katholischen Kräfte um Papst Johannes Paul II. und Joseph Ratzinger[130] bis zu eher zweifelhaften Bezügen zu einer den Namen «Halcones» tragenden mexikanischen Miliz reichen, deren Gründer kurz vor dem Putsch in Chile zum dortigen Militärattaché gemacht wurde.[131] Tatsächlich jedoch scheint auch diese Episode des Romans eine plausible Allegorese am ehesten auf der Grundlage der Untersuchung ihrer intertextuellen Fundamentierung zu erfahren, nämlich mit Blick auf die den Schlusspunkt von Góngoras *Soledades* bildende Szene der Falkenjagd.

Am Anfang der Episode steht die ihrerseits bereits mit Verweisen auf die Opern Domenico Donizettis und die Poesie José Asunción Silvas[132] intertextuell aufgeladene Schiffsreise Urrutias nach Europa. Auch hier rekurriert Bolaño auf die am Beginn der *Soledades* geschilderte Verwirrung des *peregrino* ob des ihn auch nach seiner Anlandung weiter dominierenden Gefühls, sich auf einem schwankenden Schiff zu befinden, wenn Urrutia bekundet: «Recuerdo que esa noche dormí en una habitación anexa a la sacristía y que mi sueño estuvo marcado por repentinos despertares en los que no sabía si estaba en el barco o en Chile.»[133] Wie schon in der ersten Episode des Romans auf dem Landsitz

---

[130] Vgl. Jacobo Myerston: The classicist in the cave: Bolaño's theory of reading in *By Night in Chile*. In: *Classical Receptions Journal* 8 (2016), Iss. 4, S. 554–573, hier: S. 568.
[131] Vgl. Aguilar 2008: S. 136. Wenn überhaupt ein solcher realweltlicher und zeitgeschichtlicher Bezug hergestellt werden soll, dann am ehesten zu den von dem berüchtigten Militärkommandanten Miguel Krassnoff geführten «Falken-Brigaden», welche auf die Jagd von Angehörigen der revolutionären MIR-Bewegung unter der Diktatur angesetzt waren. Vgl. dazu die Ausführungen in Javier Rebolledo: *La danza de los cuervos: el destino final de los detenidos desaparecidos (investigación)*. Santiago de Chile: Ceibo 2012. («Miguel Krassnoff estuvo a cargo de las agrupaciones Halcón 1 y Halcón 2, parte de la Brigada Caupolicán, encargada de dar caza al MIR entre 1974 y 1975, los años más duros y que concentran mayor cantidad de crímenes», S. 68). Zugleich ist diese Möglichkeit einer multiplen Auslegung zweifellos das konstitutive Kennzeichen des polysemischen Spur-Konzepts, wie es für Bolaños Werke charakteristisch ist.
[132] Vgl. zu diesem Verweis die Ausführungen in Ximena Briceño/Héctor Hoyos: «Así se hace literatura»: historia literaria y políticas del olvido en *Nocturno de Chile* y *Soldados de Salamina*. In: *Revista Iberoamericana* 76, 232–233 (2010): S. 601–620, hier: S. 607.
[133] Roberto Bolaño: *Nocturno de Chile*, S. 84. Das Motiv der als schwankendes Schiff konzipierten Bettstatt Urrutias kommt im Roman mehrfach vor und kann als Komplettierung der

Farewells verstecken sich innerhalb der Falkenszene Hinweise, die sowohl auf eine Verbindung der beiden Episoden hindeuten als auch die Doppelbödigkeit dieser Vogelschau Urrutias intendieren: So schließt etwa das auf Urrutias erster Station im italienischen Pitoia auftauchende Lexem des «guantelete», des Falknerhandschuhs, an ein Bild aus der Zusammenkunft bei Farewell an, wenn Urrutia über die Annäherung des wie er selbst offensichtlich homosexuellen Kritikers sagt: «Farewell sonrió y me puso la mano en el hombro (una mano que pesaba tanto o más que si estuviera ornada por un guantelete de hierro).»[134] Das Bild ist Teil einer die komplette erste Begegnung von Farewell und Urrutia strukturierenden Vogel-Semantik, die als allegorische Ausgestaltung der Machtrelationen innerhalb des literarischen Feldes bzw. der ihm inhärenten Gewalt sowie der Präfiguration der Falken-Szenen in Europa fungiert.[135] Der Hinweis auf die allegorische bzw. intertextuelle Doppelbödigkeit der Reise Urrutias bzw. dieser in *Nocturno de Chile* aufgeführten Auspizien wird wiederum in Bildern wie einer Dopplung von zwei Falken in Turin[136] bzw. Anspielungen wie «la paloma de Picasso [es] un pájaro de doble intención»[137] manifest. Dieser allegorische wie intertextuelle Charakter wurde von der Forschung auch mit Blick auf Góngoras Falken-Episode hinlänglich untersucht, wenn diese etwa als ein «‹système› ornithologique cohérent et structuré qui n'est pas sans

---

erwähnten Barock-Allegorien verstanden werden: «A lo lejos escucho algo como si una cuadrilla de primates se pusiera a parlotear, todos a la vez, excitadísimos, y entonces saco una mano de debajo de las frazadas y toco el río y cambio trabajosamente el rumbo de la cama usando de remo mi mano, moviendo los cuatro dedos como si se tratara de un ventilador indio, y cuando la cama ha girado lo único que veo es la selva y el río y los afluentes y el cielo que ya no es gris sino azul luminoso y dos nubes muy pequeñas y muy lejanas que corren como niños arrastrados por el viento» (S. 71).
134 Ebd., S. 14.
135 Vgl. die Darstellung Urrutias von Farewells als Greifvogel und seiner selbst als Vögelchen, wenn es heißt: «[Y] la voz de Farewell era como la voz de una gran ave de presa que sobrevuela ríos y montañas y valles y desfiladeros, siempre con la expresión justa, la frase que se ceñía como un guante a su pensamiento, y cuando yo le dije, con la ingenuidad de un pajarillo, que deseaba ser crítico literario, que deseaba seguir la senda abierta por él, que nada había en la tierra que colmara más mis deseos que leer y expresar en voz alta, con buena prosa, el resultado de mis lecturas» (Ebd., S. 14). Ebenso einige Zeilen später, wo Farewell explizit als Falke bezeichnet wird: «bajé los ojos humildemente, como un pajarillo herido, e imaginé ese fundo en donde la literatura sí que era un camino de rosas y en donde el saber leer no carecía de mérito y en donde el gusto primaba por encima de las necesidades y obligaciones prácticas, y luego levanté la mirada y mis ojos de seminarista se encontraron con los ojos de halcón de Farewell» (Ebd., S. 15).
136 Vgl. Ebd., S. 86.
137 Ebd., S. 95.

entrer avec résonance avec d'autres trames signifiantes de mots et de motifs»[138] oder ein «multilayered conceptual play»[139] ausgemacht wurde. Die dominierende allegorische Auslegung der Szene las diese mit Blick auf die spezifischen geographischen Zuordnungen der Jagdvögel Góngoras und den dadurch skizzierten Raum «desde la Mauritania a la Noruega»[140] als chiffrierte Darstellung der geo-politischen Konstellation des spanischen Imperiums im Ausgang des 16. Jahrhunderts[141] bzw. als allegorische Kritik am messianischen Kriegsimaginarium der Habsburger «by counterpoising the real history of European war to the pseudo-history of divinely ordained empire.»[142] Auch wenn sich dieses Element einer kritischen Allegorie messianisch grundierter Politik durchaus auf *Nocturno de Chile* und das Militärregime um General Augusto Pinochet übertragen ließe,[143] so liegt der plausiblere Schlüssel zum Verständnis von Bolaños Falkenszene zweifellos in der Fortschreibung der intertextuellen Dimensionen Góngoras. Dabei ist zunächst zu beachten, dass Bolaños Rückgriff auf die *Soledades* dem bei Góngora zu beobachtenden Prinzip einer *réécriture* von Ovids *Metamorphosen* folgt, welche insbesondere in der Vogel-Episode am Ende des Textes eine «creative imitation [of] the elements from the *Metamorphoses* so

---

[138] Nadine Ly: La République ailée dans les *Solitudes*. In: Jacques Issorel (Hg.): *Crepúsculos pisando. Once estudios sobre las Soledades de Góngora*. Perpignan: Presses Universitaires 1995, S. 141–179, hier: S. 157.

[139] Sanda Munjic: A Reflection on Greed Through Bird Imagery: Ovidian Pre-Text in Góngora's «Solitudes». In: Alison Keith/Stephen Rupp (Hg.): *Metamorphoses: The Changing Face of Ovid in Medieval and Early Modern Europe*. Toronto: Centre for Renaissance and Reformation Studies 2007, S. 251–266, hier: S. 260. .

[140] Luis de Góngora: *Soledades*, S. 155.

[141] Konkrete Bezüge werden etwa auf die Auseinandersetzungen mit dem Ottomanischen Reich im Mittelmeer sowie den rebellischen Niederlanden lesbar, vgl. dazu Crystal Anne Chemris: *Góngora's* Soledades *and the problem of Modernity*, S. 102, bzw. John Beverley: Introducción, S. 155.

[142] Crystal Anne Chemris: *Góngora's* Soledades *and the problem of Modernity*, S. 96.

[143] Neben der fundamentalen technokratischen Prägung der Diktatur eignete ihr und vor allem Pinochet selbst die messianische Autosuggestion, als vermeintliche Erlöser des Landes vom kommunistischen Joch zu fungieren. Auf diesen Zusammenhang wird in den Überlegungen zu Jüngers Sublimierungsstrategien des Krieges noch einmal zurückzukommen sein, lässt sich doch auch das Messianische als eine Form ideologischer Sublimierung von Grausamkeiten verstehen, oder wie es Lagos mit Blick auf Pinochet formuliert: «Los códigos discursivos enseñan la autopercepción del uniformado, quien habla de sí mismo como la respuesta transcendente a la oración, como parte del universo deífico. [...] No estamos, en el lenguaje del actor social, ante un proyecto político de facto, violador de la dignidad humana, sino ante una ‹propuesta mesianica› que pretende legitimaciones metasociales evadiéndose de la contradicción de, en el hecho, vulnerar gravemente la vida los chilenos» (Humberto Lagos Schuffeneger: *El general Pinochet y el mesianismo político*. Santiago de Chile: LOM 2011, S. 22–23).

that they acquire meaning and ethical weight in the *Solitudes*»[144] unternimmt. Bereits die Ausgangsidee Bolaños, seinen Protagonisten Urrutia quasi zur Jagdfortbildung nach Europa zu schicken, nimmt jenen gongorinischen Spott der *Soledades* über die mangelnde Jagdkenntnisse der Amerikaner auf, wenn es im Kontext der Falken-Episode (Verse 777–782) heißt, diesen sei statt dem Umgang mit den Jagdvögeln lediglich die Zähmung von Schmetterlingen gelungen: «¿Templarte supo, di, bárbara mano/al insultar los aires? Yo lo dudo,/que al prec*i*osamente Inca desnudo/y al de plumas vestido Mejicano,/fraude vulgar, no industria generosa,/del águila les dio a la mariposa.»[145] Wie bei Góngora eine Entleerung sowohl des Epischen als auch des Bukolischen durch das jegliche Möglichkeit der Transzendenz durchkreuzende Laster der Gier die Problematik hergebrachter literarischer Gattungen bzw. ihrer idealisierenden Weltdarstellung anzeigt, ist es bei Bolaño die in Urrutias Reise angelegte Idee des Bildungsromans, welche in der Falken-Episode ad absurdum geführt wird: Die Stätten der Kultur bzw. des Kultus in Europa, die Urrutia aus seiner Reise von Italien über Frankreich und Belgien nach Spanien besucht, fungieren lediglich noch als Kulissen des eigentlichen, von niederen und utilitaristischen Motiven getriebenen Auftrags Urrutia, ein geeignetes Mittel zur Tötung der diese traditionelle Kultur bedrohenden Tauben zu finden.[146] Die beiden zentralen Episoden innerhalb von Urrutias Reise, welche auf den übrigen Stationen, wie etwa in Straßburg, jeweils von intertextuellen Anspielungen von Bernanos und Mauriac als Vertretern des *Renouveau catholique* bis zu den die Frage der Erlösung des Menschen thematisierenden Romanen Graham Greenes unterfüttert sind, ereignen sich bei seinen Aufenthalten in Avignon und Burgos. Dort wird

---

144 Sanda Munjic: A Reflection on Greed Through Bird Imagery, S. 254.
145 Luis de Góngora: *Soledades*, S. 157. Diese ironische Inszenierung des Motivs des, nicht zuletzt in ästhetischen Fähigkeiten, rückständigen Amerikaners, welcher sich unterwürfig dem vermeintlichen europäischen Fortschritt annähert, wird in *Nocturno* zuvor bereits in der Begegnung von Salvador Reyes und Ernst Jünger moduliert, wenn der Chilene in einem Akt patriotischer Lächerlichkeit Jünger zu einer chilenischen *once*, also dem in Chile gebräuchlichen Nachmittagsimbiss, einlädt, «para que Jünger supiera lo que era bueno, pues, para que Jünger no se fuera a hacer una idea de que aquí todavía andábamos con plumas» (Roberto Bolaño: *Nocturno de Chile*, S. 39).
146 Auch hier ist die konkrete Referenz auf das literarische Feld der Zeit in Chile offensichtlich, wenn die Taubenscheiße, welche die traditionelle – und das heißt katholisch fundamentierte – Kultur bedroht, allegorisch etwa für einen im späteren Verlauf des Romans zitierten Text wie Enrique Lafourcades 1971 publizierten Bestseller *Palomita blanca* steht, der aus der Sicht einer jungen Protagonistin die gesellschaftlichen Umwälzungen der Zeit in Chile vor allem auf der Ebene der die traditionellen Normen der Gesellschaft unterminierenden Jugendkultur thematisiert.

die Tötungsmacht der Falken erstmals in ihrem massiven Ausmaß ersichtlich, wenn es über das Blutbad des Falken Ta gueule[147] heißt:

> [D]e pronto Ta gueule volvía a aparecer como un rayo o como la abstracción mental de un rayo para caer sobre las enormes bandadas de estorninos que aparecían por el oeste como enjambres de moscas, ennegreciendo el cielo con su revolotear errático, y al cabo de pocos minutos el revolotear de los estorninos se ensangrentaba, se fragmentaba y se ensangrentaba, y entonces el atardecer de las afueras de Avignon se teñía de rojo intenso.[148]

Das Bild der den Himmel schwärzenden Vogelschar hat seine Entsprechung bei Góngora (Verse 891–901) in der Beschreibung eines Uhus, welcher aufgrund des schwarzen Himmels und der Illusion, die Nacht sei bereits hereingebrochen, seinen Flug unternimmt und in der Folge aufgrund seiner golden glänzenden Augen vom Schwarm der gierigen Krähen getötet wird:

> Más tardó en desplegar sus plumas graves/el deforme fiscal de Proserpina,/que en desatarse, al polo ya vecina,/la disonante niebla de las aves;/diez a diez se calaron, ciento a ciento,/al oro intüitivo, invidïado/deste género alado,/si como ingrato no, como avariento,/que a las estrellas hoy del firmamento/se atreviera su vuelo,/en cuanto ojos del cielo.[149]

Dass diese Szene bei Góngora wiederum eine intertextuelle Umschreibung der bei Ovid im elften Buch der *Metamorphosen* beschriebenen Tötung des Orpheus ist[150] – «Alsdann stürzen sie sich mit blutigen Händen auf Orpheus/So wie Vögel zusammengeschart, die ein Käuzchen am Tage/Flattern gesehn»,[151] heißt es bei dem antiken Klassiker – eröffnet wiederum eine Lesart, welche die allegorische Darstellung der Vogelkämpfe unmittelbar an das Feld der Kunst bzw. Literatur selbst zurückbindet, wie sie im Zentrum von Bolaños Falkenepisode steht. Diese Allegorie der Täterschaft des Intellektuellen entfaltet sich vollends

---

[147] Die humoristische Anspielung hier zielt neben der Aufrufung des Leitmotiv des Verschweigens womöglich auf den Erzbischof von Valparaíso, Emilio Tagle Covarrubias, welcher als einer der weniger hohen kirchlichen Würdenträger von Beginn an die Machtübernahme der Militärs begrüßte. Vgl. zu dieser Figur auch: Jeffrey Klaiber: *The Church, Dictatorships, and Democracy in Latin America*. Maryknoll: Orbis Books 1998, S. 50.
[148] Roberto Bolaño: *Nocturno de Chile*, S. 87.
[149] Luis de Góngora: *Soledades*, S. 162.
[150] Vgl. dazu die minutiöse Interpretation von Sanda Munjic: A Reflection on Greed Through Bird Imagery, S. 258–262.
[151] Publius Naso Ovidius: *Metamorphosen*. Epos in 15 Büchern. Übersetzt und herausgegeben von Hermann Breitenbach. Stuttgart: Reclam 1977, S. 346.

auf der folgenden Station, die von Urrutias Aufenthalt in Burgos und seiner Befreiung des dortigen Falken Rodrigo[152] handelt und über die es heißt:

> [V]uela, Rodrigo, y Rodrigo emprendió el vuelo a la tercera orden, y lo vi elevarse cada vez con mayor fuerza, sus alas produjeron un ruido de aspas metálicas y me parecieron grandes, y entonces sopló un viento como huracanado y el halcón se ladeó en su vuelo vertical y mi sotana se levantó como una bandera pictórica de furia, y yo recuerdo que entonces otra vez grité vuela, Rodrigo, y luego oí un vuelo plural e insano, y los pliegues de la sotana cubrieron mis ojos mientras el viento limpiaba la iglesia y sus alrededores, y cuando pude quitarme de la cara mi particular caperuza distinguí, bultos informes en el suelo, los cuerpecillos ensangrentados de varias palomas que el halcón había depositado a mis pies o en un radio alrededor de mí de no más de diez metros, antes de desaparecer.[153]

Diese von apokalyptischen und eschatologischen Elementen durchsetzte Vision[154] Urrutias verweist in ihrem Kern wiederum auf die bereits eingangs behandelte Frage der Verantwortung des Intellektuellen und seiner Stellung zur politischen Gewalt: Bolaños Priester entfesselt den Falken, während dessen Massaker an den Tauben seine durch den Wind hochgewirbelte Sutane den Blick auf das Geschehen verhindert – «mi particular caperuza» verweist auf Urrutia als einen Falken mit Haube im übertragenen Sinne – und an dessen Ende er vor den blutigen Opfern zu seinen Füßen steht. Diese Dialektik von Sichtbarkeit und Verblendung, von Freiheit und Zwang, von Tat und Passivität wird bereits in Góngoras Falkenbeschreibung (Verse 739–744) deutlich, wenn deren Existenz mit den Worten «sin luz, no siempre ciega,/sin libertad, no siempre aprisionada»[155] umschrieben wird: Der Falke folgt innerhalb einer Herr-Knecht-Relation trotz einer gewissen Autonomie im Vollzug der Jagd letztlich immer den Befehlen des Falkners – eine Hörigkeit, wie sie Urrutia gegenüber dem Regime Pinochets an den Tag legen wird und welche hier auf allegorische Weise bereits antizipiert wird.[156]

---

[152] Die Anklänge an die Figur von Rodrigo Díaz de Vivar alias *El Cid* sind hier wiederum offensichtlich und spielen die Komplexe einer für den spanischen Nationalismus zentralen Mythenkonstruktion ebenso ein wie einmal die bei Bolaño zentrale Frage nach den ästhetischen Verarbeitungsformen historischer Gewaltgeschichte.
[153] Roberto Bolaño: *Nocturno de Chile*, S. 91.
[154] Die Betonung der Tatsache, dass in der Szene insgesamt vier Mal die Aufforderung zum Flug des Falken erteilt wird, lässt sich etwa mit dem in der Offenbarung des Johannes beim Öffnen der Sieben Siegel viermal erteilten Ruf «komm!» in Verbindung bringen, auf den hin die Reiter der Apokalypse erscheinen.
[155] Luis de Góngora: *Soledades*, S. 155.
[156] Vgl. auch Urrutias Traum wenig später, in dem es noch vor seiner eigenen Rückkehr nach Chile heißt: «Veía una bandada de halcones, miles de halcones que volaban a gran altura por encima del océano Atlántico, en dirección a América» (Roberto Bolaño: *Nocturno de Chile*, S. 95).

Der Falke als Allegorie der Gewalt, welche ihr gemeinsames Drittes bei Bolaño im Bild des nicht enden wollenden Emporsteigens besitzen – «es el destino del terror, elevarse y elevarse y no terminar nunca y de ahí nuestra aflicción»,[157] bekennt Urrutia an anderer Stelle – verweist also wiederum auf jene für den Roman als konstitutiv postulierte Frage des Verhältnisses von Macht und Kunst bzw. von Schuld und Verantwortung. In diesem Sinne wird sie in *Nocturno de Chile* an anderer Stelle noch einmal aufgenommen, wobei auch hier auf den bei Ovid und Góngora präsenten Komplex der mythologisch fundierten Vogelschau zurückgegriffen wird. Bereits zu Beginn des Romans wird das Motiv des Bukolischen bei Urrutias Reise in das südchilenische Dorf Querquén auf dem Weg zu Farewells Landsitz unterlaufen, wenn das Krächzen der dortigen Vögel durch den Priester als Anklage und Schuldfrage interpretiert wird:

> De detrás de una arboleda volaron algunos pájaros. Parecían chillar el nombre de esa aldea perdida, Querquén, pero también parecían decir *quién, quién, quién*. Premuroso, recé una oración y me encaminé hacia un banco de madera, para componer una figura más acorde con lo que yo era o con lo que yo en aquel tiempo creía ser. Virgen María, no desampares a tu siervo, murmuré, mientras los pájaros negros de unos veinticinco centímetros de alzada decían *quién, quién, quién*, Virgen de Lourdes, no desampares a tu pobre clérigo, murmuré, mientras otros pájaros, marrones o más bien amarronados, con el pecho blanco, de unos diez centímetros de alzada, chillaban más bajito *quién, quién, quién*, Virgen de los Dolores, Virgen de la Lucidez, Virgen de la Poesía, no dejes a la intemperie a tu servidor, murmuré, mientras unos pájaros minúsculos, de colores magenta y negro y fucsia y amarillo y azul ululaban *quién, quién, quién*, al tiempo que un viento frío se levantaba de improviso helándome hasta los huesos.[158]

Die konkrete intertextuelle Verbindung zu den *Soledades* wird allerdings erst in einem Traum sichtbar, der Urrutia nach seiner Rückkehr nach Chile und seiner Tätigkeit als Marxismus-Dozent für die Militärjunta überfällt und in dem der Topos des Verräters über den bereits bei Góngora erscheinenden Verweis auf den Persephone-Mythos entwickelt wird: Bei Persephone handelt es sich bekanntlich der antiken Mythologie zufolge um die Tochter von Zeus und Demeter, die von Hades in die Unterwelt entführt wird, der sie zu seiner Frau nehmen will. Der Bitte Demeters um die Rückgabe ihrer Tochter stimmt Hades unter der Bedingung zu, dass diese während ihres Aufenthalts in der Unterwelt dort keine Speise verzehrt haben durfte. Askalaphos allerdings, Sohn des Flusses Acheron und der Nymphe Orphne, hat Persephone beim Verzehr einiger Granatapfelkerne beobachtet und verrät sie an Hades. In einem Kompromiss

---

157 Ebd., S. 63.
158 Ebd., S. 17.

einigt sich der Herrscher der Unterwelt mit Demeter darauf, dass ihre Tochter einen Teil des Jahres bei ihm verbringen müsse – woraufhin Demeter den Verräter Askalaphos aus Zorn in eine Eule bzw. einen Uhu verwandelte.[159] Die daraus resultierende Ambivalenz der Figur der Eule als Repräsentantin von Weisheit einerseits und Verkörperung des Verrats andererseits wird von Góngora ebenso wie von Bolaño wieder aufgenommen: Bei Góngora stehen die Eule bzw. der Uhu, wie Huergo in einer furiosen philologischen Interpretation dieser besonders hermetischen Passage der *Soledades* gezeigt hat,[160] im Kontext der Frage nach dem Wirken des Schicksals für die Verblendung des Wissenden. Die doppelte Funktion des Uhus bei Góngora, der als solcher kein klassischer Jagdvogel ist, lässt sich dabei nach Huergo und mit Blick auf die oben im Kontext des auftauchenden Krähenschwarms zitierten Verse wie folgt erfassen: «El fiscal de Proserpina, el búho Ascálafo, encarna dos principios complementarios: la deformidad («deforme fiscal») y el torpor del temperamento flemático («tardó en desplegar»).»[161] Während das erste Merkmal als barocke Unterminierung der Uniformität der Reihe der Jagdvögel zu verstehen sei, so Huergo weiter, verbinde sich das auf die Melancholie verweisende Motiv der Trägheit mit der barocken Zeiterfahrung der Vergänglichkeit, aus der zugleich der tödliche Fehler des Uhus erwachse, welcher in den *Soledades* zu seinem Tod durch die Krähen führt. Dies geschehe nur, weil sich der Uhu fatalerweise am Ort einer von den Jägern präparierten Falle niederlässt, auf welche die Krähen für gewöhnlich sich hinabzustürzen pflegen und wo sie alsbald von den losgelassenen Falken der Jäger zerfetzt werden. Die Vögel, die Góngoras Jäger bei dieser in Spanien noch heute als *caza con reclamo* verbreiteten Form des Jagens normalerweise als Lockvögel benutzen, sind Rebhühner. Die Tatsache, dass der Uhu bei Góngora nun umkommt, weil er sich zufällig an diesem fatalen Ort inmitten der Kampfzone niederlässt, verweise, so Huergo, auf die im barocken Kontext des Gedichts so zentrale Frage nach der Schicksalhaftigkeit der Dinge. Was in der endlosen Kette des Schlachtens innerhalb der Falken-Episode bei Góngora sichtbar werde, sei die Unmöglichkeit des Tragischen im Sinne einer aus dem furchtbaren Geschehen zu ziehenden Lehre; stattdessen sei die Welt in Abwesenheit einer ordnenden göttlichen Hand als eine notwendig kontigente zu verstehen:

---

[159] Vgl. Michael Grant/John Hazel: *Lexikon der antiken Mythen und Gestalten*. Berlin: List 2014, S. 74–75 bzw. S. 330–332.
[160] Vgl. Humberto Huergo: Algunos lugares oscuros de las *Soledades* de Góngora, S. 22–36.
[161] Ebd., S. 32.

> El búho es cazado por los cuervos, los cuervos son cazados por los halcones, los halcones son cazados por los cazadores y los cazadores son cazados por los leones sin que ninguno de ellos tenga permitido exclamar: ¡El destino es así! La tragedia se disuelve en lo que Hegel llama ‹el ámbito de lo indigente›, el ‹juego loco del capricho y de la casualidad› propio de la agudeza barroca.[162]

In Bolaños Rekurrenz auf Góngora bzw. den Persephone-Mythos wiederum wird diese eine Frage von Schuld und Verantwortung entwertende Kontingenz der Welt wieder aufgenommen und zugleich dekonstruiert. Der Bezug auf den Mythos ist offensichtlich, wenn Urrutia im Traum explizit auf die Mondgöttin Selene Bezug nimmt, die in der mythologischen Rezeptionsgeschichte[163] immer wieder mit Persephone in Verbindung gebracht wird. So heißt es im betreffenden Traum, in dem Urrutia erneut dem Falken Rodrigo sowie seinem Falkner, dem Padre Antonio aus Burgos, begegnet:

> ¡Pero si es Rodrigo!, exclamaba yo. El viejo Rodrigo, qué bien se lo veía, gallardo y ufano, elegantemente agarrado a una rama, iluminado *por los rayos de Selene*, majestuoso y solitario. Y entonces, mientras admiraba al halcón, el padre Antonio me tiraba de la manga y al volver la vista hacia él notaba que tenía los ojos muy abiertos y sudaba a mares y le temblaban los carrillos y la barbilla. Y cuando él me miraba me daba cuenta de que gruesos lagrimones salían de sus ojos, unos lagrimones como perlas turbias en donde se reflejaban *los rayos de Selene* [...] y luego el padre Antonio se echaba a llorar desconsoladamente [...] y entonces, volteando la cabeza hacia arriba, hacia mis ojos, con gran esfuerzo me preguntaba si no me daba cuenta. ¿Cuenta de qué?, pensaba yo mientras el padre Antonio se derretía. Es el árbol de Judas, hipaba el cura húrgales. Su aseveración no admitía dudas ni equívocos. ¡El árbol de Judas! En ese momento creí que me iba a morir. Todo se detuvo. Rodrigo seguía posado en la rama. El patio o la plaza de adoquines seguía iluminada por *los rayos de Selene*.[164]

Der mythologische Selene-Komplex des Mondes und des Nächtlichen mit seiner Nähe zum Persephone-Mythos und zur Präsenz des Uhus ist dabei mit Blick auf Urrutia als folgendermaßen chiffrierte Problematisierung der Schuldhaftigkeit des Priesters und Kritikers zu verstehen: Urrutia repräsentiert, wie Askalaphos auch, den Zeugen bzw. Helfer der Herrschers der Unterwelt, wenn er als Mittelsmann Pinochets zumindest indirekt zum ‹Verschwinden› von Menschen beiträgt, wie es bei der entführten Persephone der Fall ist, deren Mythos hier eine Verbindung zum Schicksal der *desaparecidos* der chilenischen Diktatur

---
162 Ebd., S. 36.
163 Vgl. dazu die Bemerkungen zur Wandlungen des Selene-Bildes in: Homerus: *Homerische Hymnnen*. Hg. von Gerd von der Gönna und Erika Simon. Übertragung, Einführung und Erläuterung von Karl Arno Pfeiff. Tübingen: Stauffenburg 2002, S. 155–157.
164 Roberto Bolaño: *Nocturno de Chile*, S. 137 (meine Kursivierung).

eröffnet. Zugleich repräsentiert Urrutia die Ambivalenz der Eule als Trägerin von Weisheit wie Verrat bzw. jener Trägheit des Uhus als Repräsentation des Hauptlasters der *acedia*: Dieses durch die Melancholie und den Weltekel im Roman mehrfach aufgerufene Motive wird mit der Frage nach der Schuld Urrutias als desjenigen verknüpft, der aus seinem *ennui* heraus tatenlos gegenüber den politischen Geschehnissen der Zeit bleibt bzw. diese sogar noch indirekt unterstützt. Bolaño hat diesen Zusammenhang einmal explizit benannt, als er bezüglich des Protagonisten seines Romans bemerkte: «Generalmente la chatura va acompañada de miedo o malevolencia.»[165] Urrutia erscheint folglich innerhalb der fundamental an den *Soledades* inspirierten Vogelschau in *Nocturno de Chile* sowohl in der Nähe zu den Falken als instrumentalisierten Mordmaschinen als auch zum Uhu als Melancholiker und Verräter. Die vorgebliche Eigenschaft des letzteren zum Sehen in der Dunkelheit, welche als solche, wie hier bereits mehrfach angeführt, für Bolaño die Zentralmetapher einer kritischen Literatur darstellt, wird dabei mit Blick auf Urrutia mehrfach ironisiert: So bekennt der Priester im Rahmen seiner Rechtfertigungen bezüglich der Vorgänge während der nächtlichen Treffen im Haus der Mariana Callejas: «Pero cuando iba tenía los ojos abiertos y el whisky no me nublaba el entendimiento. Me fijaba en las cosas.»[166] Zugleich aber will er von den Ereignissen im Keller des Hauses nichts mitbekommen haben und entlastet sich selbst, wenn es heißt: «Yo me hice la siguiente pregunta: ¿por qué nadie, en su momento, dijo nada? La respuesta era sencilla: porque tuvo miedo, porque tuvieron miedo. Yo no tuve miedo. Yo hubiera podido decir algo, pero yo nada vi, nada supe hasta que fue demasiado tarde.»[167] Dass diese Blindheit nicht etwa wie die des Uhus bei Góngora schlicht in der Kontingenz der Welt begründet liegt, sondern im Falle Urrutias vielmehr einem bewussten Wegsehen geschuldet ist – darin liegt in Bolaños fatalen Auspizien der Kern seiner Kritik an der kollaborationistischen Haltung Urrutias und der chilenischen Intellektuellen. Diese Frage von Schuld und Sühne wird final noch einmal im Verweis auf den sog. Judas-Baum aufgerufen, der in unmittelbarer Verbindung mit dem Persephone-Motiv in besagtem Traum Urrutias erscheint:

> Aquella mañana, tras despertarme, de vez en cuando me descubría canturreando: el árbol de Judas, el árbol de Judas, durante las clases, mientras paseaba por el jardín, al hacer un alto en la lectura diaria para prepararme una taza de té. El árbol de Judas, el árbol de Judas. Una tarde, mientras iba canturreando, tuve un atisbo de comprensión:

---

165 Bolaño in Andrés Braithwaite: *Bolaño por sí mismo*, S. 115.
166 Roberto Bolaño: *Nocturno de Chile*, S. 128.
167 Ebd., S. 140.

> Chile entero se había convertido en el árbol de Judas, un árbol sin hojas, aparentemente muerto, pero bien enraizado todavía en la tierra negra, nuestra fértil tierra negra en donde los gusanos miden cuarenta centímetros.[168]

Der Verweis auf den biblischen Jesus-Verräter wiederum fungiert hier einmal mehr im Modus des Ironischen, insofern der Priester Urrutia als Bibelexeget einzig auf eine Taktik des Verschweigens und Umschiffens seiner eigenen Schuld setzt, statt sich an der Figur des Judas zu orientieren. «Ich habe gesündigt, ich habe euch einen unschuldigen Menschen ausgeliefert», heißt es bekanntlich in der Bibel über Judas' Worte während seines Besuchs bei den Hohepriestern nach dem Tod Jesu. Die Diskrepanz der Konsequenzen, so scheint Bolaño am Ende des Romans in diesem finalen intertextuellen Verweis zu intendieren, könnte hinsichtlich der beiden Verräter Urrutia und Judas und ihres Umgangs mit der eigenen Schuld größer nicht sein, stellt man den lavierenden Protagonisten seines Romans ins Licht der Sätze aus dem Matthäus-Evangelium: «Sie antworteten: Was geht das uns an? Das ist deine Sache. Da warf er die Silberstücke in den Tempel; dann ging er weg und erhängte sich.»

Ästhetisierung des Schreckens und das Affekttheater der Kälte

> Chile, Chile. ¿Cómo has podido cambiar tanto?, le decía a veces, asomado a mi ventana abierta, mirando el reverbero de Santiago en la lejanía. ¿Qué te han hecho? ¿Se han vuelto locos los chilenos? ¿Quién tiene la culpa? Y otras veces, mientras caminaba por los pasillos del colegio o por los pasillos del periódico, le decía: ¿Hasta cuándo piensas seguir así, Chile? ¿Es que te vas a convertir en otra cosa? ¿En un monstruo que ya nadie reconocerá?[169]

In diesem auf dem Höhepunkt der ideologischen und politischen Polarisierung Chiles stattfindenden Dialog Urrutias mit seinem Land kurz vor dem Militärputsch 1973 artikulieren sich gleich mehrere Dimensionen einer problematischen Welt- und Zeiterfahrung, die zum besseren Verständnis der im Folgenden zu erörternden intertextuellen Bezugnahmen auf die Werke Joris-Karl Huysmans' und Ernst Jüngers hier zunächst kommentiert werden soll: Urrutias Wahrnehmung einer aus den Fugen geratenen Welt, die sich für ihn durch die permanente und nicht

---

168 Ebd., S. 138.
169 Roberto Bolaño: *Nocturno de Chile*, S. 96.

enden wollende Veränderung der Verhältnisse und die daraus resultierende Nähe des Menschen zum Wahnsinn auszeichnet, korrespondiert dabei nicht nur mit der anhand der Góngora-Bezüge diskutierten Welterfahrung des Barock, sondern auch – und womöglich fundamentaler – mit jener der Moderne im engeren Sinne.[170] Urrutias Krisendiagnose vollzieht sich vor dem Hintergrund einer dynamisierten und radikalen Veränderung von Lebensformen und -welten, wie sie sich im Zuge der Entwicklung Chiles hin zu einer modernen Massengesellschaft spätestens ab den 1950er Jahren beobachten lässt.[171] Wenngleich die Wurzeln dieser Modernisierungsphänomene bis ins 19. Jahrhundert zurückreichen, wurde für die drei Jahrzehnte nach dem Ende des Zweiten Weltkriegs mit Blick auf die lateinamerikanischen Gesellschaften von einer intensivierten Modernephase gesprochen. Neben den soziologischen und technologischen Umsturzphänomenen dieser Zeit lässt sich insbesondere in der Folge der Kubanischen Revolution eine «inflación ideológica»[172] auf dem Kontinent beobachten, die ein Kernbestandteil dieser Moderneerfahrung ist und unter welche etwa Brunner mit Blick auf Chile sowohl das Projekt der «revolución en libertad» von Frei Alessandri als auch die «revolución socialista» Allendes und die «revolución militar» Pinochets verortet.[173] Auf der Ebene der Kultur und der Kunst wiederum führen diese Modernisierungsprozesse zu einer Hinterfragung eines Kulturbegriffs, «den die durch europäische Einflüsse geprägte Oligarchie im Sinne einer dominanten ‹Hochkultur› definiert hatte.»[174] Die Hypothese der folgenden Ausführungen lässt sich vor dem Hintergrund dieser Beobachtung wie folgt formulieren: Es ist diese im Verschwinden einer traditionellen Welt und ihrer Ordnungs- und Orientierungsstrukturen begründete Krisenerfahrung, mittels derer Bolaño in *Nocturno de Chile* eine geistes- und literaturgeschichtliche Verbindung zwischen der chilenischen Realität der 1960er und 1970er Jahre und den Paradigmen der klassischen europäischen Moderne herstellt.

---

170 Als «Moderne im engeren Sinne» ist hier der historische Zeitraum zwischen ca. 1860 und 1930 im Sinne jener von Gumbrecht als «Hochmoderne» bezeichneten und vom Symbolismus bis zum Ende der Avantgarden reichenden Spanne gedacht. Vgl. dazu bzw. zum Moderne-Konzept allgemein die Überlegungen in Hans Ulrich Gumbrecht: Kaskaden der Modernisierung. In: Jürgen Klein (Hg.): *Hans Ulrich Gumbrecht. Präsenz*. Berlin: Suhrkamp 2012, S. 26–48.
171 Vgl. dazu etwa die Ausführungen in Stefan Rinke: *Kleine Geschichte Chiles*. München: Beck 2007, insbesondere S. 102–158.
172 Norbert Lechner: *Los patios interiores de la democracia: Subjetividad y política*. Santiago de Chile: Fondo de Cultura Económica 1990, S. 107.
173 José Joaquín Brunner: *Un espejo trizado: Ensayos sobre cultura y políticas culturales*. Santiago de Chile: Flacso 1988, S. 48–51.
174 Stefan Rinke: *Kleine Geschichte Chiles*, S. 114.

Die Moderneerfahrung seines Protagonisten Urrutia lässt sich dabei einerseits mit den bekannten soziologischen bzw. geschichtsphilosophischen Diagnosen der Weberschen «Entzauberung der Welt»[175] oder der von Lukács postulierten «transzendentalen Obdachlosigkeit»[176] erfassen, wobei im Zentrum von Bolaños Reflexionen zweifellos die Frage nach den in der Moderne virulent werdenden ästhetischen Formen der Reaktion auf diese Erfahrungen des Weltverlusts sowie ihre ethischen Implikationen stehen. So lässt sich etwa die melancholische Grundhaltung von Bolaños Protagonist Urrutia Lacroix, wie sie eingangs mit Blick auf die allegorischen Dimensionen des Romans analysiert wurde, unschwer als eine Art Relektüre jener Erfahrung der Entwertung der klassischen Funktionen der Dichtung in der Moderne interpretieren, die nach Hugo Friedrich bekanntlich in jenem Übergang von einer Position «im Schallraum der Gesellschaft» mit der Aufgabe eines «idealisierende[n] Bilden[s]» geläufiger Stoffe oder Situationen, als heilender Trost auch in der Darbietung des Dämonischen» hin zur «Opposition zu einer mit ökonomischer Lebenssicherung beschäftigten Gesellschaft» bestand, in deren Folge die «Klage über die wissenschaftliche Welträtselung und über die Poesielosigkeit der Öffentlichkeit» zur zentralen Aussagebedingung der Literatur und der Dichtung im Speziellen wurde.[177] Die in diesem für die Kunst der Moderne prägenden Gefühl der Dekadenz angelegte problematische Dialektik einer neu postulierten und radikalen ästhetischen Autonomie der Kunst einerseits und den daraus erwachsenden ethischen Implikationen andererseits beschreibt Friedrich in seiner Formel vom Ziel dieser Kunst, eine «Selbstbewegung geistiger Mächte zu sein, deren Qualität bemessen wird nach der Dimension der hervorgebrachten Bilder, nach der Wirkungsgewalt der Ideen, nach einer inhaltlich nicht mehr gebundenen reinen Dynamik, die die Unterschiede zwischen Gut und Böse, Wahrheit und Irrtum hinter sich gelassen hat.»[178] Dieser problematische Nexus von Ästhetik und Ethik, welcher seine extremste Ausprägung in jener von Friedrich benannten «diktatorischen Phantasie»[179] findet, wie sie bei Bolaño noch in den Ausführungen zu *Estrella distante* im folgenden Kapitel näher zu erläutern sein wird, erfährt im aus dem Symbolismus hervorgehenden Ästhetizismus des ausgehenden 19. Jahrhunderts einen ersten Kulminationspunkt. Im

---

175 Vgl. Max Weber: *Wissenschaft als Beruf*. Stuttgart: Reclam 1995, S. 19.
176 Vgl. Georg Lukács: *Die Theorie des Romans. Ein geschichtsphilosophischer Versuch über die Formen der großen Epik*. München: dtv 2000, S. 32.
177 Hugo Friedrich: *Die Struktur der modernen Lyrik. Von der Mitte des neunzehnten bis zur Mitte des zwanzigsten Jahrhunderts*. Reinbek: Rowohlt 2006, S. 20.
178 Ebd., S. 26.
179 Ebd., S. 28.

Ästhetizismus konvergieren das Bewusstsein vom gesellschaftlichen Funktionsverlust der Kunst und die Affirmation dieses Status in einer radikal ins Ästhetische gewendeten Perspektive, oder um mit Peter Bürger zu sprechen:

> Die Abgehobenheit von der Lebenspraxis, die immer schon den institutionellen Status der Kunst in der bürgerlichen Gesellschaft ausgemacht hat, wird nun zum Gehalt der Werke. Institutioneller Rahmen und Gehalte fallen zusammen. Der realistische Roman des 19. Jahrhunderts dient noch dem Selbstverständnis der Bürger. Die Fiktion ist Medium einer Reflexion über das Verhältnis des Individuums zur Gesellschaft. Im Ästhetizismus verliert die Thematik an Bedeutung zugunsten einer immer größeren Konzentration der Kunstproduzenten auf das Medium selbst. [...] Das Zusammenfallen von Institution und Gehalten enthüllt die gesellschaftliche Funktionslosigkeit als Wesen der Kunst in der bürgerlichen Gesellschaft und fordert damit die Selbstkritik der Kunst heraus.[180]

Die spezifische Dialektik des Ästhetizismus besteht dabei in der Tatsache, dass in der Abwendung von einer entzauberten, weil auf das Ökonomische und Rational fundamentierten Welt und Gesellschaft hin zu einer, wo nicht Transzendenz, so doch zumindest eine Intensität des Erlebens versprechenden Kunst-Existenz zwar eine pointierte Kritik an der modernen Gesellschaft geleistet wird, diese aber in ihrer radikalen Verabschiedung der Gesellschaft immer schon eine potentiell gewalttätige und damit ethisch problematische Dimension in sich trägt. Karl Heinz Bohrer hat diese heikle Verbindung von Ästhetik und Ethik im Ästhetizismus in seinen einschlägigen Überlegungen zur *Ästhetik des Schreckens* benannt, wenn er bemerkt,

> daß ästhetische Konzentration an sich schon die Tendenz zur moralischen Empfindungslosigkeit, ja zur Grausamkeit in sich trägt. [...] Eine solche ästhetische Konzentration, deren Wert durch ethische Interessen herabgemindert werden könnte, läuft in Gefahr, das Inhumane, das Böse zu beschwören in dem Augenblick, wo durch besondere historische Umstände der Gegenstand des künstlerischen Interesses ein inhumaner Gegenstand ist.[181]

Die Kunst der Moderne – und der Ästhetizismus im Besonderen – fungiert folglich insofern immer schon als eine privilegierte Beobachtungsebene jenes bei Bolaño fortwährend präsenten Problems des Bösen im Sinne der komplexen Verbindungen von Ästhetik und Ethik, als, wie Peter-André Alt betont hat, ein übergreifender Effekt moderner Ästhetik in der Tatsache liegt, «daß die Kategorie

---

180 Peter Bürger: *Theorie der Avantgarde*, S. 34–35.
181 Karl Heinz Bohrer: *Die Ästhetik des Schreckens. Die pessimistische Romantik und Ernst Jüngers Frühwerk*. München: Hanser 1978, S. 57–58.

des Bösen nicht allein durch ethische, religiöse und juristische Denkformen geprägt ist, sondern ihren Sinn wesentlich über poetische Erfindungen im Rahmen (zumeist) erzählerischer Ordnungen und Strukturmodelle empfängt.»[182] Eine besondere Bedeutung kommt in diesem Kontext bei Bolaño der Frage nach den affektiven Grundierungen jener literarischen Ästhetisierungsformen des Bösen zu, wie sie eingangs bereits in der durch den Autor problematisierten Figur eines nicht zu bannenden «mal frío» zum Ausdruck kam. Die Thematisierung dieses aus einer affektiven Kälte entspringenden Bösen, wie es für zahlreiche Entwürfe der ästhetischen Moderne kennzeichnend ist,[183] nimmt innerhalb von Bolaños Werk einen zentralen Platz ein und wird auch in *Nocturno de Chile* anhand der vielfältigen intertextuellen Referenzen immer wieder eingeblendet. So lässt sich etwa schon für Urrutias emotionslose Betrachtung des Massakers an den Tauben eine Entsprechung in Góngoras *Soledades* finden, wenn es über die (Nicht-)Reaktion des *peregrino* angesichts seiner Beobachtung des Blutbads unter den Vögeln heißt: «Destos pendientes agradables casos/vencida se apeó la vista apenas.»[184] In diesen wiederkehrenden Szenen der Gewalt in den *Soledades* in Form eines «juxtaposing the language of idealization with graphic depictions of pain and violence»[185] lässt sich, wie Chemris treffend bemerkt hat, folglich eine Meta-Reflexion über die Frage nach dem Zusammenhang von Ästhetik und Gewalt im Sinne eines «glimpse into the process of idealization itself»[186] erkennen, wie sie für *Nocturno de Chile* gleichfalls charakteristisch ist. Wenngleich Góngoras Werk noch zahlreiche weitere Stellen für eine solche Interpretation böte, soll diese im Folgenden, auch mit Blick auf die spezifische Konstellation der Moderne, anhand zweier im Zusammenhang einer solchen Ästhetik des Schreckens bzw. eines ‹kalten Bösen› exemplarischer Autoren vorgeführt werden, wie sie eingangs bereits genannt wurden: Joris-Karl Huysmans und Ernst Jünger.

Wenn in den Analysen zu den Góngora-Bezügen in *Nocturno de Chile* bereits deutlich wurde, dass es innerhalb der intertextuellen Ästhetik Bolaños eine Präferenz für Autoren und Werke zu geben scheint, welche ihrerseits dezidiert einer solchen Ästhetik folgen, dann kann diese Beobachtung auch für die Beispiele Huysmans und Jünger Gültigkeit beanspruchen. So lässt sich etwa in Huysmans' bekanntestem Werk *À rebours* eine Auseinandersetzung bzw. ein Versuch der Einschreibung in den Kanon der *décadents* seiner Zeit beobachten,

---

182 Peter-André Alt: *Ästhetik des Bösen*. München: Beck 2010, S. 13.
183 Vgl. dazu auch: Martin von Koppenfels: *Immune Erzähler. Flaubert und die Affektpolitik des modernen Romans*. München: Fink 2007.
184 Luis de Góngora: *Soledades*. S. 164 (Verse 937–938).
185 Crystal Anne Chemris: *Góngora's* Soledades *and the problem of Modernity*, S. 57.
186 Ebd.

welcher von Poe über Gaultier bis zu Baudelaire reicht und dabei mit einer leserzentrierten Ästhetik arbeitet, in deren Zentrum «les opérations mentales qui entrent dans le cryptage et le décryptage des textes littéraires»[187] stehen. Ähnliches gilt für Ernst Jünger, der in seinen Tagebüchern bekennt: «Den wesentlichen Teil meines Lebens habe ich als Leser verbracht.»[188] Wie im Fall der Góngora-Bezüge stellt sich auch mit Blick auf Huysmans und Jünger zunächst die Frage nach der Form der Bezugnahme auf diese Autoren im Rahmen von *Nocturno de Chile*: Ist diese mit Blick auf den als Figur im Roman auftretenden Jünger offensichtlich, so beschränkt sich der explizite Verweis auf Huysmans auf eine Textstelle gleich zu Beginn der Erzählung im Zusammenhang mit Urrutias Besuch auf Farewells Landsitz im Süden Chiles, wenn es heißt: «Acto seguido procedió a invitarme para el siguiente fin de semana a su fundo, que se llamaba como uno de los libros de Huysmans, ya no recuerdo cuál, puede que *À rebours* o *Là-bas* e incluso puede que se llamara *L'oblat*, mi memoria ya no es lo que era, creo que se llamaba *Là-bas*, y su vino también se llamaba así.»[189] Wenngleich sich auch zu *Là-bas*[190] und den dort verhandelten Motivkomplexen des Religiösen und seiner Profanierung zahlreiche Querverbindungen zu *Nocturno de Chile* herstellen ließen, soll das Augenmerk der folgenden Ausführungen auf *À rebours* und den darin auf paradigmatische Weise behandelten Implikationen der ästhetizistischen Literatur liegen, wie sie Bolaño für seine Überlegungen heranzieht. Schon die grundlegende Erzähl- und Figurenkonstellation von Huysmans' 1884 publiziertem Roman weist eindrückliche Parallelen zu Bolaños Protagonisten auf: Wie Urrutia Lacroix tritt Jean Floressa Des Esseintes als prototypische Dandy-Figur auf, die an der banalen Realität ihrer Zeit ebenso leidet wie am Zustand der Kunst, oder wie es bei Huysmans über den *ennui* seiner Hauptfigur heißt: «Enfin, depuis son départ de Paris, il s'éloignait de plus en plus, de la réalité et surtout du monde contemporain qu'il tenait en

---

[187] Julia Przybos: Un tableau peut en cacher un autre: sur *Là-bas* de Huysmans. In: *Nineteenth-Century French Studies* 27, 3–4 (1999), S. 384–401, hier: S. 398.
[188] Ernst Jünger: *Sämtliche Werke*, Band 22, Stuttgart: Klett-Cotta 2003, S. 162. Vgl. zu diesem Aspekt auch die Bemerkung von Thomas Amos zu Jüngers Schreibkonzept, auf das im Rahmen der Ästhetisierung des Schreckens noch näher einzugehen sein wird: «Innerhalb seines Schreibkonzepts bildet für Jünger das Lesen vor der Transformation und Textproduktion den bedeutsamen Anfang des intertextuellen Dreischritts. Exemplarisch gehen bei derartiger Vorgehensweise der lesende Autor und der schreibende Leser ineinander über» (Thomas Amos: Lesen. In: Matthias Schöning (Hg.): *Ernst-Jünger-Handbuch: Leben – Werk – Wirkung*. Stuttgart: Metzler 2014, S. 335–338, hier: S. 335.)
[189] Roberto Bolaño: *Nocturno de Chile*, S. 15.
[190] Vgl. zu diesem Roman und dem Motiv des Satanismus etwa die Ausführungen in Peter-André Alt: *Ästhetik des Bösen*, S. 278–294.

une croissante horreur; cette haine avait forcément agi sur ses goûts littéraires et artistiques, et il se détournait le plus possible des tableaux et des livres dont les sujets délimités se reléguaient dans la vie moderne.»[191] Die Motive der Distanzierung und der Flucht in eine abgeschlossene Welt der Kunst, wie sie Urrutia auf Farewells Landsitz und Des Esseintes in seinem zum bizarren Erlebnistempel umgebauten Landhaus in Fontenay-aux-Roses erstreben, fungieren in beiden Texten als Ausdruck einer ästhetischen Grundhaltung, die in fundamentaler Opposition zu ihrer jeweiligen, als mundan empfundenen Gegenwart steht. Für beide verbindlich ist – wie schon für Góngoras *peregrino* – die grundlegende bzw. hier affirmativ begrüßte Erfahrung der Einsamkeit des sich von der Gesellschaft abwendenden Individuums, wobei diese in ihrer melancholischen Grundierung zugleich der Ausgangspunkt jener für Urrutia wie Des Esseintes charakteristischen Aktivität einer übersteigerten Imaginationskraft ist, oder wie es über letzteren heißt: «Il lisait ou rêvait, s'abreuvait jusqu'à la nuit de solitude; à force de méditer sur les mêmes pensées, son esprit se concentra et ses idées encore indécises mûrirent.»[192] Wird dieser Nexus aus Einsamkeit und Reflexion zu Beginn des Romans noch durchaus neutral im Sinne eines Reifens von Ideen beschrieben, so weicht dieses Nachsinnen bald einem in immer perversere Dimensionen abdriftenden Phantasieren, das sich aus der – auch im Sinne der naturalistischen Prinzipien der Zeit physiologisch unterfütterten – Konstitution Des Esseintes sowie seinem Streben nach einer Existenz ergibt, in deren Mittelpunkt die Suche nach einer Sublimierung des Lebens durch Kunsterfahrung bzw. andere Möglichkeiten der sinnlichen Stimulation steht (wie etwa im Fall der notorisch gewordenen Mundorgel). Die Möglichkeit einer Versetzung des Individuums durch die Kunst in eine «sphère où les sensations sublimées lui imprimeraient une commotion inattendue et dont il chercherait longtemps et même vainement à analyser les causes»[193] soll im Sinne der einzigen Funktion einer ansonsten mit Blick auf die Realität funktionslos gewordenen Kunst den Weg in die totale Abstraktion und Entfernung von jener als unzulänglich empfundenen Lebenswelt ebnen: «Le tout est de savoir s'y prendre, de savoir concentrer son esprit sur un seul point, de savoir s'abstraire suffisamment pour amener l'hallucination et pouvoir substituer le rêve de la réalité.»[194]

Dabei steht am Urgrund dieser dekadenten Weltwahrnehmung sowohl bei Des Esseintes als auch bei Urrutia die Erfahrung einer radikalen Entwertung

---

[191] Joris-Karl Huysmans: *À Rebours*. Paris: Gallimard 1983, S. 270.
[192] Ebd., S. 74.
[193] Ebd., S. 270.
[194] Ebd., S. 96.

einer heroisch verklärten Vergangenheit, welche sowohl auf einer basalen biologischen Ebene, wie im Falle von Des Esseintes als letztem und degeneriertem Vertreter eines einst ruhmreichen Adelsgeschlechts, als auch hinsichtlich der Rolle des Künstlers bzw. der Kunst im Sinne jenes eingangs mit Blick auf Urrutia anhand der Chesterton-Bezüge erläuterten Funktionsverlusts in den beiden Romanen verhandelt wird. Betrachtet man in diesem Zusammenhang die Tatsache, dass auch die *Soledades* einen nicht unbedeutenden Anteil an jener Perzeption einer dekadenten Welt aus den oben beschriebenen Entwertungen epischer und pastoraler Modelle im Sinne von Narrativen einer nicht mehr verfügbaren sinnhaften Welterfahrung beziehen, so scheint in der intertextutellen Anlage von *Nocturno de Chile* ein Diktum von Huysmans' Hauptfigur Durtal aus *La-bàs* bezüglich einer epochenübergreifenden Krisenerfahrung Anwendung zu finden, das eben diese für alle genannten Text so prägende Dialektik aus Überdruss an einer rationalistisch-entzauberten Welt und einer daraus resultierenden und spezifischen künstlerischen Reaktion formuliert, wenn es im Dialog zwischen Durtal und Des Hermies heißt:

> Quelle bizarre époque. [...] C'est juste au moment où le positivisme bat son plein, que le mysticisme s'éveille et les folies de l'occulte commencent. [...] Mais il en a toujours été ainsi; les queues de siècle se ressemblent. Toutes vacillent et sont troubles. Pour ne pas remonter plus haut, vois le déclin du dernier siècle. A côté des rationalistes et des athées, tu trouves Saint Germain, Cagliostro, Saint Martin, Cabalis, Cazotte, les sociétés des Rosecroix, les cercles infernaux, comme maintenant.[195]

Die aus einem derartigen ästhetischen Programm erwachsenden ethischen Implikationen sind es nun, die Bolaño vor dem spezifischen geschichtlichen Hintergrund seines Protagonisten interessieren, dessen Geschichte sich wiederum als eine Wiederaufnahme einer Beschreibung Des Esseintes' lesen lässt, wenn dieser über Edgar Allan Poes Wirklichkeitsdarstellung als einem seiner ästhetischen Modelle befindet:

> La mort dont tous les dramaturges avaient tant abusé, il l'avait, en quelque sorte, aiguisée, rendue autre, en y introduisant un élément algébrique et surhumain; mais c'était, à vrai dire, moins l'agonie réelle du moribond qu'il décrivait, que l'agonie morale du survivant hanté, devant le lamentable lit, par les monstrueuses hallucinations qu'engendrent la douleur et la fatigue. Avec une fascination atroce, il s'appesantissait sur les actes de l'épouvante, sur les craquements de la volonté, les raisonnait froidement, serrant peu à

---

195 Joris-Karl Huysmans: *La-bàs*. Paris: Gallimard 1985, S. 286. Vgl. zu diesem Aspekt der besonderen Präsenz von mythischen und magischen Aspekten im Kontext vorgeblich ‹entzauberter› Weltwahrnehmungen die Überlegungen in: Robert Stockhammer: *Zaubertexte. Die Wiederkehr der Magie und die Literatur 1880–1945*. Berlin/Boston: De Gruyter 2015.

peu la gorge du lecteur, suffoqué, pantelant devant ces cauchemars mécaniquement agencés de fièvre chaude.[196]

Wie bereits anhand der Falken-Episode aus den *Soledades* gezeigt werden konnte, lassen sich auch hinsichtlich der Bezüge auf *À rebours* konkrete Textverweise in *Nocturno de Chile* identifizieren, welche die intertextuelle Beziehung zwischen beiden Werken über jene bis hierher angeführten Gemeinsamkeiten hinsichtlich der Protagonisten bzw. der Dekadenz-Thematik zu erhärten vermögen. Die erste Textstelle, die einen jener für Bolaños Roman so typischen intertextuellen Spiegeleffekte enthält, ist Urrutias Reise von Valparaíso per Dampfschiff nach Europa auf dem Weg zur Besichtigung der Falkner und ihrer Säuberungsarbeiten an den europäischen Kirchenbauten. Diese fungiert quasi als Inversion einer von Des Esseintes in *À rebours* imaginierten Schiffspassage nach Südamerika, über die es dort heißt:

> Il se figurait alors être dans l'entre-pont d'un brick, et curieusement il contemplait de merveilleux poissons mécaniques, montés comme des pièces d'horlogerie, qui passaient devant la vitre du sabord et s'accrochaient dans de fausses herbes; ou bien, tout en aspirant la senteur du goudron, qu'on insufflait dans la pièce avant qu'il y entrât, il examinait, pendues aux murs, des gravures en couleur représentant, ainsi que dans les agences des paquebots et des Lloyd, des steamers en route pour Valparaiso et la Plata, et des tableaux encadrés sur lesquels étaient inscrits les itinéraires de la ligne du Royal mail steam Packet, des compagnies Lopez et Valéry, les frets et les escales des services postaux de l'Atlantique.[197]

Die ironische Pointe Bolaños in der Wiederaufnahme dieser transatlantischen Dampfschifffahrt besteht darin, dass die für die ästhetizistische Literatur von Bürger eingangs als kennzeichnend bestimmte «gesellschaftliche Folgenlosigkeit» ihres Imaginationsprogramms, wie es hier auf vergleichsweise harmlose Weise in der lediglich im Geiste unternommenen Reise Des Esseintes' zum Ausdruck kommt, vor dem Hintergrund der Geschichte Urrutias und seiner Nähe zur politischen Macht eine gänzlich differente Lesart eröffnet: Im Unterschied zu seinem französischen Pendant unternimmt Bolaños Protagonist diese von seinen den *ennui* allegorisch verkörpernden Mäzenen Oido und Odeim finanzierte Reise tatsächlich, welche, wie oben gesehen, insofern sehr konkrete gesellschaftliche Folgen zeitigt, als sie, wenngleich im Modus des Allegorischen, auf jene problematischen Dimensionen von Urrutias Flucht vor den politischen und sozialen Konstellationen seiner Zeit bzw. seine künftige intellektuelle

---

[196] Joris-Karl Huysmans: *À rebours*, S. 282.
[197] Ebd., S. 93–94.

Kollaboration mit der Militärregierung verweist. Die Kritik Bolaños, wie sie sich im Rückgriff auf den ästhetizistischen Prä-Text Huysmans' hier auf chiffrierte Art und Weise artikuliert, zielt auf die problematischen ethischen Implikationen einer Ästhetik ab, die sich eben in jener für den Ästhetizismus wie auch für Urrutia als seinem chilenischen Wiedergänger charakteristischen Weltflucht und ihrem «mépris de l'humanité»[198] äußert. Dieser Punkt wird von Bolaño einige Seiten später nach der Rückkehr Urrutias aus Europa noch einmal aufgegriffen, wenn in einer erneuten expliziten Referenz auf *À rebours* und einer der meisterhaften Passagen des Romans Urrutias Verhalten während der polarisierten Zeit von Allendes Unidad Popular geschildert wird, die auch deshalb hier in ihrem vollen Umfang zitiert werden soll:

> Que sea lo que Dios quiera, me dije. Yo voy a releer a los griegos. Empecé con Homero, como manda la tradición, y seguí con Tales de Mileto y Jenófanes de Colofón y Alcmeón de Crotona y Zenón de Elea (qué bueno era), y luego mataron a un general del ejército favorable a Allende y Chile restableció relaciones diplomáticas con Cuba y el censo nacional registró un total de 8.884.768 chilenos y por la televisión empezaron a transmitir la telenovela *El derecho de nacer*, y yo leí a Tirteo de Esparta y a Arquíloco de Paros y a Solón de Atenas y a Hiponacte de Efeso y a Estesícoro de Himera y a Safo de Mitilene y a Teognis de Megara y a Anacreonte de Teos y a Píndaro de Tebas (uno de mis favoritos), y el gobierno nacionalizó el cobre y luego el salitre y el hierro y Pablo Neruda recibió el Premio Nobel y Díaz Casanueva el Premio Nacional de Literatura y Fidel Castro visitó el país y muchos creyeron que se iba a quedar a vivir acá para siempre y mataron al ex ministro de la Democracia Cristiana Pérez Zujovic y Lafourcade publicó *Palomita blanca* y yo le hice una buena crítica, casi una glosa triunfal, aunque en el fondo sabía que era una novelita que no valía nada, y se organizó la primera marcha de las cacerolas en contra de Allende y yo leí a Esquilo y a Sófocles y a Eurípides, todas las tragedias, y a Alceo de Mitilene y a Esopo y a Hesíodo y a Heródoto (que es un titán más que un hombre), y en Chile hubo escasez e inflación y mercado negro y largas colas para conseguir comida y la Reforma Agraria expropió el fundo de Farewell y muchos otros fundos y se creó la Secretaría Nacional de la Mujer y Allende visitó México y la Asamblea de las Naciones Unidas en Nueva York y hubo atentados y yo leí a Tucídides, las largas guerras de Tucídides, los ríos y las llanuras, los vientos y las mesetas que cruzan las páginas oscurecidas por el tiempo, y los hombres de Tucídides, los hombres armados de Tucídides y los hombres desarmados, los que recolectan la uva y los que miran desde una montaña el horizonte lejano, ese horizonte en donde estaba yo confundido con millones de seres, a la espera de nacer, ese horizonte que miró Tucídides y en donde yo temblaba, y también releí a Demóstenes y a Menandro y a Aristóteles y a Platón (que siempre es provechoso), y hubo huelgas y un coronel de un regimiento blindado intentó dar un golpe y un camarógrafo murió filmando su propia muerte y luego mataron al edecán naval de Allende y hubo disturbios, malas palabras, los chilenos blasfemaron, pintaron las paredes, y luego casi medio millón de personas desfiló en una gran marcha de apoyo a Allende, y después vino el golpe de Estado, el

---

[198] Joris-Karl Huysmans: *À rebours*, S. 76.

levantamiento, el pronunciamiento militar, y bombardearon La Moneda y cuando terminó el bombardeo el presidente se suicidó y acabó todo. Entonces yo me quedé quieto, con un dedo en la página que estaba leyendo, y pensé: qué paz.[199]

Die gleichsam zeugmatische Parallelführung von extremer Dynamisierung der gesellschaftlichen und politischen Verhältnisse im Chile der Zeit einerseits und des Rückzugs des Intellektuellen aus dieser als banal empfundenen Realität in die Lektüren des antiken Kanons findet ihre Entsprechung bei Huysmans in den Auslassungen Des Esseintes' über den römischen Schriftsteller und Vater des Kirchenlateins Tertullian: Dieser erfüllt für ihn weniger aufgrund seines Werkes selbst als wegen seiner spezifischen intellektuellen Kaltblütigkeit in historisch turbulenten Zeiten eine Vorbildfunktion, wobei die Schilderung von Tertullians Biographie eben jenes Kontrastverhältnis offenbart wie es in der oben zitierten Passage Bolaños gleichfalls zum Ausdruck kommt:

> Ces idées, diamétralement opposées aux siennes, le faisaient sourire; puis le rôle joué par Tertullien, dans son évêché de Carthage, lui semblait suggestif en rêveries douces; plus que ses œuvres, en réalité l'homme l'attirait. Il avait, en effet, vécu dans des temps houleux, secoués par d'affreux troubles, sous Caracalla, sous Macrin, sous l'étonnant grand-prêtre d'Émèse, Élagabal, et il préparait tranquillement ses sermons, ses écrits dogmatiques, ses plaidoyers, ses homélies, pendant que l'Empire romain branlait sur ses bases, que les folies de l'Asie, que les ordures du paganisme coulaient à pleins bords; il recommandait, avec le plus beau sang-froid, l'abstinence charnelle, la frugalité des repas, la sobriété de la toilette, alors que, marchant dans de la poudre d'argent et du sable d'or, la tête ceinte d'une tiare, les vêtements brochés de pierreries, Élagabal travaillait, au milieu de ses eunuques, à des ouvrages de femmes, se faisait appeler Impératrice et changeait, toutes les nuits, d'Empereur, l'élisant de préférence parmi les barbiers, les gâte-sauce, et les cochers de cirque. Cette antithèse le ravissait.[200]

Diese antithetische Struktur, welche die Kunst bzw. explizit den Moment der Lektüre als Möglichkeit der Flucht in eine Sphäre des zeitlich wie räumlich Separierten von jenem für die Moderne kennzeichnenden «ständige[n] Gleiten und Stürzen»[201] ermöglicht, wie es bei Sloterdijk in Anlehnung an Nietzsche heißt, wird nun in *Nocturno de Chile* in der für Bolaño typischen intertextuellen Mehrfachcodierung auch in der Episode um das Zusammentreffen des chilenischen Autors Salvador Reyes mit dem Wehrmachtshauptmann Ernst Jünger[202] im von

---
199 Roberto Bolaño: *Nocturno de Chile*, S. 97–99.
200 Joris-Karl Huysmans: *À rebours*, S. 107.
201 Peter Sloterdijk: *Die schrecklichen Kinder der Neuzeit*, S. 72.
202 Bolaños Witwe Carolina López bestätigt per Mail die Existenz von zwei Büchern Jüngers in spanischer Übersetzung in der nachgelassenen Bibliothek des Autors: *Der Arbeiter* und *Auf*

den Nazis besetzten Paris wiederaufgenommen. In diesem Zusammenhang ist zunächst die bis heute umstrittene Rolle Ernst Jüngers während der NS-Herrschaft von Bedeutung, welche sich sowohl auf der Ebene seiner literarischen Produktion als auch seines politischen Engagements deutlich von seiner Rolle in der Weimarer Republik unterscheidet: Statt einer aktivistischen Tätigkeit als Schlüsselfigur der sog. Konservativen Revolution[203] und einer vitalistisch inspirierten Ästhetik, wie sie exemplarisch in den *Stahlgewittern* zum Ausdruck kam, verweigert sich Jünger einer offenen Instrumentalisierung seiner Person durch die Nazis und zieht sich auf eine gleichwohl ambivalente Position zurück, die sich politisch in einer regimekritischen ‹inneren Emigration› und literarisch in Form eines ästhetizistischen Amoralismus äußert.[204] Von hier aus erklärt sich in einem ersten Schritt das Interesse Bolaños an Jünger als einer Art Spiegelfigur seines Protagonisten Urrutia Lacroix, lassen sich doch zwischen der Kollaboration des Literaturkritikers mit dem Pinochet-Regime und der politischen Position

---

den Marmorklippen. Gleichwohl kann davon ausgegangen werden, dass Bolaño auch weitere Texte Jüngers rezipiert hat, die – wie Susanne Klengel schlüssig argumentiert – Bolaño auf Französisch gelesen haben könnte, insbesondere den im Folgenden noch bedeutsamen «Sizilischen Brief an den Mann im Mond». Gleichwohl bleibt einmal mehr zu betonen, dass Jünger lediglich *eine* unter vielen ambivalenten Künstlerfiguren der Moderne für Bolaño gewesen ist und von einer systematischen Verschleierung der Präsenz Jüngers, wie sie Klengel konstruiert, nicht ausgegangen werden kann. Klengel führt etwa als vermeintlichen Beleg ihrer Verschleierungsthese die Tatsache an, dass «in den literaturkritischen Essays des Bandes *Entre paréntesis*, in denen Bolaño über seine Lektüren und literarischen Vorlieben Auskunft gibt, jeglicher Hinweis auf Ernst Jüngers Werke fehlt» (Susanne Klengel: *Jünger Bolaño*, S. 76). Dieses Argument ist wenig stichhaltig, betrachtet man die Editionsgeschichte des Bandes: Es handelt sich bei *Entre paréntesis* bekanntlich nicht um einen von Bolaño zu Lebzeiten kohärent entwickelten Essayband, sondern vielmehr um eine posthum von Ignacio Echevarría herausgegebene Sammlung von Essays, Preisreden und insbesondere kurzen literaturkritischen Kolumnen und Rezensionen, die Bolaño für die chilenische Zeitung *Las Últimas Noticias* und das katalanische Blatt *Diari de Girona* verfasste. Diese bezogen sich häufig auf Neuerscheinungen oder auch (Neu-)Übersetzungen von Texten, die Bolaño kommentierte, weswegen die thematische Orientierung dieser Sammlung zu einem Großteil schon durch den Aktualitätsbezug bestimmt war und daher kaum – wie Klengel mit ihrem doch etwas sensationalistisch anmutenden Argument belegen möchte – als Ergebnis einer vermeintlichen «Camouflierung» bestimmter Autoren wie Ernst Jünger gelesen werden kann.
203 Vgl. zur Konservativen Revolution auch die Studie von Volker Weiß: *Moderne Antimoderne: Arthur Moeller van den Bruck und der Wandel des Konservatismus*. Paderborn: Ferdinand Schöningh 2012, sowie Stefan Breuer: *Die radikale Rechte in Deutschland 1871–1945*. Stuttgart: Reclam 2010.
204 Vgl. dazu ausführlich Daniel Morat: *Von der Tat zur Gelassenheit: konservatives Denken bei Martin Heidegger, Ernst Jünger und Friedrich Georg Jünger. 1920–1960*. Göttingen: Wallstein 2007, insbesondere S. 143–278.

wie dem ästhetischen Programm Jüngers zahlreiche Parallelen feststellen. Trotz seiner Verweigerung einer offenen Zusammenarbeit mit den Nazis findet Jünger im Dritten Reich «als gefeierter Kriegsheld und -autor dennoch [Eingang] in den Kanon der nationalsozialistischen Literatur; seine Kriegsbücher erlebten während des ‹Dritten Reiches› mehrere Auflagen, und Auszüge daraus erschienen in verschiedenen Anthologien und nationalen Erbauungs-Brevieren.»[205] Zugleich verfolgt Jünger unter dem neuen Regime einen Rückzug aus seiner Position als öffentlicher Autor und dem politischen Tagesgeschäft, was etwa deutlich wird, wenn er 1935 an seinen Bruder Friedrich Georg schreibt: «Man tut gut daran, sich einzukapseln; ich arbeite meine alten Bücher durch.»[206] Jünger zieht sich in die Provinz zurück und arbeitet, neben seinen entomologischen Studien, an *Auf den Marmorklippen*, jenem 1939 publizierten Schlüsselroman also, an dem sich nicht nur seine gewandelte Ästhetik studieren lässt, sondern anhand dessen auch bis heute maßgeblich die Frage nach der politischen Positionierung Jüngers als Autor mit Blick auf das NS-Regime diskutiert wird.[207] Ebenso wie Huysmans' Tertullian und Urrutia Lacroix während der Allende-Zeit versenkt sich Jünger in zeitlich so weit wie möglich von der ihm nicht behagenden Gegenwart angesiedelten Lektüren innerhalb eines abgeschlossenen Raumes, in den die Realität erst bei Ausbruch des Krieges wieder Einzug hält: «Seine Lektüre besteht aus auffällig vielen antiken Klassikern. Der Mobilmachungsbefehl tritt ein, als er ‹im Bette behaglich den Herodot studierte›.»[208] Über diese Bezüge zu Jüngers Person und sein ästhetizistisches Programm hinaus, auf das im Folgenden noch näher einzugehen sein wird, weist *Nocturno de Chile* auch bezüglich *Auf den Marmorklippen* wieder eine Reihe von Berührungspunkten auf: Der Roman, der «allegorisch den Übergang vom Aktionismus zur Kontemplation und den Abschied von der Tat nach dem Scheitern der eigenen politischen Ambitionen»[209] des Autors spiegelt, erzählt im Modus der Allegorie bzw. der Parabel die in einer arkadischen Landschaft namens Große Marina spielende Geschichte des Untergangs einer ursprünglichen Hirten- und Bauernkultur, welcher der Ich-Erzähler Minor und sein Bruder Otho angehören und innerhalb derer sie – ausgestattet mit magischen Kräften – den Geheimnissen der Natur und der Sprache nachspüren. Die Idylle findet ein Ende, als die Marina von dem die umliegenden Wälder

---

[205] Ebd., S. 206–207.
[206] Zit. nach Ebd., S. 208.
[207] Vgl. dazu ausführlich etwa: Sung-Hyun Jang: Ernst Jüngers Roman *Auf den Marmorklippen*: Ein Werk der inneren Emigration oder ein faschistisches Buch? In: *New German Review* 9, 48 (1993), S. 30–44.
[208] Thomas Amos: Lesen, S. 338.
[209] Daniel Morat: *Von der Tat zur Gelassenheit*, S. 212.

beherrschenden Oberförster und seinen Banden angegriffen und die Gemeinschaft nach und nach zersetzt wird, wobei das ganze Ausmaß der Schreckensherrschaft, die als allegorische Beschreibung des NS-Regimes zu verstehen ist, erst nach und nach deutlich wird und in der wohl bekanntesten Episode des Romans um die sog. «Schinderhütte»[210] zum Ausdruck kommt, einem KZ-ähnlichen Ort, an dem der Oberförster seine Feinde quälen und ermorden lässt. Auch in diesem Zusammenhang taucht eben jenes Motiv der inneren Immigration bzw. der zeugmatischen Ko-Präsenz von ästhetizistischer Flucht und politischer Tyrannei auf, wenn es im Roman über die Reaktion der beiden Brüder angesichts der neuen Bedrohung heißt: «Indes die Untat im Lande wie ein Pilzgeflecht im morschen Holze wucherte, versenkten wir uns immer tiefer in das Mysterium der Blumen, und ihre Kelche schienen uns größer und leuchtender als sonst. Vor allem aber setzten wir unsere Arbeit an der Sprache fort, denn wir erkannten im Wort die Zauberklinge, vor deren Strahle die Tyrannenmacht erblasst.»[211] Ohne auf alle Einzelheiten des Romans an dieser Stelle eingehen zu wollen, ergeben sich die inhaltlichen Anschlusspunkte an *Nocturno de Chile* und insbesondere Urrutias Diskurs aus eben jener aus der Melancholie heraus geborenen Rede über den Verfall einer idealisierten Vergangenheit, innerhalb derer nicht zuletzt die Rolle des Dichters selbst als Priesterfigur von entscheidender Bedeutung für die nun lediglich aus der Perspektive des Verfalls wahrgenommene Welt der Ich-Erzähler war, oder wie es im Incipit bei Jünger heißt: «Ihr alle kennt die wilde Schwermut, die uns bei der Erinnerung an Zeiten des Glückes ergreift. Wie unwiderruflich sind sie doch dahin, und unbarmherziger sind wir von ihnen getrennt als durch alle Entfernungen.»[212] Was Bolaños Protagonisten Urrutia und das *alter ego* Jüngers darüber hinaus eint, ist die Illusion, der Tyrannei der neuen politischen Machthaber allein durch die Anrufung eines von den Kontaminierungen des Politischen befreiten Kultur- und Geistesideals eine wenngleich ambivalente, so doch moralisch haltbare Position beziehen zu können, oder wie Morat mit Blick auf Jünger kommentiert: «Der Widerstand sollte allein durch ‹Geistesmacht› erfolgen, wobei diese Geistesmacht in erster Linie durch die Versenkung in die magischen Strukturen des Seins zu erlangen war, die jenseits und unbeeinflussbar von den politischen Zeiterscheinungen existierten.»[213] Darüber hinaus partizipieren die narrative Modulierung der Erzählerdiskurse von Urrutia bzw. Minor an einer Ästhetik des Kitsches, welche in den oben zitierten Passagen aus *Nocturno* bereits mehrfach ersichtlich wurde und bei

---

210 Vgl. Ernst Jünger: *Auf den Marmorklippen*. Berlin: Ullstein 2014, S. 84ff.
211 Ebd., S. 67.
212 Ebd., S. 5.
213 Daniel Morat: *Von der Tat zur Gelassenheit*, S. 222.

Jünger insofern nicht unerheblich ist, als er mit eben dieser Form ästhetisierter Gewalt- und Apokalypsevisionen, wie sie in den *Marmorklippen* vorkommen, fundamental an Elementen jener für die nationalsozialistische Ästhetik bedeutenden Todes- und Gewaltverkitschung partizipierte.[214]

Relevanter als die Frage, inwiefern Jüngers Positionierung hinsichtlich der NS-Herrschaft letztlich zu entscheiden sei,[215] sind für Bolaños Roman, wie bereits in der Góngora-Episode angemerkt, die ethischen Implikationen bestimmter ästhetischer Formen der Weltbetrachtung, welche als solche in dem Zusammentreffen von Ernst Jünger und Salvador Reyes in der Mansarde eines guatemaltekischen Malers im besetzten Paris noch einmal explizit und mit klaren Referenzbezügen auf Jüngers eigene ‹Perzeptions- und Affekttheorie› aufgerufen werden, wie er sie insbesondere in den beiden Fassungen von *Das abenteuerliche Herz* entwickelt. Zunächst aber sei an dieser Stelle kurz die Begegnung der drei Figuren in *Nocturno de Chile* noch einmal umrissen: Salvador Reyes hält sich während des Zweiten Weltkriegs als Mitarbeiter der chilenischen Botschaft in Paris auf, wo er Jüngers Bekanntschaft macht, wobei bereits die Beschreibung dieses Zusammentreffens der beiden im Roman Züge des Grotesken trägt, wenn es über den Alltag der beiden Figuren inmitten des Krieges bzw. einer Stadt, in welcher zur gleichen Zeit die Verhaftungen und Verschleppung der jüdischen Bevölkerung vonstatten gehen, heißt: «[A]mbos se intercambiaron sus tarjetas y fijaron una fecha para cenar juntos o para comer o para desayunar pues Jünger tenía una agenda llena de compromisos irrecusables, amén de los imprevistos que surgían cada día y que trastocaban irremediablemente cualquier compromiso previamente adquirido.»[216] Von Beginn an spiegelt sich innerhalb der Episode erneut das im Roman wiederkehrende Motiv der unterschwelligen Formen von Gewalt und Unterwerfung, die das literarische Feld bzw. die Beziehungen der Akteure untereinander aus der Perspektive Bolaños bestimmen und die hehren Diskurse über die Literatur als Form kultureller Verständigung ad absurdum führen. Besonders deutlich wird dies im Besuch der beiden Autoren in der Mansarde eines guatemaltekischen

---

214 Zu dieser Dimension des Kitsches, wie sie bei Jünger (und auch bei Bolaños Urrutia) nicht selten zu finden ist, vgl. auch die klassischen Ausführungen von Walther Killy: *Deutscher Kitsch: ein Versuch mit Beispielen*. Göttingen: Vandenhoeck & Ruprecht 1961.
215 Bohrer etwa sieht in dem Roman aufgrund der Grausamkeit, mit der die Praktiken des Oberförsters als Verkörperung des NS-Regimes beschrieben werden, eine moralische Wertung (vgl. *Die Ästhetik des Schreckens*, S. 441); für Bolaño scheint vielmehr die Tatsache entscheidend, dass diese Positionierung eben ambivalent ist, da gerade die moralische Lauheit Urrutias in der Frage nach der Verbindung von Kunst und Politik für den Roman konstitutiv ist.
216 Roberto Bolaño: *Nocturno de Chile*, S. 39.

Malers, von dem es heißt, «que no había podido salir de París tras la ocupación y al que don Salvador visitaba esporádicamente llevándole en cada visita las viandas más variadas.»[217] Der Maler, der – wie im weiteren Verlauf deutlich wird – aufgrund seiner Situation an starken Depressionen und Anorexie leidet, empört Reyes zunächst aufgrund der Tatsache, dass er sein Buch nicht gelesen hat, woraufhin er den darbenden Maler aus Kränkung einige Zeit lang nicht mehr aufsucht: «[Y] entonces don Salvador cogió su novela y pudo apreciar en la tapa la capa de polvo que se deposita en los libros (¡en las cosas!) cuando no son usados, y supo en ese instante que el guatemalteco decía razón y no se lo tuvo en cuenta, aunque tardó en aparecerse por la buhardilla al menos dos meses.»[218] Das Motiv dieser unterschwelligen Gewalt bzw. der Anbiederung und des Verschließens der Augen vor dem ethisch Verwerflichen zugunsten des eigenen Vorteils werden in dieser Szene, welche das Verhalten Urrutias und später der jungen Autoren um María Canales wiederum spiegelt, als grundlegende Funktionsmechanismen innerhalb des literarischen Feldes durchgespielt, gemäß jener bereits zitierten Beschreibung des «así se hace la gran literatura de Occidente». Die Tatsache, dass Bolaño zu diesem Zweck die Figur Salvador Reyes' heranzieht, lässt sich dabei einmal mehr als eine ironische und zugleich treffende Form der Inszenierung dieser Problematik bewerten, die als solche ganz am Ende der Episode im Roman steht, wenn es resümierend über die letzte Begegnung mit Jünger heißt:

[Y] al marcharse el alemán don Salvador le obsequió uno de sus libros traducidos al francés, tal vez el único, no lo sé, según el joven envejecido de don Salvador Reyes nadie en París guarda el más mínimo recuerdo, lo debe de decir para molestarme, puede que ya nadie se acuerde de Salvador Reyes en París, en Chile pocos, en efecto, lo recuerdan y menos aún lo leen, pero eso no viene al caso, lo que viene al caso es que al marcharse de la residencia de Salvador Reyes el alemán llevaba en el bolsillo de su terno un libro de nuestro escritor, y de que luego leyó el libro no hay duda, pues habla de él en sus memorias, y no habla mal. Y eso es todo lo que nos contó Salvador Reyes de sus años en París durante la Segunda Guerra Mundial. Y hay una cosa cierta y que debería enorgullecernos: de ningún chileno habla Jünger en sus memorias, salvo de Salvador Reyes. Ningún chileno asoma su temblorosa nariz en la obra escrita de ese alemán, salvo don Salvador Reyes. Ningún chileno existe, como ser humano y como autor de un libro, en aquellos años oscuros y ricos de Jünger, salvo don Salvador Reyes.[219]

---

217 Ebd.
218 Ebd., S. 40.
219 Ebd., S. 50. Die wenig mehr als zehn Zeilen umfassende Beschreibung des Treffens mit Reyes notiert Jünger im *Zweiten Pariser Tagebuch* für den 11. Januar 1944, wobei ein paternalistischer Unterton kaum zu überhören ist: «Lektüre: ‹L'équipage de la Nuit› von Salvador Reyès [sic], dem chilenischen Konsul, mit dem mich die Doctoresse bekannt machte. Reyès nimmt

Die Pointe dieser Passage besteht in der Tatsache, dass Bolaño einmal mehr vorführt, bis zu welchem Grad ein Autor bereit ist, sich für einen kurzen Moment ephemeren literarischen ‹Ruhms›, wie er hier ironisch in dem Erscheinen Reyes' in Jüngers Memoiren beschrieben wird, an Institutionen der Macht und von zweifelhaftem ethischen Charakter anzubiedern – ein Punkt, der noch einmal ein zusätzliches Gewicht erhält, betrachtet man sich die Ausführungen von Reyes selbst über seine Zeit im besetzten bzw. später im befreiten Frankreich, über welche er in einem Text über den unter der Nazi-Okkupation umgekommenen französischen Symbolisten Saint-Pol Roux rund 20 Jahre später schreibt:

> No es fácil encontrar en el mapa de Francia un punto donde la tierra no haya absorbido una parte del torrente de sangre con que la barbarie nazi inundó el país. La Gestapo y el ejército hitleriano llevaron hasta los sitios más apartados la crueldad metódica o la locura sádica que marcaron a nuestra época con un apocalíptico signo de vergüenza. Porque el pecado del hombre cae sobre el hombre y los crímenes del nazismo siguen pesando sobre la humanidad. ¿No vemos aún ahora la svástica asesina llevada orgullosamente por muchos jóvenes, no sólo de Alemania, sino de países alejados de la última guerra? La mala semilla quedó sembrada y nada sabemos de lo que nos reserva el porvenir.[220]

Der Widerspruch dieser moralistischen Einlassungen Reyes' wird aus dem Kontrast zwischen diesem mit christlichen Elementen der Abstraktion durchsetzen Diskurs über den Nazismus als «apokalyptischem Mal der Schande» bzw. «Sünde des Menschen» und der Verdeckung der konkreten Nähe zu jenen Tätern des «ejército hitleriano» deutlich, zu denen nicht zuletzt der von Reyes so gepriesene Ernst Jünger zählte und bezüglich dessen Person er offensichtlich keinerlei Vorbehalte hegte. Dieses Motiv des Verschweigens der Nähe zwischen Literaten bzw. der Welt der Kultur und der politischen Tyrannei zieht sich durch die gesamte Jünger-Reyes-Episode des Romans und ist vor dem Hintergrund, dass ja auch diese Szene letztlich von Sebastián Urrutia Lacroix erzählt wird, insofern bedeutsam, als sich hier in den Beschreibungen Reyes' Urrutias

---

sich, mit südamerikanischen Abwandlungen, ein Vorbild an den angelsächsischen Erzählern, die um die Jahrhundertwende gesprächig wurden wie Kippling, Stephenson und Joseph Conrad, und deren Wirken man mit den drei Worten: romantisch, puritanisch, planetarisch andeuten kann. Unter den Bildern dieser Prosa fielen mir das von den Sternen auf, die in einer stürmischen Regennacht am Himmel erscheinen – glänzend, wie durch die Wolken poliert. Das ist, obwohl meteorologisch verfehlt, dichterisch stark. Unter den Sätzen: ‹C'est l'amour des femmes qui forme le caractère de l'homme.› Richtig, doch formen sie uns wie Bildhauer den Marmor: indem sie von uns abtragen» (Ernst Jünger: *Strahlungen*. Tübingen: Heliopolis-Verlag 1949, S. 468).
220 Salvador Reyes: *Peregrinajes literarios en Francia*. Santiago de Chile: Editorial Andrés Bello 1968, S. 89.

eigenes Schuldbewusstsein gleichsam ‹durchzupausen› scheint, wenn es über den chilenischen Autor in Paris heißt:

> [C]uando el silencio volvió a reinar en la buhardilla del guatemalteco y la presencia de don Salvador se hizo leve, ocupado en ordenar la comida u ocupado en mirar por centésima vez los lienzos del guatemalteco que colgaban de las paredes u ocupado en estar sentado y pensando y fumando mientras dejaba pasar el tiempo con una voluntad (y con una indiferencia) que sólo aquellos que han pasado largo tiempo en el servicio diplomático o en el Ministerio de Relaciones Exteriores poseen, el guatemalteco se sentó en la otra silla, puesta ex profeso al lado de la única ventana, y mientras don Salvador perdía el tiempo sentado en la silla del fondo mirando el paisaje móvil de su propia alma, el guatemalteco melancólico y raquítico perdía el tiempo mirando el paisaje repetido e insólito de París. Y cuando los ojos de nuestro escritor descubrieron la línea transparente, el punto de fuga hacia el que convergía o del que divergía la mirada del guatemalteco, bueno, bueno, entonces por su alma pasó la sombra de un escalofrío, el deseo inmediato de cerrar los ojos, de dejar de mirar a aquel ser que miraba el crepúsculo tremolante de París, el impulso de huir o de abrazarlo, el deseo (que encubría una ambición razonada) de preguntarle qué era lo que veía y acto seguido apropiárselo y al mismo tiempo el miedo de oír aquello que no se puede oír, las palabras esenciales que no podemos escuchar y que con casi toda probabilidad no se pueden pronunciar.[221]

Zugleich rekurriert diese Reflexion über die Machtrelationen im literarischen Feld und die Fragen nach den ethischen Implikationen von Erinnerungskonstruktionen im weiteren Sinne innerhalb dieser in einer Pariser Mansarde bei Sonnenuntergang angesiedelten Episode unzweifelhaft auf einen der bekanntesten Einträge aus Jüngers Tagebüchern über seinen Aufenthalt in Paris, welcher als sog. ‹Burgunderszene› Eingang in die Literaturgeschichte gefunden hat. So heißt es in dem 1949 im Band *Strahlungen* veröffentlichten *Zweiten Pariser Tagebuch* in einem kurzen Eintrag vom 27. Mai 1944 in Paris:

> Alarme, Überfliegungen. Vom hohen Dache des Raphael sah ich zwei Mal in der Richtung von St. Germain gewaltige Sprengwolken aufsteigen, während Geschwader in großer Höhe davonflogen. Es handelt sich um Angriffe auf die Flußbrücken. Die Art und Aufeinanderfolge der gegen den Nachschub gerichteten Maßnahmen deutet auf einen feinen Kopf. Beim zweiten Male, bei Sonnenuntergang, hielt ich ein Glas Burgunder, in dem Erdbeeren schwammen, in der Hand. Die Stadt mit ihren roten Türmen und Kuppeln lag in gewaltiger Schönheit, gleich einem Blütenkelche, der zu tödlicher Befruchtung überflogen wird.[222]

---

[221] Roberto Bolaño: *Nocturno de Chile*, S. 42–43. Ein ähnlicher Schwindel überfällt Reyes' (Urrutia) bei der Betrachtung eines Bildes des guatemaltekischen Malers, das Jünger davon veranlasst, von den «pozos ciegos de la memoria» zu sprechen (vgl. ebd., S. 47).
[222] Ernst Jünger: *Strahlungen*, S. 522.

Die rezente Jünger-Forschung hat insbesondere mit Blick auf diese Szene auf die biographischen wie intertextuellen Grundierungen des Eintrags bzw. seine fehlende historische Belegbarkeit hingewiesen: Statt um einen tatsächlich erlebten Luftangriff, handele es sich bei der Burgunderszene vielmehr um eine in den Bildkomplexen von Kampf und Begehren chiffrierte Umschreibung einer zu jener Zeit von Jünger mit der deutschstämmigen Pariser Kinderärztin Sophie Ravoux unterhaltenen Affäre, die darüber hinaus eindeutig intertextuell grundiert ist:

> Es gab zum Zeitpunkt der Burgunderszene gar keinen Luftangriff auf Paris, die vordergründige Schilderung Jüngers ist fiktiv. Jünger schildert vielmehr das zweite Mal, daß Gretha Jünger von seiner Beziehung mit der ‹Doctoresse› erfuhr. Für seine Beschreibung greift Jünger auf verschiedene literarische Vorbilder zurück, so vor allem auf Proust – der beinahe exakt dieselbe Szenerie beschrieben hat –, sodann auf Oscar Wilde – hier ist es vor allem der Gestus, aber auch das Glas Burgunder, durch das Wildes Dorian Gray in jenem Moment blickt, als er mit unangenehmer Wahrheit herausrücken will –, auf die in diesen Tagen gelesene Apokalypse sowie auf eigenes, früheres Erleben, das er kopiert.[223]

Die entsprechende Szene bei Proust findet sich in der später Francis Ford Coppola zum Vorbild für seinen Hubschrauberangriff in *Apocalypse Now* dienenden Beschreibung der von Proust selbst erlebten Bombardierung von Paris durch deutsche Zeppeline im Ersten Weltkrieg, welche in *Le temps retrouvé* als wagnerianisches Spektakel beschrieben und damit zu einem Vorbild für die bei Jünger so zentrale Ästhetisierung von Gewaltszenen wird: «Et ces sirènes, était-ce assez wagnérien, ce qui, du reste, était bien naturel pour saluer l'arrivée des Allemands, ça faisait très hymne national, très Wacht am Rhein, avec le Kronprinz et les princesses dans la loge impériale; c'était à se demander si c'était bien des aviateurs et pas plutôt des Walkyries qui montaient.»[224] Jünger selbst macht im übrigen im *Ersten Pariser Tagebuch* keinen Hehl aus seiner eigenen ‹Unzuverlässigkeit› als Chronist, wenn er etwa am 26. August 1942 notiert: «Zuweilen fällt es mir schwer zu unterscheiden zwischen meiner bewußten und unbewußten Existenz – ich meine zwischen jenem Teil des Lebens, der sich im Traum, und jenem, der sich bei Tage zusammenspann. Ganz ähnlich ergeht's mir mit der Erfindung von Bildern und Figuren – in meiner Autorenarbeit gerinnt mir manches zu Fleisch und Blut und setzt sich im Leben fort.»[225] Dieses

---

223 Tobias Wimbauer: Kelche sind Körper. Der Hintergrund der «Erdbeeren in Burgunder»-Szene. In: Tobias Wimbauer (Hg.): *Ernst Jünger in Paris. Ernst Jünger, Sophie Ravoux, die Burgunderszene und eine Hinrichtung.* Hagen: Eisenhut-Verlag 2011, S. 9–75, hier: S. 13.
224 Marcel Proust: *Le temps retrouvé.* Paris: Gallimard 1992, S. 65.
225 Ernst Jünger: *Strahlungen,* S. 156.

Prinzip einer Idealisierung des Vergangenen in der retrospektiven Betrachtung findet sich dabei in ähnlich programmatischer Form bereits in den *Marmorklippen*, wo der Erzähler gleich zu Beginn des Buches bemerkt: «Auch treten im Nachglanz die Bilder lockender hervor; wir denken an sie wie an den Körper einer toten Geliebten zurück, der tief in der Erde ruht und der uns nun gleich einer Wüstenspiegelung in einer höheren und geistigeren Pracht erschauern läßt.»[226] Handelt es sich bei der Burgunder-Szene um eine vergleichsweise banale Form der Ästhetisierung bzw. Fiktionalisierung von biographischem Material, so bieten Jüngers Kriegstagebücher andere Szenen, in denen diese Stilisierungen ungleich gravierendere ethische Probleme aufwerfen, etwa wenn Jünger im Eintrag vom 29. Mai 1941 von seiner Rolle bei der Erschießung eines wegen Fahnenflucht zum Tode verurteilten Soldaten berichtet. Was bei der Beschreibung des Vorfalls, bei dem Jünger lediglich «zur Aufsicht»[227] eingeteilt ist, ins Auge sticht, ist eben jene von Bolaño in die Szene des Besuchs von Jünger und Reyes bei dem guatemaltekischen Maler transportierte Teilnahmslosigkeit hinsichtlich des Schicksals des Gegenüber, der primär als Spiegelfläche bzw. Experimentierfeld der eigenen Person und ihrer Befindlichkeiten erscheint, oder wie es bei Jünger über seine Gefühlslage vor der Abfahrt zur Hinrichtung heißt: «Auch will ich mir gestehen, daß ein Akt von höherer Neugier den Ausschlag gab. Ich sah schon viele sterben, doch keinen im bestimmten Augenblick. Wie stellt sich die Lage dar, die heute jeden von uns bedroht und seine Existenz schattiert?»[228] Der Soldat als Individuum spielt in den Beobachtungen Jüngers keine Rolle; ebensowenig reflektiert dieser über die Frage der Angemessenheit der Strafe oder die eigene Verstricktheit in die Vorgänge, vielmehr erteilt sich Jünger gleich zu Beginn des Eintrags selbst Absolution, wenn er – und es bleibt unklar, worin dieser Beitrag bestanden haben könnte – bemerkt, dass er «manches menschlicher fügen [konnte], als es vorgesehen war.»[229] In einer für die Tagebücher typischen Geste wird der konkrete Vorgang der Gewalt «ins Geistige enthoben, die Hinrichtung – ins Mythologische entrückt – avanciert zum Lehrbeispiel, Täter- und Opferperspektive zu verschmelzen. Der Autor bläht den banal-bösartigen Vorgang der Erschießung philosophisch auf.»[230] Es sind jene Ästhetisierungen der Gewalt und die zeugmatische Grundkonfiguration der Tagebücher, in denen Jünger «den Leser an

---

226 Ernst Jünger: *Auf den Marmorklippen*, S. 5.
227 Ernst Jünger: *Strahlungen*, S. 39
228 Ebd.
229 Ebd.
230 Felix Johannes Enzian: Vom unwilligen Vollstrecker zum distanzierten Betrachter. Wie Ernst Jünger seine Rolle bei einer Hinrichtung inszeniert hat. In: Tobias Wimbauer (Hg.): *Ernst*

Begegnungen mit Künstlergrößen und Literaten (vornehmlich ‹Kollaborateure›) teilhaben [lässt] [...], während zur gleichen Zeit in den Lagern Millionen vergast werden»,[231] welche Bolaño über die Referenzen auf Jüngers Chroniken im Roman als eine Art Vorwegnahme der Handlungsmuster seines Protagonisten Urrutia und zugleich als dessen Prinzip einer in der Ästhetisierung der Gewalt begründeten Distanzierung von der eigenen Verantwortung thematisiert.[232] Zugleich fungieren Jüngers Tagebücher eben in ihrer fragwürdigen, weil stets stark von der historischen Realität und der eigenen Rolle abweichenden Inszenierung als Spiegel von Urrutias Lebensbeichte, um auf einer Metaebene generell den problematischen Charakter von Erinnerungskonstruktionen zu problematisieren.[233]

Ähnlich wie bereits in den Askalaphos- und Persephone-Bezügen innerhalb der Góngora-Referenzen gesehen, spielt auch in der Jünger-Episode jene für Bolaños ethische Bestimmung des Ästhetischen so grundlegende Dimension des

---

Jünger in Paris. Ernst Jünger, Sophie Ravoux, die Burgunderszene und eine Hinrichtung. Hagen: Eisenhut-Verlag 2011, S. 97–103, hier. S. 100.

[231] Alexander Rubel: Verminte Brücken über die Seine. Ernst Jüngers literarische Selbststilisierung in den Pariser Tagebüchern. In: Tobias Wimbauer (Hg.): *Ernst Jünger in Paris. Ernst Jünger, Sophie Ravoux, die Burgunderszene und eine Hinrichtung.* Hagen: Eisenhut-Verlag 2011, S. 104–124, hier: S. 109.

[232] Vgl. auch etwa die Parallelen zwischen beiden Episoden, wie sie etwa gleichfalls im Modus des Zeugmatischen in Form der Ko-Präsenz von Barbarei und Kultur auf topographischer Ebene vorkommen, wenn etwa das Haus in Santiago de Chile von María Canales in seiner Dichotomie aus literarischem Salon und Folterkeller bei Jünger seine Entsprechung im Hotel Majestic in Paris findet, das zugleich als Sitz des Militärbefehlshabers und der Gestapo wie als Ort zahlreicher Treffen Jüngers mit anderen Künstlern und Kollaborateuren diente. Vgl. dazu auch die Studien von Eismann, wo es über diese Kreise heißt: «L'unité de lieu constituée par l'hôtel Majestic [...] aurait resserré un peu plus encore les liens au sein de cette communauté d'esprit et fait éclore de nombreux cercles mi-mondains, mi-résistants, communiant aussi bien dans leur rejet de la barbarie nazie que dans leur amour de la culture et de la science. Ce sont tous les clichés sur les modes de résistance de ‹l'émigration intérieure› que l'on retrouve ici de façon plus ou moins stylisée» (Gael Eismann: *Hôtel Majestic. Ordre et sécurité en France occupée (1940–1944).* Paris: Tallandier 2010, S. 41–42).

[233] Vgl. dazu etwa auch die Bemerkungen von Mitchell bezüglich der «telling omissions» in Jüngers Pariser Tagebüchern: «In retrospect it is clear that Ernst Jünger's journals are of interest not only for what they tell us about the German occupation of Paris but for what they do not. Just as he had sanitized his memoirs of the First World War through many successive revisions of the original text, so he proceeded likewise with his later journals as he moved from notes and jottings to drafts and then to publications. The final result was a highly stylized account of his experience, not a literal record but a literary recreation of his dual role as actor and author» (Allan Mitchell: *The Devil's Captain. Ernst Jünger in Nazi Paris, 1941–1944.* New York: Berghahn Books 2011, S. 56).

Blicks eine zentrale Rolle. Diese lässt sich bei Jünger zunächst rückbinden an seine von ihm im Begriff des sog. «stereoskopischen Sehens» entwickelte ‹Wahrnehmungstheorie›, wie er sie insbesondere in den beiden 1929 bzw. 1938 erschienen Ausgaben von *Das Abenteuerliche Herz* bzw. dem erstmals 1930 erschienenen Text *Sizilischer Brief an den Mann im Mond* entwickelt. Dabei beschreibt Jünger diese Form der Wahrnehmung wie folgt:

> Stereoskopisch wahrnehmen heißt, ein und demselben Tone gleichzeitig zwei Sinnesqualitäten abgewinnen, und zwar durch ein einziges Sinnesorgan. Das ist nur auf die Weise möglich, daß hierbei ein Sinn außer seiner eigenen Fähigkeit noch die eines anderen übernimmt. Die rote, duftende Nelke: das ist also keine stereoskopische Wahrnehmung. Stereoskopisch dagegen können wir die sammet-rote Nelke, stereoskopisch den Zimmetgeruch der Nelke wahrnehmen, von dem nicht nur der Geruch durch eine aromatische, sondern gleichzeitig der Geschmack durch eine Gewürzqualität betroffen wird.[234]

Das sich mit dieser zunächst vordergründig an die synästhetischen Formenspiele der Symbolisten bzw. des von Jünger explizit geschätzten Huysmans in *À rebours*[235] anschließenden Figur verbindende Ziel besteht dabei in der Entwicklung einer Wahrnehmungsform, «mit der die rationalisierte und chaotische Moderne auf eine lebensphilosophisch konzipierte Tiefendimension hin durchschaubar gemacht werden soll.»[236] Das Stereoskop als optisches

---

[234] Ernst Jünger: *Das Abenteuerliche Herz. Figuren und Capriccios*. Stuttgart: Reclam 2010, S. 33. Vgl. die Formulierung in der ersten Fassung, wo es heißt: «Auf stereoskopische Weise besonders genießen wir die Karnation, die Laubgebung, den Strich, Lasur, Transparenz, Firnis und die Eigenart des bildtragenden Materials, etwa die Maserung der Holztafel, den gebrannten Ton der Vase oder die kreidige Porosität der gekalkten Wand. Stereoskopisch wahrnehmen heißt also, ein und demselben Gegenstande gleichzeitig zwei Sinnesqualitäten abgewinnen, und zwar – dies ist das Wesentliche – durch ein einziges Sinnesorgan» (Ernst Jünger: *Das Abenteuerliche Herz. Erste Fassung. Aufzeichnungen bei Tag und Nacht*. Stuttgart: Klett-Cotta 1995, S. 63). Vgl. ausführlich auch zur Stereoskopie bei Jünger und ihrer Entwicklung im Werkverlauf die Studie von: Julia Draganovic: *Figürliche Schrift: zur darstellerischen Umsetzung von Weltanschauung in Ernst Jüngers erzählerischem Werk*. Würzburg: Königshausen & Neumann 1998.
[235] Vgl. zu dieser Verbindung auch die Überlegungen in Alexander Rubel: Zur Quelle der «Stereoskopischen Wahrnehmung». Ernst Jünger und Joris-Karl Huysmans' *À rebours*. In: *Études littéraires allemandes* 65 (2010), 4, S. 925–939. Allgemein zu Jüngers Konzept der Stereoskopie auch die Überlegungen in: Günter Figal: Stereoskopische Erfahrung. Jünger, Das Abenteuerliche Herz. In: Günter Figal: *Kunst. Philosophische Betrachtungen*. Tübingen: Mohr Siebeck 2012, S. 49–61.
[236] Georg Streim: Das abenteuerliche Herz. Aufzeichnungen bei Tag und Nacht (1929). In: Matthias Schöning (Hg.): *Ernst-Jünger-Handbuch: Leben – Werk – Wirkung*. Stuttgart: Metzler 2014, S. 91–99, hier. S. 91. Jünger führt hier eine – bei ihm nicht thematisierte – Tradition literarisch modulierter Wahrnehmungsformen in der ästhetizistischen Literatur fort, die sich auf ähnliche Weise bereits bei Huysmans als Konzept des sog. *dédoublement* findet, auf die hier

Instrument wird für Jünger so zum Fundament einer literarischen Ästhetik, die hinter die Oberflächen der Dinge in Bereiche des Unsichtbaren vorzudringen vermag: «Das war das Wunderbare, das uns an den doppelten Bildern entzückte, die wir als Kinder durch das Stereoskop betrachteten: Im gleichen Augenblick, in dem sie ein einziges Bild zusammenschmolzen, brach auch die neue Dimension der Tiefe in ihnen auf.»[237] Dass sich mit dieser Wahrnehmungsform die Hoffnung auf eine Möglichkeit metaphysischen und transzendenten Erkenntnisgewinns verbindet, wird unschwer erkennbar, wenn Jünger über die «wahre Sprache, die Sprache des Dichters»,[238] innerhalb derer die Stereoskopie ein zentrales Instrument darstellt, «die verborgene Harmonie der Dinge, die hier zum Klingen kommt»,[239] vermutet und seine Betrachtungen mit dem Satz beschließt: «Es gibt an dieser Tafel keine Speise, in der nicht ein Körnchen vom Gewürz der Ewigkeit enthalten ist».[240] Jüngers Wahrnehmungskonzept, dem ein platonischer Zug eignet, da es «in der aktuellen Erscheinung ein zeitloses Muster bzw. eine urbildhafte Gestalt»[241] zu erblicken sucht, ist dabei von dem Versuch geprägt, eine «Verbindung der technischen Weltsicht mit dem Mythos»[242] herzustellen, wobei diese mit einem elitär grundierten Duktus der Distanz unterfüttert ist, wie er etwa in der dem *Abenteuerlichen Herz* formal verwandten Sammlung *Sgraffiti* zum Ausdruck kommt, wo es heißt:

> In der Betrachtung steckt Freiheit, ja Souveränität. Im Maß, in dem es dem Menschen glückt, sich seine Lage ‹darzustellen›, sie zum Gegenstande seines betrachtenden Geistes zu machen, löst er sich aus ihr und erhebt sich über sie. Zum Beispiel liegt es kaum in der Freiheit des Einzelnen zu verhindern, daß der Staat ihn auf seine Schlachtfelder schickt. Wohl aber liegt es in seiner Freiheit, den Standort des Beobachters einzunehmen, und damit stellt er den Staat in seine Dienste, etwa als Veranstalter gewaltiger Schauspiele. Das wird ihm freilich nur möglich werden, wenn er zuvor in seiner inneren Arena Triumph über die Furcht errungen hat. Daher sind der Beobachter immer nur wenige.[243]

---

aber nicht näher eingangen werden soll. Vgl. dazu die erhellende Studie von: Alexander Fischer: *Dédoublement. Wahrnehmungsstruktur und ironisches Erzählverfahren der Décadence (Huysmans, Wilde, Hofmannsthal, H. Mann)*. Würzburg: Ergon 2010.
237 Ernst Jünger: Sizilischer Brief an den Mann im Mond. In: Ernst Jünger: *Sämtliche Werke. Band 9. Essays III*. Stuttgart: Klett Cotta 1979, S. 9–22, hier: S. 22.
238 Ernst Jünger: *Das abenteuerliche Herz*, S. 34.
239 Ebd.
240 Ebd., S. 35.
241 Georg Streim: Das abenteuerliche Herz, S. 92.
242 Julia Draganovic: *Figürliche Schrift*, S. 14.
243 Ernst Jünger: Sgraffiti. In: Ernst Jünger: *Sämtliche Werke. Band 9. Essays III*. Stuttgart: Klett Cotta 1979, S. 331–478. hier: S. 415.

Die Lektüre der Welt, so ließe sich Jüngers Programmatik zusammenfassen, ist eine Angelegenheit der *happy few*, die den Wagemut und die Fähigkeit besitzen, jenes in der Moderne so häufig postulierte ‹neue Sehen› im Blick auf die Dinge zur Anwendung zu bringen, was für Jünger notwendig mit einer sich von der hergebrachten Anschauung absetztenden Perspektivveränderung einhergeht, oder wie er im Pariser Tagebuch am 26. August 1942 notiert:

> So könnte der Mensch im Bild verschwinden, das er als Magier ersann. Indessen muß ihm das Gegenteil geschehen; die Bilder müssen ihn zum Licht erhöhen, dann können sie von ihm fallen wie Blütenblätter von der Frucht. Wir sind dabei, genau die umgekehrte Bewegung zu vollziehen wie die Romantiker: dort, wo sie eintauchten, da tauchen wir empor. Die neue, klarere Optik ist noch schmerzhaft, noch ungewohnt.[244]

Die Bedeutung dieser Jüngerschen Wahrnehmungskonzeption im Sinne einer modernistischen Ästhetik der Lektüre für *Nocturno de Chile* wird deutlich, wenn Bolaño dieser in Form eines Gemäldes des guatemaltekischen Malers, den Jünger und Reyes in seiner Mansarde besuchen, eine bzw. seine eigene Ästhetik der Lektüre gegenüberstellt. Das Gemälde wird dabei wie folgt beschrieben:

> un cuadro de dos metros por dos, un óleo que don Salvador había visto innumerables veces, y que llevaba el curioso título de *Paisaje de Ciudad de México una hora antes del amanecer*, un cuadro de insoslayable influencia surrealista, movimiento al cual el guatemalteco se había adscrito con más voluntad que éxito, sin gozar jamás de la bendición oficial de los celebrantes de la orden de Bretón, y en el cual se advertía una cierta lectura marginal de algunos paisajistas italianos así como una querencia, muy propia por otra parte de centroamericanos extravagantes e hipersensibles, de los simbolistas franceses, Redon o Moreau. El cuadro mostraba la Ciudad de México vista desde una colina o tal vez desde el balcón de un edificio alto. Predominaban los verdes y los grises. Algunos barrios parecían olas. Otros barrios parecían negativos de fotografías. No se percibían figuras humanas pero sí, aquí y allá, esqueletos difuminados que podían ser tanto de personas como de animales.[245]

Im weiteren Verlauf der Begegnung spielt das Gemälde zunächst keine Rolle mehr; stattdessen vergessen Jünger und Reyes in ihrem Gespräch über Kunst sowohl die Anwesenheit des Gastgebers als auch des Kunstwerks und wenden sich stattdessen dem europäischen Kanon zu: «Tuvo la impresión de que a Jünger sólo le interesaba de verdad Durero, por lo que durante un rato se dedicaron a hablar sólo de Durero. El entusiasmo de ambos fue in crescendo.»[246] Auf seine

---

244 Ernst Jünger: *Strahlungen*, S. 156.
245 Roberto Bolaño: *Nocturno de Chile*, S. 44.
246 Ebd.

Meinung bezüglich des Gemäldes des Guatemalteken angesprochen, entgegnet Jünger lediglich «que el pintor parecía estar sufriendo una anemia aguda y que sin duda lo que más le convenía era comer»,[247] ehe er seinen kunsttheoretischen Sermon in einem Monolog fortführt. Die Ironisierung Jüngers an dieser Stelle ist offensichtlich, wenn seine Ausführungen als «telaraña de los pensamientos inútiles»[248] bezeichnet werden, wohinter unschwer eben jene wahrnehmungstheoretischen Ausführungen zur Stereoskopie vermutet werden können, wie sie oben skizziert wurden: Statt einer angemessenen ‹Lektüre der Welt›, wie sie für den selbsternannten Beobachter Jünger etwa in einer tieferen Einsicht in die Geschehnisse im besetzten Paris bestehen könnte, präsentiert Bolaño die metaphysisch grundierte Wahrnehmungstheorie Jüngers als von der historischen Realität notwendig abgehobene Form der Weltflucht in ein auf Transzendenz hoffendes Ästhetisches, die in ihrer paternalistischen Fixierung auf die europäische Kunst ebensowenig zu erkennen imstande ist, dass sich eben im Kunstwerk des Guatemalteken ein Schlüssel zur Beschreibung der Szenerie verbirgt. Dieser Punkt wird manifest, wenn es über Reyes' Reflexion bezüglich des Bildes heißt:

> [C]reyó atisbar una parte de la verdad, y en esa parte mínima de la verdad el guatemalteco estaba en París y la guerra había empezado o estaba a punto de empezar y el guatemalteco ya había adquirido la costumbre de pasar largas horas muertas (o agónicas) delante de su única ventana contemplando el panorama de París, y de esa contemplación había surgido el *Paisaje de Ciudad de México una hora antes del amanecer*, de la contemplación insomne de París por parte del guatemalteco, y a su modo el cuadro era un altar de sacrificios humanos, y a su modo el cuadro era un gesto de soberano hastío, y a su modo el cuadro era la aceptación de una derrota, no la derrota de París ni la derrota de la cultura europea briosamente dispuesta a incinerarse a sí misma ni la derrota política de unos ideales que el pintor vagamente compartía, sino la derrota de él mismo, un guatemalteco sin fama ni fortuna pero dispuesto a labrarse un nombre en los cenáculos de la Ciudad Luz, y la lucidez con que el guatemalteco aceptaba su derrota, una lucidez que inferia otras cosas que trascendían lo puramente particular y anecdótico, hizo que a nuestro diplomático se le erizasen los vellos de los brazos o que, como dice el vulgo, se le pusiera la carne de gallina.[249]

Die Interpretation des Gemäldes ist dabei in mehrerlei Hinsicht geeignet, als ein meta- bzw. autopoetologischer Kommentar des Romans bzw. von Bolaños Ästhetik der Lektüre gelesen zu werden[250]: Zunächst stellt das Gemälde offensichtlich

---

247 Ebd.
248 Ebd.
249 Ebd., S. 48.
250 Besonders an dieser Stelle wird das Verfahren der Vielstimmigkeit des Romans deutlich, wenn sich unter dem eigentlichen Erzählerdiskurs von Urrutia Lacroix immer wieder die

eine Allegorie der menschlichen Vernichtung dar, die der Künstler – ein in marginalisierten Verhältnissen lebender lateinamerikanischer (guatemaltekischer!) Maler[251] – der Melancholie seiner Betrachtungen des besetzten Paris abgewonnen hat. Das Kunstwerk scheint dabei, so legt obige Beschreibung nahe, seinem Titel zum Trotz von einer konkreten geographischen Verortung bzw. einem realistischen Abbildungsverhältnis der lateinamerikanischen Realität weit entfernt zu sein und stattdessen eine Art universelle Allegorisierung der menschlichen Vernichtung zu sein, *un altar de los sacrificios humanos*, welche zugleich – wie im ersten Verweis auf die surrealistischen und symbolistischen Prägungen der Guatemalteken ersichtlich wird – aus einer produktiven Auseinandersetzung mit dem europäischen Kanon hervorgeht. Diese Charakteristika des Gemäldes werden hier lesbar als eine Art Metapher von *Nocturno de Chile* selbst als allegorischem Roman, der über den konkreten Fall der chilenischen Geschichte hinaus so eine zentral auf die Auseinandersetzung mit dem europäischen literarischen Kanon gestützte Reflexion über die Moderne und die ihr inhärenten Verflechtungen von Ästhetik und Gewalt darstellt. Dem Gemälde bzw. dem Gespräch darüber, wie es in der Folge zwischen dem Maler und Jünger entsteht, ist somit Bolaños eigene Ästhetik der Lektüre im Sinne einer lateinamerikanischen Literatur inhärent, welche sich eben nicht als ‹Bilderlieferantin› einer exotischen Wirklichkeit oder auf rein lokale Verhandlungen lateinamerikanischer Realitäten beschränkt versteht, an der Jünger augenscheinlich interessiert ist, sondern die sich innerhalb eines weltliterarischen Raumes verortet, innerhalb dessen ihrer ‹Herkunft› lediglich eine sekundäre Bedeutung zukommt. Entsprechend antwortet der Guatemalteke auf Jüngers Frage, ob er lange in Mexiko gelebt habe, «que había estado en Ciudad de México una semana escasa y que sus recuerdos sobre esa ciudad eran indefinidos y casi sin contornos y que, además, el cuadro objeto de la atención o curiosidad del germano lo había pintado en París, muchos años después y casi sin pensar en México aunque sintiendo algo que el guatemalteco, a falta de otra palabra mejor, llamaba sentimiento mexicano.»[252]

Vor dem Hintergrund dieser Szene wird zugleich deutlich, inwiefern Bolaño Jüngers Modell eines stereoskopischen Sehens eindeutig ins Lächerliche zieht – und dieses nicht etwa, wie Susanne Klengel in ihren Jünger-Essay argumentiert, als vermeintliche Basis und affirmatives Modell seines eigenen Schreibens

---

Stimme jenes *joven envejecido* als *alter ego* Bolaños quasi durchzupausen bzw. diesen zu infiltrieren scheint.
251 Reyes entsinnt sich nicht mal seines Namens, wie an einer Stelle deutlich wird, wo er über den Maler befindet: «[H]asta aquí llegaste, fulanito o menganito o como se llamara el centroamericano» (Roberto Bolaño: *Nocturno de Chile*, S.42).
252 Ebd., S. 48.

entwickelt.[253] Gerade indem Klengel eine Analyse der Jünger-Reyes-Szene in ihren Überlegungen vollkommen ausspart – mutmaßlich, weil sie eben mit ihrer These von Jünger als vermeintlich zentralem ästhethischen Einfluss Bolaños kaum zu vereinbaren ist – übersieht sie die entscheidende Funktion von Bolaños Auseinandersetzungen mit bestimmten ästhetischen Paradigmen der Moderne und ihren ethisch-politischen Implikationen: Bolaño inszeniert bzw. *zitiert* eben in Figuren wie Jünger oder auch dem Avantgarde-Amalgam Carlos Wieder[254] in *Estrella distante* bestimmte literarische (und zugleich politische) Positionen der Moderne, die jedoch immer – und das ist der entscheidende Punkt, der vor allem in *Estrella distante* noch einmal besonders deutlich werden wird – zugleich eine *Dekonstruktion* dieser ethisch problematischen Ästhetiken, wie etwa des stereoskopischen Sehens oder der avantgardistischen Zerstörungsphantasien, mit in ihre zitathafte Darstellung integrieren. Bolaños Standpunkt ist in diesem Sinne stets ein geschichts- bzw. machtkritischer und nichts scheint verfehlter als das raunende Fazit von Klengels Essay, nach dem Bolaño «in seinen Werken ein exzessives und riskantes Spiel mit der Inszenierung des kalten Blicks aus der Ferne auf eine Welt unheimlicher Ornamente [betreibt] und [...] dafür tief in die Werkzeugkiste einer tendenziell faschistischen Ästhetik [greift].»[255] Dies wird in der betreffenden Szene in der Mansarde des Guatemalteken noch einmal besonders augenfällig, wenn in der Figuren-Konstellation und den Reflexionen Reyes' erneut jene Fragen nach dem Verhältnis von Kunst und Macht aufgerufen werden, wie sie für den Roman prägend sind: Im Unterschied zu Jünger und Reyes, die jeweils auf ihre Weise Repräsentanten eines Autor-Modells sind, das sich durch die Stilisierung der eigenen Person sowie die permanente Anbiederung an Institutionen und Träger politischer wie symbolischer Macht auszeichnet, wird der Guatemalteke als Verkörperung des marginalen und melancholischen, aber eben deshalb luziden Künstlers dargestellt, der auf offizielle Konsekration im Sinne jener *bendición oficial de los celebrantes de la orden de Bretón* verzichtet, um sich der Betrachtung der Realität im Sinne jenes eingangs als Fundament der Bolañoschen Ästhetik und ihrer Ethik identifizierten «saber meter la cabeza en lo oscuro» zu widmen. Die ästhetische Modulierung dieses «Blicks in die Dunkelheit» bei Bolaño, so suggerieren das Gemälde des Guatemalteken wie der Roman selbst, ist dabei nurmehr im Modus des eingangs so ausführlich untersuchten Allegorischen möglich, das in seinem Bewusstsein jener in der

---

253 Vgl. Susanne Klengel: *Jünger Bolaño*, S. 52–67.
254 Vgl. dazu ausführlich das Kapitel vier dieser Arbeit.
255 Susanne Klengel: *Jünger Bolaño*, S. 78.

Bildbeschreibung mehrfach angeführten *derrota* sich auf eine Lektüre der Welt beschränkt, welche im Unterschied zu Jüngers Stereoskopie keine transzendenten Perspektiven mehr eröffnet, sondern diese modernistischen Formen einer Ästhetisierung des Schreckens vielmehr ihrer ethisch problematischen Implikationen überführt.[256] Im Gegensatz zu Jüngers Idee des stereoskopischen Sehens, welche eine stets ins Überzeitliche und, ein anderes Schlagwort von Jüngers Ästhetik, Magische zielende «Tiefendimension der Geschichte erschließen»[257] soll und damit im weiteren Sinne an jener eingangs mit Benjamin problematisierten Idee der Erfahrung des «mysthischen Nu» im Symbol partizipiert, entwirft Bolaños intertextuell und allegorisch grundierte Ästhetik der Lektüre ein Model des Lesens, in dem der Akt der Dechiffrierung eben keinerlei metaphysisches Moment mehr bereithält, sondern vielmehr eine Kritik der Konstruktionsmechanismen jener «gran literatura de Occidente» und den Dimensionen ihrer «violencia soterrada» formuliert, wie sie in *Nocturno de Chile* exemplarisch zur Geltung kommen. Diesen Kontrast zwischen einer Lektürehaltung, die auf eine unkritische Affirmation ihres Gegenstandes setzt, und einer kritischen Ästhetik der Lektüre inszeniert Bolaño bereits zu Beginn des Romans auf explizite Weise, wenn er Urrutia über seine Begegnung mit Neruda sagen lässt: «[E]staba Neruda musitando palabras cuyo sentido se me escapaba pero con cuya esencialidad comulgué desde el primer segundo. Y allí estaba yo, con lágrimas en los ojos, un pobre clérigo perdido en las vastedades de la patria, disfrutando golosamente de las palabras de nuestro más excelso poeta.»[258] Ironisch wird Urrutia hier als jener *lector cortesano* vorgeführt, der selbst die Lektüre, der er keinen Sinn entnehmen kann, als Motiv einer übertriebenen Bewegtheit postulieren kann, solange sie von einem kraft seiner Kanonposition autorisierten

---

[256] Vgl. auch den lesenswerten Artikel von Myerston, der die Jünger-Szene vor dem Hintergrund von Platons Höhlengleichnis interpretiert und dabei zu ähnlichen Ergebnissen kommt, wenn er schreibt: «One possible reason for this transformation of reality into allegory is that Jünger and Reyes, prisoners of their illusion, are not ready to divert their gaze from the shadows. Only the Guatemalan painter has grasped the true nature of the situation to offer Jünger and Reyes an image in which they can see real things reflected. [...] [T]hey look at the image of the Latin American city in the same way that the Platonic prisoners contemplate the shadows projected in the lower cave, unable to establish the correct referent» (Jacobo Myerston: The classicist in the cave, S. 563).
[257] Bernd Stiegler: Technik. In: Matthias Schöning (Hg.): *Ernst-Jünger-Handbuch: Leben – Werk – Wirkung*. Stuttgart: Metzler 2014, S. 351–353, hier: S. 353. Vgl. zu Jüngers transzendental fundamentierter Ästhetik auch die rezenten Überlegungen in Alexander Rubel: *Die Ordnung der Dinge. Ernst Jüngers Autorschaft als transzendentale Sinnsuche*. Würzburg: Königshausen & Neumann 2018.
[258] Roberto Bolaño: *Nocturno de Chile*, S. 24.

Autor wie Neruda kommt. Auf abgewandelte Weise formuliert Urrutia eine für ihn im gesamten Roman charakteristische Sehnsucht nach einer Kunsterfahrung, die ihn von der Notwendigkeit eines kritischen Denkens und der Erinnerung an seine Schuld zu entbinden vermag, ganz so wie sie sich bereits bei Huysmans' Protagonisten Des Esseintes findet, wenn dieser im Tenor der ästhetizistischen Klage über die rationalistische Moderne befindet: «Il faudrait pouvoir s'empêcher de discuter avec soi-même, se dit-il douloureusement; il faudrait pouvoir fermer les yeux, se laisser emporter par ce courant, oublier ces maudites découvertes qui ont détruit l'édifice religieux, du haut en bas, depuis deux siècles.»[259] Im gleichen Abschnitt formuliert Urrutia dagegen seine Bewertung des Werks des *joven envejecido*, das – ähnlich wie das Gemälde des Guatemalteken – eine chiffrierte Umschreibung von Bolaños eigener Ästhetik liefert, wenn es heißt:

> Yo he leído sus libros. A escondidas y con pinzas, pero los he leído. Y no hay en ellos nada que se le parezca. Errancia sí, peleas callejeras, muertes horribles en el callejón, la dosis de sexo que los tiempos reclaman, obscenidades y procacidades, algún crepúsculo en el Japón, no en la tierra nuestra, infierno y caos, infierno y caos, infierno y caos.[260]

Die Ablehnung von Bolaños Ästhetik wird aus der Perspektive Urrutias nicht nur mit ihrer weltliterarischen Orientierung begründet – *no en la tierra nuestra*, echauffiert sich der Kritiker –, sondern primär aufgrund ihrer offensichtlichen Neigung zu einer Poetik der Kontingenz, wie sie in dem dreifach wiederholten *infierno y caos* zum Ausdruck kommt. Diese ist Urrutias eigenem literarischen wie literaturkritischem Projekt diametral entgegengesetzt, träumt Urrutia doch von der Schaffung eines «obra poética para el futuro, una obra de ambición canónica que iba a cristalizar únicamente con el paso de los años, en una métrica que ya nadie en Chile practicaba, ¡qué digo!, que nunca nadie jamás había practicado en Chile.»[261] Die Vorstellung eines gleichfalls modernistischen Prämissen folgenden Werks, das sich durch einen radikalen Bruch mit allem Vorangegangenen und eine entsprechend elitäre und exklusive Leserschaft auszeichnet, korrespondiert im kritischen Projekt Urrutias mit der Idee einer Fortführung der Tradition Farewells im Sinne eines «esfuerzo dilucidador de nuestra literatura, en un esfuerzo razonable, en un esfuerzo civilizador, en un esfuerzo de tono comedido y conciliador.»[262] Die Beschreibung seiner eigenen

---

259 Joris-Karl Huysmans: *À rebours*, S. 313.
260 Roberto Bolaño: *Nocturno de Chile*, S. 24.
261 Ebd., S. 37.
262 Ebd. Auch diese Auseinandersetzung mit der Tradition in Form einer «roman-immanenten, legitimierenden Kontextualisierung durch die Identifikation mit Werk und Leben anderer

Poetik im Sinne eines Werks von lyrischer Reinheit «que se estaba gestando verso a verso, en la diamantina pureza»²⁶³ korrespondiert dabei mit den Vorstellungen vom Prosagedicht als höchster, weil vermeintlich reinster Gattung im Sinne eines auf das Wesentliche reduzierten Romans und seines idealen Lesers, wie sie Des Esseintes in À rebours hegt: «Le roman, ainsi conçu, ainsi condensé en une page ou deux, deviendrait une communion de pensée entre un magique écrivain et un idéal lecteur, une collaboration spirituelle consentie entre dix personnes.»²⁶⁴

Diese Sehnsucht und Vorstellung Urrutias von der Welt der Literatur als einem Ort, an dem vorgeblich zivilisatorische Prinzipien herrschen bzw. der jenseits von Machtstrukturen und Gewalt zu funktionieren vermag,²⁶⁵ wird in ihrer Verfehltheit bzw. als bewusste Verschleierung und Idealisierung deutlich bei einem näheren Blick auf das Projekt der Militärdiktatur, welches nicht nur auf eine simple Übernahme der exekutiven Macht im Staat abzielte, sondern seinen fundamentalen Auftrag in der Idee einer kulturellen Erneuerung des Landes sah:

> En consecuencia, abortado el proyecto de la Unidad Popular, se impulsará bajo el control de la dictadura una campaña de ‹reconstrucción cultural›, proceso que intentará no sólo la ‹depuración de elementos indeseables› que apoyaron el régimen derrocado, sino fundamentalmente reconquistar el terreno perdido, propiciando una política cultural ‹acorde con la idiosincrasia chilena› y conducente a lo que se denominó el ‹deber ser nacional›.²⁶⁶

Die Kultur – und Urrutia, so suggeriert der Roman, ist als erster Literaturkritiker der Nation ein bedeutender Teil von ihr – verstehen die Militärs (ebenso wie die Unidad Popular Allendes übrigens) als zentrales und umkämpftes Territorium ihrer ideologischen Auseinandersetzung, wie es aus dem kurz nach der Machtübernahme erlassenen Dekret 804 der Junta Militar ersichtlich wird, wo es im für die Zeit typischen hygienistischen Duktus über das neue nationalkulturelle Projekt heißt:

Décadents» (Alexander Fischer: Dédoublement, S. 182) findet sich in À rebours, insbesondere im 14. Kapitel des Romans, in dem sich Des Esseintes über seine literarischen Vorlieben auslässt.
263 Ebd., S. 38.
264 À rebours, S. 291.
265 Vgl. dazu auch Jüngers Idee von der sog. Désinvolture, einer untergegangenen Haltung früherer Herrscher, in welcher Macht und Edelmut zu einer Konvergenz kamen (Ernst Jünger: Das Abenteuerliche Herz. Figuren und Capriccios, S. 100–103).
266 Luis Errázuriz: Política cultural del regímen militar chileno (1973-1976). In: Aisthesis 40 (2006), S. 67–68.

> [U]n país que quiere vencer el marxismo debe tener plena conciencia de los peligros que lo acechan y forticifar, precisamente, el campo de la cultura, que es en el cual surgen las creencias, se asientan los principios, se ennoblecen las palabras, se superan los gustos y se hacen responsables las conductas. En términos pragmáticos, el campo donde se generan los anticuerpos.[267]

Neben diesem Wissen um die Bedeutung des kulturellen Terrains als Kampfplatz ideologischer Hegemonie, das es nach den Prämissen von Tradition und Nation umzugestalten galt, zeichnete sich das Projekt der chilenischen Militärdiktatur bekanntlich mit Blick auf die Frage nach dem dominierenden Staats- und Wirtschaftsmodell durch eine radikale Öffnung für die neoliberalen Prinzipien der sog. *Chicago Boys*[268] aus, was durchaus als ein Paradox verstanden werden kann, denn: «Por una parte se busca combatir la ‹penetración cultural› y las ‹ideas foráneas› – enclaustrando al país en función de sus tradiciones, la chilenidad y el llamado ‹deber ser nacional› – y por otra se permite, en el ámbito de la economía, que Chile se abra como nunca a la penetración de ‹ideas foráneas›.»[269] Gleichzeitig jedoch lässt sich die chilenische Militärjunta mit diesem auf nationalkulturellem Konservatismus und Technologiegläubigkeit fußenden Projekt als Teil einer politischen Genealogie des 20. Jahrhunderts betrachten, deren Prototyp in den nationalrevolutionären und später faschistischen Regimen Deutschlands und Italiens zu beobachten war im Sinne jenes *reactionary modernism*, wie ihn Jeffrey Herf beschrieben hat:

> Before and after the Nazi seizure of power, an important current within conservative and subsequently Nazi ideology was a reconciliation between the antimodernist, romantic, and irrationalist ideas present in German nationalism and the most obvious manifestation of means-ends rationality, that is, modern technology. Reactionary modernism is an ideal typical construct. [...] [T]his tradition consisted of a coherent and meaningful set of metaphors, familiar words, and emotionally laden expressions that had the effect of converting technology from a component of alien, Western Zivilisation into an organic part of German *Kultur*. [...] [I]t incorporated modern technology into the cultural system of modern German nationalism, without diminishing the latter's romantic and antirational aspects.[270]

---

267 Zit. nach Luis Errázuriz: Política cultural del regímen militar chileno (1973–1976), S. 71.
268 Vgl. zum Umbau des Staatsmodells die Überlegungen von Guillermo O'Donnell: *El estado burocrático autoritario 1966–1973*. Für den konkreten chilenischen Fall die lesenswerte Studie von Patricio Silva: *In the name of reason: technocrats and politics in Chile*. University Park: University of Pennsylvania Press 2008.
269 Luis Errázuriz: Política cultural del regímen militar chileno (1973–1976), S. 75.
270 Jeffrey Herf: *Reactionary Modernism. Technology, Culture and Politics in Weimar and the 3rd Reich*. Cambridge: Cambridge UP 1984, S. 1–2.

Es scheint keine Übertreibung, Bolaños fortwährende Referenzen auf (Nazi-)Deutschland und die Auseinandersetzung mit Figuren wie Ernst Jünger oder, wie im folgenden Kapitel noch zu zeigen sein wird, Filippo Tommaso Marinetti vor dem Hintergrund dieser von ihm sehr bewusst wahrgenommenen genealogischen Verbindungen und einem Interesse an den Verbindungen zwischen Macht und Kultur, wie sie in der Benjaminschen Formel vom Faschismus als Ästhetisierung der Politik ihre extremste Ausprägung fanden, zu lesen.[271] Gerade in Ernst Jüngers ästhetischem Projekt stellen diese Dimensionen zentrale Konstanten seines Werks da, wobei mit Blick auf *Nocturno de Chile* insbesondere die Frage nach dem Zusammenhang von Technik und einer bestimmten Modulation von Affekten von Interesse ist – ein Aspekt, der im Text ganz am Ende der Jünger-Episode eingeblendet wird, wenn Urrutia eine Art Vision beschreibt, in welcher er von einem Gedicht über Jünger phantasiert:

> [T]uve una visión donde el donaire se vertía a raudales, bruñido como el sueño de los héroes, y como era joven e impulsivo se lo comuniqué de inmediato a Farewell, que sólo pensaba en llegar pronto a un restaurante cuyo cocinero le había sido ponderado, y yo le dije a Farewell que por un instante me había visto, allí, mientras caminábamos por esa tranquila calle bordeada de tilos, escribiendo un poema en donde se cantaba la presencia o la sombra áurea de un escritor dormido en el interior de una nave espacial, como un pajarito en un nido de hierros humeantes y retorcidos, y que ese escritor que emprendía el viaje a la inmortalidad era Jünger, y que la nave se había estrellado en la cordillera de Los Andes, y que el cuerpo impoluto del héroe sería conservado entre los hierros por las nieves eternas, y que la escritura de los héroes y, por extensión, los amanuenses de la escritura de los héroes, eran en sí mismos un canto, un canto de alabanza a Dios y a la civilización.[272]

---

271 Vgl. zum bislang einzig ausführlicheren Artikel zur Rolle von Deutschland im Werk Bolaños die leider wenig strukturierten Beobachtungen von Joaquín Manzi: Alemania en pedazos. In: *mitologías hoy* 7 (2013), S. 57–71. Zur Bedeutung der Nazi-Thematik im Rahmen der jüngeren lateinamerikanischen Literatur auch das 1. Kapitel in Héctor Hoyos: *Beyond Bolaño*.
272 Roberto Bolaño: *Nocturno de Chile*, S. 50–51. Die – in gewisser Weise schon in *La literatura nazi en América* verhandelte – Motivik von Kontinuitäten zwischen emblematischen Figuren des Nazismus und den lateinamerikanischen Diktaturen findet sich in der chilenischen Lyrik prominent bereits in dem 1990 von Bruno Vidal publizierten Band *Arte marcial*, wenn etwa in einem Gedicht Eva Braun und Leni Riefenstahl, Hermann Goering und Rudolf Hess in einer Überblendung mit dem Pinochet-Regime in Santiago de Chile imaginiert werden (vgl. «A Eva Braun» in Bruno Vidal: *Arte marcial*. Santiago de Chile: Porter 1987, S. 29). In der Episode um den Nazi-Dichter Rory Long in *La literatura nazi* heißt es über diesen in einer ähnlichen Wendung: «Escribió, por ejemplo, un poema en donde Leni Riefenstahl hacía el amor con Ernst Jünger» (Roberto Bolaño: *La literatura nazi en América*, S. 153). Zu Vidals Poetik und der Rolle des Imaginariums der Nation in der chilenischen Gegenwartslyrik vgl. auch die Arbeit von Antonia Torres: *Las trampas de la nación: la nación como problema en la poesía chilena de postdictadura; lenguaje, sujeto, espacio*. Frankfurt am Main: Peter Lang 2013; zu einer vergleichenden

Was in diesem Bild des in einem Raumschiff unter dem ewigen Schnee der Anden strandenden Jünger transportiert wird, ist eben jenes Bild von der «kalten persona», wie es Helmuth Lethen mit Blick auf Jünger und die Verhaltenslehren einer «neuen Sachlichkeit» in den 1930er und 1940er Jahren in seiner einschlägigen Studie untersucht hat. Das Motiv der affektiven Kälte wird dabei im Kontext der neuen technisch grundierten Wahrnehmung der Welt, die ihre erste künstlerische Aufwertung in der Avantgarde erhält und als solche noch mit Blick auf *Estrella distante* zu untersuchen sein wird, zur Voraussetzung einer neuen Verhaltensform, welche es erlaubt, die eingangs beschriebenen emotionalen Überforderungen des modernen Subjekts einer neuen Kontrolle und Beherrschung zu unterwerfen:

> Die Begriffs-Realisten unter den Artisten der zwanziger Jahre intervenieren in den Wahrnehmungsraum, um die weichen Ränder der Phänomene wegzuschneiden, fließende Bewegungen in Momentaufnahmen erstarren zu lassen und Ambivalenzen auszuräumen. Sie rastern das Blickfeld und konzentrieren sich auf die isolierte Parzelle, in der sie ihr ‹Präparat› erfassen. Figuren werden so lange entmischt, bis ‹reine› Phänomene zustande kommen [...]. Carl Schmitts Freund-Feind-Theorie ist eine Wahrnehmungsprothese, welche geradlinige Bahnen durch den amorphen Körper der liberalen Gesellschaft legt. Halbdunkel wird entfernt, Schwanken und Lavieren werden in der Kategorie des Verrats fixiert. Entmischen ist das Metier der kalten persona, ‹Distinguo ergo sum› ihr Wahlspruch.[273]

Als Antidoton gegen eine als übersteigert empfundene Ausdruckshaftigkeit und Empfindsamkeit fungieren die Konstruktion von identitären Masken bzw. die Idee einer Panzerung des menschlichen «Organismus in der metallischen Schale»,[274] wobei es dabei weniger, wie Bohrer bereits ausführt, um einen Kult der Aggression geht; vielmehr «flieht die Angst vor der Aggression in die Panzerung des absoluten Subjektverzichts. Die Indizien der gegen die eigene Subjektivität gerichteten Überanstrengung sind: eine melancholische Stilisierung der Sprache und Motive von utopischer Bildlichkeit. Beide zeigen ein Leiden an der Realität an, das sich durch extreme Stilisierung dieser Realität einen Fluchtweg verschafft.»[275] Diese im Dispositiv des Chirurgischen bei Jünger immer betonte Notwendigkeit des Zugriffs auf die Realität aus einer Perspektive des Aseptischen kommt etwa schon auf der ersten Seite des *Abenteuerlichen Herzens* zum

---

Lektüre von Bolaño und Vidal vgl. auch die Überlegungen in Matías Ayala: Bolaño, Zurita, Vidal: vanguardia, violencia, sacrificio. In: Ursula Hennigfeld (Hg.): *Roberto Bolaño – escritura, violencia, vida*. Madrid/Frankfurt am Main: Iberoamericana/Vervuert 2015, S. 33–48.
273 Helmut Lethen: *Verhaltenslehren der Kälte. Lebensversuche zwischen den Kriegen*. Frankfurt am Main: Suhrkamp 1994, S. 191.
274 Ebd., S. 202.
275 Karl Heinz Bohrer: *Die Ästhetik des Schreckens*, S. 468–469.

Ausdruck, wenn der autobiographisch grundierte Erzähler die Umstände seiner Weltwahrnehmung identifiziert, die seinem Wesen Sicherheit verleihen und dabei bekennt: «Einmal besitze ich das bestimmte Gefühl, einem im Grunde fremden und rätselhaften Wesen nachzuspüren, und dies bewahrt vor jener pöbelhaften Eigenwärme, jener Stickluft der inneren Wohn- und Schlafzimmer, die mir am ‹Anton Reiser› unangenehm ist. Es verleiht dem Zugriff eine größere Sauberkeit, wie der Gummihandschuh den Fingern des Operateurs.»[276] Noch im *Zweiten Pariser Tagebuch* ermahnt sich Jünger selbst zu einer größeren Kälte und Indifferenz gegenüber den Schrecken des Krieges, wenn er am 26. Mai 1944 schreibt:

> Ich muß die Maximen ändern; mein moralisches Verhältnis zu den Menschen ist auf die Dauer zu anstrengend. So etwa gegenüber dem Bataillonskommandeur, der äußerte, daß er sich den ersten ergriffenen Deserteur vor die Front führen lassen wolle, um ihn dort mit eigener Hand ‹zu erledigen›. Bei solchen Rencontres ergreift mich eine Art von Übelkeit. Ich muß indessen einen Stand erreichen, von dem aus ich dergleichen wie das Wesen von Fischen in einem Korallenriff oder Insekten auf einer Wiese oder auch wie der Arzt den Kranken betrachten kann. Vor allem ist einzusehen, daß diese Dinge in den niederen Ringen gültig sind. In meinem Ekel liegt noch Schwäche, noch allzu großer Anteil an der roten Welt.[277]

Die technisch-wissenschaftlichen Dispositive, die Jünger hier und an vielen weiteren Stellen seiner Werke nennt, fungieren in der Weltsicht als utopische und vielfach apokalyptisch grundierte Elemente, an die sich der Glaube an die Restituierung der Ordnung anschließt:

> Diese quasireligiöse Vision von Untergang und Auferstehung, die Jünger als elementare Struktur der zeithistorischen Entwicklung diagnostizierte, lieferte nicht nur eine Erklärung, die den zerstörerischen Aspekten der modernen Technik einen positiven Sinn abgewann, sondern erlaubte auch eine neue Synthese zwischen seiner Abenteuerlust und seinem Ideal einer stabilen konservativen Ordnung.[278]

---

276 Ernst Jünger: *Das Abenteuerliche Herz. Erste Fassung. Aufzeichnungen bei Tag und Nacht.* Stuttgart: Klett-Cotta 1995, S. 13.
277 Ernst Jünger: *Strahlungen*, S. 521–522. Eine ähnliche Disposition ließe sich schon für Huysmans' Protagonisten Des Esseintes postulieren, werden doch auch für den zwischen Hysterie und Kälte schwankenden Dandy seine perversen Gedankenexperimente zum Ausweis der eigenen Sublimiertheit, während «[d]em sich solchermaßen permanent zugleich analysierenden und halluzinierenden dekadenten Dilettanten [...] Leben und Mitmenschen [...] allein als Material zur Anreicherung seines hochkomplexen intellektuellen Spiels [dienen]» (Alexander Fischer: *Dédoublement*, S. 167).
278 Thomas Rohkrämer: *Eine andere Moderne? Zivilisationskritik, Natur und Technik in Deutschland 1880–1930.* Paderborn: Schöningh 1999, S. 324.

Bolaño rekurriert auf dieses oben bereits ausführlich analysierte Element in der Falken-Episode, die allegorisch eben diesen Glauben Urrutias an die Restituierung der Ordnung mittels Technik, wie er wiederum repräsentativ für den technokratischen Diskurs der Militärdiktatur ist, beschreibt.[279] Wieder werden in diesen Episoden die genealogischen Verbindungen eines globalen *reactionary modernism* deutlich, wobei die ethischen Implikationen, um die es Bolaño geht, in der Tatsache begründet liegen, dass die reaktionären Technik-Utopien und der mit ihnen einhergehende Kult der Kälte stets mit einer «absolute[n] Entfernung von einer sozialen, politischen und sozialpsychologisch gemeinten Beziehung zur Gegenwart»[280] einhergehen. Die Idee eines «heroischen Realismus», wie sie Jünger entwickelt und wie sie bei Bolaño immer wieder thematisiert wird – nicht umsonst spricht Urrutia hier mehrfach von der *escritura de los héroes*, findet im Modell der Science Fiction, wie sie auch viele der Autoren aus *La literatura nazi* betreiben, eine ideale Gattung, ist doch dort «der überirdische Held durch metallische Maskenhaftigkeit, Gefühllosigkeit und den Anspruch auf Unsterblichkeit gekennzeichnet, Eigenschaften, die ihn dem gewöhnlichen Erdenbewohner überlegen machten.»[281] Wenn Jünger und Urrutia von Bolaño in *Nocturno de Chile* also intertextuell und im Sinne einer geteilten reaktionären Genealogie miteinander verschaltet werden, dann geschieht das auch vor dem Hintergrund einer Ironisierung jenes vermeintlichen Heroismus, aber auch bestimmter Affektmuster, wie sie bei beiden Figuren zu finden sind. Diese Ironisierung erwächst in beiden Fällen aus den Irritationseffekten, die sich aus dem Zusammenprall von

---

[279] Auf diesen Aspekt hat als erster Raphael Estève hingewiesen, wenn es mit Blick auf Jüngers *Der Arbeiter* und Heideggers Technik-Kritik bezüglich der Falken-Szene heißt: «On peut donc lire plus précisément dans *Nocturno de Chile* la prédation des faucons commo une métaphore de cet arraisonnement du réel par la technique» (Raphael Estève: Jünger et la technique, S. 155). Rohkrämer zeigt anhand von Jüngers Werk die Bedeutung seines Glaubens an die technokratische Utopie, wenn er davon ausgeht, «[e]in ‹Stamm von Beamten, Offizieren, Kapitänen und sonstigen Funktionären› werde die technische Welt so effektiv organisieren, daß die gegenwärtigen Probleme mit der Technik verschwänden» (*Eine andere Moderne?*, S. 328–329). Zur Ausgestaltung eben dieses Glaubens an den Techniker in der Literatur und im Film der chilenischen und argentinischen Post-Diktatur vgl. Benjamin Loy: «Solamente cumplo con mi deber» – las dictaduras y la banalidad del mal en la literatura y el cine contemporáneos de Chile y Argentina». In: Susanne Hartwig (Hg.): *Culto del mal, cultura del mal: Realidad, virtualidad, representación*. Madrid/Frankfurt am Main: Iberoamericana/Vervuert 2014, S. 183–198.
[280] Karl Heinz Bohrer: *Die Ästhetik des Schreckens*, S. 481.
[281] Ebd. Immer wieder tauchen solche Bilder bei Jünger auf, etwa im Ersten Pariser Tagebuch, wenn er über die Landschaft nach einem Bombardement schreibt: «Der Aufprall der Splitter auf den leeren Straßen – gleich dem von Meteoriten in einer Mondlandschaft» (Ernst Jünger: *Strahlungen*, S. 122).

konträren affektiven Reaktionsmustern ergeben, wie sie sich etwa bei Urrutia exemplarisch innerhalb der Falken-Episodebeobachten lassen: Während er beim Massaker der Falken an den Tauben keinerlei Emotion zeigt – ein Muster, das sich während des Putsches in Chile wiederholen wird – bekennt er kurz darauf seine Rührung beim Anblick der Pariser Kultur, wenn es heißt: «[D]espués me fui a París, en donde estuve cerca de un mes escribiendo poesía, frecuentando museos y bibliotecas, visitando iglesias que me llenaban los ojos de lágrimas, tan hermosas eran.»[282] Bolaño hat diese gespaltene Affektivität in ähnlicher Weise etwa in *2666* in der Figur des Nazi-Funktionärs Sammer bzw. einem Beamten namens Tippelkirsch ausgearbeitet, welcher – und an solchen Details wird Bolaños Lektüre-Tiefe und sein spielerischer Umgang mit dem Erlesenen noch einmal besonders deutlich – den fast identischen Namen eines Oberst Tippelskirch trägt, wie er in Jüngers *Erstem Pariser Tagebuch* auftaucht[283] und welcher Jünger über die Erschießung von Juden berichtet, also eben jenen Vorfall, den auch Bolaños Nazi-Funktionär Sammer gemeinsam mit dem Beamten Tippelkirsch in *2666* in seiner Funktion als «subdirector de un organismo encargado de proporcionar trabajadores al Reich»[284] zu ‹bewältigen› hat: Tippelkirsch und Sammer fungieren dabei als prototypische Vertreter im Sinne von Hannah Arendts bekanntlich an der Figur Adolf Eichmanns entwickeltem Konzept eines banalen Bösen, welches – unabhängig von der Frage, inwiefern es für die Bewertung von Eichmanns Person historisch zutreffend war[285] – gerade im Kontext der lateinamerikanischen Literaturen über die Militärdiktaturen der 1970er und 1980er Jahre eine große Produktivität entwickelt hat.[286] Was Bolaño hinsichtlich der spezifischen Affektivität dieses banalen Bösen sowohl an der Figur des Nazi-Funktionärs als auch Urrutias entwickelt, ist eben jenes von Arendt beschriebene Moment der Nicht-Reflexion über das eigene Tun sowie jene oben anhand von Urrutia beschriebene Indifferenz gegenüber furchtbarsten Verbrechen bei einer gleichzeitig intakten emotionalen Disposition gegenüber anderen Empfindungen:

> Außer einer ganz ungewöhnlichen Beflissenheit, alles zu tun, was seinem Fortkommen dienlich sein konnte, hatte er überhaupt keine Motive; er hat sich nur, um in der Alltagssprache zu bleiben, niemals vorgestellt, was er eigentlich anstellte. […] Er war nicht dumm; es war gewissermaßen schiere Gedankenlosigkeit – etwas, das mit Dummheit

---

282 Roberto Bolaño: *Nocturno de Chile*, S. 94.
283 Vgl. Ernst Jünger: *Strahlungen*, S. 309
284 Roberto Bolaño: *2666*, S. 938. Vgl. zu den folgenden Überlegungen auch meine Ausführungen in Benjamin Loy: Dimensiones de una escritura horroris/zada.
285 Vgl. die Kritik diesbezüglich in Bettina Stangneth: *Eichmann vor Jerusalem: das unbehelligte Leben eines Massenmörders*. Hamburg: Arche 2011.
286 Vgl. Benjamin Loy: «Solamente cumplo con mi deber».

keineswegs identisch ist –, die ihn dafür prädisponierte, zu einem der größten Verbrecher jener Zeit zu werden. [...] Daß eine solche Realitätsferne und Gedankenlosigkeit in einem mehr Unheil anrichten können als alle die dem Menschen vielleicht innewohnenden bösen Triebe zusammengenommen, das war in der Tat die Lektion, die man in Jerusalem lernen konnte.[287]

Bolaño konstruiert immer wieder bewusst diese Momente der Irritation, etwa wenn der Funktionär in *2666* das Problem eines ihm irrtümlich zugesandten Zuges voller Juden als rein administratives Problem betrachtet bzw. sich dabei fortwährend über die Schwierigkeiten beklagt, welche ihm diese zusätzliche Arbeit aufbürdet, eine Szene, die durchsetzt ist mit Slapstick-Elementen, durch die Bolaño eben jene Gedankenlosigkeit und die damit einhergehende Perversion eines banalen Bösen treffend zu erfassen weiß.[288] Die grotesken Effekte, wie sie typisch für Bolaños extremes Konzept der Ironie-Verwendung sind, werden etwa deutlich, wenn Sammer – vor dem Hintergrund, dass er mit der Exekution von mehr als hundert Juden konfrontiert ist – für diese keinerlei Mitleid aufzubringen imstande ist und sich stattdessen über seine eigene Existenz und den Schicksalsschlag auslässt, welcher ihn in Form der Nachricht vom Kriegstod seines Sohnes erreicht:

> Cuando me dieron la noticia dejé de creer en la guerra. Mi mujer, para colmo, dio señales de insanidad mental. No le deseo a nadie mi situación. ¡Ni a mi peor enemigo! Un hijo muerto en la flor de la edad, una mujer con jaquecas constantes y un trabajo agotador que requería el máximo esfuerzo y concentración por mi parte. Pero salí adelante gracias a mi talante metódico y a mi tenacidad.[289]

Der sprachliche Duktus, der Arendts Beobachtung bezüglich Eichmanns Unfähigkeit, «einen einzigen Satz zu sagen, der kein Klischee war»,[290] exakt zu transponieren weiß, und die Abgründe, die sich zwischen dem Bild der in der polnischen Wintererde verscharrten Juden und der Migräne von Sammers Frau öffnen, sind es, welche den Kern jener moralischen Verwerfungen des banalen Bösen ausmachen, wie sie Bolaño in Anlehnung an Arendt entwickelt. Zugleich übernimmt er in der Figur des sich beklagenden Funktionärs jene Affektrhetorik im Sinne einer Umkehrung von Mitleidsempfinden zwischen Täter und

---

287 Hannah Arendt: *Eichmann in Jerusalem – Ein Bericht von der Banalität des Bösen*. München: Piper 2010, S. 57.
288 Vgl. Roberto Bolaño: *2666*, S. 938–960. Vgl. zu diesen Affektphänomenen im Roman auch noch einmal ausführlich die Überlegungen in Kapitel fünf dieser Arbeit.
289 Ebd., S. 938–939.
290 Hannah Arendt: *Eichmann in Jerusalem*, S. 125.

Opfer, wie sie Arendt exemplarisch mit Blick auf Heinrich Himmler beschrieben hat:

> Der von Himmler [...] angewandte Trick war sehr einfach und durchaus wirksam; er bestand darin, dies Mitleid im Entstehen im Entstehen umzukehren und statt auf andere auf sich selbst zu richten. So daß die Mörder, wenn immer sie die Schrecklichkeit ihrer Taten überfiel, sich nicht mehr sagten: Was tue ich bloß!, sondern: Wie muß ich nur leiden bei der Erfüllung meiner schrecklichen Pflichten, wie schwer lastet diese Aufgabe auf meinen Schultern![291]

In *Nocturno de Chile* kommt dies bei quasi allen Figuren zum Tragen,[292] wie etwa gerade auch anhand von Urrutias Beschreibung von María Canales am Ende des Buches noch einmal deutlich wird, wenn es heißt: «María Canales era simpática y se hacía querer: es decir, era generosa, no parecía importarle nada más que la comodidad de sus invitados y ponía todo su empeño en conseguirlo. La verdad es que la gente se sentía bien en las veladas o tertulias o soirées o malones ilustrados de la novel escritora. Tenía dos hijos.»[293] Die sich hinter der jovialen Fassade verbergenden Abgründe, wie sie im unter dem Salon der Literaten gelegenen Folterkeller im gleichen Haus zum Ausdruck kommen, sind es, die Bolaño immer wieder thematisiert, wobei die Frage nach der affektiven Kälte dabei wiederholt aufgeworfen wird, etwa wenn Urrutia seinen Gemütszustand in folgenden Metaphern beschreibt:

> No tardé mucho en descubrir que era mi propia voz, la voz de mi superego que conducía mi sueño como un piloto de nervios de acero, era el superyó que conducía un camión frigorífico por en medio de una carretera en llamas, mientras el ello gemía y hablaba en una jerga que parecía micénico. Mi ego, por supuesto, dormía. Dormía y laboraba.[294]

Die Beschreibung des Über-Ichs im Bild eines Kühllasters, der über eine in Flammen stehende Landstraße gesteuert wird, versinnbildlicht hier noch einmal jene Verschließung des Subjekts im Panzer der Kälte, wie sie eingangs anhand der Figur Ernst Jüngers diskutiert wurde. Sie identifiziert Bolaño als eine der Ursachen des Bösen, gemeinsam mit jener noch im Kapitel zu *2666* zu analysierenden Problematik des *ennui* als einer basalen Kondition der menschlichen Existenz in der Moderne, welche in *Nocturno de Chile* ebenfalls

---

291 Ebd., S. 195.
292 Vgl. diesbezüglich etwa die Beobachtungen mit Blick auf die Figuren Odeim und Oido in Karim Benmiloud: Odeim y Oido en *Nocturno de Chile* de Roberto Bolaño. In: *Aisthesis* 48 (2010), S. 229–243.
293 Roberto Bolaño: *Nocturno de Chile*, S. 126.
294 Ebd., S. 35.

in einer technisierten Metapher aufgerufen wird, wenn Urrutia vom «aburrimiento como un portaaviones gigantesco circunnavegando el imaginario chileno»[295] spricht. Anhand dieses Problems – und auch hier scheint sich im Diskurs des Erzählers wieder jener *joven envejecido* alias Bolaño zu entbergen – wird an gleicher Stelle noch einmal die Grundfigur der bolañoschen Ethik und Ästhetik aufgerufen, welche eben in jener Geste des Hinsehens sich verkörpert, die der Existenz an der Oberfläche der Dinge sich entgegenzusetzen sucht und den Menschen zugleich in seiner Vergänglichkeit und seinen Abgründen entlarvt:

> [Y] la vida seguía y seguía y seguía, como un collar de arroz en donde cada grano llevara un paisaje pintado, granos diminutos y paisajes microscópicos, y yo sabía que todos se ponían el collar en el cuello pero nadie tenía la suficiente paciencia o fortaleza de ánimo como para sacarse el collar y acercárselo a los ojos y descifrar grano a grano cada paisaje, en parte porque las miniaturas exigían vista de lince, vista de águila, en parte porque los paisajes solían deparar sorpresas desagradables como ataúdes, cementerios a vuelo de pájaro, ciudades deshabitadas, el abismo y el vértigo, la pequeñez del ser y su ridícula voluntad.[296]

Neben dieser quasi-anthropologischen Dimension aber ist es vor allem die Idee der Kultur als Medium der Emanzipation des Menschen, die Bolaño in seiner Ästhetik und Politik der Lektüre in *Nocturno de Chile* einer fundamentalen Kritik unterzieht. «[L]a lectura de los griegos y de los latinos, la lectura de los provenzales, la lectura del dolce stil novo, la lectura de los clásicos de España y Francia e Inglaterra, ¡más cultura!, ¡más cultura!, la lectura de Whitman y - de Pound y de Eliot, la lectura de Neruda y Borges y Vallejo, la lectura de Víctor Hugo, por Dios, y la de Tolstoi»,[297] resümmiert Sebastián Urrutia Lacroix zum Ende des Romans hin noch einmal wie in einem Akt der Verzweiflung seine Lektüren, deren ethische Folgenlosigkeit angesichts seines Verhaltens längst manifest geworden ist. Wenn Bohrer im Schlusswort seiner Jünger-Lektüre bemerkt, dass die «Bösartigkeit [...] ein zentrales Element der Kunst selbst ist» und diese nur allzu «leicht von einer geistesgeschichtlich-akademisch aufgeräumten Exegese weginterpretiert»[298] werde, dann lässt sich ein Werk wie *Nocturno de Chile* nicht anders als die Verunmöglichung einer solchen Form der «aufgeräumten» Auslegung interpretieren, welches nicht zuletzt den Kritiker

---

295 Ebd., S. 123.
296 Ebd.
297 Ebd.
298 Karl Heinz Bohrer: *Die Ästhetik des Schreckens*, S. 491.

selbst als Teil dieser Sphäre der Literatur in seinen Problemzusammenhang verstrickt.[299] «Poco puede uno solo contra la historia»,[300] klagt Urrutia am Ende seiner wortreichen Beichte in einer Wiederholung des eichmannschen Arguments von der Macht der Umstände gegenüber dem einzelnen. Wenn Hannah Arendt in ihren Vorlesungen über das Böse bemerkte, dass die Voraussetzung für ethisches Handeln eben darin bestehe, sich in die «Dimension der Tiefe zu begeben, Wurzeln zu schlagen und so sich selbst zu stabilisieren, so dass man nicht bei allem Möglichen – dem Zeitgeist, der Geschichte oder einfach der Versuchung – hinweggeschwemmt wird»,[301] dann scheint diese Dimension der Tiefe mit eben jener Möglichkeit einer ethischen Lektüre zu korrespondieren, wie sie Bolaño im Blick des Lesers in die Abgründe des Menschen, aber auch der Literatur selbst in seinen Figuren des Hinschauens entwickelt. Für Sebastián Urrutia Lacroix, so legt der Schlusssatz des Romans in seiner Ironisierung der jüngerschen *Stahlgewitter* nahe, muss diese Flucht vor den Abgründen, an denen er sich in seiner sich über 150 Seiten erstreckenden Suade entlanggehangelt hat, zwangsläufig scheitern, wenn die Wahrheit wie ein Kadaver langsam aufzusteigen beginnt und es in jener notorischen und jegliche Ideen der Reinigung wie der Versöhnung mit der eigenen Geschichte ausschließenden Wendung heißt: «Y después se desata la tormenta de mierda».

---

299 Zur Frage der Verstrickungen der Philologie in einer dunklen Vergangenheit vgl. etwa die jüngsten Überlegungen von Ottmar Ette: *Der Fall Jauss: Wege des Verstehens in eine Zukunft der Philologie*. Berlin: Kadmos 2016.
300 Roberto Bolaño: *Nocturno de Chile*, S. 148.
301 Hannah Arendt: *Über das Böse – Eine Vorlesung zu Fragen der Ethik*. München: Piper 2007, S. 77.

IV Der Dichter und sein Henker: Spiele auf Leben und Tod in *Estrella distante* und *La literatura nazi en América*

Sternbilder

Verhandelt Bolaño in *Nocturno de Chile* Zusammenhänge von Politik und Kunst bzw. von Ethik und Ästhetik entlang einer semantischen wie intertextuellen Dialektik von Verdunklungen und Erleuchtungen, so nimmt diese Konstellation in etwas anderer Form bereits in seinem 1996 publizierten Roman *Estrella distante* eine ähnlich zentrale Rolle ein: Erzählt werden die Lebensgeschichten einer Reihe von Mitgliedern zweier Literaturwerkstätten im südchilenischen Concepción zur Zeit von Salvador Allendes Volksfrontregierung bzw. nach dem Militärputsch von 1973, wobei im Zentrum des Romans, wie so häufig bei Bolaño, die Suche nach einem verschwundenen Dichter steht, in diesem Fall nach dem avantgardistischen und in verschiedene Mord- und Vermisstenfälle der Pinochet-Diktatur verstrickten Autor Carlos Wieder. Dieser über zwanzig Jahre und den halben Erdball flüchtende Poet mit seinen periodischen, kometengleichen Erscheinungen am Himmelszelt der Literatur ist dabei mit jenem im Titel des Romans adressierten *Stern in der Ferne* in Relation zu setzen, der am Beginn einer den gesamten Text durchziehenden Semantik des Siderischen steht, die bislang in der Kritik als solche kaum Beachtung gefunden hat. Das Motiv der Sterne und ihrer Konstellationen wird in *Estrella distante* in jener für Bolaño so charakteristischen Verdichtung und Vieldeutigkeit nicht nur zur texttheoretischen und geschichtsphilosophischen Leitmetapher des Romans, sondern rekurriert zugleich auf eine ganze Reihe konkreter (inter-)textueller Bezüge des Siderischen zwischen Moderne und Gegenwart, deren ästhetische und politische Implikationen für den Roman und Bolaños Poetik im Allgemeinen hier zu klären sein werden. «What star is there that falls, with none to watch it?»,[1] lautet das einem eher unbekannten Gedichtband William Faulkners entnommene Motto des Textes, in dem die im Verlauf des Romans mehrfach wiederkehrende Figur der Sternenschau bereits antizipiert wird. Die im Motiv des Sterns aufgehobene spezifische Zeitlichkeit als ein in seiner Erscheinung bereits auf sein eigenes Erlöschen und Verschwinden verweisendes Phänomen setzt dabei die für den Text prägende Dynamik von Präsenz und Absenz bzw. die damit in engem

---

[1] William Faulkner: *The Marble Faun and A Green Bough*. New York: Random House 1965, S. 37.

Zusammenhang stehende Spurhaftigkeit der Dinge ebenso ins Bild wie die Frage nach den Konstellationen der einzelnen Geschichten, Figuren und Texte, aus denen sich der Roman zusammensetzt: Diese werden in ihrer Zersplitterung wie ihrer zweifelhaften Authentizität permanent als Resultate eines Erzählens begriffen, das sich in fundamentaler Selbstbezweifelung vollzieht und dabei den Konstruktionscharakter von Narrationen weithin sichtbar ausstellt. Ähnlich wie die eingangs betrachteten Figuren des Monströsen bei Bolaño verweist die den Text durchziehende Stern-Semantik auf Phänomene der Ausdeutung im Sinne einer Lesefigur, wie sie in den Literaturen der Moderne vielfach als Motiv der metatextuellen Reflexion herangezogen wurde:

> Sterne leuchten, sie zeichnen sich punktuell und in bestimmten Konfigurationen am Himmel ab; und was an weiteren Deutungen vorgenommen werden mag, ist Resultat der Tatsache, daß sie – aus der begrenzten Perspektive eines räumlich und zeitlich definierten Beobachters – jeweils so und nicht anders erscheinen. [...] Wenn Sterne als Erscheinungen wahrgenommen werden, die in bestimmten Stellungen zueinander und zu einem Betrachterstandpunkt stehen, ohne daß sie bereits für etwas bestimmtes anderes stehen *müßten*, dann wird die Kontextualität und Historizität bestimmter Deutungen um so deutlicher erkennbar. So gesehen verweisen Sterne auf einen prinzipiell nicht abgeschlossenen, aber eben deshalb die Besonderheit *einzelner* Auslegungen aufwertenden Bereich *möglicher* Deutungen aufgrund bestimmter Vorgaben.[2]

Vor diesem Hintergrund wird *Estrella distante* nicht nur als Ensemble von (Lebens-)Geschichten konstruiert, sondern bereits im Prolog des Romans als dialogisches Ergebnis einer bestimmten Text- bzw. Schreib- und Gesprächskonstellation ausgegeben, wenn Bolaño über die Genese notiert:

> En el último capítulo de mi novela La literatura nazi en América *se narraba tal vez demasiado esquemáticamente (no pasaba de las veinte páginas) la historia del teniente Ramírez Hoffman, de la FACH. Esta historia me la contó mi compatriota Arturo B, veterano de las guerras floridas y suicida en África, quien no quedó satisfecho del resultado final. El último capítulo de* La literatura nazi *servía como contrapunto, acaso como anticlímax del grotesco literario que lo precedía, y Arturo deseaba una historia más larga, no espejo ni explosión de otras historias sino espejo y explosión en sí misma. Así pues, nos encerramos durante un mes y medio en mi casa de Blanes y con el último capítulo en mano y al dictado de sus sueños y pesadillas compusimos la novela que el lector tiene ahora ante sí. Mi función se redujo a preparar bebidas, consultar algunos libros, y discutir, con él y con el fantasma cada día más vivo de Pierre Menard, la validez de muchos párrafos repetidos.*[3]

---

2 Sylvia Sasse/Sandro Zanetti: Statt der Sterne. Literarische Gestirne bei Mallarmé und Chlebnikov. In: Maximilian Bergengruen/Davide Giuriato u.a. (Hg.): *Gestirn und Literatur im 20. Jahrhundert*. Frankfurt am Main: Fischer 2006, S. 103–119, hier: S. 105 (Kursivierungen im Original).
3 Roberto Bolaño: *Estrella distante*. Barcelona: Anagrama 1996, S. 11 (Kursivierung im Original).

Der Text, der das letzte Kapitel von Bolaños Kryptoenzyklopädie *La literatura nazi en América* im vorliegenden Roman von 34 auf 150 Seiten und dabei vor allem die autobiographischen Anteile von Bolaño selbst sowie die Lebenserzählungen der übrigen Dichter-Figuren erweitert, während die Geschichte des verfemten Protagonisten Ramírez Hoffman alias Carlos Wieder weitgehend gleich bleibt, verweist hier nicht nur auf seinen eigenen Hypotext, sondern stellt in seinem Verweis auf die phantasmagorische Präsenz Pierre Menards intertextuell zugleich bereits jene Unkontrollierbarkeit der Lektüren bzw. des Textsinns aus, wie sie im ersten Kapitel dieser Arbeit mit Blick auf Borges diskutiert wurde und wie sie sich in der Folge zu einem zentralen Thema des Romans entwickeln wird. Der Text ist hier, in den Worten Bolaños, bereits unausweichlich *composición*, die ihrerseits aus einer spezifischen Konstellation, d.h. einer Betrachtung der Welt aus dem Dialog zwischen Bolaño und Belano entspringt – einer formalen Konstruktion also, die auch im weiteren Verlauf des Textes immer wieder ausgestellt wird, wenn die Erinnerungen und Spurensuchen stets im Sinne eines meta-biographischen Zugriffs auf die (multiplen und in ihrem Wahrheitswert prekären) Vergangenheit(en) als Resultat einer gemeinsamen Unternehmung von Belano/Bolaño und anderer Helfersfiguren bzw. deren Materialsichtungen inszeniert werden. Einer der Zeugen ist dabei in *Estrella distante* der beste Freund des Erzählers aus den gemeinsamen Zeiten in Concepción: Bibiano, genant Bibi, O'Ryan. Wie bei allen anderen Figuren des Romans auch – «Los nombres, más que voluntades, señalan estrategias»,[4] heißt es vielsagend an einer Stelle des Textes – transportiert O'Ryans Eigenname bereits eine semantische Botschaft, die es zu explizieren gilt, wenn man die (noch eingehender zu betrachtetenden) Sprachspiele Bolaños angemessen deuten möchte: «Bibi» lässt sich nach dem im Roman mehrfach explizit gemachten Gleichklang von W und B im Spanischen («habida cuenta que la labidental W y la bidental B confunden fácilmente al oído»,[5] heißt es andernorts) dechiffrieren als ein «Vivi» bz.w ein «Vi, vi» und verweist damit auf den Status Bibianos als Zeugen der beschriebenen Geschichte und Vorgänge, während sein Nachname «O'Ryan» nach dem gleichen Muster homophoner Sprachspiele im Englischen auch das Sternbild bzw. die mit ihr in direktem Zusammenhang stehende mythologische Figur des «Orion» bezeichnen kann. Bibiano O'Ryan wird somit zu einer jener Figuren, welche jenen fernen bzw. fallenden Stern, der bereits im Motto Faulkners beobachtet wird, tatsächlich gesehen hat und dabei zugleich (und gemäß des Motivs des Orion-Mythos) im weiteren Verlauf des Romans bei der *Jagd* auf Carlos Wieder durch seine (nicht zuletzt philologisch-hermeneutischen

---

4 Ebd., S. 105.
5 Ebd., S. 51.

Kenntnisse) entscheidende Hinweise zu dessen Ergreifung liefern wird. Wieder als der Stern, dessen Aufstieg und Fall im Roman erzählt wird, schreibt sich dabei als Dandy-Figur gleichsam in diese multipolare Konstellation des Siderischen ein, erinnert man sich an Baudelaires berühmte Definition des Dandys als eines «astre qui décline»,[6] dessen problematische affektive Haltungen in *Estrella distante* wiederholt vorgeführt und kritisiert werden. Zugleich verweisen die Gewalt-Poetik Carlos Wieders und seine an den historischen bzw. den Neo-Avantgarden orientierten Akte und Diskurse der Ermächtigung auf die Sterne als Elemente eines kosmologischen (Welt-)Raums, welche im Roman in Gestalt von Referenzen auf Velimir Chlebnikovs «Sternensprache» und die Invektiven der Futuristen um Marinetti[7] bis zu Raúl Zuritas neoavantgardistischen Sternenanrufungen als utopisch-messianischen Konstellationen einer von der Diktatur versehrten Nation[8] eine Vielzahl weiterer möglicher Anknüpfungspunkte dieser Motivik erlauben.[9] Der Stern als symbolisches Element der chilenischen Nationalflagge, die Carlos Wieder während eines seiner *Aeropittura*-Akte an den Himmel zeichnen wird,[10] sowie die in den Referenzen auf den Nationalsozialismus und die Präsenz jüdischer Autoren im Roman stets mitgedachte Symbolik des Judensterns ergänzen diese polysemantischen Zugriffe des Textes auf verschiedene Sternbilder, denen gemeinsam ist, dass sie neben der eingangs erwähnten Funktion einer metatextuellen Konstruktionsmetaphorik zugleich auf konkrete literarische wie politische Kontexte der Moderne verweisen, deren Gewaltrelationen Bolaño in *Estrella distante* einmal mehr diskutiert. Vor diesem Hintergrund

---

6 Charles Baudelaire: Le peintre de la vie moderne. In: Charles Baudelaire: *Œuvres complètes II*. Texte établi, présenté et annoté par Claude Pichois. Paris: Gallimard 1976, S. 683–724, hier: S. 712.
7 Vgl. im futuristischen Manifest etwa die wiederholte Nennung der feindlichen Sterne, denen Marinetti und Konsorten ihre revolutionären Parolen entgegenschleudern (Filippo Tommaso Marinetti: Fondation et Manifeste du Futurisme. In: Giovanni Lista (Hg.): *Futurisme. Manifestes – Proclamations – Documents*. Paris: L'Age d'Homme 1973, S. 85–89).
8 Vgl. etwa das Gedicht «Las utopías» in *Anteparaíso*, wo es heißt: «Silenciosos todos veremos entonces el firmamento/entero levantarse límpido iluminado como una/playa tendiéndose el amor constelado de la patria» (Raúl Zurita: *Anteparaíso*. Santiago de Chile: Editores Asociados 1982, S. 41).
9 Auch diese multiplen und polysemantischen Konstruktionsmöglichkeiten des Romantitels lassen die Komplexität von Bolaños Arbeit mit Sprache und intertextuellen Verweisen deutlich erkennen und stehen der Lektüreperspektive von Susanne Klengel klar entgegen, die auch im Titel von *Estrella distante* allein eine Linie zu erblicken vermag, die «direkt zu Ernst Jünger führt» (Susanne Klengel: *Jünger Bolaño*, S. 51–52).
10 «[D]ibujó, justo pocos minutos antes de que la noche lo cubriera todo, una estrella, la estrella de nuestra bandera, rutilante y solitaria sobre el horizonte implacable» (Roberto Bolaño: *Estrella distante*, S. 41).

soll hier zunächst die Figur Carlos Ramírez Hoffman alias Alberto Ruiz-Tagle als ein ‹Wiedergänger› der Moderne eingehender analysiert werden, wobei jenseits der in der Forschung dominanten Debatten um die intertextuellen Bezüge dieser Figur auf Zurita und die chilenische Neoavantgarde vor allem der Nachweis geführt werden soll, dass es sich bei Carlos Wieder um eine Art ‹Text-Amalgam› aus verschiedenen Avantgardebewegungen handelt, welches von Bolaño primär zur Diskussion bzw. Dekonstruktion bestimmter ästhetischer Programme aus einer bzw. seiner post-avantgardistischen Position entworfen wird. «La realidad nos ha puesto a todos en evidencia; también a mí, en especial, el sobrino lejano de esos astros desaparecidos/por arte de magia que ya no podemos practicar sin hacernos culpables de la noche»,[11] notiert der in *Estrella distante* mehrfach adressierte chilenische Dichter Enrique Lihn in einer gleichfalls auf das Bild der Avantgarden als «verschwundene Sternen» rekurrierenden Passage seines 1966 publizierten Gedichtbandes *Poesía de paso*, in dem er, ebenso wie sein chilenischer Landsmann Nicanor Parra, eben jene Fragen an die problematischen Verquickungen von Politik und Literatur, von Sprache und Gewalt aufwirft, wie sie Bolaño im vorliegenden Roman wieder aufnehmen wird. Den Dimensionen, mittels derer Bolaño dabei im Rückgriff auf die lyrischen Werke Lihns und Parras sowie des nordamerikanischen Modernisten William Carlos Williams versucht, in Abgrenzung von den historisch kompromittierten Avantgarden eine Art ‹demokratische Ästhetik› zu entwerfen, soll dabei in diesem Kapitel ebenso nachgegangen werden wie den Bezügen zu Georges Perec, dessen Werk formal wie inhaltlich (nicht nur) für *Estrella distante* von herausgehobener Bedeutung ist. Wenn, wie die rezente literarische Gestirnforschung postuliert hat, die Parallelisierung von intertextuellen und siderischen Konstellationen heuristische Potentiale bereit hält, weil sie sich beide «in speziellem Maß einer Konstruktions- oder Projektionsleistung des Betrachters [verdanken], die zugleich nicht ohne vorhandene Leuchtpunkte auskommt»,[12] dann erfordern die folgenden Lektüren wiederum das für Bolaños Texte so charakteristische Zusammenspiel aus einem teleskopischen Lesen der großen (ideen-)geschichtlichen Zusammenhänge und einem mikroskopischen Blick auf die im Dickicht – zwischen den mehr als 70 im Text genannten Autoren – wohl verborgenen Hinweise seines möglicherweise dichtesten und zugleich besten Romans, der mehr als alle anderen als Beleg jener Idee eines ‹wilden› Lesens bei Bolaño gelten muss.

---

11 Enrique Lihn: *Poesía de paso*. Havanna: Casa de las Américas 1966, hier: S. 95.
12 Christine Weder: Sternbilder und die Ordnung der Texte. Anmerkungen zur Konstellationsforschung. In: Maximilian Bergengruen/Davide Giuriato u.a. (Hg.): *Gestirn und Literatur im 20. Jahrhundert*. Frankfurt am Main: Fischer 2006, S. 326–341, hier: S. 331.

Die Avantgarde des Wi(e)derwärtigen

So sehr in fast allen Texten Bolaños das Spiel mit fiktionalisierten Auftritten real existierender Persönlichkeiten kultiviert wird, so wenig trifft diese Technik auf die Figur des Protagonisten von *Estrella distante* bzw. des letzten Kapitels von *La literatura nazi en América* zu: Carlos Ramírez Hoffman, der in beiden Texten unter mindestens sieben anderen und im Folgenden noch zu kommentierenden Pseudonymen gehandelt wird, ist eine Kunst-Figur im wahrsten Sinne des Wortes, eine Art Avantgarde-Amalgam, in dem sich von den historischen bis zu den Neo–Avantgarden eine Vielzahl von Versatzstücken zu einem kunst- und ideengeschichtlichen Ensemble vermischen, dessen Konstruktionscharakter explizit wird, wenn der chilenische Detektiv Abel Romero am Ende seiner Verfolgungsjagd gegenüber Bolaños *alter ego* vielsagend bekennt: «Me he hecho una composición del hombre.»[13] Die Tatsache, dass es sich bei dem Dichter und Piloten der chilenischen Luftwaffe um ein ‹Text-Ungeheuer› mit meta-literarischen bzw. meta-historischen Funktionen handelt, wird dabei bereits durch das Spiel mit einer ganzen Reihe semantischer Chiffrierungen deutlich, die Bolaño seinem Anti-Helden in seinen wechselnden Maskeraden angedeihen lässt. Eine davon wird im Text hinlänglich kommentiert, wenn Bibiano O'Ryan über die Bedeutung des von Ramírez Hoffman bzw. Ruiz-Tagle nach dem Militärputsch selbstgewählten Künstlernamens Carlos Wieder wie folgt räsonniert:

> *Wieder*, según Bibiano nos contó, quería decir «otra vez», «de nuevo», «nuevamente», «por segunda vez», «de vuelta», en algunos contextos «una y otra vez», «la próxima vez» en frases que apuntan al futuro. Y según le había dicho su amigo Anselmo Sanjuán, ex estudiante de filología alemana en la Universidad de Concepción, sólo a partir del siglo XVII el adverbio *Wieder* y la preposición de acusativo *Wider* se distinguían ortográficamente para diferenciar mejor su significado. *Wider*, en antiguo alemán *Widar* o *Widari*, significa «contra», «frente a», a veces «para con». Y lanzaba ejemplos al aire: *Widerchrist*, «anticristo»; *Widerhaken*, «gancho», «garfio»; *Widerraten*, «disuasión»; *Widerlegung*, «apología», «refutación»; *Widerlage*, «espolón»; *Widerklage*, «contraacusación», «contradenuncia»; *Widernatürlichkeit*, «monstruosidad» y «aberración». Palabras todas que le parecían altamente reveladoras. E incluso, ya entrado en materia, decía que *Weide* significaba «sauce llorón», y que *Weiden* quería decir «pastar», «apacentar», «cuidar animales que pastan», lo que lo llevaba a pensar en el poema de Silva Acevedo, *Lobos y Ovejas*, y en el carácter profetice que algunos pretendían observar en él. E incluso *Weiden* también quería decir regodearse morbosamente en la contemplación de un objeto que excita nuestra sexualidad y/o nuestras tendencias sádicas. Y entonces Bibiano nos miraba

---

13 Roberto Bolaño: *La literatura nazi en América*, S. 207.

a nosotros y abría mucho los ojos y nosotros lo mirábamos a él, los tres quietos, con las manos juntas, como si estuviéramos reflexionando o rezando. Y después volvía a Wieder, exhausto, aterrorizado, como si el tiempo estuviera pasando junto a nosotros como un terremoto, y apuntaba la posibilidad de que el abuelo del piloto Wieder se hubiera llamado Weider y que en las oficinas de emigración de principios de siglo una errata hubiera convertido a Weider en Wieder. Eso si no se llamaba *Bieder*, «probo», «modoso», habida cuenta que la labidental W y la bidental B confunden fácilmente al oído. Y también recordaba que el sustantivo *Widder* significa «carnero» y «aries», y aquí uno podía sacar todas las conclusiones que quisiera.[14]

Die Passage illustriert in ihrer philologisch-hermeneutischen Anlage treffend eine Grundstrategie des Romans, mittels derer sich Bolaños Figuren der traumatischen historischen Ereignisse und der diskursiven Gewalt Carlos Wieders mit ihrem monologischen Unterwerfungsgestus zu erwehren trachten: In der hier aufscheinenden Figur des Sprachspiels entwirft der Text von Beginn an ein – gleichwohl niemals unschuldiges – Spiel mit Wortbedeutungen, die nicht nur Mittel der Dekonstruktion und Kritik des Nazi-Poeten Wieder und seiner vergeblichen Selbstauratisierungen und Sprachmythifizierungen sind, sondern zugleich im Sinne einer ludischen Aktivierungsstrategie des realen Romanlesers fungieren. Die bereits in *Nocturno de Chile* zu beobachtenden Hinweise zur notwendigen Intepretationstätigkeit des Lesers finden sich ähnlich in den Geschichten zu Carlos Wieder, wie etwa in der Schlusswendung des obigen Zitats, nach der man aus diesen Überlegungen, mit den Worten des Erzählers, «allerlei Schlüsse» ziehen könne. Spinnt man die für den Namen «Carlos Wieder» hier von O'Ryan selbst ausgeführte Dechiffrierungstätigkeit für dieses und andere Pseudonyme weiter, wird schnell deutlich, inwiefern sich hinter der mysteriösen und im Text bisweilen ins Mythische verklärten Maskerade des geheimnisvollen Dichters in Wahrheit eine Reihe von parodistisch grundierten Sprachspielen verbirgt. So wird neben den etymologischen Zugriffen auf Wieders Namen, in denen sich gleichsam die Grausamkeit des Autors und seiner widerwärtigen Kunst-Aktionen spiegeln, durch die homophone Dopplung zwischen «wieder» und «wider» auch schon die Tatsache apostrophiert, dass es sich bei den neo-avantgardistischen Inszenierungen des Dichter-Piloten stets schon um Darstellungen eines *reenactment* historisch überkommener Kunst-Formen handelt, welche ihren eigenen revolutionären und inaugurierenden Gestus qua ihrer eigenen Historizität immer schon untergraben müssen und damit in der Wiederholung eben ihre vermeintliche Widerständigkeit prekär

---

14 Roberto Bolaño: *Estrella distante*, S. 50–51.

werden lassen. Zugleich verweist «Wieder» phonetisch gesehen in der deutschen Aussprache auf das im Spanischen identisch artikulierte Lexem «vida» und markiert damit eben die Nähe des Protagonisten zu jenen vitalistischen Diskursen der historischen Avantgarden, über die hier im Folgenden noch ausführlich zu sprechen sein wird. Spricht man hingegen den Anfangslaut von «Wieder» nach den Regeln des im Spanischen eigentlich nicht existenten und daher oft dem Englischen folgenden Lauts [W] aus, werden wiederum Anklänge zu dem spanischen Lexem «huida» hörbar, welches eben jene Aktion des Flüchtens markiert, wie sie für die Hauptfigur des Romans nach ihrer gescheiterten Karriere in Chile prägend werden wird. Dieser letztgenannte Aspekt wird auch in Wieders eigentlichem Namen bereits aufgerufen: Carlos Ramírez Hoffman. So lässt sich mit guten Gründen annehmen, dass Carlos Ramírez auf die real existierende Figur des berühmten venezolanischen Terroristen Illich Ramírez Sánchez alias «Carlos El Chacal» verweist, der Bolaños Protagonist darin ähnlich ist, dass auch er als eine Art Phantom über Jahrzehnte die Welt in Atem hielt, während er auf seiner Odyssee über den halben Erdball eine Spur der politisch fundamentierten Gewalt hinterließ. Der zweite Nachname Hoffman wiederum lässt, so man hier nicht die Verbindung zu den Schauergeschichten E.T.A. Hoffmanns herstellen will, an einen für Bolaño nicht untypischen Kalauer denken, der seinerseits wieder auf die Abwesenheit des Verfolgten verweist: Streicht man das im Spanischen nicht gesprochene, stumme [H] am Anfang des Namens, wird aus Carlos Ramírez der «Off-Man», also der Mann, der stets «off», d.h. abwesend ist. Zugleich aber – und diese Idee soll im Folgenden die Überlegungen zu Carlos Wieder als Wiedergänger der Avantgarden leiten – fungiert der Protagonist des Romans vor allem als eine Chiffre für Bolaños Reflexionen über die Verstrickungen von Kunst und Politik in der Moderne, was klar wird, wenn man die Bedeutung von Wieders ‹Ausgangsnamen› in *Estrella distante* zu bestimmen sucht: Die Anfangssiglen von Alberto Ruiz-Tagle ergeben eben das programmatische Wort, um das es im Text vordringlich geht – ART, also die Kunst selbst.

Wenn bereits Bolaños Protagonist aus *Nocturno de Chile* als eine Art lateinamerikanisches Double seiner europäischen ästhetizistischen Vorgänger daherkam, gilt Ähnliches in radikalisierter Form auch für die Hauptfigur von *Estrella distante*: Carlos Wieder repräsentiert als Dandy und Pilot des Pinochet-Regimes exemplarisch die Verquickungen politisch reaktionärer und artistisch radikaler Strömungen der Moderne, wobei – wiederum in Analogie zu *Nocturno de Chile* – Hoyos zuzustimmen ist, wenn er Bolaños geschichtsphilosophische Position mit Blick auf *La literatura nazi en América* beschreibt im Sinne eines «constellar model of literary historiography and a view of history that, far from being positivist, is skeptical in regard to the emancipatory possibilities of

literature.»[15] Ebenso wie in der Figur Urrutia Lacroix' die ideen- und literaturgeschichtlichen Problemstellungen der Moderne in den Rückgriffen auf Autoren wie Jünger und Huysmans (und ihre jeweiligen Texte) konstruiert wurden, entwirft Bolaño in *Estrella distante* einmal mehr sein Modell einer Modernekritik in Form einer Vielzahl an intertextuellen Verweisketten, die im Falle von Carlos Wieder nunmehr vor allem die historischen Avantgarden, insbesondere in Gestalt des Futurismus, sowie die Neoavantgarden in Frankreich um die lettristische Bewegung Isidore Isous bzw. in Chile um die sog. *Escena de Avanzada* und das Kollektiv *CADA* während der Pinochet-Diktatur umfassen.[16] Carlos Wieder verdeutlicht dabei zunächst ebenfalls die Problematik des modernen Dichters bzw. der Lyrik als einer Form von Kunst, die sich fundamental durch eine Distanzierung von einer als ordinär empfundenen Lebenswelt des Gewöhnlichen auszeichnet im Sinne jenes anti-referenziellen und anti-kommunikativen Gestus, den Hugo Friedrich in seiner klassischen Studie einmal beschrieben hat als

> Flucht aus humaner Mittellage, in der Abkehr von normaler Dinglichkeit und von üblichen Sentiments, im Verzicht auf begrenzende Verstehbarkeit, an deren Stelle eine vieldeutige Suggestivität wirkt, und im Willen, das Gedicht zu einem autonomen, sich selbst meinenden Gebilde zu machen, dessen Gehalte nur dank seiner Sprache, seiner unbeschränkten Phantasie oder seines irrealen Traumspiels bestehen, nicht dank eines Abbildens von Welt, eines Ausdrückens von Gefühlen.[17]

Bolaño zeichnet in der Figur Wieders alle Dimensionen des klassischen Dandys der Moderne nach, die sich nicht nur auf seinen Habitus und Kleidungsstil,[18] sondern vor allem auch auf seine Form des Sprechens und des zwischenmenschlichen Umgangs beziehen: Neben einer «cordialidad distante»[19] charakterisiert den enigmatischen Dichter eine Art Außer-der-Welt-Sein, in welchem sich, um noch einmal mit Friedrich zu sprechen, der Gedanke der «moderne[n]

---

15 Héctor Hoyos: *Beyond Bolaño*, S. 44–45.
16 Vgl. zur Geschichte dieser Kollektive z.B. die Beiträge in Nelly Richard: *Márgenes e instituciones: arte en Chile desde 1973*. Santiago de Chile: Metales pesados 2007.
17 Hugo Friedrich: *Die Struktur der modernen Lyrik*, S. 109.
18 Vgl. die Beschreibung diesbezüglich: «No pretendo decir que fuera elegante – aunque a su manera sí lo era – ni que vistiera de una forma determinada; sus gustos eran eclécticos: a veces aparecía con terno y corbata, otras veces con prendas deportivas, no desdeñaba los blue-jeans ni las camisetas. Pero fuera cual fuera el vestido Ruiz-Tagle siempre llevaba ropas caras, de marca. En una palabra, Ruiz-Tagle era elegante y yo por entonces no creía que los autodidactas chilenos, siempre entre el manicomio y la desesperación, fueran elegantes» (Roberto Bolaño: *Estrella distante*, S. 14).
19 Ebd., S. 16.

Vereinsamung des Dichters spiegelt [...], daß vom einsamen Gipfel der Lyrik keine Wege zu den flachen Hängen der Literatur führen.»[20] Wieder wird beschrieben als «dominante, seguro, con los ojos separados del cuerpo, como si miraran desde otro planeta»,[21] seine Affektpolitik ist die des kühlen und ironischen Betrachters.[22] Eben letzteres weist ihn als eine Art prototypischen Vertreter der Moderne aus, der die bis zu den Romantikern zurückreichende Tradition einer «irony as a style of existence rather than a rethorical figure»[23] verkörpert. Dieser Lebensstil des Ironikers, den bereits Kierkegaard als Träger einer «absoluten Negativität»[24] ausmacht, wächst sich in *Estrella distante* in der Figur Wieders zu einer Inszenierung der absoluten Distanz gegenüber den Dichtern der Poesiewerkstatt um Bolaños erzählerisches *alter ego* aus und findet ihre Radikalisierung in der Ermordung der Garmendia-Schwestern, der beiden begabtesten Dichterinnen des Kreises, welche gleichzeitig eine Liebesverbindung zu Wieder unterhalten.[25] Im Akt der Ermordung macht der Erzähler die Verbindung zur aus der ironischen Haltung zur Welt entspringenden Lebensdistanziertheit Wieders noch einmal explizit, wenn es heißt: «[Y] si las Garmendia hubieran estado más antentas habrían visto un brillo irónico en los ojos de Ruiz-Tagle, poesía civil, yo les voy a dar poesía civil.»[26] Wieder verkörpert als ein Repräsentant einer Politik der Kälte auf geradezu exemplarische Weise die Merkmale des Dandys, die Armen Avanessian in seiner Studie zur Ironie in der Moderne folgendermaßen beschreibt:

> Dieser Widerstand des Dandys gegen jede Form von Empathie lässt sich als seine «Widernatur» bezeichnen [...]. Der Dandy wird nicht durch eine äußerliche Behübschung etwa seiner Kleidung definiert, sondern vor allem durch eine am ehesten spekulativ zu nennende Ethik, eine intensive ethische Auseinandersetzung mit den in der Moderne explizit

---

20 Hugo Friedrich: *Die Struktur der modernen Lyrik*, S. 111.
21 Roberto Bolaño: *Estrella distante*, S. 93.
22 Zur spezifischen Funktion der Ironie in *Estrella distante* vgl. auch meine Überlegungen in Benjamin Loy: La ironía como cuestión de Wieder y muerte: *Estrella distante* de Roberto Bolaño. In: Brigitte Adriaensen/Carlos van Tongeren (Hg.): *Ironía y violencia en la literatura latinoamericana*. Pittsburgh: Instituto Internacional de Literatura Iberoamericana 2018, S. 189–203.
23 Claire Colebrook: *Irony*. London: Routledge 2004, S. 52.
24 Sören Kierkegaard: *Über den Begriff der Ironie mit ständiger Rücksicht auf Sokrates*. Aus dem Dänischen von Emanuel Hirsch. München: Diederichs (1991) [1841], S. 3.
25 Als Vorbild dieser Dreiecksbeziehung zwischen einem tollkühnen Flieger und zwei Schwestern mag Bolaño Gabriele D'Annunzios Roman *Forse che sì, forse che no* gedient haben; vgl. dazu auch die Beschreibungen in Hansgeorg Schmidt-Bergmann: *Futurismus. Geschichte, Ästhetik, Dokument*. Reinbek: Rowohlt 2009, S. 43.
26 Roberto Bolaño: *Estrella distante*, S. 31.

gewordenen ironischen Spaltungen. Auch Roland Barthes zufolge ist ‚das Dandytum etwas anderes [...] als nur eine Frage der ‹Aufmachung›, nämlich zuallererst «eine Ethik» und auch «eine Technik».[27]

Ganz ähnlich wie Urrutia Lacroix in *Nocturno de Chile*, wenngleich mit einem ungleich größeren Überschuss an Willenskraft und Virilität, erscheint Carlos Wieders Dandytum als Produkt einer negativ empfundenen Demokratisierungserfahrung im Sinne einer Banalisierung der Welt, wie sie bereits Baudelaire als historischen Kontext der Entstehung des Phänomens beschrieb:

> Le dandysme apparaît surtout aux époques transitoires où la démocratie n'est pas encore toute-puissante, où l'aristocratie n'est que partiellement chancelante et avilie. Dans le trouble de ces époques quelques hommes déclassés, dégoûtés, désœuvrés, mais tous riches de force native, peuvent concevoir le projet de fonder une espèce nouvelle d'aristocratie, d'autant plus difficile à rompre qu'elle sera basée sur les facultés les plus précieuses, les plus indestructibles, et sur les dons célestes que le travail et l'argent ne peuvent conférer. Le dandysme est le dernier éclat d'héroïsme dans les décadences.[28]

Die Begründung einer solchen neuen Form von Geistesaristokratie ist es folglich, die Carlos Wieders Werkidee zugrunde liegt, was etwa deutlich wird, wenn er bei der Austellung mit Fotografien von ihm gefolterter bzw. ermorderter Frauen in einem Appartment in Santiago de Chile die Besucher auffordert, jeweils nur einzeln das betreffende Zimmer zu betreten, in welchem er die Ausstellung arrangiert hat: «Uno por uno, señores, el arte de Chile no admite aglomeraciones.»[29] Die Sprache Wieders wird dementsprechend von den übrigen Dichtern in Concepción, die «en argot o en una jerga marxista-mandrakista» sprachen, als ein ins Überzeitliche zielendes, d.h. sich jenseits jeglicher geographischer, zeitlicher oder ideologischer Markierung situierendes Spanisch beschrieben: «Ruiz-Tagle hablaba en español. Ese español de ciertos lugares de Chile *(lugares* más mentales que físicos) en donde el tiempo parece no transcurrir.»[30] Wieders Gedichte, die er noch zur Zeit der Poesiewerkstatt als Alberto Ruiz-Tagle verfasst, sind ebenfalls geprägt von Distanziertheit und Abstraktion, die sich mit einer grundlegenden Menschenfeindlichkeit – «Los *hombres* no parecían importarle en lo más mínimo»,[31] bemerkt einer der Erzähler an anderer Stelle – und jener radikalen Entfernung von den irdischen, d.h. trivialen

---

27 Armen Avanessian: *Phänomenologie ironischen Geistes: Ethik, Poetik und Politik der Moderne.* München: Fink 2010, S. 109.
28 Charles Baudelaire: *Le peintre de la vie moderne*, S. 711.
29 Roberto Bolaño: *Estrella distante*, S. 93.
30 Ebd., S. 16.
31 Ebd., S. 22.

Dingen zu den Insignien des modernen Poeten verdichtet, oder wie es ein befreundeter Militär in der Rückschau formuliert: «*Carlitos Wieder veía el mundo como desde un volcán, señor, los veía a todos ustedes y se veía a sí mismo como desde muy lejos, y todos, disculpe la franqueza, le parecíamos unos bichos miserables.*»[32] Diese Motive der Distanz, der Selbst- und Fremdbeherrschung sowie der vitalistischen Erfahrung, wie sie für die Lyrik der Moderne prägend waren, überlappen sich in der ersten der poetischen Performances Carlos Wieders, die wenige Tage nach dem Militärputsch 1973 in Form einer Luftmalerei über einem Gefangenenlager im Süden Chiles stattfindet und von dem dort einsitzenden *alter ego* Bolaños wie folgt beschrieben wird:

> Pero acto seguido, como engendradas por el mismo cielo, en el cielo aparecieron las letras. Letras perfectamente dibujadas de humo gris negro sobre la enorme pantalla de cielo azul rosado que helaban los ojos del que las miraba. IN PRINCIPIO... CREAVIT DEUS... COELUM ET TERRAM, leí como si estuviera dormido. Tuve la impresión –la esperanza– de que se tratara de una campaña publicitaria. Me reí solo. Entonces el avión volvió en dirección nuestra, hacia el oeste, y luego volvió a girar y dio otra pasada. Esta vez el verso fue mucho más largo y se extendió hasta los suburbios del sur. TERRA AUTEM ERAT INANIS... ET VACUA... ET TENEBRAE ERANT... SUPER FACIEM ABYSSI... ET SPIRITUS DEI... FEREBATUR SUPER AQUAS... [...] Uno de los presos, uno que se llamaba Norberto y que se estaba volviendo loco (al menos eso era lo que había diagnosticado otro de los detenidos, un psiquiatra socialista al que luego, según me dijeron, fusilaron en pleno dominio de sus facultades psíquicas y emocionales), intentó subirse a la cerca que separaba el patio de los hombres del patio de las mujeres y se puso a gritar es un Messerschmitt 109, un caza Messerschmitt de la Luftwaffe, el mejor caza de 1940. Lo miré fijamente, a él y después a los demás detenidos, y todo me pareció inmerso en un color gris transparente, como si el Centro La Peña estuviera desapareciendo en el tiempo. En la puerta de entrada al gimnasio en donde por la noche dormíamos echados en el suelo un par de carceleros habían dejado de hablar y miraban el cielo. Todos los presos, de pie, miraban el cielo, abandonadas las partidas de ajedrez, el recuento de los días que presumiblemente nos aguardaban, las confidencias. El loco Norberto, agarrado a la cerca como un mono, se reía y decía que la Segunda Guerra Mundial había vuelto a la Tierra, se equivocaron, decía, los de la Tercera, es la Segunda que regresa, regresa, regresa. Nos tocó a nosotros, los chilenos, qué pueblo más afortunado, recibirla, darle la bienvenida, decía y la saliva, una saliva muy blanca que contrastaba con el tono gris dominante, le caía por la barbilla, le mojaba el cuello de la camisa y terminaba, en una suerte de gran mancha húmeda, en el pecho. El avión se inclinó sobre un ala y volvió al centro de Concepción. DIXITQUE DEUS... FIAT LUX... ET FACTA EST LUX, leí con dificultad, o tal vez lo adiviné o lo imaginé o lo soñé. En el otro lado de la cerca, haciéndose visera con las manos, las mujeres también seguían atentamente las evoluciones del avión con una quietud que oprimía el corazón. Por un momento pensé que si Norberto hubiera querido irse nadie se lo habría impedido. Todos, menos él, estaban sumidos en la inmovilidad, detenidos y guardianes, las caras vueltas hacia el cielo. [...] En el

---

32 Ebd., S. 118 (Kursivierung im Original).

cielo de Concepción quedaron las siguientes palabras: ET VIDIT DEUS... LUCEM QUOD... ESSET BONA... ET DIVISIT... LUCEM A TENEBRIS. Las últimas letras se perdían hacia el este entre las nubes con forma de agujas que remontaban el Bío-Bío. El mismo avión, en un momento dado, cogió la vertical y se perdió, desapareció completamente del cielo. Como si todo aquello no fuera sino un espejismo o una pesadilla. Qué ha puesto, compañero, oí que preguntaba un minero de Lota. En el Centro La Peña la mitad de los presos (hombres y mujeres) eran de Lota. Ni idea, le contestaron, pero parece importante. Otra voz dijo: huevadas, pero en el tono se advertía el temor y la maravilla.[33]

Diese erste öffentliche Performance Carlos Wieders identifiziert ihn in mehrerlei Hinsicht als einen Wiedergänger modernistischer bzw. avantgardistischer Positionen und Verfahren: Bereits die Tatsache, dass der Gegenstand seiner Himmelsschrift die lateinische Version der Genesis ist (in *La literatura nazi* schreibt er an gleicher Stelle die Erschaffung Evas in den Himmel), belegt Wieders demiurgische Ansprüche einer gleichsam göttlichen Welterschaffung. Ganz in der Linie der Avantgarden, welche «die Funktion von Kunst nicht mehr als Nachahmung, sondern als divinatorische Offenbarung einer verborgenen Wahrheit bestimmten»[34] und den Künstler in die Position eines Priesters erhoben, etabliert Wieders Performance zudem eine Kommunikationssituation, die von einer radikalen Vertikalität geprägt ist: Während seines kreationistischen Aktes – und die Bezüge auf Vicente Huidobros demiurgische Poetik vom Dichter als «pequeño dios»[35] sind offensichtlich – verstummen die ‹irdischen› Gespräche seiner ‹Leser›, die – mit Ausnahme des verrückten Norberto – als mehrheitlich aus der Minenregion um das südchilenische Lota stammende Arbeiter nicht einmal in der Lage sind, das Geschriebene überhaupt zu verstehen – eine Tatsache, auf die der Erzähler im weiteren Verlauf von Wieders Dichterkarriere wiederholt insistieren wird. An dieser Stelle sei jedoch zunächst festgehalten, dass der Fokus der Kritik mit Blick auf diese Flugmalereien Wieders bislang vor allem auf einer Diskussion der Parallelen zu den 1982 in New York von dem chilenischen Neoavantgardisten Raúl Zurita realisierten ‹Himmelsgedichten› lag. Mehr noch als in dieser ersten Performance wird die Referenz auf Zuritas Verse in einer zweiten, von Wieder in Santiago de Chile absolvierten Flugshow deutlich, wenn er Verse wie «*La muerte es amistad.* [...] *La muerte es Chile.* [...] *La*

---

33 Ebd., S. 36–38.
34 Hanno Ehrlicher: *Die Kunst der Zerstörung. Gewaltphantasien und Manifestationspraktiken europäischer Avantgarden.* Berlin: Akademie Verlag 2001, S. 17.
35 Vicente Huidobro: Arte poética. In: Vicente Huidobro: *Manifiestos.* Santiago de Chile: Editorial Mago (2009) [1916], S. 13.

muerte es responsabilidad. [...] La muerte es amor y La muerte es crecimiento»[36] in den Himmel schreibt. Die Kritik hat die Parallelen zu Zuritas Versen in dem mit dem paradigmatischen Titel «La vida nueva»[37] versehenen Himmels-Gedicht mehrfach herausgestellt.[38] Wenngleich Bolaño eine direkte Bezugnahme auf Zurita in *Estrella distante* immer verneinte, war seine prinzipielle Kritik an Zuritas Projekt als einer messianisch-eschatologisch fundierten Lyrik eindeutig:

> Zurita me parece absolutamente mesiánico. En sus referencias a Dios, a la resurreción de Chile. En su poesía él busca la salvación de Chile, que supone va a llegar mediante claves místicas o no racionales. Zurita le da la espalda a la Ilustración e intenta, formalmente, llegar a la raíz primigenia del hombre. Poéticamente, resulta muy seductor, pero yo la verdad es que no creo en esas escatologías.[39]

Es ist unschwer erkennbar, inwiefern sich Bolaños Projekt einer kritischen Auseinandersetzung mit den ideen- und literaturgeschichtlichen Fundamentierungen der chilenischen Gegenwartskunst und ihren problematischen politischen Verquickungen – wie sie etwa auch in *Nocturno de Chile* anschaulich werden – von Zuritas Idee einer quasi-mystischen Überwindung aller Gegensätze in einer auf Transzendenz zielenden Dichtung unterscheidet.[40] Wo Bolaño die Möglichkeit einer Aufhebung und Überwindung der Vergangenheit in einer aufs Nationale (und Christliche) fundamentierten Gesellschaft radikal hinterfragt, macht eben diese Idee mithin den Kern von Zuritas regenerationistischem Projekt aus, das somit nicht nur auf problematische Weise an die nationalistisch-katholischen

---

36 Roberto Bolaño: *Estrella distante*, S. 89.
37 Vgl. die Aufnahmen der Performance in: Raúl Zurita: La vida nueva. In: *Anteparaíso*. Santiago de Chile: Editores Asociados 1982, S. 13–19 bzw. 48–51, 86–91, 134–137 sowie 164–169.
38 Vgl. dazu etwa Chiara Bolognese: Roberto Bolaño y Raúl Zurita: referencias cruzadas. In: *Anales de Literatura Chilena* 11, 14 (2010), S. 259–272, sowie Matías Ayala: Bolaño, Zurita, Vidal.
39 Bolaño in Andrés Braithwaite: *Bolaño por sí mismo*, S. 113.
40 Dieser Widerspruch wird vielleicht am klarsten, wenn Bolaño eine Figur wie José Miguel Ibáñez Langlois, wie gesehen, in *Nocturno de Chile* in all seiner zweifelhaften Nähe zur Diktatur Pinochets darstellt, während Zurita selbigem (und einer ganzen Reihe von Politikern) in der Neuauflage von *La vida nueva* 1993 eine Dankesnote widmet. Ayala weist ebenfalls auf diesen Punkt und den regenerationistischen Diskurs bei Zurita hin, mit dem dieser sich für das politische Projekt der «Transición a la democracia», also der mit den Militärs nach dem verlorenen Referendum Pinochets 1989 paktierten Rückkehr zur Demokratie, anschlussfähig erwies. Zum Punkt des Aufstiegs von Zurita und seiner Positionierung im literarischen Feld der 1980er Jahre und der Kritik von Autoren wie Enrique Lihn vgl. auch den hervorragenden Artikel von Edgar O'Hara: El poeta y sus cautiverios (Enrique Lihn en la década del ochenta). In: *Inti. Revista de literatura hispánica* 43–44 (1996), S. 45–74.

Rechtfertigungsdiskurse der Militärs selber anschließbar wird, sondern zugleich eine Art ‹Schmerzensästhetik› propagiert, welche die Möglichkeit einer transzendentalen Kunstidee aus der Erfahrung körperlicher Gewalt miteinschließt.[41] Diese Kritik an einer Sakralisierung des Schmerzes als Offenbarungsform nimmt Bolaño in *Estrella distante* mit einem ebenfalls kaum verhohlenen Bezug auf Zuritas Poetik auf, wenn er Wieder unter dem Pseudonym Octavio Pacheco ein Theaterstück zweier sich gegenseitig malträtierender siamesischer Zwillinge verfassen lässt, dessen Quintessenz lautet: «[S]ólo el dolor ata a la vida, sólo el dolor es capaz de revelarla.»[42] Zurita wiederum erlangte innerhalb der chilenischen Neoavantgarde nicht zuletzt durch seine 1980 vorgenommenen Selbstverätzungen als kritisch-künstlerischem Akt notorische Bekanntheit, wobei er in diesem Kontext eben jene aus dem Schmerzempfinden erwachsende Heilserwartung propagiert, wenn er in *Anteparaíso* notiert: «*Cerrándome con el ácido a la vista de/cielo azul de esta nueva tierra sí claro:/a la gloria de aquel que todo mueve/Así, tirándome cegado por todo el líquido/contra mis propios ojos esas vitrinadas;/así quise comenzar el Paraíso.*»[43] Ohne an dieser Stelle diese in der Forschung bereits breit beleuchtete Debatte weiter im Detail nachzeichnen zu wollen, bleibt festzuhalten, dass die grundlegende Kritik, welche die Ähnlichkeiten zwischen Carlos Wieder und Raúl Zurita motiviert, für Bolaño aus der Problematik einer Fortschreibung historisch kontaminierter Formensprachen und Autoren- bzw. Leserkonzeptionen erwächst, deren ideengeschichtliche wie literarische Wurzeln allerdings weit über den spezifischen nationalen Rahmen, innerhalb dessen die Kritik das Werk mit Blick auf Zurita gelesen hat, hinausgeht.[44] So zieht etwa das von dem verrückten Norberto

---

41 Vgl. dazu auch die Beobachtung, nach der «el discurso de la crisis integra la violencia en sus formas estéticas de expresión» (Ina Jennerjahn: Escritos en los cielos y fotografías del infierno. Las «acciones de arte» de Carlos Ramírez Hoffman, según Roberto Bolaño. In: *Revista de crítica literaria latinoamericana*, 56 (2002), S. 69–89, hier: S.78.
42 Roberto Bolaño: *Estrella distante*, S. 104.
43 Raúl Zurita: *Anteparaíso*, S. 143. Vgl. zu dieser Performance auch im selben Band das Nachwort von Diamela Eltit (S. 160).
44 Allein Hoyos verweist – ohne jedoch näher darauf einzugehen – auf diese globale Komponente und Verflochtenheit in *La literatura nazi en América*, wenn er schreibt: «Interdependency among different cultural sites and temporal collapse characterize this globalized space: what happens in the Caribbean matters in Europe, the 1909 manifesto of futurism illuminates CADA's actions and vice versa» (Héctor Hoyos: *Beyond Bolaño*, S. 51). Im Rahmen der chilenischen Perspektive wurde die Kritik an der Formensprache der Neoavantgarde vor allem im Zusammenhang mit dem berühmten Essay des Philosophen Willy Thayer über die Parallelen zwischen dem Militärputsch 1973 und der Logik von Zerstörung und Forschritt der Neoavantgarden diskutiert. Thayer notiert diesbezüglich: «La dificultad política de esa comprensión, es que dialectiza la violencia y el progreso; subsume la violencia en el progreso, la barbarie en el desarrollo cultural y patrimonial del país. En ese sentido, *Márgenes e Instituciones* mantuvo la

in der ersten Performance Wieders aufgerufene Bild von der Rückkehr des Zweiten Weltkriegs angesichts des Messerschmitt-Jägers des Piloten die direkte Parallele zum Phänomen der Aviatik bzw. der *Aeropittura* der Zwischenkriegszeit in Europa und der Nähe zahlreicher avantgardistischer ‹Flugdichter› der Zeit wie Marinetti oder D'Annunzio zu den sich formierenden faschistischen Bewegungen.[45] Bolaños Protagonist wird damit zu einem Wiedergänger jener technisch-artistischen Apotheose der Fliegerei, deren politisches Programm sich – und darin ist die Kritik an der neoavantgardistischen Wiederverwendung dieser Kunstform zu sehen – mit den faschistischen Ideen von Naturbeherrschung und virilem Vitalismus deckte, oder wie es Finchelstein in seiner Studie formuliert:

> Fascists regarded flying as the best expression of the necessary wars of the future. Moreover, they considered flying a sublime expression of the fascist quest for radical transcendence over ordinary behavior [...] they represented, in fascists' eyes, a self-reassuring objectification of the sublime in an act that would have political consequences. As an act of fascist spectacle, flying fascism could literally put the movement above the ground. The sky was a ‹natural› fascist realm. [...] Second, there was the hope that flights would facilitate the penetration of fascist propaganda around the world.[46]

In Wieders ästhetischem Projekt problematisiert Bolaño jene in der Moderne mit der Fliegerei einhergehende – und zentral immer auch von den künstlerischen Imaginarien befeuerte – «Vorstellung übermenschlicher Erhebung und Allmacht»,[47] deren technischen Errungenschaften sich – und auch hier wirft Bolaño eine ethische Kritik der Moderne und ihrer optischen Einrichtungen auf – überhaupt erst die Möglichkeit einer neuen Wahrnehmungsperspektive im Sinne einer «Entzifferung der ‹Physiognomien› von Massen, Landschaften und Kulturen verdankt [...], die über die Verbindung von Fotografie bzw. Film und

---

complicidad con el corte fundacional de la Dictadura al reiterar el gesto refundacional en el campo cultural, al seguir enarbolando con ello el progreso como norma histórica» (Willy Thayer: El Golpe como consumación de la vanguardia. In: Willy Thayer: *El fragmento repetido. Escritos en estado de excepción*. Santiago de Chile: Metales pesados 2006, S. 15–46, hier: S. 18). Zu einer Diskussion dieser Thesen im Zusammenhang mit Bolaños Text vgl. das Kapitel von Hoyos zu *La literatura nazi* sowie den Aufsatz von Carlos Walker: La reflexión visual en Roberto Bolaño. Narración, dictadura y vanguardias en *Estrella distante*. In: *Ciencia Política* 11, 22 (2016), S. 189–212.

45 Vgl. dazu ausführlich etwa den Artikel von Manfred Hinz: Futurismus und Faschismus. In: Wolfgang Asholt/Walter Fähnders (Hg.): *Der Blick vom Wolkenkratzer. Avantgarde – Avantgardekritik – Avantgardeforschung*. Amsterdam: Rodopi 2000, S. 449–466.

46 Federico Finchelstein: *Transatlantic Fascism. Ideology, Violence, and the Sacred in Argentina and Italy, 1919–1945*. Durham: Duke University Press 2010, S. 90–91.

47 Felix Philipp Ingold: *Literatur und Aviatik. Europäische Flugdichtung 1909–1927*. Basel: Birkhäuser 1978, S. 14.

Flugzeug ermöglicht wurde. Erst die ‹Draufsicht› erlaubte die Fixierung einer solchen Gestalt.»[48] Die daraus entstehende Ästhetik der Distanz zur ‹irdischen› Welt und die Nivellierung jeglicher Individualität entspricht dabei im Falle Wieders quasi exakt die bereits etwa im Werk Gabriele D'Annunzios operierende Raumwahrnehmung und die daraus erwachsende Positionierung des Dichters zur Welt, wie sie Ingold treffend beschreibt, wenn er postuliert, dass

> dieser poetische Raum vertikal-dialektisch disponiert [ist], was ihn zugleich assoziativ an älteste religiöse Raumvorstellungen bindet. D'Annunzios räumliche Dialektik kennt nur die beiden extremen Sphären von Himmel und Hölle; das Zwischenreich der Erde – das Irdische als Domäne – bleibt (etwa als sozialer Kontext) ausgespart oder wird dem unteren (dem höllischen) Raum zugeordnet. Für den Flieger ist die Erde stets das dunkle Reich, das *unter* ihm liegt, eine Welt, die er *überwunden* hat; die nicht mehr zählt für ihn; der gegenüber er keine Verantwortung mehr zu tragen hat: der Flug wird zur Weltflucht, die Erde ist nur noch als Hölle erlebbar – mit Hass.[49]

Jenseits dieser Welt- und Menschenverachtung, die sich bei Wieder insbesondere in den Morden an einer Reihe von weiblichen Opfern niederschlagen wird – «La femme est le contraire du Dandy», heißt es bereits bei Baudelaire über die Misogynie des naturverachtenden Geistesaristokraten –, steht in *Estrella distante* insbesondere eine vielfach parodistisch angelegte Kritik der Tendenz des avantgardistischen Gestus zur Unverständlichkeit im Zentrum des Textes. Diese wird wiederum – und die Kritik hat diesen intertextuellen Aspekt bislang vollkommen ignoriert – in enger Anlehnung an eine weitere neoavantgardistische Gruppierung in Gestalt des sog. *Lettrisme* um den französisch-rumänischen Dichter Isidore Isou entwickelt. Dieser entwirft bekanntlich ab 1945 in Paris eine neue Dichtungstheorie, in deren Mittelpunkt die Zerlegung bzw. Atomisierung der Sprache hin auf einzelne Buchstaben sowie, in einer

---

48 Inge Baxmann: «Ästhetisierung des Raums und nationale Physis. Zur Kontinuität politischer Ästhetik. Vom frühen 20. Jahrhundert zum Nationalsozialismus». In: Karlheinz Barck/Richard Faber (Hg.): *Ästhetik des Politischen. Politik des Ästhetischen*. Würzburg: Königshausen & Neumann 1999, S. 79–96, hier: S. 81. Die chilenische Militärdiktatur aktualisiert diesen Sinn fürs Territoriale als ein zentrales Element ihrer neuen nationalistischen Politik, wie Errázuriz postuliert, wenn er auf die geopolitischen Bemühungen des Regimes verweist, und nicht umsonst fliegt Carlos Wieder im Roman gewissermaßen die Grenzen des Staates von der Wüste im Norden bis zu den antarktischen Gebieten ab: «[U]na de las primeras señales del régimen militar en materia cultural responde a intereses geopolíticos, vale decir, busca inculcar en la ciudadanía una mayor conciencia territorial» (Luis Errázuriz: Política cultural del regímen militar chileno (1973–1976), S. 69).

49 Felix Philipp Ingold: *Literatur und Aviatik*, S. 35 (Kursivierung im Original).

weiteren Radikalisierung des Ansatzes, die Ersetzung von Schrift durch Bilder steht.[50] Bolaño verweist auf die Nähe seines Protagonisten Carlos Wieder zum Lettrismus im Zusammenhang mit dessen zweiter Performance auf einem Militärflughafen in Santiago de Chile, über die es heißt:

> Sobre el aeródromo de Las Tencas, para un público compuesto por altos oficiales y hombres de negocios acompañados de sus respectivas familias –las hijas casaderas se morían por Wieder y las que ya estaban casadas se morían de tristeza– dibujó, justo pocos minutos antes de que la noche lo cubriera todo, una estrella, la estrella de nuestra bandera, rutilante y solitaria sobre el horizonte implacable. Pocos días después, ante un público variopinto y democrático que iba y venía por los entoldados de gala del aeropuerto militar de El Cóndor en un ambiente de kermese, escribió un poema que un espectador curioso y leído calificó de *letrista*. (Más exactamente: con un inicio que no hubiera desaprobado Isidore Isou y con un final inédito digno de un saranguaco.)[51]

Die explizite Verbindung von Wieders Poesie mit Isou und den Lettristen ist über eine reine Ironisierung der Unverständlichkeit des Gedichts hinaus eingehender zu betrachten und mag als weiterer Beleg für die Tatsache dienen, dass Bolaños Avantgarde-Kritik sich mitnichten auf die chilenische Neoavantgarde beschränkt, sondern stets innerhalb eines transnationalen Bezugsfeldes gelesen werden muss. Tatsächlich lassen sich anhand von Isou und den Vertretern des Lettrismus mehrere Interpretationszugänge zu Wieders Biographie und seinen ästhetisch-politischen Projekten finden, wie sie im Roman beschrieben werden: So stilisierten sich, ähnlich wie Carlos Wieder mit seinem radikalrevolutionären Anspruch, die chilenische Poesie neu zu begründen, auch die Lettristen um Isou zu «Vollstrecker[n] der Literaturgeschichte»,[52] deren Diskurs gleichfalls von einem messianischen Ideal geprägt war, in dessen Zentrum sich Isidore Isou mit einem kabbalistisch inspirierten Welt- und Dichtungsverständnis höchstselbst verortete[53]: In der Überzeugung, beim Lettrismus handele sich um eine Art «Avantgarde der Avantgarde», verstand sich Isou «als den (beschleunigenden) Katalysator kreativer Prozesse, als denjenigen, der glückverheißend das ‹Paradies auf Erden› errichtet.»[54] Dabei war die Schriftzerstörung

---

50 Vgl. dazu die grundlegende Arbeit von Michael Lentz: *Lautpoesie/-musik nach 1945. Eine kritisch-dokumentarische Bestandsaufnahme*. Band 1. Wien: edition selene 2000, insbesondere S. 240–542.
51 Roberto Bolaño: *Estrella distante*, S. 40–41, Kursivierung im Original.
52 Michael Lentz: *Lautpoesie/-musik nach 1945*, S. 283.
53 Vgl. dazu ausführlich die hervorragende Arbeit von Sami Sjöberg: *The Vanguard Messiah. Lettrism between Jewish Mysticism and the Avant-Garde*. Berlin/Boston: De Gruyter 2015.
54 Michael Lentz: *Lautpoesie/-musik nach 1945*, S. 275.

bzw. ihre Ersetzung durch eine sog. *hypergraphie*[55] in Form von Kunstwerken, die verschiedene Schrift- und Bildformen miteinander vermischten, Teil jener messianischen Idee von der Unzulänglichkeit herkömmlicher Schrift- und Sprachsysteme, die es auf der Basis der Vorstellung einer Art «pansemiosis» zu überwinden galt:

> In keeping with the idea of pansemiosis, Isou's work suggests that heaven is made of signs that do not merely refer to but are an integral part of its fabric, of either cosmological or ‹unknown› objects in the universe. One variant of writing related to Isou's work is the so-called celestial writing in late medieval Kabbalah, which is based on pansemiosis. Forms of letters were derived from observations of star constellations and these could be ‹read› as a kind of sacred writing. By virtue of the lack of language and conventional letters, the characteristics of these objects remain hidden meanwhile being, in a manner of speaking, highlighted thanks to hypergraphics.[56]

In *Estrella distante* werden nun Carlos Wieders Luftmalereien explizit in die Nähe von Isous hypergraphischen Kunstwerken gerückt, mit denen sie nicht nur ihre inhaltliche Sinnfreiheit teilen,[57] sondern zugleich die vollkommene Nicht-Lesbarkeit, die sich aus ihren medial-materiellen Bedingungen ergibt: Neben einem «discurso lleno de neologismos y torpezas»[58] verhindern die widrigen meteorologischen Bedingungen jegliche effektive Kommunikation zwischen Wieder

---

[55] Sjöberg definiert diese folgendermaßen: «In order to overcome the dilemma caused by the sweeping character of words, Isou wanted to supplement writing with painterly elements. He does not elaborate on what exactly these elements are, but his works which apply hypergraphics suggest that Isou wants to emphasize the materiality and visuality of writing. In other words, he wants writing to be looked *at* rather than through, challenging the transparency of ordinary written language. [...] However, hypergraphics still bears a strong resemblance to writing. Hypergraphics usually consist of black and white markings on a white page, which, furthermore, are often arranged into horizontal lines. Individual marks follow one another and can thus be ‹read› from left to right or vice versa. On some occasions hypergraphic segments supplement ordinary writing and cut individual words into parts, filling in the openings. Hence, hypergraphics should not be regarded as images but rather as poetry that highlights the visual aspect of language» (*The Vanguard Messiah*, S. 43).
[56] Ebd., S. 67.
[57] Die Bezeichnung des Endes von Wieders Gedicht als eines «Saranguaco» würdig bezieht sich auf ein Gedicht Nicanor Parras mit diesem Titel, das den Monolog eines sich beständig selbst widersprechenden Irren nachzuzeichnen versucht, vgl. Nicanor Parra: Saranguaco. In: Nicanor Parra: *Obras completas & algo +. De «Gato en el camino» a «Artefactos» (1935–1972)*. Barcelona: Galaxia Gutenberg 2006, S. 183. Bolaño selbst kommentiert dieses Gedicht an anderer Stelle in einem Interview, vgl. Mihaly Dés: *Entrevista a Roberto Bolaño*: «Al final no tuvimos ninguna pared donde apoyarnos». In: *Lateral* 40 (1998), S. 8–9.
[58] Roberto Bolaño: *Estrella distante* S. 53.

und seinem Publikum, bleibt von seinen Gedichten wenig mehr als der Eindruck von hieroglyphisch anmutenden Kinderkritzeleien:

> Carlos Wieder escribió: *La muerte es limpieza*, pero lo escribió tan mal, las condiciones meteorológicas eran tan desfavorables que muy pocos de los espectadores que ya comenzaban a levantarse de sus asientos y abrir los primeros paraguas comprendieron lo escrito. Sobre el cielo quedaban jirones negros, escritura cuneiforme, jeroglíficos, garabatos de niño.[59]

Was Bolaño damit einmal mehr problematisiert, ist die umfängliche gesellschaftliche Folgenlosigkeit, die aus der Unverständlichkeit des Sinns einer sich in ihren Gesten der formalen Radikalität erschöpfenden Kunst erwächst. Dies wird im Text noch einmal explizit gemacht, wenn die Reaktionen von Wieders Publikum beschrieben werden, das sich weniger den poetischen Abenteuern des fliegenden Dichters als seinen eigenen Alltagsproblemen widmet, von denen Wieders Kunst denkbar weit entfernt ist: «Incluso los incondicionales de Wieder, en vez de aguardar en silencio la reaparición del avión o interpretar de cien formas diferentes aquel ominoso cielo vacío, se enzarzaron en comentarios prácticos sobre la vida cotidiana que sólo muy tangencialmente atañían a la poesía chilena, al arte chileno.»[60]

In diesem Zusammenhang rückt Bolaño ein weiteres Problem moderner (und zeitgenössischer) Kunst in den Blick, das wiederum mit den in seinen Büchern stetig wiederkehrenden Fragen nach dem Zustandekommen des Wertes eines Kunstwerks zusammenhängt: Wenn angesichts der Radikalisierung der Bedeutungsoffenheit von Kunstwerken, wie sie etwa den hypergraphischen Experimenten Isous oder, in fiktionalisierter Form, eines Carlos Wieder eignet, eine bestimmte Sinnhaftigkeit oder Aussagequalität auch in Ansätzen nicht mehr an objektiv, d.h. intersubjektiv begründbare Parameter gebunden werden kann, müssen – so die Schlussfolgerung – zwangsläufig andere, dem Kunstwerk externe Bewertungsmaßstäbe angeführt werden, die primär, so scheint Bolaño zu suggerieren, etwa in der Figur des Autors und seiner Selbstinszenierung oder eben den performativen Eigenschaften und radikalen Wirkungseffekten seiner Werke zu suchen sind. Dieser Aspekt wird mit Blick auf Carlos Wieder im Roman wiederholt aufgerufen, wenn deutlich wird, dass es angesichts seiner vollkommen unverständlichen Lyrik nur der Ruhm seiner berüchtigten Performances ist, welcher ihm seinen herausgehobenen Rang im künstlerischen Feld seiner Zeit sichert. Mit dieser Lesart wiederum bindet Bolaño seinen Protagonisten

---

[59] Ebd., S. 89–90.
[60] Ebd.

eng an künstlerische Wertzuschreibungsverfahren, wie sie in ihrem Innovationswahn ganz fundamental auch den Lettristen um Isidore Isou eigneten, auf deren künstlerische Mittelmäßigkeit der ehemalige Lettrist Bernard Girard in einer Studie über seine Mitstreiter hingewiesen hat. Die Lettristen, so Girard, hätten sich in ihrer kunstkritischen Parametern ausgezeichnet durch eine vollkommene

> indifférence à la qualité des œuvres qui ne valaient, dans le pantheón lettriste, que par leur seule antériorité. Ce ne sont pas les qualités de ses vers qui feraient de Mallarmé un grand poète, mais le fait qu'il ait été le premier à utiliser telle forme poétique. Appliqué aux œuvres contemporaines, cela permettait d'affirmer sans rire que les œuvres de n'importe quel jeune lettriste étaient plus ‹importantes› que celles d'artistes confirmés, tout simplement parce qu'elles appliquaient les préceptes et principes développés par Isou. Cette indifférence à l'égard des œuvres se manifestait au quotidien: jamais les lettristes ne parlaient entre eux de la qualité de tel ou tel tableau, ils acceptaient dans leurs expositions et manifestations quiconque faisait allégeance à la théorie sans se préoccuper le moins du monde de ce qui était proposé. Cette indifférence a évidemment contribué à la médiocrité générale de la production lettriste.[61]

Bolaño schmückt diese Tatsache mit Blick auf Carlos Wieder vor allem im zweiten Teil des Romans aus, als Wieder nach dem Skandal um seine Fotoausstellung Chile verlassen muss und unter sich stetig wandelnden Pseudonymen in neue, ebenso avantgardistische wie marginale Projekte verstrickt ist. Statt eines wirklichen Werks dominiert im Falle Wieders eine Proliferation seines – als Teil der Inszenierung stets unsicheren – Namens und der mit ihm verbundenen Mythen, womit er einmal mehr in die Nähe jener Kunstpolitik der Lettristen rückt, bezüglich derer Girard süffisant kommentiert: «À la lettre, Isou préférait, paradoxalement, le nom. Le sien, bien sûr. Nom unique, inventé hors de toute filiation et généalogie.»[62] Statt eine genuin literarische Arbeit bzw. Dichtungstheorie voranzutreiben, leben, so ließe sich die Kritik Bolaños hier resümieren, die selbsternannten Avantgardisten hauptsächlich von der Perpetuierung des eigenen Namens mittels immer radikaler sich gebärdender Performances und Meta-Apparate, die auf einem aufmerksamkeitsgesteuerten Kunstmarkt zu ihrer Werterhaltung beitragen.[63] Im Falle von Carlos Wieder wird dieses Verfahren besonders offensichtlich, als er sich – und hier scheinen die Bezüge auf die Lettristen besonders deutlich – auf seiner

---

61 Bernard Girard: *Lettrisme – L'ultime avant-garde*. Dijon: les presses du réel 2010, S. 197.
62 Ebd., S. 79.
63 Vgl. dazu auch die Bemerkung Lentz' bezüglich des Lettrismus als «‹Bewegung›, die sich im Laufe ihrer Geschichte immer mehr verbürokratisiert und zu ihrer Rechtfertigung stets umfassendere Metaerklärungsmodelle bereitstellen muß» (Michael Lentz: *Lautpoesie/-musik nach 1945*, S. 270).

Odyssee im Umfeld einer Gruppe von Dichtern in Paris bewegt, die unter dem Namen der *Escritores bárbaros* firmiert und im Roman wie folgt beschrieben wird:

> Nacido en 1935, Raoul Delorme fue soldado y vendedor del mercado de abastos antes de encontrar una colocación fija (y más acorde con una ligera enfermedad en las vértebras contraída en la Legión) como portero de un edificio del centro de París. En 1968, mientras los estudiantes levantaban barricadas y los futuros novelistas de Francia rompían a ladrillazos las ventanas de sus Liceos o hacían el amor por primera vez, decidió fundar la secta o el movimiento de los Escritores Bárbaros. Así que, mientras unos intelectuales salían a tomar las calles, el antiguo legionario se encerró en su minúscula portería de la rue Des Eaux y comenzó a dar forma a su nueva literatura. El aprendizaje consistía en dos pasos aparentemente sencillos. El encierro y la lectura. Para el primer paso había que comprar víveres suficientes para una semana o ayunar. También era necesario, para evitar las visitas inoportunas, avisar que uno no estaba disponible para nadie o que salía de viaje por una semana o que había contraído una enfermedad contagiosa. El segundo paso era más complicado. Según Delorme, había que fundirse con las obras maestras. Esto se conseguía de una manera harto curiosa: defecando sobre las páginas de Stendhal, sonándose los mocos con las páginas de Víctor Hugo, masturbándose y desparramando el semen sobre las páginas de Gautier o Banville, vomitando sobre las páginas de Daudet, orinándose sobre las páginas de Lamartine, haciéndose cortes con hojas de afeitar y salpicando de sangre las páginas de Balzac o Maupassant, sometiendo, en fin, a los libros a un proceso de degradación que Delorme llamaba humanización. El resultado, tras una semana de ritual *bárbaro*, era un departamento o una habitación llena de libros destrozados, suciedad y mal olor en donde el aprendiz de literato boqueaba a sus anchas, desnudo o vestido con shorts, sucio y convulso como un recién nacido o más apropiadamente como el primer pez que decidió dar el salto y vivir fuera del agua. Según Delorme, el *escritor bárbaro* salía fortalecido de la experiencia y, lo que era verdaderamente importante, salía con una cierta instrucción en el arte de la escritura, una sapiencia adquirida mediante la «cercanía real», la «asimilación real» (como la llamaba Delorme) de los clásicos, una cercanía corporal que rompía todas las barreras impuestas por la cultura, la academia y la técnica.[64]

Auch in dieser fiktiven Bewegung lassen sich unschwer zwei zentrale Topoi erkennen, welche die historischen Avantgarden wie den Futurismus mit den Neoavantgarden wie dem Lettrismus verbinden: zum einen die Phantasie einer von den schädlichen Einflüssen der Kultur(geschichte) gesäuberten und unmittelbar erfahrenen Literatur, wie sie bereits in den Invektiven Marinettis im Futuristischen Manifest zu besichtigen ist und auch bei Isou und seiner lettristrischen Bewegung einen zentralen Stellenwert gewinnt; zum anderen das ebenfalls bereits bei Marinetti artikulierte Phantasma einer (Wieder-)Geburt des Künstlers und der Kunst

---

64 Roberto Bolaño: *Estrella distante*, S. 139–140.

aus der eigenen geistigen Erhebung heraus,⁶⁵ die in der Negierung aller historischen Einflüsse wiederum als Gemeinplatz auch im lettristischen Imaginarium Eingang findet. Ganz im Sinne einer «verordnete[n] Voraussetzungslosigkeit»⁶⁶ postuliert Isou seine eigene Einzigartigkeit, die von möglichen Vorgängern nichts wissen will: «L'homme des lettres [...] ne digère plus les valeurs des autres pour pouvoir créer ses propres éléments. Il est primodial et unique, non seulement dans son existence vis-à-vis ses prochains, mais dans sa situation même.»⁶⁷ Ähnlich wie Bolaños barbarische Autoren in ihren Reinigungsphantasien, die paradoxerweise auf Orgien der Beschmutzung basieren, nimmt Isou

> zur Legitimation der lettristischen ‹neuen Poesie› einen ursprünglichen Literatur-Begriff an, einen ‹Urzustand› der Poesie, von dem aus er ihre Geschichte [...] als zunehmende Intellektualisierung und hermetische Chiffrierung sowie, rückwirkend betrachtet, wohl auch als Entfremdung, Fehlentwicklung versteht. Rückkehr also zu einem supponierten adamitischen Zustand der Kunst, Proklamation des Primitiven.⁶⁸

Dass auch hier eine gesellschaftliche Folgenlosigkeit der Kunst mit ihren pseudo-radikalen Experimenten zu beobachten ist, wird deutlich, wenn die Gründung von Delormes barbarischer Bewegung zum gleichen Zeitpunkt wie die Pariser Proteste von 1968 erfolgt, was wiederum mit der Unsichtbarkeit der Lettristen in diesem historischen Moment zusammenfällt, deren Verhältnis zu den protestierenden Massen Girard als «si eloigné de leurs préoccupations qu'ils n'avaient aucune chance d'être entendus»⁶⁹ beschreibt. Stattdessen setzten die Lettristen, ganz ähnlich wie die *Escritores bárbaros* in Bolaños Roman,⁷⁰ auf eine Revolte aus der Marginalität heraus,⁷¹ die freilich ebenso

---

65 Das grosteke Paradigma dieser Phantasien bleibt – und über die Geschlechterdimensionen wird im Schlussteil dieses Kapitels noch zu sprechen sein – diesbezüglich wohl Marinettis Roman *Mafarka le futuriste*.
66 Michael Lentz: *Lautpoesie/-musik nach 1945*, S. 292.
67 Zit. nach ebd., S. 293. Girard spricht von einem Solipsismus, «[qui] lui interdisait de se reconnaître des prédécesseurs et ce fut l'une des premières causes de conflit avec le monde intellectuel» (*Lettrisme – L'ultime avant-garde*, S. 16).
68 Michael Lentz: *Lautpoesie/-musik nach 1945*, S. 294.
69 Bertrand Girard: *Lettrisme – L'ultime avant-garde*, S. 72.
70 Vgl. Roberto Bolaño: *Estrella distante*, S. 140–141.
71 Vgl. die Beschreibung von Girard: «À l'inverse donc du marxisme, qui fait de la classe ouvrière et du prolétariat la force du changement, à l'inverse du libéralisme qui cherche ces forces du changement du côté des entrepreneurs, Isou va les trouver du côté des marginaux, des exclus, de tous ceux qui ne sont pas intégrés dans le tissue économique ou qui n'occupent pas la place à laquelle ils aspirent. Ces gens à la marge sont force de révolte, parce que, rien ne les rattachant à l'ordre existant, ils n'ont rien à gagner à sa survie. [...] Même lorsqu'ils agissent en groupes, lorsqu'ils s'organisent et travaillent en bandes pour bousculer

scheitert wie Carlos Wieders andere zahlreiche künstlerische Projekte, dessen groteske Lächerlichkeit im Roman wiederum schon in den verschiedenen Pseudonymen transportiert wird. So steckt etwa in Wieders Künstlernamen Jules Defoe, mit dem er in Frankreich unterwegs ist, in der Homophonie von *Defoe* und *défaut* einmal mehr eine Parodisierung der künstlerischen Unzulänglichkeit des Protagonisten verborgen, dessen zunehmende Verbitterung über die eigene Erfolglosigkeit wiederum in seinem Pseudonym Juan Sauer sprechend zu werden scheint. Auch die künstlerischen Werke selbst werden beständig ironisiert, etwa wenn es über ein Gedicht in einer grotesken Umschreibung heißt, es handele sich um ein «poema narrativo que me recordó, Dios me perdone, trozos del diario poético de John Cage mezclado con versos que sonaban a Julián del Casal o Magallanes Moure traducidos al francés por un japonés rabioso.»[72] Am Ende bleibt der Eindruck bestehen, es handele sich bei Wieder, in dessen mutmaßlich von seinem Vater in der chilenischen Nationalbibliothek genährten Papieren Bibiano O'Ryan seine Untersuchungen anstellt, um nicht mehr als einen rastlosen Betrüger und Scharlatan:

> Bibiano vuelve a hurgar entre los papeles de Wieder y llega a la conclusión de que algunos autores que en principio consideró heterónimos de Wieder no lo son en absoluto: se trata de escritores reales, o de heterónimos, pero de otro, no de Wieder, y que o bien éste ha estado engañando a su padre con producciones que no le pertenecen o bien su padre se ha estado engañando a sí mismo con la obra de un extraño.[73]

Wenngleich also die mannigfaltigen Parodisierungen Carlos Wieders zweifellos belegen, inwiefern Bolaño einen neoavantgardistischen Anspruch in Zeiten der längst erfolgten Historisierung der Avantgarden für uneinlösbar hält, thematisiert der Roman durchaus an anderer Stelle noch einmal explizit die vor allem ethischen Problematiken, die insbesondere aus jenem Anspruch der von Bürger formulierten Aufhebung der Trennung zwischen Kunst und Leben erwachsen, die auch Carlos Wieder verfolgt, wenn es zu Beginn des Romans in einem Gespräch zwischen Bibiano und einer Vertrauten Wieders heißt: «¿Y qué cosas te

---

l'ordre ancien, leurs modes d'actions sont individualistes. Ils préfèrent le scandale aux manifestations de masse et à la grève générale» (Bertrand Girard: *Lettrisme – L'ultime avantgarde*, S. 68–70).
72 Roberto Bolaño: *Estrella distante*, S. 143. Auch auf den epigonalen Charakter der Arbeiten Wieders wird wiederholt hingewiesen, etwa wenn es über einige Zeichnungen heißt: «En una revista universitaria aparece un poema titulado «La boca cero»; el poema, en apariencia un remedo criollo de Klebnikhov, va acompañado con tres dibujos del autor que ilustran el «momento boca-cero» (es decir el acto de dibujar con la boca abierta al máximo posible un cero o una o)» (S. 104).
73 Ebd., S. 107.

cuenta? La Gorda pensó durante un rato antes de responder. De la nueva poesía, pues, de qué otra cosa. ¿La que él piensa escribir?, dijo Bibiano con escepticismo. La que él va a *hacer,* dijo la Gorda.»[74] Die Einlösung jenes Postulats einer radikal amoralischen Kunst[75] erfolgt im Roman bekanntlich über die Morde und Folterungen, die Wieder an einer Reihe von Frauen begeht und von denen er Fotografien anfertigt, die das Corpus der besagten Ausstellung in einem Appartment in Santiago bilden. Die Ausstellung folgt dabei in gleicher Weise einer Logik der ästhetischen Ermächtigung wie die Flugpoesie, was von Wieder explizit gemacht wird, wenn es heißt: «Dijo que después de la escritura en el cielo era adecuado – y además encantadoramente paradójico – que el epílogo de la poesía aérea se circunscribiera al cubil del poeta.»[76] Der Nexus zwischen der maximalen physischen Entfernung von der Welt und ihren Subjekten im Flugzeug und der gewissermaßen maximalen und doch distanzierten Annäherung in den Nahaufnahmen der Opfer bildet eine Logik der kalten, d.h. technischen Rationalität, die – ganz im Sinne der Moderne und ihrer Apparate – erst die Voraussetzung für die Verwandlung menschlicher Körper in Material – und das heißt für den Künstler Wieder auch: in Material der Kunst – schafft:

> Las mujeres parecen maniquíes, en algunos casos maniquíes desmembrados, destrozados, aunque Muñoz Cano no descarta que en un treinta por ciento de los casos estuvieran vivas en el momento de hacerles la instantánea. Las fotos, en general (según Muñoz Cano), son de mala calidad aunque la impresión que provocan en quienes las contemplan es vivísima. El orden en que están expuestas no es casual: siguen una línea, una argumentación, una historia (cronológica, espiritual...), un plan.[77]

In der Drappierung der Körper erfolgt im Sinne der totalen künstlerischen Verfügungsmacht über die Welt eine Gleichordnung von Menschen- und Sprachmaterial, was insbesondere in der Beschreibung der Fotographien deutlich wird, wenn es heißt: «Los símbolos son escasos pero elocuentes. La foto de la portada de un libro de François-Xavier de Maistre (el hermano menor de Joseph de Maistre): *Las veladas de San Petersburgo.* La foto de la foto de una joven rubia que parece

---

74 Ebd., S. 24–25.
75 In diesem Sinne ließen sich auch einige Äußerungen Isidore Isous problemlos in Bolaños Katalog infamer Nazi-Dichter aufnehmen, etwa wenn er bekennt: «Je serai capable d'écrire des poèmes à l'honneur de Hitler et de désavouer le lettrisme, s'il le fallait pour poursuivre mon œuvre. [...] Tous ces imbéciles ont le défaut de croire dans une morale, alors que moi, je sais comment les morales se font et se défont. [...] Le créateur doit devenir conscient et surtout pratique, sans scrupule» (zit. nach Bertrand Girard: *Lettrisme – L'ultime avant-garde,* S. 60).
76 Roberto Bolaño: *Estrella distante,* S. 87.
77 Ebd., S: 97.

desvanecerse en el aire. La foto de un dedo cortado, tirado en el suelo gris, poroso, de cemento.»[78] In einer für Bolaño typischen Formulierung wird auch in dieser Szene dem Leser die intertextuelle Explikation des Verweises auferlegt (also die Realisierung jener ‹Eloquenz›, die in der Präsenz des maistreschen Intertextes eben nur intendiert, aber nicht erklärt wird).[79] Der Verweis auf den als Gespräch einer Herrenrunde verfassten Text de Maistres führt im Kontext von Wieders Fotoausstellung unmittelbar zur Frage nach dem Bösen bzw. der Existenz von Krieg und Strafe, die aus der anti-modernen[80] und konterrevolutionären Perspektive des savoyischen Staatsmanns und Philosophen Teil der göttlichen Einrichtung der Welt sind. Den Einbruch der Moderne mit ihren Revolutionen und Gewaltorgien sieht der «diensthabende Dämonologe seiner Zeit»[81] vor diesem Hintergrund denn auch lediglich als Elemente einer notwendigen Reinigung der Welt, welche die Ankunft eines neuen Reichs (der alten Ordnung) ankündigt – eine messianische Weltsicht, die den Bogen zurückschlägt zu Wieder und Pinochet und der Idee einer so notwendigen wie transzendental begründeten Gewalt. In der Figur Wieders, der mit seiner Fotoausstellung seine im Verborgenen vollzogenen Morde erstmals in die Öffentlichkeit trägt, wird dabei zugleich jene perverse Schöpfertätigkeit des Künstlers artikuliert, die de Maistre gleich im ersten seiner Petersburger Gespräche einer Profession zuschreibt, welche für ihn gewissermaßen den ursächlichen Zusammenhalt von Gesellschaft herstellt: dem Henker. Über ihn notiert de Maistre:

> [C]'est un être extraordinaire; et pour qu'il existe dans la famille humaine il faut un décret particulier, un FIAT de la puissance créatrice. [...] À peine l'autorité a-t-elle désigné sa demeure, à peine en a-t-il pris possession que les autres habitations reculent jusqu'à ce qu'elles ne voient plus la sienne. C'est au milieu de cette solitude et de cette espèce de vide formé autour de lui qu'il vit seul.[82]

---

78 Ebd., S. 97–98. Insbesondere die Tatsache der metaleptischen Figur des Fotos im Foto belegt hier Wieders Anspruch, Menschen als reine Verfügungsmasse der Kunst zu behandeln.
79 Die Kritik hat die Fehlattribution Bolaños der eigentlich 1809 von Joseph de Maistre begonnenen und 1821 posthum publizierten *Soirées de Saint-Petersbourg*, die hier fälschlicherweise seinem Bruder zugeschrieben werden, kommentiert, ohne jedoch näher auf die Frage nach den möglichen Ursachen der Präsenz de Maistres in diesem Kontext einzugehen (vgl. Carlos Walker: La reflexión visual en Roberto Bolaño, S. 202–203).
80 Vgl. zu diesen Positionen ausführlich etwa die Überlegungen in Antoine Compagnon: *Les antimodernes. De Joseph de Maistre à Roland Barthes*. Paris: Gallimard 2005, insbesondere S. 191–231.
81 Peter Sloterdijk: *Die schrecklichen Kinder der Neuzeit*, S. 56.
82 Joseph de Maistre: *Les soirées de Saint-Pétersbourg: ou, Entretiens sur le gouvernement temporel de la Providence, suivies d'un traité sur les sacrifices*. Tome I. Paris: J.B. Pélagaud 1862, S. 39–40.

Der Nexus aus Einsamkeit und der eben aus der Tötungsmacht erwachsenden Schöpferkraft des maistreschen Henkers erfährt in Carlos Wieder eine Aktualisierung, mit der Bolaño zunächst jene perverse Form der Vergemeinschaftung der Pinochet-Diktatur beschreibt, die auf der Seite der Täter aus den gemeinsam vollzogenen Morden erwächst bzw. im Rest der Gesellschaft gerade durch die stets präsente Bedrohung durch den Henker für jene totalitäre Ordnung sorgt, ohne die – mit den Worten de Maistres, die Pinochet gewiss unterschrieben hätte – stets der Ausbruch des allgemeinen Chaos droht: «[I]l est l'horreur et le lien de l'association humaine. Otez du monde cet agent incompréhensible; dans l'instant même l'ordre fait place au chaos, les trônes s'abîment et la société disparaît.»[83] Zugleich jedoch führt diese Idee der Vergemeinschaftung durch die Gewalt des Henkers zurück zu der in Wieders Performance aufgehobenen und problematischen Idee der Welt als Resultat der Formung eines absoluten Willens, wie sie grundlegend in der Romantik entwickelt wurde. Die von dort ausgehenden Verbindungslinien zum Faschismus hat Isaiah Berlin dabei bekanntlich folgendermaßen umschrieben:

> The reason why Fascism owes something to romanticism is [...] because of the notion of the unpredictable will either of a man or of a group, which forges forward in some fashion that is impossible to organize, impossible to predict, impossible to rationalize. [...] That is the whole heart of Fascism: [...] The hysterical self-assertion and the nihilistic destruction of existing institutions because they confine the unlimited will, which is the only thing which counts for human beings; the superior person who crushes the inferior because his will is stronger. [...] The whole movement, indeed, is an attempt to impose an aesthetic model upon reality, to say that everything should obey the rules of art. For artists, indeed, perhaps some of the claims of romanticism may appear to have a great deal of validity. But their attempt to convert life into art presupposes that human beings are stuff, that they are simply a kind of material, even as paints or sounds are kinds of material.[84]

Es ist eben diese radikale, von den Romantikern zu den historischen Avantgarden (und politisch zum Totalitarismus) führende Verfügungsmacht des Künstlers, die Bolaño in der Figur Carlos Wieders problematisiert und auf dessen eisernen Willen im Roman nicht zufällig wiederholt hingewiesen wird, wenn im Zusammenhang mit seinen revolutionären künstlerischen Ambitionen die Rede von einer «voluntad de hierro»[85] bzw. einer «voluntad sin fisuras»[86] ist. Bolaño stellt in seiner kritischen Moderne-Lektüre bewusst die Frage nach den problematischen Implikationen dieser Idee eines absoluten (Kunst-)Willens,

---

83 Ebd., S. 41.
84 Isaiah Berlin: *The Roots of Romanticism*. London: Pimlico 2000, S. 145–146.
85 Roberto Bolaño: *Estrella distante*, S. 25.
86 Ebd., S. 53.

weil sie, um noch einmal die Überlegungen Berlins zu bemühen, für den Zusammenhang von Kunst und Politik in ihren totalitären Ausformungen seit der Romantik von zentraler Bedeutung nicht nur für die politische Ordnung von Welt, sondern zugleich für die Grenzen der Kunst sind:

> Those are the fundamental bases of romanticism: will, the fact that there is no structure to things, that you can mould things as you will – they come into being only as a result of your moulding activity – and therefore opposition to any view which tried to represent reality as having some kind of form which could be studied, written down, learnt, communicated to others, and in other respects treated in a scientific manner.[87]

Die Frage nach dem Verhältnis von Kunst und Welt, der Möglichkeit von Vergemeinschaftung durch Kunst und nicht zuletzt nach den Grenzen der Kunst wird im Folgenden noch ausführlicher zu diskutieren sein. Was jedoch bereits in der Beschreibung der Wirkung von Wieders Fotoausstellung deutlich wird, ist die einmal mehr im Gestus des Parodischen artikulierte Absurdität der Idee Wieders, dass seine Kunst wahrhaft revolutionäre Effekte bei seinem Publikum oder gar darüber hinaus zeitigen könnte. Wenngleich einige kritische Lektüren dieser Szene die Effekte von Wieders Kunst im Modus der für die Moderne prägenden Schockwirkung bzw. des Abjekten[88] zu lesen versucht haben, so dominiert in der Darstellung der Rezeption der Foto-Ausstellung durch den Erzähler klar ein ironischer Tonfall, der gerade das Absurde der Ermächtigungsphantasien und Gewaltemphasen dieser wi(e)derwärtigen Avantgardekunst herausstellt. Auch wenn zunächst die Verstörtheit einiger Besucher der Ausstellung betont wird, eine anwesende Frau erbricht sich sogar, erlaubt Bolaños Erzähler dem Leser keinerlei tiefere Versenkung im Sinne einer möglichen Affizierung durch Wieders perverse Kunst. Vielmehr wird der versuchten Selbstauratisierung Wieders und seiner Kunst des Bösen von Beginn an eine dekonstruierend verfahrende, slapstickhafte Schilderung von Banalitäten entgegengesetzt, wie sie sich im Anschluss an die Ausstellung ereignen. So heißt es etwa über die Beschreibungen aus der Autobiographie eines anwesenden Militärs:

> Alguien puso un disco de Pink Floyd. Alguien comentó que entre hombres no se podía bailar, esto parece un encuentro de colisas, dijo una voz. Le contestaron que la música de Pink Floyd era para escuchar, no para bailar. Los reporteros surrealistas cuchicheaban entre sí. Un teniente propuso salir inmediatamente de putas. Muñoz Cano escribe que en aquel momento tuvo la sensación de que estaban a la intemperie, bajo la noche oscura y a pleno campo, al menos las voces sonaban así. En el pasillo la atmósfera generada era

---

[87] Isaiah Berlin: *The Roots of Romanticism*, S. 127.
[88] Vgl. dazu etwa den eingangs erwähnten Artikel von Silvana Mandolessi: El arte según Wieder.

peor. Casi nadie hablaba, como en la antesala de un dentista. ¿Pero dónde se ha visto la antesala de un dentista donde los *dientes-podridos* (sic) esperan de pie?, se pregunta Muñoz Cano. [...] Como nota curiosa Muñoz Cano añade que en aquel momento particularmente delicado el teléfono comenzó a sonar. Ante la pasividad del dueño de la casa fue él quien contestó la llamada. Una voz de viejo preguntó por un tal Lucho Álvarez. ¿Aló?, ¿aló?, ¿está Lucho Álvarez, por favor? Muñoz Cano, sin contestar, le pasó el fono al dueño de la casa. ¿Alguien conoce a un Lucho Álvarez?, preguntó éste tras un intervalo excesivamente largo. El viejo, dedujo Muñoz Cano, probablemente hablaba de otras cosas, hacía otras preguntas acaso relacionadas con Lucho Álvarez. Nadie lo conocía. Algunos se rieron; fueron risas nerviosas que sonaron irrazonablemente altas. Aquí no vive esa persona, dijo el dueño de la casa después de escuchar otro rato en silencio y colgó.[89]

Ähnlich wie in den Beschreibungen des desinteressierten Publikums seiner Luftgedichte, erfolgt die Schilderung der Rezeption seiner Ausstellung nicht im Sinne einer Affirmation oder Mystifizierung der Performance des Grauens; vielmehr wird sie beschrieben als das, was sie tatsächlich ist, nämlich die perverse und geschmacklose Inszenierung eines Kriminellen – ein Punkt, auf den der Erzähler im übrigen am Ende des Romans noch einmal zurückkommt, wenn er im Gespräch mit dem Detektiv Romero bemerkt: «Le dije que para mí Carlos Wieder era un criminal, no un poeta.»[90] In diesem Sinne artikuliert sich auch die Beschreibung der im Anschluss erfolgenden Festnahme Wieders nicht im Modus des Dramatischen, sondern in Gestalt des Parodischen bzw. in Form eines anti-klimaktischen Erzählens, welches mögliche Spannungsbögen und damit eine Affizierung des Lesers durch das Geschehen – konsequent durch die Beschreibung von Banalitäten zu verschleppen sucht:

> Después alguien preparó café y mucho más tarde, pero cuando aún faltaba bastante para que amaneciera, aparecieron tres militares y un civil que se identificaron como personal de Inteligencia. Los que estaban en el departamento de Providencia les franquearon la entrada pensando que iban a detener a Wieder. Al principio la llegada de los de Inteligencia fue recibida con respeto y un cierto temor (sobre todo por parte del par de reporteros), pero al paso de los minutos sin que sucediera nada y ante el mutismo de aquéllos, entregados en cuerpo y alma a su trabajo, los supervivientes de la fiesta dejaron de prestarles atención, como si se tratara de empleados que llegaban a horas intempestivas a hacer la limpieza. [...] Wieder salió de la habitación y atravesó la sala sin mirar a nadie hasta llegar a la ventana. Descorrió las cortinas (afuera aún estaba oscuro, pero al fondo, en dirección a la cordillera, ya se veía una débil claridad) y encendió un cigarrillo. Carlos, qué ha pasado, dijo el padre de Wieder. Éste no le contestó. Por un momento pareció que nadie iba a hablar (que todos se pondrían a dormir de inmediato, sin poder desviar la mirada de la figura de Wieder). El living, recuerda Muñoz Cano, parecía la sala de espera

---

[89] Roberto Bolaño: *Estrella distante*, S. 96–98.
[90] Ebd., S. 126.

de un hospital. ¿Estás arrestado?, preguntó finalmente el dueño del departamento. Supongo que sí, dijo Wieder, de espaldas a todos, mirando las luces de Santiago, las escasas luces de Santiago. Su padre se le acercó con una lentitud exasperante, como si no se atreviera a hacer lo que iba a hacer, y finalmente lo abrazó. Un abrazo breve al que Wieder no correspondió. La gente es exagerada, dijo uno de los reporteros surrealistas. Pico, dijo el dueño del departamento. ¿Y ahora qué hacemos?, dijo un teniente. Dormir la mona, dijo el dueño del departamento.[91]

Die Tatsache, dass Bolaño mittels dieser anti-dramatischen Darstellungsweise des vermeintlich absolut Bösen eine «skeptical [attitude] of the aesthetic ‹pharmaka› of sublime horror, or pathetic drama, or other cathartic dispositifs in relationship to violence»[92] einnimmt, bedeutet allerdings nicht, dass die Frage nach der Problematik des Imaginären in der Moderne und den Verstrickungen von Kunst und Politik einfach durch eine Ironisierung dieser Positionen im Roman abzuhandeln wäre. Vielmehr wird in *Estrella distante* wiederholt auf die ethischen Problematiken avantgardistischer Positionen bzw. die grundsätzliche Ambivalenz des Imaginären in der Moderne verwiesen, wobei sich Bolaños erzählerisches *alter ego* selbst in diese Problematisierungen einschließt, wenn er Wieder bei der letzten Begegnung kurz vor seiner Ermordung an der Costa Brava Mitte der 90er Jahre als seinen «horrendo hermano siamés»[93] bezeichnet – ein autobiographischer Verweis auf die Tatsache, dass Bolaño selbst sich, wie an anderer Stelle dieser Arbeit angemerkt,[94] als ‹Überlebenden› jener radikalen, romantisch bzw. avantgardistisch inspirierten Kunstpositionen sah, denen er vor allem in der Frühphase seines Schreibens anhing. Wenn die «aktionistische Gewaltsamkeit der Avantgarden [...] sich weder auf eine enigmatische, erhabene Kunstphantasie reduzieren, noch als eine direkte politische Handlungsvorgabe begreifen [lässt]»,[95] dann stellt *Estrella distante* eine eben diese Ambivalenz bzw. die Aporien der Avantgarden aufgreifende Reflexion über das Verhältnis von Kunst und Politik dar. Bolaños autobiographische Erzählerfiguren, die, wie im Incipit des Romans deutlich wird, zunächst an die Revolution und den Beitrag der Poesie als vitalistisches Mittel zum Umsturz der Verhältnisse glauben, durchlaufen – ähnlich wie die Infrarrealisten in *Los detectives salvajes* – eine Wandlung, deren Motive nicht zuletzt in einer Gewahrwerdung der ethischen Problematiken jener Ermächtigungsphantasien der Kunst zu liegen scheinen, wie sie insbesondere für die historischen Avantgarden prägend waren. Wenn

---

91 Ebd., S. 100–101.
92 Hermann Herlinghaus: *Narcoepics*, S. 168.
93 Roberto Bolaño: *Estrella distante*, S. 152.
94 Vgl. Ebd., S. 75.
95 Hanno Ehrlicher: *Die Kunst der Zerstörung*, S. 3.

etwa Carlos Wieder in der Vorbereitung seiner revolutionären Poesie ausdrücklich darauf verweist, dass es nicht um ein *escribir*, sondern ein die Grenzen der Kunst transzendierendes *hacer*⁹⁶ dieser Dichtung geht, dann wird die explizite Referenz auf das erste Manifest der Surrealisten und ihre Formel des «*pratiquer la poésie*»⁹⁷ deutlich ersichtlich – und wirft zugleich die historisch wohlbekannten ethischen Probleme dieses Postulats auf. «[D]ie Ablehnung einer Rationalität, die sich gegen den Menschen und dessen Aspirationen gekehrt hat, ist selbst stets in Gefahr, in Irrationalismus und Inhumanität umzuschlagen»,⁹⁸ hat Peter Bürger diese Ambivalenz im Fall der Surrealisten umschrieben, deren «Verselbständigung der Revolution als einer Form erhöhten Lebens, die Verherrlichung der Gewalt [...] die Bewegung notwendig in die Nähe des Faschismus»⁹⁹ geführt hatten. Wenngleich nun Wieders Beispiel und die anhand seiner Figur von Bolaño inszenierte Kritik einer im Modus der Ermächtigung und des Rauschs operierenden Kunst der historischen wie der Neoavantgarden in *Estrella distante* klar benannt wird, stellt sich immer noch die Frage nach den Möglichkeiten und Formen einer post-avangardistischen Literatur, die sich der Problematik des Imaginären in der Moderne¹⁰⁰ (und darüber hinaus) bewusst ist. Ehe diese Frage

---

96 Vgl. das hier bereits angeführte Zitat auf S. 214 dieser Arbeit.
97 André Breton: Manifeste du surréalisme (1924). In: *Manifestes du surréalisme*. Paris: Gallimard 1991, S. 13–60, hier: S. 28.
98 Peter Bürger: *Der französische Surrealismus. Studien zur avantgardistischen Literatur*. Frankfurt am Main: Suhrkamp 1996, S. 70.
99 Ebd., S. 39.
100 Dass Bolaño in diesem Zusammenhang gerade den Faschismus in Gestalt seiner Nazi-Dichter in den Blick nimmt, liegt dabei natürlich insofern auf der Hand als sich «[a]m Faschismus [...] die Ambivalenz moderner Projekte der Ästhetisierung des Politischen [zeigt]. Ihre nationalsozialistische Variante ist nur EINE Ausdrucksform eines grundsätzlichen Problems des Politischen in der Moderne» (Baxmann: Ästhetisierung des Raums und nationale Physis, S. 84). Wolfram Pyta hat diese Problematik am Beispiel von Hitlers der Kunst entlehnten Ermächtigungsstrategien unlängst noch einmal in seiner überzeugenden Studie untersucht, wo er u.a. notiert: «Das Ermächtigungs*gesetz* musste von einem Hitler militärische Omnipotenz verleihenden Ermächtigungs*konzept* flankiert werden. Dass Hitler schließlich bei einem aus dem Kunstdiskurs stammenden Konzept fündig wurde, kann nicht überraschen. Denn die Kunst gehorcht ästhetischen Kriterien, die sich nicht an Rationalitätskriterien des Politischen wie des Militärischen messen lassen. Hierin liegt der besondere Reiz ihrer herrschaftslegitimatorischen Bedeutsamkeit: Ein unter Mobilisierung eines spezifischen Künstlerdiskurses zur Feldherrnschaft ermächtigter Hitler entzog sich herkömmlichen Bewertungsmaßstäben des Politischen wie des Militärischen» (Wolfram Pyta: *Hitler. Der Künstler als Politiker und Feldherr. Eine Herrschaftsanalyse*. München: Siedler 2015, S. 21.) Für eine globale Perspektive dieses Nexus zwischen tyrannischer Staatsführung und Fiktion vgl. den faszinierenden Band von: Albrecht Koschorke/Konstantin Kaminskij (Hg.): *Despoten dichten. Sprachkunst und Gewalt*. Konstanz: Konstanz University Press 2011.

nach dem problematischen Terrain des Imaginären, wie es die Literatur bei Bolaño auch jenseits einer Ästhetik des Rauschs und der Ermächtigung der Moderne kennzeichnet, im letzten Teil dieses Kapitels entwickelt wird, sollen hier aber zunächst die Dimensionen einer ethisch fundierten Ästhetik erörtert werden, wie sie Bolaño nach den avantgardistischen Himmelserstürmungen der Moderne in einer Dichtung der ‹irdischen Welt› in *Estrella distante* entwirft.

Dichter der irdischen Welt

Bolaños Ästhetik der Lektüre, welche sich durch eine Kombinatorik einer Vielzahl zum Teil sehr heterogener intertextueller Verweise auszeichnet, fungiert auch in *Estrella distante* bzw. *La literatura nazi en América* nicht nur als ein leitendes Prinzip der Texte, sondern stellt sich als solches mithin auch weit sichtbar in Form von meta-textuellen Metaphoriken und Anspielungen aus, die den realen Romanleser dezidiert zu einem solchen ‹wilden› Lesen im Sinne einer kombinierend-dechiffrierend verfahrenden Interpretation anhalten. So heißt es etwa über die Gedichte der beiden Venegas-Schwestern in *La literatura nazi* (in *Estrella distante* werden sie unter dem Namen Garmendia firmieren), die sie ihrem künftigen Mörder Ramírez Hoffman vorlesen: «[L]een sus poemas, muy buenos, densos, una amalgama de Violeta Parra y Nicanor y Enrique Lihn, como si esa amalgama fuera posible, una chupilca del diablo de Joyce Mansour, Sylvia Plath y Alejandra Pizarnik, el cóctel perfecto para decirle adiós al día, un día del año 1973 que se va irremediablemente.»[101] Die Bemerkung des Erzählers zu den Referenzen in den Werken der beiden Dichterinnen benennen in den Figuren des «Amalgams» und des «Cocktails» die zentrale Verfahrensweise der radikalen intertextuellen Rekombinationen in Bolaños eigenen Texten, deren Lektüre bzw. Dechiffrierung wiederum einer eigenen Logik des Rausches zu folgen scheint, wie sie hier die Formel der «chupilca del diablo» nahegelegt wird: Der Terminus bezeichnet im chilenischen Spanisch einen in der sog. *Guerra del Pacífico* zwischen Chile, Peru und Bolivien bekannt gewordenen Trank auf Rotweinbasis, dem von den chilenischen Soldaten magische und berauschende Kräfte zugeschrieben wurden. Weniger den konkreten historischen, bellizistischen Hintergrund als die Figur des Rausches als solche zieht Bolaños Erzähler hier heran, um auf ein – sich vom *realen* (Blut-)Rausch des Dichter-Henkers Ramírez Hoffman deutlich abweichendes – Prinzip seines Lesens und Schreibens zu verweisen, dessen berückende Wirkungen sich eben aus den in den Texten

---

[101] Roberto Bolaño: *La literatura nazi en América*, S. 191.

operierenden Formen der Verdichtung und Vermischung anderer Werke zu ergeben scheinen. Darüber hinaus werden in der zitierten Passage zwei Autoren genannt, deren intertextuelle Präsenz innerhalb von Bolaños Werk selbst von zentraler Bedeutung ist: die beiden chilenischen Dichter Nicanor Parra und Enrique Lihn. Wenn den anderen hier aufgeführten Dichterinnen – Nicanors Schwester Violeta Parra, Alejandra Pizarnik, Joyce Mansour und Sylvia Plath – hier eher die Bedeutung zukommt, gegenüber dem misogynen Ramírez Hoffman einen weiblichen Kanon der Lyrik des 20. Jahrhunderts aufzurufen, lässt sich mit Blick auf die Texte Nicanor Parras und Enrique Lihns eine permanente Präsenz der beiden Dichter und ihrer Werke (nicht nur) in *Estrella distante* beobachten, die wiederum entscheidend für das Verständnis von Bolaños kritischen Moderne- und Avantgardelektüren ist.

Die Bedeutung der Figur Nicanor Parras für Bolaños Werk, die er in Aussagen wie «todo se lo debo a Parra» immer wieder unterstrich, wurde in den vorangehenden Kapiteln bereits mehrfach betont;[102] Parras Poetik fungiert dabei für Bolaño nicht nur, wie im zweiten Kapitel bereits ausführlich beschrieben, als «tercera vía estética» und Ausweg zwischen den beschriebenen dominanten Polen der ästhetischen und politischen Positionen von Octavio Paz und Pablo Neruda, sondern – und dafür ist die Auseinandersetzung mit Parra in *Estrella distante* der beste Beleg – zugleich als ein Ausgang aus den Aporien der Avantgarden, vor deren Hintergrund Parra selbst sein Konzept der *antipoesía* ab den 1950er Jahren entwickelt, oder um es mit den Worten von Federico Schopf zusammenzufassen:

> La elaboración de los antipoemas ocurre, entonces, a partir del rechazo de la tradición vanguardista inmediata – sentida como hermética, elitista y neutralizada por la sociedad que aspiraba a destruir o cambiar – y también desde la superación del propio neopopulismo – una falsificación íntimamente reaccionaria de la realidad –, junto al rechazo, aún más vehemente, de la poesía política que seguía las normas del realismo socialista, abstracto, teleológico, autoritario, falsamente objetivo y totalizante.[103]

Es ist folglich kaum überraschend, dass vor dem Hintergrund ihrer Zurückweisung der hermetischen, elitären und gesellschaftlich (letzlich) folgenlosen Anlage der Avantgarden Parras Antipoesie in *Estrella distante* eine zentrale Rolle im

---

[102] Vgl. ausführlich dazu auch meine Ausführungen in Benjamin Loy: Chistes par(r)a recordar el canon, die auch auf die Bedeutung Bolaños für eine Re-Kanonisierung Nicanor Parras im Anschluss an Bolaños Welterfolg eingehen, sowie die Erläuterungen im zweiten Kapitel dieser Arbeit.
[103] Federico Schopf: La antipoesía: ¿comienzo o final de una época?. In: Roland Spiller (Hg.): *Memoria, duelo y narración: Chile después de Pinochet: literatura, cine, sociedad*. Madrid/Frankfurt am Main: Iberoamericana/Vervuert 2004, S. 185–210, hier: S. 189.

Rahmen der ironischen Dekonstruktionen Bolaños einnimmt, der damit explizit auch an jene «recuperación de algunos materiales y medios de las vanguardias, en general, paródica o irónicamente utilizados»[104] anschließt, wie sie für Parras Werk prägend waren. Eine ähnlich herausgehobene Position innerhalb des chilenischen Kanons der Poesie[105] nimmt bei Bolaño ansonsten nur die Figur Enrique Lihns ein, über den es in *Estrella distante* vielsagend heißt: «La poesía chilena, dijo Bibiano aquella noche, va a cambiar el día que leamos correctamente a Enrique Lihn, no antes. O sea, dentro de mucho tiempo.»[106] Der 1929 in Santiago geborene Lihn, der in Lateinamerika spätestens ab 1966 und dem Gewinn des *Premio Casa de las Américas* für seinen Gedichtband *Poesía de paso* breitere Aufmerksamkeit erhält, erscheint dabei, im Unterschied zu Parra, an mehreren Stellen in Bolaños Werk als Figur, so etwa im 12. Fragment der Traum-Sammlung *Un paseo por la literatura*, wo es heißt: «Soñé que una tarde golpeaban la puerta de mi casa. Estaba nevando. Yo no tenía estufa ni dinero. Creo que hasta la luz me iban a cortar. ¿Y quién estaba al otro lado de la puerta? Enrique Lihn con una botella de vino, un paquete de comida y un cheque de la Universidad Desconocida.»[107] Diese Darstellung Lihns als einem Retter in der Not korrespondiert mit der Beschreibung seiner Figur in der Erzählung *Encuentro con Enrique Lihn*, in der Bolaño schildert, wie er in den 1980er Jahren in einer Situation umfassender Marginalität in Spanien einen Briefwechsel mit dem von ihm bewunderten Lihn beginnt und wo es heißt: «No era el típico escritor latinoamericano que vivía en Europa gracias al mecenazgo (y al patronazgo) de un Estado. Nadie me conocía y yo estaba dispuesto ni a dar ni a pedir cuartel. Entonces comencé a cartearme con Enrique Lihn.»[108] Jenseits dieser biographischen Verbindung aber – Lihn

---

104 Ebd.
105 Vgl. zu dessen Diskussion die lange Passage in *Estrella distante*, die Beleg dafür ist, inwiefern Bolaño sein eigenes Werk auch bewusst vor dem Hintergrund dieses nationalen Kanons zu situieren versucht (S. 56–58), der wohlgemerkt stets auf die Lyrik und nicht auf die von Bolaño, mit Ausnahme einiger Werke José Donosos, wiederholt als qualitativ minderwertig deklarierte narrative Produktion in Chile bezogen bleibt.
106 Roberto Bolaño: *Estrella distante*, S. 26. Diese Eloge Lihns deckt sich mit Bolaños Aussage in einem Interview bezüglich des Status des Autors im Kanon der spanischsprachigen Literatur: «No tengo muy claro hasta qué punto Enrique Lihn es reconocido en Chile. Lo que sí tengo clarísimo es que Lihn es un poeta mayor del siglo veinte en nuestra lengua. O sea, una antología que se haga en el año 2050 sobre la poesía en español del siglo veinte no puede no incluir a Lihn. Y creo que eso también lo tienen clarísimo tanto los estudiosos españoles como mexicanos, como colombianos, como venezolanos, como peruanos, como cubanos, en fin» (Bolaño in Andrés Braithwaite: *Bolaño por sí mismo*, S. 111).
107 Roberto Bolaño: Un paseo por la literatura, S. 83.
108 Roberto Bolaño: Encuentro con Enrique Lihn. In: Roberto Bolaño: *Putas asesinas*. Barcelona: Anagrama 2001, S. 217–225, hier: S. 220. Zu einigen Inhalten dieses Briefwechsels vgl.

stirbt 1988 in Santiago an Krebs[109] und wird, im Unterschied zu dem erst unlängst 2018 im Alter von 103 Jahren verstorbenen Nicanor Parra, Bolaños literarischen Aufstieg nicht mehr erleben – sind es für Bolaño vor allem die sprachlichen, theoretischen und politischen Dimensionen von Lihns umfangreichem lyrischem, narrativem und kritischem Werk, die in *Estrella distante* und generell für Bolaños Positionen eine fudamentale Rolle spielen.[110] Insofern lässt sich die Bedeutung von Parra und Lihn für Bolaños eigene ästhetische und politische Positionen, wie sie geradezu paradigmatisch in *Estrella distante* zu besichtigen sind, anhand folgender Parameter bestimmen: einerseits hinsichtlich der Gegenstände bzw. Inhalte einer Literatur, die – in dezidierter Abgrenzung von einer modernistisch-avangardistischen «Lyrik des Geistes» im Sinne Hugo Friedrichs – für eine Rückkehr zur ‹irdischen Welt› plädiert und, in engem Zusammenhang damit, eine dafür adäquate sprachliche Formarbeit ergründet; zum anderen die, vor allem über einen ironisierend-parodischen Diskurs verfahrende, Verabschiedung eines bestimmten Autoren- und Literaturmodells und den damit verbundenen Annahmen über die politischen Wirkmöglichkeiten von Literatur.

Die Abwendung von einer ‹himmelsstürmerischen› Poetik der modernistischen Lyrik wird bei Parra bereits in seinem «Manifiesto» betitelten Gedicht deutlich, in dem er eine Rückkehr der Poesie zu den Gegenständen und zur Sprache der ‹irdischen Welt› einfordert: «Contra la poesía de las nubes/Nosotros oponemos/La poesía de la tierra firme/Cabeza fría, corazón caliente/Somos tierrafirmistas decididos.»[111] Das Anliegen dieser ‹Dichtung der irdischen Welt› ist dabei nicht im Sinne einer essentialistischen oder nationalistischen Volte[112]

---

auch die Darstellung von Annette Leddy: One Classic, One Modern: The Brief Correspondence of Roberto Bolaño and Enrique Lihn. In: *east of borneo* (2011), verfügbar unter: https://eastof borneo.org/articles/one-classic-one-modern-the-brief-correspondence-of-roberto-Bo laño-and-enrique-lihn/ [letzter Zugriff: 11.01.2018].

109 Das Thema von Lihns Krankheit, die er selbst in seinem letzten Gedichtband *Diario de muerte* dokumentiert, findet auch in Bolaños Erzählung Eingang, vgl. die entsprechenden Passagen auf S. 221.

110 In der Kritik wurden auch diese bislang kaum eingehender beleuchtet. Die einzige Ausnahme bildet der Artikel von Zapata und Fuentes, der auf eher fragmentarische Weise einige Querbezüge erläutert, dabei aber immerhin die auch hier noch zu untersuchende Linie von Lihns Parodien der Neoavantgarde in Chile zu *Estrella distante* zieht. Vgl. Juan Zapata Gacitúa/Mariela Fuentes Leal: La figura y la escritura de Enrique Lihn en la obra de Roberto Bolaño. In: *Anales de literatura chilena* 23 (2015), S. 109–124.

111 Nicanor Parra: Manifiesto. In: Nicanor Parra: *Obras completas & algo +. De «Gato en el camo» a «Artefactos» (1935–1972)*. Barcelona: Galaxia Gutenberg 2006, S. 141–146, hier: S. 146.

112 Ebensowenig lässt sich Parra mit der in den 1960er Jahren enstandenen Gruppe der sog. «poetas de los lares» um den (von Bolaño im Roman ironisierten) Dichter Jorge Teillier in Verbindung bringen, die eine Rückkehr der Dichtung vor allem in die ländliche Lebenswelt

zu verstehen, sondern vielmehr in einer Integration eben all jener lebensweltlichen und, aus Sicht der romantischen wie der modernen Lyrik, ‹allzumenschlichen› Elemente, wie sie Parra etwa in seiner «Advertencia al lector» formuliert, wenn er schreibt: «Según los doctores de la ley este libro no debiera publicarse:/La palabra arco iris no aparece en él en ninguna parte,/Menos aún la palabra dolor,/La palabra torcuato./Sillas y mesas sí que figuran a granel,/ ¡Ataúdes!,/¡útiles de escritorio!»[113] Parras poetische Operation ließe sich in diesem Sinne als eine Art ‹anthropologische Wende› verstehen, wie sie bereits Enrique Lihn in seinem 1963 publizierten Artikel über die *Antipoemas* als Ausdruck eines neuen poetischen Realismus gelesen hat, in dessen Fokus der «hombre integral» stehe:

> Realismo que significa, en este caso, una operación en todos los planos de la creación poética cuya causa final sería la de expresar al hombre integral, haciendo del poema un terreno de cultivo del mismo, una zona abierta, por iguales partes a la naturaleza y al espíritu, un sistema intuitivo de coordenadas, un modo y un receptor de conocimiento multilateral, embebido de emotividad indiscriminada en cuanto al valor convencional de los sentimientos [...]. Y es el hombre concreto [...] el objeto y sujeto del antipoema, despojado o, más bien, despejado de atributos demiúrgicos que mistifiquen su realidad o la alejen del común denominador humano que el realismo, ante todo, trata de definir.[114]

Lihn selbst wird sich in seiner Lyrik diesem radikal anti-monumentalen Verständnis von Dichtung anschließen – «Pídele al horizonte menos cúpulas»,[115] heißt es in *Poesía de paso* vielsagend – und eben diese ‹Erdung› der Poesie im Sinne Parras propagieren, etwa wenn er in dem Band *La musiquilla de las pobres esferas* von 1969 schreibt: «Me cae mal esa Alquimia del Verbo,/poesía, volvamos a la tierra»[116] und die Lebensferne einer bestimmten Form von Literatur mit den Worten «no se habla de la vida desde un púlpito/ni se hace poesía en bibliotecas»[117] kritisiert. Bolaño greift in all seinen Werken diese Idee einer Literatur auf,

---

postulierten (vgl. dazu die exzellente Einführung von Juan Carlos Villavivencio in Jorge Teillier: *Nostalgia de la Tierra*. Hg. von Juan Carlos Villavicencio. Madrid: Cátedra 2013, S. 34–112.)
113 Nicanor Parra: Advertencia al lector. In: Nicanor Parra: *Obras completas & algo +. De «Gato en el camo» a «Artefactos» (1935–1972)*. Barcelona: Galaxia Gutenberg 2006, S. 33.
114 Enrique Lihn: Nicanor Parra: ¿Antipoesía o poesía integral?. In: Enrique Lihn: *El circo en llamas: Una crítica de la vida*. Hg. von Germán Marín. Santiago de Chile: LOM 1996, S. 40–44, hier: S. 42.
115 Enrique Lihn: *Poesía de paso*, S. 31.
116 Enrique Lihn: *La musiquilla de las pobres esferas*. Santiago de Chile: Editorial Universitaria 1969, S. 19.
117 Ebd., S. 83.

die sich neben den elementaren Fragen des Menschen (und der Kunst) eben immer auch diesen vermeintlich allzu ‹mundanen› Dinge der Lebenswelt widmet, was in *Estrella distante* besonders in den Berichten des Erzählers über Elemente wie gemeinsames Essen, Diskussionen über Fußball oder ähnliches deutlich wird.[118] So erinnert er sich etwa an die Tage nach dem Militärputsch 1973 an sein letztes Zusammentreffen mit den Garmendia-Schwestern wie folgt:

> Yo insistí en quedarme un rato más. Recuerdo esa noche como una de las más felices de mi vida. A la una de la mañana Verónica me dijo que mejor me quedara a dormir allí. Ninguno había cenado así que nos metimos los tres en la cocina e hicimos huevos con cebolla, pan amasado y té. Me sentí de pronto feliz, inmensamente feliz, capaz de hacer cualquier cosa, aunque sabía que en esos momentos todo aquello en lo que creía se hundía para siempre y mucha gente, entre ellos más de un amigo, estaba siendo perseguida o torturada. Pero yo tenía ganas de cantar y de bailar y las malas noticias (o las elucubraciones sobre malas noticias) sólo contribuían a echarle más leña al fuego de mi alegría, si se me permite la expresión, cursi a más no poder *(siútica* hubiéramos dicho entonces), pero que expresa mi estado de ánimo e incluso me atrevería a afirmar que también el estado de ánimo de las Garmendia y el estado de ánimo de muchos que en septiembre de 1973 tenían veinte años o menos.[119]

In der Erinnerung an das historische Trauma des Putsches versteigt sich der Erzähler weder zu politischen Analysen noch verfällt er in einen Diskurs der Trauer, wie er für eine Vielzahl an testimonialen Texten der Zeit prägend ist,

---

118 Ohne hier die Kontextualisierungen von Bolaños Werk in Form historisch unhaltbarer Parallelisierungen übertreiben zu wollen, lässt sich diese Rede von Bolaño, Parra und Lihn als «Dichtern der irdischen Welt», wie es hier in Anlehnung an Auerbachs Dante-Buch heißt, durchaus mit jener danteschen Idee vom Menschen in Verbindung bringen, welche diesen, wie Auerbach bemerkt, «nicht in der fernen Gestalt der Sage noch in der abstrakten oder anekdotischen Formulierung des moralischen Typus [bildet], sondern den bekannten, lebenden, historisch gebundenen, das gegebene Individuum in seiner Einheit und Vollständigkeit, kurz die Nachahmung seiner historischen Natur» (Erich Auerbach: *Dante als Dichter der irdischen Welt*. 2. Auflage mit einem Nachwort von Kurt Flasch. Berlin: De Gruyter 2001, S. 212–213). Ohne hier freilich eine wie auch immer geartete Rückkehr des Menschen in eine göttlich fundierte Ordnung zu propagieren, lassen sich die Poetiken Bolaños, Parras und Lihns durchaus im Sinn einer Kritik an jener langen «Selbstherrschaft des Persönlichen» lesen, wie sie von Auerbach mit Blick auf Petrarca als Ausgangspunkt einer neuen Subjektivität für die europäische Neuzeit postuliert wurde, deren «Unrast» und «Drang nach dem Zuviel» das «begrenzende Gefüge der Welt Dantes [...] über den Haufen geworfen [hatte]» (Ebd., S. 215) (Enrique Lihn etwa spricht in seiner Kritik der «poetas neorrománticos» von einer «inflación del yo a la medida del universo», mit der es zu brechen gelte (vgl. Enrique Lihn: *El circo en llamas*, S. 42)).
119 Roberto Bolaño: *Estrella distante*, S. 27–28. Vgl. in ähnlicher Weise etwa die Aussagen des Erzählers über seine Streifzüge mit dem Detektiv Romero durch Barcelona (S. 127–131).

sondern hebt in einer Wendung, die an Nicanor Parras Beschreibung der Antipoesie als ein «[b]ailar un vals en un montón de escombros»[120] erinnert, jenes aus dem Changieren zwischen Schrecken und Gemeinschaftserfahrung entstehende Gefühl der Vitalität hervor, das nicht zuletzt aus der geteilten Mahlzeit und den gemeinsamen Gesprächen erwächst. «De la revolución prefiero la necesidad de conversar entre amigos»,[121] heißt es bei Enrique Lihn in einem Gedicht des vor allem kritisch mit der Kubanischen Revolution ins Gericht gehenden Bandes *La musiquilla de las pobres esferas*, in dem jene – nur auf den ersten Blick unpolitisch anmutende – Position gleichfalls aufzuscheinen vermag. Diese ist bei Lihn, ganz ähnlich wie bei Parra, explizit in Abgrenzung von einer Dichtung der Abstraktion und hin auf eine ‹Erforschung des Menschen› orientiert, oder wie es Lihn in seinem Text «Definición de un poeta» formuliert: «A la figura del explorador del cosmos [...] es preciso, sin duda, oponer, en el orden de una contradicción no antagónica, la figura del explorador del hombre mismo, que traiga a la superficie continuamente nuevos elementos, identidades o relaciones de lo real – recreación o creación de valores –, suerte, en el mejor de los casos, de catalizadores respecto del conocimiento antropológico.»[122] Dass diese Form einer Poetik der irdischen Welt in *Estrella distante* bewusst in einer ganzen Reihe von intertextuellen Verweisen konstruiert wird, mag ein weiterer zentraler Bezugspunkt des Romans belegen, der zudem gewissermaßen auf eine alternative Traditionslinie der modernen Lyrik verweist, und zwar in Gestalt des US-amerikanischen Modernisten William Carlos Williams. Dieser erscheint im Roman in Gestalt einer Fotographie, die einer der Leiter der Dichterwerkstätten, ein gewisser Juan Stein, von dem noch zu sprechen sein wird, in seinem Haus aufbewahrt:

> Otras veces decía que iba a utilizar el marco para poner una fotografía que tenía de William Carlos Williams vestido con los aperos de médico de pueblo, es decir con el maletín negro, el estetoscopio que sobresale como una serpiente bicéfala y casi cae del bolsillo de una vieja chaqueta raída por los años pero cómoda y efectiva contra el frío, caminando por una larga acera tranquila bordeada de rejas de madera pintadas de blanco o verde o rojo, tras las cuales se adivinan pequeños patios o pequeñas porciones de césped –y algún cortacésped abandonado en mitad del trabajo–, con un sombrero de ala corta, de color oscuro, y los lentes muy limpios, casi brillantes, pero con un brillo que no invita a los excesos ni a los extremos, ni muy feliz ni muy triste y sin embargo contento (tal vez porque va calentito dentro

---

[120] Nicanor Parra: El pequeño burgués. In: Nicanor Parra: *Obras completas & algo +. De «Gato en el camo» a «Artefactos» (1935–1972)*. Barcelona: Galaxia Gutenberg 2006, S.115.
[121] Enrique Lihn: *La musiquilla de las pobres esferas*, S. 32.
[122] Enrique Lihn: Definición de un poeta. In: *Anales de la Universidad de Chile* 137 (1966), S. 35–64, hier: S. 63.

de su chaqueta, tal vez porque sabe que el paciente al que visita no se va a morir), caminando sereno, digamos, a las seis de la tarde de un día de invierno.[123]

Die quasi ekphrastische Beschreibung von Williams' Foto, von dem nicht klar ist, ob es ihn tatsächlich darstellt, ist dabei ihrerseits eine Paraphrase einiger der bekanntesten Gedichte des Autors (wie etwa «The Red Wheelbarrow»), deren Gegenstand bekanntlich vor allem die sich modernisierende ländliche Lebenswelt der ‹einfachen Leute› seiner Heimatstadt Rutherford im US-Bundesstaat New Jersey zu Beginn des 20. Jahrhunderts war, wo Williams Zeit seines Lebens seine dichterische Arbeit mit dem Brotberuf des Arztes kombinierte. Das von Williams[124] hier bei Bolaño entworfene Bild als eines im wahrsten Sinne des Wortes ‹geerdeten› Künstlers funktioniert dabei abermals als ein Gegenentwurf zu den megalomanischen Attitüden Carlos Wieders, dessen avantgardistisches Programm der Extreme gewissermaßen stets die Folie bildet, vor der in den Kapiteln vier und fünf des Romans jene Poetik der ‹Dichter der irdischen Welt› entwickelt wird. Dies betrifft zunächst das Autorenmodell selbst, das Williams repräsentiert und über das Juan Stein im Roman sagt:

> En una ocasión (discutíamos sobre la belleza y la verdad) Verónica Garmendia le preguntó qué veía él en la foto de Williams si sabía casi con toda seguridad que no era Williams. Me gusta la foto, admitió Stein, me gusta creer que es William Carlos Williams. Pero sobre todo, añadió al cabo de un rato, cuando nosotros ya estábamos enfrascados con Gramsci, me gusta la tranquilidad de la foto, la certeza de saber que Williams está haciendo su trabajo, que va camino a su trabajo, a pie, por una vereda apacible, sin correr. E incluso más tarde, cuando nosotros hablábamos de los poetas y de la Comuna de París, dijo: *no sé*, casi en un susurro y creo que nadie le oyó.[125]

Das Bild des fußläufigen Dichters stellt hier den denkbar größten Kontrast zum prophetischen Übermenschen in radikaler Beschleunigung im Sinne des futuristischen Modells eines Carlos Wieder dar. Zugleich aber steht auch William Carlos Williams, in Analogie zu Parra und Lihn, für das Ideal und die Praxis einer ‹irdischen Dichtung› der menschlichen Lebenswelt, oder wie Williams' Biograph

---

123 Roberto Bolaño: *Estrella distante*, S. 63.
124 Die einzige Bezugnahme in der bisherigen Forschung auf diese Präsenz Williams' in *Estrella distante* erschöpft sich in einer kurzen Bemerkung der Arbeit von Férnandez Díaz zu den nordamerikanischen Referenzen bei Bolaño, in der er die Parallelen zwischen beiden Autoren auf eine Verwendung von Alltagssprache und eine Vorliebe für das Spiel mit Fragmenten beschränkt, ohne dabei auf die weiteren Kontexte des Romans einzugehen, vgl. Javier Fernández Díaz: *La alegría de las influencias: Roberto Bolaño y la literatura estadounidense*. Murcia: Universidad de Murcia 2017, S. 154–155.
125 Roberto Bolaño: *Estrella distante*, S. 64–65.

Herbert Leibovitz es mit Blick auf dessen monumentales Langgedicht *Paterson* formuliert: «The poet in *Paterson* is a forensic anthropologist who sifts diverse material – city records, geological surveys, old newspapers – to learn how Americans lived and thought, worshipped and loafed, earned a livelihood, wrangled over religion and public morality, sought thrills and instant riches, courted and married.»[126] Williams' Dichtung ist, wie es Hans Magnus Enzensberger fasst, eine Poesie des Allernächsten, also dessen, «was die Wirklichkeit ‹uns unter die Nase› hält»,[127] wobei – und auch hier lassen sich Anknüpfungspunkte zu Bolaños Roman finden – gerade die Kopräsenz von Kunst und Leben, in der sich Williams «einer Warenhausverkäuferin mit derselben Aufmerksamkeit zu[wendet] wie einem weltberühmten Schriftsteller»,[128] das charakteristische Merkmal seiner Gedichte ist. Diese Haltung schließt zugleich eine Art Ethik eines sich selbst begrenzenden Schreibens und der damit einhergehenden Selbstwahrnehmung des Dichters als einfachem Mann ein: «I am not/I know/in the galaxy of poets/a rose/but who, among the rest,/will deny me/my place»,[129] schreibt Williams in dem Gedicht «The Pink Locust» – eine Formel, die sich in *Estrella distante* in ähnlicher Form am Ende des Romans findet, wenn Bolaños *alter ego* eine vergleichbare Position einnimmt und bekennt: «En adelante escribiré mis poemas con humildad y trabajaré para no morirme de hambre y no intentaré publicar.»[130] Dem rast- und ortlosen Leben jenes sich stets ‹außer-der-Welt› befindlichen Avantgardisten Carlos Wieder mit seiner ‹Luftpoesie› lässt sich in Williams' Lyrik eine Literatur entgegensetzen, die sich primär der Schwere der irdischen Dinge verschreibt: Im Bewusstsein der Vergänglichkeit der Träume postuliert Williams für den Dichter eine ‹down-to-earth›-Existenz im wahrsten Sinne des Wortes, wie etwa in dem Gedicht «Thursday», wenn es heißt: «I remain now carelessly/with feet planted on the ground/and look up at the sky–/feeling my clothes about me,/the weight of my body in my shoes,/the rim of my hat, air passing in and out/at my nose–/and decide to dream no more.»[131] Die Bindung an einen

---

126 Herbert Leibowitz: «*Something Urgent I Have to Say to You*». *The Life and Works of William Carlos Williams*. New York: Farrar, Straus and Giroux 2011, S. xiv.
127 Hans Magnus Enzensberger: Nachwort. In: William Carlos Williams: *Die Worte, die Worte, die Worte. Gedichte*. Übertragen von Hans Magnus Enzensberger. Berlin: Suhrkamp 2016, S. 174–204, hier: S. 182.
128 Ebd., S. 188.
129 William Carlos Williams: *The Collected Poems of William Carlos Williams. Volume II. 1939–1962*. Edited by Christopher MacGowan. New York: New Directions 1988, S. 301.
130 Roberto Bolaño: *Estrella distante*, S. 138.
131 William Carlos Williams: *The Collected Poems of William Carlos Williams. Volume I. 1909–1939*. Edited by A. Walton Litz and Christopher MacGowan. New York: New Directions 1986, S. 157.

Herkunftsort im Sinne eines Zugehörigkeitsgefühls – «This is my house and here I live./Here I was born and this is my office», wie es in «Morning» heißt – korrespondiert in Williams' Lyrik mit eben der Idee von der Dichtung als Resonanzraum jener Menschen und Dichter, die aus Sicht der vergeistigten und an der Banalität des ‹gemeinen Lebens› leidenden Moderne in der Kunst vermeintlich keine Berechtigung haben.

132

Wenn Parra in einem seiner berühmten *Artefactos* das Motto seiner Poesie in eben diesem Sinne ausgibt mit «Todo es poesía menos la poesía», schwingt darin die gleiche Vorstellung von der Bedeutung des Partikularen[133] und des Individuums mit, welche der Welt der Abstraktionen eines Carlos Wieder denkbar fern ist. In diesem Sinne ist Williams' Dichtung, ebenso wie die Parras oder Lihns und eben auch die Texte Bolaños, egalitär, da sie, zumindest potentiell, jeden Gegenstand und jede Person der Welt auch zum Gegenstand künstlerischer Arbeit machen kann:

> Williams's poems create the impression that, apparently, any thing, any person or any moment can focus the attention of the poet. [...] [T]he impression that is created for the

---

[132] Nicanor Parra: Todo es poesía menos la poesía. In: Parra, NIcanor: *Obras completas & algo +. De «Gato en el camo» a «Artefactos» (1935–1972)*. Barcelona: Galaxia Gutenberg 2006, S. 420.

[133] Vgl. dazu auch die Beobachtungen zur Frage einer demokratischen Ästhetik bei Williams in der Arbeit von Alexander Leicht: «The most obvious way into a discussion of William Carlos Williams's egalitarianism is the fundamental role that the attention to particulars plays in his poetry» (Alexander Leicht: *The Search for a Democratic Aesthetics. Robert Rauschenberg, Walker Evans, William Carlos Williams*. Heidelberg: Winter 2012, S. 180).

reader when Williams writes about a passing firetruck, plums in the icebox, a shard of glass, or the industrial city of Paterson is that, without discrimination, without letting himself be guided by any sort of hierarchy, the poet picks just any aspect of the world in order to turn it into a poem.[134]

Die in dieser Poetik aufgehobene «Dignifizierung des Mundanen»[135] mit ihrem Fokus auf Welterfahrung und einem «commitment to life»[136] schließt dabei freilich immer auch eine spezifische Inszenierung und Reflexion der sprachlichen Verfasstheit dieser ‹irdischen Welt› mit ihren sich beständig wandelnden sprachlichen Formen ein. Parra, Lihn und Williams zeichnen sich in diesem Sinne durch eine Dichtung aus, die zugleich Resonanzraum der Sprache des Alltags ist und doch immer schon in der poetischen Bearbeitung und Zuspitzung dieser Sprache als eigentlichem künstlerischen Akt über einen rein abbildend verfahrenden Willen zur ‹Dokumentation› dieser Sprache oder einen simplifizierend verstandenen ‹Realismus› hinausgeht.[137] Wo die Lyrik der Moderne in Gestalt eines Carlos Wieder stets «auf der Suche nach der ‹neuen Sprache›»[138] ist, welche sich eben in ihrem Differenzcharakter von der Sprache der ‹wirklichen Welt› verwirklicht sieht, stellt Bolaño in *Estrella distante* die Bindung seiner Erzählerdiskurse und Figurensprache an spezifische Orte und Zeitpunkte aus, in denen sich die (auto-)biographischen Spuren der Sprecher gleichsam durchpausen: Die Varietäten des chilenischen und des peninsularen Spanisch, die in zahlreichen anderen Texten Bolaños durch mexikanische, argentinische und andere Varianten ergänzt werden, vermengen sich im Roman zu einer «enunciación híbrida»,[139] in der sich gleichzeitig eine

---

134 Ebd., S. 181.
135 Vgl. ebd., S. 186.
136 Vgl. Ian Copestake: *The Ethics of William Carlos Williams's Poetry*. Rochester: Camden House 2010, S. 102. Vgl. dazu auch Williams' eigene Aussagen zu seiner ‹Poetik der Nähe› in seiner Autobiographie: «I wanted, if I was to write in a larger way than of birds and flowers, to write about the people close about me: to know in detail, minutely what I was talking about – to the whites of their eyes, to their very smells. That is the poet's business. Not to talk in vague categories but to write particularly, as a physician works, upon a patient, upon the thing before him, in the particular to discover the universal» (William Carlos Williams: *The Autobiography of William Carlos Williams*. New York: New Directions 1967, S. 391).
137 Swigg bringt das mit Blick auf Williams in der folgenden Formulierung anschaulich zum Ausdruck: «He works therefore toward the lift of a design where he can feel the pull of the earth, while staying in the air and not falling into the cloddishly over-literal» (Richard Swigg: *Quick, said the bird. Williams, Eliot, Moore, and the spoken word*. Iowa City: University of Iowa Press 2012, S. 13).
138 Hugo Friedrich: *Die Struktur der modernen Lyrik*, S. 115.
139 Leonidas Morales: *De muertos y sobrevivientes: narración chilena moderna*. Santiago de Chile: Cuarto propio 2008, S. 41.

konstante affektive Aufladung der Sprache selbst artikuliert. Diese wird etwa deutlich, wenn der Erzähler gleich zu Beginn des Romans – in einem Abstand von mehr als 20 Jahren zu den Ereignissen seiner Jugend in Chile und von seinem jetzigen katalanischen Wohnort aus – über die Emotionen und Assoziationen reflektiert, die der Gebrauch jener Sprache seiner eigenen Vergangenheit in ihm auslöst, wenn es heißt: «Nosotros casi nunca teníamos plata (es divertido escribir ahora la palabra *plata*: brilla como un ojo en la noche)»;[140] oder wenn er in *La literatura nazi* über die Beziehung der Venegas-Schwestern zu ihrem künftigen Mörder schreibt: «Emilio Stevens pololeaba (la palabra *pololear* me pone la piel de gallina) con María Venegas.»[141] Indem der autobiographisch grundierte Erzähler Bolaños den Wörtern affektive Wirkungen in Gestalt von Erheiterung oder Schrecken zuschreibt, transformiert er die eigene Erfahrung in eine sprachliche Form, die sich ihrer eigenen Geschichtlichkeit bewusst ist. Auf diese Weise – und hier liegt ein entscheidender Aspekt von Bolaños Sprachgebrauch im Allgemeinen – ist jeder Sprechakt der Figuren einerseits eingebettet in eine spezifische Äußerungssituation, deren raum-zeitliche Komponenten als Teil der Lebensgeschichte des Sprechers selbst einen Resonanzraum für diese Geschichte bilden, oder um es mit den Worten George Steiners zu sagen: «Jede sprachliche Handlung hat eine temporale Determinante. Keine semantische Form ist zeitlos. Wenn wir ein Wort sagen, bringen wir seine gesamte Geschichte mit zum Erklingen. [...] Lesen in der ganzen Fülle der Möglichkeiten bedeutet, soweit als möglich, die Unmittelbarkeit von Gehalt und Wert zurückholen, darin die Rede ursprünglich stattfindet.»[142] Die Sprache der Figuren artikuliert bei Bolaño in diesem Sinne gewissermaßen ihre eigene ‹Lebendigkeit›, die somit literarisch der affektiv kühlen und abstrakten Lyrik eines Carlos Wieder in seiner modernistischen Prägung diametral entgegensteht: Es ist kein Zufall, dass Bolaños Protagonist eben die lateinische Version der *Genesis* als Gegenstand seiner Luftgedichte wählt als ein Beispiel für eine sakrale Sprache, deren Kennzeichen – um noch einmal mit Steiner zu sprechen – gerade darin besteht, dass sie das Wirken der Zeit weitestgehend einzugehegen versucht:

> Zeit und Sprache sind, sofern wir sie in linearem Verlauf erleben und wahrnehmen, innigst miteinander verbunden. Sie sind in Bewegung, und der Richtungspfeil weist niemals auf dieselbe Stelle. Wir werden sehen, daß es so etwas wie aufgehaltene oder stark verringerte

---

140 Roberto Bolaño: *Estrella distante*, S. 16.
141 Roberto Bolaño: *La literatura nazi*, S. 189.
142 George Steiner: *Nach Babel. Aspekte der Sprache und des Übersetzens*. Übersetzt von Monika Plessner unter Mitwirkung von Henriette Beese. Frankfurt am Main: Suhrkamp 2004, S. 15.

Bewegung gibt: Sakrale und magische «Sprachen» können künstlich statisch erhalten werden. Die Umgangssprache aber wandelt sich buchstäblich jeden Augenblick.[143]

Es ist eben dieser stetige Wandel der Sprache, der sich in Bolaños Rückgriffen auf die verschiedenen Varietäten des Spanischen ausdrückt, die teils explizit, wie oben gesehen, teils aber auch implizit im Diskurs des Erzählers nebeneinander erscheinen: Wenn etwa der Erzähler im Gespräch mit den Garmendia-Schwestern in den Tagen nach dem Putsch sich selbst mit den Worten zitiert: «Qué alivio, dije, pensé que os marchabais a Suecia o algo así»,[144] dann paust sich in der Verwendung dieser nur im peninsularen Spanisch gebrauchten zweiten Person Plural gewissermaßen schon hier die vom Erzähler in seinem späteren Exil erfahrene Umformung seines eigenen Sprechens durch und verweist auf eben jene unablässigen Wandlungen der Sprache und ihre Bindung an bestimmte Zeitlichkeiten und Orte; zugleich artikuliert sich in dieser «Glotopolitik»[145] Bolaños ein Aspekt, auf den Ignacio Echevarría mit Blick auf Parras Antipoesie hingewiesen hat: die Tatsache nämlich, dass diese eben in ihren beständigen Rückgriffen auf die Umgangssprache immer auch als Versuch gelesen werden kann, die Utopie einer verlorenen (sprachlichen) Gemeinschaft im poetischen Wort zu reaktualisieren im Sinne eines «intento reiterado y siempre insatisfactorio de reedificar ese sentimiento de comunidad [perdido], o al menos su utopía, a través de la palabra poética, entendida ésta como cristalización de una lengua verdaderamente común.»[146] Während es, wie eingangs bereits erwähnt, über Carlos Wieder alias Alberto Ruiz-Tagle heißt, er spreche ein ‹zeitloses› Spanisch – «[e]se español de ciertos lugares de Chile *(lugares* más mentales que físicos) en donde el tiempo parece no transcurrir»[147] – klingen in den Äußerungen von Bolaños übrigen Figuren stets die Welten ihrer eigenen sprachlichen Prägung im Sinne einer Verortung innerhalb einer (generationell, sozial oder auch geographisch fundierten) Gemeinschaft von Sprechern an.[148] «Por la flauta, qué linda era, dijo Romero de

---

143 Ebd., S. 8.
144 Roberto Bolaño: *Estrella distante*, S. 27.
145 Vgl. zu diesem Term in der spanischsprachigen Welt auch die Studien von José del Valle, wie etwa: José Del Valle: Glotopolítica, ideología y discurso: categorías para el estudio del estatus simbólico del español. In: José del Valle (Hg.): *La lengua, ¿patria común?: ideas e ideologías del español*. Madrid/Frankfurt am Main: Iberoamericana/Vervuert 2007, S. 13–30.
146 Ignacio Echevarría: *Desvíos: un recorrido crítico por la reciente narrativa latinoamericana*. Santiago de Chile: Ediciones Universidad Diego Portales 2007, S. 202.
147 Roberto Bolaño: *Estrella distante*, S. 16.
148 Eine vergleichbare Fixierung auf das Wirken der Zeit in Sprache und Welt findet sich ebenso Parra, Lihn und Williams. Es ist kein Zufall, dass eines der am häufigsten wiederkehrenden Wörter in Williams' Gedichten das Partizip «weathered» ist, mit dem, wie etwa in dem Poem *Pastoral* die Abnutzung der Dinge und Menschen durch die Zeit beschrieben wird, deren

pronto»,[149] heißt es etwa über die Erinnerungen des Detektivs Abel Romero an die Porno-Darstellerin Joanna Silvestri, die – wie im Folgenden noch zu zeigen sein wird – bei der Jagd nach Carlos Wieder eine wichtige Rolle spielt. In dieser Erstaunen bzw. Bewunderung ausdrückenden Wendung[150] «por la flauta» ist neben der spezifisch chilenischen Markierung zugleich eine generationelle und sozio-ökonomische präsent, da diese klar dem *habla popular* der ersten Hälfte des 20. Jahrhunderts zugeordnet werden kann und damit jener Welt, der auch der Detektiv Romero im Roman entstammt – einer Welt also, die in der konkreten Äußerungssituation, d.h. im Katalonien der 1990er Jahre, quasi unweigerlich immer schon als durch das Exil verlorene, aber in der Sprache gleichwohl fortbestehende artikuliert wird: Romero und Belano/Bolaño, die auf ihren jeweiligen Exil-Pfaden in Frankreich und Katalonien sich, wie im Roman ebenfalls beschrieben wird, auch sprachlich in diesen Welten einzurichten haben, lassen bei ihrer Begegnung und den Gesprächen in Barcelona in diesen ‹chilenischen› Wendungen eine sowohl geo- als auch biographisch entschwundene Welt auf beinahe phantasmatische Weise wieder auferstehen, so wie es der Erzähler selbst in seinen genannten Überlegungen zu den Wörtern dieser seiner Vergangenheit tut.[151]

Bolaño verfährt in dieser sprachlichen Durcharbeitung seiner Texte in eben jener Weise, wie sie Enrique Lihn in einem weiteren Text mit Blick auf Nicanor

---

Beobachtung wiederum das lyrische Ich an den Rand der Sagbarkeit seiner Emotionen bringt: «Older now/I walk back streets/admiring the houses/of the very poor:/roof out of line with sides/the yards cluttered/with old chicken wire, ashes,/furniture gone wrong;/the fences and outhouses/built of barrel staves/and parts of boxes, all,/if I am fortunate,/smeared a bluish green/that properly weathered/pleases me best of all colors./[...] These things/Astonish me beyond words» (William Carlos Williams: *Collected Poems Vol. I*, S. 64).
149 Roberto Bolaño: *Estrella distante*, S. 135.
150 In der deutschen Übersetzung von Christian Hansen wird diese Stelle schlicht mit «Meine Güte» umschrieben – ein Beispiel dafür, wie sich gerade diese sprachlichen Feinheiten zwar unvermeidlich in den Übersetzungen von Bolaños Romanen ‹verlieren› und zugleich doch für die globale Rezeption seines Werks offensichtlich nicht von entscheidender Bedeutung sind. Vgl. dazu ausführlich meine Überlegungen in dem übersetzungsvergleichenden Artikel: Benjamin Loy: Glotopolíticas literarias entre resistencia y mercado: Bolaño en traducción, la traducción en Bolaño. In: Gustavo Guerrero/Gesine Müller u.a. (Hg.): *Cartografías de la literatura (latinoamericana) mundial y sus alternativas. Circuitos, actores y procesos*. Berlin/Boston: De Gruyter 2019 [im Druck].
151 Lokalität und Universalität stehen dabei bei Bolaño nie in einem Ausschlussverhältnis, sondern überlappen und bedingen einander – ein Punkt, der sich ganz ähnlich ebenfalls bei William Carlos Williams findet, wie Eric White argumentiert: «[H]e also insisted that localities cannot be viewed in isolation: knowing what was distinctive about his own location depended heavily upon his ability to refer to other places, peoples, and times. [...] Williams's localist project ultimately proposes a method of making art that involves, as he insisted in *Paterson*, ‹an interpenetration, both ways› of the locality and its wider contexts – a process which is constantly evolving and subject to endless revision» (Eric White: William Carlos Williams and the

Parras «Mimesis der gesprochenen Sprache» beschreibt, die literarisch bestimmbar wird als eine «literatura de una situación, tal como la practica Parra procesando y reprocesando el material que le ofrece el maremágnum del habla, de los discursos y las escrituras públicas de uso o en uso, hasta darles una forma significante, proporcionándoles estructuras estables y eficaces que rescatan todo ese material de su aparición episódica en los contextos de los que proviene.»[152] Genau diese historische Verortung postuliert Lihn – und hier wird noch einmal die direkte Verbindungslinie zu Bolaño sichtbar – für sein eigenes Schreiben im Sinne einer «poesía situada», die er in einem Interview folgendermaßen zu bestimmen sucht:

> La poesía situada que yo he hecho creo que es situada, o sea, que es una poesía de circunstancias en el sentido que trata de recoger el contexto en que ha sido escrita, no la rehuye, se declara histórica, o qué sé yo, se declara un discurso inserto en una situación. Esto es lo que yo entiendo por una poesía situada. Una poesía que queda atada en un tiempo, que trata de aprehender el contexto que parte de una circunstancia, que está ligada biográficamente al autor, aunque no necesariamente el tipo que habla lo que yo escribo sea Enrique Lihn.[153]

Man kann neben dieser Art ‹Speicherfunktion› des Historischen wie des Biographischen, wie sie Lihn und Parra, aber auch William Carlos Williams in ihren Gedichten betreiben und wie sie Bolaño gleichsam in seine Romane ‹übersetzt›,[154] in der beschriebenen Inkorporation einer Vielzahl an Registern zugleich ein Beispiel jener ideologiekritischen Redevielfalt im Roman erblicken, wie sie Michail Bachtin prominent beschrieben hat: In Abgrenzung von jener «diktatorischen Phantasie»[155] der modernen Lyrik, deren «Wort [...] nicht menschliches Zufallserzeugnis [ist], sondern [...] dem kosmischen Ur-Einen [entspringt]»[156] und damit immer auch ein Akt sprachlicher Gewalt ist, propagiert die polyphone Einrichtung des Romans, wie sie Bolaño konstruiert, als einzigen Maßstab jenes von Bachtin formulierte «Gesetz des Spiels mit Sprachen und der Brechung seiner ursprünglichen

---

local. In: Christopher Macgowan (Hg.): *The Cambridge Companion to William Carlos Williams*. New York: Cambridge University Press 2016, S. 8–23, hier: S. 8–9).

152 Enrique Lihn: Literatura, el lugar del sentido. In: Enrique Lihn: *El circo en llamas: Una crítica de la vida*. Hg. von Germán Marín. Santiago de Chile: LOM 1996, S. 466–475, hier: S. 474.
153 Lihn zit. nach Edgar O'Hara: El poeta y sus cautiverios, S. 55.
154 Zu diesem Aspekt der Übersetzung vgl. auch meine Überlegungen in: Benjamin Loy: De oposiciones, apropiaciones y traducciones (anti)poéticas: lecturas cruzadas de Nicanor Parra y Roberto Bolaño. In: Silke Jansen/Gesine Müller (Hg.): *La traducción desde, en y hacia Latinoamérica. Perspectivas literarias y lingüísticas*. Madrid/Frankfurt am Main: Iberoamericana/Vervuert 2017, S. 211–228.
155 Hugo Friedrich: *Die Struktur der modernen Lyrik*, S. 81.
156 Ebd., S. 52.

semantischen und expressiven Intentionen in diesen Sprachen.»[157] Diese «parodistische Stilisierung» der «offiziellen Sprachen»[158] – und der Diskurs der modernen Lyrik kann bei Bolaño als eine solche verstanden werden – ist charakteristisch für Bolaños Romane[159] und wird als solche in *Estrella distante* immer wieder aufgerufen. So ironisiert etwa der Erzähler des Romans im Gespräch mit dem irren Norberto die Bibelverse Carlos Wieders und seinen Fundationsdiskurs, wenn es heißt: «Y escribía en latín, dijo Norberto. Sí, dije yo, pero no entendí nada. Yo sí, dijo Norberto, no en balde he sido maestro tipógrafo algunos años, hablaba del principio del mundo, de la voluntad, de la luz y de las tinieblas. Lux es luz. Tenebrae es tinieblas. Fiat es hágase. Hágase la luz, ¿cachai? A mí Fiat me suena a auto italiano, dije.»[160] Den eschatologischen Diskursen wird mittels eines parodistischen Schreibens im Roman ebenso der Boden entzogen wie den apokalyptischen, wobei das Modell von Parras Antipoesie wiederum eingeblendet wird, wenn ein Vers aus seinem Gedicht *Total cero* zitiert wird, in dem es heißt: «En fin, como dice Bibiano citando a Parra: así pasa la gloria del mundo, sin gloria, sin mundo, sin un miserable sandwich de mortadela.»[161] Diese ironisierende Haltung gegenüber einer stets ins Metaphysische zielenden Dichtung der Moderne, deren Grundfiguren «das Wegstreben aus der beengten Wirklichkeit» und die «Entrealisierung»[162] der Wirklichkeit mittels absoluter Phantasie sind, verbindet sich bei Bolaño darüber hinaus mit einer Poetik des Karnevalesken,[163] wie sie in *Estrella distante* insbesondere mit Blick auf die am Ende dieses Kapitels noch näher zu betrachtende Figur des behinderten Transvestiten und Künstlers Lorenzo alias Petra

---

157 Michail Bachtin: *Die Ästhetik des Wortes*, S. 201.
158 Ebd., S. 202.
159 Vgl. dazu etwa die ebenfalls an Bachtin angelehnten Überlegungen zu Bolaños «narrativa anti-institucional» in: José González Palomares: Narrativa anti-institucional en Roberto Bolaño: dialogismo, humor y crítica en *Los detectives salvajes* y *2666*. In: Ursula Hennigfeld (Hg.): *Roberto Bolaño – escritura, violencia, vida*. Madrid/Frankfurt am Main: Iberoamericana/Vervuert 2015, S. 201–218.
160 Roberto Bolaño: *Estrella distante*, S. 40. Diese Kritik der Unverständlichkeit findet sich mit Blick auf die chilenische Neoavantgarde um Zurita bereits bei Lihn, wenn er in einem kritischen Text deren Flucht in eine hermetische Sprache zur Umgehung der Zensur beklagt im Sinne eines «refugio en los lenguajes especializados, de grupo. Chino para los no iniciados» (Enrique Lihn: Notas sobre la vanguardia. In: Adriana Valdés/Ana María Risco (Hg.): *Enrique Lihn. Textos sobre arte*. Santiago de Chile: Ediciones Universidad Diego Portales 2008, S. 488–491, hier: S. 488).
161 Ebd., S. 61–62.
162 Hugo Friedrich: *Die Struktur der modernen Lyrik*, S. 56.
163 Vgl. hierzu die für die Prägung des Konzeptes bekanntlich einschlägigen Ausführungen in Michail Bachtin: *Literatur und Karneval. Zur Romantheorie und Lachkultur*. Aus dem Russischen von Alexander Kaempfe. Frankfurt am Main: Fischer 1990.

deutlich wird: Dieser verliert nach einem Selbstmordversuch als junger Mann in Chile beide Arme und wird, nachdem er das Land ebenfalls in Richtung Europa verlässt, zu einem gefeierten Künstler, der in seiner grotesken Körperlichkeit und seiner ebenso ‹unreinen› Kunst[164] auf allen Ebenen als ein Gegenmodell zur um die Idee der *pureza* kreisenden Ästhetik eines Carlos Wieder fungiert. Das Karnevaleske dieser Figur und ihrer (stets vom Erzähler nur zitierten bzw. imaginierten) Rede ergibt sich dabei primär aus der intrinsischen Verbindung zwischen den ‹radikal irdischen› Dimensionen der Lebenswelt Lorenzos und der aus ihnen erwachsenden Originalität seiner Kunst. So heißt es etwa in einer diesbezüglich paradigmatischen Szene, die ‹niedere› Lebenswelt und (vermeintlich) hohe Literatur verbindet:

> Los amigos le preguntaban cómo se limpiaba el culo después de hacer caca, cómo pagaba en la tienda de fruta, cómo guardaba el dinero, cómo cocinaba. Cómo, por Dios, podía vivir solo. Lorenzo contestaba a todas las preguntas y la respuesta, casi siempre, era el ingenio. Con ingenio uno o una se las apañaba para hacer de todo. Si Blaise Cendrars, por poner un ejemplo, con un solo brazo le podía ganar boxeando al más pintado, cómo no iba a ser él capaz de limpiarse – y muy bien – su culo después de cagar.[165]

Die rabelaisianische Bezugslinie dieser karnevalesken Elemente wird dabei im Roman an anderer Stelle explizit gemacht, wenn Bolaño am Ende einer langen Passage über den chilenischen Lyrikkanon erklärt: «siempre es preferible leer a Rabelais.»[166] Ohne diesen im Roman ansonsten nicht weiter adressierten Bezug hier überinterpretieren zu wollen, ist gleichwohl offensichtlich, inwiefern diese – bereits in *Nocturno de Chile* zu besichtigende – Verbindung der Kunst mit der Sphäre des Skatologischen bei Bolaño ein wiederkehrendes Motiv darstellt, welches an jene Poetik des Grotesken bei Rabelais[167] erinnert, von der aus sich wiederum eine Traditionslinie bis zu Nicanor Parra ziehen ließe.[168] Ähnlich wie

---

164 Vgl. ausführlich dazu die Ausführungen zum (Post-)Heroismus bei Bolaño im letzten Abschnitt dieses Kapitels.
165 Roberto Bolaño: *Estrella distante*, S. 83–84.
166 Ebd., S. 57.
167 Vgl. hierzu ausführlich wiederum die Ausführungen in Michail Bachtin: *Chronotopos*. Aus dem Russischen von Michael Dewey. Frankfurt am Main: Suhrkamp 2008, insbesondere S. 96–135.
168 In der Kritik zu Parras Werk finden sich solche Lektüren punktuell, wenn etwa Elvio Gandolfo im Vorwort seiner großen Parra-Anthologie bemerkt: «Parra desconfió de y atacó todo el paquete verbal y de actitud que era ‹lo poético›, y cortó a través de los siglos en busca de fuentes y actitudes, sin detenerse en el Renacimiento, hasta llegar a una Edad Media donde la poesía y la cultura popular tuvieron su momento de mayor vigor (Rabelais, Villon, el carnaval)» (Elvio Gandolfo: Prólogo. In: Nicanor Parra: *Parranda larga*. Hg. von Elvio Gandolfo. Madrid:

Rabelais sein Werk vor dem Untergang der «mittelalterliche[n] Ganzheitlichkeit und Geschlossenheit der Welt»[169] entwickelte und dabei, wie Bachtin gezeigt hat, einen aus dem «Folkloristischen», also jener Alltagswelt des Menschen entspringenden Chronotopos entwirft, «der es gestattete, das reale Leben (die Geschichte) mit der realen Erde zu verbinden»,[170] begegnen auch Parra und Bolaño in ihren jeweiligen Poetiken jenem ‹Weltuntergang›, wie er im obigen Zitat zum Ausdruck kommt, mit den Mitteln der Groteske und der Parodie. Diese haben dabei zugleich bedeutende Auswirkungen auf die Frage nach dem Verhältnis von Literatur und der ‹realen Welt›: Wenn sich die Moderne, etwas grob gesprochen, diesbezüglich in die Linien einer (sich vor allem im Ästhetizismus ausformenden) radikalen Flucht vor der Realität in die Phantasie und einer (von den Avantgarden postulierten) Fusion von Kunst und Realität im Sinne der Zersprengung ihrer Grenzen einteilen lässt, dann findet sich bei Bolaño diesbezüglich ein Begriff zur Umschreibung dieses Realitätsbezugs der Kunst, der bislang von der Kritik vollkommen unbeachtet geblieben ist. So heißt es bezüglich der fiktionalisierten Version der Infrarrealisten um Bolaño in *Los detectives salvajes* gleich zu Beginn über den Namen der Gruppierung, diese nenne sich «los real visceralistas o viscerrealistas e incluso vicerrealistas como a veces gustan llamarse.»[171] Während der Begriff des *Viszeralen* unschwer auf den eingangs im infrarrealistischen Manifest postulierten Willen zur Auseinandersetzung der Poesie mit den «Eingeweiden» und verborgenen Dimensionen ihrer Zeit bezogen werden kann, verdient der Terminus der

---

Alfaguara 2010, S. 9–16, hier: S. 9). Ähnlich versucht Ayala die Poetik Parras in einer Anknüpfung an Formen des Populären von der Frühen Neuzeit bis zur Moderne zu lesen: «[L]a capacidad que tiene esta obra de salirse del carácter elitista predominante de la poesía llamada ‹culta› que acarrea la historia literaria hispanoamericana, tanto de la vertiente barroca del Siglo de Oro y el Barroco de Indias, como del modernismo, la vanguardia y cierta poesía política. Contra aquello, esta propuesta se plantea como una ‹democratización› o accesibilidad que conlleva un rechazo – emulando los impulsos de la vanguardia – a la mayoría de los supuestos en que el género se basa: belleza, organicidad en la estructura, originalidad en la expresión, distancia entre el sujeto y el público, etc. Lo particular de su estrategia consiste en que la separación de ciertas costumbres de la institución literaria [...] favorece una vuelta hacia la prosa, lo narrativo y el habla, pero también, debido al humor pícaro – a veces grosero – y a sus situaciones paródicas dentro del contexto social, sugiere una vuelta hacia ciertas formas ‹literarias› populares premodernas, como los romances medievales y del Sigo de Oro y – más cercana también –, la poesía popular chilena» (Matías Ayala: *Lugar incómodo. Poesía y sociedad en Parra, Lihn y Martínez*. Santiago de Chile: Ediciones Universidad Alberto Hurtado 2010, S. 31–32).
169 Michail Bachtin: *Chrotonopos*, S. 139.
170 Ebd.
171 Roberto Bolaño: *Los detectives salvajes*, S. 13.

vicerrealidad eine genauere Betrachtung:[172] Bei der Suche nach einer möglichen Bedeutung dieses im Spanischen ungebräuchlichen, ja quasi neologistisch zu wertenden Begriffs[173] führt die Spur über einige Umwege – und ein Zufall kann, wie die folgenden Erläuterungen zeigen, hier faktisch ausgeschlossen werden – zu einem ursprünglich in dem Band *Linguistics and Literary History* publizierten Aufsatz gleichen Titels von Leo Spitzer, in dem dieser versucht, wie es in der deutschen Version des Textes heißt, Rabelais «einen Platz im Rahmen der Ideengeschichte, der Geistesgeschichte zu[zu]weisen.»[174] In diesem Zusammenhang verweist Spitzer auf die Macht, die Rabelais dem Wort als «eigene Welt zwischen Wirklichkeit und Unwirklichkeit»[175] zuweist. Die Voraussetzung für diese «Zwischenwelt der Worte» sei, so Spitzer weiter, ein – den Bruch zum Mittelalter markierenden – Glaube «an die Realität von Wörtern», wobei dieser «Glaube an ‹Ersatzrealitäten›, wie es Wörter sind, [...] nur in einer Epoche möglich [ist], deren Glaube an die *universalia realia* erschüttert worden ist.»[176] Diese im englischen Original als «vicarious realities»[177] bezeichnete «Ersatzrealität» wiederum taucht in einem von Enrique Lihn 1984 verfassten Vorwort zu einem Werk des chilenischen Dichters Rodrigo Lira auf, in dem dieser die entsprechende Passage Spitzers wörtlich zitiert und dabei die Aufgabe der Dichtung als solcher in der Erschaffung eben jener «vicerrealidades» erblickt:

> [E]l poema (o como quiera o pueda llamárselo) surge aferrado a la circunstancia, la pone crudamente de manifiesto, pero asume, por lo mismo, la imposibilidad de decirla; al menos desde un lugar que esté a salvo de ella, de sus presiones y de sus silenciamientos. La invención de ‹vicerrealidades› que brotan del lenguaje por la tensión entre éste y la realidad (extralingüística) es uno de los procedimientos del género.[178]

---

[172] Diese detaillierten und zum Teil mit einigen Umwegen verbundenen Deutungsversuche sollen an dieser Stelle nicht als Ausweis einer vermeintlich deliranten Überinterpretation gelesen werden, sondern vielmehr als philologisch hartnäckige Befragung bestimmter Aspekte bzw. Termini in Bolaños Werk, um welche die Forschung bislang, bewusst oder unbewusst, einen Bogen gemacht hat.
[173] Heinrich von Berenberg übersetzt ihn im deutschen mit der nicht weniger kryptischen Möglichkeit der «Virrealisten».
[174] Leo Spitzer: Sprachwissenschaft und Literaturwissenschaft. In: Leo Spitzer: *Texterklärungen. Aufsätze zur europäischen Literatur*. Frankfurt am Main: Fischer 1990, S. 7–33, hier: S.25.
[175] Ebd.
[176] Ebd., S. 26.
[177] Leo Spitzer: Linguistics and Literary History. In: Leo Spitzer: *Linguistics and Literary History. Essays in Stilistics*. Princeton: Princeton University Press 2016, S. 1–40, hier: S. 21.
[178] Enrique Lihn: Las vicerrealidades de Rodrigo Lira. In: Enrique Lihn: *El circo en llamas: Una crítica de la vida*. Hg. von Germán Marín. Santiago de Chile: LOM 1996, S. 308–318, hier: S. 314.

Bolaño wiederum verweist, ohne dabei den Terminus zu nennen, auf seine Kenntnis dieses Textes von Lihn in einem kurzen Essay über den von ihm gleichfalls bewunderten Rodrigo Lira, an dessen knappem Werk – Lira beging 1981 im Alter von nur 32 Jahren Selbstmord – er vor allem Liras Humor und seinen poetischen Blick auf die chilenische Alltagswelt und ihre sprachliche Verfasstheit hervorhebt:

> Le interesa el habla popular, el argot, el slang chileno que es nuestra pobreza, pero que también es una de las pocas riquezas que nos quedan. [...] Rodrigo Lira, a diferencia de la mayoría de sus contemporáneos, [...] [es] alguien que tiene los ojos abiertos en medio de la pesadilla. [...] Somos hijos de la Ilustración, decía Rodrigo Lira mientras paseaba por un Santiago que más que nada parecía un cementerio de otro planeta.[179]

Der Begriff der «vicerrealidad», wie er von Spitzer bzw. Rabelais über Lihn und Lira bis zu Bolaños *wilden Detektiven* in dieser für Bolaño so typischen Kette von ‹wilden› Lektüren auftaucht, lässt sich womöglich zusammenfassend am ehesten bestimmen als eine Form realistischen Schreibens, welches sich – eben angesichts der Erfahrung der Brüchigkeit aller *Realia* und der abstrakten Beschreibungskategorien von Realität – umso radikaler in die ‹Sprachen der Wirklichkeit› stürzt, welche in diesem «phantasmagorischen Klima»[180] die Möglichkeit eines anderen poetischen und zugleich kritischen Sprechens erlaubt. Dieses ist immer schon ein verschobenes, ein die vergeblichen Versuche von Geltungsdurchsetzung seitens der ‹offiziellen Sprache› unterwanderndes Sprechen, das sich, wie Enrique Lihn in einer weiteren Verwendung des Begriffs postuliert, gegenüber dem uniformierten Diskurs der Macht stets im Modus der Verkleidung artikuliert: «Esas vicerrealidades se contraponen, por cierto, a las falacias del discurso del Poder. [...] Se podría hablar, con las debidas precauciones, de una literatura que opone al uniforme el disfraz, que, a veces es la sátira o el remedo paródico de la palabra establecida y uniformada.»[181] Gegenstand dieses realistischen Schreibens ist daher stets eine hinsichtlich ihrer Grenzen fragwürdige Realität, wobei – und hier treffen sich die Wortspiele Bolaños mit der Beobachtung Spitzers bezüglich der Wortschöpfungen von Rabelais – die Sprache hier nicht im Sinne der Moderne als Mittel der Erschaffung einer *neuen* bzw. *anderen* Realität fungiert,

---
179 Roberto Bolaño: Los perdidos. In: Roberto Bolaño: *Entre paréntesis. Ensayos, artículos y discursos (1998–2003)*. Barcelona: Anagrama 2004, S. 94–98, hier: S. 95–97.
180 Leo Spitzer: Sprachwissenschaft und Literaturwissenschaft, S. 26. Zur Präsenz des Phantasmas bei Bolaño vgl. auch die noch folgenden Ausführungen zur intertextuellen Präsenz Georges Perecs in *Estrella distante*.
181 Enrique Lihn: Disfraz versus uniforme. In: Enrique Lihn: *El circo en llamas: Una crítica de la vida*. Hg. von Germán Marín. Santiago de Chile: LOM 1996, S. 480–483, hier: S. 482.

sondern ihr vielmehr in den Wortspielen und poetischen Anverwandlungen der unterschiedlichen Register der Alltagssprache «Übergriffe auf die Wirklichkeit»[182] gestattet werden. Diese im Modus des (ernsten, weil um seine eigene Geschichte wissenden) Spiels erfolgende Inszenierung einer stets prekären Wirklichkeit impliziert dabei nicht zuletzt die Idee einer Beschränkung der Kunst selbst: Wo die Moderne in Gestalt eines Carlos Wieder ein transgressives Ideal der Kunst postuliert, die – wie in der Luftdichtung und der Verwandlung seiner Mordopfer in simples Menschen- bzw. Bildmaterial deutlich wird – stets auf gewalttätige Weise ein Einreißen ihrer eigenen Grenzen zur Wirklichkeit hin verfolgt, entwirft Bolaño in Estrella distante wiederholt Szenen, in deren Mittelpunkt die Frage nach den Begrenzungen der Fiktion gegenüber dem Leben als solchem steht. So heißt es etwa über eine weitere von Carlos Wieder ermordete Dichterin aus dem Umkreis der Erzähler des Romans:

> Bibiano visitó a su madre y pudo leer en un viejo cuaderno de caligrafía algunos poemas de Patricia. Eran malos, según Bibiano, en la línea del peor Neruda, una especie de revoltijo entre los *Veinte poemas de amor* e *Incitación al nixonicidio,* pero leyendo entre líneas se podía ver algo. Frescura, asombro, ganas de vivir. En cualquier caso, terminaba Bibiano su carta, no se mata a nadie por escribir mal, menos si aún no ha cumplido los veinte años.[183]

Die Tatsache, dass Carlos Wieder in seiner fanatischen Kunstauffassung als einem Spiel auf Leben und Tod bereit ist, all jene umzubringen, die er als ‹ästhetisch minderwertig› betrachtet, verweist hier quasi metonymisch auf die ideologischen Verwerfungen und die Gewaltemphase der Moderne, mit denen die künstlerischen Diskurse der Avantgarde vielfach eben diese Logik der Vernichtung und der Freund-Feind-Schemata teilten. Dass es jedoch jenseits des das Leben aller Figuren bei Bolaño bestimmenden Raumes der Kunst und der Literatur Dimensionen des Lebens (und des Sterbens) gibt, vor denen alle ästhetischen Fragen verblassen, lässt sich wohl am besten an der Episode um den Leiter der zweiten Poesiewerkstatt im Roman ablesen: Diego Soto verlässt Chile nach dem Putsch ebenfalls und findet im französischen Exil alsbald eine Anstellung als Literaturprofessor, wo er sich nach seiner Heirat mit einer Französin in einem rundum bürgerlichen Leben etabliert. Dieses findet ein abruptes Ende, als er auf der Rückreise von einem Kongress in Spanien im Bahnhof von Perpignan einer von Neonazis attackierten Obdachlosen helfen will und dabei erstochen wird:

---

182 Leo Spitzer: Sprachwissenschaft und Literaturwissenschaft, S. 26.
183 Roberto Bolaño: *Estrella distante*, S. 42–43.

> La vagabunda, pues es una mujer, grita no me peguen más. El grito no lo escucha absolutamente nadie, sólo el escritor chileno. Tal vez a Soto se le llenan los ojos de lágrimas, lágrimas de autocompasión, pues intuye que ha hallado su destino. Entre Tel Quel y el OULIPO la vida ha decidido y ha escogido la página de sucesos. En cualquier caso deja caer en el umbral su bolso de viaje, los libros, y avanza hacia los jóvenes. Antes de trabarse en combate los insulta en español. El español adverso del sur de Chile. Los jóvenes acuchillan a Soto y después huyen. La noticia apareció en los periódicos de Cataluña, un suelto muy breve, pero yo me enteré por una carta de Bibiano, muy extensa, casi como el informe de un detective, la última que recibí de él.[184]

Die Szene ist Ausweis für die Tatsache, dass jenseits des Spielraums der Literatur, wie ihn Tel Quel und Oulipo hier auf quasi paradigmatische Weise repräsentieren, bei Bolaño eine häufig vorzufindende Sphäre existiert, in welcher eine Art ‹Ethik der Tat› propagiert wird. In dieser manifestiert sich Bolaños im letzten Teil dieses Kapitels noch ausführlicher zu diskutierende Konzeption eines Heldentums, welches seinen Ursprung primär im Gestus der Gabe des Helden hat, wie Bolaño in einem Interview bekennt: «Un héroe es alguien capaz de sublimar o de despreciar en determinado momento su vida y ofrecerla sin pedir nada a cambio, aunque en realidad obtiene mucho a cambio. Lo que obtiene, sin embargo, no cotiza, todavía, en el mercado.»[185] Vor diesem Hintergrund steht Sotos Ermordung nicht zuletzt metaphorisch für Bolaños Idee von Literatur, wie sie in dem eingangs genannten Bild vom Autor als immer schon um seine drohende Niederlage wissenden Samurai ihren Ausdruck findet: «Tener el valor, sabiendo previamente que vas a ser derrotado, y salir a pelear: eso es la literatura.»[186] Im Gegensatz zu Wieder, der mehr ein Heldendarsteller als ein Held ist und für das Zustandekommen seiner Performances stets eines Publikums bedarf, tritt der ‹wahre Autor› im Sinne Bolaños wie Diego Soto der Realität mit nichts anderem als seiner nackten Sprache gegenüber, in welcher seine einzige Form der Bewaffnung besteht: «El español adverso del sur de Chile», mit dem Soto auf die Neonazis losgeht, führt hier wieder zurück zu jener Idee einer aus ihrer Konfrontation mit der ‹irdischen› Wirklichkeit heraus

---

[184] Ebd., S. 80.
[185] Bolaño in Andrés Braithwaite: *Bolaño por sí mismo*, S. 122.
[186] Ebd., S. 90. In *Estrella distante* wird – wie in so vielen anderen Werken Bolaños auch – vor allem die Poesie als das genuine Genre dieser ‹heroischen› Literatur im Sinne eines Schreibens, das nie auf Verwertung oder Anerkennung hoffen kann, erfasst, wie wenn es beispielsweise über die Lyrikanthologien von Bibiano O'Ryan heißt: «Bibiano llevaba una carpeta con textos de la gente del taller de Stein y del taller de Soto para su undécima breve antología de jóvenes poetas de Concepción que ningún periódico publicaría» (S. 22). Vgl. zu dieser Idee bzw. zu Bolaños eigener Poesie den wunderbaren Essay von Miguel Casado: *Literalmente y en todos los sentidos. Desde la poesía de Roberto Bolaño*. Madrid: Libros de la resistencia 2015.

entblößten Sprache, wie sie charakteristisch auch für das Werk Nicanor Parras ist, das Rowe als «verbal detoxification programme» beschreibt: «The result is not some ordinary matter-of-factness, but an abyss with nothing to hold on to – no justifications, no alibi. Instead of lusciously resonant phrases, overflowing with echoes and connotations (the prime example would be Neruda), a language stripped bare, a rib to suck on, and not in a spirit of misery and resentment but acceptance and happiness.»[187] In diesem Sinne ist die poetische Sprache bei Bolaño, ebenso wie bei der hier angeführten Trias der ‹Dichter der irdischen Welt›, gleichermaßen weit entfernt von den beiden Extremen der modernen Lyrik, also zwischen einer Sakralisierung des Wortes, für die im Roman stellvertretend Wieders Bibel-Bezüge stehen, sowie einer radikalen Profanisierung bzw. Destruktion des Wortes, wie es die beschriebenen Rituale der *Escritores bárbaros* suggerieren. In ihrem Bezug auf die Sprache(n) der ‹irdischen Welt› artikuliert sich in diesen Poetiken eine Art «Respekt gegenüber den Worten selbst», wie sie Leicht für das Werk von William Carlos Williams postuliert im Sinne einer

> relation of respect not only between the poet and the thing, or words and things, but also between the poet and the word. In Williams's poems, the word becomes just another respectfully treated object, like the wheelbarrow or the broken pieces of a green bottle [...]. Words are not something with which to gain access to the spiritual world – this is how a Transcendentalist poet might see them – rather, they are here and now, just as much part of the world as everything else.[188]

Diese Auffassung von den Möglichkeiten und Unmöglichkeiten der Sprache geht, wie bereits angedeutet, bei den genannten Dichtern mit der Entwicklung einer neuen Auffassung sowohl von der Rolle des Autors als auch der Position der Lyrik im Verhältnis zur Politik einher. Die Gedichte von Parra und Lihn erfassen (und sie tun es aufgrund ihres historischen Standpunkts viel stärker als die Williams') ihr Verhältnis zur Welt und zur Sprache stets im Modus des Krisenhaften – «el cielo se está cayendo a pedazos»,[189] heißt es in «Advertencia al lector» bei Parra, während bei Lihn von der «‹lógica desesperada› de ‹una lengua en estado de crisis»»[190] die Rede ist; die Idee eines *poeta vates* mit prophetischen Fähigkeiten wird obsolet, oder wie Parra dekretiert: «[Y]o he decidido declarar la guerra a los *cavalieri della luna*/Los poetas bajaron del Olimpo».[191] Stattdessen

---

187 William Rowe: *Poets of contemporary Latin America*, S. 55.
188 Alexander Leicht: *The Search for a Democratic Aesthetics*, S. 191.
189 Nicanor Parra: Advertencia al lector, S. 33.
190 Enrique Lihn: *El circo en llamas*, S. 469.
191 Nicanor Parra: Advertencia al lector, S. 33.

wird das Bild des Dichters als eines ‹irdischen› Menschen konstruiert, der sein Werk nicht als (sprach-)magische Beschwörung, sondern vielmehr im Modus des Handwerklichen begreift: «Que el poeta no es un alquimista/El poeta es un hombre como todos/Un albañil que construye su muro:/Un constructor de puertas y ventanas»,[192] schreibt Parra und Lihn bezeichnet sich selbst dezidiert als poetischen *bricoleur*.[193] Diese Kritik bezieht sich allerdings nicht nur auf die romantischen und avantgardistischen Traditionslinien der Moderne, sondern ebenso auf die im historischen Kontext besonders relevante Frage nach der politischen Situierung des Dichters im Sinne einer linken *littérature engagée*: Die im zweiten Kapitel bereits diskutierte Problematisierung der diesbezüglich ikonischen Figur Pablo Nerudas findet sich bei Parra und Lihn in besonderem Maße und wird als solche in *Estrella distante* von Bolaño wieder aufgegriffen. Insbesondere Enrique Lihn, der in den 1960er Jahren längere Zeit im post-revolutionären Kuba verbringt und nach anfänglicher Begeisterung bereits früh die zunehmende Dogmatik und Brutalität der einst so hoffnungsvollen Utopie kritisiert, rechnet im Verlauf seines Werkes immer wieder mit der politischen Linken sowie mit Neruda ab.[194] Der Dichter und die Poesie sind für Lihn wie für Parra nicht mehr als Elemente einer zukunftsoptimistischen Geschichte mit revolutionärem Potential denkbar: Wo Neruda in seinem *Canto general* noch mit demiurgischer Geste ein den lateinamerikanischen Kontinent als Ganzes umfassendes Epos aus dem Geist eben dieser sozialistischen Hoffnungen heraus erschaffen konnte, hat sich bei Lihn kaum 20 Jahre später das (Selbst-)Bild der Dichtung als gewaltiger Gesang abgeschwächt zu einer *musiquilla*: «La musiquilla de las pobres esferas/suena por donde sopla el viento amargo/que nos devuelve, poco a poco, a la tierra/el mismo que nos puso un día en pie/pero bien al alcance de la huesa/Y en ningún caso en lo alto del coro.»[195] Die Möglichkeit der Idee von Geschichte im Sinne eines kollektiven und progressiven Modells der Sinnstiftung und Weltorientierung ist bei Lihn spätestens in den 1980er Jahren dann vollständig entwertet, wenn er – wiederum in direkter Anspielung auf Nerudas Passagen im *Canto General* über die *Alturas de Machu Picchu* – in dem gleichnamigen Gedicht fragt:

---

192 Ebd.
193 Vgl. dazu auch die Beschreibung von Binns: «Lihn [...] emprende un trabajo (verbal y referencial) de *bricolage* e ironía con los restos de la vida contemporánea, y rechaza explícitamente la poesía que sigue trabajando *conscientemente* con materiales irreales, supuestamente mágicos o simbólicos» (Niall Binns: *Un vals en un montón de escombros: poesía hispanoamericana entre la modernidad y la postmodernidad (Nicanor Parra, Enrique Lihn)*. Bern: Peter Lang 1999, hier S. 159.)
194 Vgl. zum Verhältnis von Lihn und Neruda auch die Bemerkungen von Edgar O'Hara: El poeta y sus cautiverios, S. 46–48.
195 Enrique Lihn: *La musiquilla de las pobres esferas*, S. 20.

«Con qué ropa subir ahora el Macchu Picchu [sic]/y abarcar, con tan buena acústica, el pastel entero de la historia/siendo que ella se nos está quemando en las manos?»[196] Bolaño selbst nimmt auf diese Passage ebenfalls noch einmal Bezug, wenn er seine, wie eingangs erwähnt, ebenfalls über den Trümmern der Geschichte Lateinamerikas delirierende Protagonistin Auxilio Lacouture in *Amuleto* ironisch über diese vergangene Heroik bei Neruda bemerken lässt: «[E]n las alturas de Machu Picchu no se llora.»[197] Angesichts der Verheerungen der Geschichte wie der Instrumentalisierungen der Kunst zugunsten der politischen Ideologien bildet eine radikale Skepsis gegenüber den Möglichkeiten der Dichtung als Mittel einer Veränderung des kollektiven politischen Bewusstseins oder als Bereiterin des Weges in eine bessere Zukunft, wie sie insbesondere auf Seiten der politischen Linken Geltung beanspruchten, einen Grundpfeiler der Poetiken Parras wie Lihns, oder wie es letzterer bezüglich der ‹Alibihaftigkeit› einer «literatura de servicio» formuliert:

> No sabemos si en los casos en los que la literatura se enrola en la resistencia, logra algún tipo de objetivo verdaderamente práctico o si no cumple más bien con una función de catharsis personal o para un determinado círculo de lectores. No tenemos de ello ningún tipo de conocimiento o de ignorancia objetivos. Ignoramos, por ejemplo, el efecto de las lecciones del teatro de Brecht para el público alemán de la resistencia antinazi. Ignoramos la cantidad de hombres y de acciones que reclutaron y desencadenaron los poetas franceses de la resistencia con sus ediciones clandestinas. No sabemos si influyó un panfleto en la muerte de «Papa Dóc»; una novela comprometida sobre el cambio de un ministerio; un poema activista sobre el índice de producción en un país subdesarrollado.[198]

Auch Parra drückt diese ebenso bei Bolaño beständig auftauchende Skepsis gegenüber der vermeintlichen Veränderungskraft einer Literatur aus, die sich revolutionär wähnt und sich dabei ihrer eigenen ästhetischen Kraftlosigkeit und ihrer gesellschaftlichen Folgenlosigkeit nicht bewusst ist:

> Aceptemos que fueron comunistas/Pero la poesía fue un desastre/Surrealismo de segunda mano/Decadentismo de tercera mano,/Tablas viejas devueltas por el mar. [...] Poesía de círculo vicioso/Para media docena de elegidos:/«Libertad absoluta de expresión»./Hoy nos hacemos cruces preguntando/Para qué escribirían esas cosas/¿Para asustar al pequeño burgués?/¡Tiempo perdido miserablemente!/El pequeño burgués no reacciona/Sino cuando se trata del estómago. ¡Qué lo van a asustar con poesías![199]

---

[196] Enrique Lihn: *El Paseo Ahumada*. Santiago de Chile: Ediciones Universidad Diego Portales 2003, S. 34.
[197] Roberto Bolaño: *Amuleto*, S. 140.
[198] Enrique Lihn: Literatura, el lugar del sentido, S. 466.
[199] Nicanor Parra: Manifiesto, S. 144–145.

Bolaño greift in *Estrella distante* explizit auf diese Problematisierung des Verhältnisses von Literatur und Politik zurück, wenn er sich auf Nicanor Parras 1972 zur Hochzeit der politischen Polarisierung im Chile der *Unidad Popular* veröffentlichte *Artefactos* bezieht. Diese wird im Roman, wie von der Mehrheit der realhistorischen chilenischen Linken der Zeit, von dem Allende-Anhänger und Leiter der Poesiewerkstatt Juan Stein aufgrund ihrer Ironisierung des revolutionären Projekts kritisch beurteilt, woraufhin Parra seine humoristische Kritik an der Politisierung der Kunst bekräftigt, oder mit Worten des Erzählers gesprochen:

> [L]a aparición de *Artefactos*, que a nosotros nos encantó, hizo que Stein, entre la indignación y la perplejidad, escribiera una carta al viejo Nicanor recriminándole algunos de los chistes que se permitía hacer en aquel momento crucial de la lucha revolucionaria en América Latina; Parra le contestó al dorso de una postal de *Artefactos* diciéndole que no se preocupara, que nadie, ni en la derecha ni en la izquierda, leía, y Stein, me consta, guardó la postal con cariño.[200]

Der Roman bezieht sich damit direkt auf eines der in Form von insgesamt 121 Postkarten publizierten und mit Illustrationen von Guillermo Tejeda versehenen *Artefactos*, auf dem eine Menge ein Banner in die Luft hält, das die alte Kampfparole der Linken mit den Worten ironisiert: «La izquierda y la derecha unidas jamás serán vencidas.»

[201]

---

[200] Roberto Bolaño: *Estrella distante*, S. 57.
[201] Nicanor Parra: La izquierda y la derecha unidas jamás serán vencidas. In: Nicanor Parra: *Obras completas & algo +. De «Gato en el camino» a «Artefactos» (1935–1972)*. Barcelona: Galaxia Gutenberg 2006, S. 461.

Die für die *Artefactos* typische Unterminierung aller festen politisch-ideologischen Positionen, wie sie hier zum Ausdruck kommt, verschaffte Parra, gemeinsam mit seinem im gleichen Jahr heftig kritisierten Besuch bei Richard Nixon im Weißen Haus,[202] den Status eines bei Linken wie Rechten gleichermaßen verfemten Autors.[203] Das Eintreten für eine sprachlich wie ideologisch radikal polyphone Poesie bei Parra[204] wie bei Lihn[205] sorgt dafür, dass beide Dichter sich – und in diese Tradition schreibt sich Bolaño bewusst ein – politisch gewissermaßen zwischen alle Stühle setzen. Vor allem Lihn

---

202 Vgl. dazu ausführlich etwa die Anmerkungen von César Cuadra: *La antipoesía de Nicanor Parra. Un Legado para todos & para nadi*e. Santiago de Chile: Museo Histórico Nacional 2012, S. 52–54.

203 Die Extreme der Reaktionen beider politischer Lager sind anschaulich dokumentiert: So berichtet Parra etwa über die Aussage eines Militärs über das Werk nach dem Putsch in einem Interview: «Yo me acuerdo que poco después del 73, al rector de la Universidad Católica, almirante Jorge Swett, le preguntaban las razones del golpe. Entonces, él sacaba de un cajón los *Artefactos*, los ponía sobre una mesa y decía: ‹Para que nunca más vuelva a ocurrir esto.› Después mandó quemarlos» (in: Juan Andrés Piña: Nicanor Parra: La antipoesía no es un juego de salón. In: Juan Andrés Piña (Hg.): *Conversaciones con la poesía chilena*. Santiago de Chile: Pehuén 1990, S. 13–51, hier: S. 50–51). Eine Reaktion aus dem linken Lager findet sich wiederum in der Werkausgabe Parras in Form einer Kritik aus der Zeitung *Puro Chile*, wo es über die *Artefactos* heißt: «Sin duda, tendrán una brillante acogida en los medios *snob* del barrio alto. Pero desde el plano del hombre común, el lector sencillo que tenía a Parra como un buen poeta, se ven los artefactos como una triste exposición de los más bajos sentimientos. Desde el plano político, los artefactos son una colección de afiches postales expresamente editados para atacar a las fuerzas de izquierda [...]. Los fascistas no podían tener mejor propagandista que Parra en estos momentos» (Nicanor Parra: *Obras completas*, S. 995).

204 Vgl. auch dazu die Aussage Parras: «A mí me parecía que había que asumir todos los discursos, porque todos tienen derecho a existir. Hay artefactos estalinistas, otros anárquicos, otros capitalistas. Todas las banderas tienen derecho a flamear en ese espacio. Por cierto que yo no hubiera llegado a ese planteamiento a través del socialismo autoritario» (Parra in Juan Andrés Piña: *Conversaciones con la poesía chilena*, S. 47).

205 Vgl. den Kommentar von Ayala, der für Lihn diese Position ebenfalls aus Lihns Erfahrungen auf Kuba ableitet: «[Q]uizás como lección aprendida en Cuba y vuelta a poner en práctica durante el experimento socialista en Chile, es más común encontrar en sus ensayos durante estos años (1967–1973) una constante vigilancia para mantener política y literatura separadas: llama a sostener una libertad crítica sin restricciones; un reconocimiento a la especificidad de la literatura – argumento esgrimido principalmente en contra de la literatura comprometida; licencia para la experimentación formal; respeto hacia los escritores independientes; críticas al falso realismo y aprensión por caer en un populismo cultural» (Matías Ayala: *Lugar incómodo*, S. 108). Vgl. intensiv auch zur Kuba-Kritik bei Lihn den Aufsatz von Cristián Gómez: Dulce infierno caribeño. In: Guido Arroyo/David Bustos (Hg.): *Horroroso Chile. Ensayos sobre las tensiones políticas en la obra de Enrique Lihn*. Santiago de Chile: Alquimia Ediciones 2013, S. 81–89.

formuliert dabei jene auch bei Bolaño immer wieder auftauchende (und im zweiten Kapitel geschilderte) Erfahrung eines Endes der Geschichte als Progress, die sich nicht nur aus der Erfahrung des Bruchs durch die Militärdiktaturen, sondern stets auch aus der Perversion der Ideale der Linken speist, etwa wenn er in dem Band *Mester de juglaría* in einem zwischen Nostalgie und Ironie schwankenden Ton schreibt: «Trabajadores del mundo, uníos en otra parte/ya os alcanzo, me lo he prometedio una y mil veces, sólo que no es éste el lugar digno de la historia,/el terreno que cubro con mis pies/perdonad a los deudores morosos de la historia.»[206] Ähnlich ambivalent erscheint in *Estrella distante* – wie auch im gesamten Werk Bolaños – die Portraitierung der politischen Linken, die insbesondere in der Episode um Juan Stein zwischen einer gewissen Melancholie und beißendem Spott schwankt: Stein setzt nach seiner Flucht aus Chile den Kampf für die linke Sache fort und ist an allen Schauplätzen von Nicaragua bis Angola zu finden: «Aparecía y desaparecía como un fantasma en todos los lugares donde había pelea, en todos los lugares en donde los latinoamericanos, desesperados, generosos, enloquecidos, valientes, aborrecibles, destruían y reconstruían y volvían a destruir la realidad en un intento último abocado al fracaso.»[207] Stein steht dabei stellvertretend für jene, aus der Sicht Bolaños letztlich minoritäre und unterlegene, Linke, die – wie er in seiner eingangs zitierten Rede von Caracas betont – ihr Leben einem Ideal vermachte, das von der Realität ein ums andere Mal enttäuscht wurde. Während Stein als einer jener letztlich innerhalb der Geschichte der Niederlage unsichtbaren Kämpfer geschildert wird, ironisiert Bolaño im gleichen Kapitel einen weiteren Archetypus der Geschichte der lateinamerikanischen Linken in Gestalt eines Dichters und opportunistischen Kulturfunktionärs namens Di Angeli, mit dem Stein als undogmatischer Linker und Freund von Parra und Lihn während einer Lesung in Managua in einen Disput gerät – eine Szene, die wiederum als direkte Bezugnahme Bolaños auf das erwähnte *Artefacto* Nicanor Parras und die problematischen Verknüpfungen zwischen Ideologie und Kunst gelesen werden kann:

> Según Bibiano, un poeta argentino, corresponsal suyo, le explica que durante un recital de poesía argentina, uruguaya y chilena organizada por este poeta (un tal Di Angeli) en el Centro Cultural de Managua uno de los asistentes, «un tipo rubio y alto, de lentes», realizó varias observaciones sobre la poesía chilena, sobre el criterio de selección de los textos leídos (los organizadores, entre ellos el propio Di Angeli, habían vetado por motivos políticos la inclusión de poemas de Nicanor Parra y Enrique Lihn), en una palabra, se cagó en los promotores de la lectura, al menos en lo que respecta a la parcela de la lírica

---

206 Enrique Lihn: *Musiquilla de las pobres esferas*, S. 27.
207 Roberto Bolaño: *Estrella distante*, S. 66.

chilena, pero eso sí, con mucha calma, sin ponerse violento, yo diría —decía Di Angelí— que con mucha ironía y algo de tristeza o de cansancio, vaya uno a saber. (Entre paréntesis, el tal Di Angelí, entre las incontables antenas epistolares que desde su zapatería de Concepción tenía Bibiano con el mundo, era uno de los más sinvergüenzas, cínicos y divertidos; típico arribista de izquierda, estaba dispuesto, sin embargo, a pedir perdón por sus omisiones y excesos de todo tipo; sus meteduras de pata, según Bibiano, eran antológicas y su triste vida en época de Stalin sin duda hubiera servido de modelo para una gran novela picaresca, aunque en la América Latina de los setenta sólo era eso, una vida triste, llena de pequeñas mezquindades, algunas hechas sin ni siquiera mala intención. Le hubiera ido mejor, decía Bibiano, en la derecha, pero, misterio, los Di Angelí son legión en las huestes de la izquierda; al menos, decía, *todavía* no se dedica a la *crítica literaria,* pero todo se andará. En efecto, durante la espantosa década de los ochenta repasé algunas revistas mexicanas y argentinas y encontré varios trabajos críticos de Di Angeli. Creo que había hecho carrera. En los noventa no he vuelto a toparme con su pluma, pero es que cada día leo menos revistas.)[208]

Die Bedeutung der Bezugnahmen Bolaños auf die hier so ausführlich dargestellten literarischen wie politischen Positionen von Nicanor Parra und Enrique Lihn[209] ergibt sich letztlich aus der Tatsache, dass beide gleichermaßen fundamental für die in *Estrella distante* und im Gesamtwerk Bolaños entwickelten Revisionen der ästhetischen und ethischen Dimensionen der Literatur der Moderne bzw. der Verquickungen von Kunst und Politik in Lateinamerika im Speziellen sind. Beide Dichter liefern in ihren jeweils aus einer direkten Auseinandersetzung mit den ästhetischen wie ideologischen Narrativen der Moderne heraus entstandenen Werken gleichsam alternative Modelle eines Schreibens, die für Bolaños eigene Poetik prägend sind und auf die er – wie die hier untersuchten intertextuellen Verweise illustrieren – immer wieder Bezug nimmt. Diese ausgreifende Präsenz von Parra und Lihn bei Bolaño ist vor dem Hintergrund ihrer beschriebenen Problematisierungen der dogmatischen Diskurse der Moderne auch durch die Entwicklung eines anderen Schreibens (und Lesens) zu begreifen, das für Bolaño nicht zuletzt deshalb Orientierungscharakter erlangt, weil es im Sinne einer ‹demokratischen Ästhetik› verstanden werden kann. Diese folgt, wie hier ausführlich dargelegt wurde, einer Umkehr der ‹poetischen Blickrichtung›, indem sie ihren Fokus thematisch wie sprachlich auf die von Widersprüchen und Komplexität durchzogenen Erfahrungswelten der Dichter richten. «El poeta es una pequeña república», zitiert Enrique Lihn diese Position Parras in seiner *Definición de un poeta,* deren demokratischer Gehalt

---

208 Ebd., S. 67–68.
209 William Carlos Williams spielt eher auf einer intertextuellen Ebene im engeren Sinne eine Rolle, wenngleich er, wie erläutert, zahlreiche Gemeinsamkeiten mit den beiden chilenischen Autoren aufweist.

sich für Lihn in einem Schreiben äußert, das zugleich auf das Individuum und die Gemeinschaft ausgerichtet ist und dabei eine Sprache entwickelt, welche sich einer Annäherung der Sprache der Poesie und jener der *Communitas* verschreibt.[210] Die in dieser sprachlichen und formalen Arbeit aufgehobene Idee von einer Pluralität der Diskurse, denen prinzipiell ein egalitärer Status zukommt, korrespondiert dabei mit der fundamental demokratischen Vorstellung von der radikalen Offenheit von Bedeutungen, die es kommunikativ immer wieder neu auszuhandeln gilt.

Die Möglichkeit einer in der Form der Werke selbst angelegten Vielzahl von Lektüren, wie sie die Poesie von Lihn und, in noch stärkerem Maße, von Parra kennzeichnet, erlaubt es, einen direkten Bogen zu Bolaños Ästhetik und Politik der Lektüre im Sinne eines ‹wilden Lesens› zu schlagen. Zugleich werden – und dieser Punkt steht mit im Fokus des folgenden Kapitels – der Konstruktionscharakter und der prekäre Status einer nur noch in ihrer Fragmenthaftigkeit wahrnehmbaren Welt zum Ausgangspunkt dieser Autoren: Die Relation zwischen Fiktion und ‹Wirklichkeit› wird in dem beständigen Changieren der Texte und ihrem Spiel mit Elementen von Imagination und Lebenswelt komplexifiziert und eröffnet damit zugleich eine Vision von jener «Ganzheitlichkeit des Menschen», wie sie Lihn in seiner Rede vom «hombre integral» in Parras Dichtung beschreibt.[211] Diese Poetik einer radikalen Inklusion, in welcher das Paradox ebenso wie der Humor als bestimmende Figuren der Sprache und Weltwahrnehmung operieren, beschränkt sich jedoch nicht nur auf eine sprachliche und diskursive Ebene, sondern bestimmt gleichermaßen die Auseinandersetzung mit der literarischen Tradition als solcher: Aus einer postavantgardistischen Position heraus wird bei Parra, Lihn und Bolaño die Logik des Bruchs der Moderne «als Tradition verfügbar, gebrochen wird allein mit dem Traditionsbruch selbst.»[212] Der literarische Text wird aus dieser Perspektive immer schon zu einem Spiel mit den Restbeständen einer Tradition, deren vielfach monströse Dimensionen gerade deshalb integriert und zum Gegenstand der Auseinandersetzung werden müssen, um mit den ihnen eigenen Logiken der Auslöschung zu brechen, oder wie es Parra einmal in einem Interview mit Mario Benedetti formulierte:

---

210 Vgl. Enrique Lihn: Definición de un poeta, S. 64.
211 Cuadra spricht mit Blick auf den Leser der Antipoesie von einer «experiencia completa, pues al leer, queda con un pie en el mundo virtual o estético del discurso y simultáneament con el otro, en el mundo práctico, de la vida cotidiana» (César Cuadra: *La antipoesía de Nicanor Parra*, S. 88).
212 Ottmar Ette: *Literatur in Bewegung*, S. 365.

Para ser sincero, Neruda fue siempre un problema para mí; un desafío, un obstáculo que se ponía en el camino. Entonces había que pensar las cosas en términos de este monstruo. De modo que, en ese sentido, la palabra Neruda está allí como un marco de referencia. Más tarde la cosa ha cambiado. Neruda no es el único monstruo de la poesía; hay muchos monstruos. Por una parte hay que eludirlos a todos, y por otra, hay que integrarlos, hay que incorporarlos. De modo que si ésta es una poesía anti-Neruda, también es una poesía anti-Vallejo, es una poesía anti-Mistral, es una poesía anti-todo, pero también es una poesía en la que resuenan todos estos ecos.[213]

Die Integration der Monster, wie sie Parra hier beschreibt, korrespondiert auf der Ebene des ‹wilden Lesens› mit der von Lihn evozierten Arbeit des (lateinamerikanischen) Text-Bastlers, der mit den Zerfallsprodukten der Tradition hantiert als ein «*bricoleur* [que] no trabja con intertextualidades prestigiosas sino más bien, en general, con el detritus de las viejas literaturas, con algunos restos del modernismo, del decadentismo, del simbolismo. O sea, que para aludir a Hispanoamérica hay que hacerlo desde la precariedad cultural de la que venimos.»[214] Aus der Kenntnis der Aporien der Moderne erwächst das Misstrauen gegenüber dem Gestus der Revolution und die Notwendigkeit, die künstlerischen Energien nicht mehr in die Zerstörung, sonder die kritische Relektüre des Vergangenen zu investieren, oder wie es in Lihns Dichterdefinition heißt, «absorber todo el pasado de la poesía, de modo sistemático o por vía de la intuición histórico-artística, antes de dormirse sobre la ilusión de haberlo revolucionado.»[215]

Die Tore zu den Visionen und Utopien der Himmelsstürmer der Moderne jedoch sind dieser Literatur (aus guten Gründen) ein für allemal verschlossen. Geboren auf den Trümmern der Tradition, bewegt sie sich zwangsläufig in einer Dialektik zwischen den Versuchen einer Reaffirmation ihrer selbst und dem Wissen um die Unmöglichkeit dieses Unterfangens,[216] zwischen schallendem Lachen über die Absurdität der Welt und der ihm folgenden Tristesse der

---

213 Mario Benedetti: Nicanor Parra, o el artefacto con Laureles. In: *Revista Marcha* (17.10.1969), S. 13–15, hier: S. 14 .
214 Enrique Lihn in Pedro Lastra: *Conversaciones con Enrique Lihn*. Santiago de Chile: Editorial Universitaria 2008, S. 112.
215 Enrique Lihn: Definición de un poeta, S. 58–59.
216 Vgl. dazu auch die Aussage von Travis über Lihn, sein Werk charakterisiere sich durch «a profound faith in and love for literature, as well as bitter skepticism» (Christopher Travis: *Resisting Alienation. The Literary Work of Enrique Lihn*. Lewisburg: Bucknell University Press 2010, S. 21) bzw. ähnlich die Überlegungen von Ayala zur Dialektik von Pathos und Selbstironie (*Lugar incómodo*, S. 54).

Stille: «¿Que para qué demonios escribo? [...] Para llorar y reír a la vez.»[217] Die Literatur ist für Bolaño, Parra und Lihn nicht mehr der Stoff, aus dem neue Welten zu erschaffen sind oder mit dem Erlösung zu erlangen wäre. Sie ist, um es mit Enrique Lihns Gedicht *Porque escribí* zu formulieren, jedoch immer noch eine Möglichkeit der Erfahrung einer rauen Schönheit, deren Zauber sich eben aus dem Bewusstsein ihrer eigenen Nutzlosigkeit speist:

> Escribí, mi escritura fue como la maleza/de flores ácimas pero flores en fin,/el pan de cada día de las tierras eriazas:/una caparazón de espinas y raíces/De la vida tomé todas estas palabras/como un niño oropel, guijarros junto al río:/las cosas de una magia, perfectamente inútiles/pero que siempre vuelven a renovar su encanto.[218]

Diese Literatur will weder Erleuchtung sein noch gibt sie sich der Dunkelheit hin, sie wandelt vielmehr – und wieder doppeln sich die Bilder bei Lihn und Bolaño – am Abgrund entlang, um aus ihrem Blick in die Schluchten der Zeit und der Bücher so etwas wie eine dunkel schimmernde Form von Erkenntnis zu ziehen, «porque de la palabra que se ajusta al abismo/surge un poco de oscura inteligencia.»[219] Der Akt des Schreibens führt nicht mehr in vermeintlich ungekannte Sphären und ebensowenig zum Umsturz aller Verhältnisse – und doch oder gerade deshalb ist er in den Augen der Dichter der irdischen Welt ein Weg zu einem Leben in Widerständigkeit gegenüber den Widerwärtigkeiten der Moderne:

> Porque escribí no estuve en casa del verdugo/ni me dejé llevar por el amor a Dios/ni acepté que los hombres fueran dioses/ni me hice desear como escribiente/ni la pobreza me pareció atroz/ni el poder una cosa deseable/ni me lavé ni me ensucié las manos/ni fueron vírgenes mis mejores amigas/ni tuve como amigo a un fariseo/ni a pesar de la cólera/quise desbaratar a mi enemigo./Pero escribí y me muero por mi cuenta,/porque escribí porque escribí estoy vivo.[220]

$$V + V = W$$

Die fundamentale Bedeutung von Nicanor Parra und Enrique Lihn für Roberto Bolaños ästhetische und politische Positionen soll nicht die Tatsache verschleiern, dass es sich bei *Estrella distante* und *La literatura nazi en América* letztlich um

---

[217] Nicanor Parra: Telegramas. In: Nicanor Parra: *Obras completas & algo +. De «Gato en el camino» a «Artefactos» (1935–1972)*. Barcelona: Galaxia Gutenberg 2006, S. 237.
[218] Enrique Lihn: Porque escribí. In: Enrique Lihn: *La musiquilla de las pobres esferas*, S. 81–84, hier: S. 81–82.
[219] Ebd., S. 83.
[220] Ebd., S.83–84.

narrative Texte handelt, für die Bolaño – wie für seine übrigen Romane auch – die für ihn so zentrale Frage nach der literarischen Form des Erzählten zu lösen hatte. Diese schloss zugleich den Aspekt der Verhandlung der autobiographischen Elemente mit ein, die er – wenngleich sie für sein Schreiben stets von zentraler Wichtigkeit waren – stets als besonders problematisch erachtete.[221] Und nicht zuletzt schienen gerade Romane wie die beiden hier untersuchten in der Ausstellung eines «ominous world-consciousness»[222] den Anschluss an (Inter-) Texte nötig zu machen, die über die stark innerhalb lateinamerikanischer Kontexte verorteten Werke und Positionen von Autoren wie Parra und Lihn hinausgingen. Der Autor, bei dem Bolaño in allen drei Punkten fündig wurde und der für *Estrella distante* formal wie inhaltlich die möglicherweise wichtigste Rolle als intertextueller Bezugspunkt darstellt, ist Georges Perec und insbesondere, wie im Folgenden zu zeigen sein wird, sein autobiographischer Text *W ou le souvenir d'enfance*. Die Kritik hat die Bedeutung dieser Verbindung allenfalls in Ansätzen herausgestellt: So spricht etwa Rodrigo Pinto – vor allem mit Blick auf die literarische Form – von einer «secreta hermandad entre el francés Georges Perec y el chileno Roberto Bolaño a la hora de abordar la construcción de ficciones» bzw. einer «notoria red de puntos de contacto»[223] zwischen den Werken der beiden Autoren; Enrique Vila-Matas wiederum hat in einem bekannten, kurz nach Bolaños Tod erschienenen Nachruf auf die Parallelen zwischen *Los detectives salvajes* und *La vie mode d'emploi* hingewiesen und dabei Bolaños Elogen auf den «gran Perec, el novelista más grande de la segunda mitad de este siglo»[224] angeführt. Unter den 2013 in Barcelona ausgestellten Archiv-Materialien Bolaños fand sich wiederum ein unveröffentlichtes leipogrammatisches Gedicht, das Bolaño Perec als einem der großen Verfechter dieser literarischen Form im 20. Jahrhundert gewidmet hatte: «Ser Perec, pensé/Trefe, demente, en pequeñez/El hereje del Everest./Pez y semen, ser/Perec en Belén, en Elche./Leer vergeles:/Eter, entes, gentes./Ser Perec en pestes,/Tejer, destejer mesteres.»[225] Trotz dieser Hommage jedoch ist die Bedeutung Perecs für Bolaño gewiss weniger in dessen radikalen Form- und

---
221 Vgl. dazu die Ausführungen in Kapitel zwei dieser Arbeit.
222 Héctor Hoyos: *Beyond Bolaño*, S. 37.
223 Rodrigo Pinto: Las listas de Bolaño y Perec, S. 173.
224 Enrique Vila-Matas: Un plato fuerte de la China destruida. In: *El País* (06.09.2003), verfügbar unter: https://elpais.com/diario/2003/09/06/babelia/1062805156_850215.html [letzter Zugriff: 14.03.2018].
225 Auch innerhalb eines Briefwechsels zwischen Bolaño und dem chilenischen Dichter Bruno Montané Krebs (welcher in den *Detectives salvajes* bekanntlich unter dem Namen Felipe Müller agiert), der 2017 von der Biblioteca Nacional de España erworben wurde, finden sich zahlreiche Erwähnungen von Lektüren Perecs sowie, in einem Brief vom 9. Dezember 1994, das oben genannte Gedicht. Da für das betreffende Konvolut von Bolaños Witwe

Sprachexperimenten im Umkreis des *Ouvroir de Littérature Potentielle* (Oulipo) zu sehen, als vielmehr in seinem Beitrag zur Erneuerung der Romanform im Allgemeinen und der autobiographischen Erzählung im Speziellen – zwei Aspekte, die Bolaño herausstreicht, wenn er mit Blick auf den ersten Punkt bemerkt: «No sé si lo dijo Borges. Tal vez fue Platón. O tal vez fue Georges Perec. Toda historia remite a otra historia que a su vez remite a otra historia que a su vez remite a otra historia.»[226] Bezüglich des zweiten Aspekts und seiner Verachtung für autobiographische Texte heißt es: «[D]etesto, con algunas excepciones, como la de Saint-Simon o los recuerdos infantiles de Perec, los libros de memorias.»[227] Ohne hier im Detail gewisse verblüffende Parallelen im Hinblick auf die Rezeption[228] der beiden Autoren untersuchen zu wollen, wird bei einer aufmerksamen Lektüre von Bolaños Werk schnell deutlich, wie intensiv seine Auseinandersetzung[229] mit dem Werk

---

Carolina López keine Zitiergenehmigung erteilt wurde, soll an dieser Stelle lediglich auf den wohl interessantesten Punkt der Perec-Bezüge im Briefwechsel resümierend Bezug genommen werden: Zum einen ist die Tatsache erhellend, dass die intensive Lektüre von Perec im Jahr 1993 bzw. 1994 mit der Arbeit an *Estrella distante* zusammenfällt und damit der Untersuchung möglicher Zusammenhänge zwischen dem Roman und Intertexten aus Perecs Werk noch einmal eine zusätzliche Brisanz verleiht. Zum anderen nennt Bolaño konkrete Lektüren Perecs, zu denen u.a. *La Disparition, Les Revenents, Un Cabinet d'amateur* und *53 jours* gehören. Die Existenz von *La Disparition* und *53 jours* im bibliothekarischen Nachlass Bolaños hat Carolina López in einer persönlichen Mail ebenso bestätigt wie die von *W ou le souvenir d'enfance* und *La vie mode d'emploi*. Wiederholt drückt Bolaño gegenüber Montané seine Begeisterung über Perecs Werk aus, das er nach eigener Aussage komplett und sogar im französischen Original lesen möchte (vgl. den Brief vom 22.11.1994, einsehbar unter: Roberto Bolaño: *Cartas y tarjetas postales, 1976–1998*, México D.F., Blanes, Port-Vendres, a Bruno Montané. Madrid: Biblioteca Nacional de España, Signatur: Mss/232681/1-71.)

226 Bolaño in Andrés Braithwaite: *Bolaño por sí mismo*, S. 100.
227 Ebd., S. 85.
228 Neben dem frühen Tod der beiden Autoren, der sie gewissermaßen auf dem Höhepunkt ihres Schaffens ereilt – der 1936 geborene Perec stirbt 1982 im Alter von nur 46 Jahren an Lungenkrebs – sind es auch die bei beiden sehr ähnlich, über den US-amerikanischen Markt verlaufende internationale Rezeption sowie der beständige Fluss an posthum publizierten Werken, die den beiden gemeinsam sind (vgl. dazu für den Fall Perecs etwa die Ausführungen von Perecs Übersetzer ins Englische und Biographen David Bellos in: David Bellos: The Old and the New: An Introduction to Georges Perec. In: *Review of Contemporary Fiction* 24 (2009), S. 8–15 bzw. die erwähnte und meisterhafte Biographie: David Bellos: *Georges Perec. A life in words*. London: Harvill 1993).
229 Bereits in dem ursprünglich 1984 publizierten und vierhändig mit seinem Freund und Kollegen Antoni García Porta verfassten Roman *Consejos de un discípulo de Morrison a un fanático de Joyce* liest einer der Protagonisten namens Dédalus Georges Pérec [sic], wobei es über den (hemmenden) Einfluss auf und die Bedeutung seiner Texte für Dédalus heißt: «A tener en cuenta que el abandono por parte de Dédalus de cualquier ambición o esperanza dentro del mundillo literario fue muy a consecuencia de la lectura de este último autor

des französischen Formenkünstlers gewesen sein muss: So ist etwa Bolaños Traum-Begegnung mit einem Perec im Kindesalter in *Un paseo por la literatura* eine *réécriture*, die auf gleich drei Werke Perecs Bezug nimmt: Einerseits, wie bereits an anderer Stelle bemerkt, in der Form der 57 Traumfragmente des Textes generell mit Blick auf Perecs identisches Projekt in dem posthum publizierten Band *La boutique obscure* mit ihren Traumprotokollen (aus gutem Grund ist Perec der einzige Autor, der in Bolaños literarischem Spaziergang zweimal auftaucht und dabei mit seinem Erscheinen im ersten und letzten Fragment gewissermaßen den Rahmen des Textes bildet); andererseits wird in den beiden Fragmenten, in denen Bolaño den Besuch des kleinen Perec und einen gemeinsamen Ausflug in New York schildert, die direkte Referenz sowohl auf Perecs autobiographischen und bereits erwähnten Text *W ou le souvenir d'enfance* als auch auf den aus einer Reise nach New York hervorgegangenen (und später verfilmten) Essay *Ellis Island* hergestellt: «Soñé que Georges Perec tenía tres años y visitaba mi casa. Lo abrazaba, lo besaba, le decía que era un niño precioso»,[230] heißt es im ersten Fragment, an welches das zweite inhaltlich unmittelbar anschließt:

> Soñé que Georges Perec tenía tres años y lloraba desconsoladamente. Yo intentaba calmarlo. Lo tomaba en brazos, le compraba golosinas, libros para pintar. Luego nos íbamos al Paseo Marítimo de Nueva York y mientras él jugaba en el tobogán yo me decía a mí mismo: no sirvo para nada, pero serviré para cuidarte, nadie te hará daño, nadie intentará matarte. Después se ponía a llover y volvíamos tranquilamente a casa. ¿Pero dónde estaba nuestra casa?[231]

Das in dieser Passage aufscheinende Motiv des Heimatverlusts rekurriert vor dem Hintergrund der New Yorker Szenerie einerseits auf Perecs Beschreibungen von Ellis Island als jenem *non-lieu*, den er 1979 und 1980 in Begleitung des Filmemachers Robert Bober zweimal besucht und über den er im daraus resultierenden Text nicht primär als einen Ort des Gewinns einer neuen Heimat, sondern vielmehr im Modus des Verlustes reflektiert, im Sinne eines Ortes moderner Biopolitik, an dem Namen und Vergangenheiten von Millionen von Migranten verloren gingen bzw. gelöscht wurden und nurmehr in ihrer Spurhaftigkeit existieren – ein Thema, das in allen autobiographisch grundierten Texten Perecs[232]

[Perec]» (Roberto Bolaño/Antoni García Porta: *Consejos de un discípulo de Morrison a un fanático de Joyce*, seguido de *Diario de Bar*. Barcelona: Acantilado 2006, S. 78). Im gleichen Roman liest außerdem ein Pfarrer in einem Zug nach Lyon Perecs Buch *Je me souviens* (S. 163).
230 Roberto Bolaño: Un paseo por la literatura, S. 77.
231 Ebd., S. 105.
232 Perec war bekanntlich der Sohn jüdischer Einwanderer aus Polen: Sein Vater fällt in den Anfangstagen des Zweiten Weltkriegs für Frankreich, seine Mutter wird 1942 über Drancy

wiederkehrt und in diesem Nexus von Abwesenheit und Imagination eine Grundfigur seines Schreibens darstellt: «[L]e reste, on peut seulement essayer de l'imaginer, le déduire de ce qui reste, de ce qui a été conservé, de ce qui a été préservé de la destruction de l'oubli.»[233] Das Motiv des verlorenen (Waisen-)Kindes wiederum verweist direkt auf eine Stelle in Perecs für Bolaño so zentralem Roman *W*, wenn der autobiographische Erzähler über eine Episode seiner Kindheit berichtet, als er sich in Paris verirrt und nur mit Mühe nach Hause zurückfindet: «Deux jours plus tard, ma tante m'a envoyé chercher du pain en bas de la rue. En sortant de la boulangerie, je me suis trompé de direction et au lieu de remonter la rue de l'Assomption, j'ai pris la rue de Boulainvilliers: j'ai mis plus d'une heure à retrouver ma maison.»[234] Eine ähnlich detaillierte Bezugnahme auf Perecs Texte findet sich, um nur ein weiteres Beispiel innerhalb dieser Argumentation für die Bedeutung des französischen Autors für Bolaño zu nennen, auch in *Los sinsabores del verdadero policía*, wenn es über die Freundschaften von Benno von Archimboldi heißt: «*Georges Perec*, al que admiraba profundamente. En cierta ocasión dijo de él que seguramente era la reencarnación de Cristo.»[235] Was hier wie eine etwas hyperbolische Referenz anmutet, ist in Wahrheit ebenfalls ein direktes Zitat einer autobiographischen Bemerkung Perecs über seine Person in dem posthum publizierten Text *Je suis né*, wo es in einer durchaus ironischen Referenz auf seine jüdische Herkunft heißt: «Je suis né le 25 décembre 0000. Mon père était, dit-on, ouvrier charpentier. Peu de temps après ma naissance, les gentils ne le furent pas et l'on dut se réfugier en Égypte. C'est ansi que j'appris que j'étais juif et c'est dans ces conditions dramatiques qu'il faut voir l'origine de ma ferme décision de ne pas le rester. Vous connaissez la suite...»[236]

So tiefgehend also offensichtlich Bolaños Kenntnis und intertextuelle Auseinandersetzung mit Perecs Werk war, so oberflächlich hat die Kritik diese Verbindung bislang gelesen. So erschöpfen sich die wenigen Bezüge entweder, wie in den (freilich nicht-akademischen) Texten von Pinto oder Vila-Matas, in einer Betonung der Bedeutung Perecs für Bolaño, ohne diese genauer zu spezifizieren,

---

mutmaßlich nach Auschwitz deportiert und ermordet, während Perec getarnt bei Verwandten in den französischen Alpen überlebt und nach dem Krieg bei einem anderen Teil der Familie in Paris aufwächst.

233 Georges Perec: *Ellis Island*. Paris: P.O.L. 1995, S. 51.
234 Georges Perec: *W ou le souvenir d'enfance*. Paris: Gallimard 2006, S. 214.
235 Roberto Bolaño: *Los sinsabores*, S. 217, Kursivierung im Original.
236 Georges Perec: Je suis né. In: Georges Perec: *Je suis né*. Paris: Seuil 1990, S. 9–14, hier: S. 10.

oder in mehr oder weniger allgemeinen Aussagen zu vermeintlichen Gemeinsamkeiten zwischen den Werken beider Autoren, die dabei aber weder auf konkrete intertextuelle Verweise noch auf mögliche literaturgeschichtlich fundamentierte Parallelen eingehen.[237] Letztere lassen sich – ohne die jeweils spezifischen historischen bzw. nationalen Kontexte hier außer Acht zu lassen – etwa in den ästhetischen und politischen Fragestellungen erkennen, wie sie die beiden (letztlich doch nur durch 17 Jahre voneinander getrennten Autoren) in der Frühphase ihrer Werke umtreiben: Wenn für Bolaño eingangs die Problematik dargestellt wurde, eine eigene literarische Position zwischen den Figuren von Pablo Neruda und Octavio Paz bzw., später für seine Narrativik, eine Erzählform jenseits der Aporien von Testimonialliteratur und Magischem Realismus zu entwickeln, so befindet sich Georges Perec zu Beginn der 1960er Jahre in einer vergleichbaren Sackgasse. Der Situation Bolaños nicht gänzlich unähnlich, sucht Perec nach einer «troisième voie», die sich jenseits der das zeitgenössische literarische Feld Frankreichs beherrschenden Pole von *littérature engagée* auf der einen und den ins Formalistische und Ästhetizistische strebenden Entwürfen des *Nouveau Roman* und von *Tel Quel* auf der anderen zu situieren vermag.[238] Vor allem in den zur Zeit seiner Mitgliedschaft in der linken Zeitschrift *La Ligne générale* verfassten Essays versucht Perec, teilweise in einem vergleichbar radikalen Ton wie Bolaño und die *infrarrealistas*,[239] die Möglichkeiten eines «neuen Realismus» zu erkunden, der

---

[237] Vgl. dazu etwa exemplarisch die wenigen Ausführungen von María Paz Oliver, die kurz und unspezifisch auf die Präferenz beider Autoren für Listen und digressive Schreibverfahren verweist (María Paz Oliver: *El arte de irse por las ramas. La digresión en la novela latinoamericana contemporánea*. Amsterdam: Brill/Rodopi 2016, insbesondere S. 57–63), sowie die ebenfalls auf das Motiv der Listen verweisenden Überlegungen von Daniella Blejer: Pensar/clasificar/denunciar: las resignificaciones del archivo en *2666*. In: Felipe Ríos Baeza (Hg.): *Roberto Bolaño: ruptura y violencia en la literatura finisecular*. Mexiko-Stadt: Éon Ediciones 2010, S. 253–280. Eine Ausnahme stellt der auch ansonsten gelungene Text von Sellami dar, der zumindest die formalen Parallelen zwischen beiden Autoren sowie die zentrale Bedeutung intertextueller Verfahren in beider Werke betont – freilich ebenfalls, ohne konkrete Textvergleiche anzustellen (vgl. Samir Sellami: Zur Politik der Intertextualität in Roberto Bolaños «Estrella Distante». In: *Romanische Studien* 1 (2015): S. 111–134).

[238] Vgl. die entsprechende Beschreibung von Montfrans: «Perec revendique donc en 1962–1963 explicitement un réalisme qui présuppose un langage transparent, un sujet capable de maîtriser ce réel par son intelligence et un appareil littéraire formel. Ainsi occupe-t-il dès le début de sa carrière d'écrivain une position excentrique: il esquisse une troisième voie, entre l'engagement sartrien d'une parte et Tel Quel et le Nouveau Roman d'autre part» (Manet van Montfrans: *Georges Perec. La contrainte du réel*. Amsterdam: Rodopi 1999, S. 48).

[239] Vgl. dazu auch die Bemerkungen von Claude Burgelin in: Claude Burgelin: Préface. In: Georges Perec: *L.G. Une aventure des années soixante*. Paris: Seuil 1992, S. 7–23.

«*sans tomber dans les pièges du vérisme ou du naturalisme, sache dire la complexité ou les ambigüités de la réalité sociale.*»[240] Angesichts einer krisenhaften Welterfahrung – «l'effondrement de l'humanisme occidental provoqua une désagrégation totale des valeurs sur lesquelles reposait, de plus en plus fragilement d'ailleurs, la culture européenne»[241] – stellt sich für Perec (in Analogie zu Bolaños Ausführungen im nur wenig mehr als zehn Jahre später verfassten *Manifiesto Infrarrealista*) die Frage: «Comment, dans ces conditions, rendre compte du monde?»[242] Wenn der infrarrealistische Bolaño die radikale Immersion in alle Dimensionen des Realen fordert («vamos a meternos de cabeza en todas las trabas humanas»), so formuliert Perec auf ähnliche Weise die Notwendigkeit eines «respect total de la complexité du monde»[243] sowie – und hier ist die identische Verwendung der Figur des «Hinabtauchens» in die Realität, wie sie bei Bolaño mehrfach erscheint, geradezu verblüffend – die Beobachtung: «[D]écrire la réalité, c'est plonger en elle et lui donner forme.»[244] Nicht zuletzt aus der Erfahrung einer «crise du langage» heraus postuliert Perec in seinem berühmten Essay über Robert Antelme darüber hinaus die Notwendigkeit einer (erneuerten) Hinwendung zur Welt im Sinne eines «monde de parole, de langage, de récit.»[245] Wenngleich Perec und Bolaño sich im weiteren Verlauf ihrer ästhetischen Entwicklung von den (vor allem im Falle Perecs sozialistischen wie soziologischen) Prägungen ihrer Anfänge abwenden, lassen sich in diesen (hier nur oberflächlich miteinander verglichenen) frühen Texten

---

240 Ebd., S. 13, kursiv im Original.
241 Georges Perec: Le Nouveau Roman ou le refus du réel. In: Georges Perec: *L.G. Une aventure des années soixante*. Paris: Seuil 1992, S. 25–46, hier: S. 27.
242 Ebd., S. 32.
243 Ebd., S. 44.
244 Georges Perec: Pour une littérature réaliste. In: Georges Perec: *L.G. Une aventure des années soixante*. Paris: Seuil 1992, S. 47–66, hier: S. 51. Eine Ausformung dieser Hinwendung Perecs zur Wirklichkeit werden seine den ‹unsichtbaren› Dimensionen der Alltagswelt gewidmeten Texte sein, in denen er – und auch hier sind die Überlappungen zur Idee der bolañoschen Infrarrealität interessant, wenngleich das Verfahren Perecs ein anderes ist – jenes, wie er es nennt, *infraordinaire* zu erkunden, welches er – in Opposition zu einem auf das *Extraordinäre* fixierten Erzählen – der Realität durch quasi-anthropologische Beobachtung abzugewinnen versucht: «Ce qui se passe chaque jour et qui revient chaque jour, le banal, le quotidien, l'évident, le commun, l'ordinaire, l'infra-ordinaire, le bruit de fond, l'habituel, comment en rendre compte, comment l'interroger, comment le décrire?» (Georges Perec: Approches de quoi? In: Georges Perec: *l'infraordinaire*. Paris: Seuil 1989, S. 9–13, hier: S. 11). Ähnliche Perspektiven und Experimente finden sich in Georges Perec: *Penser/Classer*. Paris: Seuil 2003 sowie in den Texten in Georges Perec: *Espèces d'espaces*. Paris: Éditions Galilée 2000.
245 Georges Perec: Robert Antelme ou la vérité de la littérature. In: Georges Perec: *L.G. Une aventure des années soixante*. Paris: Seuil 1992, S. 87–114, hier: S. 89.

der Autoren bereits die Pfeiler eines Schreibens erkennen, für das die Frage nach dem Verhältnis von Literatur und Politik ebenso fundamental ist wie das Wissen, «que tout roman de la conquête passe d'abord par une reconquête de la langue même, par une critique et un renouveau des formes narratives.»[246]

Die Art und Weise, wie Bolaño nun wiederum in *Estrella distante* bzw. *La literatura nazi en América* auf Perec und insbesondere *W ou le souvenir d'enfance* Bezug nimmt, folgt den bereits anhand einer langen Reihe von anderen Autoren erläuterten Prinzipien: Vordergründig gibt der Erzähler dem Leser einige wenige explizite Hinweise auf die intertextuelle Präsenz Perecs, um ihn damit gleichermaßen zur Dechiffrierung der versteckten Bezüge zu motivieren. In diesem Sinne gilt die im Roman vom Erzähler an Diego Soto gestellte Frage eigentlich dem realen Leser Bolaños selbst: «¿Qué méritos tenía ese tal Georges Perec cuyos libros publicados en Denoël el huevón pretencioso de Soto paseaba de un lado a otro?».[247] Die ‹Verdienste› Perecs gilt es also zu entschlüsseln, wird der französische Autor im Roman ansonsten doch nur noch ein weiteres Mal namentlich erwähnt, wenn es über Sotos Übersetzungsversuche französischer Autoren heißt:

> También intentó traducir a Sophie Podolski, la joven poeta belga suicidada a los veintiún años (no pudo), a Fierre Guyotat, el autor de *Eden, Eden, Eden* y *Prostitution* (tampoco pudo), y *La Disparition*, de Georges Perec, novela policíaca escrita sin la letra *e* y que Soto intentó (y sólo consiguió a medias) trasladar al español aplicándose en lo que Jardiel Poncela había hecho medio siglo antes en un relato en donde la consabida vocal brillaba por su ausencia. Pero una cosa era *escribir* sin la *e* y otra muy distinta *traducir* sin la *e*.[248]

Wenngleich die Nennung von *La Disparition* hier leicht in Zusammenhang gebracht werden kann mit dem auch in *Estrella distante* beherrschenden Thema des Schicksals verschwundener Figuren bzw. des (noch eingehender zu erläuternden) Spiels mit Leerstellen und Abwesenheiten, offeriert Bolaños Roman noch eine ganze Reihe weiterer impliziter Anspielungen auf andere Werke Perecs: Eine eher sekundäre Bedeutung kommt dabei etwa der Beschreibung der nächtlichen Gebäude von Paris zu, wie sie der Detektiv Abel Romero in den ersten Jahren seines französischen Exils aus den Fenstern der Büros heraus betrachtet, in denen er als Putzkraft arbeitet: «El misterio de los edificios de París. De

---

246 Claude Burgelin: Préface, S. 21.
247 Roberto Bolaño: *Estrella distante*, S. 74.
248 Roberto Bolaño: *Estrella distante*, S. 76. Bolaño verweist hier auf die 1930 erschienene Erzählung «Un marido sin vocación» des spanischen Autors Enrique Jardiel Poncela – zur ironischen Hinterfragung des Innovationsanspruchs der französischen Literatur bei Bolaño vgl. auch die Ausführung in Kapitel fünf dieser Arbeit.

esa manera llamaba a los edificios de oficinas, cuando es de noche y todos los pisos están oscuros, menos uno, y luego ése también se apaga y se enciende otro, y luego ése se apaga y así sucesivamente.»[249] In dieser Beschreibung ist die Referenz auf Perecs Hauptwerk *La vie mode d'emploi*, welches bekanntlich in 99 Kapiteln das Leben in den verschiedenen Zimmern eines Pariser Wohnhauses schildert, zu erkennen, wobei vor allem die Beschreibung der sukzessive an- und ausgehenden Lichter in den Büros das nach einem strengen mathematischen Code von Zimmer zu Zimmer ‹springende› Erzählprinzip von Perecs Roman in Erinnerung ruft. Der zentrale Bezugstext Perecs jedoch ist, wie bereits angedeutet, sein 1975 publizierter Roman *W ou le souvenir d'enfance*. Dieser besteht bekanntlich aus zwei sich beständig überkreuzenden «Erzählsträngen»,[250] von denen einer Perecs autobiographische Spurensuche in seiner Kindheit und Jugend anhand einer ganzen Reihe von Fotos, Dokumenten und Erinnerungen von zweifelhafter Authentizität umfasst, während der zweite die fiktionale Geschichte eines Mannes namens Gaspard Winckler und der Insel W enthält. In dieser wiederum berichtet Winckler, der als Mechaniker in einer kleinen deutschen Stadt nahe der luxemburgischen Grenze lebt, wie er von einem Mann namens Otto Apfelstahl aufgesucht wird. Dieser setzt ihn über das Schicksal der Person in Kenntnis, deren Namen Winckler nach seiner Dessertion aus der französischen Armee im Zweiten Weltkrieg mittels eines falschen Passes angenommen hat, um seiner Strafverfolgung zu entgehen. Apfelstahl, der einer Organisation namens *Bureau Veritas* angehört, die weltweit nach den Opfern von Schiffbrüchen sucht, ist auf der Suche nach dem (wirklichen) Gaspard Winckler, einem taubstummen Jungen, der mit seiner Mutter Caecilia und fünf anderen Personen eine Schiffsreise auf einer Segelyacht in Südamerika unternimmt, wo das Schiff schließlich in einem Sturm sinkt. Die Leichen aller Reisenden werden gefunden – mit Ausnahme der von Gaspard Winckler. Apfelstahl bittet (den ‹falschen›) Winckler um Hilfe bei der Suche nach seinem Homonym, womit der erste Teil der Fiktion endet. Im zweiten Teil, der vom ersten durch ein Auslassungszeichen in Form von drei eingeklammerten Punkten getrennt ist, wird jedoch statt einer Fortsetzung dieses Erzählstrangs die Geschichte einer Insel namens W erzählt, die ebenfalls irgendwo im Archipel Patagoniens zwischen Chile und Argentinien liegen soll und auf der ein utopisches (oder eher: dystopisches) Projekt einer radikal hierarchischen Gesellschaft entwickelt wurde, welche in all ihren Strukturen auf

---

249 Ebd., S. 125.
250 Vgl. ausführlich zur Textgenese und Perecs Form eines «intégrer dans un même texte fiction et autobiographie et de leur faire produire du sens par un système de montage» die Arbeit von Philippe Lejeune: *La mémoire et l'oblique. Georges Perec autobiographe*. Paris: P.O.L 1991, hier: S. 85.

ein System des Sports ausgerichtet ist. Dieses System beschreibt der Roman in all seinen perversen Einzelheiten, die an den Alltag in den nationalsozialistischen Konzentrationslagern erinnern, wobei W im Text wiederum von dem autobiographischen Erzähler Perec als eine bereits in seiner Kindheit ersonnene Fiktion ausgegeben wird.

Bolaño knüpft nun in *Estrella distante* bzw. im letzten Kapitel von *La literatura nazi en América* auf vielfältige Weise an diesen sich um die Zentralthemen von totalitärer Gewalt, autobiographischem Trauma und Spurensuche drehenden Text von Perec an: Dies wird bereits deutlich, wenn der Beginn des Ramírez Hoffman gewidmeten Kapitels in *La literatura nazi* unmittelbar mit dem Schlusssatz von Perecs Roman verklammert wird. In diesem bemerkt der Erzähler Perec die unheimliche Verbindung zwischen seiner Fiktion W und den Konzentrationslagern, die von den chilenischen Militärs just zum Zeitpunkt der Publikation des Romans in der patagonischen Inselwelt eingerichtet wurden: «J'ai oublié les raisons qui, à douze ans, m'ont fait choisir la Terre de Feu pour y installer W: les fascistes de Pinochet se sont chargés de donner à mon fantasme une ultime résonance: plusieurs îlots de la Terre de Feu sont aujourd'hui des camps de déportation.»[251] Die in dieser Bemerkung artikulierte These von den unheimlichen Zusammenhängen zwischen Phantasma und Realität einerseits und dem Fortbestehen jener faschistischen Ideologie in einem globalen Kontext benennt hier bereits zwei der Leitthemen von *La literatura nazi en América*. Dort wird diese Verbindung zu Perecs Roman gleich auf der ersten Seite des Kapitels zu Ramírez Hoffman auf chiffrierte Weise hergestellt, wenn der Erzähler über die Beziehung der beiden Venegas-Schwestern zu Ramírez Hoffman vor dem Militärputsch in Chile bemerkt: «[A] veces iban en el coche de las Venegas, un Volkswagen escarabajo blanco, a la playa a contemplar los atardeceres del Pacífico, fumaban yerba juntos [...] y todos creían saberlo todo de todos, una presunción bastante estúpida como muy pronto quedó demostrado.»[252] Der Schlüssel zur Dechiffrierung des Bezugs liegt hier – wie bereits zu Beginn dieses Kapitels erläutert – in Bolaños Spiel mit den Eigennamen im Roman: Der Anfangsbuchstabe des Nachnamens der beiden Zwillingsschwestern Venegas stellt hier als erste einer ganzen Reihe von im Text auftauchenden Figuren der Verdopplung[253] bereits die Verbindung zu Perecs phantasmatischem Buchstaben und seiner Lager-Fiktion her:

---

251 Georges Perec: *W ou le souvenir d'enfance*, S. 222.
252 Roberto Bolaño: *La literatura nazi*, S. 189.
253 Vgl. auch zur Figur des Doubles im Roman die Überlegungen in Celina Manzoni: Narrar lo inefable. El juego del doble y los desplazamientos en *Estrella distante*. In: Celina Manzoni (Hg.): *Roberto Bolaño: la escritura como tauromaquia*. Buenos Aires: Corregidor 2002, S. 39–50.

V+V=W. Diese These wird noch erhärtet durch die Tatsache, dass die beiden Schwestern in einem Volkswagen unterwegs sind, der in seiner Abkürzung wiederum jenes Nebeneinander von V und W aufruft (und historisch gelesen natürlich gleichfalls die Bezüge zum Nationalsozialismus herstellt). Die Szene funktioniert darüber hinaus noch einmal exemplarisch für Bolaños sprachliche Verdichtungsarbeit und das Spiel mit Indizien und Vorausdeutungen auf den weiteren und traumatischen Verlauf der Geschichte: Hinter der vordergründigen Hippie-Szenerie kündigt sich bereits das Grauen an in der Wendung von den Sonnenuntergängen am Pazifik und ihrer Doppelbedeutung im Spanischen im Sinne eines «Versinkens der friedlichen Welt», an deren Stelle wenig später mit der Implementierung der Diktatur der Krieg treten wird (gleichzeitig verweist das im chilenischen Spanisch nicht gebräuchliche Lexem «coche», das der autobiographische Erzähler Bolaño hier verwendet, schon wieder auf die im Text erst noch zu explizierenden Vorfälle von Gewalt und Flucht des Erzählers nach Spanien). Auch in *Estrella distante* taucht die geschilderte Verbindung zu *W* wieder auf in einer Art grotesken intertextuellen Variante, wenn es über eine im Süden Chiles lebende Mäzenin Carlos Wieders und deren an das Herrschaftssystem von *W* gemahnende Visionen heißt:

> Se dice que vive refugiado en el fundo de una mujer mayor que él, dedicado a la lectura y a la fotografía. Se dice que asiste de vez en cuando (y sin avisar) al salón de Rebeca Vivar Vivanco, más conocida como madame VV, pintora y ultraderechista (Pinochet y los militares, para ella, son unos blandos que acabarán por entregar la República a la Democracia Cristiana), impulsora de comunas de artistas y soldados en la provincia de Aysén, dilapidadora de una de las fortunas familiares más antiguas de Chile y finalmente ingresada en un manicomio hacia la mitad de la década de los ochenta (entre sus obras peregrinas destaca el diseño de los nuevos uniformes de las Fuerzas Armadas y la composición de un poema musical de veinte minutos de duración que los adolescentes de quince años deberían entonar en un rito de iniciación a la vida adulta que se haría, según madame VV, en los desiertos del norte, en las nieves cordilleranas o en los oscuros bosques del sur, dependiendo de su fecha de nacimiento, situación de los planetas).[254]

Ehe im weiteren Verlauf die fundamentale Bedeutung von *W* für Bolaños Inszenierung seines eigenen autobiographischen Schreibens in *Estrella distante* analysiert wird, soll hier zunächst noch erläutert werden, inwiefern der Roman – und Bolaños narrative Ästhetik insgesamt – aufs engste mit Georges Perecs Romanpoetik und ihren Verfahrensweisen verflochten ist. So folgt etwas das in

---

[254] Roberto Bolaño: *Estrella distante*, S. 107–108. Auch an anderen Stellen des Textes werden mit Wieders Flügen in die Antarktis jene patagonischen Phantasmen wieder aufgerufen, vgl. etwa S. 54–55.

W operierende Prinzip der sich überkreuzenden und gegenseitig beleuchtenden wie unterlaufenden Erzählstränge einer Logik, die beide Autoren mit beinahe identischen Metaphern beschrieben haben: Wenn Bolaño sich im Prolog von *Estrella distante* auf den Text in seiner Struktur als «*espejo y explosión en sí misma*»[255] bezieht, entspricht diese Vorstellung des Romans als eines sich mehrfach durch seine verschiedenen Teile in sich selbst spiegelnden und damit quasi «explodierenden» Textes eben der Beschreibung, die Georges Perec in einem Gespräch mit seinem deutschen Übersetzer Eugen Helmlé bezüglich der Form von *W* äußert, welche er bezeichnet als «deux miroirs tournés l'un vers l'autre qui renvoient leurs images et qui font éclater chacun les deux récits.»[256] Darüber hinaus bestimmt Perec in einem auf der Rückseite der französischen Ausgabe von *W* abgedruckten Zitat das Verhältnis der beiden Textteile zueinander in der Metapher eines «fernen Lichtes», «comme si de leur rencontre seule, de cette lumière lointaine qu'ils jettent l'un sur l'autre, pouvait se révéler ce qui n'est jamais tout à fait dit dans l'un» – ein Bild also, das dem Titel von Bolaños Roman und den vielfältigen hier erleuterten Deutungsmöglichkeiten des «fernen Sterns» eine weitere hinzufügt. Auch auf der Mikroebene finden sich in beiden Romanen (hier bereits teilweise kommentierte) Formen semantischer und vor allem polysemischer Verdichtung im Sinne jener «polysémie effervescente»,[257] wie sie Bernard Magné mit Blick auf Perec beschreibt. In *W* wie in *Estrella distante* manifestieren sich diese Verfahren etwa auf der Ebene der Eigennamen von Figuren und Orten: So findet in *W* das Treffen zwischen Winckler und Apfelstahl im «Hôtel Berghof, au numéro 18 de la Nurmbergstrasse»[258] statt und suggeriert bereits hier die hinter diesen Namen verborgenen Verbindungen zu Hitlers Landhaus und Nürnberg als Ort von Rassegesetzen wie Kriegsverbrechertribunal. Ebenso verhält es sich mit den Siglen *M.D.* in Apfelstahls Briefkopf, über deren Bedeutung der Erzähler spekuliert und sie schließlich für die Abkürzung *medical doctor* hält, woraufhin er in einem Versuch der Selbstberuhigung kommentiert: «[C]ela n'avait rien d'étonnant

---

[255] Ebd., S. 11.
[256] Georges Perec: *Entretiens et conférences Vol. I, 1965–1978*. Édition critique établie par Dominique Bertelli et Mireille Ribière. Nantes: Joseph K 2003, S. 199. Zu Perecs aufschlussreichem Austausch mit Helmlé, den er mehrfach von Paris aus in seiner nahen saarländischen Heimat besuchte, vgl. auch den unlängst veröffentlichten Briefwechsel zwischen den beiden: Ralph Schock (Hg.): «*Cher Georges*» – «*Cher Eugen*». *Die Korrespondenz zwischen Eugen Helmlé und Georges Perec*. St. Ingbert: Conte Verlag 2015. Zu Perecs Verhältnis zur deutschen Literatur und der Bedeutung Helmlés in diesem Zusammenhang vgl. auch das entsprechende Kapitel in der Biographie von David Bellos mit dem Titel «Oulipo-an-der-Saar».
[257] Bernard Magné: *Perecollages. 1981–1988*. Toulouse: Les Cahiers de Littérature 1989: S. 216.
[258] Georges Perec: *W ou le souvenir d'enfance*, S. 20.

en soi: il y a beaucoup d'Allemands émigrés aux États-Unis, de nombreux médecins américains sont d'origine allemande ou autrichienne»[259] – die auch hier implizit mitschwingende und beunruhigende Botschaft lässt sich wiederum als klarer Bezug auf all jene in den 1970er Jahren noch immer flüchtigen Nazi-Ärzte wie Josef Mengele oder Aribert Heim lesen. Bolaño seinerseits arbeitet mit ganz ähnlichen Methoden der semantischen Verdichtungen und Anspielungen in den Eigennamen, etwa wenn das in *Estrella distante* auftauchende (und fiktive) «aeródromo Capitán Lindstrom» in Santiago an die Figur des Flugpioniers Charles Lindbergh gemahnt, der ebenfalls für seine antisemitischen und nazifreundlichen Haltungen in den 1940er Jahren berüchtigt war, oder in *La literatura nazi* der Ramírez Hoffmans Fotoausstellung besuchende Militär den Namen Curzio Zabaleta trägt und damit ebenfalls über seinen Vornamen an die Figur Curzio Malapartes und dessen in seinem Werk *Kaputt* festgehaltenen ‹Beobachtungen des Bösen› aus seiner Zeit als Kriegsberichterstatter im Zweiten Weltkrieg erinnert, in der er u.a. bei Hans Frank auf dem Wawel in Krakau zu Gast war.[260] Ebenso finden sich bei Bolaño jene in *W* so dominanten «récurrences et [...] ressemblances lexicales [qui] forment l'ensemble des similitudes»,[261] welche in *Estrella distante* etwa durch die den Roman durchziehende Semantik von Tod und Geburt artikuliert wird, etwa in den mit den Schwestern María und Magdalena Venegas verbundenen (und im Süden Chiles real existierenden) Orten Concepción, Nacimiento und Navidad.

Von noch wichtigerer Bedeutung jedoch für Bolaños Schreiben ist allerdings Georges Perecs intertextuelle Ästhetik selbst zu errachten, die – ähnlich wie bei seinem chilenischen Bewunderer – gewissermaßen das Zentrum seines literarischen Projekts ausmacht. Perec hat dieses Prinzip bereits zu Beginn seiner Karriere explizit gemacht, wenn er in seinem bekannten Vortrag in Warwick 1967 bemerkt: «[L]orsque j'écris, tous les sentiments que j'éprouve, toutes les idées que j'ai ont déjà été broyés, ont déjà été passés, ont déjà été traversés par des expressions, par des formes qui, elles, viennent de la culture du passé. Alors, cette idée en amène encore une autre, à savoir que tout écrivain se forme en répétant les autres écrivains.»[262] Seine Texte, so Perec weiter, folgen einem Bild der Literatur als Puzzle und der Idee einer «espèce de littérature [...]

---

[259] Ebd., S. 22.
[260] Vgl. Curzio Malaparte: *Kaputt*. Neapel: Casella 1944. Malapartes Text scheint auch insbesondere für den letzten – und in Teilen im Zweiten Weltkrieg spielenden – Teil von *2666* ein literarisches Modell zu liefern.
[261] Bernard Magné: Les sutures dans *W ou le souvenir d'enfance*. In: *Cahiers Georges Perec* 2 (1988) – *W ou le souvenir d'enfance: une fiction*, S. 39–56, hier: S. 40.
[262] Georges Perec: *Entretiens et conférences*, S. 81.

citationnelle.»²⁶³ Schreiben bedeutet daher für Perec – ebenso wie für Bolaño – immer und essentiell «réorganiser une matière romanesque qui existe déjà.»²⁶⁴ Die spezifische Funktionsweise der perecschen Intertextualität ist von der umfangreichen Forschung²⁶⁵ zu seinem Werk exemplarisch in den bereits erwähnten Arbeiten von Bernard Magné bearbeitet worden und lässt auch hier wiederum verblüffende Parallelen zu Bolaños Ästhetik des ‹wilden Lesens› erkennen in ihren «emprunts multiples et occultes à quelques auteurs de prédilection dont Perec a [...] rempli tous ses textes, soit de manière plus ou moins sauvage [...], soit en élaborant une véritable planification intertextuelle.»²⁶⁶ Magné postuliert dabei eine besondere Form des Umgangs mit intertextuellen Referenzen bei Perec, die er mit dem Begriff der *impli-citation* wie folgt beschreibt: «L'impli-citation est tout à la fois *cassure* (elle découpe un fragment dans le texte source et interrompt par sa présence le texte d'accueil), *suture* (elle insère le fragment prélevé dans le texte d'accueil en rétablissant, par un effet de nappage, une apparente continuité de surface) et *couverture* (elle dissimule l'emprunt ou le déguise).»²⁶⁷ Perecs Texte sind also ebenso wie die Bolaños durchzogen von gleichsam miteinander ‹vernähten› Fragmenten anderer Texte, die unter der sicht- bzw. lesbaren Oberfläche des Textes ein verborgenes Netz bilden. Magné spricht von einem «réseau de relations souterraines, latentes» zwischen den «cellules narratives indépendantes»,²⁶⁸ welches es für den Leser zu dechiffrieren gilt, wobei die Lesbarkeit der Texte – und die Bolaño-Forschung hat das in ihrer Ignoranz weiter Teile der intertextuellen Arbeit ihres Autors besonders eindrücklich vorgeführt – prinzipiell auch ohne dieses Wissen möglich ist. Dabei realisiert der Leser Perecs, wie es Magné trefflich beschreibt, die gleiche ‹Lesearbeit›, wie sie mit Blick auf Bolaño in der vorliegenden Arbeit vorgenommen wird, nämlich weniger im Sinne eines theoretischen Diskurses, als vielmehr in Form eines textbezogenen ‹Nachlesens› der Werke, die der Autor zuvor selbst gelesen und für sein Schreiben nutzbar gemacht hat: «[L]e lecteur lit et relit, souvent d'ailleurs sans le savoir, les mêmes textes que Perec! Les enjeux de l'intertextualité perecquienne se situeraient alors moins

---

263 Ebd., S. 86.
264 Ebd., S. 231.
265 Dass Bolaño im Falle Perecs auch Sekundärliteratur zu seinem Werk konsultierte, wurde ebenfalls in der Ausstellung seines persönlichen Archivs in Barcelona deutlich, welches eine 1992 von der spanischen Literaturzeitschrift *Anthropos* publizierte Sonderausgabe mit dem Titel *Georges Perec. Poética narrativa y teoría literaria* enthielt.
266 Bernard Magné: *Georges Perec*. Paris: Éditions Nathan 1999, S. 53.
267 Ebd., S. 54.
268 Bernard Magné: Les sutures dans *W ou le souvenir d'enfance*, S. 41.

dans le champ de la théorie littéraire que dans la perspective d'un travail du sujet écrivant pour retrouver une cohérence perdue.»[269]

In *Estrella distante* finden sich nun eine ganze Reihe von Metaphern und Episoden, in denen der Text über seine eigene Geformtheit im Sinne von ‹Textkreuzungen› bzw. die darin angelegte Vielfalt der Auslegungsmöglichkeiten reflektiert. Ein Beispiel für solch eine metatextuell ausdeutbare Überkreuzung ist etwa die bereits erwähnte Episode um die Ermordung des chilenischen Literaturprofessors Diego Soto im Bahnhof von Perpignan durch eine Gruppe von Neonazis. Die Geschichte, die gewissermaßen die ‹Durchkreuzung› eines vermeintlich zum Guten gewendeten Lebens Sotos im Exil beschreibt, wird dem Erzähler dabei wieder von Bibiano O'Ryan in einem Brief berichtet, der seinerseits im Stile eines Detektivs alle Einzelheiten und Indizien zum dem Fall zusammengetragen hat. Gleichzeitig wird die Episode gerahmt von einer Reihe von literarischen bzw. bildlichen Anspielungen, die ihrerseits auf das Motiv der Kreuzung verweisen. Dabei sind hier weniger die Texte entscheidend, die Soto im Moment seiner Ermordung bei sich trägt – eine Ausgabe von *Le Monde*, einen spanischen Kriminalroman sowie ein Buch eines (vermeintlichen) «poeta vanguardista franco-catalán muerto durante la Segunda Guerra Mundial» namens Guerau de Cabrera[270] –, sondern vielmehr die Referenz auf den Ort des Geschehens, der wiederum in einem auch im Text adressierten Bild Salvador Dalís verewigt wurde. So heißt es über Soto:

---

[269] Bernard Magné: *Georges Perec*, S. 55.
[270] Roberto Bolaño: *Estrella distante*, S. 78. Hierbei handelt es sich um einen Witz Bolaños: Guerau de Cabrera war in Wirklichkeit ein berühmter katalanischer Troubadour im 12. Jahrhundert, der bekannt für seine Lehrdichtungen, die sog. *ensenhamen*, war, wobei sein einziges bekanntes und auf Provenzalisch abgefasstes Gedicht ein an einen anderen *juglar* namens Cabra formulierter Vorwurf über dessen Ungebildetheit ist. Diese wird von Guerau in Form einer Aufzählung all dessen formuliert, was ein Sänger der Zeit wissen sollte, wobei vor allem ein ganzer Pantheon von literarischen Heldenfiguren von der Antike bis zu den Rittern der Tafelrunde aufgeführt wird. Wenngleich hier das Motiv des Heldentums also in diesem Intertext versteckt ist, das kurz darauf von Soto in seinem Rettungsversuch der von den Neonazis attackierten Obdachlosen selbst weitergeführt wird, ist die Tatsache, dass Bolaño diesen Verweis quasi ‹unter falschem Namen› und in Anspielung auf einen Text, der selbst wiederum das Nicht-Wissen hinsichtlich eines bestimmten Textkanons thematisiert, ein Beispiel für jenen meta-literarisch grundierten Humor, mit dem er sich über den realen Leser lustig macht, der die Anspielung hier nicht überprüft (und sich so seiner eigenen Verspottung natürlich gar nicht bewusst wird). Vgl. zur Kontextualisierung und Rezeptionsgeschichte der Figur von Guerau de Cabrera auch die Ausführungen in François Pirot: *Recherches sur les connaissances littéraires des troubadours occitans et catalans des XIIe et XIIIe siècles*. Barcelona: Real Academia de Buenas Letras Barcelona 1972.

No estuvo en el bar más de diez minutos. Un empleado lo vio pasear por los andenes, lentamente pero con paso firme y seguro. En modo alguno borracho. Se supone que se perdió por aquellos vericuetos abiertos de los que hablaba Dalí. Se supone que lo que quería era, precisamente, eso. Perderse durante una hora por la magnificencia soberana de la estación de Perpignan. Recorrer el itinerario (¿matemático, astronómico, mítico?) que Dalí soñó que se ocultaba sin ocultarse en los límites de la estación.[271]

Bolaño bezieht sich hier auf Dalís 1965 vollendetes Bild *La Gare de Perpignan*: Auf diesem ist weniger der Bahnhof selbst zu sehen, als ein im Zentrum des Bildes im Kreuzungspunkt von vier Sonnenstrahlen stehender Dalí selbst, der von oben von einem Eisenbahnwaggon, von unten von einer seiner Ehefrau nachempfundenen Frau auf einer Schubkarre und rechts und links von Figuren aus Millets Gemälde *L'Angélus* eingerahmt wird. Entscheidend ist hier für Bolaños Bezugnahme die Vorstellung Dalís, dass es sich bei dem Bahnhof von Perpignan um das Zentrum des Universums[272] handele – eine Interpretation, die Dalí direkt aus seiner an Relativitäts- und Quantentheorie abgeleiteten «kritisch-paranoiden» Methode, wie er sie selbst nannte, entwickelt hatte.[273] Was sich in dem Gemälde und Dalís Vorstellung ausdrückt, ist die Idee einer Überkreuzung nicht nur von Leben und Tod oder verschiedener Zeitschichten in einer quasi-epiphanischen Erfahrung, sondern zugleich die Verbindung von Lokalität und Universalität: Soto – ein unbedeutender Literaturprofessor aus Chile – stirbt auf einem kleinen Bahnhof im Süden Frankreichs durch die Hände einiger Neonazis und steht zugleich doch stellvertretend für die (unabgeschlossene)

---

271 Ebd., S. 79–80.
272 Vgl. die entsprechende Notiz in Dalís Tagebuch: «C'est toujours à la gare de Perpignan [...] que me viennent les idées les plus géniales de ma vie [...]. Eh bien, ce 19 septembre, j'ai eu à la gare de Perpignan une espèce d'extase cosmogonique plus forte que les précédentes. J'ai eu une vision exacte de la constitution de l'univers. L'univers qui est l'une des choses les plus limitées qui existe serait, toutes proportions gardées, semblable par sa structure à la gare de Perpignan» (Salvador Dalí: *Journal d'un génie*. Introduction et notes de Michel Déon. Paris: La Table Ronde 1964, S. 242).
273 Vgl. dazu die Ausführung von Schiebler: «Die Auffassung des Bahnhofs von Perpignan als des Zentrums der Welt wird von der Relativitätstheorie gedeckt. Nach ihr gibt es keinen absoluten Ruhepunkt im Universum, und es ist gleich legitim [...], die Sonne, die Erde, den Bahnhof von Perpignan oder den Kopf eines Künstlers als Zentrum der Welt zu betrachten. [...] Das viel Interessantere an der Quantentheorie ist, dass ihr Inhalt selbst paranoisch-kritisch [sic] strukturiert ist. Die Frage der Interpretation von Sachverhalten spielt in ihr eine wesentliche Rolle. [...] Zu den wichtigsten Prinzipien der Quantenphysik zählen Überlagerung («Superposition») und Verschränkung» (Ralf Schiebler: Dalí und die Wissenschaften. Der Angélus von Millet und die paranoisch-kritische Methode. In: Gerhard Kolberg (Hg.): *Salvador Dalí. La Gare de Perpignan. Pop, Op, Yes-yes, Pompier*. Köln: Hatje Cantz Verlag 2006, S. 39–59, hier: S. 49.)

Weltgeschichte[274] des Nazismus, die in *Estrella distante* und *La literatura nazi en América* stets den Hintergrund des Romans bildet. Ähnlich wie in Perecs *W* mit seiner Inszenierung einer «Vernichtung, die die Weltgeschichte mit der persönlichen Geschichte vorgenommen hat»,[275] überlappen sich hier Mikro- und Makrogeschichte, wobei die Verknüpfungsleistung stets vom Leser selbst vorgenommen werden muss. Auf diesen Aspekt weist der Erzähler von *Estrella distante* am Ende des Kapitels über Juan Stein, Diego Soto und Lorenzo alias Petra noch einmal in einem metatextuellen Verweis bezüglich der Verbindungen zwischen diesen drei Geschichten hin:

> [L]o único que los une fue la circunstancia de nacer en Chile. Y un libro que tal vez leyó Stein, que seguro leyó Soto (habla de él en un largo artículo sobre el exilio y la errancia publicado en México) y que también leyó, entusiasta como casi siempre que leía algo (¿cómo daba vuelta las hojas?: ¡con la lengua, como deberíamos hacerlo todos!), Lorenzo. El libro se titula *Ma gestaltthérapie* y su autor es el doctor Frederick Perls, psiquiatra, fugitivo de la Alemania nazi y vagabundo por tres continentes. En España, que yo sepa, no se ha traducido.[276]

Der Bezug auf die Gestalttheorie von Perls, die – wie Hartwig zutreffend bemerkt – «puede ser un enfoque válido para interpretar la novela entera»,[277] ist hier insofern bedeutsam, als sich diese bekanntlich mit Fragen von Ordnungsprozessen und Sinnstiftung innerhalb der menschlichen Wahrnehmung und Psyche auseinandersetzt. Auch dieser Verweis auf die Gestalttheorie als einer möglichen Prozessbeschreibung der Lektüre des Romans als Sammlung von (Inter-)Texten in ihrer Dialektik zwischen Fragment und Totalität nimmt bei Bolaño eine bereits im Vorwort von Perecs *La vie mode d'emploi* mit exakt dem gleichen Bezug formulierte Reflexion über eben dieses Verhältnis von *élément* und *ensemble* auf:

> Au départ, l'art du puzzle semble un art bref, un art mince, tout entier contenu dans un maigre enseignement de la Gestalttheorie: l'objet visé – qu'il s'agisse d'un acte perceptif, d'un apprentissage, d'un système physiologique ou, dans le cas qui nous occupe, d'un

---

274 Die Tatsache, dass Soto eine Ausgabe von *Le Monde* kauft, kann insofern hier weniger als simpler Beitrag zu einem *effet de réel*, als vielmehr im Sinne einer Anspielung auf eben jene gleichsam komprimierte Spiegelung des Universalen an einem lokalen Ort gelesen werden.
275 Judith Kasper: *Sprachen des Vergessens. Proust, Perec und Barthes zwischen Verlust und Eingedenken*. München: Fink 2003, S. 208.
276 Roberto Bolaño: *Estrella distante*, S. 85.
277 Susanne Hartwig: La sombra del cámara: literatura y ética en los tiempos de la virtualidad (Roberto Bolaño, *Estrella distante*, 1996). In: Susanne Hartwig (Hg.): *Culto del mal, cultura del mal: Realidad, virtualidad, representación*. Madrid/Frankfurt am Main: Iberoamericana/Vervuert 2014, S. 21–42, hier: S. 30.

puzzle de bois – n'est pas une somme d'éléments qu'il faudrait d'abord isoler et analyser, mais un ensemble, c'est-à-dire une forme, une structure: l'élément ne préexiste pas à l'ensemble, il n'est ni plus immédiat ni plus ancien, ce ne sont pas les éléments qui déterminent l'ensemble, mais l'ensemble qui détermine les éléments: la connaissance du tout et de ses lois, de l'ensemble et de sa structure, ne saurait être déduite de la connaissance séparée des parties qui le composent. Cela veut dire qu'on peut regarder une pièce d'un puzzle pendant trois jours et croire tout savoir de sa configuration et de sa couleur sans avoir le moins du monde avancé: seule compte la possibilité de relier cette pièce à d'autres pièces.[278]

Im Kontext von *Estrella distante* wird diese Referenz auf die Gestalttheorie und das Puzzle – und damit auch zweifelsohne auf Perecs Hauptwerk – jedoch nicht nur zu einer Struktur- bzw. Funktionsmetapher, die den Leser direkt auf die Notwendigkeit eines kombinierenden Lesens hinweist, sondern sie muss zugleich, wie Gelz mit Blick auf Perec bemerkt, gelesen werden im Kontext einer «historischen Einordnung, der Geschichtlichkeit von Kunst.»[279] Diese besteht im Falle von *La vie mode d'emploi* in der Tatsache, dass Perec über eine intertextuelle Einbindung eigener, insbesondere aus seinen oulipistischen Sprachexperimenten stammender Texte ein Puzzle entwirft, das den Roman «nicht nur zum Gedächtnisraum früherer Texte, sondern darüber hinaus auch zum historischen (Auto-)Kommentar»[280] macht. Dieses Verfahren findet sich ähnlich wiederum in *Estrella distante*, wo die Textgenese einerseits im Vorwort schon explizit gemacht, zum anderen im Text selber aber noch einmal wiederholt wird, wenn der Erzähler Belano/Bolaño in einem autotextuellen Kommentar den (realexistierenden) Roman *La literatura nazi en América* von Roberto Bolaño unter anderem Titel der Erzählerfigur Bibiano O'Ryan zuschreibt.[281] In diesem Sinne und zusammenfassend lassen sich

---

[278] Georges Perec: *La vie mode d'emploi*. In: *Œuvres/Georges Perec II*. Édition publiée sous la direction de Christelle Reggiani. Paris: Gallimard 2017, S. 5–701, hier: S. 7.
[279] Andreas Gelz: *Postavantgardistische Ästhetik*, S. 153.
[280] Ebd., S. 156.
[281] «Algunos años antes Bibiano O'Ryan publica *El nuevo retorno de los brujos* en una modesta editorial especializada en libros de poesía de reducido formato. El libro es un éxito y catapulta a la editorial a tirajes hasta entonces impensados. *El nuevo retorno de los brujos* es un ensayo ameno (y a su escritura no le son ajenas las novelas policiales que Bibiano y yo consumimos en nuestros años de Concepción) sobre los movimientos literarios fascistas del Cono Sur entre 1972 y 1989. No escasean los personajes enigmáticos o estrafalarios, pero la figura principal, la que se alza única de entre el vértigo y el balbuceo de la década maldita, es sin duda Carlos Wieder. Su figura, como se suele decir más bien tristemente en Latinoamérica, brilla con luz propia. El capítulo que Bibiano dedica a Wieder (el más amplio del libro) se titula «La exploración de los límites» y en él, alejándose de un tono por lo común objetivo y mesurado, Bibiano habla precisamente del brillo; se diría que está contando una película de terror» (Roberto Bolaño: *Estrella distante*, S. 117).

diese meta- bzw. autotextuellen Figuren, wie sie im Puzzle oder der Gestalttheorie visualisiert werden, bei Perec und Bolaño einerseits als Beschreibungen der Funktionsweise der narrativen Form ihrer Romane verstehen, die zugleich Lektüreanweisung für den Leser ist: Der Text ist ein Puzzle, das einem strikten Plan folgt – «celui qui les fabrique entreprend de se poser toutes les questions que le joueur devra résoudre [...] au lieu de laisser le hasard brouiller les pistes»,[282] heißt es bei Perec –, wobei die Notwendigkeit dieser dechiffrierenden Lektüre schnell deutlich wird, da die Leser, wie Bolaño wiederum mit Blick auf ein von Wieder entworfenes *Wargame* vieldeutig bemerkt, als die Spieler, die sie sein müssen, «no tardan en comprender que se hallan ante un juego de doble o de triple lectura.»[283] Mit dieser Einrichtung des Romans als Spiel wiederum schließen Perec und Bolaño an andere postavantgardistische bzw. postmoderne[284] Autoren wie Cortázar oder auch Max Aub an, in deren Werken Ottmar Ette ein auch in Texten wie *Estrella distante* prägendes Lektüreverfahren im Sinne einer «interrelationale[n] Lesart» identifiziert, das «die Leser dazu anhält, zwischen den verschiedenen [Text-]Teilen [...] ständig hin- und herzuspringen.»[285] Die Inzenierung der Geschichtlichkeit der eigenen Verfahren wird damit – ähnlich wie oben mit Blick auf Parra und Lihn gezeigt – insofern bedeutsam, als diese Texte «damit ein durchaus avantgardistisches Element – die (Zer-)Störung einer linearen Lektüre – spielerisch auf[nehmen]»[286] und damit auch auf der formalen Ebene des Romans eben jene problematischen Verfahren der Sinnsetzung bzw. -destruktion der Avantgarden, wie sie Carlos Wieder bei Bolaño exemplarisch repräsentiert, umgehen. Jegliche Lektüre von Texten bzw. ‹textbasierter Wirklichkeit› – und darüber wird im Zusammenhang mit den autobiographischen Aspekten noch zu sprechen sein – ist in ihren Prozessen der Sinn- und Bedeutungskonstitution stets einer Vielzahl von prinzipiell offenen Auslegungen unterworfen, wie in *Estrella distante* noch in einer weiteren Metapher unterstrichen wird, wenn Carlos Wieder während seiner Flugschau durch den beobachtenden Erzähler als «semejante a una mancha de Rorschach», also eine ebenfalls wahrnehmungspsychologische

---

282 Georges Perec: *La vie mode d'emploi*, S. 9.
283 Roberto Bolaño: *Estrella distante*, S. 108. In ironisierter Form taucht das gleiche Motiv noch einmal mit Blick auf den Kritiker Ibacache (alias Ibáñez Langlois) auf, der ein Buch mit dem Titel *Las lecturas de mis lecturas* publiziert (vgl. S. 113).
284 Vgl. zu dieser Begriffsdiskussion, deren Bestimmung für die hier behandelten Fragestellungen nicht entscheidend ist, in Ottmar Ette: *Literatur in Bewegung*, S. 389–397.
285 Ebd., S. 363. Dieses ‹Springen› folgt im Falle Perecs bekanntlich einem festen und mathematisch grundierten Muster, während es bei Bolaño eher ungerichtet ist.
286 Ebd., S. 364.

Figur, beschrieben wird.[287] Sie ist zugleich eine Form der multiplen Dialoge zwischen Autor und Leser(n): «[C]e n'est pas un jeu solitaire»,[288] heißt es bei Perec – und doch sind in diesem Spiel stets schon die ‹ernsten Ursprünge› seiner selbst aufgehoben, wie insbesondere durch die autobiographischen Dimensionen der Texte im Fall von Perec und Bolaño deutlich wird.

Was am Ursprung der Zersplitterung der Texte sowohl in *W* als auch in *Estrella distante* steht, ist die autobiographische Erfahrung des Bruchs und des Traumas: Das literarische Spiel mit den Fragmenten und seinen metaleptischen Elementen wird durch die Geschichten der Erzähler und der sie umgebenden Figuren rückgebunden an den Einbruch historischer Gewalt in das Leben im Sinne einer Verunmöglichung einer linearen Erzählbarkeit dieses Lebens. Auf diese Weise erfährt die literarische Form eine gleichsam mimetische Grundierung, die miteinander ‹vernähten› Geschichten stellen die Herkunft ihrer in der Naht sichtbar werdenden Narben aus. Lejeune hat die zentrale Bedeutung Perecs für das Genre des Autobiographischen betont, wie sie eingangs ja auch von Bolaño herausgehoben wurde. Diese speise sich – paradoxerweise – vor allem aus der Tatsache, dass Perec, als Überlebender der Shoah und die durch die Ermordung seiner Eltern verursachte Auslöschung der Vergangenheit, in der Erfahrung des Bruchs mit der Überlieferung der eigenen Geschichte als einer biographischen *Leerstelle* gewissermaßen eine neue Form des autobiographischen Sprechens (und Lesens) zu erfinden hatte: «Parce que le langage ordinaire de l'autobiographie lui était en quelque sorte interdit, dos aux mur, il a inventé de nouvelles stratégies.»[289] Dieses neue Schreiben besteht zum einen in jener radikalen Überkreuzung des autobiographischen Diskurses mit anderen (Inter-)Texten, oder wie es Lejeune formuliert: «Perec oblige l'autobiographie à une sorte de révolution copernicienne, par l'usage qu'il fait de la parodie, de la citation, de la réécriture. Il se sert des auteurs qui lui ont comme donné vie [...] pour leur emprunter les traits (citations, situations en miroir, etc.) avec lesquels se dessiner, trouver un visage.»[290] Zugleich verwandelt sich diese Form des autobiographischen Schreibens geradezu notwendig in eine selbstreflexive «autobiographie critique»,[291] inszeniert der Erzählerdiskurs «aus

---

[287] Dass auch hier möglicherweise Perec mit seiner Figur Remi Rorschach aus *La vie mode d'emploi* Pate dieser Idee war, liegt im Bereich des Vorstellbaren. Über die problematischen Dimensionen dieser radikalen Offenheit von Prozessen der Bedeutungszuschreibung wird im Schlussteil dieses Kapitels noch ausführlich zu reden sein.
[288] Georges Perec: *La vie mode d'emploi*, S. 10
[289] Philippe Lejeune: *La mémoire et l'oblique*, S. 16.
[290] Ebd., S. 32.
[291] Ebd. S. 74.

Trümmern der Erinnerung ein zerbrochenes Subjekt und eignet sich zugleich in höchst literarischer Weise Formen des ‹objektiven Sprechens› als fiktionale Konstruktion an, die stets die grundsätzliche Fingiertheit jeder Tatsächlichkeit mitreflektiert.»[292] Vor diesem Hintergrund einer zersprengten Vergangenheit und dem radikalen Entzug des Geschehens aus dem Blickwinkel der (Erzähl-) Gegenwart erwächst für die autobiograpischen Erzählinstanzen bei Bolaño und Perec die Notwendigkeit, sich dieser Vergangenheit im Modus des Detektivischen anzunähern, dessen grundlegende Praxis das Lesen, Auslegen und Zusammenführen von Spuren ist. Das Spurenlesen aber erfordert eine bestimmte Form der Lektüre und der Sinnerzeugung, die sich aus dem spezifischen Status der Spur als Rest einer entschwundenen Totalität ergibt:

> Eine Spur zu lesen heißt, die gestörte Ordnung, der sich die Spurbildung verdankt, in eine neue Ordnung zu integrieren und zu überführen; dies geschieht, indem das spurbildende Geschehen als eine Erzählung rekonstruiert wird. Die Semantik der Spur entfaltet sich nur innerhalb einer ‹Logik› der Narration, in der die Spur ihren ‹erzählten› Ort bekommt. Doch es gibt stets eine Vielzahl solcher Erzählungen. Daher sind Spuren polysemisch: Diese Vieldeutigkeit der Spur ist konstitutiv, also unhintergehbar. Etwas, das nur eine (Be-)Deutung hat und haben kann, ist keine Spur, vielmehr ein Anzeichen.[293]

Diese Vieldeutigkeit der Spur und die Unsicherheit, wie dem Fragmentarischen eine neue narrative Kohärenz zu verleihen sei, führt in den Romanen von Perec und Bolaño zu einer stetigen Inszenierung von Leseprozessen, die sich fundamental durch ein (vielfaches) *Wieder*-Lesen von Spuren sowie eine gesteigerte Verknüpfungstätigkeit hinsichtlich dieser Spuren auszeichnet. Die Texte reichern sich an mit Dokumenten und Bildern des Uneindeutigen, die über ihre eigene Ambiguität hinaus immer schon auf die prinzipielle Problematik der Bedeutungszuweisung und Interpretation verweisen. In *W* bietet etwa das Wappen auf dem Briefkopf Apfelstahls ein Beispiel für ein solches Dokument und die darüber hinausweisende metatextuelle Dimension, wenn der Erzähler grübelt über einem

> blason compliqué, parfaitement gravé, mais que mon ignorance en matière d'héraldique m'interdit d'identifier, ou même, plus simplement, de déchiffrer. [...] il ne s'agissait pas pourtant de symboles abstraits, ce n'étaient pas des chevrons, par exemple, ni des bandes, ni des losanges, mais des figures en quelque sorte doubles, d'un dessin à la fois précis et

---

[292] Judith Kasper: *Sprachen des Vergessens*, S. 145.
[293] Sybille Krämer: Was also ist eine Spur? Und worin besteht ihre epistemologische Rolle? Eine Bestandsaufnahme. In: Sybille Krämer/Werner Kogge u.a. (Hg.): *Spur. Spurenlesen als Orientierungstechnik und Wissenskunst*. Frankfurt am Main: Suhrkamp 2007, S. 11–36, hier: S. 17.

ambigu, qui semblait pouvoir s'interpréter de plusieurs façons sans que l'on puisse jamais arrêter sur un choix satisfaisant.[294]

Insbesondere die Bemerkung am Ende des Satzes verweist auf den Doppelstatus der Spur als solcher, die einer spezifischen Dialektik zwischen Präsenz und Absenz und damit zwischen Eindeutigkeit und Mehrdeutigkeit – *à la fois précis et ambigu* – folgt und damit einen prinzipiell unabschließbaren Prozess von Bedeutungszuschreibungen auslöst. Krämer spricht in diesem Zusammenhang von einem «epistemologischen Doppelleben» der Spur: Zum einen fungiert die Spur, im Sinne eines «Indizienparadigmas», als «Instrument, um Abwesendes in Anwesendes, Unverfügbares in Verfügbares, Unkenntnis in Wissen zu transformieren»[295]; zugleich aber – und dieser Aspekt dominiert in *W* und *Estrella distante* – ist jede Spur eben in ihrer konstitutiven Mehrdeutigkeit immer schon durch die Unmöglichkeit einer sicheren Bedeutungsbestimmung im Sinne eines «Entzugsparadigmas» markiert:

> Wo etwas nur (noch) als Spur sich zeigt, sind wir konfrontiert mit einer uneinholbaren Ferne, einer unüberwindbaren Absenz, einer konstitutiven Unzugänglichkeit oder einem unwiederbringlichen Vergangensein. [...] Die Spur wird hierbei zur Chiffre nicht für die Möglichkeit, sondern für die Unmöglichkeit von sicherem Wissen und definiter Erkenntnis, sie gilt als Inkarnation dessen, was für uns unerreichbar ist – und bleibt.[296]

Genau auf diese Unmöglichkeit der Herstellung sicherer Bedeutung nehmen die beiden Romane immer wieder Bezug, wenn die detektivischen Leseprozesse keine Vereindeutigung, sondern vielmehr eine Multiplizierung möglicher (Be-)Deutungen verursachen oder auch überhaupt keine Erhärtung einer bestimmten Bedeutungshypothese ergeben. So heißt es etwa über Wincklers Lektüre des Briefes von Apfelstahl: «Je lisais et je relisais la lettre, j'essayais d'y découvrir chaque fois un indice supplémentaire, mais je n'y trouvais que des raisons de m'intriguer davantage.»[297] In beiden Romanen fungieren dabei vor allem

---

294 Georges Perec: *W ou le souvenir d'enfance*, S. 19.
295 Sybille Krämer: Immanenz und Transzendenz der Spur: Über das epistemologische Doppelleben der Spur. In: Sybille Krämer/Werner Kogge u.a. (Hg.): *Spur. Spurenlesen als Orientierungstechnik und Wissenskunst*. Frankfurt am Main: Suhrkamp 2007, S. 155–181, hier: S. 156.
296 Ebd., S. 158.
297 Georges Perec: *W ou le souvenir d'enfance*, S. 21. Oder ähnlich, wenige Seiten später: «Je passai une partie de la soirée à la Bibliothèque municipale, feuilletant des dictionnaires, des encyclopédies, des annuaires, avec l'espoir d'y découvrir des renseignements sur Otto Apfelstahl, d'éventuelles indications sur d'autres acceptions du sigle 'MD', ou sur la signification du blason. Mais je ne trouvai rien» (S. 23).

Fotographien als Elemente dieser (auto-)biographischen Spurensuche, die zwar einerseits materielle Träger von Spuren und Erinnerungen sind – «une photo en garde la trace»,²⁹⁸ heißt es bei Perec einmal –, zugleich aber ihrerseits stets und gerade aufgrund ihres Status als Spur im Sinne jenes «Entzugsparadigmas» als unzuverlässige Mittel einer ‹Beweissicherung› angesehen werden, oder wie es Valeria de los Ríos in ihrem einschlägigen Aufsatz mit Blick auf Bolaño formuliert: «Bolaño recurre a la fotografía como último refugio del significado, aunque [...] esta ilusión de acceder al sentido a través de la fotografía será posteriormente desmitificada.»²⁹⁹ In *Estrella distante* stützen sich letztlich alle Geschichten des Erzählers – außer seiner eigenen – immer auch auf die Beschreibung von Fotographien, sei es im Fall der Garmendias und ihrer Eltern, sei es im Falle Carlos Wieders und der übrigen Figuren, wie etwa Juan Stein oder Lorenzo. Dabei wird deutlich, dass die Fotografien als visualisierte ‹Zeitspuren› wiederum jener beschriebenen Dialektik zwischen Bedeutungskonstitution und der gleichzeitig erfolgenden Infragestellung selbiger unterworfen sind: Zum einen wird, vor allem in der Episode um Juan Stein, die Fähigkeit der Fotographien hervorgehoben, im Sinne einer ‹Brücke› in die Vergangenheit eine sinnstiftende Rolle einzunehmen, welche sich nicht zuletzt aus der Tatsache ergibt, dass gerade aus der Bedeutungsunsicherheit des Gezeigten die Möglichkeit erwächst, eine über die Frage der sicheren Referenz hinausgehende Narration zu entwerfen. So bemerkt Stein über das Foto eines (mutmaßlichen) russischen Weltkriegsgenerals und Verwandten seiner selbst, das ihm seine Mutter vermacht hat: «[M]i madre no me dijo nada, sólo me regaló el retrato, ¿qué me quiso decir con ese gesto?, ¿el regalo de la foto era una declaración o el inicio de un diálogo?»³⁰⁰ Eben die fehlende Gewissheit, wen das Foto tatsächlich zeigt, d.h. sein Status als Repräsentation mit unsicherer Referenz,³⁰¹ eröffnet die Möglichkeit eines Dialogs im Sinne einer ‹Erfindung› seiner Herkunft und lässt die Spur als Motor der Narration agieren.³⁰² Diese uneindeutige

---

298 Ebd., S. 76
299 Valeria de los Ríos: Mapas y fotografías en la obra de Roberto Bolaño. In: Edmundo Paz Soldán/Gustavo Faverón (Hg.): *Bolaño salvaje*. Barcelona: Candaya 2008, S. 237–258, hier: S. 245.
300 Roberto Bolaño: *Estrella distante*, S. 62–63.
301 Ähnliches gilt für die gewaltige Sammlung an Landkarten, die Juan Stein besitzt und deren listenhafte Beschreibung im Roman tatsächlich wieder an die von der Kritik betonte gemeinsame Vorliebe Bolaños und Perecs für dieses Verfahren gemahnt.
302 Vgl. dazu noch einmal de los Ríos bezüglich der zwei Funktionen der Fotographie bei Bolaño: «[P]rimero, se la utiliza para establecer una conexión prosaica con la realidad (como testimonio de que algo ocurrió o simplemente existió), y segundo, como un elemento desestablizador que apunta a la revelación. El dispositivo fotográfico es presentado como

Referentialität, die sich aus der in ihnen waltende Dialektik von Existenzbeweis und Schwächung dieses Beweises durch die Erosionsarbeit der Zeit ergibt, verleiht den Fotos jenen phantasmatischen Status, wie ihn Siegfried Kracauer[303] und später Roland Barthes besonders hervorgehoben haben: «Imaginairement, la Photographie [...] représente ce moment très subtil où, à vrai dire, je ne suis ni un sujet ni un objet, mais plutôt un sujet qui se sent devenir objet: je vis alors une micro-expérience de la mort (de la parenthèse): je deviens vraiment spectre.»[304] Dieser Aspekt wird in *Estrella distante* besonders deutlich, wenn der Erzähler über die Suche Bibiano O'Ryans nach Juan Stein berichtet: Es ist nicht klar, ob den Legenden von seiner Beteiligung an den linken Revolutionen überall auf der Welt zu trauen ist, oder ob er den Süden Chiles letztlich nie verlassen hat. So heißt es über die erste Version, nach der Stein in El Salvador getötet wird:

> Hay quien dice que está con la guerrilla guatemalteca, otros aseguran que lucha bajo la bandera del Frente Farabundo Martí. Bibiano y yo coincidimos en que una guerrilla con ese nombre se merecía tener a Stein de su lado. Aunque Stein probablemente hubiera matado con sus propias manos (en la distancia su ferocidad, su implacabilidad se agigantaba y distorsionaba como la de un personaje de una película de Hollywood) a los responsables de la muerte de Roque Dalton. [...] Y participa en varias ofensivas y golpes de mano y un buen día desaparece y esta vez es para siempre. Por entonces yo ya vivía en España, trabajaba en trabajos ingratos, no tenía televisión y tampoco compraba muy a menudo el periódico. Según Bibiano, a Juan Stein lo mataron durante la última ofensiva del FMLN, la que llegó a conquistar algunos barrios de San Salvador y que gozó de una amplia cobertura informativa. Recuerdo haber visto trozos de esa lejana guerra en bares de Barcelona en donde comía o a donde entraba a beber, pero aunque la gente miraba la tele el ruido de las conversaciones o del entrechocar de platos que iban y venían impedía escuchar nada. Incluso las imágenes que guardo en la memoria (las imágenes que tomaron esos corresponsales de guerra) son brumosas y fragmentadas. [...] Al final de la batalla, en la recogida de cadáveres, apareció un tipo rubio y alto. En los archivos de la policía se consigna una descripción somera: cicatrices en brazos y piernas, viejas heridas, un tatuaje en el brazo derecho, un león rampante. La calidad del tatuaje es buena. Un trabajo de artesano, verdad de Dios, de los que no se hacen en El Salvador. En la Dirección de Información de la policía el desconocido rubio figura con el nombre de Jacobo Sabotinski, ciudadano argentino, antiguo miembro del ERP.[305]

---

pista o prueba fragmentaria, que permite iniciar una búsqueda y orientarse – aunque la mayoría de las veces de manera improductiva – en un territorio hostil, del que han desaparecido los puntos de referencia» (Valeria de los Ríos: Mapas y fotografías en la obra de Roberto Bolaño, S. 245–246).
303 Vgl. Siegfried Kracauer: Die Photographie. In: Siegfried Kracauer: *Das Ornament der Masse. Essays*. Frankfurt am Main: Suhrkamp 1977, S. 21–39.
304 Roland Barthes: *La Chambre claire. Note sur la photographie*. Paris: Gallimard 1980, S. 30.
305 Roberto Bolaño: *Estrella distante*, S. 69–70.

Der Bericht Bibianos, dessen Stimmigkeit durch die Kommentare des Erzählers zu seiner eigenen lückenhaften Erinnerung bzw. Wahrnehmung der Bilder fortwährend unterlaufen wird, suggeriert zwar eine Art Beweisaufnahme der Umstände von Steins Tod, wird jedoch durch die problematischen Umstände der Sichtung (Lärm, verwaschene Bilder) und vor allem im letzten Satz wieder durch das Auftauchen jenes Stein ähnlich sehenden Mannes in Zweifel gezogen, wobei hier einmal mehr der sprechende Name entscheidend ist: Jacobo Sabotinski, dessen Initialen denen Juan Steins entsprechen, trägt den Akt der Sabotage der eigenen Identität gewissermaßen im Namen. Dass sich Bolaño auch in diesem Kapitel des Romans in der Inszenierung einer, wohlgemerkt, jüdischen Lebensgeschichte an Perecs *W* orientiert hat, wird spätestens am Ende der Episode deutlich, wenn Bibiano Jahre später durch den Süden Chiles auf der Suche nach Juan Steins Elternhaus unterwegs ist:

> Muchos años después Bibiano fue a Puerto Montt y buscó la casa paterna de Juan Stein. No encontró a nadie con ese nombre. Había un Stone y dos Steiner y tres Steen de la misma familia. El Stone lo descartó enseguida. Visitó a los dos Steiner y a los tres Steen. Estos últimos poco pudieron decirle, no eran judíos, nada sabían de ninguna familia Stein o Cherniakovski, preguntaron a Bibiano si él era judío o si había dinero en el asunto. En esa época, supongo, Puerto Montt estaba embarcada de lleno en el crecimiento económico. [...] En Llanquihue no le costó mucho encontrar la casa de la viuda Stein. Preguntó si allí vivía la viuda Stein. Vivía, pero de eso hace mucho, contestó la mujer alegremente. [...] Yo no la conocí, dijo Bibiano, en realidad la buscaba para darle la noticia de la muerte de su hijo, pero tal vez sea mejor así, siempre es terrible decirle a alguien que se le ha muerto un hijo. Eso es imposible, dijo la mujer. Ella sólo tenía un hijo y éste aún estaba vivo cuando ella murió, de él sí que puedo decir que fui amiga. Bibiano sintió que el pan con palta se le atragantaba. ¿Un solo hijo? Sí, un solterón muy buen mozo, no sé por qué no se casó nunca, supongo que era muy tímido. Entonces me debo haber confundido otra vez, dijo Bibiano, debemos estar hablando de dos familias Stein diferentes. ¿El hijo de la viuda ya no vive en Llanquihue? Murió el año pasado en un hospital de Valdivia, eso me dijeron, éramos amigos pero yo nunca lo fui a ver al hospital, no teníamos una amistad tan grande. ¿De qué murió? Creo que de cáncer, dijo la mujer mirando las manos de Bibiano. ¿Y era de izquierdas, verdad?, dijo Bibiano con un hilo de voz. Puede ser, dijo la mujer, repentinamente otra vez alegre, le brillaban los ojos, decía Bibiano, como no he visto brillar los ojos de nadie, era de izquierdas pero no militaba, era de la izquierda silenciosa, como tantos chilenos desde 1973. ¿No era judío, verdad? No, dijo la mujer, aunque quién sabe, a mí las cuestiones de religión la verdad es que no me interesan, pero no, no creo que fueran judíos, eran alemanes. ¿Cómo se llamaba él? Juan Stein. Juanito Stein. ¿Y qué hacía? Era profesor, aunque su afición era arreglar motores, de tractores, de cosechadoras, de pozos, de lo que fuera, un verdadero genio de los motores. Y se sacaba un buen sobresueldo con eso. A veces fabricaba él mismo las piezas de recambio. Juanito Stein. ¿Está enterrado en Valdivia? Me parece que sí, dijo la mujer y volvió a entristecerse. Así que Bibiano fue al cementerio de Valdivia y durante todo un día, acompañado por uno de los encargados al que ofreció una buena

propina, buscó la tumba de aquel Juan Stein, alto, rubio, pero que nunca salió de Chile, y por más que buscó no la halló.³⁰⁶

Über das Motiv der Exploration einer jüdischen Familiengeschichte hinaus ist es vor allem das am Anfang der Passage geschilderte Spiel mit dem Namen Steins und den möglichen, durch die Migrationsgeschichte verursachten Ableitungen, welche die direkte Verbindung zu jenem Teil von Georges Perecs autobiographischen Reflexionen in *W* herstellen, in denen er über die Geschichte seines eigenen Familiennamens reflektiert:

> Le nom de ma famille est Peretz. Il se trouve dans la Bible. En hébreu, cela veut dire ‹trou›, en russe 'poivre', en hongrois (à Budapest, plus précisément), c'est ainsi que l'on désigne ce que nous appelons ‹Bretzel› (‹Bretzel› n'est d'ailleurs rien d'autre qu'un diminutif (Beretzele) de Beretz, et Beretz, comme Baruk ou Barek, est forgé sur la même racine que Peretz – en arabe, sinon en hébreu, B et P sont une seule et même lettre.³⁰⁷

Ebenso wie die fotographischen und anderen dokumentarischen Spuren letztlich mit Blick auf ihre Aussagefähigkeit stets prekär bleiben – Perec bezeichnet sie gar als «documents dérisoires»³⁰⁸ –, nimmt auch die Schrift selbst einen phantasmatischen Charakter an. Dies gilt für Wieders Luftpoesie ebenso wie für Perecs Spiel mit Buchstaben und Graphemen, welches insbesondere in einer Szene seiner unheimlichen Dimensionen überführt wird, in der sich der Erzähler an einen Bauern in seiner Kindheit erinnert, der sein Brennholz auf einem wie ein Andreaskreuz anmutenden Block zersägt:

> Mon souvenir n'est pas souvenir de la scène, mais souvenir du mot, seul souvenir de cette lettre devenue mot, de ce substantif unique dans la langue à n'avoir qu'une lettre unique, unique aussi en ceci qu'il est le seul à avoir la forme de ce qu'il désigne [...] mais signe aussi du mot rayé nul – la ligne des x sur le mot que l'on n'a pas voulu écrire –, signe contradictoire de l'ablation [...] et de la multiplication, de la mise en ordre (axe des X) et de l'inconnu mathématique, pont de départ enfin d'une géométrie fantasmatique dont le V dédoublé constitue la figure de base et dont les enchevêtrements multiples tracent les symboles majeurs de l'histoire de mon enfance: deux V accolés par leurs pontes dessinent un X; en prolongeant les branches du X par des segments égaux et perpendiculaires, on obtient une croix gammée (卐) elle-même facilement décomposable par une

---

306 Ebd., S. 70–73.
307 Georges Perec: *W*, S. 56.
308 Ebd., S. 26, vgl. für ähnliche Passagen über die Diskrepanz zwischen Perecs persönlicher Erinnerung und diesen widersprechenden Aussagen oder Dokumenten die Schilderungen auf S. 45–64 bzw. 73–81.

> rotation de 90° d'un des segments en ∫ sur son coude inférieur en sigle ∬; la superposition des deux V tête-bêche aboutit à une figure (XX)dont il suffit de réunir horizontalement les branches pour obtenir une étoile juives (✡).[309]

Die Passage, innerhalb derer die Bedeutung des «V dédoublé» für Bolaños Roman eingangs bereits erläutert wurde, steht exemplarisch für die Ambivalenz der Schrift in ihrem Verhältnis zu Leben und Tod: Je nach ‹Drehung› der Lettern ermöglicht sie Identitätsstiftung oder Vernichtung. Diese Ambivalenz wird sowohl bei Perec als auch bei Bolaño explizit gemacht und bildet gewissermaßen die grundlegende Konfiguration der Romane: Bei beiden Texten handelt es sich um Beispiele eines *ÜberLebensschreibens*,[310] innerhalb dessen die Präsenz des Textes immer schon ausweichlich mit der Absenz derjenigen verwoben ist, die Gegenstand der (auto-)biographischen Nachforschungen sind. Perec formuliert dies explizit, wenn er in einer der für den Roman so typischen chiastischen Formeln mit Blick auf seine umgekommenen Eltern bekennt: «J'écris: j'écris parce que nous avons vécu ensemble, parce que j'ai été un parmi eux, ombre au milieu de leurs ombres, corps près de leur corps; j'écris parce qu'ils ont laissé en moi leur marque indélébile et que la trace en est l'écriture: leur souvenir est mort à l'écriture; l'écriture est le souvenir de leur mort et l'affirmation de ma vie.»[311] Der Textraum wird zur Echokammer, in der sich die Stimmen der Toten und Überlebenden miteinander vermengen. In *Estrella distante* sind es vor allem Bolano/Bolaño und O'Ryan selbst als Überlebende der Diktatur, aber auch Stimmen wie die der ehemaligen Bediensteten der Garmendias, eine Mapuche namens Amalia Maluenda,[312] die Zeugin der Ermordung der Schwestern und ihrer Tante wird und am Ende des Romans in einem Prozess gegen die Verbrechen der Diktatur auftritt:

> Amalia Maluenda, la empleada mapuche de las Garmendia, se presenta como testigo sorpresa y durante una semana su presencia es un filón para los periodistas. Los años transcurridos parecen haber volatilizado el castellano de Amalia. Sus intervenciones están repletas de giros mapuches que dos jóvenes sacerdotes católicos que hacen de guardaespaldas suyos y que no la dejan sola ni un momento se encargan de traducir. La noche del crimen, en su memoria, se ha fundido a una larga historia de homicidios e injusticias. Su historia está hilada a través de un verso heroico *(épos)*, cíclico, que quienes

---

309 Ebd., S. 110.
310 Vgl. zum Terminus und zu einer autobiographischen Lektüre von Hannah Arendts *Rahel Varnhagen* die Ausführungen in Ottmar Ette: *ÜberLebenswissen. Die Aufgabe der Philologie.* Berlin: Kadmos 2004, S. 171–188.
311 Georges Perec: *W ou le souvenir d'enfance*, S. 64
312 Die Verdopplung des *mal* innerhalb des Namens hat die Erfahrung des Bösen auch ihr schon gleichsam eingeschrieben.

asombrados la escuchan entienden que en parte es su historia, la historia de la ciudadana Amalia Maluenda, antigua empleada de las Garmendia, y en parte la historia de Chile. Una historia de terror. Así, cuando habla de Wieder, el teniente parece ser muchas personas a la vez: un intruso, un enamorado, un guerrero, un demonio. Cuando habla de las hermanas Garmendia las compara con el aire, con las buenas plantas, con cachorros de perro. Cuando recuerda la noche aciaga del crimen dice que escuchó una música de españoles. Al ser requerida a especificar la frase «música de españoles», contesta: *la pura rabia, señor, la pura inutilidad.*[313]

Die Zeugenaussage legt in ihrem Changieren zwischen Sprachen und Zeiten die Präsenz des Traumas und das Grundproblem des Erzählens der Katastrophe frei,[314] das in der Versprachlichung des Nicht-Sagbaren besteht, wie es auch Bolaños autobiographischer Erzähler selbst mit Blick auf die Ermordung der Garmendia-Schwestern formuliert: «Yo sobre ellas apenas puedo hablar. A veces aparecen en mis pesadillas.»[315] Diese Grenzen des Sagbaren rücken den autobiographischen Diskurs des Traumas stets in die Nähe des (Alb-) Traumhaften und stellen so gleichermaßen die Grenzen der Realität selbst infrage, wie auch im Incipt von *W* in Wincklers Worten deutlich wird:

> *J'ai longtemps hésité avant d'entreprendre le récit de mon voyage à W. [...] Longtemps je demeurai indécis. Lentement j'oubliai les incertaines péripéties de ce voyage. Mais mes rêves se peuplaient de ces villes fantômes, de ces courses sanglantes dont je croyais encore entendre les mille clameurs, de ces oriflammes déployés que le vent de la mer lacérait. L'incompréhension, l'horreur et la fascination se confondaient dans ces souvenirs sans fond. Longtemps j'ai cherché les traces de mon histoire, consulté des cartes et des annuaires, des monceaux d'archives. Je n'ai rien trouvé et il me semblait parfois que j'avais rêvé, qu'il n'y avait eu qu'un inoubliable cauchemar.*[316]

Damit rückt die Erzählung ein in den Bereich des Phantasmas, in dem die autobiographischen Versuche der Referenzerzeugung fortwährend im Konflikt mit den traum(a)-artigen Einbrüchen der Fiktion konfrontiert werden – es sei erinnert, dass *Estrella distante* das Ergebnis des «*dictado de [los] sueños y pesadillas*» Arturo Belanos ist –, was zu jener spezifischen Form einer *friktionalen*[317] Realitätserzeugung führt, wie sie hier bereits mehrfach beschrieben wurde, oder wie Kasper in einer auch auf *Estrella distante* anwendbaren Erläuterung zu *W* bemerkt:

---

313 Roberto Bolaño: *Estrella distante*, S. 119–120.
314 Vgl. zu diesem Thema auch die Beiträge in: Ottmar Ette/Judith Kasper (Hg.): *Unfälle der Sprache: literarische und philologische Erkundungen der Katastrophe*. Wien: Turia+Kant 2015.
315 Roberto Bolaño: *Estrella distante*, S. 15.
316 Georges Perec: *W ou le souvenir d'enfance*, S. 13.
317 Zum Begriff vgl. ebenfalls die Aufführungen in Ottmar Ette: *Literatur in Bewegung*, S. 227–268.

Der Traum erscheint somit als die problematisierte Form der Erinnerung, in der die Grenzen zwischen (wahrer) Erinnerung und Erfindung verschwimmen. Er ist weder das eine noch das andere, sondern jener schwer zu fassende Zwischenbereich des Imaginären oder Phantasmagorischen. Das Imaginäre ist keine reine Erfindung, so wie die vorliegende Erzählung keine reine Fiktion ist, sondern eine Gedächtnis-Ersatzbildung des Ichs. Und umgekehrt ist der autobiographische Teil keine getreue Wiedergabe der vergangen Ereignisse, sondern eine durch die Phantasie überformte Geschichte.[318]

Zugleich aber kann auch das ‹Ausgreifen› des autobiographischen Diskurses auf die Welt der Fiktion nicht über die Tatsache hinwegtäuschen, dass dieser aus Sicht der Erzähler einzig möglichen Versprachlichung des Traumas die ‹vollständige› Einholung der Vergangenheit stets misslingt. Weder die ‹realen› Dokumente noch die Mittel der Literatur werden, wie Perec darlegt, einen angemessenen Ausdruck dessen leisten können, was er wirklich in Worte fassen möchte:

> Je dispose d'autres renseignements concernant mes parents; je sais qu'ils ne me seront d'aucun secours pour dire ce que je voudrais en dire. Quinze ans après la rédaction de ces deux textes, il me semble toujours que je ne pourrais que les répéter: quelle que soit la précision des détails vrais ou faux que je pourrais y ajouter, l'ironie, l'émotion, la sécheresse ou la passion dont je pourrais les enrober, les fantasmes auxquels je pourrais donner libre cours, les fabulations que je pourrais développer, quels que soient, aussi, les progrès que j'ai pu faire depuis quinze ans dans l'exercice de l'écriture, il me semble que je ne parviendrai qu'à un ressassement sans issue.[319]

Vor diesem Hintergrund bewegen sich die Texte einerseits «auf dem schmalen Grat zwischen Sagen und Schweigen, einem Grat, den man als Spur bezeichnen kann»,[320] und stellen dabei gleichzeitig aus diesem Bewusstsein ihrer eigenen Konstruiertheit heraus die prinzipiell problematischen Formierungsprozesse historischer bzw. historiographischer Diskurse ins Zentrum ihres Sprechens.[321] So rekurrieren beide Romane wiederholt auf die Tatsache, dass den Erinnerungen der jeweiligen Erzähler nicht zu trauen ist bzw. ihre Diskurse keinen vollumfänglichen Anspruch auf Wahrheit bzw. Authentizität beanspruchen können;

---

318 Judith Kasper: *Sprachen des Vergessens*, S. 197.
319 Georges Perec: *W ou le souvenir d'enfance*, S. 62.
320 Judith Kasper: *Sprachen des Vergessens*, S. 229.
321 Diese Tatsache ist mit Blick auf die Publikationskontexte der Romane insofern von Relevanz, als Perec und Bolaño mit ihren jeweiligen Texten in zum Erscheinungszeitpunkt umkämpften Erinnerungsräumen intervenieren – Perec mit Blick auf die Rolle des Vichy-Regimes, Bolaño im Kontext der postdiktatorialen Erinnerungskämpfe Chiles (vgl. zu diesem Aspekt bei Perec auch den Text von Rosemarie Scullion: Georges Perec, *W*, and the Memory of Vichy France. In: *SubStance* 87 (1998), S. 107–129; zu Bolaño meine Überlegungen in Benjamin Loy: Escritores bárbaros, detectives distantes y un cura amnésico).

vielmehr sind die Erinnerungen ‹manipuliert› und damit eben jenem Bereich des Phantasmatischen zuzuordnen, bei dem der jeweilige Anteil von Wahrheit und Erfindung nicht eindeutig bestimmbar ist: «Mes deux premiers souvenirs ne sont pas entièrement invraisemblables, même s'il est évident que les nombreuses variantes et pseudo-précisions que j'ai introduites dans les relations – parlées ou écrites – que j'en ai faites les ont profondément altérés, sinon complètement dénaturés.»[322] Geradezu obsessiv stellen auch die Erzähler in *Estrella distante* die Bezweiflung des Gesagten, Gehörten oder Gelesenen aus, wie Wendungen wie «me contaron cosas [...] que no sé si creer o achacar a la imaginación de mi antiguo condiscípulo»[323] oder «A partir de aquí mi relato se nutrirá básicamente de conjeturas»[324] beweisen. Stets werden Aussagen über die Vergangenheit als Ergebnisse eines mehrstufigen Überlieferungsprozesses markiert, nach dem Muster: «Él contaba, o se lo oímos contar a Verónica Garmendia.»[325] Die Notwendigkeit, sich auf Zeugenaussagen verlassen zu müssen, die selbst einem Trauma-Diskurs[326] entspringen, unterminiert dabei die Verlässlichkeit der Erzähler – und macht zugleich im Sinne einer meta-historiographischen Figur die Bildung von Narrativen über Vergangenheit als solche sichtbar.[327] Dies hat nicht zuletzt Folgen für die Frage nach der Konstruktion der Subjektivität der Erzähler selbst. So konstatiert Kasper mit Blick auf Perecs erzählerisches Ich und seine Aneignungsprozesse ‹fremder› Geschichten und Zeugnisse, diese Vermengung führe zu einer «Löschung des Ichs auf der einen Seite, Multiplizierung des Ichs auf der anderen Seite.»[328]

In eben diesem Sinne ist auch die Inszenierung jenes Erzählsubjekts in *Estrella distante* (und in *Los detectives salvajes* bzw. *2666* funktionieren diese Prozesse der Konstruktion von Figurenidentitäten analog) zu lesen: Der Erzähler *Bolaño*, der in *La literatura nazi* im Schlusssatz sogar noch mit diesem Namen

---

322 Georges Perec: *W ou le souvenir d'enfance*, S. 26.
323 Roberto Bolaño: *Estrella distante*, S. 16.
324 Ebd. S. 29.
325 Ebd., S. 14.
326 An anderer Stelle heißt es über die Darstellungen von Wieders Vorführungen: «Todo lo anterior tal vez ocurrió así. Tal vez no. [...] Las alucinaciones, en 1974, no eran infrecuentes» (Ebd., S. 92). Ähnliche Einschränkungen erfolgen bei Perec vor allem über Fußnoten, in denen Formeln wie «rien ne permet de l'affirmer» (S. 53) oder «Il serait plus juste de dire» (S. 55) die zunächst im Fließtext getätigten Aussagen wieder revidieren.
327 In dieser Hinsicht sei allgemein auf die exzellente Studie von Astrid Erll zu den verschiedenen Modi literarischer Memoria-Inszenierungen verwiesen: Astrid Erll: *Kollektives Gedächtnis und Erinnerungskulturen*. Stuttgart: Metzler 2005.
328 Judith Kasper: *Sprachen des Vergessens*, S. 157.

angesprochen wird, löst sich gewissermaßen in der Multiplikation der von ihm angeführten Stimmen und Lebensgeschichten auf. Letztere fungieren dabei mit Blick auf die Biographie des (fiktiven wie realen) Bolaño auch im Sinne kontrafaktischer Imaginationen hinsichtlich des tatsächlich realisierten Lebenswegs: Ebenso gut wie Bolaño in Spanien landet und dort ein weitgehend beschauliches Leben als marginaler Schriftsteller an der Costa Brava führt, hätte sein Schicksal auch das seiner in Chile verbliebenen Spiegel-Figur Bibiano O'Ryan, das der Garmendia-Schwestern oder – und auch diese Option thematisiert der Text – das eines Carlos Wieder sein können. Gerade in dieser Wahrnehmung von Literatur als einem Möglichkeitsraum aber liegt die ästhetisch wie ethisch bedeutsame Pointe der beiden Romane: Im Unterschied zur realen Geschichte, die nur einen (tödlichen) Ausgang kennt, wird die Fiktion – in der Form, wie sie Perec und Bolaño verstehen – zu einem Ort, an dem die traumatische Unabgeschlossenheit und Fragmentierung der Wirklichkeit zu einer Erfahrung der Freiheit werden kann. So bemerkt Perec am Ende des Romans bezüglich seiner eigenen ersten Leseerfahrungen: «Il y avait pourtant quelque chose de frappant dans ces trois premiers livres, c'est précisément qu'ils étaient incomplets, qu'ils en impliquaient d'autres, absents, et introuvables.»[329] Die Unvollständigkeit dieser offenen Texte wird hier, im Unterschied zur Erfahrung der biographischen Leerstellen, nicht als uneinholbarer Mangel, sondern vielmehr als Verheißung einer möglichen Fülle an weiteren Lektüren interpretiert. Genau in diesem Sinne finden sich auch bei Bolaño in den Geschichten wie der von Juan Stein und in der Vielzahl an fiktiven Texten und Romanen jene Potentialitäten angelegt, die – und hier scheint einmal mehr die Distanz zu den Sinnzerstörungen der Avantgarden auf – eine Vielzahl anderer möglicher Leben und Texte vorstellbar werden lassen. Aus diesem Prinzip, das Perec in *La vie mode d'emploi* noch wesentlich intensivieren wird, erwächst jene Idee einer – wenngleich stets prekären – Errettung durch das Spiel der Zeichen, die Möglichkeit «que le monde des signes écrits puisse être un moyen de sauvetage.»[330] Diese Idee, die bei Bolaño und seinen manischen Lesern auch immer wieder auftaucht und in *Estrella distante* durch die Figur Lorenzos paradigmatisch verkörpert wird, ermöglicht nicht zuletzt die Möglichkeit einer Gemeinschafts- und Zugehörigkeitserfahrung im Akt des Lesens, welcher die Literatur als einen Ort einer vertrauten und zugleich stets neu zu bestimmenden Ordnung wahrnimmt, einer Ordnung also, welche – im

---

329 Georges Perec: *W ou le souvenir d'enfance*, S. 195.
330 Zit. nach Jürgen Ritte: *Das Sprachspiel der Moderne: eine Studie zur Literarästhetik Georges Perecs*. Köln: Janus-Verlag, S. 12.

Unterschied zu jenen tödlichen Ordnungssystemen der Moderne, wie sie in der Lagerdystopie von *W* zum Ausdruck kommen – dauerhaft *lebbar* ist:

> [L]es mots étaient à leur place, les livres racontaient des histoires; on pouvait suivre, on pouvait relire et, relisant, retrouver, magnifiée par la certitude qu'on avait de les retrouver, l'impression qu'on avait d'abord éprouvée: ce plaisir ne s'est jamais tari: je lis peu, mais je relis sans cesse [...] je relis les livres que j'aime et j'aime les livres que je relis, et chaque fois avec la même jouissance, que je relise vingt pages, trois chapitres ou le livre entier: celle d'une complicité, d'une connivence, ou plus encore, au-delà, celle d'une parenté enfin retrouvée.[331]

Die Gewissheit, die Wörter wiederzufinden, von der Perec hier spricht, verkörpert sich in seiner Literatur wie in der Bolaños insofern, als die Form ihrer Romane eben einer (An-)Ordnung folgt, die jene Möglichkeit des *Wiederfindens* im Sinne einer immer wieder erneuerten Lektüre eröffnet und damit zu einer Literatur wird, die nicht zuletzt ihr eigenes (Über-)Leben in Form tendenziell unabschließbarer Interpretationen verlängert, versteht man letztere mit George Steiner als «das, was Sprache jenseits von Zeit und Ort ihrer unmittelbaren Äußerung oder Niederschrift hinaus Leben sichert.»[332] Im Unterschied zu den historischen Avantgarden und ihren Erben, deren ästhetische Programmatik der eigenen Unverständlichkeit einen zentralen Ort einräumte und damit (bewusst) immer schon das eigene Verlöschen in der Zeit anlegte,[333] entwerfen Bolaño und Perec eine Ästhetik, in welcher im Bewusstsein jener Aporien der Avantgarde «[a]utoreferentielles Formenspiel und mimetisch geprägte Literatur [...] nicht mehr gegeneinander ausgespielt [...], sondern gegeneinander geführt [werden].»[334] Aus jenem eingangs beschriebenen, avantgardistisch ‹geimpften› Bewusstsein von den möglichen Extremen der Literatur – und auch das Wissen um einen möglichen Tod aus der eigenen Unlesbarkeit heraus zählt dazu – wird die Ästhetik und Politik einer ‹wilden Lektüre› bei Bolaño und Perec zu einer Bewegung an den Grenzen zwischen Sprachspiel und *Unsäglichem* bzw. *Unsagbarem*, zwischen der (vermeintlich harten) Realität des Dokuments und seiner die Imagination befördernden Fragilität, zwischen dem nur vordergründig ‹eigenen› Text oder Wort und den dahinter immer schon *verborgenen* wie *geborgten* Textnetzen. Der Akt des Lesens wird so bei beiden Autoren immer

---

331 Georges Perec: *W ou le souvenir d'enfance*, S. 195.
332 George Steiner: *Nach Babel*, S. 20.
333 Marinetti führt diese Idee im futuristischen Manifest exemplarisch vor Augen, wenn am Ende des Textes das Bild der um ein Feuer aus ihren eigenen Büchern sitzenden Dichter und gar ihre Ermordung durch die nachfolgende Generation entworfen wird.
334 Andreas Gelz: *Postavantgardistische Ästhetik*, S. 166.

schon zu einer «figurativen»[335] Tätigkeit, welche die sich beständig wandelnde *Gestalt* von Text, Welt und Leben erst hervorbringt. Dass das darin enthaltene Spiel der Bedeutungen jedoch gleichermaßen *erlesene* Verwandtschaften wie *erlesene* Kadaver hervorzubringen vermag und damit die Lektüre auch unter ethischen Gesichtspunkten einmal mehr ins sumpfige Terrain des Uneindeutigen führt – davon soll hier abschließend noch einmal mit Blick auf Bolaños Dichter Carlos Wieder und seine Henker die Rede sein.

Erlesene Kadaver

Wenn in den Lektüren des Vergangenen, wie sie Perec und Bolaño in *W* und *Estrella distante* inszenieren, also die Fiktion und das in ihr aufgehobene spekulativ-ludische Element als Erfahrung einer ‹Rettung im Spiel› erscheinen, die sich gerade aus der Überschreitung der abgeschlossenen wie unzugänglichen Lebenswege der (toten) Figuren mittels einer variablen und prinzipiell stets erneuerbaren Imagination ergibt, dann stößt insbesondere in Bolaños Roman diese Wahrnehmung dort an eine problematische Grenze, wo diese imaginäre Tätigkeit von moralischen und juristischen Fragen genau in dem Moment überschattet wird, in dem auch der autobiographische Erzähler von seiner eigenen Vergangenheit eingeholt wird. Die Rede ist hier vom Ende des Romans, als der mittlerweile an der Costa Brava als weitgehend erfolgloser Autor lebende Belano/Bolaño von dem Detektiv Abel Romero aufgesucht wird, der ihn um Hilfe bei der Suche nach Carlos Wieder bittet, welchen er wiederum auf Geheiß eines anonymen und vermögenden Auftraggebers aus Chile umbringen soll. Romero greift dabei explizit auf Belanos ‹hermeneutische› Fähigkeiten als Leser zurück, da das finale Aufspüren bzw. die Identifizierung Wieders kraft einer Interpretation seiner ‹Textspuren› erfolgen soll, die er als Autor bzw. Kameramann hinterlassen hat. Dieses Motiv einer Vermengung von kriminalistischer Aufklärung und hermeneutischer Expertise wiederum verweist bei Bolaño nicht nur auf eine ganze Reihe von Erzählungen von Jorge Luis Borges – über dessen Bedeutung für *Estrella distante* hier abschließend noch einmal ausführlich zu sprechen sein wird –, sondern explizit auch auf Georges Perecs posthum publizierten (und Fragment gebliebenen) Roman *53 jours*: Auch in diesem in multiplen Erzählebenen verschachtelten und intertextuell geprägten Text geht es um einen

---

335 Vgl. zum Begriff der *Figura* die von Friedrich Balke und Hanna Engelmeier herausgegebene und kommentierte Neuauflage des klassischen Auerbach-Aufsatzes: Friedrich Balke/Hanna Engelmeier: *Mimesis und Figura: Mit einer Neuausgabe des «Figura»-Aufsatzes von Erich Auerbach*. Paderborn: Fink 2016.

verschwundenen Autor namens Robert Serval, mit dessen Suche wiederum ein anderer Schrifsteller namens Veyrand beauftragt wird, wobei insbesondere der Dialog zwischen den jeweiligen Auftraggebern und den Erzählerfiguren in beiden Romanen fast identisch inszeniert wird. So heißt es im Gespräch zwischen Romero und Belano: «¿[P]ero en qué puedo ayudarle? En asuntos de poesía, dijo. Wieder era poeta, yo era poeta, él no era poeta, ergo para encontrar a un poeta necesitaba la ayuda de otro poeta»;[336] und bei Perec in der Diskussion zwischen dem nach Serval suchenden Konsul und Veyrand: «Que voulez-vous exactement que je fasse? Je ne suis pas détective. [...] Je serai absent pendant trois semaines; ça vous laisse largement le temps d'éplucher à fond ce roman. C'est tout ce que je vous demande; je sais que vous êtes amateur d'énigmes.»[337] Die allerdings für Bolaños Roman ungleich größere ethisch-moralische Herausforderung dieser Konstellation ergibt sich jedoch aus der Tatsache, dass – während Perecs Roman in einer fiktiven Diktatur in Afrika namens Grianta spielt und von Beginn an – im Unterschied zu *W* etwa – als ein ‹rein› literarisches Spiel markiert ist – die *friktionale* und autobiographisch grundierte Anlage von *Estrella distante* durch ihren Referenzanspruch eine anders gelagerte Implikation für eine Diskussion ethischer Aspekte zeitigt: Sie führt mitten hinein in die Debatten um Gerechtigkeit und Sühne, um Aufarbeitung und Straflosigkeit, wie sie (und dieses Thema wird in *2666* in ähnlich gelagerter Form am Beispiel des Nationalsozialismus wiederkehren) für die 1990er Jahre und das Chile der Postdiktatur (bzw. im erweiterten Sinne für alle Massenverbrechen des 20. Jahrhunderts) prägend waren.[338] Die grundlegende Problematik des detektivischen Duos Belano/Romero mit Blick auf die Verfolgung und Bestrafung Carlos Wieders ist dabei in ihrer zweifellos undurchsichtigen Motivlage zu suchen: Nicht aus dem Drang nach einer Verwirklichung von Gerechtigkeit, wie sie der chilenische Staat nicht zu leisten vermag – «Ninguno de los juicios prospera. Muchos son los problemas del país como para interesarse en la figura cada vez más borrosa de un asesino múltiple desaparecido hace mucho tiempo. Chile lo olvida»,[339] heißt es im Text –, handeln Romero (und letztlich auch Belano), sondern aus materialistischen Motiven, gegen Bezahlung. Diese Verquickung von Geld, Kunst und (Un-)Recht wird im Roman

---

336 Roberto Bolaño: *Estrella distante*, S. 126.
337 Georges Perec: *53 jours*. Texte établi par Harry Mathews et Jacques Roubaud. Paris: Gallimard 1993, S. 26.
338 Vgl. zu diesem Motiv auch die Überlegungen von Susanne Hartwig: ¿Impunidad o justicia por mano propia? In: Susanne Hartwig (Hg.): *Ser y deber ser: dilemas morales y conflictos éticos del siglo XX vistos a través de la ficción*. Madrid/Frankfurt am Main: Iberoamericana/Vervuert 2017, S. 53–72.
339 Roberto Bolaño: *Estrella distante*, S. 120.

explizit gemacht, wenn es über Romeros Ankunft bei Belano heißt: «Al día siguiente llegó a mi casa con un sobre de cincuenta mil pesetas y una maleta llena de revistas de literatura.»[340] Darüber hinaus wirkt Romero als Verkörperung eines vermeintlich integeren Detektivs, der ein Gerechtigkeitsvakuum des Staates durch einen Akt von Selbstjustiz zu füllen vermag, denkbar ungeeignet: Zunächst besteht, wie erwähnt, ein genuin ökonomisches Interesse an dem Mordauftrag, welches von Bolaño noch insofern ironisiert wird, als Romero mit dem Geld plant, nach Chile zurückzukehren und dort ein Bestattungsunternehmen zu eröffnen. Die makabre Pointe, durch einen Tod Kapital zur Kapitalisierung von noch mehr Toten zu generieren, erhält ihre Schärfe nicht zuletzt aus dem Kontrast, der sich zwischen Romeros einstigem Ruhm als Mitglied der Mordkommission zu Zeiten Allendes und seiner – der neoliberalen Doktrin der (Post-) Pinochet-Zeit völlig angepassten – Idee von einer radikal utilitaristischen Sicht auf Leben (und Tod) in der Gegenwart auftut: «[E]l secreto está en proporcionar a la gente de pocos recursos un funeral digno, incluso diría con cierta elegancia (en eso los franceses, créame, son los número uno), un entierro de burgueses para la pequeña burguesía y un entierro de pequeños burgueses para el proletariado, ahí está el secreto de todo, no sólo de las empresas de pompas fúnebres, ¡de la vida en general!»[341] Darüber hinaus erlaubt auch Romeros Name eine Interpretation, die seine Glaubwürdigkeit als Figur gleichsam ad absurdum führt: Abel Romero war zur Zeit der Unidad Popular der Leiter der Comic-Abteilung des größten chilenischen Staatsverlags Quimantú. Nach dem Putsch und der Schließung des Verlags verlegte sich Romero – und diese Wandlung lässt sich in Bolaños Detektivfigur gleichen Namens deutlich ablesen – auf Arbeiten für die Werbebranche und ging ins Exil nach Schweden, von wo er Mitte der 90er Jahre nach Chile zurückkehrte.[342] Wenn der Vorname des Detektivs zugleich das Motiv des Brudermords anzeigt und sein Nachname im Zusammenhang mit der Bedeutung filmischer Intertexte im Roman die Beziehung zu dem insbesondere für seine Zombie-Filme bekannten Horrorfilm-Regisseur George A. Romero erlaubt, dann ist wiederum bereits im Eigennamen Romeros eine Vielzahl an Deutungsmöglichkeiten angelegt, die in ihrer Summe die Figur des traditionellen, also rational wie integer handelnden Detektivs dekonstruieren.

Wenn die Möglichkeit, die uneindeutigen Spuren und Identitäten von verschwundenen Personen in Form fiktional (und intertextuell) angereicherter

---

340 Ebd., S. 127.
341 Ebd., S.
342 Vgl. dazu auch das Interview mit Romero in: Mauricio García: Abel Romero: conversación con un gentleman. *Ergocomics* (2003), verfügbar unter: http://ergocomics.cl/wp/2003/08/abel-romero/ [letzter Zugriff: 23.03.2018].

Geschichten zu überformen und somit ein Sprechen über die traumatische Leerstelle der Vergangenheit überhaupt erst zu realisieren, in *Estrella distante* eine zentrale Leistung von Literatur als notwendig vieldeutigem Raum propagiert, so gerät eben diese Vieldeutigkeit bzw. die Möglichkeit eines polyperspektivischen und zur Überinterpretation neigenden ‹Lesens von Welt› in der Konfrontation mit den diskursiven Regeln des Rechts in Schwierigkeiten: Innerhalb eines Diskursuniversums, das notwendig auf die eindeutige Bestimmbarkeit von Sachverhalten und Fakten ausgelegt ist, können die imaginären Überschüsse und Vielstimmigkeiten, wie sie die Erzählerdiskurse in *Estrella distante* nachweislich prägen, nur kontaminierend wirken und werfen, im Falle von Carlos Wieder und der für ihn aus diesen ‹Ermittlungen› resultierenden ‹Todesstrafe›, die ethisch problematischen Dimensionen des Imaginären in einem prinzipiellen Sinne auf. Wenngleich an Wieders Schuld vor dem Hintergrund der im Roman erwähnten Ermittlungen der Justiz gegen ihn grundsätzlich kein Zweifel besteht, basiert Romeros Vollzug der Ermordung des Dichter-Piloten letztlich auf einer Vielzahl an dubiosen Zeugenaussagen und Interpretationen der (vermeintlichen) Taten Wieders und seiner Person. Wie in einer Art surrealistischem *cadavre exquis* wird – eben aufgrund der ‹Unsichtbarkeit› Wieders – die (Re-)Konstruktion seiner notorischen Figur zu einer grotesken Komposition von Geschichten, an deren Ende im Akt der Ermordung der Protagonist selbst zu einem (im doppelten Wortsinne) *erlesenen Kadaver* wird. Was Bolaño damit inszeniert, ist die grundlegende Ambiguität des Imaginären bzw. des Leseaktes im Sinne einer Interpretation von Welt und Wirklichkeit. Vor diesem Hintergrund ist nicht zuletzt das Bild zu verstehen, das Bolaño/Belano für sein eigenes Verhältnis gegenüber Wieder am Ende des Romans wählt, wenn er ihn als seinen «horrendo hermano siamés»[343] bezeichnet und von einem Traum erzählt, in welchem beide gemeinsam auftauchen:

> Cuando desperté, seis horas después, estaba fresco y descansado y con ganas de seguir leyendo o releyendo (o adivinando, según fuera el idioma de la revista), cada vez más involucrado en la historia de Wieder, que era la historia de algo más, aunque entonces no sabía de qué. Una noche incluso tuve un sueño al respecto. Soñé que iba en un gran barco de madera, un galeón tal vez, y que atravesábamos el Gran Océano. Yo estaba en una fiesta en la cubierta de popa y escribía un poema o tal vez la página de un diario mientras miraba el mar. Entonces alguien, un viejo, se ponía a gritar ¡tornado!, ¡tornado!, pero no a bordo del galeón sino a bordo de un yate o de pie en una escollera. Exactamente igual que en una escena de *El bebé de Rosemary*, de Polansky. En ese instante el galeón comenzaba a hundirse y todos los sobrevivientes nos convertíamos en náufragos. En el mar, flotando agarrado a un tonel de aguardiente, veía a Carlos Wieder. Yo flotaba

---

343 Roberto Bolaño: *Estrella distante*, S. 152.

agarrado a un palo de madera podrida. Comprendía en ese momento, mientras las olas nos alejaban, que Wieder y yo habíamos viajado en el *mismo* barco, sólo que él había contribuido a hundirlo y yo había hecho poco o nada por evitarlo.[344]

Der Traum verweist in dieser Schiffbruch-Szene zunächst intertextuell auf Polanskis Horrorfilm *Rosemary's Baby* aus dem Jahr 1968 und die Szene, in der die Protagonistin des Films in einem psychedelisch anmutenden Albtraum in ihrem Bett auf dem Meer treibt und von einer teufelsartigen Gestalt vergewaltigt wird, was sich – wenig später – als realer Vorfall im Zuge jenes satanischen Rituals erweist, das ihr Ehemann mitsamt ihren Nachbarn an ihr vollzieht. Im Kontext des Romans verweist die Szene, wie auch die zu Beginn des Textes ebenfalls hergestellte Parallele zwischen Wieders Studentenwohnung und dem mysteriösen Appartmenthaus im Film,[345] auf die Frage nach der Wahrnehmung und Intepretation im Spannungsfeld von Traum und Realität. Die metatextuellen wie literaturhistorischen Implikationen dieser im Bild des versunkenen Schiffs aufgehobenen Allegorisierung der Literatur bzw. des Imaginären lassen sich dabei ebenfalls im Sinne jener von Bolaño ausgestellten Ambivalenz des Verhältnisses von Fiktion und Wirklichkeit lesen: Belano und Wieder sind siamesische Zwillinge und Reisegefährten, weil sie als Dichter letztlich beide von einer – als avantgardistisch zu bezeichnenden – Idee von Kunst ausgehen, in der diese zum Agenten einer aus der Imagination geborenen Umstürzung der Wirklichkeit wird. So wie Wieder in seinen Performance-Praktiken an eine Konvergenz von Kunst und Regime im Sinne einer radikalen Umwälzung der bestehenden Verhältnisse zu partizipieren glaubt, bekennt auch Belano am Beginn des Romans den Glauben der linken Dichtergruppe an eine traumartige Verschmelzung von Kunst und Leben, «que nos iba a traer una nueva vida y una nueva época [...] como un sueño o, más apropiadamente, como la llave que nos abriría la puerta de los sueños, los únicos por los cuales merecía la pena vivir.»[346] Wenngleich sich Belano nicht in dem Maße schuldig macht wie Wieder – nicht umsonst klammert dieser sich im Traum an ein den Rausch der

---

344 Ebd., S. 130–131.
345 Die Dialektik zwischen Leerstelle und Phantasma bzw. einer daraus erwachsenden Problematik des Bezeichnens findet hier, ebenso wie das Motiv einer radikal vielperspektischen Welt im gespenstischen Bild des Hauses als Baukasten, erstmals explizit Erwähnung, wenn es heißt: «En la casa de Ruiz-Tagle lo que faltaba era algo innombrable (o que Bibiano, años después y ya al tanto de la historia o de buena parte de la historia, consideró innombrable, pero presente, tangible), como si el anfitrión hubiera amputado trozos de su vivienda. O como si ésta fuese un mecano que se adaptaba a las expectativas y particularidades de cada visitante» (Ebd., S. 17).
346 Ebd., S. 13.

Avantgarden symbolisierendes Branntweinfass –, sieht er sich durch sein (in seiner Jugend) strukturell ähnliches Verständnis von Kunst als eine Art Helfershelfer kompromittiert – eine Feststellung, die wiederum klar im Sinne jener postavantgardistischen Selbstkritik Bolaños gelesen werden kann, wie sie bereits an anderer Stelle thematisiert wurde.

Über diesen primär literaturgeschichtlich fundamentierten Aspekt des allegorischen Traums hinaus erwähnt die Passage aber einen weiteren wichtigen Punkt, der im Zusammenhang mit der finalen Suche bzw. Ermordung Wieders von Bedeutung ist und noch einmal zur Frage nach der problematischen Verquickung von Imagination und Recht zurückführt: Wenn Belano das Studium der Zeitschriften, in denen sich in Texten Wieders Hinweise auf seine Identität und seinen Aufenthaltsort verbergen sollen, mit der zitierten Trias «leyendo o releyendo (o adivinando)» beschreibt, dann wird hier einmal mehr deutlich, wie schwach jene vermeintlichen Indizien seiner Lektüre sein müssen, wenn diese – zumindest teilweise – auf Basis eines ‹Erratens› gewonnen werden. Auf diese Art und Weise stellt der Erzähler Belano seinen eigenen detektivischen Diskurs der Spurensuche immer schon als einen prinzipiell unsicheren und von eigenen Motivationen wie den unsicheren Berichten Dritter kontaminierten aus. Dies wird schon zu Beginn des Romans explizit gemacht, wenn es über das Verhältnis von Belano und Bibiano O'Ryan zu ihrem Kontrahenten Ruiz-Tagle und ihren Mutmaßungen über seine mysteriöse Erscheinung bemerken: «En realidad, todas las suposiciones que podíamos hacer en torno a Ruiz-Tagle estaban predeterminadas por nuestros celos o tal vez nuestra envidia.»[347] Die Darstellung der Figur und Taten Wieders im Roman muss vor diesem Hintergrund also stets als eine potenziell unsichere Form der Repräsentation gelesen werden, die nicht zuletzt durch die affektiven Motivationen der Erzähler selbst keine Neutralität bzw. Authentizität zu beanspruchen vermag. Tatsächlich rekurriert der Text eben in den Schilderungen aller vermeintlichen Belege für Wieders Taten immer wieder mehr oder weniger explizit auf die Unsicherheit des Gesehenen und die Konstruktionstätigkeit der jeweiligen Beobachter, etwa wenn es über die erste von Belano aus dem Lager beobachtete Flugshow heißt: «Lentamente, por entre las nubes, apareció el avión. Al principio era una mancha no superior al tamaño de un mosquito. [...] Daba la impresión de ir tan despacio como las nubes pero no tardé en comprender que aquello sólo era un efecto óptico.»[348] Der hier benannte «efecto óptico» verweist, ebenso wie die oben genannten Bezüge auf wahrnehmungspsychologische Elemente wie die

---

[347] Ebd., S.14–15.
[348] Ebd., S. 35.

Gestalttheorie oder den Rorschach-Fleck, auf den elementaren Konstruktionscharakter aller Wahrnehmungen des Realen im Roman, die selbst vor vermeintlich dokumentarischen Artefakten wie den Fotografien nicht Halt machen, wenn es etwa über ein Foto von Wieder heißt, man erblicke darauf «con más voluntad que claridad, algunos de los versos que el poeta escribiera sobre el cielo de Los Ángeles.»[349]

Ungeachtet aller im Roman präsenten Referenzbezüge werden diese vermeintlich ‹realistischen› Anlagen letztlich doch wieder nur als Teil eines *friktionalen*, d.h. «zwischen Diktion und Fiktion pendelnde[n], oszillierende[n]»[350] Textes gelesen, der eben aus einem postavantgardistischen Bewusstsein heraus und im Anschluss an jene von Autoren wie Borges, Perec oder Aub geprägten Techniken «Ziele und Verfahren avantgardistischer Ästhetik [...] in neue Kontexte implantiert und dergestalt integriert, daß die Grenzen zwischen Fiktion und Realität, zwischen Kunst und Lebenswirklichkeit nicht durchbrochen, sondern sacht unterspült werden.»[351] Die Unmöglichkeit von zweifelsfreien Aussagen insbesondere über die Figuren selbst und ihre Handlungen wird dabei permanent im Roman thematisiert, wenn es etwa an einer Stelle über den nach einem Besuch bei Ruiz-Tagle verstörten Bibiano heißt: «¿Qué me puede pasar?, dijo Bibiano. No lo sé, dijo Verónica, pero estás blanco como el papel. Nunca olvidaré esas palabras, dice Bibiano en su carta: *pálido como una hoja de papel.*»[352] Die ‹Papierhaftigkeit› Bibianos und die Mehrdeutigkeit des *blanco* im Spanischen im Sinne einer Leerstelle, Lücke oder auch eines Ziels ruft hier immer schon jene von den Figuren wie vom realen Leser zu leistenden Akte der Bedeutungskonstruktion auf, die stets an die jeweilige Perspektive gebunden sind und damit die Bestimmung einer eindeutigen Realität verunmöglicht. Diese Momente der Irrealisierung des Realen, die Wahrnehmung der Welt im Modus des *trompe-l'œil* ist

---

349 Ebd., S. 46.
350 Ottmar Ette: *Literatur in Bewegung*, S. 359.
351 Ebd. 362. Wie sich die Effekte dieser friktionalen Ästhetik ähneln, lässt sich auch schön anhand zweier vergleichbarer Anekdoten mit Blick auf Aub und Bolaño ersehen: Ette beschreibt in seinen Ausführungen zu Aub, wie dessen (fiktive) Biographie des katalanischen Malers Jusep Torres Campalans in einer Frankfurter Buchhandlung mit einem Zettel mit der Aufschrift «Alles erfunden!» versehen wurde (Ebd., S. 357); ein ähnliches Erlebnis hatte der Verfasser dieser Arbeit vor Jahren bei der Korrektur eines Aufsatzes eines bekannten deutschen Hispanisten («de cuyo nombre no me quiero acordar», wie es im Quijote heißt) über die Aufarbeitung der Militärdiktaturen im Cono Sur, in dessen Zusammenhang eben Bolaños *La literatura nazi en América* kraft ihres Titels als eine vermeintlich wissenschaftliche Studie über rechte Autoren zitiert und somit ihr Potential jenes ‹Unterspülens› von Wirklichkeit geradezu paradigmatisch sichtbar wurde.
352 Roberto Bolaño: *Estrella distante*, S. 19–20.

dabei gleichermaßen am Grund jener hier mehrfach interpretierten Sprachspiele im Roman zu situieren: Wo die (in *Estrella distante* so dominanten) visuellen Formen des Zugriffs auf das Reale problematisch werden, gilt das ebenso (oder noch stärker) für die Sprache der Literatur selbst, die im Sprachspiel, wie Jürgen Ritte in seiner exemplarischen Studie gezeigt hat, auf diese Unsicherheit bzw. Unmöglichkeit, d.h. ihre eigene notwendige Distanz als Sprache zur Welt reagiert, indem sie diese im Spiel mit den Zeichen selbstreflexiv ausstellt: «Un mot peut en cacher un autre. Hinter jedem Wort, hinter jedem Text scheint das Palimpsest anderer Worte, anderer Texte, möglicherweise aller anderen Texte hervor.»[353] Die politischen bzw. ethischen Implikationen dieses Spiels situiert Ritte eben in der Reaktion auf jenen von Barthes postulierten «faschistischen» Charakter von Sprache, welcher bekanntlich in jenem Zwang der Sprache zur Rektion bzw. zur eindeutigen Aussage besteht, «car le fascisme, ce n'est d'empêcher de dire, c'est d'obliger à dire.»[354] Aufgrund der Unmöglichkeit der Flucht des Menschen aus der Sprache, wie sie bei Bolaño wie gesehen etwa in den Praktiken der Lettristen ironisiert wird («le langage humain est sans extérieur: c'est un huis clos»,[355] schreibt Barthes), bleibt als letzte Möglichkeit all jener, die sich – im Unterschied zu einem Carlos Wieder – als «ni de chevaliers de la foi ni de surhommes» verstehen, nur die Möglichkeit des Spiels und der Täuschung, wie sie Barthes als konstitutiv für das anssieht, was er als (wirkliche) Literatur ansieht: «[I]l ne reste, si je puis dire, qu'à tricher avec la langue, qu'à tricher la langue. Cette tricherie salutaire, cette esquive, ce leurre magnifique, qui permet d'entendre la langue hors-pouvoir, dans la splendeur d'une révolution permanente du langage, je l'appelle pour ma part: *littérature*.»[356] Das Wissen der Literatur bzw. ihrer Sprache vom Menschen und seinen Sprachen, wie es Barthes in seiner Rede in Form jener «langage-limite qui en serait le degré zéro»[357] umschreibt, findet sich nicht nur in der im Kapitel zu den ‹Dichtern der irdischen Welt› hinlänglich diskutierten Sprachkonzeption Bolaños wieder, sondern drückt sich gleichermaßen im Sprachspiel aus, das sich «stets als Abweichung, als Variation eines anderen, ‹eigentlichen› Textes zu lesen scheint.»[358] Dies gilt im Schlussteil von *Estrella distante* auch für das letzten Pseudonym Wieders, den Romero unter dem Namen R. P. Englisch verfolgt, unter dem er als Kameramann von Pornofilmen in Italien

---

353 Jürgen Ritte: *Das Sprachspiel der Moderne*, S. 64.
354 Roland Barthes: *Leçon/Lektion. Antrittsvorlesung im Collège de France. Gehalten am 7. Januar 1977*. Übersetzt von Helmut Scheffel. Frankfurt am Main: Suhrkamp 1980, S. 18.
355 Ebd., S. 20.
356 Ebd., S. 22.
357 Ebd., S. 28.
358 Jürgen Ritte: *Das Sprachspiel der Moderne*, S. 137.

gearbeitet (und wiederum gemordet) haben soll. Ein möglicher Zugang zum Sprachspiel liegt hier in der ansonsten in keiner der Pseudonyme auftauchenden Abkürzung: R.P. – nimmt man den Nachnamen wiederum als einen Hinweis, nach möglichen Bedeutungen der Abkürzungen eben *auf Englisch* zu fragen, dann scheint einerseits die (im Falle des Spielefanatikers Bolaño naheliegende) Möglichkeit des *Role Play* auf, was wiederum auf die Konstruierheit von Wieders Figur verwiese; fügt man dem R.P. noch ein I. hinzu, würde sich in der Formel des *Rest in peace* gewissermaßen Wieders baldiger Tod einmal mehr bereits in seinem Pseudonym ankündigen.

Unabhängig davon jedoch wird in der gesamten Schlussepisode des Romans noch einmal deutlich, wie Bolaño im Kontext jenes Aktes von Selbstjustiz seines Detektiv-Duos Belano/Romero die Problematik des Spiels mit Zeichen und Zeugnissen und der Vieldeutigkeit des Realen extrapoliert, etwa wenn es in der Diskussion zwischen den beiden über Wieder heißt: «Le dije que para mí Carlos Wieder era un criminal, no un poeta. Bueno, bueno, dijo Romero, no nos pongamos intolerantes, tal vez para Wieder o para cualquier otro *usted* no sea poeta o sea un mal poeta y él o ellos sí, todo depende del cristal con que se mira, como decía Lope de Vega, ¿no cree?»[359] Das Unwohlsein Belanos/Bolaños – und letztlich des realen Romanlesers selbst – erwächst einerseits aus dem Wissen um die schwache ‹empirische› Fundierung, wie man in Ermangelung eines besseren Begriffs sagen könnte, der geplanten Ermordung, die jedoch – auf der Ebene der Figuren wie des Lesers – zugleich von einem durch die multiplen Wendungen und Mysterien der Geschichte angefachten Begehren nach Auflösung des Rätsels konterkariert wird. Dies jedoch rückt Belano und den realen Leser wiederum in eine unbequeme Nähe des Mörders und Dichters Carlos Wieder: Die fragmenthafte Schilderung der Ereignisse bzw. die Darstellungslücken, die Bolaño an den ‹entscheidenden› Stellen im Roman entstehen lässt, d.h. insbesondere wenn es um die Morde, sowohl an den Garmendia-Schwestern als auch an Wieder selbst geht, zwingen den Leser dazu, jenen imaginären Nachvollzug des Nicht-Dargestellten zu leisten, ja de facto ‹selbst zum Mörder› zu werden und damit jenen (zweifelhaften) Konstruktionsakt zu vollbringen, wie ihn Belano selbst (auch für ihn wird Romero das ‹ausführende Element› seiner Phantasmen sein), aber auch Wieder in seiner Kunst des Abjekten immer wieder durchspielen. Der Akt des Lesens bzw. des Imaginierens wird aus einer solchen Perspektive, wie Hartwig treffend bemerkt, fundamental ambivalent, denn:

---

359 Roberto Bolaño: *Estrella distante*, S. 126.

> En vez del testigo pasivo que aparenta ser, [Belano] es el doble del asesino, lo que reconoce en otro momento clave de la novela al descubrir su semejanza con Wieder como ‹horrendo hermano siamés›: tal como un álter ego del asesino, el narrador, que sólo participa indirectamente en la historia, crea la imagen del y la atmósfera de la novela. [...] Con eso, es el álter ego del lector que, él también, construye la historia de Wieder según su imaginación, de un modo tal que *Estrella distante* demuestra que el acto de contar y el acto de leer pueden ser malos.³⁶⁰

Die Quintessenz dieser Szene – deren Modell für einen solchen ‹Mord durch den Leser› in der lateinamerikanischen Literatur des 20. Jahrhunderts zweifellos Julio Cortázars 1964 publizierte Erzählung *Continuidad de los parques* geliefert hat, in der durch eine meisterhaft konstruierte Erzählsituation der Leser ebenfalls zu einem imaginären (metaleptischen) Vollzug eines Verbrechens angehalten wird, welches die Erzählung an sich genommen nur nahelegt, aber nicht explizit macht – liegt in der Problematisierung jenes Potentials des Erzählens zur Transgression begründet: Gerade indem Bolaño hier Imagination bzw. Narration in ihrer wesenhaften Überschreitungslogik auf den in der Rache an Wieder zwangsläufig aufscheinenden Diskurs des Rechts treffen lässt, werden diese Verselbständigung des Spiels mit den Zeichen, die Unkontrollierbarkeit der Bedeutungen und die stets latente Möglichkeit des ‹tödlichen Umschlags› manifest.

Der Roman mag somit einmal mehr Beleg für die Tatsache sein, dass Bolaños Ästhetik der Lektüre keineswegs im Sinne eines ‹therapeutischen› Lesens im Sinne einer Traumabewältigung verstanden werden kann. In diesem Sinne gewährt Bolaños Literatur gewissermaßen Einblicke in die Möglichkeiten des Imaginären als potentiellem Exzess im Sinne jenes «Blicks in den Abgrund», wie er eingangs als bestimmende poetologische Metapher und ethische Fundierung seines Schreibens eingeführt wurde. Der Diskurs der ‹Dichter der irdischen Welt›, zu denen nicht zuletzt Bolaño selbst zählt, folgt einer aus dem Rausch und der Irrationalität der Avantgarden erwachsenen Haltung der Skepsis und der ‹Erdgebundenheit›, deren literarische Ausformung einerseits den Prämissen eines ‹realistischen› Schreibens folgt, welches andererseits aber stets hinter die sichtbaren Oberflächen der Realität vorzustoßen sucht. Dieser Aspekt wird im Roman noch einmal explizit aufgerufen in dem intertextuellen Verweis auf Bruno Schulz, in dessen Gesamtwerk Belano während seines Wartens auf Carlos Wieder in einer Bar in Lloret de Mar liest und wo es heißt:

> Abrí el libro, la *Obra completa* de Bruno Schulz traducida por Juan Carlos Vidal, e intenté leer. Al cabo de varias páginas me di cuenta que no entendía nada. Leía pero las palabras

---

360 Susanne Hartwig: La sombra del cámara, S. 31.

pasaban como escarabajos incomprensibles, atareados en un mundo enigmático. [...] Las palabras de Bruno Schulz adquirieron por un instante una dimensión monstruosa, casi insoportable. Sentí que los apagados ojos de Wieder me estaban escrutando y al mismo tiempo, en las páginas que daba vueltas (tal vez demasiado aprisa), los escarabajos que antes eran las letras se convertían en ojos, en los ojos *de* Bruno Schulz, y se abrían y se cerraban una y otra vez, unos ojos claros como el cielo, brillantes como el lomo del mar, que se abrían y parpadeaban, una y otra vez, en medio de la oscuridad total. No, total no, en medio de una oscuridad lechosa, como en el interior de una nube negra.[361]

Die quasi epiphanische Präsenz Schulz' im Kontext der bevorstehenden Rache an Wieder kann dabei auf einer rein referentiellen Ebene zunächst als ein weiteres Beispiel für jene Überkreuzungen innerhalb einer Zeiten und Räume querenden Geschichte des Nazismus bei Bolaño gelesen werden: Der Jude Schulz, der 1942 im (damals noch) polnischen Drohobytsch südlich von Lemberg von einem SS-Mann auf offener Straße erschossen wurde, steht hier ebenso wie Wieder jeweils stellvertretend für die Opfer- und Täterseite faschistischer Ideologie. Auf einer ästhetischen bzw. intertextuellen Ebene hingegen knüpft das Bild der sich plötzlich in einem surrealistisch-symbolistisch anmutenden Transformationakt in Käfer bzw. Schulz' Augen verwandelnden Wörter im Buch unmittelbar an Schulz' eigene Ästhetik an, wie er sie in seinen Erzählungen in *Die Zimtläden* oder *Das Sanatorium zur Sanduhr* entworfen hat. Auch hier stehen thematisch an der Alltagswelt des Autors orientierte Geschichten im Vordergrund, die sich aber zugleich immer, wie es in letztgenanntem Werk heißt, erheben «über die Sphäre der Alltäglichkeiten, weit hinein in die Regionen reiner Poesie.»[362] Ohne diesen Bezug hier bis in seine Details weiterverfolgen zu wollen, ist offensichtlich, inwiefern Schulz' autobiographische Texte und insbesondere die darin formulierte Auffassung von Realität und (Inter-)Textualität einmal mehr zahlreiche Anknüpfungspunkte zu Bolaños Roman und insbesondere der Schlusspassage herstellen. So inszeniert etwa auch Schulz in *Das Sanatorium zur Sanduhr* einen autobiographischen Diskurs über die Kindheit, in denen er sich anschickt, «Stationen und Etappen auf unseren Lebenswegen wie die Splitter eines zerbrochenen Spiegels [zu] sammeln»[363] – ein Aspekt, den Belano bei seiner Ankunft in Lloret ähnlich formuliert, wenn er sich fragt: «¿Cómo he llegado hasta aquí?, pensé. ¿Cuántas calles he tenido que caminar para llegar a esta calle?».[364] Und ähnlich wie bei Bolaño in den vermeintlich

---

361 Roberto Bolaño: *Estrella distante*, S. 151–152.
362 Bruno Schulz: *Das Sanatorium zur Sanduhr*. Aus dem Polnischen neu übersetzt von Doreen Daume. München: Hanser 2013, S. 17.
363 Ebd., S. 26.
364 Roberto Bolaño: *Estrella distante*, S. 149.

abseits der großen Geschichte und Orte passierenden Ereignisse an der Costa Brava sich immer zugleich jene welt- und zeitenumspannenden Dimensionen äußern, postuliert auch Schulz, dass ein jedes «Ereignis, und sei es noch so klein und armselig, was seine Provenienz und seine Eigenmittel betrifft, [...] doch aus der Nähe betrachtet in seinem Inneren eine unendliche und strahlende Perspektive eröffnen [kann].»[365] Ebenso weisen die (bei Schulz freilich mythisch grundierten) Korrespondenzen von Text und Natur in ihrer Struktur und Lesbarkeit, wie sie in den Beschreibungen der Jahreszeiten des polnischen Autors geschildert werden, gewisse Parallelen zu einigen Passagen im Schlussteil von *Estrella distante* auf: Genau wie die in Käfer transformierten Wörter Schulz' lässt sich aus den wenig später von Belano beobachteten Sträuchern und ihrer Struktur «los arbustos oscuros, las ramas que se entrelazaban e intersecaban tejiendo un dibujo al azar»[366] eine metatextuelle Naturmetaphorik erkennen, wie sie gleichfalls prägend für Schulz' Naturdarstellungen ist, etwa wenn er die Ankunft des Frühlings als Einbruch eines in seiner Fülle schwer lesbaren Phänomens beschreibt, bei dessen Entzifferung man «viel Geduld [braucht], um neben diesem Durcheinander den eigentlichen Text zu finden»,[367] was letztlich auch bei Schulz zugleich eine metaliterarische Beschreibung der eigenen textuellen Form der Erzählungen ist. Entscheidender jedoch erscheint, wie bereits erwähnt, für Schulz' Präsenz im Text im Vorfeld des Vollzugs der Rache an Carlos Wieder letztlich sein hier zum Paradigma verdichtetes Schicksal der von den Nazis vernichteten Kunst bzw. Künstler, welche in der Schlussszene des Romans einmal mehr jene gespenstische Wiederkehr der Vergangenheit in Form einer Überkreuzung von distanten historischen, geographischen und nicht zuletzt (welt-)literarischen Momenten inszeniert. Diese Form der Darstellung Belanos allerdings, der im Moment der Identifikation Wieders als letzter und entscheidender Voraussetzung zum Vollzug der Rache während seiner Schulz-Lektüre quasi Anzeichen von Halluzinationen, zumindest aber mangelnder Rationalität zu zeigen scheint, bindet die Szene wiederum zurück an die den gesamten Roman durchziehende Frage nach der Möglichkeit der ‹Lesbarkeit der Welt› im Sinne einer klaren Bestimmbarkeit von Identitäten und Sachverhalten, also letztlich der Parameter von Wahrheit und Wirklichkeit. Sie findet, wie eingangs bemerkt, ihre problematischste Ausprägung in der Ermordung Carlos Wieders durch Romero und Belano, die ihre Tat letztlich auf Basis einer ganzen Reihe unsicherer ‹Lektüren› der Wirklichkeit

---

365 Bruno Schulz: *Das Sanatorium zur Sanduhr*, S. 26.
366 Roberto Bolaño: *Estrella distante*, S. 155.
367 Bruno Schulz: *Das Sanatorium zur Sanduhr*, S. 110–111.

vollziehen, wobei ein Teil dieser ‹Unsicherheit› einmal mehr aus einer weiteren Kette von intertextuellen Referenzen resultiert, welche den gesamten Komplex der Rache und der Darstellung von Wieder als Verbrecher und (Anti-)Held durch die Erzähler strukturieren und damit per se immer bereits die Möglichkeit einer epistemologisch eindeutigen Wahrnehmung der Dinge unterminieren. Die Tatsache, dass die (vermeintliche) Wirklichkeit immer schon von Spuren des Imaginären ‹kontaminiert› ist, wird hier im Kontext der Rache an Wieder insbesondere durch eine mehrfache intertextuelle Bezugnahme auf Erzählungen von Jorge Luis Borges illustriert, wobei eben diese wechselseitigen ‹Verunreinigungen› von Realität und Fiktion hier den entscheidenden Zugang zu einer Lektüre des Gerechtigkeitsproblems bilden, das mit Blick auf *Estrella distante* von der Kritik bislang nur wenig überzeugend diskutiert worden ist. Dieser Mangel resultiert nicht zuletzt aus der Tatsache, dass dieser Aspekt entweder auf der Basis einer völligen Ignoranz der Frage nach der Rolle des Imaginären[368] in diesem Zusammenhang oder in einer ausschließlichen Fixierung auf seine (vermeintlichen) rein (inter-)textuellen Dimensionen[369] verhandelt wurde.

Die Bedeutung von Jorge Luis Borges für *La literatura nazi en América* bzw. *Estrella distante* ist dabei von der Kritik bislang hauptsächlich auf die beiden unschwer zu identifizierenden Dimensionen des Gattungsvorbilds in Gestalt der

---

368 Vgl. dazu etwa die völlig verfehlte Lektüre von Williams, der Bolaños Text vor dem Hintergrund der Schmittschen Freund-Feind-Dichotomie liest und Bolaño selbst als autobiographischen Erzähler befangen sieht «in the Schmittian sovereign geometry of hostility», womit der Text letztlich die gleichen problematischen Verquickungen von Ästhetik und Politik propagiere, wie sie Bolaño vermeintlich der Neoavantgarde um Zurita vorwirft (Gareth Williams: Sovereignty and melancholic paralysis in Roberto Bolaño. In: *Journal of Latin American Cultural Studies* 18, 2–3 (2009), S. 125–140, hier: S. 138.)

369 Andrews versucht sich diesbezüglich an einer vergleichenden Lektüre der Darstellungen von Gewalt und Heldentum bei Borges und Bolaño, wobei der Gerechtigkeitskomplex eher marginal behandelt wird und das mit Abstand schwächste Kapitel seines ansonsten überzeugenden Buches sich hier zu einer ganzen Reihe von fragwürdigen Interpretationen hinreißen lässt, wie etwa wenn es über die Differenzen in der Gewaltdarstellung bei beiden Autoren in einer kuriosen biographistischen Begründung heißt: «It is hardly surprising that the two writers should have represented fighting differently, given the very different lives they led» (*Roberto Bolaño's fiction*, S. 139). Ähnliches gilt für den Aufsatz von O'Bryen, dessen Lektüre nicht über die Darstellung der Verbindung des Romans mit Borges' *Pierre Menard* hinauskommt, anhand derer er zu zeigen versucht, inwiefern Bolaño den problematischen Begriff der literarischen Autorschaft mit dem der juristischen verkoppelt, um so die Gerechtigkeitsfrage im postdiktatorialen Chile zu kritisieren (vgl. Rory O'Bryen: Writing with the Ghost of Pierre Menard: Authorship, Responsibility, and Justice in Roberto Bolaño's *Distant Star*. In: Ignacio López-Calvo (Hg.): *Roberto Bolaño, a less distant star. Critical Essays*. New York: Palgrave Macmillan 2015, S. 17–34.)

Pseudo-Enzyklopädie, wie sie Borges in *Historia universal de la infamia* entwirft, bzw. im bereits erwähnten Verweis auf Pierre Menard im Prolog von Bolaños Roman beschränkt worden. Tatsächlich aber realisiert Bolaño in beiden Texten in seiner Geschichte um Ramírez Hoffman alias Carlos Wieder eine weit tiefgehendere intertextuelle Auseinandersetzung mit Borges, welche insbesondere für die Verhandlung der hier zu untersuchenden Frage nach dem Zusammenhang von Wirklichkeitswahrnehmung und Tathandlungen sowie, in einem zweiten Schritt, die Darstellung von Helden- bzw. Männlichkeitsbildern von entscheidender Bedeutung ist. So lässt sich etwa bereits in der eingangs dieses Kapitels mit Blick auf Perecs *53 jours* erläuterte Motiv der Verquickung von Hermeneutik und Kriminalistik auch mit Blick auf eine ganze Reihe ähnlich gestalteter Erzählungen Borges' beziehen, wie etwa *La muerte y la brújula*[370] oder auch *Tema del traidor y del héroe*, wobei gerade die Verbindung zu letzterer exlizit ist, wenn Bolaños Erzähler Bibiano O'Ryan den Nachnamen mit Borges' detektivischem Protagonisten der Erzählung, Ryan, teilt, dessen Aufgabe ebenfalls darin besteht, sich einer biographischen Rekonstruktion des Lebens und Sterbens eines (fiktiven) irischen Freiheitskämpfers namens Fergus Kilpatrick in Form einer «redacción de una biografía del héroe»[371] zu widmen. Die Erzählung nimmt quasi exemplarisch das für *Estrella distante* charakteristische Spiel mit sich überlappenden fiktionalen und faktualen Texten und sich wechselseitig infrage stellenden Perspektiven und Tatzuschreibungen der geschilderten Verschwörung vorweg, wobei vor allem die Lückenhaftigkeit der Überlieferung, ganz ähnlich wie bei Bolaño, die Glaubwürdigkeit des Erzählers und seiner Geschichte unterminiert, wenn es bei Borges heißt: «Faltan pormenores, rectificaciones, ajustes; hay zonas de la historia que no me fueron reveladas aún hoy.»[372] Der auch in dieser Geschichte Borges' diskutierte Problemzusammenhang, wie die Wahrheit von Geschichte(n) angesichts ihrer kommunikativen und damit immer schon uneindeutigen Aussagekraft überhaupt zu erkennen und zu bewerten sei[373] und wie

---

370 Der explizite (und für die Handlung völlig nebensächliche) Verweis des Erzählers in *Estrella distante*, dass die letzte Strecke zu Wieders Domizil in einem roten (und nicht einem gelben) Bus erfolgt (vgl. S. 148), mag hier schon als eine Verbindungslinie zu dem ebenfalls um einen aus hermeneutischem Geschick heraus realisierten Mord in der Erzählung bei Borges fungieren, in der bekanntlich in dem Duell zwischen Scharlach und Lönnrot die Farbe Rot eine zentrale Bedeutung hat.
371 Jorge Luis Borges: Tema del traidor y del héroe. In: Jorge Luis Borges: *Obras Completas I. (1923–1949)*. Edición Crítica. Anotada por Rolando Costa Picazo e Irma Zangara. Buenos Aires: Emecé 2009, S. 889–891, hier: S. 889.
372 Ebd.
373 Zum diesem und weiteren Aspekten des Skeptizismus Borges' vgl. ausführlich auch die Arbeit von Susanne Zepp: *Jorge Luis Borges und die Skepsis*. Stuttgart: Steiner Verlag 2003.

sich der Mensch dazu eben in seinen Handlungen zu verhalten möge, findet sich bei Bolaño dezidiert jedoch im Bezug auf drei andere Texte des Argentiniers, welche sich in ihrem Zusammenhang als eine Art *trilogía cuchillera* zusammenfassen lassen: Die Rede ist von der ebenfalls in *Historia universal de la infamia* enthaltenen Erzählung *Hombre de la esquina rosada*, die als solche bekanntlich eine *réécriture* der ursprünglich in Borges' frühem Band *El idioma de los argentinos* enthaltenen Geschichte mit dem Titel *Hombres pelearon* war und darüber hinaus, als quasi drittem Teil dieses Tryptichons, mit *Historia de Rosendo Juárez* in dem Band *El informe de Brodie* eine Art Fortsetzung bzw. Kommentar ihrer selbst findet. Die Geschichte schildert eine Auseinandersetzung zwischen zwei bzw. drei Männern in einer Kneipe in einem Vorort von Buenos Aires, in deren Verlauf ein berüchtigter Schläger des Viertels namens Rosendo Juárez von einem Fremden namens Federico Real (alias El Corralero) zu einem Duell herausgefordert wird, dem er allerdings ausweicht, wofür er sowohl von seiner Frau (La Lujanera) als auch von den übrigen Männern des Viertels verachtet wird. Zu letzteren gehört auch der Ich-Erzähler der Geschichte, der im weiteren Verlauf der Nacht im Versteckten die Demütigung Juárez' rächen wird, indem er Real ersticht. Als dokumentarischer Empfänger der Geschichte wiederum wird am Ende des Textes Borges selbst angesprochen, wenn der Erzähler im Schlusssatz bemerkt: «Entonces, Borges, volví a sacar el cuchillo corto y filoso que yo sabía cargar aquí, en el chaleco, junto al sobaco izquierdo, y le pegué otra revisada despacio, y estaba como nuevo, y no quedaba ni un rastrito de sangre.»[374]

Von eben dieser direkten Ansprache eines Mörders an den (an der Tat selbst nicht unmittelbar beteiligten) Erzähler führt nun eine intertextuelle Verbindung zu Bolaños Geschichte von Ramírez Hoffman und Carlos Wieder, wenn es über den Schlusssatz von Abel Romero, dem ‹Rächer› der Geschichte, in *La literatura nazi en América* heißt: «Cuídate, Bolaño, dijo finalmente y se marchó.»[375] In einer für Bolaños intertextuelle Chiffrierungen typischen Wendung findet sich in *Estrella distante* darüber hinaus ein weiterer Hinweis, der dem Leser eine weitergehende Bedeutung von Borges' Messerstecher-Geschichten für den Roman suggeriert, wenn es nämlich über eines der Gedichte von Carlos Wieder, die der Erzähler in der Dichterwerkstatt gehört hat, heißt: «El último lo he olvidado completamente. Sólo recuerdo que en algún momento aparecía sin que viniera a cuenta (o eso me pareció a mí) un cuchillo.»[376] Und nicht zuletzt tötet ja auch

---

[374] Jorge Luis Borges: Hombre de la esquina rosada. In: Jorge Luis Borges: *Obras Completas I. (1923–1949)*. Edición Crítica. Anotada por Rolando Costa Picazo e Irma Zangara. Buenos Aires: Emecé 2009, S. 628–633, hier: S. 633.
[375] Roberto Bolaño: *La literatura nazi en América*, S. 213.
[376] Roberto Bolaño: *Estrella distante*, S. 23.

Wieder selbst mit einem Messer, wie im Fall der im Roman geschilderten Ermordung der Tante der Garmendia-Schwestern. Vergleicht man Borges' Erzählungen um die Figur von Rosendo Juárez nun eingehender mit der Geschichte um Carlos Wieder, so werden eine ganze Reihe von konkreten Parallelen und vermischten Motiven zwischen diesen Texten deutlich, die insbesondere für die Verhandlung der eingangs aufgeworfenen Fragen von Gerechtigkeit bzw. Sühne sowie von Heldentum und Männlichkeit eine entscheidende Rolle spielen. Schon in der Schilderung Belanos vor bzw. nach dem Zusammentreffen mit Wieder in Lloret de Mar wird in mehreren Passagen ersichtlich, wie die Beschreibung der Emotionen des Erzählers vor dem Vollzug der Rache sowie die gesamte Szenerie in *Estrella distante* den Beschreibungen des anonymen Erzählers und seinen Schilderungen der Umgebung in Borges' Erzählung gleichen. «Yo hubiera querido estar de una vez en el día siguiente, yo me quería salir de esa noche»,[377] fasst Borges' Erzähler sein Unwohlsein vor dem (aus Sicht seines Ehrenkodex) unausweichlichen Zusammentreffen mit Franciso Real zusammen, das ähnlich von Belano in der Beschreibung seiner Nervosität formuliert wird. Zugleich ähneln sich die Szenerien der beiden Morde und die Beschreibung der Umgebung durch die Erzähler, wenn Borges' Figur sagt: «Me quedé mirando esas cosas de toda la vida – cielo hasta decir basta, el arroyo que se emperraba solo ahí abajo, un caballo dormido, el callejón de tierra, los hornos. [...] Había de estrella como para marearse mirándolas, unas encima de otras.»[378] Auch Belano schildert die zwischen der vulgären Modernität des Touristenortes und einer beinahe ländlichen Atmosphäre changierende Szenerie bei der Ankunft in Lloret mit den Worten:

> [S]e oían, distantes, ruidos de animales, como si estuviéramos al lado de un potrero o de una granja [...] Desde los ventanales del bar se veía el mar y el cielo muy azul y unas pocas barcas de pescadores faenando cerca de la costa. [...] En el cielo apenas se veían nubes. Un cielo ideal, pensé. [...] Encendí un cigarrillo y me puse a pensar en cuestiones sin importancia. El tiempo, por ejemplo. El calentamiento de la Tierra. Las estrellas cada vez más distantes.[379]

Jenseits dieser atmosphärischen Parallelen ist es freilich primär die Figurenkonstellation und Tathandlung selbst, die beide Geschichten miteinander verbindet: Borges' Erzähler rächt in der Ermordung Francisco Reals die Demütigung des von ihm bewunderten Rosendo Juárez, doch stellt die Tat auch einen Akt der Ermächtigung eines zuvor von den (vermeintlichen) Helden der Geschichte gleich

---

[377] Jorge Luis Borges: *Hombre de la esquina rosada*, S. 630
[378] Ebd., S. 631.
[379] Roberto Bolaño: *Estrella distante*, S. 149–155.

zweifach aus dem Weg geräumten und als «estorbo» geschilderten männlichen Subjekts dar. Zugleich aber bleibt die Autoschaft seiner Tat notwendig im Dunkeln, da alle Beteiligten natürlich davon ausgehen, dass in Wirklichkeit Rosendo Juárez als Reaktion auf seine Erniedrigung in der Nacht seine Rache vollzogen hat, oder wie es über die Schilderungen der Lujanera heißt, die Rosendo aufgrund seiner mangelnden Männlichkeit zugunsten Reals in der Nacht verlässt und Zeugin der Ermordung wird: «Dijo que luego de salir con el Corralero, se jueron a un campito, y que en eso cae un desconocido y lo llama como desesperado a pelear y le infiere esa puñalada y que ella jura que no sabe quién es y que no es Rosendo. ¿Quién le iba a creer?»[380] Avelar spricht in diesem Zusammenhang bei Borges von einem wiederkehrenden Motiv des Zusammenstoßes unterschiedlicher und sich gegenseitig entwertender Codes von Ehre und Männlichkeit: Suárez erfüllt in der Praxis durch seine Flucht die Anforderungen an das Männlichkeitsideal und den Ehrenkodex nicht, während der anonyme Mörder zwar den Kodex erfüllt, aber eben im Verborgenen, wodurch der Kodex nicht gilt: «En el espacio en que el código funciona, el personaje no está a su altura. En el espacio en que el personaje sí vence en la lucha, lo hace burlando el código.»[381] Eine ähnliche Beobachtung formuliert Ximena Briceño mit Blick auf Borges' Erzählung *Emma Zunz*,[382] in der eine junge Frau den vermeintlich am Selbstmord ihres Vaters schuldigen Fabrikbesitzer Löwenthal ermordet, diese Tat aber zugleich durch eine Reihe von Inszenierungen verschleiert, womit sich ebenfalls eine Lücke zwischen der Logik einer persönlichen Rache und den Prämissen eines modernen Rechtssystems auftut: «‹Emma Zunz› recuerda la legalidad premoderna al proponerse al personaje como una herramienta de la justicia divina, a la vez que claramente las acciones se desarrollan con relación al sistema judicial moderno para la construcción de la coartada ante la policia del Buenos Aires de los años 20. El problema radica en que nadie reconoce a Emma como vengadora.»[383]

Bolaño konstruiert nun in seiner Rache, wie sie Belano und Romero an Wieder vollziehen, eine verwandte Systematik: Jenseits der fragwürdigen Motivationen hinter der Rache, wie sie eingangs für das Duo erläutert wurden (und auch

---

[380] Jorge Luis Borges: *Hombre de la esquina rosada*, S. 631.
[381] Idelber Avelar: Ficciones y rituales de la masculinidad en la obra de Borges. In: *La Biblioteca* [Biblioteca Nacional, Buenos Aires] 13 (2013): S. 92–105, hier: S. 101.
[382] Vgl. Jorge Luis Borges: Emma Zunz. In: Jorge Luis Borges: *Obras Completas I. (1923–1949)*. Edición Crítica. Anotada por Rolando Costa Picazo e Irma Zangara. Buenos Aires: Emecé 2009, S. 1015–1018.
[383] Ximena Briceño: El crimen para la venganza: «Emma Zunz» en el borde del melodrama. In: *Variaciones Borges* 25 (2008), S. 137–154, hier: S. 142.

für Borges' Protagonistin Emma Zunz gelten), wird offensichtlich, dass Wieder durch seine Ermordung zwar für seine Vergehen zur Rechenschaft gezogen wird, dies aber alles im Verborgenen und damit jenseits des Rechtssystems geschieht. Wie bei Borges liegt ein «choque de códigos» vor, bei dem die Tatenlosigkeit des chilenischen Staates bei (vermeintlich) intaktem Rechtssystem die gleiche chiastische Überkreuzung mit der Situation des Mordes aufweist, der einen Rechtsverstoß darstellt, aber faktisch für Vergeltung sorgt. Was Bolaño damit bewusst herausstellt, ist eine defizitäre Form der Moderne, die zwar – wie das Beispiel Chile paradigmatisch beweist – eine radikale ökonomische Modernisierung betreibt, aber hinsichtlich ihrer mangelhaften sozialen und legalen Normen bzw. ihrer Durchsetzung letztlich prämoderne Logiken der Vergeltung aufruft, wie sie Belano und Romero analog zu Borges' Helden umsetzen. Diese parallele Existenz von Modernisierung und archaischen Restbeständen, wie sie Bolaño in *2666* zu einem Grundelement seiner Weltbeschreibung machen wird, kommt am Ende des Romans noch einmal explizit zum Ausdruck, wenn es über das Gespräch zwischen Belano und Romero auf der Rückfahrt nach Barcelona heißt: «Durante el viaje Romero intentó hablar en un par de ocasiones. En una alabó la estética ‹francamente moderna› de los trenes españoles. En la otra dijo que era una pena, pero que no iba a poder ver un partido del Barcelona en el Camp Nou.»[384] In diesem Sinne führt die vollzogene Rache an Wieder Belano als Tatbeteiligten notwendig in ein moralisches Dilemma und damit auf ein Terrain, was eben – im Unterschied zur eingangs zitierten These von Williams – mitnichten einer affirmativen und eindeutigen Verortung der Figur und ihrer Tat im Sinne eines klaren Freund-Feind-Schemas entspricht. Ähnlich wie schon bei Borges' Messerhelden sieht sich Belano hier verstrickt in eine Notwendigkeit zur Tat, die vor dem Hintergrund einer undurchsichtigen Welt stets mit profunden moralischen Zweifeln behaftet ist.

Dieser Aspekt wird noch einmal deutlich, wenn man die beiden Erzählungen von Borges und Bolaño betrachtet, welche quasi *ex posteriori* auf die geschilderten Geschichten um Rosendo Juárez und Carlos Wieder Bezug nehmen (und damit einen weiteren Beleg für die intertextuelle Präsenz Borges' darstellen): So lässt Borges in seiner 1970, also über 30 Jahre nach *Hombre de la esquina rosada* publizierten Erzählung *Historia de Rosendo Juárez* den Protagonisten seiner Geschichte selbst zu Wort kommen. In dieser entpuppt sich Juárez nicht als der vermeintliche heroische *Outlaw*, als den ihn seine Zeitgenossen und insbesondere der anonyme Erzähler und Rächer wahrnehmen, sondern vielmehr als der Feigling, als der er sich in der besagten Nacht auch verhalten

---

[384] Roberto Bolaño: *Estrella distante*, S. 156.

hat. Sein Ruhm, das wird in Juárez' Schilderung seiner Lebensgeschichte klar, verdankt sich einem durch eine Unachtsamkeit des Gegners gewonnenen Duell und einer anschließenden Stützung seiner Person durch politische Kräfte, die sich seinen Ruf als Schläger zunutze machen. Vielsagend endet sein Bericht mit der Bemerkung über seinen neuen Wohnort in Buenos Aires in den anerkennenden Worten: «San Telmo ha sido siempre un barrio de orden.»[385] Ebenso wie durch diese Geschichte die Tat bzw. die Tatmotivation des anonymen Erzählers nachträglich entwertet wird, weil er für einen Feigling und falschen Helden zum Mörder geworden ist, funktioniert auch die von Bolaño nachträglich zu der Schlussepisode von *Estrella distante* in *Llamadas telefónicas* publizierte Erzählung *Joanna Silvestri*: Die titelgebende Protagonistin hat, wie bereits im Roman zu lesen war, als Pornodarstellerin vermeintlich in mehreren Filmen mitgewirkt, bei denen Wieder alias R.P. English als zweiter Kameramann tätig war. Die Erzählung schildert nun den – im Roman nicht enthaltenen – Besuch Abel Romeros bei der todkranken Silvestri in einer Klinik im französischen Nîmes.[386] Wenn Romero im Roman seine Suche nach Wieder bzw. sein Argument, dass es sich bei dem Mörder English und Wieder um die gleiche Person handelt, gegenüber Belano auch zentral auf die Bestätigung der Identität durch Joanna Silvestri zurückführt, dann wird eben dieser vermeintlich stichhaltige Beleg im Monolog Silvestris in der Erzählung entlarvt: «Yo de fantasmas sé mucho»,[387] bekennt die (ebenfalls sich am Rande des Deliriums bewegende) Protagonistin zu Beginn ihrer Rede, ehe sie über ihre zweifelhafte Aussage bezüglich der Identität Englishs bemerkt:

> [L]a foto que me enseña del presunto English es vieja y borrosa, allí hay un joven de ventipocos años, y el English que yo recuerdo es un tipo bastante entrado en la treintena, tal vez de más de cuarenta, una sombra definida, valga la paradoja, una sombra derrotada a la que no presté demasiada atención, aunque sus rasgos quedaron en mi memoria, los ojos azules, los pómulos pronunciados, los labios llenos, las orejas pequeñas. Sin embargo, describirlo de esta manera es falsearlo [...], su rostro ya hace mucho se instaló en la zona de las sombras.[388]

---

[385] Jorge Luis Borges: Historia de Rosendo Juárez. In: Jorge Luis Borges: *Obras Completas II. (1952–1972)*. Edición Crítica. Anotada por Rolando Costa Picazo e Irma Zangara. Buenos Aires: Emecé 2010, S. 711–714, hier: S. 714.
[386] Die Tatsache, dass die Geschichte gerade in Nîmes spielt, legt die Vermutung nahe, dass auch hier wieder ein intertextueller Verweis auf Borges' *Pierre Menard* vorliegt, wo Nîmes im Text viermal als Ort von Publikationen, darunter der Erzählung selbst, genannt wird.
[387] Roberto Bolaño: Joanna Silvestri. In: Roberto Bolaño: *Llamadas telefónicas*, S. 159–175, hier: S. 159.
[388] Ebd., S. 173.

Auf ähnliche Weise wiederholt Silvestri am Ende der Erzählung ihre bewusste Täuschung Romeros, wenn sie sagt: «Y el detective me dice está bien, conforme, tómese su tiempo, madame Silvestri, por lo menos lo recuerda, eso ya es algo para mí, ciertamente no es un fantasma. Y entonces estoy tentada de decirle que todos somos fantasmas, que todos hemos entrado demasiado en las películas de los fantasmas, pero este hombre es bueno y no quiero hacerle daño y por lo tanto me quedo callada.»[389] Auch hier stellt sich über eine ausgelagerte Erzählung, über die Hörbarmachung einer weiteren Stimme, eine veränderte Perspektive auf das Geschehen ein, welche (auch aufgrund einer weiteren unzuverlässigen Erzählinstanz) die Argumentation Romeros nicht rundheraus entwertet, aber zumindest ins Terrain des Zweifelhaften, des Phantasmatischen rückt und damit die konkreten Folgen der Tat von Belano und Romero noch problematischer erscheinen lässt.

Dieses Spiel der Perspektiven wiederum hat nicht nur Folgen für die hier beschriebene Ermordung Wieders im Sinne ihrer juristischen wie moralischen Bewertung, sondern ebenso für jene Codes und Modelle von Männlichkeit und Heldentum, wie sie bereits in Borges' Erzählungen infrage gestellt werden. Wenn Avelar mit Blick auf letztere von einem «laboratorio permanente de la masculinidad»[390] spricht, verweist er dabei auf die bei Borges stets operierende Ambivalenz bzw. Entleerung etablierter Modelle von Männlichkeit und Heldentum in der Moderne, wie sie erzähltechnisch durch eben jene Vielstimmigkeit und Polyperspektivität literarisch inszeniert wird, die auch die Geschichte(n) von Rosendo Juárez auszeichnen: «El mito de la masculinidad se construye a través de una mirada distante a la que siempre se le escapan rasgos definidores del personaje en cuestión. [...] Los cuchilleros de Borges serán elevados a la condición de hombres míticos siempre por una suerte de ilusión óptica, de espejismo, de error de perspectiva.»[391] Unschwer lässt sich einmal mehr feststellen, wie Bolaños Blick(e) auf seinen Protagonisten, aber auch die übrigen Figuren, einschließlich seines *alter ego*, auf einer vielperspektivischen und oft widersprüchlichen Narrationskette beruht, die ebenso wie in Borges' Erzählungen immer schon dezidiert männliche Geschlechteridentitäten zur Debatte stellt. Wenn Avelar herausstellt, dass – wie etwa im Falle von Rosendo Juárez – die Männlichkeitsmythen vielfach auf durch Erzählung und Tradierung verschleppten unmännlichen Taten beruhen, «[l]os mitos de la masculinidad reposan sobre rasgos que estos mismos mitos caracterizarían como poco viriles»,[392] dann lässt sich ein ähnliches Verfahren auch mit Blick auf Bolaños Protagonisten Carlos Wieder erkennen: Wieders Ruhm als vermeintlich

---
389 Ebd., S. 174.
390 Idelber Avelar: Ficciones y rituales de la masculinidad en la obra de Borges, S. 93.
391 Ebd., S. 95.
392 Ebd., S. 103.

tollkühner Pilot und radikaler Künstler erweist sich bei näherer Betrachtung als Summe feiger Akte eines Nutznießers des Zustands von Straffreiheit und Rechtlosigkeit im Rahmen der Diktatur. Zugleich sind Wieder und seine betont virilen Attitüden – die Fliegerei, die Gesellschaft von Prostituierten, etc. – einmal mehr Ausweis einer literarischen (Re-)Inszenierung moderner Geschlechterpolitiken, wie sie exemplarisch in den Männlichkeitsaffirmationen der Futuristen als Wieders Vorbildern zum Ausdruck kamen. Diese waren, wie Koschorke herausstellt, Teil einer allgemeinen Vermännlichungsrhetorik der Moderne, deren Radikalität eben aus den Herausforderungen bzw. Überforderungen des modernen Mannes sowie als Reaktion auf die allgemeine Krise der Unterscheidungen der Moderne zu verstehen sei: «Auf diese epistemologische Krise werden *nachträglich* Geschlechterkonnotationen appliziert, um ihre eine greifbare, leibhaftige Gestalt zu verleihen.»[393] Es ist vor diesem Hintergrund kein Zufall, dass die beiden Leitmotive dieser Rhetorik, die Koschorke in den Formeln vom «Ideal der Klarheit» und dem «Aufruf zur Willensstärke»[394] fasst, in den Leitbegriffen *pureza* und *voluntad* bei Carlos Wieder ihre wörtliche Entsprechung finden.

Diese überbordende Betonung des Virilen ist dabei keineswegs auf die Domäne der vermeintlich faschistischen Übermenschen reduziert, sondern findet sich in Bolaños Werk auf der Seite der Linken gleichermaßen beschrieben, wie etwa die Geschichte des schwulen Fotografen Mauricio «el Ojo» Silva zeigt, über dessen Schicksal im mexikanischen Exil nach dem Putsch der (einmal mehr mit Bolaños Biographemen ausgestattete) Erzähler bemerkt:

> Por aquellos días se decía que el Ojo Silva era homosexual. Quiero decir: en los círculos de exiliados chilenos corría ese rumor, en parte como manifestación de maledicencia y en parte como un nuevo chisme que alimentaba la vida más bien aburrida de los exiliados, gente de izquierda que pensaba, al menos de la cintura para abajo, exactamente igual que la gente de derecha que en aquel tiempo se enseñoreaba de Chile.[395]

---

393 Albrecht Koschorke: Die Männer und die Moderne. In: Wolfgang Asholt/Walter Fähnders (Hg.): *Der Blick vom Wolkenkratzer. Avantgarde – Avantgardekritik – Avantgardeforschung*. Amsterdam: Rodopi 2000, S. 141–162, hier: S. 150.
394 Ebd., S. 149.
395 Roberto Bolaño: El Ojo Silva. In: Roberto Bolaño: *Putas asesinas*, S. 11–26, hier: S. 12. Die Tatsache, dass der Protagonist der Erzählung später als Fotograph nach Indien geht und dort zwei im Rahmen eines religiösen Rituals kastrierte Jungen rettet, verweist zudem allegorisch auf jene ‹gekappten› Männlichkeitsvorstellungen der Zeit der Revolution (vgl. dazu auch den Artikel von Claudia Ferman: Cuerpos masculinos en devenir: sociedades disciplinarias y afectos en la narrativa latinoamericana reciente (Bolaño, Feinmann, Saer, Gutiérrez). In: Mabel Moraña/Ignacio Sánchez Prado (Hg.): *El lenguaje de las emociones. Afecto y cultura en América Latina*. Madrid/Frankfurt am Main: Iberoamericana/Vervuert 2012, S. 151–172).

Bolaño setzt diesem Modell in seinem Werk eine ganze Reihe von Männerfiguren entgegen, die diese moderne Männlichkeitsrhetorik bewusst unterminieren im Bewusstsein einer fundamental post-heroischen Welt, in welcher hergebrachte Heldenrollen nicht zuletzt wegen der konstitutiven Uneindeutigkeit dieser Weltverhältnisse nicht mehr verfügbar sind. Ob die Allegorie des Heldenbergs in *Nocturno de Chile*, die Figur Macistes als erblindetem und gefallenem Filmheld in *Una novelita lumpen*[396] oder der Protagonist Udo Berger in *El Tercer Reich* – das Motiv des Ende des Heroischen durchzieht Bolaños Gesamtwerk auf allen Ebenen und prägt letztlich auch den Dandy Carlos Wieder, der im Anschluss an Baudelaires Überlegungen nur noch einen «Heroismus der Schwäche» repräsentiert, «der den Dandy, weil der Held in der Moderne als Projektionsfigur der Gesellschaft nicht mehr vorstellbar sei, in die Rolle des Heldendarstellers schlüpfen lässt.»[397] Wenn Gelz des Weiteren den heroischen Charakter moderner Kunst im «Kampf gegen Kunstformen, die als historisch erledigt gelten, wie auch gegen den ephemerem Charakter künstlerischer Arbeit (u.a. mit Blick auf ihre gesellschaftliche Anerkennung)»[398] erblickt, so werden im Kontext der Avantgarde-Parodien, wie sie sich mit Blick auf Wieder in *Estrella distante* darstellen, zugleich die ästhetischen und literaturgeschichtlichen Implikationen dieser post-heroischen Perspektive Bolaños ersichtlich. Statt jenes aussichtslosen Kampfs gegen das Ephemere der Kunst bzw. eine, wie in *Nocturno de Chile* gesehen, unhaltbar gewordene Monumentalisierung der Literatur in Form einer Geschichte großer Männer, dominiert bei Bolaño das Paradigma anti-heroischer Dichterfiguren, wie sie ähnlich bereits in den Werken Nicanor Parras und Enrique Lihns zu finden sind.[399] Die Entwertung dieser virilen Kampflogik mit ihrer ständigen «Angst, von den Vorgängern übermannt zu

---

396 Vgl. Roberto Bolaño: *Una novelita lumpen*. Barcelona: Anagrama 2002.
397 Andreas Gelz: *Der Glanz des Helden. Über das Heroische in der französischen Literatur des 17. bis 19. Jahrhunderts*. Göttingen: Wallstein 2016, S. 89.
398 Ebd., S. 96.
399 Vgl. dazu etwa mit Blick auf Lihn die Bemerkung von Ayala: «Los héroes, figura repetida en la poesía lihneana de estos años, son la contrafigura del poeta. Los héroes, hombres de acción por excelencia, son los llamados a revertir la tragedia histórica de la desigualdad y el imperialismo, capaces de compromisos y sacrificio, de acceder con violencia al poder. [...] Frente a la actividad ‹masculina› de los héroes, el sujeto lihneano [...] permance ocioso, marginal y humillado» (*Lugar incómodo*, S. 115–116); und ebenso zur Männlichkeitsdarstellung bei Parra: «[L]os hablantes que encontramos en estos poemas constituyen un abanico de seres – principalmente hombres – con problemas psíquicos, sexuales, laborales, políticos y religiosos, o en posiciones sociales desfavorecidas» (ebd., S. 36).

werden»,⁴⁰⁰ hat dabei auf der Ebene der Kunst selbstverständlich bedeutende Folgen für das Verständnis von Tradition und Kanon im Sinne jener im Eingang dieser Arbeit geschilderten Überwindung der bloomschen Einflussangst hin zu einer Ästhetik eines ‹wilden› und kategorien*querenden* Lesens, oder wie es Ignacio López-Vicuña formuliert:

> Through this ‹queering› of the canon, Bolaño both repeats and parodies the gesture of phallic competitiveness inherent in canon-formation and, at the same time, questions and destabilizes the metaphors commonly used to describe literary influence and filiation (fatherhood, inheritance, murdering the father). The introduction of queer desire and queer modes of understanding introduces a mad subversion of the categories, opening up a non-patriarchal temporality.⁴⁰¹

Die paradigmatische Gegenfigur zur Emphase von Männlichkeit und Heldentum, wie sie Wieder als Vertreter der Moderne repräsentiert, ist in *Estrella distante* in Lorenzo alias Petra angelegt, die wiederum der realexistierenden deutsch-chilenischen Performancekünstlerin Lorenza Böttner nachempfunden ist.⁴⁰² Lorenzo fungiert dabei sowohl in ästhetischer wie geschlechterbezogener Hinsicht als Verkörperung all jener *Unreinheit* und *Unmännlichkeit*, die Wieders moderne Virilität auszeichnen, wobei insbesondere der ausufernden Beschreibung ihrer Hinwendung zur Kunst eine entscheidende Bedeutung zukommt:

> [E]s difícil ser artista en el Tercer Mundo si uno es pobre, no tiene brazos y encima es marica. Así que Lorenzo se dedicó por un tiempo a hacer otras cosas. Estudiaba y aprendía. Cantaba en las calles. Y se enamoraba, pues era un romántico impernitente. Sus desilusiones (para no hablar de humillaciones, desprecios, ninguneos) fueron terribles y un día —día marcado con piedra blanca— decidió suicidarse. Una tarde de verano particularmente triste, cuando

---

400 Barbara Vinken: MAKE WAR NOT LOVE: Pulp Fiction oder Marinettis *Mafarka*. In: Wolfgang Asholt/Walter Fähnders (Hg.): *Der Blick vom Wolkenkratzer. Avantgarde – Avantgardekritik – Avantgardeforschung*. Amsterdam: Rodopi 2000, S. 183–204, hier: S. 188.
401 Ignacio López-Vicuña: Looking into the Fragmented Mirror: Bolaño's *Los Sinsabores del verdadero policía*. In: Ignacio López-Calvo (Hg.): *Critical Insights: Roberto Bolaño*. Ipswich: Salem Press 2015, S. 97–119, hier: S. 106. Eine ähnliche Hypothese leitet die gleichwohl konfusen Überlegungen von Ryan Long: Roberto Bolaño's queer poetics. In: Ignacio López-Calvo (Hg.): *Critical Insights: Roberto Bolaño*. Ipswich: Salem Press 2015, S. 150–166.
402 Vgl. zu Biographie und Werk Böttners sowie den vielfältigen künstlerischen Adaptionen ihrer Figur die einschlägige Studie von Carl Fischer: Lorenza Böttner: From Chilean Exceptionalism to Queer Inclusion. In: *American Quarterly* 66 3 (2014), S. 749–765. Neben Bolaño hat etwa – wie schon im Fall der Geschichte von Mariana Callejas in *Nocturno de Chile* – Pedro Lemebel Böttner eine Chronik gewidmet, vgl. dazu: Pedro Lemebel: Lorenza (Las alas de la manca). In: Pedro Lemebel: *Loco afán. Crónicas de Sidario*. Santiago de Chile: LOM 1996, S. 151–154.

el sol se ocultaba en el océano Pacífico, Lorenzo saltó al mar desde una roca usada exclusivamente por suicidas (y que no falta en cada trozo de litoral chileno que se precie). Se hundió como una piedra, con los ojos abiertos y vio el agua cada vez más negra y las burbujas que salían de sus labios y luego, con un movimiento de piernas involuntario, salió a flote. Las olas no le dejaron ver la playa, sólo las rocas y a lo lejos los mástiles de unas embarcaciones de recreo o de pesca. Después volvió a hundirse. Tampoco en esta ocasión cerró los ojos: movió la cabeza con calma (calma de anestesiado) y buscó con la mirada algo, lo que fuera, pero que fuera hermoso, para retenerlo en el instante final. Pero la negrura velaba cualquier objeto que bajara con él hacia las profundidades y nada vio. Su vida entonces, tal cual enseña la leyenda, desfiló por delante de sus ojos como una película. [...] Con repentino valor decidió que no iba a morir. Dice que dijo ahora o nunca y volvió a la superficie. El ascenso le pareció interminable; mantenerse a flote, casi insoportable, pero lo consiguió. Esa tarde aprendió a nadar sin brazos, como una anguila o como una serpiente. Matarse, dijo, en esta coyuntura sociopolítica, es absurdo y redundante. Mejor convertirse en poeta secreto.[403]

In einer Wendung, wie sie sich fast identisch in *2666* in der Darstellung der Jugend von Hans Reiter alias Benno von Archimboldi wiederholen wird, entwirft Bolaño hier einmal mehr das Ideal des in den Abgrund und die Dunkelheit des Lebens blickenden Künstlers, der erst auf den ‹Grund der Dinge› sinken muss, um daraus jenen «valor» zu entwickeln, aus dem sich seine (Lebens-)Kunst zu speisen vermag. In dem Maße wie die heroischen Ambitionen von Carlos Wieder (und möglicherweise auch von Juan Stein in der offenen Geschichte seines Schicksals) als Schein entlarvt werden, entwirft Bolaño in Lorenzo als amputiertem, im Meer wie ein Aal sich schlängelndem Homosexuellen ein Gegenbild zum modernen Künstler-Heros, wie es extremer nicht sein könnte.[404] Lorenzo ist Teil dieser ‹Dichter der irdischen Welt›, deren Männlichkeitsideal konträr zum Paradigma des kühlen und gefühllosen Mannes der Moderne steht, was sich nicht zuletzt in einer quasi überbordenden Affektivität zahlreicher männlicher Figuren bei Bolaño äußert und Bolaños autobiographische Erzähler miteinschließt. Gegenüber Wieders im Roman mehrfach genanntem Lächeln als ausdruck des affektiv ‹kalten› Dandys, schildert Belano/Bolaño seine Reaktionen auf Lorenzos (bzw. Petras) Erfolge als Maskottchen der Paralympics in Barcelona 1992 mit den Worten: «Por aquel entonces yo estaba internado en el Hospital Valle Hebrón de Barcelona con el hígado hecho polvo y me enteraba de sus triunfos, de sus chistes, de sus anécdotas, leyendo dos o tres periódicos diariamente. A veces, leyendo sus entrevistas, me daban ataques de risa. Otras veces me ponía a llorar.»[405] Die exzessiven Dimensionen von Lachen

---

[403] Roberto Bolaño: *Estrella distante*, S. 81–83.
[404] Fischer spricht von Lorenzo als Verkörperung einer «individual liberation of a subject from the constricting categories of identity, politics, and artistic appropriation» im Sinne eines Gegenmodells zu den herrschenden ästhetischen und politischen Diskursen der chilenischen Postdiktatur (Carl Fischer: Lorenza Böttner, S. 763).
[405] Roberto Bolaño: *Estrella distante*, S. 85.

und Weinen,[406] wie sie auch an anderer Stelle mehrfach geschildert werden,[407] sind der Ausweis jenes ‹wirklichen› Heldentums bei Bolaño, das zugleich nur noch im Modus des Bruchs fungieren kann: In den post-heroischen Zeiten sind heldische Aktionen nur noch im Verborgenen möglich, wie etwa in Sotos Tod in Perpignan; sie erwachsen, wie im Fall von El Ojo Silva, aus der Opferbereitschaft für aussichtslose Unterfangen oder sind nur noch im Moment jugendlicher Unverdorbenheit denkbar, wie im Fall der Jugendlichen, die Romero und Belano auf ihrer Rückreise nach Barcelona beobachten: «Todos eran menores de edad y algunos tenían pinta de héroes.»[408] Im Gegensatz zu ihnen können Belano und Romero diesen Status bestenfalls in jener gebrochenen Form der post-heroischen Helden beanspruchen, die nicht zum Vorbild und damit zur Kollektivierung taugt. In einer chaotischen Welt, so ließe sich zugleich Bolaños Wahrnehmung wie der Motor seiner Geschichten zusammenfassen, zeitigt jede Tat und, so extrem muss man es fast formulieren, jedes Wort ungeahnte Folgen, die Kategorien wie Wahrheit und Wirklichkeit oder Gut und Böse ins Terrain des Uneindeutigen führen und dabei – und keines seiner Werke hat dies in einer Radikalität gezeigt wie sein im Folgenden abschließend noch zu besprechendes Monument *2666* – die Literatur selbst in eine ungekannte Dimension des Prekären stürzen.

---

406 Vgl. für eine Interpretation dieser Affektpolitik im Anschluss an Plessners gleichnamiges Buch meine Überlegungen in Benjamin Loy: Dimensiones de una escritura horroris/zada.
407 Vgl. etwa in der autobiographischen Erzählung *Carnets de Baile* die Beschreibung Bolaños seiner jugendlichen Emotionalität: «Yo me puse a llorar, pero no de una manera normal y formal, es decir dejando que mis lágrimas se deslizaran suavemente por las mejillas, sino de una manera salvaje, a borbotones, más o menos como llora Alicia en el País de las Maravillas, inundándolo todo» (Roberto Bolaño: *Putas asesinas*, S. 210); oder auch die diesbezüglich ebenfalls paradigmatische Figur von Óscar Amalfitano in *Los sinsabores del verdadero policía*, über die es heißt: «[R]ecordar lo mareaba, lo excitaba, lo deprimía, era capaz de llorar delante de sus amigos o de reírse a carcajadas» (Roberto Bolaño: *Los sinsabores del verdadero policía*, S. 36).
408 Roberto Bolaño: *Estrella distante*, S. 156.

V Die (Un-)Lesbarkeit der Welt: Chaos und Kosmos in *2666*, *Los sinsabores del verdadero policía* und den Erzählungen

Verwilderte (Text-)Welten

«Tan sólo de pensar en las posibilidades que ofrece mi nueva apertura y en los diferentes desarrollos alternativos que se pueden seguir me entran ganas de desplegar el juego ahora mismo y ponerme a verificarlo»[1] – erscheint dieses Begehren nach dem Erkunden und dem (letztlich unmöglichen) Ausschöpfen aller Varianten des (Lese-)Spiels in Bolaños Frühwerk *El Tercer Reich* noch in der metaphorischen Gestalt des gleichnamigen Strategieklassikers, wird diese Idee eines Werks als potentiell unendliche, undurchdringliche und in letzter Instanz gleichsam *unlesbare* textuelle Wucherung im *opus magnum* des Autors Realität: Vor keinem anderen Roman Bolaños sieht sich der Leser – und der Kritiker im Besonderen – zu einem derartigen Eingeständnis der eigenen Beschränktheit seiner Lektüremöglichkeiten veranlasst wie angesichts seines 2004 posthum publizierten Werks *2666*. Rechnet man dem aus fünf Teilen bestehenden Roman, für den hier keine (da ohnehin sinnlose) ‹Zusammenfassung› seiner Inhalte geleistet werden soll, noch den 2011 ebenfalls aus dem Nachlass veröffentlichten und im gleichen ‹Universum› spielenden Text *Los sinsabores del verdadero policía* hinzu, wie es im Kontext dieses Kapitels geschieht, sieht sich der Leser einem gewaltigen Konvolut von mehr als 1300 Seiten gegenüber, das – ganz im Sinne des im Roman so zentralen Werkes des fiktiven Autors Benno von Archimboldi – die Lust an der detektivischen Lektüre stets mit der Bedrohung der Verschlingung durch das Gewirr an endlosen Geschichten und Windungen des Textes verbindet, denn, so heißt es im Text über Archimboldi, «su obra, a medida que uno se internaba en ella, devoraba a sus exploradores.»[2] Zugleich nimmt *2666* nicht nur aufgrund seiner Form und der im Wortsinne überwältigenden Ausmaße eine singuläre Stellung innerhalb von Bolaños Gesamtwerk ein; auch inhaltlich lässt sich der Roman als eine Zäsur lesen: War das narrative und poetische Universum Bolaños – bis auf wenige Ausnahmen – tendenziell immer auf eine bestimmte raum-zeitliche Konfiguration in Gestalt jenes lateinamerikanisch-europäischen Imaginations- und Bewegungsraumes seiner Figuren in der zweiten Hälfte des 20. Jahrhunderts fixiert, so scheint *2666* radikal abgetrennt zu

---

[1] Roberto Bolaño: *El Tercer Reich*, S. 17.
[2] Roberto Bolaño: *2666*, S. 47.

sein sowohl von einer im engeren Sinne als ‹lateinamerikanisch› zu codierenden Narration als auch von den dazugehörigen zeitgeschichtlichen Konstellationen um die politische Matrix der gescheiterten Revolutionen, wie sie im zweiten Kapitel dieser Arbeit so ausführlich dargestellt wurde. Stattdessen eignet dem Roman eine radikale Gegenwärtigkeit oder gar – und nicht nur der Titel legt diese Lektüre nahe – eine prospektive Grundausrichtung, in welcher Bolaños Vision der global-kapitalistischen Spätmoderne auf verstörende Weise als eine Art Brutkasten einer dystopischen bzw. apokalyptischen Zukunft entworfen wird. Tatsächlich hat Bolaño – mit Blick auf *Huesos en el desierto*, also jenes Buch des mexikanischen Journalisten Sergio Rodríguez, das ihm als Vorlage für den vierten Teil von *2666* über die Frauenmorde im Norden Mexikos diente – die apokalyptische Tradition gemeinsam mit der «tradición aventurera» als «las dos únicas tradiciones que permanecen vivas en nuestro continente, tal vez porque son las únicas que nos acercan al abismo que nos rodea»[3] bezeichnet. Dominierte die Idee des (gescheiterten) Abenteuers noch in Texten wie *Estrella distante* oder *Los detectives salvajes*, steht *2666* auch in diesem Sinne im Zeichen des Apokalyptischen als primärer Form der Narrativierung einer Zeitenwende, deren Signum die *Verwilderung der Welt* ist, oder wie es Óscar Amalfitano, der Protagonist der *Sinsabores* und eine der Hauptfiguren in *2666*, formuliert: «[N]osotros estamos acobados a un final de siglo vulgar y salvaje.»[4]

Vor diesem Hintergrund scheint es kaum überraschend, dass auch in der Kritik des Romans die Feststellung einer Absenz jeglicher Hoffnungen auf eine wie auch immer geartete Form von Transzendenz oder Emanzipation dominiert hat, wie wenn etwa Valdivia fragt, «[w]elches Engagement, mehr noch: welche kollektive Revolution [...] sich von den Frauenmorden ableiten»[5] könne. Zugleich hat die kaum noch zu überblickende Forschungsdiskussion den Roman fast ausschließlich auf jene – auch im Rahmen der hier vorliegenden Überlegungen zunächst postulierte – radikale ‹Gegenwärtigkeit› hin im Sinne eines ‹Globalisierungsromans› bzw., spezifischer, vor dem Hintergrund einer Kritik der kapitalistischen und bio- bzw. migrationspolitischen

---

3 Roberto Bolaño: *Entre paréntesis*, S. 215. Vgl. auch zum bereits im dritten Kapitel dieser Arbeit angerissenen Motiv der Apokalypse bei Bolaño die Überlegungen von Carmen de Mora: La tradición apocalíptica en Bolaño: *Los detectives salvajes y Nocturno de Chile*. In: Geneviève Fabry (Hg.): *Los imaginarios apocalípticos en la literatura hispanoamericana contemporánea*. Frankfurt am Main: Peter Lang 2010, S. 203–222.
4 Roberto Bolaño: *Los sinsabores*, S. 62.
5 Pablo Valdivia: *Weltenvielfalt*, S. 465. Vgl. ähnlich auch die Position von Alexis Candia: *El «paraíso infernal» en la narrativa de Roberto Bolaño*, S. 45.

Implikationen des Textes gelesen.⁶ Doch so sehr der Roman gerade aufgrund seiner vordergründigen inhaltlichen Ausrichtung eine Vielzahl solcher Interpretationsangebote bereit zu halten vermag, scheint – insbesondere vor dem Hintergrund der in dieser Arbeit im Fokus stehenden Perspektive der Intertextualität – eine derartige Fixierung auf eine kritische Lektüre gegenwärtiger Globalisierungsprozesse letztlich zu beschränkt, oder wie es Oswaldo Zavala treffend ausgedrückt hat: «Ante la compleja estructura textual de *2666*, señalar la condición ‹global› de la novela resulta un primer paso conceptual necesario, pero que es por sí solo insuficiente y en ciertos aspectos problemático.»⁷ Eine wichtige Lektüre in diesem Sinne liefert daher der bereits zitierte Aufsatz von Markus Messling, der die gängige Fokussierung der Kritik auf die zeitgeschichtlichen Aspekte des Romans auf eine anthropologische Dimension hin öffnet:

> Das Interessante an Bolaños *2666* ist [...] die Rückführung der Globalisierung in entscheidende Konstellationen der Moderne, aus der heraus sie in jener kapitalistischen Form erwuchs, die wir heute erleben. Sie ist dabei mehr als eine historische Genealogie, indem sie nicht nur in einem beinahe Foucault'schen Sinne das Problem der Definition der Menschen in der Moderne aufruft, sondern, umgekehrt, mit der geschichtsphilosophischen These operiert, dass der Siegeszug des Materialismus und der Biopolitik auf eine anthropologische Struktur der Bedürftigkeit und deren Pathologie zurückzuführen sei. Darin liegt gleichermaßen eine historische, spezifisch ‹westliche›, als auch eine universale Analyse der Bedingungen von Kultur in der Gegenwart.⁸

Der entscheidende und für die folgenden Überlegungen so zentrale Punkt in Messlings Analyse besteht nun darin, dass er nicht nur die spezifische Dialektik des Romans in seiner Bewegung zwischen historisch-materialistischer und anthropologischer ‹Ursachenforschung› der gegenwärtigen Weltverwilderung erfasst, sondern diese Argumentation primär über eine Bezugnahme auf einen für den Roman fundamentalen Intertext in Gestalt von Charles Baudelaires dem Text als Motto vorangestellten Vers aus *Le Voyage* – «Une oasis d'horreur dans un désert d'ennui!» – führt. Aus dieser Referenz heraus postuliert Messling für

---

6 Vgl. stellvertretend etwa die Überlegungen von Sharae Deckard: Peripheral Realism, Millennial Capitalism, and Roberto Bolaño's *2666*. In: *Modern Language Quarterly* 73 (2012), S. 351–372, oder auch in Kirsten Kramer: Narratives of Mobility: The (Living) Dead as Transcultural Migrants in Bolaño's *2666*. In: *forum for inter-american research* 11, 1 (2018), S. 110–130. Für eine gelungene monographische Lektüre des Romans vgl. auch die rezente Studie von Pedro Salas Camus: *2666. En búsqueda de la totalidad perdida*. Raleigh: Editorial A Contracorriente 2018.
7 Oswaldo Zavala: *La modernidad insufrible*, S. 149.
8 Markus Messling: *2666*: Die Moderne als Echolot der Globalisierung, S. 213.

2666 die Präsenz einer an Baudelaire geschulten «pessimistische[n] Anthropologie»,[9] die als wesentliches Element innerhalb der im Roman entwickelten Moderne- und Globalisierungskritik fungiere. Die Bedeutung dieser Interpretation ergibt sich nun für die folgenden Überlegungen dieses Kapitels aus der Tatsache, dass sie, wie erwähnt, nicht nur eine veränderte Sicht auf die Frage nach der Idee von ‹Welt› bzw. den Ursachen ihrer ‹Verwilderung› in *2666* im Sinne einer gleichsam historisch wie anthropologisch grundierten Problematisierung aufwirft, sondern vor allem den Blick auf die einmal mehr für Bolaños Schreiben so zentrale Bedeutung intertextueller Bezugnahmen lenkt, welche gerade für *2666* eine fundamentale Neu-Perspektivierung erlauben: Tatsächlich sind die – über *Le voyage* hinausgehenden – Bezüge zu Baudelaire im Roman wiederum nur Teil eines deutlich weiter ausgreifenden Netzwerks an Texten und Autoren, die dezidiert auf eben jene anthropologischen Problemstellungen des Menschen in der Moderne verweisen und dabei insbesondere über die grundlegende Frage nach den Möglichkeiten von (Welt-)Erkenntnis reflektieren.

In diesem Zusammenhang soll im Folgenden gezeigt werden, wie Baudelaire in *2666* gleichsam den Schlusspunkt einer (hier auf drei weitere Autoren beschränkten) Genealogie anthropologisch bzw. epistemologisch grundierter Intertexte bildet, die – wie stets bei Bolaño – innerhalb des Romans auf chiffrierte Art und Weise versteckt sind und die es, auch im Sinne einer Überwindung der Fixierung auf rein ‹referentiell› argumentierende Interpretationen des Romans als ‹Globalisierungskritik›, zu extrapolieren gilt. Wie bereits in den vorangehenden Kapiteln mag dabei zunächst die vermeintliche Disparität innerhalb der hier postulierten Konstellation überraschen, wenn neben Baudelaire vor allem die literarisch-philosophischen Werke der neu-spanischen Dichterin und Nonne Sor Juana Inés de la Cruz (1651–1695) und des französischen Philosophen und Mathematikers Blaise Pascal (1623–1666) sowie, in geringerem Grade, des italienischen Dichters Giacomo Leopardi (1798–1837) zur Illustrierung jener in *2666* von Bolaño entwickelten ‹literarischen Anthropologie› herangezogen werden, über deren Grad einer ‹negativen› oder ‹pessimistischen› Ausprägung, wie sie Messling beschreibt, noch ausführlicher zu sprechen sein wird. Innerhalb dieser ‹anthropologischen Konstellation›, so die Hypothese dieses Kapitels, zieht Bolaño eine Vielzahl an Texten der genannten Autoren im Rahmen einer Reflexion heran, die nicht nur elementare Fragen menschlicher Erkenntnis, Weltsituierung und Affektivität berührt, sondern zugleich eine profunde Infragestellung bestimmter Postulate der westlichen Moderne in Gestalt von Konzepten wie Rationalismus, Subjektivität oder Kosmopolitismus unternimmt und diese unmittelbar

---

9 Ebd., S. 206.

an die Problematik der Erfahrung einer radikal kontingenten Welt unserer Gegenwart bindet. Gerade der zweite Punkt impliziert dabei für Bolaño eine – bereits in den vorangegangenen Kapiteln immer wieder aufgerufene – kritische Positionierung hinsichtlich des Status von Literatur (und der Geisteswissenschaften) als Dispositiven von Welterkenntnis bzw. symbolischen Trägerinstitutionen jener optimistischen Diskurse einer westlichen Rationalität, die traditionell – und hier wird die ‹periphere› lateinamerikanischen Perspektive noch einmal eine Rolle spielen – von zentraler Bedeutung für das Selbstverständnis Europas als Hort universalistischer Werte sowie – mit Blick auf die Ästhetik – als Zentrum einer *République mondiale des lettres* war. Aus diesem Grund sollen am Ende dieses Kapitels – neben *2666* – die Erzählungen *Sabios de Sodoma* und *El viaje de Álvaro Rousselot* herangezogen werden, in denen Bolaños kritische Visionen spätmoderner Globalität noch einmal um die spezifische Dimension seiner Wahrnehmung von Weltliteratur als symbolischem (und ethischem) Raum und im Hinblick auf (wiederum zunächst disparat anmutende) intertextuelle Bezüge zu Autoren wie Adolfo Bioy Casares, Alain Robbe-Grillet und V.S. Naipaul ergänzt werden.

Vor der konkreten Analyse der intertextuellen Bezüge jedoch ist auch in diesem Kapitel zunächst noch einmal genauer nach der bei Bolaño stets zentralen Dimension der narrativen Form zu fragen, der in *2666* eine besondere Bedeutung zukommt, insofern sie angesichts jener *Verwilderung der Welt*, wie sie in der Aussage der Figur Amalfitanos oben benannt wurde, einer ihrer Darstellung gemäßen *Textualität* bedarf. In ihrer grundsätzlichen Anlage ist diese von der Kritik hinlänglich beschrieben worden: So postuliert wiederum Messling für den Roman eine doppelte Präsenz von Globalität, nämlich «[e]inerseits in seiner *motivischen* Struktur, die in den Schauplätzen, Reiserouten und Grenzen ebenso einen Reflexionsraum des Globalen eröffnet wie in den diskutierten Problemen der kapitalistischen Produktion von Waren und Wissen, der ihr inhärenten Strukturen der Gewalt sowie der komplexen Relationalität von Personen und Lebenswelten»[10] und «[a]ndererseits in seiner *narrativen* Struktur, die, im Sinne einer Ästhetik ‹fragmentarischer Totaliät›, in der die weltumspannenden Bezüge ebenso repräsentiert sind wie die Gleichzeitigkeit des Differenten, erkenntnistheoretisch die Prozesse der Globalisierung zu erfassen vermöge.»[11] Diese Beschreibung ließe sich zweifellos noch radikaler zuspitzen vor dem Hintergrund der Frage, ob der Roman tatsächlich noch in der Lage ist, so etwas wie eine narrative *Struktur* im eigentlichen Sinne zu realisieren: Wenngleich *2666* in seiner

---
10 Ebd., S. 199.
11 Ebd.

Makrostruktur vermeintlich als ein oberflächlich erkennbar geordneter, fünfteiliger Text daherkommt, besteht der Roman de facto doch aus einer kaum zu entwirrenden Vielzahl an verschachtelten und auf multiplen diegetischen Ebenen angesiedelten Geschichten.[12] Brett Levinson hat in seiner luziden Lektüre des Romans in diesem Sinne berechtigte Zweifel hinsichtlich der Möglichkeit von Strukturerkenntnissen herkömmlicher Art bezüglich des Textes formuliert, denn: «Narratology, or models for interpretation that operate by delineating narrative structures, would not serve the Bolaño reader well. Technique, indeed, is the component of modernist and postmodernist fiction against which Bolaño rails.»[13] Ähnlich formuliert es Tobias Haberkorn, wenn er von *2666* spricht als «ein[em] Roman, dessen Wirkmächtigkeit nicht allein mit den herkömmlichen Begriffen der epistemischen Ordnung und der textuellen An-Ordnung zu erklären ist.»[14] Wenn Haberkorn dabei den Leseeffekt von Bolaños Buch mit Gumbrechts (nicht unproblematischem) Begriff der «Stimmung»[15] zu fassen versucht im Sinne der Vermittlung eines «Lebensgefühl[s] des einundzwanzigsten Jahrhunderts»[16] und auch Christgau die Romanform bestimmt als geprägt durch eine «Nichtzentriertheit, die auch die Welt ‹strukturiert›»,[17] dann ließen sich auch diese Positionen noch einmal präzisieren: Tatsächlich zeitigt die beschriebene Form des Textes mit ihrer beständigen Transgressionsbewegung, dem fortlaufenden und vielfach abrupten Beginnen und Abbrechen von Geschichten und

---

[12] Dass dies an sich keine Erfindung postmoderner Fiktionen ist, lässt sich leicht durch einen Blick auf Beispiele des modernen Romans belegen, die einer ähnlich komplexen Weltdarstellung folgen, in welcher sich – wie Warning etwa mit Blick auf Balzacs *Comédie humaine* in einer Untersuchung festhält, deren Titel bewusst für das hier vorliegende Kapitel entlehnt wurde – «für den Leser je nach Informationsstand die unterschiedlichsten perspektivischen Durchblicke [ergeben]» bzw. zugleich in einer auch für *2666* relevanten, wenngleich etwas anders gelagerten Dialektik der Versuch unternommen wird, «ästhetisch eine Totalität zu restituieren, die lebensweltlich längst und unwiederbringlich vergangen war» (Rainer Warning: Chaos und Kosmos. Kontingenzbewältigung in der *Comédie humaine*. In: Hans Ulrich Gumbrecht/Karlheinz Stierle u.a. (Hg.): *Honoré de Balzac*. München: Fink 1980, S. 9–58, hier: S. 37 bzw. 52.)
[13] Brett Levinson: Case closed: madness and dissociation in *2666*. In: *Journal of Latin American Cultural Studies* 18, 2–3 (2009), S. 177–191, hier: S. 178.
[14] Tobias Haberkorn: Gibt es eine präsemantische Ordnung? Derridas Begriff der *Kraft* und die Unordnung von Bolaños *2666*. In: Eva Noller/Christian Haß (Hg.): *Was bedeutet Ordnung? Was ordnet Bedeutung?* Berlin/Boston: De Gruyter 2015, S. 231–244, hier: S. 238.
[15] Vgl. Hans Ulrich Gumbrecht: *Stimmungen lesen. Über eine verdeckte Wirklichkeit der Literatur*. München: Hanser 2011.
[16] Tobias Haberkorn: Gibt es eine präsemantische Ordnung?, S. 240.
[17] Nataniel Christgau: *Tod und Text*, S. 15.

Handlungssträngen sowie die durch die spiralförmig angelegten Verschachtelungsprozesse permanent infrage gestellten Konzepte von Autorschaft bestimmter Aussagen und Episoden letztlich Leseeffekte, denen ein quasi-mimetisches Potential gegenwärtiger Welterfahrung zugeschrieben werden kann. So lässt sich etwa die Dialektik von scheinbar allumfassenden (Welt-)Zusammenhängen und einem beständigen Scheitern (des Lesers) bei der konkreten Verknüpfung von Ursachen und Wirkungen, von Sprechern und Aussagen als narrativ hergestellte Erfahrung von Bolaños Version der globalisierten Welt und den Funktionsweisen der in ihr operierenden Kräfte bestimmen. Beispielsweise wird etwa die permanente Unterminierung von Autorschaft – im Sinne eines konstitutiven Zweifels an der Urheberschaft bestimmter Geschichten oder ihrer Überlieferung im Roman – in einer Art ‹juristischen Transposition› unmittelbar in Relation zu den nie aufgeklärten massenhaften Ermordungen von Frauen im Norden Mexikos lesbar, bei denen – wie noch zu zeigen sein wird – die Frage nach Urheber-, und das heißt konkret: Täterschaft, gleichfalls dem narrativen Muster von Unbestimmtheit bzw. Aufnahme/Interruption folgt.[18] Ähnliche Verbindungen ließen sich zur Funktionsweise des im Roman ebenfalls in Form der *maquiladoras* an der mexikanisch-US-amerikanischen Grenze präsenten spätmodernen und globalen Kapitalismus herstellen, wenn die genuine Opazität der Narration eben jene Undurchsichtigkeit bzw. die ständige Mutabilität spätmoderner Produktionsverhältnisse in Gestalt von hochgradig mobilen und von lokalen Gegebenheiten losgelösten Firmengeflechten[19] gleichsam ins Zentrum der narrativen Effektwirkungen verlagert. Operieren diese Beispiele primär auf der Ebene des Entzugs bzw. Verlustes (von Bestimmbarkeit, Lesbarkeit oder ‹Haftbarkeit›), so bilden sie zugleich doch nur das dialektische Gegenstück zu einer weiteren zentralen Kraft, die in *2666* narrative Form und (spät-)moderne Welterfahrung aneinanderbindet: Die beständigen Leseeffekte von Desorientierung, Sinnzerstörung und Kontingenz sind letztlich nichts als die Resultate einer ihnen vorgängigen Bewegung des Begehrens nach Erfüllung bzw. Aufhebung eben jenes Mangels an Sinnhaftigkeit und Kohärenz, die – und hier klingen die anthropologischen Dimensionen des Textes, wie sie im Folgenden noch ausführlich zu besprechen sein werden, bereits an – für den Menschen und insbesondere die Welt der Moderne geradezu konstitutiv sind. Anders gesagt: Es ist eben die Fragmentiertheit des Romans, welche zugleich noch

---

18 Levinson formuliert es treffend mit der Beobachtung: «No atrocity in *2666* serves as the example or ground of atrocity as such. Rather, each functions as one more atrocity in a disconnected but repeating series» (Case closed, S. 182).
19 Vgl. dazu etwa die Beschreibungen der Funktionsweise globaler Unternehmen von Percy Crouch: *Postdemokratie*. Aus dem Englischen von Nikolaus Gramm. Berlin: Suhrkamp 2008, S. 49–54.

das Bedürfnis und die Möglichkeiten des Lesers potenziert, permanent Verknüpfungs- und Integrationsleistungen hermeneutischer Art voranzutreiben, die doch stets zum Scheitern verurteilt sind.[20] Diese Dialektik aus Begehren und Enttäuschung, die im weiteren Verlauf noch als anthropologisch wie zeitgeschichtlich grundlegende Matrix des Romans zu untersuchen sein wird (und die zugleich als fundamentales Movens kapitalistischer Rationalität und Funktionalität beschrieben werden kann[21]) führen in letzter Instanz zu jener (Lese-)Erfahrung im Modus der Paranoia, wie sie Emily Apter in ihrer Formel eines *paranoid globalism* als prägendes Merkmal gegenwärtiger Welterfahrung erfasst hat: «[A]s the world expands to include everybody, it paradoxically shrinks into a claustrophobic all-inclusiveness. Paranoid oneworldedness obeys a basic law of entropy that posits that increased disorder diminishes available energy within the confines of a closed system.»[22] Hermeneutisch gesprochen wird gerade in der *Möglichkeit* der Allverbundenheit der Dinge, wie sie aus dem Eindruck einer radikaler Komprimierung der Welt erwächst, eine radikal entgrenzte Lese- und Interpretationstätigkeit zur Signatur einer Vision des Globalen, die, wie Apter anfügt, sich jenseits bzw. gegen einen optimistischen, dem Ideal einer ‹lesbaren› und rational verfassten Welt folgenden Universalismus positioniert im Sinne einer «dark side of planetary utopianism.»[23]

---

20 Miriam Lay Brander spricht in diesem Zusammenhang treffend von einer «Ästhetik der Verschwendung», welche sich «in *2666* auf narratologischer Ebene in den Deutungsversprechen durch den Erzähler [artikuliert], der mit der einen Hand zurückzieht, was er mit der anderen gibt» (Miriam Lay Brander: *Acto de derroche*: Bolaños *2666* und die Globalisierung des Kriminalromans. In: *Archiv für das Studium der neueren Sprachen und Literaturen* 252, 1 (2015), S. 122–137, hier: S. 136).
21 Vgl. dazu die rezente Studie zur Rolle der Erwartungen und Fiktionen im Kapitalismus von Jens Beckert: *Imagined Futures. Fictional Expectations and Capitalist Dynamics*. Cambridge: Harvard University Press 2016.
22 Emily Apter: *Against World Literature. On the Politics of Untranslatability*. London: Verso 2013, S. 77. Die ursprüngliche Definition dieses paranoiden Lesens liefert bekanntlich Sigmund Freud in seiner *Psychopathologie des Alltagslebens*: «Es ist ein auffälliger und allgemein bemerkter Zug im Verhalten der Paranoiker, daß sie den kleinen, sonst von uns vernachlässigten Details im Benehmen der anderen die größte Bedeutung beilegen, dieselben ausdeuten und zur Grundlage weitgehender Schlüsse machen. [...] Die Kategorie des Zufälligen, der Motivierung nicht Bedürftigen, welche der Normale für einen Teil seiner eigenen physischen Leistungen und Fehlleistungen gelten läßt, verwirft der Paranoiker also in der Anwendung auf die psychischen Äußerungen der anderen. Alles, was er an den anderen bemerkt, ist bedeutungsvoll, alles ist deutbar» (Sigmund Freud: *Zur Psychopathologie des Alltagslebens*. Frankfurt am Main: Fischer 2004, S. 318–319).
23 Emily Apter: *Against World Literature*, S. 77. Die Wurzeln dieses Phänomens lassen sich, wie Luc Boltanski gezeigt hat, freilich wesentlich weiter zurückverfolgen bis zu den Anfängen der Entstehung der modernen Gesellschaft im engeren Sinne. Vgl. dazu ausführlich die

Die Frage nach der Beschaffenheit bzw. der Wahrnehmung und einer möglichen Sinnhaftigkeit von Welt steht folglich im Zentrum von *2666*, wobei diese Dimensionen, wie die bisherigen Überlegungen nahelegen, zunächst kaum anders als fundamental problematisch bewertet werden müssen, da im Roman, um noch einmal mit Valdivia zu sprechen, «Welt als eine nicht vermittelbare Vielfalt erscheint, von der nicht einmal sicher ist, ob sie sich in den Totalhorizont einer Welt von Welten eintragen lässt.»[24] Was damit einmal mehr und auf radikalisierte Weise ins Zentrum von Bolaños Schreiben rückt, ist das Problem der (Un-)Lesbarkeit der Welt – eine Fundamentalfrage also, die, wie Hans Blumenberg bekanntlich in seinem gleichnamigen Werk ausgeführt hat, mitnichten auf den Horizont der Moderne beschränkt ist, sondern der gewissermaßen ein anthropologisches Gewicht zukommt: Der Mensch habe, so Blumenberg, diese «Fragestellung an jede geschichtliche Epoche herantragen: *Welches war die Welt, die man haben zu können glaubte?*»[25] Der Wunsch nach einer sinnhaften Situierung des Menschen im Spannungsfeld von Natur, Leben und Geschichte ist nach Blumenberg in der Frage nach der Lesbarkeit der Welt aufgehoben als «Inbegriff des Sinnverlangens an die Realität.»[26] Von ihr ausgehend lasse sich eine «Typologie von Sinnbesitz»[27] entwerfen, wobei diese sich – wie Blumenberg bereits in seinem Entwurf zu den *Paradigmen einer Metaphorologie* gezeigt hatte – grundlegend in Gestalt von bestimmten Metaphern ausprägt, die für den Menschen im Sinne von «Orientierungswahrheiten» fungieren:

> Ihre Wahrheit ist, in einem sehr weiten Verstande, pragmatisch. Ihr Gehalt bestimmt als Anhalt von Orientierung ein Verhalten, sie geben einer Welt Struktur, repräsentieren das nie erfahrbare, nie übersehbare Ganze der Realität [...]. Eine Frage wie ‹Was ist die Welt?› ist ja in in ihrem ebenso ungenauen wie hypertrophen Anspruch kein Ausgang für einen theoretischen Diskurs: wohl aber kommt hier ein implikatives Wissensbedürfnis zum Vorschein, das sich im Wie eines Verhaltens auf das Was eines umfassenden und tragenden Ganzen angewiesen weiß und sein Sich-einrichten zu orientieren sucht. Diese implikative Frage hat sich immer wieder in Metaphern ‹ausgelebt› und aus Metaphern Stile von Weltverhalten deduziert.[28]

Überlegungen zur Figur des Komplotts und der Rolle der Fiktion in diesem Zusammenhang in Luc Boltanski: *Énigmes et complots: Une enquête à propos d'enquêtes*. Paris: Gallimard 2012.
24 Pablo Valdivia: *Weltenvielfalt*, S. 430.
25 Hans Blumenberg: *Die Lesbarkeit der Welt*. Frankfurt am Main: Suhrkamp 1993, S. 10.
26 Ebd.
27 Ebd., S. 11.
28 Hans Blumenberg: *Paradigmen zu einer Metaphorologie*. Kommentar von Anselm Haverkamp unter Mitarbeit von Dirk Mende und Mariele Nientied. Frankfurt am Main: Suhrkamp 2013, S. 29.

In der Erfahrung der modernen Welt freilich, in der «[d]ie Verhältnisse des Menschen mit der Welt [...] sich des einstigen Vertrauens [...] auf die universale Zweckmäßigkeit (mit oder ohne Anthropozentrik) nicht mehr erfreuen [dürfen]»,[29] gewinnt die Unbestimmbarkeit der Welt, aus der sich die Metaphern der Lesbarkeit heraus konstituieren, an besonderer Brisanz. Dieser Aspekt der ‹Lesbarkeit der Welt› und der metaphorischen Verfasstheit möglicher sprachlicher Situierungen zu diesem Phänomen einer (problematischen) Welt-Erfahrung ist nun für *2666* von besonderer Bedeutung, finden sich doch – über die spezifische narrative Form(losigkeit), wie sie eingangs diskutiert wurde, hinaus – im Roman eine ganze Reihe von Textmetaphern, welche auf einer übergeordneten Ebene exakt das Problem einer (Un-)Lesbarkeit von Welt sowie, in engem Zusammenhang damit, die Möglichkeiten von Texten und Literatur angesichts dieser Krisenerfahrung thematisieren. Wenn Blumenberg einen Grundkonflikt der Moderne als Kampf zwischen (lebensweltlicher) Erfahrung und dem (sich aus der Tradition nährenden) Buch beschreibt – «Zwischen den Büchern und der Wirklichkeit ist eine alte Feindschaft gesetzt»[30] –, so greift Bolaño diesen Konflikt in *2666* insbesondere im ersten Teil des Romans wieder auf, der sich der Suche von vier europäischen Philologen nach dem mythischen Autor Benno von Archimboldi widmet. Die vier *críticos* werden dabei in dem an burlesken Szenen nicht armen Teil – und dieser Aspekt wird im Weiteren noch ausführlich zu diskutieren sein – als Büchernarren mit kosmopolitischen Ansichten entworfen, die zugleich jedoch blind für jene Realitäten der sie umgebenden Welt sind, wie insbesondere auf ihrer Reise nach Santa Teresa, dem Kristallisationspunkt der Gewalt im Roman also, deutlich wird. Diese Tatsache wirft wiederum Fragen nach der Lesbarkeit bzw. den divergierenden Lektüren von Welt auf, oder um mit Zavala zu sprechen:

> [M]ientras que para los críticos sólo resulta productivo analizar las simbolizaciones literarias de Archimboldi, los efectos de lo real abren un espacio de experiencia que ellos simplemente no puedem, y no se han propuesto, descifrar. La frontera que los críticos observan está limitada por un sofisticado acto de lectura que sin embargo permanece exterior al orden de lo real que los interpela.[31]

Wenn diese Frage nach den unterschiedlichen ‹Weltenlesern› in *2666* für den Moment also noch hintangestellt werden soll, so ist mit Blick auf Blumenbergs Überlegungen zum Buch in der Neuzeit als dem großen Medium der «Verführungen

---

29 Hans Blumenberg: *Die Lesbarkeit der Welt*, S. 9–10.
30 Ebd., S. 17.
31 Oswaldo Zavala: *La modernidad insufrible*, S. 157.

zur Totalität»³² und die Metaphern der Lesbarkeit der Welt die Tatsache für Bolaños Roman entscheidend, dass dieser eine Idee einer – wenngleich vielfach gebrochenen – Totalität noch immer im Medium des Buches realisiert, zugleich im Text aber bildlich nicht mehr auf eine wie auch immer geartete Idee von der Welt als (lesbarem) Buch, sondern nurmehr in Gestalt von ‹verwilderten› und gleichsam ‹kreatürlichen› Metaphern von Textualität rekurriert. Dieser Aspekt wurde im zweiten Kapitel dieser Arbeit bereits anhand der (autofiktionalen) Beschreibung von Bolaños eigenem Werk in den Bildern der unterschiedlichen Meeresalgen in *2666* erfasst; er erscheint aber weiterhin in mehreren anderen Passagen des Romans: So heißt es etwa, ebenfalls im Hans Reiter alias Benno von Archimboldi gewidmeten Schlusskapitel des Romans, über dessen Konversionserfahrung zum Schriftsteller während eines Genesungsaufenthaltes nach einer Verwundung an der Ostfront im Russlandfeldzug:

> En cierta ocasión, después de mucho sin hacerlo, Reiter se miró en un espejo encontrado en un rincón de su isba y le costó reconocerse. Tenía una barba rubia y enmarañada, el pelo largo y sucio, los ojos secos y vacíos. Mierda, pensó. Luego se quitó la venda de la garganta: la herida cicatrizaba aparentemente sin mayores problemas, pero la venda estaba sucia y las costras de sangre le daban un tacto acartonado, por lo que decidió arrojarla a la chimenea. Después se puso a buscar por toda la casa algo que le sirviera para reemplazar la venda y así encontró los papeles de Borís Abramovich Ansky y el escondite detrás de la chimenea.³³

Reiter, der im Roman als eine Mischung aus Pikaro und *caballero andante* vorgeführt wird (die erwähnten Anklänge an Oskar Matzerath, Parzifal und natürlich Don Quijote verdienten hier eine eigene Untersuchung), kuriert in dem fiktiven ukrainischen Dorf Kostekino eine Verwundung aus, nachdem ihm ein Schuss den Kehlkopf durchschlagen hat – eine Tatsache, die hier bereits die Konversion des Soldaten Reiter in den künftigen Schriftsteller Archimboldi ankündigt, findet Reiter doch am Ende des Aufenthalts und nach der Lektüre der Tagebücher des mutmaßlich von den deutschen Truppen deportieren Juden Ansky seine *Stimme* bzw. in den Notizen die (eingangs erwähnten) Bemerkungen Anskys über den italienischen Manieristen, dessen Namen Reiter später zu einem Teil seines Pseudonyms machen wird. Die entscheidende Bedeutung dieser Episode für den Roman jedoch liegt in der Tatsache begründet, dass mit der Verwandlung Reiters zum Schriftsteller hier ein bestimmtes Autorenmodell von Bolaño entworfen wird, das Reiter gewissermaßen an einem Gegenpol zu den zahlreichen anderen lesenden und schreibenden Figuren des Romans und

---

32 Hans Blumenberg: *Die Lesbarkeit der Welt*, S. 18.
33 Roberto Bolaño: *2666*, S. 883.

insbesondere natürlich den europäischen Philologen situiert: Reiter, so wird in der gesamten Ansky-Episode deutlich, beschreitet – im Gegensatz zu den vier *críticos*, die als Leserfiguren noch zu analysieren sein werden – den Weg zur Literatur nicht nur aus einer Position der Marginalität[34] heraus, sondern zugleich in Form einer quasi ‹leibhaftigen› Anverwandlung des Schreibens bzw. des Geschriebenen, die sich aus den historischen Hintergründen seiner Lebens- und Welterfahrung ergibt. In diesem Sinne wird Reiter, der im Roman als eine Art meta-poetologische Figur angelegt ist, als Autor präsentiert, dessen Kunst aus einer vitalistisch-kreatürlich angelegten Fusion von Lektüre und Leben zu entspringen scheint, wie die Szene um den Fund der Papiere Anskys deutlich macht: Das getrocknete Blut Reiters antizipiert hier bereits auf der Ebene des Leiblichen die ‹Entstehung› des Schriftstellers, wenn es einen «tacto acartonado» erhält, während die Papiere Anskys ebenfalls eine quasi physiologische Funktion erfüllen, da sie es sind, die, wie es im Zitat wörtlich heißt, den Wundverband *ersetzen*. Tatsächlich wird diese Idee einer Fusion von Leben und Lesen, von Erfahrung und Buch, im weiteren Verlauf des Kapitels in einer ganzen Reihe von Szenen fortgeführt: Auch nachdem Reiter zu seiner Einheit zurückkehrt und den Krieg im Osten fortsetzt, trägt er Anskys Aufzeichnungen stets unmittelbar am Körper, «siempre con el cuaderno de Ansky bajo la guerrera, entre su ropa de loco y su uniforme de soldado»,[35] wie es im Roman heißt. Einen Höhepunkt erreicht diese Metaphorik der Text-Körper-Osmose schließlich kurz vor der Abreise Reiters aus dem ukrainischen Dorf:

> [Y] cuando salía el sol Reiter volvía a sumergirse y a bucear, volvía al fondo gelatinoso del Dniéper, y así transcurrían los días [...] y una mañana, por fin, el Dniéper desembocó en el Mar Negro, donde moría o se transformaba, y Reiter se acercó a la orilla del río o del mar, con pasos temblorosos, como si fuera un estudiante, el estudiante que nunca fue, que regresa a tumbarse en la arena después de nadar hasta el agotamiento, atontado, en el cenit de las vacaciones, sólo para descubrir con horror, mientras se sentaba en la playa mirando la inmensidad del Mar Negro, que el cuaderno de Ansky, que llevaba bajo la guerrera, había quedado reducido a una especie de pulpa de papel, la tinta borrada para siempre, la mitad del cuaderno pegado a su ropa o a su pellejo y la otra mitad reducida a partículas que flotaban por debajo de las suaves olas.[36]

Dem vitalistisch konnotierten (Natur-)Bild der Mündung des Dnjepr ins Schwarze Meer entspricht die vollständige Durchdringung Reiters durch Anskys Text,

---

34 Vgl. zu dieser Art Bildungsroman, der Reiters Weg von einem quasi schreibunkundigen Kind aus Ostpreußen über sein Leben im Berlin der Zwischenkriegszeit und den Eintritt in die Wehrmacht nachzeichnet, die Seiten 814–833 des Romans.
35 Ebd., S. 923.
36 Ebd., S. 928–929.

dessen Tinte und Papier er nach dem Bad im Meer im Wortsinne auf der Haut trägt, womit der Prozess der Inkorporation – und dieses Motiv ist mit Blick auf Bolaños Poetik des wilden Lesens in seiner Bedeutung kaum zu unterschätzen – zu einem vorläufigen Abschluss kommt.[37] Zugleich jedoch folgen auch nach Kriegsende eine Reihe von ‹Häutungsprozessen›, die Reiter – nachdem er in einem Gefangenenlager der Alliierten den Nazi-Funktionär Sammer in einem Akt der Selbstjustiz ermordet hat – durchlaufen muss. Paradigmatisch für die Text-Metaphorik des Romans ist dabei eine weitere Konversionsszene, in der Reiter im Köln der Nachkriegszeit auf eine Zigaretten- und Blumenverkäuferin trifft, die von sich behauptet, mit seherischen Fähigkeiten ausgestattet zu sein. Bei einem seiner Besuche schenkt ihm die Seherin eine Lederjacke, über die es in der Folge heißt:

> Posteriormente Reiter le preguntó a la vieja quién había sido el anterior propietario de la chaqueta, pero sobre este punto las respuestas de la vieja eran contradictorias y vagas. [...] Una vez le dijo que había pertenecido a un esbirro de la Gestapo y otra vez le dijo que había sido de un novio suyo, un comunista muerto en un campo de concentración, e incluso en cierta ocasión le dijo que el anterior dueño de la chaqueta fue un espía inglés, el primero (y el único) espía inglés que había saltado en paracaídas en las cercanías de Colonia durante el año de 1941, para hacer una exploración sobre el terreno para una futura sublevación de los ciudadanos de Colonia.[38]

Auch hier birgt das Motiv der Lederjacke eine Reihe von Implikationen, die noch deutlicher werden, wenn man die Szene in eine ganze Reihe weiterer Momente des Romans stellt, in denen ein solches Kleidungsstück auftaucht: So entspinnt sich etwa zwischen Reiter und einem britischen Arzt in Köln, der Reiters Freundin Ingeborg behandelt, ein Gespräch über Lederjacken, in dem der Arzt von diesen als «esas chaquetas que eran auténticas obras de arte»[39] spricht. Das Leder fungiert hier einmal mehr als eine der zahlreichen Text-Metaphern des Romans: Ebenso wie diesem, wie in den verschiedenen Versionen über die Besitzer von Reiters Jacke manifest wird, kein definitiver Eigentümer, sondern eine Vielzahl an möglichen Auslegungen zugewiesen werden können, verwandelt sich die Lederjacke in eine Metapher jener ‹leibhaftigen›,

---

37 Der Kontrast zu den Kritikerfiguren als Lesern ist mit Blick auf diese Metaphorik besonders auffällig, vergleicht man etwa das ‹wilde› Bild der Vereinigung von Fluss und Meer als Hintergrund der Reiterschen Transformation zum Leser und Schriftsteller mit einem Bild über die vier europäischen Philologen im ersten Teil des Romans, in dem diese beschrieben werden auf einer ihrer Reisen durch die geordneten Städte Europas als «los cuatro alineados y detenidos junto al murete de un río historiado, es decir de un río que ya no era salvaje» (Ebd., S. 31).
38 Ebd., S. 973–974.
39 Ebd., S. 975.

unmittelbar in die menschliche Existenz und Geschichte eingebetteten Literatur, was wiederum deutlich wird, wenn der britische Arzt – affiziert von der ‹Kunsterfahrung› der Reiterschen Jacke – sich weiter auslässt über «aquello intangible que hacía que una chaqueta de cuero fuera una pieza de artesanía, una prenda artística que caminaba con la historia pero que también caminaba contra la historia, no sé si me explico.»[40] Das Leder, das nicht zuletzt wieder eindeutige autofiktionale Referenzen auf Bolaños eigene Inszenierungen als Autor erlaubt,[41] wird in 2666 zur materialistischen Metapher für Bolaños Konzept von Literatur und Kultur im Allgemeinen als einem Phänomen, das nicht nur in dem beschriebenen Sinne an der Grenze von Kreatürlichkeit (als Werk aus Hautfasern) und Kunst bzw. ‹Künstlichkeit› (im Sinne von *arte(sanía)*) zu situieren ist, sondern zugleich als ein auf multiple Weisen anverwandelbares Artefakt angesehen werden muss, das – und hier klingt die noch näher zu erarbeitende Kritik Bolaños an einer Vorstellung von Kultur als vermeintlich universellem und eindeutigem Medium humaner Verständigung bereits an – in seinen spezifischen Ausprägungen stets vom jeweiligen ‹Träger› abhängt.[42] Dieser Punkt wird ebenfalls manifest, wenn im ersten Teil des Romans die hinter Reiter/Archimboldi herjagenden Philologen auf eine lediglich als «der Schwabe» bezeichnete Figur treffen, die ihrerseits über eine Begegnung mit dem phantomhaften Archimboldi berichtet und dabei explizit auf dessen Lederjacke Bezug nimmt:

> [E]l suavo recordaba con mayor nitidez la chaqueta de Archimboldi [...], una chaqueta de cuero negro, con el cuello alto, capaz de brindar una protección eficaz contra la nieve y la lluvia y el frío [...], una chaqueta que evocaba, no sé por qué, a las que usaban algunos policías de la Gestapo, aunque en esa época las chaquetas de cuero negro estaban de moda y todo el que tenía dinero para comprar una o había heredado una se la ponía sin pararse a pensar qué evocaba la chaqueta.[43]

---

40 Ebd., S. 976.
41 Eines der bekanntesten und meistverwendeten Autorenfotos von Bolaño zeigt ihn – ganz im Sinne seiner ‹Bildpolitik› des marginalen und gegen das Establishment gerichteten Schriftstellers – eben mit einer schwarzen Lederjacke bekleidet, vgl. etwa die Reproduktionen von mehreren Fotos, auf denen Bolaño mit dieser Jacke erscheint, auf den nicht nummerierten Seiten in der Mitte des Buches von Andrés Braithwaite: *Bolaño por sí mismo*.
42 Ein weiterer Beleg in diesem Sinne ist etwa die Diskussion zwischen Reiters zukünftiger Verlegerin, einem rumänischen General und mehreren Generälen und SS-Leuten auf einer Burg in Rumänien über das Wesen der Kultur, in welcher die Position ebenfalls reichen von «la cultura era, básicamente, un placer» bis zu «la cultura era la llamada de la sangre» (Roberto Bolaño: *2666*, S. 853).
43 Ebd., S. 35.

Die Lederjacke wird in dieser Szene wiederum zu einer Metapher des ‹Funktionierens› von Kultur als solcher im Sinne einer genuinen Instabilität ihrer Bedeutungen: Nur wenige Jahre nach Kriegsende hat sich – und die Beobachtung schreibt sich nicht zuletzt in jene Problematisierung von kulturellen Prozessen der Erinnerungen und des Vergessens ein, wie sie Bolaños Werk permanent verhandelt – ein symbolisch aufgeladenes Kleidungsstück der Gestapo bereits wieder seiner Konnotationen entledigt und ist zu einem Mode-Gegenstand geworden. Eine weitere Wendung erfährt diese Metaphorik wenig später, wenn auch Edwin Johns, ein englischer Maler, den die Philologen in einem Schweizer Sanatorium besuchen und der Berühmtheit erlangt, nachdem er sich seine eigene Hand abgehackt und als Kunstwerk verkauft hat, als Träger einer «delgada chaqueta de cuero»[44] auftritt. Johns verkörpert in diesem Sinne als ein weiterer ‹Kultur-Träger› – und die Tatsache, dass die Lederjacke nicht mehr die Schwere der von Archimboldi getragenen besitzt, sondern mit dem Attribut «delgada» versehen wird, ist hier kein Zufall – wiederum innerhalb der gleichen ‹text-metaphorischen› Kette die Problematik einer Gegenwartskunst, die noch in der vermeintlichen Radikalisierung ihrer Ausdrucksformen im Rahmen einer kapitalistischen Marktlogik zu operieren gezwungen ist.

Vor dem Hintergrund einer verwilderten Welt muss Bolaños kreatürliche Text-Metaphorik von Algen, Verbänden und Leder verstanden werden als Entwurf einer Textualität, die auf die zunehmende Unlesbarkeit dieser Welt reagiert, indem sie Kultur und Literatur selbst nicht mehr in den Bildern einer ‹stabilen› Textlichkeit, etwa in Form der Buch-Metapher, zu erfassen vermag, sondern nur noch in ihrerseits ‹verwilderten› *Texturen*, die unmittelbar in die historischen (und damit immer auch materiellen) Prozesse von Kreation und Destruktion eingelassen sind. Was damit zur Disposition steht, ist einmal mehr die Idee von Literatur und Kultur als einem (un-)möglichen *Außen*, das von den Kräften der Geschichte und Politik, aber auch von den vitalistischen und organischen Bedürfnissen des Menschen abtrennbar wäre.[45] Messling hat diese spezifische bolañosche Dialektik aus Realität und Irrealität, aus Rausch und Ernüchterung mit den Realitätskonzepten der Surrealisten verglichen, mit denen Bolaño das Anliegen teile, dass «[d]en Lesern [...] eine erzählte Welt erfahrbar werden [soll], die Irrationalität und Vernunft in ein permanentes Miteinander verwebt, das deshalb realer als der ‹Wirklichkeitsschein› ist, weil es die anthropologischen Grundlagen offenlegt, aus denen die Welt, in der wir leben,

---

44 Ebd., S. 121.
45 In Kapitel drei dieser Arbeit wurde diese Unmöglichkeit in Gestalt des Protagonisten von *Nocturno de Chile* bereits ausführlich diskutiert.

geboren wurde.»⁴⁶ Tatsächlich lässt sich *2666* in diesem Sinne lesen als die permanente Reflexion über die Möglichkeiten der Literatur, angesichts der Verwilderung der Welt und im Bewusstsein des stets prekären und ambivalenten Status von Kultur ihre eigenen Möglichkeiten auszuloten, einen Raum von *Vitalitätserfahrungen* zu entwerfen, ohne dabei in einen kruden, ins Irrationale strebenden *Vitalismus* zu verfallen, und darüber hinaus ein kritisches Lesen der Welt mit bestimmten ethischen und ästhetischen Anliegen zu verwirklichen, das zugleich die Begrenztheit und Fragilität der eigenen Position gegenüber einem gleichfalls überkommenen ‹starken› Kultur- und Literaturbegriff westlicher Provenienz deutlich zu markieren weiß. Gleichzeitig lässt sich bereits aus den Beispielen dieser kreatürlichen Text-Metaphorik Bolaños ein weiteres fundamentales formales Merkmal von *2666* ersehen: Wenngleich der Roman die erwähnte *Verwilderung der Welt* quasi-mimetisch in seinen Chaos-Strukturen abzubilden scheint, lassen sich innerhalb der überwältigenden Menge an Fragmenten und Episoden immer wieder bestimmte Wiederholungen und Spiegelungen metaphorischer, semantischer, thematischer oder auch lexematischer Art finden, welche eine eigene Ästhetik der Vernetzung und der Lektüre entwerfen, die sich mit einem – im Weiteren noch zu erläuternden – Begriff Baudelaires vielleicht treffend als System von *correspondances* umschreiben ließen. Diese fungieren dabei mit Blick auf die Idee einer ‹kreatürlichen› oder ‹leibhaftigen› Literatur keineswegs nur, wie in den Beispielen um die Figur Archimboldis, in affirmativer Weise, sondern – und vielleicht sogar primär – auch zur Inszenierung eines in *2666* radikalisierten Grundthemas in Bolaños Werk: der unauflösbaren Verschränktheit von Kultur und Barbarei. Wenn diese Figur im Verlauf dieser Arbeit bereits mehrfach diskutiert wurde, so erscheint sie in *2666* noch einmal in potenzierter Form und durchzieht den Roman in einer kaum zu überblickenden Reihe von Bildern, von denen hier nur einige wenige genannt seien. So heißt es etwa in einer Geschichte, die ebenfalls im Rahmen der Erzählung des Zusammentreffens des besagten Schwaben mit Archimboldi in einer friesischen Kneipe⁴⁷ zu Gehör gebracht wird, über die Reise einer

---

46 Markus Messling: *2666: Die Moderne als Echolot der Globalisierung*, S. 211.
47 Ein bedeutender Leseeffekt des Romans besteht weiterhin in der Tatsache, dass die ‹eigentliche› Handlung im Sinne eines dominanten Erzählstrangs – wie im ersten Kapitel etwa die Suche der Philologen nach ihrem Autor – nicht selten vollständig von den eingeschobenen Geschichten überlagert wird und die Ereignisse aus dieser diegetisch übergeordneten Erzählebene vielfach herabsinken zu bloßen ‹Erzählvorwänden›, die als Rahmen besagter Fragmente und Episoden dienen, wodurch abermals der Eindruck einer fundamental zentrifugalen Erzählform erhöht bzw. im eigentlichen Sinne erst hergestellt wird.

vermögenden deutschen Witwe nach Argentinien in der Zeit zwischen den
Weltkriegen:

> [A]sentían o se cuidaban de llevar la contraria a aquella temible viuda cuyos conocimientos artísticos estaban por encima de todos, incluso del mismo suavo, y que había viajado por Italia y Francia e incluso en uno de sus viajes, un crucero inolvidable, había llegado a Buenos Aires, en 1927 o 1928, cuando esta ciudad era un emporio de la carne y los barcos frigoríficos salían del puerto cargados de carne, un espectáculo digno de contemplar, cientos de barcos que llegaban vacíos y que salían cargados con toneladas de carne con destino a todo el mundo, y cuando ella, la señora, aparecía en la cubierta, de noche, por ejemplo, adormilada o mareada o adolorida, bastaba con apoyarse en la barandilla y dejar que los ojos se acostumbraran y entonces la visión del puerto era estremecedora y se llevaba de golpe los restos de sueño o los restos de mareo o los restos de dolor, sólo había espacio en el sistema nervioso para rendirse incondicionalmente a aquella imagen, el desfile de los inmigrantes que como hormigas subían a las bodegas de los barcos la carne de miles de vacas muertas, los movimientos de los palets cargados con la carne de miles de terneras sacrificadas, y el color vaporoso que iba tiñendo cada rincón del puerto, desde que amanecía hasta que anochecía e incluso durante los turnos de noche, un color rojo de bistec poco hecho, de chuletón, de filete, de costillar apenas repasado en una barbacoa, qué horror, menos mal que eso la señora, que entonces no era viuda, sólo lo vivió durante la primera noche, luego desembarcaron y se alojaron en uno de los hoteles más caros de Buenos Aires, y fueron a la ópera y luego a una estancia.[48]

Das Bild vom Panorama der argentinischen Fleischfrachter liefert in diesem Zusammenhang nicht nur eine historische Referenz auf einen bestimmten Zeitpunkt bzw. ein punktuelles Phänomen der weltwirtschaftlichen Einbindung des südamerikanischen Landes, sondern fungiert im Bild der migrantischen Arbeiter, die sich unter höllischen Bedingungen in den Schlachthöfen und auf den Schiffen verdingen, schon als Präfiguration eben jener schutzlosen Massen (*hormigas* ist das kreatürliche Bild, das Bolaño hier verwendet) an Arbeitern und, noch wichtiger, Arbeiterinnen, die am Ende des gleichen Jahrhunderts in den mexikanischen Fabriken und Sweatshops schuften werden und Gegenstand des besagten Romanteils über die Morde in der Grenzregion sind. Im Blick der europäischen Witwe wiederum wird bereits jene noch zu erörternde Problematik einer ‹Ethik der Optik› antizipiert, wie sie Bolaño im weiteren Verlauf der Erzählung vor allem hinsichtlich seiner vier Kritiker-Figuren und ihrer Reise nach Santa Teresa als jenem Kristallisationspunkt spätkapitalistischer und globaler Verheerung entwickeln wird – die Position des europäischen, (vermeintlich) kultivierten Betrachters streift die Produktionsstätten des Ursprungs jenes Reichtums der global agierenden Bourgeoisie aus sicherer

---

48 Roberto Bolaño: *2666*, S. 36.

Entfernung, die zugleich doch nah genug ist, um die Fragilität bzw. die Verflochtenheit dieser Räume von Zivilisation und Barbarei deutlich genug hervortreten zu lassen. Wenn damit auch eine ebenfalls noch ausführlicher zu beleuchtende kritische Position des Romans gegenüber der Möglichkeit geschichtlichen Fortschritts (und der Rolle der Kultur in diesem Zusammenhang) angedeutet wird, erweitert der Text an anderen Stellen diese zunächst geschichtsphilosophisch grundierte Position einmal mehr in Richtung einer anthropologischen Perspektive, welche die tiefe Verwurzelung des Tötens – und insbesondere seiner misogynen Dimensionen – in menschlichen Kulturen an allen Orten und Zeiten thematisiert. So hört etwa der Protagonist des dritten Teils des Romans, der schwarze New Yorker Journalist Oscar Fate, auf einer Reise in Detroit ein Lied, das von einer Gruppe auf der Straße spielender Kinder gesungen wird:

> En la acera tres niñas jugaban a saltar la cuerda. La canción que cantaban le pareció singular en grado extremo. Decía algo sobre una mujer a la que le habían amputado las piernas y los brazos y la lengua. Decía algo sobre el alcantarillado de Chicago y sobre el jefe del alcantarillado o un empleado público llamado Sebastian D'Onofrio y luego venía un estribillo que repetía Chi-Chi-Chi-Chicago.[49]

Das Lied, das sich wohl auf den gleichnamigen Klassiker *Chi-Chi-Chi-Chicago* der amerikanischen *Rhythm and blues*-Sängerin Nellie Lutchers bezieht, suggeriert hier eben durch den quasi ‹naiven› Gebrauch der spielenden Mädchen eines kulturellen Textes, der Gewalt gegen Frauen zum Inhalt hat, jene beinahe unhinterfragte und allumfassende Präsenz dieses Themas, das – und auch hier wird die Reise Fates nach Santa Teresa bereits antizipiert – in den Frauenmorden im Norden Mexikos seine brutalste Ausprägung im Roman findet. Die Bilder solcher Gewalt reichen in *2666* vom Buenos Aires des frühen bis zum Detroit des späten 20. Jahrhunderts, von den Künstlerateliers im Berlin der Weimarer Republik, wo es über Hans Reiters Freund, den Adligen Hugo Halder, heißt, sein Cousin habe eine Vielzahl an Bildern gemalt, die allesamt tote Frauen zeigten,[50] bis zu den in einem Gespräch zwischen Hans Reiter und seiner Freundin Ingeborg thematisierten Menschenopfern der Azteken in präkolumbinischer Zeit.[51] Die für die folgenden Überlegungen entscheidende Konsequenz, die sich aus dieser unablässig Zeiten und Räume querenden Form des Erzählens ergibt, besteht einmal mehr in der Frage nach den Möglichkeiten des Menschen bzw. des Romanlesers,

---

49 Ebd., S. 312.
50 Vgl. Ebd., S. 853.
51 Vgl. Ebd., S. 871.

angesichts einer derartigen Fülle an disparaten Wahrnehmungen von Welt und Geschichte(n) eine auch nur in Ansätzen stabile Position der Beobachtung bzw. der Interpretation und Situierung seiner selbst zu dieser Welt zu erlangen. Diese Problematik wird dabei innerhalb des Romans noch einmal durch die Tatsache potenziert, dass seine Darstellung von ‹Wirklichkeit› einem Prinzip folgt, das Ercolino in seinen Überlegungen zu 2666 als *maximalist novel* als «intersemiocity» bzw. «hybrid realism» bezeichnet hat: Die permanente «Überflutung» des Romans mit Bildern aus allen möglichen Medien von Kino und Fernsehen bis hin zu *pop icons* einerseits,[52] sowie die Tatsache, dass innerhalb des Romans eine «particular fictional dimension of the representation in which mimesis and antimimesis are inextricably fused»,[53] operiere, die ihrerseits vor allem auf die Mischung von fiktionalen und faktualen Genres[54] rekurriere, führen zu einem «hybriden Realismus». Dieser, so ließe sich ergänzen, besteht nun jenseits dieser Gattungshybridisierung vor allem in dem Phänomen, dass er der epistemologischen Überforderung der Figuren (und des Lesers) hinsichtlich der Fülle an Beobachtungen zugleich eine Form des Entzugs im Sinne eines fundamentalen ‹Unsicher-Werdens von Realität› hinzufügt: Durch die permanente Verflechtung von realen historischen und fiktiven Figuren und Materialien – welcher Leser vermöchte auf den ersten Blick zu sagen, ob Kostekino nicht tatsächlich ein real existierendes Dorf in der Ukraine ist, *Chi-chi-chi Chicago* aber nicht einfach eine Erfindung Bolaños? – entwirft 2666 eine Welt – und auch hierin besteht einer der überzeugendsten mimetischen Effekte des Romans –, welche der ‹wirklichen› Welt der Spätmoderne eben darin ähnelt, dass sie die Frage nach der Bestimmbarkeit von Wirklichkeit im Sinne von Eindeutigkeit und Authentizität auf radikale Weise verunmöglicht. In diesem Sinne entwirft 2666 eine Idee der Verunsicherung der Lesbarkeit der Welt im Sinne jener Figur, die Baudrillard bekanntlich als Simulakrum[55] bzw., vielleicht noch treffender, als *trompe-l'œil* bezeichnet hat: Dieses zeichne sich, so Baudrillard, fundamental durch eine phantasmatische Wirkung aus, die eben von diesem plötzlichen Auftauchen plastischer und hyperrealistischer Elemente herrühre und dadurch einen «effect of loss, a sense of losing hold on the real through the very excess of its appearances»[56] auslöse im Sinne einer «intense sensation of déjà-vu and of the eternally

---

52 Vgl. Stefano Ercolino: *The Maximalist Novel*, S. 123.
53 Ebd., S. 161.
54 Zur Gattungsreflexion in 2666 vgl. auch Miriam Lay Brander: *Acto de derroche*.
55 Vgl. zu diesem Punkt auch den kurzen Essay von Patricia Espinosa: Secreto y simulacro en 2666. In: *Estudios filológicos* 41 (2006), S. 71–79.
56 Jean Baudrillard: The *trompe-l'œil*. In: Norman Bryson (Hg.): *Calligram: Essays in New Art History from France*. Cambridge: Cambridge University Press 1989, S. 53–62, hier: S. 56.

forgotten, of a life that preexists the mode of production of the real world.»[57] Diese Dimension der «Melancholie des Realen», die auch in *2666* unterschwellig pulsiert, geht dabei einher mit einer, so Baudrillard weiter, Erfahrung des Schocks, den die Erkenntnis der «Bühnenhaftigkeit» der Welt auslöst und die wiederum resultiere aus der «abolition of the representational scene and of representational space [...], this shock that is the miracle of *trompe-l'œil* is reflected in all the so-called real world round about, by revealing to us that ‹reality› is never more than a world hierarchically staged.»[58] Dass diese Erfahrung der Welt als *theatrum mundi* und die mit ihr einhergehenden epistemologischen wie anthropologischen Konsequenzen keine Neuheit dieser unserer Gegenwart sind, die *2666* vordergründig inszeniert, sondern gewissermaßen die Ursprungserfahrung des modernen Menschen bildet, transportiert der Roman auf vielfältige Weise in eben jenen intertextuellen Dimensionen der erwähnten Autoren von Sor Juana über Pascal und Leopardi bis zu Baudelaire, die nun im weiteren Verlauf auf ihre Präsenz und Funktionen innerhalb von Bolaños Roman untersucht werden sollen.

Negative Anthropologie und leibhaftige Lektüren

In einem seiner letzten Texte entwickelt Roberto Bolaño unter dem bezeichnenden Titel *Literatura + enfermedad = enfermedad* nicht nur eine Reflexion über den Zusammenhang zwischen Krankheit und Kunst, sondern zugleich eine im Register des Polemischen agierende Beschreibung der gegenwärtigen Welt, deren umfängliche Entfesselung und Verwilderung er im Rekurs auf die Figur des Dionysischen mit folgenden Worten erfasst:

> Dioniso lo ha invadido todo. Está instalado en las iglesias y en las ONG, en el gobierno y en las casas reales, en las oficinas y en los barrios de chabolas. La culpa de todo la tiene Dioniso. El vencedor es Dioniso. Y su antagonista o contrapartida ni siquiera es Apolo, sino don Pijo o doña Siútica o don Cursi o doña Neurona Solitaria, guardaespaldas dispuestos a pasarse al enemigo a la primera detonación sospechosa. [...] ¿Y dónde diablos está el maricón de Apolo? Apolo está enfermo, grave.[59]

Der Rückgriff Bolaños auf die beiden griechischen Götterantagonisten ist hier zunächst insofern von Interesse, als er einmal mehr auf jene Dialektik von

---

57 Ebd., S. 58.
58 Ebd., S. 59.
59 Roberto Bolaño: Literatura + enfermedad = enfermedad. In: Roberto Bolaño: *El gaucho insufrible*. Barcelona: Anagrama 2003, S. 135–158, hier: S. 142–143.

Entgrenzung und Form abzielt, wie sie in der in 2666 unternommenen Weltdarstellung auf so komplexe Weise zum Ausdruck kommt. Das Motiv der Transgression und des Rausches, das in Bolaños Werken stets in die Reflexion der ethischen Aporien der ästhetischen und philosophischen Moderne eingebettet ist,[60] wird hier zur nietzscheanischen Signatur der Welt erhoben, auf deren problematische ideengeschichtliche Implikation Bolaño an anderer Stelle in einem seiner Interviews Bezug nimmt, wenn es heißt:

> Nietzsche tiene grandes frases poéticas. Y tiene el valor de los poetas. Pero como pensador es peor que un callejón sin salida: es una puerta que se abre directamente al abismo. Prefiero a Pascal, que busca puentes en el abismo. Y más aun: prefiero a Lichtenberg, que opta por la risa y espera que los tiempos venideros sean mejores, aunque él sabe perfectamente que no lo serán.[61]

Die hier eröffnete Gegenüberstellung der ‹Abgründigkeit› der nietzscheanischen Philosophie – *una puerta que se abre directamente al abismo* – und der Figuren Pascals und Lichtenbergs als ihren ‹konstruktiven› Gegenentwürfen geht dabei mit Blick auf Bolaños Gesamtwerk und 2666 über den Status des Anekdotischen weit hinaus, betrachtet man insbesondere die vielfältigen Bezüge auf den französischen Philosophen und Mathematiker und seine Rolle in Bolaños ethisch-ästhetischem Weltgefüge ein wenig genauer: Abgesehen von einigen knappen Bezugnahmen auf Pascal in Interviews,[62] fungiert bereits in Bolaños frühem Text *Amberes*, einer experimentell anmutenden Sammlung von kurzen Prosa-Stücken, eines der Fragmente aus den pascalschen *Pensées* als Motto, welches eines der Grundmotive des Denkens des französischen Klassikers in Gestalt der Nichtigkeit des Menschen angesichts der gewaltigen Dimensionen des Kosmos formuliert:

> Quand je considère la petite durée de ma vie absorbée dans l'éternité précédente et suivante – memoria hospitis unius diei praetereuntis – le petit espace que je remplis et même que je vois abîmé dans l'infinie immensité des espaces que j'ignore et qui m'ignorent, je m'effraye et m'étonne de me voir ici plutôt que là, car il n'y a point de raison pourquoi ici plutôt que là, pourquoi à présent plutôt que lors. Qui m'y a mis? Par l'ordre et la conduite de qui ce lieu et ce temps a(-t-)il été destiné à moi?[63]

---

60 Vgl. ausführlich dazu die Überlegungen in Kapitel drei und vier dieser Arbeit.
61 Bolaño in Andrés Braithwaite: *Bolaño por sí mismo*, S. 103.
62 Vgl. die Aussage in seinem letzten Interview mit Blick auf die Frage nach seinem Glauben an ein Jenseits, in der es über Pascal heißt: «No creo en el más allá. Si existiera, qué sorpresa. Me matricularía de inmediato en algún curso que estuviera dando Pascal» (Roberto Bolaño: *Entre paréntesis*, S. 340).
63 Alle Pascal-Zitate aus den *Pensées* werden im Folgenden nach der Edition von Philippe Sellier zitiert, vgl. Blaise Pascal: *Pensées opuscules et lettres*. Hg. von Philippe Sellier. Paris:

Auch im Erzähluniversum von *2666* verstecken sich eine Reihe von chiffrierten Anspielungen auf Pascal, die vor allem von der Figur des Philosophen und Philologen Óscar Amalfitano und seinen Reflexionen über den Menschen und die Welt verkörpert werden und dessen Blick auf die Welt in *Los sinsabores del verdadero policía* in einer quasi wortgleichen Wiederaufnahme der pascalschen Dialektik von Furcht und Verwunderung beschrieben wird als «ovillo en donde se conjugaba el terror con la mirada maravillada.»[64] Über die Bindung an eine spezifische historische Lebens- und Welterfahrung Amalfitanos als eine jener klassischen heimatlosen Figuren Bolaños hinaus[65] jedoch wird dieser Verweis hier mit Blick auf den erweiterten Kontext von Figur und Roman lesbar in eben jenem anthropologischen Sinne, wie er in den Eingangsüberlegungen dieses Kapitels skizziert wurde: Wenn Messling in Verbindung mit dem Baudelaire-Motto von *2666* von einer im Roman operierenden, aber (mit Blick auf den spezifischen Begriff) nicht näher erläuterten ‹pessimistischen Anthropologie› Bolaños spricht, dann wird vor dem Hintergrund der Präsenz einer ganzen Reihe von Motiven der Pascalschen *Pensées* hier unschwer eine historisch deutlich weiter ausgreifende Bezugnahme Bolaños auf das Menschenbild des französischen Philosophen in Gestalt jener «negativen Anthropologie» möglich, wie sie Karlheinz Stierle in seinem grundlegenden Aufsatz zur französischen Klassik beschrieben hat: Wenn die Frage nach der *condition humaine*, wie Stierle argumentiert, das Zentrum der Werke dieser Epoche darstellt, dann bildeten die *Pensées* «das erste Zeugnis einer ‹klassischen› Neubesinnung auf die Natur des Menschen, die im Zeichen einer negativen Anthropologie steht und die sich damit insbesondere von jener positiven Anthropologie absetzt, wie sie in Descartes' Traktat ‹Les passion de

---

Classiques Garnier 2011, hier: S. 197. (Vgl. entsprechend das Motto bei Bolaño: «Cuando considero la breve duración de mi vida, absorbida en la eternidad que la precede y la que la sigue, el pequeño espacio que lleno y cuando, por lo demás, me veo abismado en la infinita inmensidad de los espacios que ignoro y que me ignoran, me aterro y me asombro de verme aquí antes que allá, ya que no hay razón porque esté aquí antes que allá, porque exista ahora más que entonces. ¿Quién me ha puesto aquí? ¿Por orden de quién me han sido destinados este lugar y este tiempo?» (Roberto Bolaño: *Amberes*. Barcelona: Anagrama 2002).

64 Roberto Bolaño: *Los sinsabores del verdadero policía*, S. 147.

65 Sein Weg führt den chilenischen Marxisten nach dem Putsch von 1973 über verschiedene lateinamerikanische Stationen schließlich nach Barcelona, wo er aufgrund einer Affäre mit einem seiner Studenten im Zuge seiner spät ausgelebten Homosexualität an der Universität entlassen wird, um letztlich eine Stelle an der Universität von Santa Teresa anzunehmen, wo er gewissermaßen aufs Neue Zeuge jener finalen Katastrophe der Frauenmorde wird.

l'âme› entworfen worden ist.»⁶⁶ Ohne an dieser Stelle auf die Frage eingehen zu wollen, inwiefern der Begriff der ‹Negativität› für eine Geisteshaltung wie die Pascals tatsächlich angemessen ist,⁶⁷ lässt sich die (inter-)textuelle Präsenz des französischen Klassikers in *2666* bzw. dem Gesamtwerk Bolaños ausgehend von einem geteilten Ausgangspunkt einer Welterfahrung im Sinne einer Erfassung des «Menschen in einer Situation des prinzipiellen Orientierungsverlusts»⁶⁸ bestimmen, wie sie, ungeachtet aller Unterschiede, als konstitutiv für den Zeitraum von der Früh- bis zur Spätmoderne angesehen werden kann.⁶⁹ Aus dieser Situation resultiert numehr die für Pascal wie für Bolaños Roman so zentrale Problematik, dass das Wissen über den Menschen und die Welt einerseits «als ein vermeintliches, unzulängliches negiert [wird]»,⁷⁰ diese paradoxe Form der Erkenntnis der Nicht-Erkenntnis aber wiederum zum Ausgangspunkt einer schier unendlichen Abfolge weiterer Reflexionen wird, oder wie es Kablitz formuliert: «Negativität [wird] zum Erkenntnisweg. [...] Die Natur des Menschen wird zu einem Potential der Erkenntnis einer Wahrheit, die sich gerade durch die Einsicht in die Mangelhaftigkeit des Gegebenen gewinnen läßt.»⁷¹

Generiert Stierle seinen Begriff der Negativität mit Blick auf Pascals Anthropologie in Abgrenzung zum cartesianischen Erkenntnisoptimismus, so finden sich ähnliche Oppositionen in Bolaños diversenen Transpositionen des pascalschen

---

66 Karlheinz Stierle: Die Modernität der französischen Klassik. Negative Anthropologie und funktionaler Stil. In: Fritz Nies/Karlheinz Stierle (Hg.): *Französische Klassik. Theorie. Literatur. Malerei*. München: Fink 1985, S. 81–136, hier: S. 85.
67 Vgl. hierzu etwa die Ausführungen in Jürgen von Stackelberg: Das Menschenbild der französischen Klassik. Überlegungen zu Stierles Begriff der negativen Anthropologie. In: *Romanische Forschungen* 104 (1992), S. 388–396.
68 Karlheinz Stierle: Die Modernität der französischen Klassik, S. 87.
69 Natürlich soll es an dieser Stelle nicht um die Behauptung einer literaturgeschichtlich schiefen Verknüpfung von Autoren und Epochen im Sinne einer Kontinuität gehen, die schon allein mit Blick auf die politischen und theologischen Dimensionen Pascals im Vergleich zu Bolaño nicht haltbar wäre. Vielmehr lässt sich auch die Bedeutung und Präsenz Pascals im Rahmen von Bolaños Werk im Sinne jener prägenden Ästhetik und Politik eines «wilden Lesens» erfassen, welches in unterschiedlichem Ausmaß Elemente eines historisch vermeintlich distanten Werkes wie den *Pensées*, das Bolaño explizit zu den für ihn «prägenden Lektüren seines Lebens» zählt (vgl. die Präsenz in einer entsprechenden Liste wie sie in Jorge Herralde: *Para Roberto Bolaño*, S. 89 aufgeführt ist), in einem bestimmten Kontext wie den hier geschilderten anthropologischen Reflexionen integriert und neu funktionalisiert.
70 Karlheinz Stierle: Die Modernität der französischen Klassik, S. 86.
71 Andreas Kablitz: Pascals Zeiten. Zeitanalyse und Geschichte in den *Pensées*. In: Rudolf Behrens/Andreas Gipper u.a. (Hg.): *Croisements d'anthropologies. Pascals Pensées im Geflecht der Anthropologien*. Heidelberg: Winter 2005, S.111–129, hier: S. 120–121.

Skeptizismus in die im 20. Jahrhundert angesiedelte Diegese von *2666*. Dies wird etwa deutlich, wenn im fünften Teil des Romans (*La parte de Archimboldi*) die Figur eines russischen Schriftstellers namens Ivanov eingeführt wird, der seinerseits eine Art Mentor des jüdischen Autors Boris Ansky ist und es im Russland kurz nach der Oktoberrevolution mit einer Science Fiction-Erzählung über die vermeintliche glorreiche Zukunft des Landes zu literarischem Ruhm bringt.[72] In einer Wendung, wie sie typisch für die zeiten- und raumquerende Ästhetik des Romans und seine humoristischen Strategien ist, heißt es in der Folge über das Urteil einer Literaturredakteurs über Ivanovs Erzählung:

> A la redacción de la revista llegaron cartas pidiendo más colaboraciones de ese desconocido ‹Ivánov›, de ese ‹esperanzador Ivánov›, ‹un escritor que cree en el mañana›, ‹un autor que infunde fe en el futuro por el que estamos luchando›, y las cartas venían de Moscú y de Petrogrado, pero también llegaron cartas de combatientes y activistas políticos de los rincones más lejanos que se habían sentido identificados con la figura del abuelo, lo que provocó el insomnio del jefe de redacción, un marxista dialéctico y metódico y materialista y nada dogmático, un marxista que como buen marxista no sólo había estudiado a Marx sino también a Hegel y a Feuerbach (e incluso a Kant) y que se reía de buena gana cuando releía a Lichtenberg y que había leído a Montaigne y a Pascal y que conocía bastante bien los escritos de Fourier, que no podía dar crédito a que entre tantas cosas buenas (o, sin exagerar, entre algunas cosas buenas) que había publicado la revista, fuera este cuento, sentimentaloide y sin agarradero científico, el que más hubiera emocionado a los ciudadanos de la tierra de los sóviets. Algo va mal, pensó.[73]

Was hier zunächst als einer der bei Bolaño so geläufigen Scherze über vermeintlich verfehlte Lektürepräferenzen im Gewand der Auflistung daherkommt, wird bei genauerer Betrachtung – und insbesondere mit Blick auf die Kombination der erwähnten Autoren, deren Kulminationspunkt nicht umsonst Pascal bildet – lesbar als eine der zahlreichen Stellen des Romans, welche ganz explizit eine Skepsis hinsichtlich der großen geschichtsphilosophischen Narrative historischen Fortschritts artikulieren: Neben dem Scheitern des kommunistischen Projekts, das sich im Roman im Kontrast zwischen der utopischen Erzählung Ivanovs und dem später Amalfitano im Traum erscheinenden betrunkenen Boris Jelzin aufspannt, enthält *2666* eine ganze Reihe von Bezügen auf historische Momente der Hoffnung und der Projektionen, die letztlich zum Scheitern verurteilt waren und in ihrer Kombination eine Art negative globale Utopiegeschichte des 20. Jahrhunderts erzählen.[74] So heißt es etwa über die

---

[72] Vgl. Roberto Bolaño: *2666*, S. 889–890.
[73] Ebd., S. 890.
[74] Kablitz hat mit Blick auf die *Pensées* auf die Tatsache aufmerksam gemacht, dass eben das Moment der Negativität im Denken Pascals hinsichtlich der Sinnhaftigkeit von Geschichte von

Hoffnungen zweier versehrter Soldaten, mit denen sich Hans Reiters Vater in einem Feldlazarett kurz vor dem Ende des Ersten Weltkriegs befindet: «Según el sargento todo estaba a punto de cambiar. La guerra tocaba a su fin e iba a empezar una nueva época. Él le contestó, mientras comía, que nada iba a cambiar nunca. Ni siquiera ellos, que habían perdido cada uno una pierna, habían cambiado.»[75] Ebenso wird das Jahr 1989, in dem sich die Kritiker im ersten Teil kennenlernen und das als vermeintlicher Auftakt einer neuen Epoche globalen Friedens im Sinne der berühmten fukuyamaschen Formel vom «Ende der Geschichte» gelesen werden kann, durch die Ereignisse in Santa Teresa als eine weitere historische (westliche) Projektion entlarvt, zu der sich parallel jene erwähnte Verwilderung der Welt vollzieht.[76] Geschichte – und damit ist hier bereits eines jener symbolischen und diskursiven Fundamente der Moderne benannt, an denen sich *2666* abarbeitet – ist aus dem Blickwinkel der Spätmoderne nicht mehr als eine Abfolge monströser Momente, oder wie es im letzten Teil des Romans über die Gedanken Archimboldis im Köln der Nachkriegszeit heißt: «[E]s bien sabido, pensó Archimboldi, que la historia, que es una puta sencilla, no tiene momentos determinantes sino que es una

---

der dialektisch verfahrenden Geschichtsphilosophie gewissermaßen als Teil ihrer eigenen Fortschrittsideologie vereinnahmt wurde, weshalb gerade die Insistenz Bolaños auf diese seine negative Konzeption von Geschichte gewissermaßen als eine Extrapolierung dieser pascalschen Zeitauffassung gelesen werden kann (vgl. das betreffende Zitat von Kablitz: «Das geschichtsphilosophische Denken der Neuzeit wird solche Negativität indessen nicht mehr als einen wahrheitsträchtigen anthropologischen Befund konzipieren, sondern die Negativität, d. h. die Überwindbarkeit des je Gegebenen, zum Prinzip des historischen Prozesses selbst machen – und damit im unerschütterlichen, wiewohl riskanten Glauben an eine schier unendliche Perfektibilität des Menschen alle negative Anthropologie weit hinter sich lassen» (Pascals Zeiten, S. 127)).

75 Roberto Bolaño: *2666*, S. 796.
76 Als weitere Beispiele in dieser Reihe ließe sich auch die Figur des (im Roman als Barry Seaman auftretenden) Black Panther-Gründers Bobby Seaman nennen, der über das Scheitern der Revolte spricht (vgl. S. 306–332), sowie die von Lola, der spanischen Ex-Frau Amalfitanos, deren HIV-Erkrankung ebenfalls als eine Art pessimistischer Schlusspunkt der euphorischen Jahre der *Transición* nach dem Tod Francos gelesen werden kann (vgl. S. 224–238). Alle genannten Episoden erzeugen dabei in ihrer Kombination nicht nur einen quasi globalgeschichtlichen Effekt innerhalb des Romans, sondern fungieren – gerade mit Blick auf die weitgehende Absenz des Themas der gescheiterten lateinamerikanischen Revolutionen – als eine Serie von Allegorien, in denen sich dieses Zentralmotiv Bolaños gleichsam spiegelt, etwa wenn Seaman mit Blick auf die Black-Panther-Bewegung fast die gleichen Worte zur Beschreibung ihres Scheiterns gebraucht, wie sie Bolaño in der hier mehrfach zitierten Caracas-Rede verwendet und von den utopischen Hoffnungen spricht als «los restos humeantes de una pesadilla en la que habíamos entrado siendo adolescentes y de la que ahora salíamos siendo adultos, casi viejos, yo diría, sin futuro posible» (S. 318).

proliferación de instantes, de brevedades que compiten entre sí en monstruosidad.»[77] Dieses zirkuläre Verständnis von Geschichte – «Todo se va a volver a repetir»,[78] prophezeit eine Seher-Figur in den *Sinsabores* – lässt sich dabei gewissermaßen als Ausweis eben jener «negativen Anthropologie» lesen, die bei Bolaño, ähnlich wie bei Pascal, jedoch weniger im Sinne eines fatalistischen Kulturpessimismus, sondern eher als eine skeptische Reflexion über die (Un-)Möglichkeit des Menschen zur Entwicklung transzendenter Erkenntnissysteme von Welt und der Einrichtung einer vernünftigen – und das heißt bei Bolaño tatsächlich: aufgeklärten[79] – Ordnung dieser Welt besteht. Dieser Aspekt wird in *2666* nicht nur mit Blick auf die Geschichte, sondern zugleich auch auf die Geisteswissenschaften als traditionell mit der symbolischen ‹Entschlüsselung› und Deutung der Welt betrauten Disziplinen entwickelt, wie in einer weiteren Episode um Óscar Amalfitano deutlich wird: In Santa Teresa angekommen und gleichermaßen mit den Gespenstern der Vergangenheit und der Angst um seine Tochter Rosa in dem neuen gewalttätigen Umfeld ringend, wird Amalfitano zunehmend von Stimmen heimgesucht, während er gleichzeitig eine Reihe von Diagrammen und Listen zeichnet, auf denen er die Namen einer Vielzahl von Philosophen in Beziehung zueinander setzt. Die Zeichnungen, die an die graphischen Scherze aus den *Detectives salvajes* erinnern, scheinen keinerlei tieferen Sinn zu enthalten, sondern vielmehr einem Schema des Un-Sinns zu folgen, weshalb es über Amalfitanos eigene Reaktion bezüglich des Geschriebenen auch folgerichtig heißt: «Durante un rato, Amalfitano leyó y releyó los nombres, en horizontal y vertical, desde el centro hacia los lados, desde abajo hacia arriba, saltados y al azar, y luego se rió y pensó que todo aquello era un truismo, es decir una proposición demasiado evidente y por lo tanto inútil de ser formulada.»[80] Die Tatsache, dass auch Pascal einmal mehr in dieser Liste auftaucht, scheint die ganze Szenerie an ein weiteres Diktum aus den *Pensées* anzunähern, welches sich im weiteren Verlauf des Romans in eine Art Leitmotiv seiner epistemologischen Fragestellungen verwandelt: «Se moquer de la philosophie c'est vraiment philosopher»,[81] formuliert Pascal bekanntlich seine

---

77 Ebd., S. 993.
78 Roberto Bolaño: *Los sinsabores del verdadero policía*, S. 97. Vgl. auch die Aussage von Bolaño in einem anderen Essay, die in eine ähnliche Richtung geht: «Todavía vivimos en la época de la Revolución Francesa. Los ciclos son mucho más extensos y más densos y veinticinco años no son nada» (Roberto Bolaño: *Entre paréntesis*, S. 68)
79 Vgl. einmal mehr den Text von Markus Messling, der Bolaño ebenfalls in diese aufklärerische Tradition einordnet (*2666: Die Moderne als Echolot der Globalisierung*, S. 214).
80 Roberto Bolaño: *2666*, S. 265–266.
81 Blaise Pascal: *Pensées*, S. 496.

paradoxale Kritik an einer Philosophie, die sich allein qua ihrer rationalen Verfasstheit zur Formulierung von Wahrheit imstande wähnt – ein Motiv, das sich bei Pascal weiterhin mit seinen kritischen Auslassungen über den «geometrischen Geist» in Zusammenhang bringen lässt, in denen es heißt:

> [C]e qui fait que des géomètres ne sont pas fins, c'est qu'ils ne voient pas ce qui est devant eux et qu'étant accoutumés aux principes nets et grossiers de géométrie et à ne raisonner qu'après avoir bien vu et manié leurs principes, ils se perdent dans les choses de finesse, où les principes ne se laissent pas ainsi manier. On les voit à peine, on les sent plutôt qu'on ne les voit, on a des peines infinies à les faire sentir à ceux qui ne les sentent pas d'euxmêmes. Ce sont choses tellement délicates, et si nombreuses, qu'il faut un sens bien délicat et bien net pour les sentir et juger droit et juste, selon ce sentiment, sans pouvoir le plus souvent le démontrer par ordre comme en géométrie, parce qu'on n'en possède pas ainsi les principes, et que ce serait une chose infinie de l'entreprendre. Il faut tout d'un coup voir la chose, d'un seul regard et non pas par progrès de raisonnement, au moins jusqu'à un certain degré.[82]

Dem geometrischen Geist, der sich die Welt allein durch systematische und rationale Beobachtung verständlich zu machen glaubt, setzt Pascal einen «esprit de finesse» entgegen, welcher sich eben aufgrund der von Pascal immer wieder postulierten Begrenztheiten der menschlichen Vernunft um andere Formen der Wahrnehmung zu bemühen hat, oder wie es Eduard Zwierlein formuliert: «Die Würde der Vernunft wird nicht bestritten, aber begrenzt. Das ‹cogito› wird in der menschlichen Existenz, in der Fülle ihrer Erfahrung, ihrer Selbstauffassung und ihres Selbsterlebens lokalisiert [...]. Pascals erkenntnisanthropologische Selbsterkenntnis der Vernunft weist auf vielfältige Relativitäten der *raison*.»[83] Es mag insofern ebenfalls kein Zufall sein, dass das Buch, das Amalfitano in *2666* in der gleichen berühmten Szene im Hinterhof seines Hauses in Santa Teresa auf eine Wäscheleine hängt, eine geometrische Abhandlung des galizischen Autors Rafael Dieste ist. Wenngleich der intertextuelle Verweis im Roman als Zitat einer Arbeit von Marcel Duchamp explizit gemacht wird,[84] verweist das Bild vom Akt des «dejar un libro de geometría colgado a la intemperie

---

82 Ebd., S. 494–495.
83 Eduard Zwierlein: Kommentar. In: Blaise Pascal: *Gedanken*. Aus dem Französischen von Ulrich Kunzmann. Berlin: Suhrkamp 2012, S. 215–459, hier: S. 247.
84 «La idea, por supuesto, era de Duchamp. De su estancia en Buenos Aires sólo existe o sólo se conserva un *ready-made*. Aunque su vida entera fue un *ready-made*, que es una forma de apaciguar el destino y al mismo tiempo enviar señales de alarma. Calvin Tomkins escribe al respecto: *Con motivo de la boda de su hermana Suzanne con su íntimo amigo Jean Crotti, que se casaron en París el 14 de abril de 1919, Duchamp mandó por correo un regalo a la pareja. Se trataba de unas instrucciones para colgar un tratado de geometría de la ventana de su apartamento y fijarlo con cordel, para que el viento pudiera ‹hojear el libro, escoger*

para ver si aprende cuatro cosas de la vida real»[85] gleichermaßen auf die Begrenztheit einer rein rationalen Welterfassung bzw. die Idee ihrer Öffnung hin auf *andere*, erfahrungsgeleitete Formen des Weltzugangs, wie sie sich ebenfalls bei Pascal finden, wo das «Konzept einer grenzbewußten Vernunft, einer limitierten Rationalität, [...] das *cogito* mit dem *vivo* verbindet.»[86] Diese Vorstellung, die in *2666* etwa im Bild des Flatterns des Traktats neben den Socken Amalfitanos und den Unterhosen seiner Tochter zum Ausdruck kommt, erhält in Pascals Werk eine spezifische epistemologische Ausprägung in Form eines «Plural[s] der Rationalität, ein[es] Geflecht[s] differenter Ordnungen mit bereichsspezifisch kompetenten Rationalitäten und eigentümlichen Verfahrensweisen, eine[s] Plural[s] verschiedener Wissensarten und Wissensformen, die jeweils auf verschiedene Weise funktionieren und zum Teil ihren eigenen spezifischen Gegenstandsbereich haben.»[87]

Diese epistemologische Vielfalt der Rationalitäten aber erfordert bzw. verursacht – und damit ist ein weiterer essentieller Teil der pascalschen «negativen Anthropologie» benannt, der die Verbindungen zu *2666* deutlicher werden lässt – eine spezifische *Form des Sprechens und Schreibens* über die Welt, welche just in jenem «zersplitterte[n] Diskurs» sich äußert, der, wie Stierle argumentiert, «Ausdruck einer negativen Anthropologie [ist], die weder den Übergang zur anderen Dimension des Glaubens argumentativ zu leisten vermochte noch sich selbst als einen kohärenten Diskurs organisieren konnte.»[88] Die Weltzersplitterung geht bei Pascal – wenngleich theologisch grundiert, so doch im Ergebnis ganz ähnlich wie in *2666* – einher mit einer radikalen Dezentrierung einer fixen Sprecher- und Beobachterperspektive sowie jener Perzeption der Allverbundenheit der Dinge, wie sie eingangs mit Blick auf die paranoiden Lektüreformen bei Bolaño erläutert wurde, denn, so notiert Pascal: «Le moindre mouvement importe à toute la nature, la mer entière change pour une pierre. Ainsi dans la grâce la moindre action importe pour ses suites à tout; donc tout est important. En chaque action il faut regarder outre l'action, à notre état présent, passé, futur et des autres à quoi elle importe. Et voir les liaisons de toutes ces choses et lors on sera bien retenu.»[89] Neben den Zersplitterungen

---

los problemas, pasar las páginas y arrancarlas›» (Roberto Bolaño: *2666*, S. 245–246, Kursivierung im Original).
85 Roberto Bolaño: *2666*, S. 251.
86 Eduard Zwierlein: Kommentar, S. 248.
87 Ebd., S. 264.
88 Karlheinz Stierle: Die Modernität der französischen Klassik, S. 87–88.
89 Blaise Pascal: *Pensées*, S. 610.

der (narrativen) Form, wie sie mit Blick auf *2666* oben hinlänglich besprochen wurden, und einer – ebenfalls in Analogie zu den *Pensées* artikulierten – Reflexion über die Beschränkungen der menschlichen Erkenntnisleistung[90] lässt sich auf der Ebene der sprachlichen Form eine weitere Gemeinsamkeit der beiden Werke erkennen, die aufs Engste mit jener gleichermaßen im Zeitalter der französischen Klassik wie in der globalen Spätmoderne des 21. Jahrhunderts zu beobachtenden Auflösung stabiler Muster der Welterfahrung bzw. der sprachlichen Situierung zu dieser Erfahrung verbunden ist. Stierle spricht mit Blick auf Pascal in diesem Zusammenhang von der Entstehung eines «funktionalen Stils», der sich aus der Aufgabe hergebrachter rhetorischer Konventionen heraus entwickele und zu einem «neuen Sprechen» führe: «Die Sprache aber, der Pascal sich in seinem Sprechen überantwortet, ist nicht die der Spezialisten, eines etablierten, institutionell gesicherten Diskurses, sondern die unmarkierte, offene, der Erfahrung entspringende, Erfahrung bindende Sprache des honnête homme, der keiner Vereinseitigung seines Erkenntnisvermögens verfällt.»[91] An die Stelle einer stabilen Rhetorik und eines von den Dimensionen des Erlebens weitgehend unabhängig operierenden Denkens über die Welt tritt bei Pascal eine Sprache, die, wie er selbst unter Verweis auf Epiktet, Montaigne und seine eigene Person postuliert, sich in einer «manière d'écrire [...] toute composée de pensées nées sur les entretiens ordinaires de la vie»[92] artikuliert. Die Erfahrung des Menschen in einer radikal kontingenten und opaken Welt sowie der Nichtigkeit seiner selbst – «Qu'est-ce qu'un homme, dans l'infini?»,[93] lautet die Grundfrage der pascalschen Gedankengänge – erfordert eine Sprache, innerhalb derer, ganz im Sinne der eingangs untersuchten ‹verwilderten Textualitäten› in *2666*, sich diese Erfahrungen und die fundamentale Begrenztheit der Erkenntnismöglichkeiten adäquat artikulieren lassen, oder um noch einmal mit Stierle zu sprechen:

> In der Sprache, in der die condition humaine sich vollzieht, soll spiegelbildlich ihre Erkenntnis gewonnen werden. So kann auch die Genauigkeit dieser Rede [...] nicht mehr die Genauigkeit der linearen Argumentation eines sich entwickelnden Diskurses sein.

---

90 «Comment se pourrait-il qu'une partie connût le tout?», fragt Pascal (S. 267), während in den *Sinsabores* fast wortgetreu erklärt wird, «que el Todo es imposible, que el conocimiento es una forma de clasificar fragmentos» (Roberto Bolaño: *Los sinsabores del verdaero policía*, S. 259).
91 Karlheinz Stierle: Die Modernität der französischen Klassik, S. 88–89.
92 Blaise Pascal: *Pensées*, S. 618.
93 Ebd., S. 262.

Pascals Darstellungsprinzip entschlägt sich der diskursiven Ordnung der Argumentation, um eine neue, aus der Sache selbst entspringende funktionale Ordnung zu gewinnen.[94]

In *2666* sind es nun insbesondere zwei Figuren, die diese Form des Sprechens verkörpern bzw. an denen sie von Seiten des Erzählers exemplifiziert wird, und es ist kein Zufall, dass es sich dabei um Personen handelt, die in mehrerlei Sinne gleichsam konträr zu den vier europäischen Kritikern als den vermeintlichen Spezialisten der Sprache und kosmopolitischen Kennern der Welt stehen: einerseits (und einmal mehr) der bereits genannte Óscar Amalfitano, andererseits die Figur einer mexikanischen Heilerin und Seherin namens Florita Almada. So heißt es etwa über eine Szene, die ebenfalls zu den Beschreibungen der auditiven Visionen Amalfitanos und seinen philosophischen Überlegungen gehört:

> En el tendedero estaba el *Testamento geométrico* y unos calcetines suyos y unos pantalones de su hija. Dio la vuelta por el jardín, en el porche no había nadie, se acercó a la verja y examinó la calle, sin salir, y sólo vio un perro que se dirigía tranquilamente rumbo a la avenida Madero, a la parada de autobuses. Un perro se dirige a la parada de autobuses, se dijo Amalfitano. Desde donde estaba creyó notar que no era un perro de raza sino un perro cualquiera. Un quiltro, pensó Amalfitano. Por dentro, se rió. Esas palabras chilenas. Esas trizaduras en la psique. Esa pista de hockey sobre hielo del tamaño de la provincia de Atacama en donde los jugadores nunca veían a un jugador contrario y muy de vez en cuando a un jugador de su mismo equipo. Volvió a entrar en la casa. Cerró con llave, aseguró las ventanas, sacó de un cajón de la cocina un cuchillo de hoja corta y firme, que dejó junto a una historia de la filosofía alemana y francesa desde 1900 hasta 1930, y volvió a sentarse delante de la mesa.[95]

Der Anblick eines Straßenhundes in einer von Gewalt und Prekarität verheerten mexikanischen Großstadt wird hier gleichsam zum Ausgang der Überlegungen Amalfitanos zu den Dimensionen der Sprache selbst im Kontext jener ‹verwilderten› Welt und ihrer konstitutiven Fragilität: Zur Bezeichnung des Streuners, in dem sich der vagabundierende Philosoph und Philologe Amalfitano spiegelt, benutzt er das lediglich im chilenischen Spanisch gebräuchliche Lexem *quiltro*, welches innerhalb seines ansonsten durch die Wanderschaften durch die spanischsprachige Welt weitgehend ‹neutralisierten› Sprachgebrauchs gewissermaßen ‹überlebt› zu haben scheint, wenngleich als ein, wie es wörtlich heißt, «Riss in der Psyche», der zugleich in Gestalt einer weiteren Metapher ausgeformt wird, nämlich jener Eishockeyfläche von der Größe der Provinz Atacama in Chile, auf der, so Amalfitano, der Spieler nie einen gegnerischen und nur

---

94 Karlheinz Stierle: Die Modernität der französischen Klassik, S. 89.
95 Roberto Bolaño: *2666*, S. 259.

selten einen eigenen Mitspieler zu sehen bekomme. Was diese Form des Sprechens an Pascals «funktionalen Stil» annähert, ist diese spezifische Verbindung von Elementen und Bildern der Lebenswelt mit philosophischen Aussagen über Grundgehalte menschlicher Existenz, wie in diesem Fall die Distanz zwischen Sprache und Welt, wie sie in der Metapher von der Eishockeypiste zum Ausdruck kommt – nur selten, so ließe sich diese ausdeuten und suggeriert es das affektiv aufgeladene Lexem *quiltro*, ‹trifft› ein sprachliches Element auf den endlosen, glatten und kalten Oberflächen der Pisten der Existenz auf eine Form von Resonanz. Im Übrigen schlittert der Mensch haltlos dahin auf der Suche nach einem (nicht zuletzt immer auch sprachlichen) Fundament – ein Bild, wie es sich ebenfalls bereits in den *Pensées* findet, wenn es bei Pascal heißt:

> Voilà notre état véritable. C'est ce qui nous rend incapables de savoir certainement et d'ignorer absolument. Nous voguons sur un milieu vaste, toujours incertains et flottants, poussés d'un bout vers l'autre; quelque terme où nous pensions nous attacher et nous affermir, il branle, et nous quitte, et si nous le suivons il échappe à nos prises, nous glisse et fuit d'une fuite éternelle; rien ne s'arrête pour nous. C'est l'état qui nous est naturel et toutefois le plus contraire à notre inclination. Nous brûlons du désir de trouver une assiette ferme, et une dernière base constante pour y édifier une tour qui s'élève à l'infini mais tout notre fondement craque et la terre s'ouvre jusqu'aux abîmes.[96]

Die Philosophie, so suggeriert das Schlussbild der Passage bei Bolaño, ist eine prekäre Angelegenheit geworden, bei der sich der erkenntnissuchende Amalfitano in seinem verrammelten Haus im Auge des spätkapitalistischen Sturms mit einem Kompendium der deutschen und französischen Philosophie des frühen 20. Jahrhunderts[97] und einem Küchenmesser in der Hand der endemischen Gewalt der ihn umgebenden Welt zu erwehren sucht – ein Motiv, das auf ähnliche Weise von einer der interessantesten und zugleich von der Kritik des Romans vollkommen vernachlässigten Figuren artikuliert wird: Florita Almada. Über sie heißt es zunächst im *Teil der Verbrechen*:

> También por aquellos días apareció en la televisión de Sonora una vidente llamada Florita Almada, a la que sus seguidores, que no eran muchos, apodaban la Santa. Florita Almada tenía setenta años y desde hacía relativamente poco, diez años, había recibido la iluminación. Veía cosas que nadie más veía. Oía cosas que nadie más oía. Y sabía buscar una

---

96 Blaise Pascal: *Pensées*, S. 266.
97 Dass es sich hierbei womöglich, wenn man den Blick auf die besagten Diagramme Amalfitanos wirft, vor allem um phänomenologische und sprachphilosophische Denker von Husserl, Fink und Merleau-Ponty bis zu Wittgenstein und Canetti handelt (vgl. Roberto Bolaño: *2666*, S. 265), unterstreicht noch einmal die Relevanz der hier entwickelten Fragestellungen nach der Erkennbarkeit und Benennbarkeit der Welt.

interpretación coherente para todo lo que le sucedía. Antes que vidente fue yerbatera, que era su verdadero oficio, según decía, pues vidente significaba alguien que veía y ella a veces no veía nada, las imágenes eran borrosas, el sonido defectuoso, como si la antena que le había crecido en el cerebro estuviera mal puesta o la hubieran agujereado en una balacera o fuera de papel aluminio y el viento hiciera con ella lo que le venía en gana. Así que, aunque se reconocía vidente o dejaba que sus seguidores la reconocieran como tal, ella les tenía más fe a las hierbas y a las flores, a la comida sana y a la oración.[98]

Florita wird hier – den oben genannten Figuren wie Amalfitano oder Barry Seaman nicht unähnlich – mit Blick auf ihre ‹epistemologische› Position eingeführt als ein in vielerlei Hinsicht (und insbesondere in Abgrenzung zu den vier europäischen Philologen) prekäres und peripheres Wissenssubjekt, was nicht zuletzt in der entsprechenden Metaphorik ihrer Tätigkeit als Naturheilerin und Seherin zum Ausdruck kommt: Nicht im Sinne eines emphatischen, alternativen Zugangs zur Welt (wie er in unterschiedlichen Ausprägungen in der Kulturgeschichte in den Figuren etwa des *poeta vates* oder der Mystiktradition zu finden ist), sondern in einem Bild des Zerbrechlichen – einer von Kugeln beschädigten, mehr schlecht als recht geflickten Antenne – wird Floritas Potential einer alternativen Wahrnehmung beschrieben, die ihrerseits und analog zum hier entwickelten Motiv des begrenzten Wissens über die Welt ihre eigenen Limitationen formuliert, wenn sie bekennt: «Saber, lo que se dice saber, en este mundo nadie sabe nada a ciencia cierta, hijito.»[99] Zugleich jedoch wird in der Figur Floritas jenes sich in *2666* beständig wiederholende Motiv eines ‹wilden Lesens› aufgerufen, welches – wie noch genauer zu zeigen sein wird – als alternative Form der Wissensaneignung zu verstehen ist, die stets aus einer quasi existentiellen psycho-physischen Bedürfnissituation der Figuren zu entspringen scheint. So heißt es über die Seherin und ihre verspätete und partikulare Form der Bildung:

> A partir de ese momento leyó todo lo que caía en sus manos. En un cuaderno anotó las impresiones y pensamientos que le produjeron sus lecturas. Leyó revistas y periódicos viejos, leyó programas políticos que cada cierto tiempo iban a tirar al pueblo jóvenes de bigotes montados en camionetas y periódicos nuevos, leyó los pocos libros que pudo encontrar y su marido, después de cada ausencia traficando con animales en los pueblos vecinos, se acostumbró a traerle libros que en ocasiones compraba no por unidad sino por peso. Cinco kilos de libros. Diez kilos. Una vez llegó con veinte kilos. Y ella no dejó ni uno sin leer y de todos, sin excepción, extrajo alguna enseñanza.[100]

---

[98] Ebd., S. 535.
[99] Ebd., S. 714.
[100] Ebd., S. 539. Der im Zitat genannte Moment bezieht sich auf den Besuch einer Abendschule Floritas, wo sie lesen lernt – ein Aspekt, der im Roman mit Blick auf die machistischen Verhältnisse in Mexiko ironisch kommentiert wird mit den Worten: «en Villa

Der Akt der Lektüre wird hier einmal mehr als eine quasi kreatürliche und vegetative Form der Inkorporation geschildert, als ein ‹Lebensmittel› im Wortsinne – ein Aspekt, der in ähnlicher Weise etwa mit Blick auf den Black-Panther-Aktivisten Seaman und seine Lektüren während seines Gefängnisaufenthaltes entwickelt wird, wenn es in mehreren gastronomischen Metaphorisierungen des Leseaktes heißt: «Yo en la cárcel leía. Allí me puse a leer. Mucho. Devoraba los libros como si fueran costillitas de cerdo picantes [...] leía y leía, a veces con una rapidez desconcertante hasta para mí mismo y a veces con gran lentitud, como si cada frase o palabra fuera un manjar para todo mi cuerpo, no solamente para mi cerebro.»[101] Die Prekarität dieser Leserfiguren spiegelt sich dabei gleichermaßen in ihren Lektüren wie in den Bewertungen des Leseaktes selbst: Gegenstand ihrer eklektischen Lektüren sind etwa, wie im Falle von Seaman, nicht der vermeintlich große Kanon, sondern Werke wie ein *Compendio abreviado de la obra de Voltaire*, den dieser als Rettung in den «momentos más desesperados de mi vida»[102] angibt; das Wissen, das diese Figuren aus ihren Lektüren generieren, folgt dabei keiner Systematik oder bestimmten abstrakten Motivationen (wie es etwa bei den um akademische Posten streitenden Philologen der Fall ist), sondern vielmehr einer Perspektive der praktischen Anwendbarkeit und Nützlichkeit,[103] oder wie es über Florita in einer weiteren epistemologischen Metaphorisierung dieses Aspekts heißt:

> [Leía] [...] cualquier tipo de lectura que la divina providencia pusiera al alcance de su mano, y de todos ellos aprendió algo, a veces muy poco, pero algo quedaba, como una pepita de oro en una montaña de basura, o para afinar la metáfora, decía Florita, como una muñeca perdida y reencontrada en una montaña de basura desconocida. En fin, ella no era una persona instruida, al menos no tenía lo que se dice una educación clásica, por

---

Pesqueira creían que Escuela Nocturna era el nombre de un burdel en las afueras de San José de Pimas» (S. 538–539).
101 Ebd., S. 325–326.
102 Ebd.
103 Lediglich Oswaldo Zavala hat bislang auf diesen Aspekt eingehend hingewiesen: «Estas lecturas, que podrían parecer un recurso de mofa, se ofrecen como una reducción esencial del conocimiento que, más allá de su valor simbólico de alta cultura, se recodifica como un saber útil y práctico que constituye en sí la intervención literaria desde lo ético y lo político. [...] Bolaño revierte la noción de alta cultura para extraer un significado práctico de la Ilustración que sobrepasa el prestigio de sus formas literarias, como si Seaman no se sujetara a la verticalidad del canon y en cambio siguiera libremente un compendio de ideas que ya no dependen de la autoridad simbólica de los escritos de los pensadores occidentales» (*La modernidad insufrible*, S. 174–175).

> lo que pedía perdón, pero tampoco se avergonzaba de ser lo que era, pues lo que Dios quita por un lado la Virgen lo repone por el otro, y cuando eso pasa uno tiene que estar en paz con el mundo.[104]

Auch im Falle Floritas lässt sich in diesem Sinne – in noch stärkerem Ausmaß als bei Amalfitano – eine spezifische sprachliche Form hinsichtlich ihres epistemologischen Diskurses beobachten, welcher einmal mehr an jenen «funktionalen Stil» anknüpft, wie er eingangs mit Blick auf Pascal definiert wurde: Ihr Sprechen ist geprägt von einer affektiv aufgeladenen und ‹simplen›, teilweise auch kitschigen Sprache sowie von Sprichwörtern und Elementen eines Alltagswissen, von dem aus sie jedoch unmittelbar Relationen zu universellen Fragen der Menschheit herzustellen vermag, wie etwa in der folgenden Passage deutlich wird:

> Todas las cosas de este mundo, afirmó, incluso las más grandes, comparadas con el universo en realidad eran chiquititas. ¿Qué quería decir con esto? Pues que el ser humano, si se lo proponía, podía superarse. No quería decir que un campesino, por poner un ejemplo, de la noche a la mañana fuera capaz de dirigir la NASA, ni siquiera de trabajar en la NASA, pero ¿quién podía afirmar que el hijo de ese campesino, guiado por el ejemplo y el cariño de su padre, no llegaría algún día a trabajar allí? A ella, por poner otro ejemplo, le hubiera gustado estudiar y ser maestra de escuela, pues ése era tal vez, a su modesto entender, el mejor trabajo del mundo, enseñar a los niños, abrir con toda la delicadeza los ojos de los niños para que contemplaran, aunque sólo fuera una puntita, los tesoros de la realidad y de la cultura, que al fin y al cabo eran la misma cosa. Pero no pudo ser y ella estaba en paz con el mundo. A veces soñaba que era maestra de escuela y que vivía en el campo.[105]

---

104 Roberto Bolaño: *2666*, S. 539.
105 Ebd., S. 571. Eine ähnliche Figur wird im Prozess der Welterfahrung des jungen Hans Reiter geschildert, der sich unabhängig von den staatlichen Bildungsinstitutionen durch sein faktisches Eintauchen in die Welt eine alternative Sicht auf die Dinge erwirbt und dabei zugleich aus seiner vermeintlich naiven Position heraus ähnliche universelle Ansichten bzw. philosophische Aussagen über die Welt äußert wie Florita: «Pero la escuela, por varias razones, todas ellas perfectamente justificables, no le gustaba, de tal modo que se entretenía por el camino, que para él no era horizontal o accidentadamente horizontal o zigzagueantemente horizontal, sino vertical, una prolongada caída hacia el fondo del mar en donde todo, los árboles, la hierba, los pantanos, los animales, los cercados, se transformaba en insectos marinos o en crustáceos, en vida suspendida y ajena, en estrellas de mar y en arañas de mar, cuyo cuerpo, lo sabía el joven Reiter, es tan minúsculo que en él no cabe el estómago del animal, por lo que el estómago se extiende por sus patas, las que a su vez son enormes y misteriosas, es decir que encierran (o que al menos para él encerraban) un enigma, pues la araña de mar posee ocho patas, cuatro a cada lado, más otro par de patas, mucho más pequeñas, en realidad infinitamente más pequeñas e inútiles, en el extremo más cercano a la cabeza, y esas patas o patitas diminutas al joven Reiter le parecía que no eran tales patas o patitas sino manos,

Ausgehend von der pascalschen Grundfigur der ‹Kleinheit› des Menschen in Relation zur Dimension des Kosmos, formuliert Florita in einem Dialog mit sich selbst die Prinzipien einer Lebensform, die im Verlauf des Romans immer wieder an verschiedenen Figuren in Gestalt einer Art ‹nicht-invasiven› und selbstgenügsamen Existenz durchgespielt werden und damit gewissermaßen konträr zu den insbesondere von den vier Philologen verkörperten Prinzipien der westlichen Konsum- und Konkurrenzgesellschaft stehen.[106]

Wenn diese Form alternativer epistemologischer Zugänge zur Welt hier zunächst mit Blick auf die Präsenz Pascals entwickelt wurde, so wird in der Figur Florita Almadas deutlich, dass – wie in allen Werken Bolaños – auch mit Blick auf diesen Aspekt eine intertextuelle Mehrfachcodierung vorliegt, deren Referenzen im Falle der mexikanischen Seherin auf eine der zentralen weiblichen Figuren der lateinamerikanischen Literatur- und Kulturgeschichte verweisen: Sor Juana Inés de la Cruz. Auch in diesem Fall liegt der Bezug zunächst auf eine reichlich unscheinbare Weise im Text chiffriert vor: Im ersten Teil des Romans liest der italienische Archimboldo-Exeget Piero Morini auf einer Reise nach London in einem Buch mit dem Titel *Il libro di cucina di Juana Inés de la Cruz*.[107] Das realexistierende und von Bolaños italienischem (und ebenfalls im Roman genannten) Übersetzer Angelo Morino verfasste Buch verweist hier indirekt auf jene ‹Küchenphilosophie› der neu-spanischen Dichterin und Nonne, wie sie sie in ihren epistemologisch wie geschlechterpolitisch relevanten Reflexionen in dem als *Respuesta a Sor Filotea* berühmt gewordenen Brief an den Erzbischof von Puebla aus dem Jahr 1691 formulierte. In dem Brief, dem eine theologische Kontroverse Sor Juanas mit dem portugiesisch-brasilianischen Jesuitenpater António Vieira vorausging, thematisiert Sor Juana bekanntlich insbesondere die Frage der weiblichen Bildung und den Partizipationsmöglichkeiten von Frauen innerhalb der philosophischen und theologischen Diskussionen der Zeit. Sowohl mit Blick auf den Inhalt als auch auf den Stil der *Respuesta* scheint in *2666* die Figur Florita Almadas als eine Art Wiedergängerin Sor Juanas im Mexiko der Gegenwart aufzutreten, womit Bolaño dieser auf den ersten Blick eher kurios

---

como si la araña de mar, en un largo proceso evolutivo, hubiera desarrollado finalmente dos brazos y por consiguiente dos manos, pero aún no supiera que los tenía. ¿Cuánto tiempo iba a pasar la araña de mar ignorando aún que tenía manos?» (S. 809–810)

106 Vgl. etwa die Episode um einen englischen Fabrikarbeiter namens Dick, mit dem der italienische Kritiker Morini in London zusammentrifft und der ihm von seinem Ausbruch aus der Arbeits- und Konsumwelt berichtet (S. 72–74), oder auch die Geschichte über einen rumänischen Mathematiker, der in eine Nervenheilanstalt eingewiesen wird und in dieser Existenz alles findet, was er zu einem glücklichen Leben braucht (S. 859).
107 Vgl. ebd., S. 73.

anmutenden Figur über diese intertextuelle und geistesgeschichtliche Grundierung eine wesentlich weitergehende Funktion zukommen lässt, die im Weiteren detailliert zu untersuchen sein wird. Tatsächlich gemahnt bereits der Name der Seherin auf chiffrierte Weise an die prominenteste Vertreterin des kolonialspanischen *Neobarroco* und ihr lyrisches Werk: So lässt sich der Name *Florita* etwa innerhalb des (in der Tradition sowohl der klassischen Topoi der Antike wie der spanischen Barockdichter stehenden) Werks Sor Juanas mit dem häufig auftauchenden Bild der Blume identifizieren, in welchem – wie etwa in ihrem berühmtesten Gedicht, dem *Primero Sueño* – Fragen von Weiblichkeit und Wissen exemplarisch miteinander verbunden werden.[108] Der Nachname *Almada* wiederum verweist im Lexem von *alma* auf das gleichsam übergeordnete Thema des *Primero Sueño* in Gestalt jener Schau bzw. Reise der Seele durch den Kosmos und der darin – ganz ähnlich wie bei Pascal – aufgehobenen Frage nach den Möglichkeiten und Grenzen der menschlichen wie göttlichen (Welt-)Erkenntnis im Sinne eines, wie Octavio Paz es formuliert hat, «discurso sobre una realidad que, por definición, no es visible [...], sobre una realidad vista no por los sentidos sino por el alma.»[109] Sowohl im *Primero Sueño* als auch in der *Respuesta* entwickelt Sor Juana eine epistemologisch und geschlechterpolitisch bedeutsame Reflexion, in welcher dem Akt der Lektüre – genau wie im Fall Florita Almadas – seine emanzipatorische Funktion gleichsam aus dem ‹wilden Lesen› und der quasi leibhaftigen Anverwandlung des Gelesenen heraus erwächst. So schildert die «intellektuelle Faustkämpferin»,[110] wie sie Paz einmal genannt hat, in der *Respuesta* in einer ganzen Reihe von biographischen Episoden die vielfältigen Dimensionen ihres Wissensdurstes wie des Wissenserwerbs, der sich – und auch

---

108 So heißt es in den Versen 730–754 im *Sueño* etwa: «quien de la breve flor aun no sabía/ por qué ebúrnea figura/circunscribe su frágil hermosura;/mixtos por qué colores/confundiendo la grana en los árboles/fragante le son gala» (Sor Juana Inés de la Cruz: Primero Sueño. In: Sor Juana Inés de la Cruz: *Poesía lírica*. Edición de José Carlos González Boixo. Madrid: Cátedra 2001, S. 268–300, hier: S. 293–294). Die Blume steht hier – und die genderspezifische Dimension ist offensichtlich – metonymisch für die Unzulänglichkeit menschlicher (und männlicher (!)) Erkenntnis, die Prozesse hinter dem sinnlich erfahrbaren Gegenstand zu erfassen, weshalb Georgina Sabat de Rivers treffend in ihrer feministischen Lektüre des Gedichts festhält: «From the topos of the rose, traditionally compared with woman because of her fleeting, fragile beauty and her cosmetics, the poet moves in a sophisticated leap to epistemological questions of philosophy» (Georgina Sabat de Rivers: A Feminist Reading of Sor Juana's *Dream*. In: Stephanie Merrim (Hg.): *Feminist Perspectives on Sor Juana Inés de la Cruz*. Detroit: Wayne State University Press 1999, S. 142–161, hier: S. 157).
109 Octavio Paz: *Sor Juana Inés de la Cruz o las trampas de la fe*. Barcelona: Círculo de lectores 1992, S. 431.
110 «pugilista intelectual» (Ebd., S. 468).

hier werden die Parallelen zu Bolaños Figur(en) augenfällig – gleichermaßen aus einer schier unendlichen Summe von Lektüren und einer intensiven Weltbeobachtung speisen, wobei insbesondere der Aspekt eines kombinatorischen Lesens und der daraus resultierenden neuartigen Sichtweisen betont wird:

> Y como no tenía interés que me moviese, ni límite de tiempo que me estrechase el continuado estudio de una cosa por la necesidad de los grados, casi a un tiempo estudiaba diversas cosas o dejaba unas por otras; bien que en eso observaba orden, porque a unas llamaba estudio y a otras diversión; y en éstas descansaba de las otras: de donde se sigue que he estudiado muchas cosas y nada sé, porque las unas han embarazado a las otras. Es verdad que esto digo de la parte práctica en las que la tienen, porque claro está que mientras se mueve la pluma descansa el compás y mientras se toca el arpa sosiega el órgano, et sic de caeteris; porque como es menester mucho uso corporal para adquirir hábito, nunca le puede tener perfecto quien se reparte en varios ejercicios; pero en lo formal y especulativo sucede al contrario, y quisiera yo persuadir a todos con mi experiencia a que no sólo no estorban, pero se ayudan dando luz y abriendo camino las unas para las otras, por variaciones y ocultos engarces – que para esta cadena universal les puso la sabiduría de su Autor – de manera que parece se corresponden y están unidas con admirable trabazón y concierto. [111]

Sor Juanas Wissensdrang eignet, wie sie ihn in der *Respuesta* beschreibt, nicht nur eine spezifische und asketische Körperpolitik,[112] sondern zugleich eine umfassende Integration auch alltäglicher Lebensbereiche, wie offenbar wird, als sie vor dem Hintergrund eines Leseverbots in ihrem Kloster sich noch von den banalsten Gegenständen ihrer Umgebung wie einem Bettgestell oder einem Kreisel zu Mutmaßungen und Reflexionen über Phänomene wie Perspektive oder Gravitation animieren lässt.[113] Eine zentrale Rolle spielt innerhalb dieses Einbezugs von Alltagsdimensionen[114] in den epistemologischen Diskurs die bereits erwähnte

---

[111] Sor Juana Inés de la Cruz: Respuesta a Sor Filotea de la Cruz. In: Sor Juana Inés de la Cruz: *Obras completas*. Mexiko-Stadt: Porrúa 1996, S. 827–847, hier: S. 832–833.
[112] Vgl. etwa die berühmte Bemerkung zum Schneiden ihrer Haare in Abhängigkeit von ihren Lernerfolgen («y era tan intenso mi cuidado, que siendo así que en las mujeres –y más en tan florida juventud– es tan apreciable el adorno natural del cabello, yo me cortaba de él cuatro o seis dedos, midiendo hasta dónde llegaba antes, e imponiéndome ley de que si cuando volviese a crecer hasta allí no sabía tal o tal cosa que me había propuesto deprender en tanto que crecía, me lo había de volver a cortar en pena de la rudeza» (S. 831).
[113] Vgl. ebd., S. 838.
[114] «Die unterschiedlichen Episoden in ihren autobiographischen Erzählungen bilden einen Diskurs des Alltäglichen in seinen Kleinigkeiten», formuliert es Margo Glantz mit Blick auf die *Respuesta* (Margo Glantz: Das Mehl in der Küchenphilosophie. Zum Verhältnis zwischen Alltagswissen und Wissenschaftswissen bei Sor Juana Inés de la Cruz (ca. 1651–1695). In: Friederike Hassauer (Hg.): *Heißer Streit und kalte Ordnung. Epochen der Querelle des femmes zwischen Mittelalter und Gegenwart*. Göttingen: Wallstein 2008, S. 283–306, hier: S. 297).

‹Küchenphilosophie›, wie sie in der *Respuesta* ebenfalls am Beispiel der Beobachtungen während des Kochens explizit gemacht und als alternatives Wissensreservoir gegen den Kanon der Philosophie in Stellung gebracht wird, etwa wenn es heißt: «¿[Q]ué podemos saber las mujeres sino filosofías de cocina? Bien dijo Lupercio Leonardo, que bien se puede filosofar y aderezar la cena. Y yo suelo decir viendo estas cosillas: Si Aristóteles hubiera guisado, mucho más hubiera escrito.»[115] In eben diesem Feld des Vegetativen situiert nun in *2666* auch Florita Almada ihre Lese- und Lernprozesse bzw. deren Effekte, wenn sie in einer der typischen ‹funktionalen› Passagen bemerkt:

> Había sueños en donde todo encajaba y había sueños en donde nada encajaba y el mundo era un ataúd lleno de chirridos. A pesar de todo ella estaba en paz con el mundo, pues si bien no había estudiado para ser maestra de escuela, tal como era su sueño, ahora era yerbatera y según algunos vidente y muchísima gente le estaba agradecida por algunas cositas que había hecho por ella, nada importante, pequeños consejos, pequeñas indicaciones, como por ejemplo recomendarles que incorporaran a su dieta la fibra vegetal, que no es comida para seres humanos, es decir que nuestro aparato digestivo no puede degradar y absorber, pero que es buena para ir al baño o para hacer del dos o, con perdón de Reinaldo y del distinguido público, para defecar. Sólo el aparato digestivo de los animales herbívoros, decía Florita, dispone de sustancias capaces de digerir la celulosa y por lo tanto de absorber sus componentes, las moléculas de glucosa. La celulosa y otras sustancias similares es lo que llamamos fibra vegetal. Su consumo, pese a que no nos propocione elementos energéticos aprovechables, es beneficioso. Al no ser absorbida la fibra hace que el bolo alimenticio, en su recorrido por el tubo digestivo, mantenga su volumen. Y eso hace que genere presión dentro del intestino, lo cual estimula su actividad, haciendo que los restos de la digestión avancen fácilmente a lo largo de todo el tubo digestivo. Tener diarrea no es bueno, salvo en contadas excepciones, pero ir al baño una o dos veces al día proporciona tranquilidad y mesura, una especie de paz interior. No una gran paz interior, no seamos exagerados, pero sí una pequeña y reluciente paz interior.[116]

In dieser Passage, die zunächst als eines der bei Bolaño nicht seltenen Beispiele für seinen (Fäkal-)Humor daherkommt, verbirgt sich in Wahrheit zunächst eine weitere jener ‹kreatürlichen› Text-Metaphern, wie sie zu Beginn des Kapitels analysiert wurden. Die pflanzlichen Fasern und ihre positiven Effekte auf die Verdauung, wie sie Florita hier beschreibt, stehen dabei einmal mehr metaphorisch für die Literatur und ihre *Texturen*, welche die eigene Begrenztheit ihrer Effekte dabei zugleich schon benennt: «una pequeña y reluciente paz interior» ist es, was der Konsum der Fasern bzw. Texte letztlich bescheren kann, womit auch hier eine Art skeptisches und zugleich nicht vollkommen pessimistisches

---

115 Sor Juana: Respuesta a Sor Filotea, S. 838.
116 Roberto Bolaño: *2666*, S. 573.

Bild von den Möglichkeiten des literarischen Kunstwerks entworfen wird, das sich jedoch freilich jeglicher wie auch immer gearteten Idee von der Literatur als transzendentem Gegenstand widersetzt.[117]

Darüber hinaus folgt die Idee der Relation von Verdauung und Wissen bei Sor Juana zwei grundlegenden Ideen, die als solche auch die Bedeutung dieses Aspekts für *2666* anzeigen: Einerseits greift die *décima musa*, insbesondere in *Primero Sueño*, auf die antiken physiologischen Lehren vom Einfluss des Magens und der Körpersäfte auf die Imagination zurück,[118] womit – der pascalschen Rede vom «esprit de finesse» nicht unähnlich – eine bewusste Aufwertung der Sphäre des Imaginativen im Vergleich zur Ratio und eine Komplexifizierung des Wissensbegriffs selbst unternommen wird, welcher zugleich – und ganz im Sinne jener Grundüberzeugung der «negativen Anthropologie» von der Unmöglichkeit einer vollständigen Erkennbarkeit der Welt – seine eigene Relativität und Begrenztheit weithin ausstellt.[119] In diesem Sinne lässt sich Sor Juanas Poesie in Analogie zu Pascals *Pensées* als Zeugnis und Reaktion auf jene (früh-)moderne Erschütterung der Welt und ihrer epistemologischen Parameter und anthropologischen Überzeugungen lesen,[120] als die sie Bolaño in seiner Darstellung einer

---

117 Vgl. dazu auch die Bemerkung von Lainck, Bolaños Werke und insbesondere 2666 charakterisierten sich durch die Austellung «de su relativa impotencia», was sich mit Blick auf die Frage nach dem Wissen der Literatur deuten ließe als «un intento de relativización epistemológica, que busca replantear el carácter unívoco de la ‹verdad› al cuestionar la posibilidad de acceder a un conocimiento total» (Arndt Lainck: *Las figuras del mal en 2666 de Roberto Bolaño*, S. 32).

118 Vgl. die betreffende Stelle von Vers 234–266 im Gedicht über den Zusammenhang von Verdauung und potenter, bilderschaffender Imagination: «al cerebro enviaba/húmedos, mas tan claros los vapores/de los atemperados cuatro humores,/que con ellos no sólo empañaba/los simulacros que la estimativa/dio a la imaginativa,/y aquesta por custodia más segura/en forma ya más pura/entregó a la memoria que, oficiosa,/gravó tenaz y guarda cuidadosa/sino que daban a la fantasía/lugar de que formase/imágenes diversas» (Sor Juana: *Primero Sueño*, S. 277–279). Zu diesem Aspekt auch die Überlegungen in Patricia Saldarriaga: *Los espacios del Primero Sueño de Sor Juana Inés de la Cruz. Arquitectura y cuerpo femenino.* Madrid/Frankfurt am Main: Iberoamericana/Vervuert 2006, S. 174.

119 Vgl. dazu auch die Ausführungen von Berit Callsen zum Wissensbegriff bei Sor Juana, bezüglich dessen sie bemerkt: «[S]u saber se entiende como saber relativo, la meta no reside en alcanzar lo absoluto ni radica en completar el yo intelectual, sino más bien en aprender a manejar lo fragmentario y preliminar. Con esto, el conocimiento equivale a un conocimiento con fuerte arraigo vital y corporal que tiende al elogio de lo potencial y contingente» (Berit Callsen: Hacia un saber ser. Reflexiones (meta-)críticas sobre epistemologías de la subjetividad en Sor Juana Inés de la Cruz. In: Barbara Ventarola (Hg.): *Ingenio y feminidad. Nuevos enfoques sobre la estética de Sor Juana Inés de la Cruz*. Madrid/Frankfurt am Main: Iberoamericana/Vervuert 2017, S. 99–120, hier: S.116).

120 Vgl. dazu etwa auch die Ausführungen von Stephanie Merrim, die Sor Juanas Werk als eine Art Schwellenpoetik am Übergang von Renaissance und Moderne und den mit ihm

verwilderten Welt der Spätmoderne in *2666* im Sinne eines ideengeschichtlichen und intertextuellen Rahmens integriert.[121] Zugleich aber – und dieser Punkt gewinnt gerade angesichts der geschlechterspezifischen Dimensionen der Gewalt gegen Frauen im *Teil der Verbrechen* an besonderer Relevanz – eignet der Inklusion von Sor Juanas Wissensbegriff in Gestalt der ‹Wiedergängerin› Florita Almada eine dezidierte Kritik jener klar maskulin konnotierten Verwilderung der Welt und der in ihr herrschenden Diskurs- und Wissenssysteme. Wenn die Forschung zu Sor Juanas Werk wiederholt darauf hingewiesen hat, dass es in der Inklusion jener ‹anderen›, femininen Wissens- und Lebensbereiche auch immer dezidiert um eine Infragestellung der «orden causal y el alcance intimista del cogito ergo sum»[122] sowie um ein «disolver de fronteras categoriales, la inclusión de oposiciones y la pluralización de roles autoriales y de discursos emitidos»[123] ging, dann lassen sich diese Strategien einer komplexen Rhetorik weiblicher Selbstermächtigung[124] im Sinne jener «tricks of the weak»,[125] wie sie Josefina Ludmer einmal bezeichnet hat, gleichfalls an die Formen weiblicher Intervention in *2666* anschließen: So erscheint, wie auch im folgenden Kapitel noch näher zu erläutern sein wird, Florita Almada als eine der wenigen Figuren, die öffentlich im Rahmen einer Unterhaltungssendung im Fernsehen eine Anklage der Massenmorde an den Frauen von Santa Teresa formuliert. Dabei fällt Florita in eine Art

---

einhergehenden epistemischen Erschütterungen liest: «At first, the *Sueño* invokes the Renaissance episteme of a world organized by similitude. It conjures up the vision of an orderly, balanced world, of the world as a well-regulated machine comprised of interlocking parts. The philosophical inquiries of its central portion then attempt to filter that world through the grids of prevailing epistemologies. At each point, the grids prove insufficient [...]. Poised at the end of the Age of the Baroque [...] Sor Juana bears witness to the crisis of its epistemologies» (Stephanie Merrim: Still Ringing True: Sor Juana's Early/Postmodernity. In: Sara Castro-Klarén (Hg.): *Narrativa Femenina en América Latina. Prácticas y Perspectivas Teóricas*. Madrid/Frankfurt am Main: Iberoamericana/Vervuert 2003, S. 39–55, hier: S. 54–55).

121 Stierle verweist in einem ähnlichen Sinne auf die mögliche Aktualität der negativen Anthropologie für unsere Zeit, wenn er am Ende seines Aufsatzes festhält: «In einem Augenblick, wo die Anzeichen sich mehren, daß der Boden des geschichtlichen Denkens schwankt, liegt es nahe, zum Ursprung der neuzeitlichen Selbsterfahrung zurückzukehren und erneut die Fragen zu stellen, die mit ihm aufgeworfen wurden» (Die Modernität der französischen Klassik, S. 317).

122 Berit Callsen: Hacia un saber ser, S. 110

123 Barbara Ventarola: Sor Juana y las nociones tradicionales del ingenio. Estrategias de autoestilización en la Respuesta a Sor Filotea. In: Barbara Ventarola (Hg.): *Ingenio y feminidad. Nuevos enfoques sobre la estética de Sor Juana Inés de la Cruz*. Madrid/Frankfurt am Main: Iberoamericana/Vervuert 2017, S. 27–69, hier: S. 57.

124 Vgl. ebd., S. 58

125 Josefina Ludmer: Tricks of the Weak. In: Stephanie Merrim (Hg.): *Feminist Perspectives on Sor Juana Inés de la Cruz*. Detroit: Wayne State University Press 1999, S. 86–93.

Trance, womit sie die diskursiven Spielregeln des Medienformats,[126] das angesichts der Ausmaße der Mordserie in seinem Verschweigen dieser Vorgänge in seiner epistemischen Gewalt entlarvt wird, plötzlich und unerwartet durchbricht:

> Y entonces ya no pudo más y entró en trance. Cerró los ojos. Abrió la boca. Su lengua empezó a trabajar. Repitió lo que ya había dicho: un desierto muy grande, una ciudad muy grande, en el norte del estado, niñas asesinadas, mujeres asesinadas. ¿Qué ciudad es ésa?, se preguntó. A ver, ¿qué ciudad es ésa? Yo quiero saber cómo se llama esa ciudad del demonio. Meditó durante unos segundos. Lo tengo en la punta de la lengua. Yo no me censuro, señoras, menos tratándose de un caso así. ¡Es Santa Teresa! ¡Es Santa Teresa! Lo estoy viendo clarito. Allí matan a las mujeres. Matan a mis hijas.[127]

Gegenüber den männlich dominierten Diskurs- und Wissenssystemen wie den Medien oder auch der im Roman so ausführlich in ihren misogynen Dimensionen dargestellten (und im Folgenden noch näher kommentierten) Welt der Polizei und Forensik wird mit Florita Almada ganz bewusst eine weibliche Figur der Kritik in *2666* entworfen, deren Rückbindung an die feministischen und epistemologischen Diskurse Sor Juanas nicht zuletzt auf die Kontinuität patriarchaler Macht und Gewalt in Mexiko verweist. [128]

Die Rolle, die angesichts einer solchen Erfahrung der Negativität der modernen Welt die Imagination und eine womöglich aus ihr abgeleitete Ethik zu spielen vermögen, wird im gleichen Kapitel des Romans anhand einer weiteren intertextuellen Referenz verhandelt, wenn der Erzähler Bezug auf eine weitere Lektüre Florita Almadas nimmt, an welche sich die Seherin im Zuge ihrer Gedanken an den mexikanischen Reformer Benito Juárez erinnert:

> De los miles de libros que había leído, entre ellos libros sobre historia de México, sobre historia de España, sobre historia de Colombia, sobre historia de las religiones, sobre

---

126 In einem ähnlichen Sinne lässt sich auch Sor Juanas *Respuesta* als eine Durchbrechung der diskursiven Regeln ihrer Zeit in Gestalt einer weitgehenden Exklusion von Frauen vom theologischen und philosophischen Diskurs verstehen, gegen die sie offen protestiert (vgl. Sor Juana: Respuesta a Sor Filotea, S. 840).
127 Roberto Bolaño: *2666*, S. 546–547.
128 Zavala spricht in diesem Zusammenhang auch treffend von der Präsenz eines bestimmten Ethos in *2666*, welches sich aus derartigen Widerstandsaktionen ergibt: «Una de las principales aportaciones de 2666 [...] es activar un ethos por medio del cual Bolaño configura estrategias políticas que sus personajes adoptan para confrontar las redes de poder que los asedian en distintas coyunturas espaciales y temporales a lo largo del siglo XX . Más allá de la violencia subjetiva que sufren individualmente las mujeres, la minorías raciales o los ciudadanos de países oprimidos, dicho ethos produce fisuras y discontinuidades en las conceptualizaciones actuales que naturalizan formas de violencia y opresión en las sociedades contemporáneas» (*La modernidad insufrible*, S. 150).

> historia de los papas de Roma, sobre los progresos de la NASA, sólo había encontrado unas pocas páginas que retrataban con total fidelidad, con absoluta fidelidad, lo que debió de sentir, más que pensar, el niño Benito Juárez cuando salía, a veces, como es normal, por varios días con sus noches, a buscar zonas de pastura para el rebaño. En esas páginas de un libro con tapas amarillas se decía todo con tanta claridad que a veces Florita Almada pensaba que el autor había sido amigo de Benito Juárez y que éste le había confidenciado al oído las experiencias de su niñez. Si es que eso es posible. Si es que es posible transmitir lo que se siente cuando cae la noche y salen las estrellas y uno está solo en la inmensidad, y las verdades de la vida (de la vida nocturna) empiezan a desfilar una a una, como desvanecidas o como si el que está a la intemperie se fuera a desvanecer o como si una enfermedad desconocida circulara por la sangre y nosotros no nos diéramos cuenta. ¿Qué haces, luna, en el cielo?, se pregunta el pastorcillo en el poema. ¿Qué haces, silenciosa luna? ¿Aún no estás cansada de recorrer los caminos del cielo?[129]

Bei dem umschriebenen Text handelt es sich um Giacomo Leopardis 1831 erstmals publiziertes Gedicht *Canto notturno di un pastore errante dell'Asia*, das im folgenden Teil der Szene in weiten Passagen von Florita zitiert bzw. paraphrasiert wird.[130] Das Gedicht behandelt bekanntlich die nächtliche Klage eines Hirten, der – und auch hier sind die Parallelen zu bestimmten Sprechsituationen bei Pascal oder auch Sor Juana offensichtlich – angesichts der Monotonie seines eigenen Lebens und des ewig gleichen Laufs der Ding der Natur, wie sie im Gedicht durch den direkt adressierten Mond und die darin abermals aufgerufene kosmische Dimension verkörpert werden, über die Frage nach der Sinnhaftigkeit menschlicher Existenz reflektiert. Zwischen der Erfahrung der Rastlosigkeit des Menschen – «Senza posa o ristoro»,[131] wie es im Gedicht heißt –, die ihn mit der Abgründigkeit seiner eigenen Existenz in Gestalt jenes «Abisso orrido, immenso»[132] konfrontiert, und dem aus der endlosen Wiederholung der Dinge erwachsenden Gefühl eines *ennui* entspannt sich für den Hirten bzw. das lyrische Ich eine der anthropologischen Grundkonstellationen der Moderne, deren Negativitätserfahrung zusammengefasst wird in dem Satz: «a me la vita è male.»[133] Der Bezug auf Leopardi führt hier eine Art intertextuelle und philosophische Genealogie im Roman fort, kommt doch auch im Werk des italienischen Dichters, wie Bohrer postuliert, «eine negative Anthropologie zum Vorschein: Der Mensch ist dergestalt in widersprüchliche Spannung gebracht, eine aufs Unglück festgelegte Konstruktion, und

---

129 Roberto Bolaño: *2666*, S. 540–541.
130 Auf die Präsenz dieses (Inter-)Textes hat zuerst die Studie von Lainck verwiesen (vgl. Arndt Lainck: *Las figuras del mal en 2666 de Roberto Bolaño*, S. 139–141).
131 Giacomo Leopardi: *Canti*. Florenz: Le Lettere 1987, S. 146.
132 Ebd.
133 Ebd., S. 149.

lebt also nicht in der besten aller Welten.»[134] Neben diesem spezifisch modernen Zeitempfinden[135] ist es nicht zuletzt die bei Leopardi (ebenso wie bei Pascal und Sor Juana) immer wieder auftauchende Erkenntnis der Unmöglichkeit sicheren Wissens, welche zur Konstitution der Negativitätserfahrung beiträgt, was etwa in den Passagen seines ‹Gedankenbuchs›, dem *Zibaldone di pensieri*, deutlich wird, in denen er über die «impotenza del sapere umano»[136] reflektiert. Zugleich jedoch entwickelt Leopardi – in weit größerem Umfang etwa als Pascal – eine ästhetische Theorie, in welcher gerade durch das menschliche Vermögen zur Einbildungskraft die Möglichkeit, wenn nicht einer Überwindung, so doch einer Einhegung jener negativen Anthropologie aufscheint, wie etwa Bohrer bemerkt:

> Die moderne Dichtung kann nicht ohne Kenntnis des Wahren, das ist das Negative des Lebens, sein. Aber gleichzeitig muß ein anderes Prinzip diese Begrenzung partiell aufheben. Leopardis Dichtungsbegriff entspricht seinem Lebensbegriff: Selbst die «Verzweiflung trägt in sich die Hoffnung», ja «die Verzweiflung selbst könnte nicht ohne die Hoffnung bestehen und der Mensch nicht verzweifeln, wenn er nicht hoffte».[137]

Wenn in diesem Sinne also für Leopardi «[n]icht die Vernunft, sondern die Einbildungskraft («immaginazione») und das Gefühl [...] die Garantiemächte eines dem Menschen und seinem Wohlbefinden angemessenen Wissens sind»,[138] dann lässt sich dieser Aspekt in *2666* einmal mehr in Zusammenhang mit den ästhetischen und ethischen Überlegungen von Figuren wie Florita Almada und Óscar Amalfitano bringen: Ebenso wie bei Leopardi die «Begegnung mit einer radikalen Nichtigkeitserklärung von Welt und Mensch»[139] erst die Voraussetzung für die Frage nach den spezifischen Möglichkeiten des Ästhetischen im Sinne jenes ‹(Über-)Lebensmittels› bildet, entwickeln auch die marginalen Figuren Bolaños erst aus dem Bewusstsein ihrer eigenen bzw. einer universellen prekären *condition humaine* eine Position, die nach den möglichen *puentes sobre el abismo*, also

---

134 Karl Heinz Bohrer: *Ästhetische Negativität*. München: Hanser 2002, S. 75.
135 Vgl. zum Aspekt der Flüchtigkeit im *Canto notturno* etwa die umfassende Analyse von Paola Cori: Ephemera: The Feeling of Time in Leopardi's «Canto notturno». In: *Italian Studies* 67, 1 (2012), S. 70–91, sowie ausführlicher das Kapitel in der rezenten Studie von Milan Herold: *Der lyrische Augenblick als Paradigma des modernen Bewusstseins. Kant, Schlegel, Leopardi, Baudelaire, Rilke*. Göttingen: Bonn University Press 2017, S. 181–378.
136 Giacomo Leopardi: *Zibaldone di pensieri*. Edizione critica e annotata a cura di Giuseppe Pacella. Vol. 1. Mailand: Garzanti 1991, S. 354.
137 Karl Heinz Bohrer: *Ästhetische Negativität*, S. 41.
138 Sebastian Neumeister: Leopardi und der Wunsch zu wissen. In: Marc Föcking/Volker Steinkamp (Hg.): *Giacomo Leopardi. Dichtung und Wissenschaft im frühen 19. Jahrhundert*.- Münster: LIT 2004, S. 11–22, hier: S. 19.
139 Karl Heinz Bohrer: *Ästhetische Negativität*, S. 82.

jenen Überbrückungen der menschlichen Abgründe sucht. Die Idee, dass eine bedeutende Dimension dieser ‹Überbrückungsarbeit› eben in der Erfahrung des Ästhetischen, der Kunst zu suchen ist, hat Leopardi dabei ausführlich entwickelt und dabei vor allem die Bedeutung der in der Kunst kreierten Illusionen hervorgehoben, die sich aus der Tatsache ergibt, dass

> sie jenen Entgrenzungseffekt vorzugaukeln vermögen, auf den der Mensch durch die ihm eingeborene Neigung zur Lust ausgerichtet ist. In einer existentiell-ethischen Perspektive ermöglichen sie ein dem Dennoch verschriebenes Weiterleben, wenn sie im Unglück das Bewusstsein der Perspektivlosigkeit menschlichen Lebens herausbildet und danach eine Rückkehr in den Zustand des Nichtwissens ausgeschlossen bleibt.[140]

Just in dieser in der ästhetischen Illusion aufgehobenen Verschränkung einer Resonanz- und Sinnhaftigkeitserfahrung einerseits[141] und einer unmöglichen Rückkehr in den Zustand des Nichtwissens andererseits generiert Leopardis ästhetische Theorie ihr kritisches Moment, das zu verstehen ist nicht als das, «was wir heute irrationalistische Kritik am Denken nennen würden, Polemik im Namen eines Nichtdenkens, sondern [...] [als] eine Kritik, die aus einem anderen Denken kommt, das Leopardi ‹Empfindung› oder Einbildungskraft nennt.»[142] In *2666* wird dieser Aspekt besonders explizit in der bereits genannten Szene, in welcher der ehemalige russische Präsident Boris Jelzin dem chilenischen Philosophen Amalfitano im Traum erscheint und es heißt:

> Cuando el último filósofo del comunismo por fin llegaba al cráter o a la letrina, Amalfitano descubría con estupor que se trataba ni más ni menos que de Borís Yeltsin. ¿Éste es el último filósofo del comunismo? ¿En qué clase de loco me estoy convirtiendo si soy capaz de soñar estos despropósitos? El sueño, sin embargo, estaba en paz con el espíritu de Amalfitano. No era una pesadilla. Y le proporcionaba, además, una suerte de bienestar ligero como una pluma. Entonces Borís Yeltsin miraba a Amalfitano con curiosidad, como si fuera Amalfitano el que hubiera irrumpido en su sueño y no él en el sueño de Amalfitano. Y le decía: escucha mis palabras con atención, camarada. Te voy a explicar cuál es la tercera pata de la mesa humana. Yo te lo voy a explicar. Y luego déjame en paz. La vida es demanda y oferta, u oferta y demanda, todo se limita a eso, pero así no se puede vivir. Es necesaria una tercera pata para que la mesa no se desplome en los

---

140 Karin Birge Gilardoni-Büch: *Einbildungskraft als Organon der Ethik. Novalis und Leopardi.* Heidelberg: Winter 2011, S. 64.
141 Vgl. dazu etwa ausführlich die Darstellung von Birge Gilardoni-Büch zu den Motiven der *rapporti* als Möglichkeit der Entdeckung verborgener Weltzusammenhänge sowie des *colpo d'occio* als jenes Momentes der ästhetischen Erfahrung, die diese Zusammenhänge manifest werden lassen (ebd.: S. 152–155).
142 Karl Heinz Bohrer: *Ästhetische Negativität*, S. 90.

basurales de la historia, que a su vez se está desplomando permanentemente en los basurales del vacío. Así que toma nota. Ésta es la ecuación: oferta + demanda + magia. ¿Y qué es magia? Magia es épica y también es sexo y bruma dionisiaca y juego.[143]

Was Jelzin gegenüber Amalfitano im Traum mit dem Begriff der «Magie» bezeichnet, lässt sich letztlich erfassen als die Summe all jener Diskurse und Erfahrungen, die aufgrund ihrer spezifischen Qualität – Abenteuer, (ästhetisches) Spiel, Träume, Sex – in der Lage sind, menschliche Erfahrungen von Negativität innerhalb einer rationalistisch verfassten Moderne – verkörpert durch die Prinzipien *oferta y demanda* – zu relativieren.[144] Der Imagination kommt dabei eine besondere Bedeutung als Transformationskraft einer negativen Realität zu, was etwa in einer Szene ersichtlich wird, in der Amalfitano einen in Lateinamerika häufig gebrauchten Einbruchsschutz auf Mauern in Gestalt aufgepflanzter Glasscherben betrachtet:

> Amalfitano cerró los ojos y pensó que se estaba volviendo loco. No tenía tranquilizantes en la casa. Se levantó. Fue a la cocina y se echó agua en la cara con las dos manos. Se secó con el trapo de cocina y con las mangas. Trató de recordar el nombre que tenía en psiquiatría el fenómeno auditivo que estaba experimentando. Volvió a su estudio y tras cerrar la puerta se sentó una vez más, con la cabeza gacha y las manos sobre la mesa. La voz dijo: te ruego que me disculpes. Te ruego que te tranquilices. Te ruego que no te tomes esto como una intromisión en tu libertad. ¿En mi libertad?, pensó Amalfitano sorprendido mientras de un salto llegaba hasta la ventana y la abría y contemplaba un lado de su jardín y el muro o la barda erizada de vidrios de la casa vecina, y los reflejos que la luz de las farolas extraían de los fragmentos de botellas rotas, reflejos muy tenues de colores verdes y marrones y anaranjados, como si la barda en aquellas horas de la noche dejara de ser una barda defensiva y se convirtiera o jugara a convertirse en una barda decorativa, elemento minúsculo de una coreografía que ni el aparente coreógrafo, el señor feudal de la casa vecina, era capaz de discernir ni siquiera en sus partes más elementales, aquellas que afectaban a la estabilidad, al color, a la disposición ofensiva o defensiva de su artefacto. O como si sobre la barda estuviera creciendo una enredadera, pensó Amalfitano antes de cerrar la ventana.[145]

Die Szene steht exemplarisch für eine ganze Reihe von Episoden des Romans, in denen sich – in jener spezifischen Atmosphäre von Traum und Wahnsinn – Bolaños Figuren mittels ihrer imaginativen, ‹verfremdenden› Wahrnehmung einer

---

143 Roberto Bolaño: *2666*, S. 291.
144 Zavala verweist in diesem Zusammenhang auf eine spezifische Art von *agency* in dieser Figur des «Magischen», wenn er schreibt: «Ante el capitalismo como sistema de dominación, aparece la práctica literaria como la única capaz de magia. Entendida como una mezcla de lo sensual, lo lúdico y lo épico, aparece entonces una forma de agencia claramente delineada» (*La modernidad insufrible*, S. 171–172).
145 Roberto Bolaño: *2666*, S. 258.

gewaltgeprägten Realität zumindest momenthafte, teils epiphanische Erfahrungen einer *anderen Welt* verschaffen, deren Bedeutung – trotz ihrer begrenzten Wirkung – nicht zu unterschätzen ist: Zumindest für einen Moment verwandeln sich die Glasscherben auf der Mauer des Nachbarhauses von einem Zeugnis der prekären Existenz und Sicherheitslage in Santa Teresa in eine Erfahrung von Spiel und Schönheit, wird ihre triste Zweckmäßigkeit unterminiert und hin auf einen Raum des Ästhetischen geöffnet, was letztlich den eigentlichen Zweck dieser Episoden anzeigt: eine, wie prekär und fragil auch immer geartete, Erfahrung von Freiheit.

Zugleich stellt sich angesichts dieser ‹vitalistischen Theorie›, wie sie Bolaños Jelzin in *2666* proklamiert, einmal mehr die Frage nach den ethischen Implikationen der hier entwickelten Dialektik aus negativer Welterfahrung und ästhetischen Kompensationsformen, die – wie eingangs schon angedeutet – insbesondere vor dem Hintergrund der im Roman so vielgestaltig modellierten Moderne-Reflexion bedeutsam ist. Aufschlussreich ist in diesem Zusammenhang zunächst der Kommentar Florita Almadas, der ihrem Zitat von Leopardis *Canto notturno* folgt:

> Florita Almada decía que se podían sacar varias conclusiones. 1: que los pensamientos que atenazan a un pastor pueden fácilmente desbocarse pues eso es parte de la naturaleza humana. 2: que mirar cara a cara al aburrimiento era una acción que requería valor y que Benito Juárez lo había hecho y que ella también lo había hecho y que ambos habían visto en el rostro del aburrimiento cosas horribles que prefería no decir. 3: que el poema, ahora se acordaba, no hablaba de un pastor mexicano, sino de un pastor asiático, pero que para el caso era lo mismo, pues los pastores son iguales en todas partes. 4: que si bien era cierto que al final de todos los afanes se abría un abismo inmenso, ella recomendaba, para empezar, dos cosas, la primera no engañar a la gente, y la segunda tratarla con corrección. A partir de ahí, se podía seguir hablando.[146]

Während der erste und dritte Punkt des Kommentars noch einmal die anthropologischen Dimensionen des Gedichts unterstreichen (*parte de la naturaleza humana* bzw. *los pastores son iguales en todas partes*), nehmen die Punkte zwei und vier Bezug auf eine zentrale Affekterfahrung der Moderne, die in *2666* einen wichtigen Aspekt für Bolaños zeitkritische Ausdeutung und ihre intertextuellen Verweisstrukturen darstellt: Die Rede ist vom *ennui* oder *spleen*, dessen Konfrontation, so Florita, Mut erfordere, verbergen sich hinter seiner Präsenz doch jene «cosas horribles» im Sinne der Definition, wie sie Walter Benjamin für das Phänomen prägte, als «Gefühl, das der Katastrophe in Permanenz ent-

---

[146] Ebd., S. 542.

spricht.»[147] Angesichts dieser Abgründe, die sich in der Erfahrung des *ennui* offenbaren – und die Überlegungen zu Bolaños Protagonisten Urrutia Lacroix aus *Nocturno de Chile* haben dies bereits gezeigt –, formuliert Florita Almada hier in einer Art ‹minimal-ethischem› Konsens gewissermaßen die Handlungsrichtlinie eines zwischenmenschlichen Umgangs mit Blick auf jene «dos cosas, la primera no engañar a la gente, y la segunda tratarla con corrección». Der Hintergrund dieses Kommentars allerdings erschließt sich in *2666* erst mit Blick auf den größeren Zusammenhang des Werks und die zentrale Rolle, die dem Motiv des *ennui* als anthropologischem Grundproblem der Moderne zukommt, wie ihn auf paradigmatische Weise – und damit schließt sich an dieser Stelle gewissermaßen die hier vorgeschlagene intertextuelle Genealogie der negativen Anthropologie[148] in *2666* – Charles Baudelaire zu einem Schlüsselmotiv seines Denkens und Schreibens gemacht hat. Vor diesem Hintergrund ist im Folgenden nun erneut die Frage nach der Bedeutung Baudelaires und insbesondere seines Gedichts *Le voyage* zu stellen, wie sie Messling in komprimierter Form in seiner Lektüre des Romans entwirft.

Bereits der Vers aus dem Gedicht, der *2666* als Motto vorangestellt ist – «Une oasis d'horreur dans un désert d'ennui!» – benennt implizit die prägende Affektproblematik der Moderne, wie sie weiterhin in *Le voyage* entwickelt wird, d.h. als unabschließbare dialektische Bewegung des Begehrens und seiner beständigen Entwertung im Moment des (realen) Erreichens seines Gegenstandes sowie der

---

147 Walter Benjamin: *Charles Baudelaire*, S. 156.
148 Tatsächlich spielen mit Pascal, Leopardi und Baudelaire in *2666* drei Autoren eine Rolle, die Stierle in seinen Überlegungen zur negativen Anthropologie gleichermaßen in eine Abfolge bringt, wobei er mit Blick auf den Rückgriff auf Elemente dieser Perspektive auf den Menschen im 19. Jahrhundert bemerkt, es werde in dieser Zeit «immer deutlicher, daß der Versuch des 18. Jahrhunderts, die negative Anthropologie durch eine positive Anthropologie zu überwinden, nicht zu einem endgültigen Erfolg kommen konnte. [...] Vor allem in der Lyrik findet die negative Anthropologie des 17. Jahrhunderts ihre überraschende Fortsetzung. Mit diesem neuen Diskurswechsel erschließt die negative Anthropologie sich einen Bereich, der außerhalb der klassischen Darstellungsformen steht. In Leopardis Lyrik gewinnt die Reflexion der französischen Klassik, insbesondere Pascals, eine melodische Stimme subjektiver Betroffenheit und subjektiven Ausdrucks. Mehr noch als Leopardi steht Baudelaire zu Pascal in innerer Affinität» (Karlheinz Stierle: Die Modernität der französischen Klassik, S. 122). Dass sich Sor Juana ebenfalls in diese Reihe integrieren lässt, legt etwa Octavio Paz' Interpretation des *Primero Sueño* nahe, welchen er – eben aufgrund der epistemologischen Skepsis des Gedichts – nicht einer, um Stierles Analysepaar aufzugreifen, positiven, erkenntnisoptimistischen Anthropologie, sondern vielmehr ihrem Gegenteil zuschlägt, wenn er befindet: «Tampoco es una profecía de la poesía de la Ilustración sino de la poesía moderna que gira en torno a esa paradoja que es el núcleo del poema: la revelación de la no-revelación» (Octavio Paz: *Sor Juana Inés de la Cruz o las trampas de la fe*, S. 456).

daraus folgenden Notwendigkeit zu immer neuen und extremeren (und die moralischen Grenzen transzendierenden) Befriedigungsformen dieses Begehrens.[149] In *Le voyage* – und es ist vor dem Hintergrund der globalen Ausrichtung von *2666* kein Zufall, dass Bolaño gerade auf dieses Gedicht Baudelaires rekurriert – wird diese Dynamik exemplarisch im Motiv des Reisens durchexerziert. Bereits das einleitende Quartett des Gedichts formuliert die Dialektik aus Begehren und Desillusionierung, aus Imaginärem und realweltlicher Erfahrung, wenn es in der chiastischen Gegenüberstellung der Motive heißt: «Pour l'enfant, amoureux de cartes et d'estampes,/L'univers est égal à son vaste appétit./Ah! que le monde est grand à la clarté des lampes!/Aux yeux du souvenir que le monde est petit!»[150] Das Scheitern des Begehrens – in diesem Fall: der Exploration der Welt – ist dabei insofern unausweichlich, als es in seiner expansiven Struktur die Begrenztheit der Welt immer schon übersteigt, wie im Gedicht in der Wendung «Berçant notre infini sur le fini des mers» deutlich wird.[151] Die verheißungsvolle Weite der Welt, deren imaginäre Aufladung das Gedicht über eine ganze Reihe utopisch-mytischer Orte wie Ikarien, Eldorado oder eben Amerika im Sinne von Projektionsverstärkern anführt, stellt sich im realen Akt ihrer Bereisung immer als ungenügend heraus und führen letztlich in einer Kreisbewegung zurück zum ursprünglichen Affekt des *ennui*: «Nous avons vu des astres/Et des flots, nous avons vu des sables aussi;/Et, malgré bien des chocs et d'imprévus désastres,/Nous nous sommes souvent ennuyés, comme ici.»[152] Am Ende der Reise steht das Bewusstsein jenes «Amer savoir,/celui qu'on tire du voyage!», das die Monotonie

---

149 Vgl. zu diesem Affektmuster der Moderne am Beispiel Flauberts auch ausführlich die Überlegungen in Benjamin Loy: «Il a cédé à un mouvement d'humeur, excusable dans un homme qui n'a pas le sou» – Moderne, Kapitalismus und Affektkontrolle in Flauberts *Éducation sentimentale*. In: Susanne Schlünder/Andrea Stahl (Hg.): *Affektökonomien. Konzepte und Kodierungen im 18. und 19. Jahrhundert*. Paderborn: Fink 2018, S. 187–204.
150 Charles Baudelaire: Le voyage. In: Charles Baudelaire: *Œuvres complètes*. Texte établi, présenté et annoté par Claude Pichois. Paris: Gallimard 1975, S. 129–134, hier: S. 129.
151 Auch Leopardi verweist im Zibaldone auf diese konstitutive Entgrenzung des menschlichen Begehrens, die erst mit dem Tod ihre Einhegung finden kann: «Il sentimento della nullità di tutte le cose, la insufficienza di tutti i piaceri a riempierci l'animo, e la tendenza nostra verso un infinito che non comprendiamo, forse proviene da una cagione semplicissima, e più materiale che spirituale. L'anima umana (e così tutti gli esseri viventi) desidera sempre essenzialmente, e mira unicamente, benchè sotto mille aspetti, al piacere, ossia alla felicità, che considerandola bene, è tutt'uno col piacere. Questo desiderio e questa tendenza non ha limiti, perch'è ingenita o congenita coll'esistenza, e perciò non può aver fine in questo o quel piacere che non può essere infinito, ma solamente termina colla vita» (Giacomo Leopardi: *Zibaldone*, S. 164).
152 Charles Baudelaire: Le voyage, S. 131.

der Welt und damit das Bild des Menschen selbst spiegelt, wie es in eben jenem Vers sich ausdrückt, den Bolaño seinem Roman voranstellt: «Le monde, monotone et petit, aujourd'hui,/Hier, demain, toujours, nous fait voir notre image:/Une oasis d'horreur dans un désert d'ennui!»[153]

Bolaño selbst hat sich in dem bereits genannten Essay *Literatura + enfermedad* direkt auf die moderne französische Dichtung bezogen, deren prospektive Qualität er hervorhebt, da «de alguna manera en sus páginas y en sus versos se prefiguran los grandes problemas que iba a afrontar Europa y nuestra cultural occidental durante el siglo XX y que aún están sin resolver. La revolución, la muerte, el aburrimiento y la huida pueden ser esos temas.»[154] Im gleichen Text bezeichnet Bolaño *Le voyage* wiederum als «acaso el poema más lúcido de todo el siglo XIX»[155] und liefert gewissermaßen eine Begründung seiner ungebrochenen anthropologischen Aussagekraft, wenn er befindet: «No hay diagnóstico más lúcido para expresar la enfermedad del hombre moderno. Para salir del aburrimiento, para escapar del punto muerto, lo único que tenemos a mano, y no tan a mano, también en esto hay que esforzarse, es el horror, es decir el mal.»[156] Die Pointe von *2666* allerdings besteht nun in der Tatsache, dass diese Dimensionen der Transgression, des *Bösen*, zwar gewissermaßen als prägende Signatur der modernen Welt in unterschiedlichen Ausprägungen – von den Schlachtfeldern des Zweiten Weltkriegs bis zu den Feldern des Schlachtens im Mexiko der Gegenwart – präsent ist, die Entwicklung des Motivs des *ennui* bzw. des *spleen* als eine bedeutsame Wurzel der negativen zeitgenössischen Verfasstheit der Welt jedoch in einer klaren Zuspitzung auf jene Figuren im Roman erfolgt, die gemessen an ihren intellektuellen und materiellen Möglichkeiten eigentlich am ehesten zu einer kritischen Weltbeobachtung in der Lage sein sollten und daran scheitern, nämlich den vier europäischen Philologen. Deren problematische Affektdispositionen, um deren ethische Implikationen es im Folgenden noch ausführlicher gehen soll, werden gleich zu Beginn des Romans in Abhängigkeit ihrer jeweiligen ‹Leserbiographien› entwickelt. Im Unterschied zu den von Figuren wie Hans Reiter, Amalfitano, Florita Almada oder Barry Seaman verkörperten ‹wilden Lektüren› folgen die Motivationen des Zugangs zu Literatur im Falle der Philologen mehrheitlich einer völlig anderen Affektmotivation: Sowohl der französische Archimboldi-Experte Jean-Claude Pelletier als auch sein spanisches Pendant Manuel Espinoza entscheiden sich für die Literatur bzw. die

---

153 Ebd., S. 133.
154 Roberto Bolaño: Literatura + enfermedad = enfermedad, S. 143.
155 Ebd., S. 147.
156 Ebd., S. 151.

Philologie auf der Grundlage eines asketischen Strebens nach Macht (Pelletier)[157] oder im Sinne einer Kompensation bestimmter Minderwertigkeitskomplexe und Zorngefühle (Espinoza). Gerade im Falle des Spaniers wird die Dimension seines *ennui* und seines Leidens an der Realität mitsamt ihren destruktiven Potentialen von Beginn an herausgestellt, wenn es heißt:

> También descubrió que era un joven rencoroso y que estaba lleno de resentimiento, que supuraba resentimiento, y que no le hubiera costado nada matar a alguien, a quien fuera, con tal de aliviar la soledad y la lluvia y el frío de Madrid, pero este descubrimiento prefirió dejarlo en la oscuridad y centrarse en su aceptación de que jamás sería un escritor y sacarle todo el partido del mundo a su recién exhumado valor. Siguió, pues, en la universidad, estudiando filología española, pero al mismo tiempo se matriculó en filología alemana. Dormía entre cuatro y cinco horas diarias y el resto del día lo invertía en estudiar.[158]

Wenngleich die anderen beiden Mitglieder des Philologen-Quartetts, der italienische, an multipler Sklerose leidende Archimboldi-Forscher Piero Morini und die junge englische Literaturwissenschaftlerin Liz Norton, mit der im Laufe des Romans alle Kollegen ein Verhältnis eingehen, insgesamt als weniger machtbesessen als Pelletier und Espinoza dargestellt werden, erscheint auch in ihrem Fall das Motiv des *ennui* als prägende Affekterfahrung, so etwa im Falle Nortons und der Beschreibung ihres «desasimiento impreciso, que Baudelaire habría llamado *spleen* y que Nerval habría llamado melancolía.»[159] In einer der typischen intertextuellen Boshaftigkeiten Bolaños werden die vier Kritiker vor diesem Hintergrund mit einem anderen bekannten ‹literarischen Quartett› in Verbindung gebracht, das bei ihrem ersten Treffen zu viert gewissermaßen Pate für die kommenden Ereignisse steht:

---

157 Vgl. die Eingangsszene des Romans, die Pelletier als asketische Gelehrtenkarikatur in Paris einführt: «Se vio, como queda dicho, a sí mismo, ascético e inclinado sobre sus diccionarios alemanes, iluminado por una débil bombilla, flaco y recalcitrante, como si todo él fuera voluntad hecha carne, huesos y músculos, nada de grasa, fanático y decidido a llegar a buen puerto, en fin, una imagen bastante normal de estudiante en la capital pero que obró en él como una droga, una droga que lo hizo llorar, una droga que abrió, como dijo un cursi poeta holandés del siglo XIX, las esclusas de la emoción y de algo que a primera vista parecía autoconmiseración pero que no lo era (¿qué era, entonces?, ¿rabia?, probablemente), y que lo llevó a pensar y a repensar, pero no con palabras sino con imágenes dolientes, su período de aprendizaje juvenil, y que tras una larga noche tal vez inútil forzó en su mente dos conclusiones: la primera, que la vida tal como la había vivido hasta entonces se había acabado; la segunda, que una brillante carrera se abría delante de él y que para que ésta no perdiera el brillo debía conservar, como único recuerdo de aquella buhardilla, su voluntad. La tarea no le pareció difícil» (Roberto Bolaño: *2666*, S. 16–17).
158 Ebd., S. 20–21.
159 Ebd., S. 63.

> La primera vez que Pelletier, Morini, Espinoza y Norton se vieron fue en un congreso de literatura alemana contemporánea celebrado en Bremen, en 1994. [...] Esa noche, antes de quedarse dormido, Pelletier no recordó los rifirrafes del congreso sino que pensó en él mismo caminando por las calles adyacentes al río y en Liz Norton que caminaba a su lado mientras Espinoza empujaba la silla de ruedas de Morini y los cuatro se reían de los animalitos de Bremen, que los observaban u observaban sus sombras en el asfalto, montados armoniosamente, cándidamente, en sus respectivos lomos.[160]

In der Formierung des Quartetts klingen damit die in den Tieren des Volksmärchens verkörperten Dimensionen einer Schicksalsgemeinschaft traumatisierter Wesen an, deren Handlungsmotto in *2666* am Ende des *Teils der Kritiker*, wenn Pelletier, Espinoza und Norton auf ihrer Suche nach Archimboldi nach Santa Teresa aufbrechen, auf nicht minder bittere Weise entlarvt wird: «Etwas Besseres als den Tod finden wir überall.»

Kosmopolitische Schau-Spiele und die Ethik der Optik

Die mit dem Motiv des *spleen* der vier Philologen verknüpfte Problematik gewinnt in *2666* im weiteren Verlauf des Romans ihre wahre Brisanz vor dem Hintergrund der Konfrontation der Figuren mit jener verwilderten Welt des 21. Jahrhunderts, wie sie sich jenseits bzw. in den peripheren Bereichen ihrer metropolitanen und kosmopolitischen Lebenswelten in Paris, London, Madrid oder Turin darstellt. Dieses Aufeinandertreffen wird dabei – und hier gewinnt die rancièresche Idee von der Politik der Literatur als Eingriff in die Aufteilung des Sinnlichen möglicherweise ihre zentrale Relevanz in Bolaños Werk – über eine komplexe Inszenierung unterschiedlicher Perspektiven auf diese verwilderte Welt entwickelt, in die als solche eine Vielzahl an ethischen und politischen Implikationen eingelassen sind. Wenngleich die Bolaño-Forschung sich diesem Thema in der jüngeren Vergangenheit verstärkt angenähert hat,[161] so hat sie eine stärkere Verortung und Zuspitzung dieses

---

160 Ebd., S. 23–28.
161 Hier sei insbesondere auf die Arbeit von Anna Kraus verwiesen, die mittels verschiedener bildwissenschaftlicher Ansätze eine stark theoretisch ausgeprägte Diskussion der Dimensionen des Visuellen in *2666* unternimmt im Sinne einer «reflexión sobre la inestabilidad autosubversiva de lo visual en diálogo con la teoría e historia del arte del siglo XX y de principios del XXI» (Anna Kraus: *sin título. Operaciones de lo visual en* 2666 *de Roberto Bolaño*. Leiden: Almenara 2018, S. 15). Wenngleich die Arbeit eine Vielzahl an überzeugenden *close readings* des Romans liefert, vernachlässigt sie aufgrund ihres (über-)theoretisierten Lektüreansatzes die vielfältigen intertextuellen und ideengeschichtlichen Bezüge hinter Bolaños «visuellen Operationen», die wiederum in den hier folgenden Ausführungen stark gemacht werden sollen.

Aspekts sowohl auf die größeren ideengeschichtlichen Zusammenhänge wie auf die damit verbundenen ethisch-politischen Fragestellungen des Romans bislang vermissen lassen.[162] Dabei lässt sich zunächst grundlegend festhalten, dass die Wahrnehmung der Welt, wie sie in 2666 entwickelt wird und eingangs dieses Kapitels skizziert wurde, durch eine radikale Instabilität und Verunsicherung hinsichtlich der Möglichkeit von sicheren Aussagen über diese Welt auf der Grundlage von Beobachtung geprägt ist. War bereits die Epistemologie der (Hoch-)Moderne generell durch die Erfahrung bestimmt, dass «jedes einzelne Phänomen eine Unendlichkeit von möglichen Wahrnehmungen, Erfahrungsformen und Repräsentationen provozieren kann»,[163] dann radikalisiert Bolaño diesen Aspekt in seiner Weltinszenierung der Spätmoderne in 2666 noch einmal und führt – und darin besteht letztlich der entscheidende ethisch-politische Effekt des Romans – zugleich unterschiedliche und durch verschiedene Figuren repräsentierte Wahrnehmungsregime gegeneinander. Folgt man den von Martin Jay entworfenen Kategorien von Wahrnehmung, wie sie die Moderne dominier(t)en, so lassen sich prinzipiell zwei antagonistische Formen und Muster unterscheiden, wie sie auch in 2666 zur Inszenierung der bolañoschen *Schau-Spiele* herangezogen werden: einerseits ein «Cartesian perspectivalism»,[164] der sich gemäß seiner rationalistischen Prämissen einer Lektüre der Welt und ihrer Objekte als «situated in a mathematically regular spatio-temporal order filled with natural objects that could only be observed from without by the dispassionate eye of the neutral researcher»[165] verschreibt; und andererseits das Modell des Barock mit seiner «fascination for opacity, unreadability, and the indecipherability of the reality it depicts.»[166] Wurde die Relevanz barocker Kategorien für

---

[162] Blejer verweist in ihrer Studie durchaus auf das kritische Potential des Romans in seiner fortwährenden Gegeneinanderführung von «realidades paralelas», mit welchen es ihm gelinge, die «globalización y la falsa noción de un mundo homogéneo y conectado» zu probematisieren (Daniella Blejer: *Los juegos de la intermedialidad en la cartografía de Roberto Bolaño*. Madrid: Brumaria 2013, S. 148); allerdings reduziert sie dieses kritische Potential in einer letztlich unidimensionalen Lektüre auf eine Denunzierung des Neoliberalismus, womit eine Vielzahl anderer Aspekte – wie etwa der genannten anthropologischen Problematiken – unbeachtet bleibt.
[163] Hans Ulrich Gumbrecht: Kaskaden der Modernisierung, S. 32.
[164] Martin Jay: Scopic regimes of modernity. In: Hal Foster (Hg.): *Vision and Visuality. Discussions in Contemporary Culture*. Seattle: Bay Press 1988, S. 3–23, hier: S. 4.
[165] Ebd., S. 9. Als eine Unterart dieses Paradigmas führt Jay noch die an einem baconschen Empirismus orientierte «Northern Art» ein (vgl. S. 13).
[166] Ebd., S. 17.

Bolaños Werk[167] bereits im dritten Kapitel dieser Arbeit ausführlich entwickelt, so ist mit Blick auf die optische Einrichtung der Welt in *2666* die Tatsache zu betonen, dass das barocke Wahrnehmungsmuster keineswegs für alle Weltsphären, sondern insbesondere für jene ‹verwilderten› Gebiete gilt, wie sie in Gestalt der Wüstenlandschaft um Santa Teresa im Norden Mexikos exemplarisch zur Geltung kommen. Dabei umfasst diese Perzeption der Welt als einer chaotischen bzw. – in ihrer stetigen Perspektivenabhängigkeit und Wandelbarkeit – ‹barocken› sowohl die (natürlichen wie sozialen) Landschaften selbst als auch die der sich in ihr bewegenden Personen. So heißt es etwa exemplarisch in einer Szene über einen Polizisten namens Negrete und seine Betrachtung der Umgebung eines Leichenfundortes:

> En lo alto unos niños salieron corriendo y se perdieron cerro abajo, rumbo a la colonia Estrella. Empezaba a oscurecer. Por el lado oeste vio los techos de cartón o de zinc de algunas casas. Las calles que caracoleaban en medio de un trazado anárquico. Por el este vio la carretera que llevaba a la sierra y el desierto, las luces de los camiones, las primeras estrellas, estrellas de verdad, que venían con la noche desde el otro lado de las montañas. Por el norte no vio nada, sólo una gran planicie monótona, como si la vida se acabara más allá de Santa Teresa, pese a sus deseos y convicciones. Luego oyó a unos perros, cada vez más cerca, hasta que los vio. Probablemente eran perros hambrientos y bravos, como los niños que divisó fugazmente al llegar. Sacó la pistola de la sobaquera. Contó cinco perros. Quitó el seguro y disparó. [...] Sin mirar hacia atrás se fue caminando cerro abajo, otra vez, hasta donde habían hallado el cadáver de la desconocida. Allí se detuvo y encendió un cigarrillo. Delicados sin filtro. Luego siguió bajando hasta llegar a su coche. Desde allí, pensó, todo se veía diferente.[168]

In der Szene bündeln sich nicht nur eine ganze Reihe von optischen Eindrücken, die durch die fortwährende Wiederholung der Verben «ver» und «mirar» intensiviert wird, sondern zugleich die Erfahrungen sich beständig verschiebender Perspektiven zwischen dem Raum des Kosmischen – «las primeras estrellas, estrellas de verdad» – und des Irdischen, wie sie der Schlusssatz in der Formel des «Desde allí [...] todo se veía diferente» unterstreicht. Zugleich stellt die Passage einen unmittelbaren Zusammenhang her zwischen der ‹verwilderten› Topographie und einer defizitären Urbanisierung – «[l]as calles que caracoleaban en medio de un trazado anárquico» – und der damit einhergehenden prekären Sicherheit und Exposition menschlichen (und, wie in der Tötung der

---

167 Auch Blejer weist auf diese barocke Prägung hin, freilich in jener verkürzten Interpretation, die ideologiekritische Funktion von *2666* sei quasi identisch mit der bei Góngora, «con la diferencia de que en este caso no se trata de ocultar/revelar el absolutismo, sino el neoliberalismo» (*Los juegos de la intermedialidad en la cartografía de Roberto Bolaño*, S. 120).
168 Roberto Bolaño: *2666*, S. 452.

Hunde durch Negrete deutlich wird, auch animalischen) Lebens gegenüber einer ubiquitären Form der Gewalt. Derartige Beschreibungen ziehen sich durch den kompletten Roman und immer wieder wird in ihnen die essentielle Lebensfeindlichkeit des chaotischen Raumes betont, etwa wenn es über die unkontrolliert in der Wüste wachsenden Siedlungen heißt, es schiene, «como si allí nada pudiera crecer o expandirse sin aristas»[169] oder der Polizist Lalo Cura über den phantasmagorischen und undurchdringlichen Charakter des Grenzgebietes bemerkt: «Vivir en este desierto [...] es como vivir en el mar. La frontera entre Sonora y Arizona es un grupo de islas fantasmales o encantadas. Las ciudades y los pueblos son barcos. El desierto es un mar interminable. Éste es un buen sitio para los peces, sobre todo para los peces que viven en las fosas más profundas, no para los hombres.»[170] Andererseits bleibt diese Form der Wahrnehmung der Welt wiederum nicht auf einen bestimmten geographischen oder historischen Zeit-Raum beschränkt, sondern findet sich vielmehr als Signatur all jener im Roman dargestellten Ereignisse, in denen die Möglichkeit einer stabilen Perspektive durch die Macht der Ereignisse infrage gestellt wird, wie etwa auch im Falle der Kriegserlebnisse Hans Reiters, über dessen Eindrücke es heißt:

> Vio piedras, yerbajos, flores silvestres y las suelas herradas de Voss que lo dejaba atrás, levantando una diminuta nube de polvo, diminuta para él, se dijo, pero no para las caravanas de hormigas que cruzaban la tierra de norte a sur mientras Voss reptaba de este a oeste. Luego se levantó y se puso a disparar hacia la casamata, por encima del cuerpo de Voss, y volvió a oír las balas que silbaban cerca de su cuerpo, mientras él disparaba y caminaba, como si estuviera paseando y tomando fotos, hasta que la casamata explotó alcanzada por una granada y luego por otra y otra, arrojadas por los soldados del flanco derecho.[171]

Aus der Perspektive Reiters wird das Kriegserlebnis hier über die optische Reflexion der Umgebung abermals eingebettet in ein anthropologisch grundiertes Nachdenken über die Position des Menschen in der Welt, das hier wiederum in einer direkten Bezugnahme auf Pascals *Pensées* gelesen werden kann, in denen eine fast wortgleiche Referenz auf die Stellung des Menschen zwischen dem unendlichen Kosmos und der mikroskopischen Welt der Insekten bzw. die Begrenztheit der menschlichen Wahrnehmung und seiner Begriffswelt zu finden ist: «Une ville, une campagne, de loin c'est une ville et une campagne, mais à mesure qu'on s'approche, ce sont des maisons, des arbres, des tuiles, des feuilles, des

---

169 Ebd., S. 451.
170 Ebd., S. 698.
171 Ebd., S. 877.

herbes, des fourmis, des jambes de fourmis, à l'infini. Tout cela s'enveloppe sous le nom campagne.»[172] Der entscheidende Aspekt, der sich nun mit diesen vielfältigen Inszenierungen von Wahrnehmungsperspektiven verbindet, liegt dabei in der Tatsache, dass derartige Reflexionen über die Instabilität der Welt und die Brüchigkeit der Zivilisation[173] im Roman stets an die Figuren gebunden sind, welche sich in ihrer Existenz den ‹verwilderten› Zonen oder Momenten der Moderne tatsächlich ausgesetzt sehen. Die vier Philologen hingegen, die metonymisch für das vermeintlich aufgeklärte, zivilisierte und kosmopolitische Europa stehen, sind angesichts der Konfrontation mit diesen periphären und prekären ‹Welt-Räumen› nicht in der Lage, diese Erfahrungen auf kritische Art und Weise zu reflektieren und zu bewältigen, was insbesondere während des Aufenthaltes von Pelletier, Espinoza und Norton in Santa Teresa deutlich wird, wenn es über ihre Rückkehr von einer Stadtrundfahrt heißt:

> Les pareció tan caótica que se pusieron a reír. Hasta entonces no estaban de buen humor. Observaban las cosas y escuchaban a las personas que los podían ayudar, pero únicamente como parte de una estrategia mayor. Durante el regreso al hotel desapareció la sensación de estar en un medio hostil, aunque hostil no era la palabra, un medio cuyo lenguaje se negaban a reconocer, un medio que transcurría paralelo a ellos y en el cual sólo podían imponerse, ser sujetos únicamente levantando la voz, discutiendo, algo que no tenían intención de hacer.[174]

Die Raumerfahrung des Chaos verursacht bei den Europäern Verständnislosigkeit und, entscheidender, *Sprachlosigkeit* («un medio cuyo lenguaje se negaban a reconocer»), da sie trotz ihrer vermeintlichen kognitiven und kosmopolitischen Kompetenzen nicht in der Lage sind, die Logiken jener *anderen* Räume der Welt zu bewältigen.[175] Diese werden im Verlauf des Romans immer wieder bewusst den urbanen Zentren Europas gegenübergestellt, in denen die Kritiker beheimatet

---

172 Blaise Pascal: *Pensées*, S. 196. Eine ähnliche Szene findet sich des Weiteren am Beginn von David Lynchs *Blue Velvet*, einem Regisseur, den Bolaño mehrfach als einen prägenden Einfluss bezeichnet hat und von dem er angab, bestimmte Filme mehr als fünfzig Mal gesehen zu haben.
173 Vgl. dazu etwa auch die Aussage des im Grenzgebiet ermittelnden Detektivs Harry Magaña, wenn es heißt: «Con un sentimiento de fatalidad Harry Magaña pensó que en realidad no estaba allí, a pocos minutos del centro, en la casa de Francisco Díaz que era lo mismo que estar en la casa de nadie, sino en el campo, entre el polvo y los matojos, en una casucha con corral para los animales y un gallinero y un horno de leña, en el desierto de Santa Teresa o en cualquier desierto» (Roberto Bolaño: *2666*, S. 562).
174 Ebd., S. 150.
175 Vgl. zu diesem Aspekt in einer anders gelagerten und vergleichenden Analyse zwischen Bolaño und dem Werk des südafrikanischen Romanciers J.M. Coetzee auch die Ausführungen in Benjamin Loy: The Precarious State of the Art.

sind und deren ‹globale› Dimensionen wiederholt aufgerufen werden: So referiert etwa der Ausblick Jean-Claude Pelletiers von seiner Pariser Wohnung auf die Place Breteuil und das UNESCO-Gebäude[176] nicht nur auf das Ideal eines geordneten Stadtraumes, sondern zugleich auch auf jene institutionalisierte (und damit westlich geprägte) Idee von einer Weltverständigung durch Kultur, die in der Folge in konkreten Situationen des Kontakts mit nicht-europäischen Lebens- und Kulturformen von Seiten der Kritiker gleich mehrfach ad absurdum geführt wird. Dieser Aspekt wird exemplarisch in einer der wahrscheinlich markantesten Szenen des Romans vorgeführt, in der Pelletier, Espinoza und Norton gemeinsam in London das Taxi eines pakistanischen Fahrers besteigen, mit dem es zu folgender Konfrontation kommt:

> Y cuando Norton le dijo que se había perdido y le indicó qué calles debía tomar para enderezar el rumbo el taxista permaneció, otra vez, en silencio, sin más murmullos en su lengua incomprensible, para luego reconocer que, en efecto, el laberinto que era Londres había conseguido desorientarlo. Algo que llevó a Espinoza a decir que el taxista, sin proponérselo, coño, claro, había citado a Borges, que una vez comparó Londres con un laberinto. A lo que Norton replicó que mucho antes que Borges Dickens y Stevenson se habían referido a Londres utilizando ese tropo. Cosa que, por lo visto, el taxista no estaba dispuesto a tolerar, pues acto seguido dijo que él, un paquistaní, podía no conocer a ese mentado Borges, y que también podía no haber leído nunca a esos mentados señores Dickens y Stevenson, y que incluso tal vez aún no conocía lo suficientemente bien Londres y sus calles y que por esa razón la había comparado con un laberinto, pero que, por contra, sabía muy bien lo que era la decencia y la dignidad y que, por lo que había escuchado, la mujer aquí presente, es decir Norton, carecía de decencia y de dignidad, y que en su país eso tenía un nombre, el mismo que se le daba en Londres, qué casualidad, y que ese nombre era el de puta, aunque también era lícito utilizar el nombre de perra o zorra o cerda, y que los señores aquí presentes, señores que no eran ingleses a juzgar por su acento, también tenían un nombre en su país y ese nombre era el de chulos o macarras o macrós o cafiches.[177]

Die Reaktion des Pakistaners, der angesichts der Gespräche der drei Philologen über ihre zu diesem Zeitpunkt bestehende Dreiecksbeziehung die literarisch-kosmopolitische Konversation jäh durch die Äußerung seiner konservativen Wert- und Weltansichten unterbricht, wird von Pelletier und Espinoza mit einer

---

176 Vgl. Roberto Bolaño: 2666, S. 31. Eine ähnliche Beobachtung ließe sich für die Stadtbeschreibungen Londons formulieren, in welchen die genannten Orte und Straßen bewusst als Sammlung von imperialistisch markierten Räumen des Urbanen inszeniert werden, etwa wenn das Taxi der Kritiker eine Strecke nimmt, die «por Harmsworth Park y el Imperial War Museum, por Brook Street y luego por Austral» (S. 101) führt und dabei die imperiale Expansionsgeschichte Großbritanniens quasi in nuce passieren lässt.
177 Ebd., S. 102.

vitalistisch konnotierten Gewaltorgie gegenüber dem Taxi-Fahrer beantwortet, deren ideologische Einbettung bzw. Rechtfertigung der Roman gleich mitliefert, wenn es heißt:

> [A]l tiempo que pateaban el cuerpo del paquistaní, lo insultaban en inglés, sin importarles en lo más mínimo que el asiático estuviera caído, hecho un ovillo en el suelo, patada va y patada viene, métete el islam por el culo, allí es donde debe estar, esta patada es por Salman Rushdie (un autor que ambos, por otra parte, consideraban más bien malo, pero cuya mención les pareció pertinente), esta patada es de parte de las feministas de París (parad de una puta vez, les gritaba Norton), esta patada es de parte de las feministas de Nueva York (lo vais a matar, les gritaba Norton), esta patada es de parte del fantasma de Valerie Solanas, hijo de mala madre, y así, hasta dejarlo inconsciente y sangrando por todos los orificios de la cabeza, menos por los ojos. Cuando cesaron de patearlo permanecieron unos segundos sumidos en la quietud más extraña de sus vidas. Era como si, por fin, hubieran hecho el ménage à trois con el que tanto habían fantaseado. Pelletier se sentía como si se hubiera corrido. Lo mismo, con algunas diferencias y matices, Espinoza. Norton, que los miraba sin verlos en medio de la oscuridad, parecía haber experimentado un orgasmo múltiple.[178]

Die Szene illustriert eindrücklich die Unfähigkeit der vermeintlich humanistisch und kosmopolitisch orientierten Europäer, innerhalb ihrer vorgeblich ‹progressiven›, doch letztlich geschlossenen Weltsicht die Möglichkeit einer alternativen Perzeption ihrer eigenen Lebensweise zuzulassen. Der pakistanische Taxi-Fahrer, dessen Sprache aus Sicht der – freilich nur, was die europäischen Verkehrssprachen angebetrifft – polyglotten Krikter als «incomprensible»[179] abqualifiziert wird, verkörpert jenes Element des Globalen, das – im Unterschied zu einer Figur wie Salman Rushdie – aufgrund seiner kulturellen und politischen Inkompatibilität mit den liberalen bzw. libertären Wertvorstellungen der europäischen Kulturelite zu sanktionieren ist. Dass diese Form der Sanktion vor dem Hintergrund des gesamten Settings der Londoner Stadtlandschaft mit den erwähnten kolonialhistorischen Markierungen keineswegs eine simple Überreaktion der ennuyierten Kritiker ist, deren affektive Frustrationen im gemeinschaftlichen Gewaltakt ein Ventil finden, sondern sich in ihr gleichsam der spezifische imperialistische Komplex europäischer Weltdomination in seiner Dialektik aus Kultur und Barbarei bahnbricht, ist dabei unschwer zu erkennen.[180] Die Episode steht in diesem Sinne stellvertretend für jene These des

---

[178] Ebd., S. 103.
[179] Vgl. zur Sprachpolitik in *2666* auch ausführlich die rezenten Überlegungen von Tilmann Altenberg: Bolaño against Babel: Multilingualism, Translation and Narration in *2666*, «La parte de los críticos». In: *Bulletin of Hispanic Studies* 95, 2 (2018), S. 217–233.
[180] Vgl. dazu etwa auch die Ausführungen von Hermann Herlinghaus, der die Szene wie folgt kommentiert: «There is an immanent dimension to modern violence, as it comes

Romans, wonach, wie Messling beobachtet, «Europa [...] die seiner eigenen Moderne innewohnende anthropologische Dimension der Gewalt vergessen [hat]», weshalb «seine Reflexion der Welt nur noch ein Trugbild der Selbstbestätigung»[181] sei. Tatsächlich entfaltet der Roman in einer Art Inversion der Perspektiven den vermeintlich liberal-aufgeklärten Diskurs der Philologen in all seiner Verlogenheit und Bigotterie, die insbesondere in zwei Liebesaffären von Pelletier und Espinoza zum Ausdruck kommt. Beide Kritiker trösten sich nach dem Ende ihrer jeweiligen Beziehung zu Norton mit vielfachen Kontakten zu Prostituierten, in welchen sich die gleichen machtgeprägten Produktions- und Konsumptionsstrukturen offenbaren wie in allen anderen ökonomischen Teilsystemen, zu denen im Roman nicht zuletzt auch der akademische Betrieb selbst zählt:

> Se olvidaron de sus trabajos, que escribían de forma rutinaria y desabrida y que más que trabajos suyos eran de sus discípulos o de profesores ayudantes de sus respectivos departamentos captados para la causa archimboldiana a base de vagas promesas de contratos fijos o subidas de sueldo. En el curso de un congreso visitaron ambos, mientras Pohl daba una conferencia magistral sobre Archimboldi y la vergüenza en la literatura alemana de posguerra, un burdel en Berlín, en donde se acostaron con dos chicas rubias, muy altas y de largas piernas. Al salir, cerca de medianoche, estaban tan contentos que se pusieron a cantar como niños bajo el diluvio. La experiencia con las putas, algo nuevo en sus vidas, se repitió varias veces en distintas ciudades europeas y finalmente terminó por instalarse en la cotidianidad de sus respectivas ciudades.[182]

Folgt der ‹Frauen-Konsum› der Kritiker zunächst – in einer so abjekten wie realitätsnahen Spiegelung der Logik globalisierter ‹Handelsströme› – dem Muster ständiger Abwechslung,[183] verliebt sich Pelletier kurz darauf in eine Marokkanerin namens Vanessa, wobei es über diese Beziehung heißt:

---

objectified in a hidden sphere of the Western ‹political unconscious›, in whose perpetuation the humanist academic tradition plays its part» (Hermann Herlinghaus: Placebo Intellectuals in the Wake of Cosmopolitanism: A «Pharmacological» Approach to Roberto Bolaño's novel 2666. In: *The Global South* 5, 1 (2011), S. 101–119, hier: S. 106).
181 Markus Messling: 2666: Die Moderne als Echolot der Globalisierung, S. 209.
182 Roberto Bolaño: *2666*, S. 110.
183 «Nunca repetía. Conoció a una dominicana, a una brasileña, a tres andaluzas, a una catalana. Aprendió, desde la primera vez, a ser el hombre silencioso, el tipo bien vestido que paga e indica, a veces con un gesto, lo que quiere, y que luego se viste y se marcha como si nunca hubiera estado allí. Conoció a una chilena que se anunciaba como chilena y a una colombiana que se anunciaba como colombiana, como si ambas nacionalidades tuvieran un morbo añadido. Lo hizo con una francesa, con dos polacas, con una rusa, con una ucraniana, con una alemana. Una noche se acostó con una mexicana y ésa fue la mejor» (Ebd., S. 115).

Según ella, su marido era un santo. Tenía algunos defectos, por ejemplo era árabe, marroquí concretamente, y también era flojo, pero en líneas generales, según Vanessa, se trataba de un tipo con buen rollo, que casi nunca se enojaba por nada y que cuando lo hacía, al contrario que el resto de los hombres, no se ponía violento ni mal educado sino melancólico, triste, apesadumbrado ante un mundo que de pronto se le revelaba demasiado grande e incomprensible. Cuando Pelletier le preguntó si el árabe sabía que hacía de puta, Vanessa dijo que sí, que lo sabía pero que no le importaba pues creía en la libertad de los individuos.
—Entonces es tu chulo – le dijo Pelletier.[184]

Die Pointe dieser Szene gründet einmal mehr in der Art und Weise, wie Pelletier hier ein Werturteil über den Lebenswandel Vanessas fällt: Während er die Kritik des pakistanischen Taxi-Fahrers an der eigenen sexuellen Libertinage bzw. der seiner Kollegen zurückweist, erlaubt er sich mit Blick auf die offene Beziehung, welche seine marrokanische Geliebte mit ihrem Mann führt, diese umstandslos als ein kommerzielles Verhältnis zwischen einem Zuhälter und seiner Prostituierten zu deklarieren, freilich ohne dabei die ökonomischen Asymmetrien und Machtverhältnisse zu reflektieren, in die er selbst als Mitglied der ökonomisch dominanten Klasse verstrickt ist. Stattdessen verklärt er die vermeintliche Naivität Vanessas, wenn er sie als eine Art *noble sauvage* charakterisiert, als «perfectamente preparada, tanto anímica como físicamente, para vivir en la Edad Media. Para ella el concepto ‹vida moderna› no tenía sentido.»[185] Noch weniger gewillt zur kritischen Zergliederung dieser Form globaler Ausbeutungsverhältnisse und der möglichen eigenen Verstrickung ist indes sein spanischer Kollege Espinoza, der Pelletiers Überlegungen mit den Worten kommentiert: «A las putas [...] hay que follárselas, no servirles de psicoanalista.»[186] Einen Höhepunkt findet diese Haltung schließlich in einer Beziehung, die Espinoza während des Aufenthaltes der Philologen auf ihrer letztlich erfolglosen Suche nach Archimboldi in Santa Teresa mit einer jungen Teppichverkäuferin namens Rebeca eingeht. In diesem Kontext rückt Espinoza mit seinem Verhalten explizit in die Nähe jener in Mexiko regierenden *Narco-Cultura* mit ihrer systematischen Misogynie und Reifizierung[187] von Frauen, richtet er sich doch Rebeca in gewisser Weise und kraft seiner ökonomischen Möglichkeiten als sexuelle Gespielin richtiggehend zu, wenn es heißt: «Por la tarde salió a hacer compras. Entró en una lencería y en una tienda de ropa de mujer y en una zapatería. Esa noche se llevó a Rebeca al

---

184 Ebd., S. 111–112.
185 Ebd., S. 114.
186 Ebd., S. 115.
187 Vgl. dazu ausführlich etwa die Studie von Patricia Ravelo Blancas: *Miradas etnológicas: violencia sexual y de género en Ciudad Juárez, Chihuahua; estructura, política, cultura y subjetividad*. Mexiko-Stadt: Ed. Eón 2012.

hotel y después de ducharse juntos la vistió con un tanga y ligueros y medias negras y un body negro y zapatos de tacón de aguja de color negro y la folló hasta que ella no fue más que un temblor entre sus brazos.»[188]

Führt 2666 in diesen Episoden immer wieder auf metonymische Weise die Asymmetrien einer global vernetzten Welt und die Unfähigkeit zur Einsicht in diese Machtverhältnisse von Seiten der europäischen Intellektuellen vor, wird dieser Aspekt darüber hinaus noch ergänzt um eine kritische Perspektivierung der rationalistischen Versuche der Kritiker, der ‹verwilderten› Welt mit den hergebrachten Mitteln ihres Verstandes beizukommen: So wird etwa mit Blick auf die Figur des italienischen Philologen Morini und seine Streifzüge durch London mehrfach auf Elemente der europäischen Kultur- und Literaturgeschichte Bezug genommen, die für eine rational fundierte Entzifferung der Welt stehen, etwa wenn Morini Liz Norton ein Buch über den Renaissance-Architekten und Entdecker der mathematisch konstruierbaren Perspektive Filippo Brunelleschi schenkt[189] oder er auf die Detektivromane von Father Brown und Sherlock Holmes Bezug nimmt, deren Kraft ihrer Verstandesfähigkeiten triumphierende Helden in der ‹verwilderten› und chaotischen Welt der Verbrechen der Spätmoderne wie aus der Zeit gefallen wirken.[190] In eine ähnliche Richtung zielen zudem eine ganze Reihe von Szenen innerhalb des Romans, in denen die Frage nach den Fähigkeiten der vier Kritiker, die Vorgänge der sie umgebenden Welt zu durchschauen, einmal mehr unter Bezug auf einen weiteren intertextuellen Verweis infrage gestellt werden: So geht dem Gewaltausbruch gegenüber dem pakistanischen Taxifahrer, welcher von Pelletier und Espinoza gleichfalls mittels einer verbrämten kulturgeschichtlichen Interpretation nachträglich gerechtfertigt wird,[191] bei einem ersten Besuch der beiden in London eine Szene voraus, in der Norton und ihre beiden Verehrer auf einem Spaziergang die

---

[188] Roberto Bolaño: 2666, S. 201. Die universelle Käuflichkeit von Leben wird dabei in der Episode schon durch die Teppich-Metapher suggeriert, wobei Espinoza seine Logik explizit macht, wenn er Rebeca alle Teppiche ihres Standes gewissermaßen als Entschädigung für die durch seine Präsenz ausgefallenen Verkäufe abnimmt und es heißt: «Decidió subsanar el mal comprando él lo que supuso que hubieran comprado los otros» (S. 186).
[189] Vgl. Ebd., S. 130–131.
[190] Vgl. Ebd., S. 129–130. Vgl. dazu auch die Bemerkung zwischen zwei Staatsanwälten in Santa Teresa bezüglich der mit herkömmlichen rationalen Methoden nicht zu erfassenden Verbrechen in der Region: «Cuando abandonaron el vestuario, el judicial le dijo que no intentara buscarles una explicación lógica a los crímenes. Esto es una mierda, ésa es la única explicación, dijo Márquez» (S. 701).
[191] Vgl. die Szene im Anschluss an den Vorfall, in welcher die der Philologen von Norton als einer Medusa sprechen und sich ihre eigene mythologisch informierte Version der Dinge zurechtstricken (S. 105).

Parkanlagen von Kensington Gardens[192] durchqueren und dabei den Sonnenuntergang unter der Statue von Peter Pan erwarten.[193] In der Folge entspinnt sich eine Diskussion zwischen Norton und den beiden Männern über die Frage, ob es sich bei einem Tier, das von einer Frau im Park beobachtet wurde, tatsächlich um eine Schlange handeln könne, was Norton verneint, während die anderen beiden darauf insistieren. Über die symbolische Bedeutung der Schlange hinaus, welche den künftigen ‹Sündenfall› schon ankündigt, ist es allerdings die Figur Peter Pans, die dem gesamten Zusammenhang der Szene eine andere Deutungsrichtung verleiht. So referiert die Episode einmal mehr auf die Frage nach der Erkenntnis von Wirklichkeit und der Macht der Suggestion, was bereits bei der Anreise der beiden miteinander um Nortons Gunst konkurrierenden Philologen nach London deutlich wird, wenn Pelletier zuerst ankommt und mit Norton kurz darauf gemeinsam die Bilder eines Flugzeugabsturzes im Fernsehen sieht, woraufhin es heißt:

> El avión de Espinoza se ha estrellado, dijo Pelletier sin volver a alzar la voz, y Norton en vez de mirar la pantalla del televisor lo miró a él. Le bastaron pocos segundos para darse cuenta de que el avión en llamas no era un avión español. Junto a los bomberos y los equipos de rescate se podía apreciar a pasajeros que se alejaban, algunos cojeando, otros cubiertos con mantas, los rostros demudados por el miedo o por el susto, pero aparentemente indemnes.[194]

Die Wunschvorstellung Pelletiers, der amouröse Konkurrent möge bei einem Absturz ums Leben gekommen sein, korrespondiert mit Nortons kategorischer Weigerung, es könne in London Schlangen geben, was mit Blick auf den Peter-Pan-Intertext an die in J.M. Barries Klassiker aus dem Jahr 1904 entworfene Herkunftswelt *Neverland* des Protagonisten gemahnt, in welcher man sich bekanntlich die Dinge nur vorzustellen braucht, damit sie Wirklichkeit werden. Die – ähnlich wie schon im Verweis auf die Bremer Stadtmusikanten in der Gattung des Märchens aufgehobene – ironische Pointe Bolaños steckt jedoch auch hier vielmehr in der Tatsache, dass Pelletier und Espinoza im weiteren Verlauf der Handlung gewissermaßen als zwei Wiedergänger des ewig jungen Peter Pans auftreten, die sich standhaft weigern, ‹erwachsen› zu werden («Keep back, lady, no one is going to catch me and make me a

---

[192] In der Szene versteckt ist übrigens eine Anspielung auf einen der besten Freunde Bolaños, den argentinischen Schriftsteller Rodrigo Fresán, der 2003 einen Roman mit dem Titel *Kensington Gardens* veröffentlichte (vgl. S. 85).
[193] Ebd.
[194] S. 83–84.

man»,¹⁹⁵ entgegnet Barries fliegender Held bekanntlich im Roman Wendys Mutter). Die tieferen Implikationen dieser Weigerung liegen insbesondere in der Tatsache, dass Pelletier und Espinoza – genau wie Peter Pan – sich als unfähig erweisen, stabile Affekte aufzubauen, wie in den erwähnten Episoden ihres seriellen Konsums von Prostituierten deutlich wird und mit einem ähnlichen Motiv bei Barrie korreliert, wo Peter Pan etwa Wendy am Ende des Romans einfach durch ihre Tochter Jane ersetzt.¹⁹⁶ Ebenso wie Peter Pan ohne Zeitgefühl lebt – «the strange thing was that he never knew he had missed a year»¹⁹⁷ – scheinen Pelletier und Espinoza in ihrer akademischen Traumwelt und der Fixierung auf Archimboldi als Objekt ihrer Begierde eines Blicks auf historische Zusammenhänge der sie umgebenden Welt vollkommen unfähig. Erhärtet wird das Peter-Pan-Motiv zudem noch durch eine weitere in die London-Episode integrierte Gestalt, nämlich einen britischen Maler namens Edwin Johns. Dieser erlangt Berühmtheit durch die Tatsache, dass er sich seine eigene Hand abschneidet und diese in mumifizierter Form als Kunstwerk ausstellt, was den Preis seiner Bilder in die Höhe treibt. Die drei männlichen Kritiker suchen Johns auf Betreiben von Morini, der an seinem Werk besonders interessiert ist, in einer Schweizer Irrenanstalt auf, um ihn zu interviewen, wobei die fehlende Hand Johns' einmal mehr an den Gegenspieler Peter Pans mit einer identischen Versehrung gemahnt: Captain Hook. Das Motiv gewinnt hier an Schlüssigkeit angesichts der Darstellung Johns' im Roman, welcher als Paradebeispiel der kapitalistischen Funktionslogiken der (bildenden) Gegenwartskunst dargestellt wird: Der ‹Pirat› Johns kapert nicht nur die Kunst als Ort, an dem es letztlich nur um den höchsten Gewinn geht, sondern zugleich auch sein ganzes Londoner Stadtviertel, das infolge seines Wirkens eine beispiellose Gentrifizierung erfährt.¹⁹⁸ Die finale Pointe der Episode wiederum besteht in den unterschiedlichen Konsequenzen, welche die drei Kritiker nach ihrer Peter-Pan-artigen ‹Jagd› auf Johns aus dem Erlebten ziehen: Während der Besuch in der Schweizer Anstalt für Pelletier und

---

195 James Matthew Barrie: *Peter Pan*. New York: Puffin Books 2013, S. 195.
196 Vgl. Ebd., S. 205–206.
197 Ebd., S. 198.
198 Vgl. die Ausführungen dazu von Norton, von der Morini erst von der Existenz Johns erfährt (S. 75–77) und in der es über den Gentrifizierungsprozess des Viertels heißt: «Comieron juntos en un barrio que Norton había descubierto, un barrio cercano al río, en donde antes hubo un par de fábricas y talleres de reparación de barcos y en donde ahora se levantaban, en las reformadas viviendas, tiendas de ropa y de alimentación y restaurantes de moda. Una boutique pequeña equivalía en metros cuadrados, calculó Morini, a cuatro casas de obreros. El restaurante, a doce o dieciséis» (Roberto Bolaño: *2666*, S. 75).

Espinoza keine größere Bedeutung zu haben scheint,[199] taucht der verstörte Morini für zwei Wochen unter bzw. streift ziellos durch London. Den Grund seiner Verstörung teilt er Liz Norton am Ende seines Besuchs mit, wenn es heißt:

> Mientras esperaban Morini, adoptando un tono de voz casual, le dijo que creía saber por qué Johns se había cercenado la mano derecha.
> –¿Qué Johns? –dijo Norton.
> –Edwin Johns, el pintor que tú me descubriste –dijo Morini.
> –Ah, Edwin Johns –dijo Norton–. ¿Por qué?
> –Por dinero –dijo Morini.
> –¿Por dinero?
> –Porque creía en las inversiones, en el flujo de capital, quien no invierte no gana, esa clase de cosas.
> Norton puso cara de pensárselo dos veces y luego dijo: puede ser.
> –Lo hizo por dinero –dijo Morini.[200]

Die Szene steht emblematisch für einen im Roman nicht explizit gemachten, aber deutlich erkennbaren Prozess der Reflexion und Bewusstwerdung, den der im Rollstuhl sitzende Morini im Unterschied zu seinen Kollegen Pelletier und Espinoza durchläuft, nachdem er in der Folge des Besuchs bei Johns und der Einsicht in die Verwertungslogik als leitendem Weltprinzip auch seine eigene Position innerhalb der Akademie zu hinterfragen beginnt. Eine ähnliche Entwicklung lässt sich bei Liz Norton feststellen, die im Verlauf des *Teils der Kritiker* und insbesondere durch die Konfrontation mit der Realität von Santa Teresa, von wo sie – im Gegensatz zu ihren beiden ehemaligen Verehrern – frühzeitig abreist, eine ähnliche Veränderung ihrer Weltsicht erfährt, die sich nicht zuletzt in ihren den gesamten Schlussteil des Kapitels durchziehenden Träumen widerspiegelt. Wenn Norton also – ebenso wie Peter Pans Gefährtin Wendy am Ende des Romans – einen Prozess der Reifung durchläuft und sich schließlich von den ewig unmündigen Philologen Pelletier und Espinoza entfernt, um eine Beziehung mit Morini einzugehen, dann lässt sich darin zweifellos einmal mehr Oswaldo Zavalas Beobachtung zustimmen, wonach «[l]a relación entre Norton y Morini produce una forma alternativa de agencia, fuera de la rigidez académica, por medio de la cual renuncian a los modos normativos de habitar el mundo.»[201] Der Franzose und der Spanier hingegen als

---

199 Vgl. auch die Analogie zu Barries Roman, in dem Peter Pan sogar vergisst, wer Captain Hook eigentlich war, nachdem er ihn umgebracht hat (James Matthew Barrie: *Peter Pan*, S. 197–198).
200 Roberto Bolaño: *2666*, S. 131–132.
201 Oswaldo Zavala: *La modernidad insufrible*, S. 162.

Wiedergänger Peter Pans verweisen in ihrer Unfähigkeit, die Logik der unendlichen Wiederholung ihre Begehrens im Sinne einer imperativischen Lektüre von Peter Pans Märchenwelt – «Never land!» – zu durchbrechen, auf jene in der negativen Anthropologie von Pascal bis Baudelaire immer wieder aufscheinende Figur der Sucht nach der ewigen Flucht.[202]

Sind die Kritiker-Figuren eben aufgrund ihres idealistischen und naiven Blicks auf die Welt unfähig zu ihrer tieferen und kritischen Durchdringung, führt der *Teil der Verbrechen* in *2666* eine weitere Dimension jener *Schau–Spiele* des Romans ein, in denen bestimmte Affekt- und Blickregime miteinander korrelieren. Diese Verbindung wird insbesondere hinsichtlich der nicht aufgeklärten Masse[203] an *femicidios* im Norden Mexikos deutlich, wenn nicht nur wiederholt auf den Unwillen bestimmer Vertreter von Polizei, Justiz und Politik zur Aufklärung der Verbrechen verwiesen wird, sondern in einer Reihe von Beispielen die affektive Kälte des in diesem Zusammenhang dominierenden ‹forensischen Blicks› als ein systemisches Element hervorgehoben wird, das nicht als Teil einer (Auf-)Lösung der Mordserien, sondern gewissermaßen als ein tief mit ihnen verwobener Aspekt einer bestimmten, in den Prämissen der Moderne wurzelnden Sicht auf die Welt und den Menschen – und insbesondere die verwundbarsten Subjekte der Gesellschaft wie Frauen und Migranten – inszeniert wird. Während in einer Reihe von Fällen schlichtweg auf das Entkommen möglicher Täter bzw. die Weigerung zur Verfolgung von Spuren verwiesen wird,[204] erreicht die kritische Reflexion des Romans über Formen von Welterkenntnis in den Situationen

---

202 Vgl. dazu etwa die Ausführungen in den *Pensées*, wo es heißt: «[J] 'ai dit souvent que tout le malheur des hommes vient d'une seule chose, qui est de ne savoir pas demeurer en repos dans une chambre. Un homme qui a assez de bien pour vivre, s'il savait demeurer chez soi avec plaisir n'en sortirait pas pour aller sur la mer ou au siège d'une place. [...] De là vient que le jeu et la conversation des femmes, la guerre, les grands emplois sont si recherchés. Ce n'est pas qu'il y ait en effet du bonheur, ni qu'on s'imagine que la vraie béatitude soit d'avoir l'argent qu'on peut gagner au jeu, ou dans le lièvre qu'on court; on n'en voudrait pas s'il était offert. Ce n'est pas cet usage mol et paisible et qui nous laisse penser à notre malheureuse condition qu'on recherche, ni les dangers de la guerre, ni la peine des emplois, mais c'est le tracas qui nous détourne d'y penser et nous divertit. Raison pourquoi on aime mieux la chasse que la prise» (Blaise Pascal: *Pensées*, S. 227).
203 Chris Andrews liefert im Anhang seines Buches eine genaue Auflistung aller Opfer des Romans (vgl. *Roberto Bolaño's fiction*, S. 205–230).
204 Vgl. etwa die geschilderte Flucht eines Tatverdächtigen auf S. 449 oder noch eindrücklicher den Fall des aufgrund seiner Ermittlungen in Mexiko getöteten Privatdetektivs Harry Magaña, über den es heißt: «El cónsul meditó un instante y acabó dándole la razón al jefe de la policía. Mejor no mover la mierda, pensó» (S. 568). Ebenso wird wiederholt die Verstrickung der Polizei selbst suggeriert, etwa wenn es über einen Fall heißt: «Posteriormente un ayudante del forense descubrió que los zapatos que llevaba la víctima eran por lo menos dos

ihre radikalste Ausprägung, in denen die Vorgänge an den jeweiligen *crime scenes* dargestellt werden. So heißt es etwa über einen Leichenfund in der Wüste, bei dem die mexikanischen Ermittler mit dem hinzugezogenen nordamerikanischen Spezialisten Kessler um eine tote Frau herumstehen:

> Uno de los mexicanos dijo que preferían que recogieran el cadáver lo antes posible. [...] Los cuatro hombres se la quedaron mirando. El norteamericano se agachó y con un bolígrafo le apartó el pelo del cuello. Mejor que el gringo no la toque, dijo el policía. No la toco, dijo el norteamericano en español, sólo quiero verle el cuello. Los dos ejecutivos mexicanos se agacharon y observaron las marcas que la muerta tenía en el cuello. Luego se levantaron y miraron la hora. La ambulancia está tardando, dijo uno de ellos. Ya mero llega, dijo el policía.[205]

Was Bolaño in dieser für den gesamten *Teil der Verbrechen* repräsentativen Episode inszeniert, ist ein letztlich grotesk wirkender Kontrasteffekt, der sich aus der Präsenz der massakrierten Körper der Opfer und den affektiven, sprachlichen und, so ließe sich ergänzen, letztlich ‹epistemologischen› Dispositionen der Ermittler ergibt: In keiner der Szenen äußern die (fast ausschließlich männlichen) Beobachter der Tatorte eine noch so minimale Form der Betroffenheit ob der grausamen Verbrechen und ihrer Opfer; stattdessen bildet der Roman einen forensischen Diskurs ab, dessen affektive Kälte eine epistemologisch in der Logik des Archivs gründende Gewalt des ‹kühlen Blicks› aufruft, welche durch die Ausblendung jeglicher emotionaler Elemente den Akt der massenhaften Ermordungen im Roman gleichsam zu spiegeln scheint, indem er das Opfer jeglicher Menschlichkeit entkleidet und zu einer Art reifiziertem Beschreibungsgegenstand werden lässt. So wie in der Diskussion der Ermittler im obigen Zitat über das (angesichts der baldigen Schließung des Falls absurde) Für und Wider der Berührung der Leiche mit einem Stift oder die (für das Opfer belanglose) Verzögerung der Ambulanz diskutiert und damit die tote Frau gleichsam zu einem Objekt herabgestuft wird, für das es einen ‹technischen›, den Logiken der ‹Todesverwaltung› folgenden Plan zu erfüllen gibt, wird etwa in der folgenden Beschreibung eines weiteren Mordopfers vor allem der groteske Charakter des forensisches Diskurses herausgestellt, wenn es heißt:

> A mediados de febrero, en un callejón del centro de Santa Teresa, unos basureros encontraron a otra mujer muerta. Tenía alrededor de treinta años y vestía una falda negra y una blusa blanca, escotada. Había sido asesinada a cuchilladas, aunque en el rostro y el abdomen se apreciaron las contusiones de numerosos golpes. En el bolso se halló un billete

---

números más grandes que los que ésta calzaba. No se encontró identificación de ningún tipo y el caso se cerró» (S. 637).
205 Ebd., S. 450.

de autobús para Tucson, que salía esa mañana a las nueve y que la mujer ya no iba a tomar. También se encontró un pintalabios, polvos, rímel, unos pañuelos de papel, una cajetilla de cigarrillos a medias y un paquete de condones. No tenía pasaporte ni agenda ni nada que pudiera identificarla. Tampoco llevaba fuego.[206]

Die Erwähnung der Tatsache, dass die Tote zwar Zigaretten, aber kein Feuer bei sich trug, wirft für den Leser in diesem Zusammenhang die bestürzende Frage auf, inwiefern dieses Detail angesichts der grausamen Zurichtung des Opfers überhaupt von Belang sein kann und inwiefern ein epistemologisches System, wie es in Gestalt des forensischen Blickes bzw. Diskurses hier zum Ausdruck kommt, überhaupt geeignet sein kann, eine adäquate Erfassung der Abgründe einer verwilderten Welt zu leisten.[207]

---

[206] Ebd., S. 446.

[207] In Benjamin Loy: Dimensiones de una escritura horroris/zada habe ich diese Beispiele im Sinne des Grotesken als eine Extremform des bolañoschen Humors beschrieben. Einen ähnlichen Effekt liefert beispielsweise auch die folgende Szene, in welcher angesichts eines völlig verwesten Leichnams einer Frau nicht über diesen, sondern über die Art der Pflanze diskutiert wird, neben der sich der Kadaver befindet und dabei – in einem maximalen Kontrast zwischen dem toten Körper und dem Gegenstand des Gesprächs – von einem der Beteiligten auf die Wirksamkeit der Pflanze gegen Mückenstiche hingewiesen wird: «Cuarenta días más tarde unos niños encontraron su cadáver cerca de un chamizo en la colonia Maytorena. Su mano izquierda estaba apoyada contra unas hojas de guaco. Debido al estado del cuerpo el forense no fue capaz de dictaminar la causa de la muerte. Uno de los policías que acudieron al levantamiento del cadáver sí que fue capaz de identificar la planta del guaco. Es buena para las picadas de los mosquitos, dijo agachándose y cogiendo unas hojitas verdes, lanceoladas y duras» (Roberto Bolaño: *2666*, S. 470). Bolaño entwirft diese Inszenierung der Affekte dabei dezidiert als ein Phänomen der Moderne, was deutlich wird, wenn die bereits am Ende des dritten Kapitels dieser Arbeit beschriebene Figur des Nazi-Funktionärs Sammer in ihrer Litanei über das vermeintlich eigene schwere Schicksal im Kontrast zu den ermordeten griechischen Juden einer quasi identischen kontrastiven Anlage folgt wie die Beschreibung der Verhaltensweisen der mexikanischen Ermittler ein halbes Jahrhundert später, etwa wenn es gleich zu Beginn der Episode heißt: «Entonces me llegó una nueva orden: tenía que hacerme cargo de un grupo de judíos que venían de Grecia. Creo que venían de Grecia. Puede que fueran judíos húngaros o judíos croatas. No lo creo, los croatas mataban ellos mismos a sus propios judíos. Tal vez fueran judíos serbios. Supongamos que eran griegos. Me enviaban un tren lleno de judíos griegos. ¡A mí! Y yo no tenía nada preparado para acogerlos» (S. 940). Was hier ebenso wie bei den Ermittlern dominiert, ist die im dritten Kapitel in Anlehnung an Hannah Arendt diskutierte Gedankenlosigkeit dieser innerhalb bestimmter rational-technischer Systeme agierenden Figuren und die grotesken Effekte, die in diesem Zusammenprall von grausamer Realität und ihrer systemischen Perzeption als ‹Organisationsproblem› erwachsen. Für eine weitere Analyse solcher extremer humoristischer Strategien in *2666* vgl. auch den kurzen Aufsatz von Brigitte Adriaensen: Memoria, ironía y comunidad: *2666* de Roberto Bolaño. In: *Iberoromania* 82 (2015), S. 125–136.

Die tiefe ethische Problematik der Moderne, so suggeriert *2666*, erwächst nicht allein aus einem wirtschaftlichen System wie dem Kapitalismus, das auf globaler Ebene für die systematische Vernichtung von Leben verantwortlich ist, sondern in gleichem Maße aus der Verfasstheit und dem Funktionieren der vermeintlichen ‹Ordnungs- und Bewältigungssysteme› der Moderne und den in ihnen eingelassenen Logiken von Inklusion und Exklusion, die fundamental die Frage bestimmen, welchen Formen von Leben bzw. welcher Art von Menschen die ‹Aufmerksamkeit› dieser Systeme in Gestalt von Recht, Sicherheit oder anderen fundamentalen Gütern gilt. Dies wird im Roman auch an anderer Stelle offensichtlich, wenn während einer der nächtlichen Konversationen des Journalisten Fate in Santa Teresa eine nicht näher benannte Figur eine historische Perspektive bezüglich dieses Aspekts einführt und dabei am Beispiel des transatlantischen Sklavenhandels und der Toten der Pariser Kommune über eben jene Fragen von Zugehörigkeit und Ausgeschlossenheit von bestimmten Personengruppen innerhalb moderner Gesellschaften reflektiert:

> En el siglo XVII, por ejemplo, en cada viaje de un barco negrero moría por lo menos un veinte por ciento de la mercadería, es decir, de la gente de color que era transportada para ser vendida, digamos, en Virginia. Y eso ni conmovía a nadie ni salía en grandes titulares en el periódico de Virginia ni nadie pedía que colgaran al capitán del barco que los había transportado. Si, por el contrario, un hacendado sufría una crisis de locura y mataba a su vecino y luego volvía galopando hacia su casa en donde nada más descabalgar mataba a su mujer, en total dos muertes, la sociedad virginiana vivía atemorizada al menos durante seis meses, y la leyenda del asesino a caballo podía perdurar durante generaciones enteras. Los franceses, por ejemplo. Durante la Comuna de 1871 murieron asesinadas miles de personas y nadie derramó una lágrima por ellas. Por esa misma fecha un afilador de cuchillos mató a una mujer y a su anciana madre (no la madre de la mujer, sino su propia madre, querido amigo) y luego fue abatido por la policía. La noticia no sólo recorrió los periódicos de Francia sino que también fue reseñada en otros periódicos de Europa e incluso apareció una nota en el *Examiner* de Nueva York. Respuesta: los muertos de la Comuna no pertenecían a la sociedad, la gente de color muerta en el barco no pertenecía a la sociedad, mientras que la mujer muerta en una capital de provincia francesa y el asesino a caballo de Virginia sí pertenecían, es decir, lo que a ellos les sucediera era escribible, era legible.[208]

Die Szene thematisiert dezidiert den Aspekt der Schreib- und Lesbarkeit, d.h. der Wahrnehmung von Welt und Mensch in der Moderne und der an spezifische symbolische, also etwa rechtliche, aber auch mediale Formen gebundenen Bedingungen dieser Wahrnehmung, womit nicht zuletzt einmal mehr der (meta-)politische Auftrag der Literatur bzw. von *2666* selbst in jenem hier

---

[208] Ebd., S. 338–339.

bereits mehrfach angeführten Sinne Rancières benannt ist: Inwiefern, so legt etwa die obige Passage nahe, ist die Literatur in der Lage, ein alternatives Bild von Welt und Mensch zu erschaffen, das weder den Abgrenzungslogiken des Rechts – wie sie im Bild der Sklaven oder der Toten der Kommune als jenen *homines sacri* der Moderne zum Ausdruck kommen – noch etwa den aufmerksamkeitsökonomischen Wahrnehmungslogiken der Medien folgen, wie sie hier in Gestalt jener globalen Erregungsphänomene der *crónica roja* dargestellt werden? *2666* entwickelt diesen Aspekt in der Inszenierung einer ganzen Reihe von Figuren und Momenten, in denen jene Zentralfigur der bolañoschen Ethik, wie er sie in der Caracas-Rede in Gestalt des «saber meter la cabeza en lo oscuro» benennt, wieder aufgenommen wird, wobei es sich hier – wie bereits erwähnt – eben nicht etwa um die vermeintlich kritisch auf die Welt blickenden *críticos*, sondern vor allem um marginale Figuren handelt, die diesen Gestus des Blicks in die dunklen Zonen der verwilderten Welt einfordern, oder wie Florita Almada es formuliert: «Para fijarse en otros paisajes, que aunque parecían el mismo, si uno los miraba bien, con los ojos bien abiertos, resultaban a la postre muy distintos de los paisajes de Villa Pesqueira. Cada cien metros el mundo cambia, decía Florita Almada. Eso de que hay lugares que son iguales a otros es mentira. El mundo es como un temblor.»[209] Ganz im Unterschied zu den europäischen Philologen in ihrer Unfähigkeit zu einer differenzierten Betrachtung der Welt,[210] formuliert Florita – jene marginale Figur par excellence – hier ‹kosmopolitische› Positionen, indem sie eben auf der radikalen Vielfalt der Welt insistiert und diesbezüglich ihre eingehende Betrachtung «con los ojos bien abiertos» einfordert. Eben dieses Postulat des kritischen Blicks, das im *Teil der Verbrechen* auch von einigen anderen, bald ihren Nachforschungen zum Opfer fallenden Figuren verkörpert wird,[211] macht Florita in einer ihrer öffentlichen Monologe im Fernsehen deutlich, wenn sie das Wegsehen der Institutionen angesichts der das Land überschwemmenden Mordserie anprangert und in einer einmal mehr diesen Komplex der Ethik der Optik thematisierenden Passage spricht von den:

---

209 Ebd., S. 538.
210 Vgl. in diesem Zusammenhang auch eine weitere Episode, auf die hier nur verwiesen werden soll, in welcher ebenfalls in der Geschichte um Boris Ansky von einer Gruppe französisches Anthropologen auf Borneo die Rede ist, welche in ihrer Unfähigkeit, die Verhaltensregeln eines Stammes indigener Bewohner der Insel zu respektieren, von diesen schließlich getötet werden (S. 914–915).
211 Vgl. etwa den Fall des bereits erwähnten Privatdetektivs Harry Magaña, dessen Credo «siempre hay que hacer preguntas» lautet (S. 553), oder auch die Episode um den kritischen Lokaljournalisten Josué Hernández Mercado, der ebenfalls wenig später verschwindet (vgl. S. 769).

> gafas de cristales negros de algunos dirigentes políticos o de algunos jefes sindicales o de algunos policías. ¿Para qué se tapan los ojos, me pregunto? ¿Han pasado una mala noche estudiando formas para que el país progrese, para que los obreros tengan mayor seguridad en el trabajo o un aumento salarial, para que la delincuencia se bata en retirada? Puede ser. Yo no digo que no. Tal vez sus ojeras se deban a eso. ¿Pero qué pasaría si yo me acercara a uno de ellos y le quitara las gafas y viera que *no tiene* ojeras? Me da miedo imaginármelo. Me da coraje. Mucho coraje, queridas amigas y amigos.[212]

Auch in den Figuren des schwarzen Journalisten Fate[213] und vor allem von Hans Reiter alias Benno von Archimboldi wird diese Frage nach einer besonderen Form des Sehens explizit verhandelt. So wird Reiter, wie bereits an anderer Stelle angeführt, von Beginn des Romans an und im Kontrast zu den Kritikerfiguren eingeführt als eine Figur, deren Wahrnehmung der Welt sich unterscheidet von der «[de] los demás [que] aceptaban todo lo que veían o les sucedía como algo normal.»[214] Stattdessen erscheint der künftige Schriftsteller schon während seiner Kindheit in Ostpreußen und seinen Naturerkundungen als Person, die den Dingen im wahrsten Sinne des Wortes ‹auf den Grund› geht, was insbesondere durch die hinlänglich geschilderten Tauchpassagen in der Ostsee deutlich wird, über die es heißt:

> Tampoco le gustaba el mar o lo que el común de los mortales llama mar y que en realidad sólo es la superficie del mar, las olas erizadas por el viento que poco a poco se han ido convirtiendo en la metáfora de la derrota y la locura. Lo que le gustaba era el fondo del mar, esa otra tierra, llena de planicies que no eran planicies y valles que no eran valles y precipicios que no eran precipicios. Cuando la tuerta lo bañaba en un barreño, el niño Hans Reiter siempre se deslizaba de sus manos jabonosas y bajaba hasta el fondo, con los ojos abiertos, y si las manos de su madre no lo hubieran vuelto a subir a la superficie él se habría quedado allí, contemplando la madera negra y el agua negra en donde flotaban partículas de su propia mugre, trozos mínimos de piel que navegaban como submarinos hacia alguna parte, una rada del tamaño de un ojo, un abra oscura y serena, aunque la serenidad no existía, sólo existía el movimiento que es la máscara de muchas cosas, incluida la serenidad.[215]

Im Motiv dieses ‹besonderen Sehens› unter Wasser, das bereits in *Estrella distante* in der Figur von Lorenzo alias Petra eine tragende Rolle spielte,[216] ruft Bolaño dabei zugleich ein Motiv auf, das wiederum in der Literatur der Moderne

---

212 Ebd., S. 574.
213 «¿Cuándo empezó todo?, pensó. ¿En qué momento me sumergí?», heißt es gleich zu Beginn des dritten Teils des Romans (S. 295).
214 Ebd., S. 880.
215 Ebd., S. 797.
216 Vgl. die Überlegungen dazu in Kapitel vier dieser Arbeit.

eine lange Traditionsgeschichte aufweist und hier einmal mehr an eine spezifische Ästhetik des Blicks gebunden werden kann, wie sie etwa Charles Baudelaire in seinem poetischen und essayistischen Werk entwickelt hat. So gelten ihm etwa in seinem bekannten Text zur Weltausstellung von 1855 eben die Beobachter als die geeignetsten, deren Blick auf die Welt durch die direkte Erfahrung und nicht durch die spezifische und erlernte Logik eines Wissenssystems geprägt ist:

> Les mieux doués à cet égard sont ces voyageurs solitaires qui ont vécu pendant des années au fond des bois, au milieu des vertigineuses prairies, sans autre compagnon que leur fusil, contemplant, disséquant, écrivant. Aucun voile scolaire, aucun paradoxe universitaire, aucune utopie pédagogique, ne se sont interposés entre eux et la complexe vérité. Ils savent l'admirable, l'immortel, l'inévitable rapport entre la forme et la fonction. Ils ne critiquent pas, ceux-là: ils contemplent, ils étudient.[217]

Ganz in diesem Sinne fungiert Reiter – und die autobiographischen Parallelen zu Bolaño sind nicht von der Hand zu weisen – als paradigmatische Figur des Solitärs, die ihr Weltwissen abseits der Institutionen und mit einem nicht durch die «voile scolaire» vernebelten Blick erwirbt und deren Gegenspieler natürlich jene hier bereits ausführlich inspizierten Kritikerfiguren sind, über die Baudelaire an gleicher Stelle als jenen «*modernes professeurs-jurés* d'esthétique [...] enfermé[s] dans l'aveuglante forteresse de [leur] système»[218] lästert. Insbesondere Pelletier und Espinoza erscheinen vor diesem Hintergrund als die Wiedergänger jener von Baudelaire so heftig kritisierten «science barbouillée d'encre, goût bâtard, plus barbare que les barbares», die eben zur wirklichen Erfahrung und zur Wahrnehmung der Weltzusammenhänge nicht mehr fähig sind, gehören sie doch einer Zunft an, «qui a oublié la couleur du ciel, la forme du végétal, le mouvement et l'odeur de l'animalité, et dont les doigts crispés, paralysés par la plume, ne peuvent plus courir avec agilité sur l'immense clavier des *correspondances*!»[219] Während Archimboldi stellvertretend für die gesamte Logik und Ästhetik der Verflechtungen des Romans steht, die zweifellos im Sinne jener baudelairschen Idee der *correspondances* gelesen werden können, erscheinen die vier Kritiker – insbesondere in der geschilderten Taxi-Szene – als Verkörperung des modernen Menschen, dem es in seinem ennuyierten Verhältnis zur Welt nicht mehr möglich ist, wahrhaftige Erfahrungen zu machen,

---

217 Charles Baudelaire: Exposition universelle, 1855, Beaux-arts. In: Charles Baudelaire: *Œuvres complètes II*. Texte établi, présenté et annoté par Claude Pichois. Paris: Gallimard 1976, S. 575–582, hier: S. 576.
218 Ebd., S. 577 (alle Kursivierungen hier im Original).
219 Ebd.

woraus, wie Walter Benjamin in seinen Baudelaire-Fragmenten beobachtet,[220] eben jener Zorn entspringt, wie er sich in der Londoner Episode von Seiten der Philologen gegenüber dem pakistanischen Taxifahrer entlädt. Wo die Kritiker blind für die dunklen Seiten der Moderne sind, entwirft Bolaño seinen Protagonisten Reiter (falls man überhaupt einer Figur in *2666* einen solchen Status zuweisen kann) explizit als einen in der Dunkelheit der Nacht Sehenden, wenn es in einer weiteren Kriegsepisode über einen Arztbesuch Reiters heißt:

> Tendría ojos de nictálope, pensó. Con el tiempo mis ropas quedarían reducidas a unos cuantos harapos y finalmente viviría desnudo. Nunca más regresaría a Alemania. Un día moriría ahogado y radiante de felicidad. Por aquellas fechas la compañía de Reiter tuvo visita médica. El médico que lo atendió lo encontró, dentro de lo que cabía, completamente sano, excepción hecha de sus ojos, que exhibían un enrojecimiento nada natural y cuya causa el mismo Reiter sabía sin posibilidad de error: las largas horas de buceo a cara descubierta en aguas saladas. Pero no se lo dijo al médico por temor a que le cayera un castigo o a que le prohibieran volver al mar. En ese tiempo a Reiter le hubiera parecido un sacrilegio bucear con gafas de buceo. Escafandra sí, gafas de buceo rotundamente no. El médico le recetó unas gotas y le dijo que cursara con su superior un parte para ser atendido por el oftalmólogo. Al irse el médico pensó que aquel muchacho larguirucho probablemente era un drogadicto y así lo escribió en su diario de vida: ¿cómo es posible encontrar a jóvenes morfinómanos, heroinómanos, tal vez politoxicómanos en las filas de nuestro ejército? ¿Qué representan? ¿Son un síntoma o son una nueva enfermedad social? ¿Son el espejo de nuestro destino o son el martillo que hará añicos nuestro espejo y también nuestro destino?[221]

Abermals scheint in Reiters Weigerung, eine Brille zu benutzen, ein baudelairsches Motiv in Gestalt seiner Kritik der Photographie auf, wie er sie in seinem Text über den *Salon de 1859* formuliert[222] und in der er «die Materialisierung des Sehens als Bedrohung aller Poesie»[223] zum Ausdruck bringt – ein Aspekt, der im genannten Zitat des Arztes noch einmal herausgestellt wird, wenn dieser Reiters

---

220 «Für den, der keine Erfahrung mehr machen kann, gibt es keinen Trost. Es ist aber nichts anderes als dieses Unvermögen, was das eigentliche Wesen des Zornes ausmacht. Der Zornige ‹will nichts hören› [...]. Der Zorn mißt mit seinen Ausbrüchen den Sekundentakt, dem der Schwermütige verfallen ist» (Walter Benjamin: *Charles Baudelaire*, S. 138).
221 Roberto Bolaño: *2666*, S. 845–846.
222 «Est-il permis de supposer qu'un peuple dont les yeux s'accoutument à considérer les résultats d'une science matérielle comme les produits du beau n'a pas singulièrement, au bout d'un certain temps, diminué la faculté de juger et de sentir ce qu'il y a de plus éthéré et de plus immatériel?» (Charles Baudelaire: Salon de 1859. In: Charles Baudelaire: *Œuvres complètes II*. Texte établi, présenté et annoté par Claude Pichois. Paris: Gallimard 1976, S. 608–682, hier: S. 619).
223 Kai Nonnenmacher: *Das schwarze Licht der Moderne: zur Ästhetikgeschichte der Blindheit*. Tübingen: Niemeyer 2006, S. 298.

vom Tauchen gerötete Augen aus der Logik der modernen Medizin heraus nicht anders zu erklären weiß als durch den Verdacht, er habe es bei dem Wehrmachtssoldaten mit einem Drogenabhängigen zu tun. Gerade dieser Blick des Berauschten aber ist es, den Baudelaire als Hort des Imaginären und damit als Gegengewicht zum rationalen Perspektivismus der Moderne und ihrer maschinellen Anhäufung von Bildern ins Feld führt, oder wie es in *Du vin et du hachisch* heißt: «Vos yeux s'agrandissent, ils sont comme tirés dans tous les sens par une extase implacable [...]. Les objets extérieurs prennent des apparences monstrueuses. Ils se révèlent à vous sous des formes inconnues.»[224] An diese Figur des ‹berauschten Blicks› aber schließen in *2666* all jene oben beschriebenen Figuren wie Óscar Amalfitano, Florita Almada oder eben Hans Reiter mit ihren über die rational fundierten Blickregime der Moderne hinausgehenden Wahrnehmungsformen in Gestalt von Trance und Halluzination im Sinne einer Perspektive auf eine verwilderte Welt an, die – wie der gesamte Roman – durch eine Ästhetik des Chaos und der Überkreuzungen eine komplexe Lektüre dieser Weltverhältnisse zu entwerfen versucht und dabei das Imaginäre im Sinne jener Notwendigkeit des Rauschs oder der «magia», wie sie Bolaños Boris Jelzin postuliert, als essentielles Element eines solchen ‹Welten-Lesens› zentral setzt. Die Figur des Eintauchens in die Abgründe dieser Welt schließt dabei wiederum unmittelbar an Baudelaires *Le voyage* und den berühmten Schlussvers an: «Plonger au fond du gouffre, Enfer ou Ciel, qu'importe ?/Au fond de l'Inconnu pour trouver du nouveau!»[225] In diesem Vers wiederum sieht Bolaño in seinem hier bereits mehrfach zitierten Essay *Literatura + enfermedad* die Beschreibung der Literatur und ihrer Möglichkeiten schlechthin erfasst, wenn er diesbezüglich bemerkt: «Este último verso, al fondo de lo ignoto, para encontrar lo nuevo, es la pobre bandera del arte que se opone al horror que se suma al horror, sin cambios sustanciales, de la misma forma que si al infinito se le añade más infinto, el infinito sigue siendo el mismo infinito. Una batalla perdida de antemano, como casi todas las batallas de los poetas.»[226] Klingt diese Passage zunächst fundamental pessimistisch, indem sie die Literatur als stets schon verlorene Schlacht erfasst, revidiert Bolaño diese Position in der Folge dahingehend, dass er eben in den vermeintlich schon immer flüchtigen Versuchen des Erlebens in Gestalt jener auch von Jelzin genannten Trias aus Sex, Büchern und Reisen letztlich doch die einzige Möglichkeit eines ‹Gegenmittels› zu jenem den modernen Menschen

---

[224] Charles Baudelaire: Du vin det du hachisch. In: Charles Baudelaire: *Œuvres complètes I*. Texte établi, présenté et annoté par Claude Pichois. Paris: Gallimard 1975, S. 376–398, hier: S. 393.
[225] Charles Baudelaire: Le voyage, S. 134.
[226] Robertob Bolaño: Literatura + enfermedad = enfermedad, S. 154–155.

verschlingenden *ennui* angelegt sieht: «Pero mientras buscamos el antídoto o la medicina para curarnos, lo nuevo, aquello que sólo se puede encontrar en lo ignoto, hay que seguir transitando por el sexo, los libros y los viajes, aun a sabiendas de que nos llevan al abismo, que es, casualmente, el único sitio donde uno puede encontrar el antídoto.»[227] Die Rauscherfahrung, so Bolaños Botschaft, ist von der *wahren* Literatur als derjenigen, die tatsächlich die Erfahrung einer neuen Einteilung des Sinnlichen gewährt und damit im rancièrschen Sinne politisch ist, nicht zu trennen, weshalb auch im Roman immer wieder auf dieses Motiv verwiesen wird, etwa wenn die englische Philologin Liz Norton nach ihrer zweiten Lektüre eines Archimboldi-Romans das Gefühl überfällt, sie habe eine «infusión de peyote»,[228] also eines berauschenden mexikanischen Kaktus, getrunken. Ebenso rekurriert der Roman immer wieder auf die lebensspendende Kraft der Imagination, wie in der in die Ansky-Episode integrierten Geschichte eines sibirischen Jägers, dem Raubtiere seine Geschlechtsorgane abbeißen und der über Monate hinweg auf der Suche nach ihnen durch die Steppe läuft, bis er eines Tages aufgibt und es über den weiteren Verlauf der Geschichte in einer jener für den Roman so typischen, fast verkitschten Episoden von Seiten des die Geschichte erzählenden Ansky heißt:

> Un día decidió no salir más. Pareció envejecer de golpe: debía andar por los cincuenta pero de la noche a la mañana aparentaba unos ochenta años. Mi destacamento se marchó de la aldea. Al cabo de cuatro meses volvimos a pasar por allí y preguntamos qué había sido del hombre sin atributos. Nos dijeron que se había casado y que llevaba una vida feliz. Uno de mis camaradas y yo quisimos verlo: lo encontramos mientras preparaba los avíos para otra larga estancia en el bosque. Ya no aparentaba ochenta años sino cincuenta. O tal vez ni siquiera aparentaba cincuenta sino, en ciertas partes de su rostro, en los ojos, en los labios, en las mandíbulas, cuarenta. Cuando nos marchamos, al cabo de dos días, pensé que el cazador había logrado imponer su deseo a la realidad, que, a su manera, había transformado su entorno, la aldea, a los aldeanos, el bosque, la nieve, el pene y los testículos perdidos. Lo imaginé orinando de rodillas, con las piernas bien abiertas en medio de la taiga helada, caminando hacia el norte, hacia los desiertos blancos y hacia las ventiscas blancas, con la mochila cargada de trampas y con una absoluta inconsciencia de aquello que nosotros llamamos destino.[229]

Wenngleich also Bolaños Auffassung von Literatur – wie insbesondere in den Kapiteln drei und vier hinlänglich deutlich geworden sein sollte – sich stets ihrer eigenen Tendenzen zum Exzess und zur Transgression bewusst ist, so entwickelt doch gerade *2666* als der vermeintlich ‹pessimistischste› Roman des

---

227 Ebd., S. 156.
228 Roberto Bolaño: *2666*, S. 23.
229 Ebd., S. 895.

Autors eine ganze Reihe von Bildern und Episoden, in denen – wie in der hier zitierten Geschichte des Jägers – zugleich eine klare Affirmation der Macht und der Notwendigkeit des Imaginären als Form der Lebens- und Weltbewältigung bzw. einer spezifischen Form von Erkenntnis sichtbar wird. Diese wird in *2666* in einer Vielzahl an Bildern ausgestaltet, die Hermann Herlinghaus[230] in ihrer Funktionsweise treffend mit den dialektischen Bildern Walter Benjamins in Verbindung gebracht hat, welche dieser wiederum bekanntlich im *Passagen-Werk* wie folgt erfasst hat: «Nicht so ist es, daß das Vergangene sein Licht auf das Gegenwärtige oder das Gegenwärtige sein Licht auf das Vergangene wirft, sondern das Bild ist dasjenige, worin das Gewesene mit dem Jetzt blitzhaft zu einer Konstellation zusammentritt.»[231] Eben eine solche Ästhetik der Konstellation oder, wie oben mit Blick auf Baudelaire beschrieben, der *correspondances* ist es, die Bolaño in *2666* zur Darstellung seiner verwilderten und sich aus einer sich stetig entgrenzenden Zahl von Räumen, historischen Momenten und Geschichten zusammensetzenden Welt entwickelt, um einen solchen, um mit Blumenberg zu sprechen, ‹Totalhorizont› wie ‹Welt› bzw. ‹Moderne› literarisch erfahrbar zu machen. Wenn Benjamin in diesem Zusammenhang deutlich macht, dass der Ort, an dem man die dialektischen Bilder antrifft, die «im höchsten Grade den Stempel des kritischen, gefährlichen Moments [tragen], welcher allem Lesen zugrunde liegt»,[232] die Sprache selbst ist, dann findet sich auch diese Idee in der ‹Sprachpolitik› von *2666* verwirklicht, etwa wenn der schon mehrfach beschriebene Black Panthers-Anführer Barry Seaman sich über die Funktion von Metaphern auslässt und damit abermals aus der Sicht einer vermeintlich marginalen und nicht im klassischen Sinne gebildeten Figur eine Reihe von sprachphilosophischen Reflexionen formuliert wird:

> En realidad, cuando uno habla de estrellas, lo hace en sentido figurado. Eso se llama metáfora. Uno dice: es una estrella de cine. Uno está hablando con una metáfora. Uno dice: el cielo estaba cubierto de estrellas. Más metáforas. Si a uno le pegan un derechazo en la mandíbula y lo dejan knock out, se dice que ha visto las estrellas. Otra metáfora. Las metáforas son nuestra manera de perdernos en las apariencias o de quedarnos inmóviles en el mar de las apariencias. En este sentido una metáfora es como un salvavidas.[233]

Die Vorstellung von der Metapher als Rettungsring verweist hier auf ein zentrales Element der sprachlichen Ausgestaltung des Romans: Diese geht zunächst

---

230 Vgl. Hermann Herlinghaus: *Narcoepics*, S. 197–200.
231 Walter Benjamin: Das Passagen-Werk. In: Rolf Tiedemann (Hg.): *Walter Benjamin – Gesammelte Schriften. Band V.1*. Frankfurt am Main: Suhrkamp 1991, S. 9–654, hier: S. 576.
232 Ebd.
233 Roberto Bolaño: *2666*, S. 323.

insofern von einer profunden Sprachkrise aus, als sie, so haben es etwa die Untersuchungen von Levinson und Altenberg gezeigt, die Inszenierung einer chaotischen und instabilen Welt gleichermaßen auch die Ebene der Sprache betrifft und jede Illusion einer (durchgängigen) realistisch-mimetischen Repräsentation von Sprache verunmöglicht, wie etwa insbesondere im dritten Teil des Romans in den Gesprächen zwischen Fate und den Figuren in Mexiko deutlich wird, bei deren ‹Spanisch› es sich in Wirklichkeit handelt um einen «fictional argot that mirrors no national or local tongue, no nation or locality at all. A pure invention, its roots lie in one place only: 2666.»[234] Ebenso verweist der Roman explizit auf die Entwertung hergebrachter sprachlicher und imaginärer Instrumente zur Beherrschbarmachung einer Welt, deren Unübersichtlichkeit und Brutalität alle etablierten Kategorien zu überschreiten scheint, wie wenn die gleiche namenlose Figur, die zuvor über die toten Sklaven und Kommunarden raisonniert, ihren Monolog mit der folgenden Betrachtung beginnt:

> En el siglo XIX, a mediados o a finales del siglo XIX, [...] la sociedad acostumbraba a colar la muerte por el filtro de las palabras. Si uno lee las crónicas de esa época se diría que casi no había hechos delictivos o que un asesinato era capaz de conmocionar a todo un país. [...] Todo pasaba por el filtro de las palabras, convenientemente adecuado a nuestro miedo. ¿Qué hace un niño cuando tiene miedo? Cierra los ojos. ¿Qué hace un niño al que van a violar y luego a matar? Cierra los ojos. Y también grita, pero primero cierra los ojos. Las palabras servían para ese fin. Y es curioso, pues todos los arquetipos de la locura y la crueldad humana no han sido inventados por los hombres de esta época sino por nuestros antepasados. Los griegos inventaron, por decirlo de alguna manera, el mal, vieron el mal que todos llevamos dentro, pero los testimonios o las pruebas de ese mal ya no nos conmueven, nos parecen fútiles, ininteligibles.[235]

Die hier angesproche Erosion der hergebrachten und der Figur zufolge bis in die Antike zurückverfolgbaren Sprach- und Bildwelten wird im weiteren Verlauf des Romans mehrfach wieder aufgegriffen, etwa wenn der Journalist Fate vor seinem inneren Auge ein deformiertes Bild Justitias als der klassischen Allegorie der Gerechtigkeit sieht:

> Por un instante imaginó una balanza, semejante a la balanza que tiene en sus manos la justicia ciega, sólo que en lugar de dos platillos esta balanza tenía dos botellas o algo que parecía dos botellas. La, llamémosla así, botella de la izquierda era transparente y estaba llena de arena del desierto. Tenía varios agujeros por donde se escapaba la arena. La botella de la derecha estaba llena de ácido. Ésta no tenía ningún agujero, pero el ácido se estaba comiendo la botella desde dentro.[236]

---

[234] Brett Levinson: Case closed, S. 181.
[235] Roberto Bolaño: 2666, S. 338.
[236] Ebd., S. 438.

Das den Roman durchziehende Motiv der beinahe universellen Straflosigkeit korreliert mit einer Entwertung der hergebrachten Sprachbilder, die der Roman, wie im Beispiel der Justitia, entweder in pervertierter Form aufruft oder für die er neue metaphorische Ausdrucksformen und Bilder sucht, die – und hier kommt ihre von Seaman skizzierte Funktion als «Rettungsringe» zum Tragen – Möglichkeiten der Versprachlichung exploriert, die es dem Leser erlauben, die Verwerfungen dieser verwilderten Welt im Medium einer eindrücklichen Bildlichkeit *lesbar* zu machen, wie etwa, wenn es über einen anderen der zahllosen nicht aufgeklärten Mordfälle in einer Verbildlichung der Korruptheit der Behörden und ihrer mangelnden Möglichkeiten heißt: «Se dictó una orden de detención a nombre de los dos hermanos, que circuló como circula un mosquito alrededor de una fogata por varias comisarías de la República. El caso quedó sin aclarar.»[237] Darüber hinaus allerdings betreibt *2666* auch fortwährend konkrete Formen der Sprachkritik, indem der Roman etwa die misogynen und gewalttätigen Dimensionen der Alltagssprache insbesondere am Beispiel der mexikanischen Polizisten wiederholt in den Fokus rückt. Dies geschieht etwa in einer langen Serie zutiefst frauendverachtender Witze eines Polizisten,[238] auf die hier nur verwiesen sei, sowie in den kontrastiven Gegenüberstellungen eines bestimmten unreflektierten Sprachgebrauchs: So bezeichnen etwa die Polizisten eine ermordete Frau, von der lediglich bekannt war, dass sie unverheiratet war und von Zeit zu Zeit ausging, fast selbstverständlich als «[m]edio puta»,[239] ebenso wie der Journalist Sergio Rodríguez, der im Roman unter seinem realweltlichen Namen auftritt, in einem Gespräch mit einer Prostituierten sagt, «que en Santa Teresa estaban matando putas, [...] a lo que la puta le contestó que no, que tal como él le había contado la historia las que estaban muriendo eran obreras, no putas. Obreras, obreras, dijo. Y entonces Sergio le pidió perdón y como tocado por un rayo vio un aspecto de la situación que hasta ese momento había pasado por alto.»[240]

In diesem Sinne lassen sich in *2666* folglich mit Blick auf die hier behandelte Ausgangsfrage nach der kritischen Inszenierung von Perspektiven auf eine verwilderte Welt eine Vielzahl sich überkreuzender Motive und narrativer wie sprachlicher Operationen beobachten, die neben der einmal mehr dominanten Bezugnahme auf bestimmte intertextuelle und ideengeschichtliche Referenzen gleichermaßen auf Elemente einer spezifischen Inszenierung von Sprache und Sprechern bzw. *Beobachtern* rekurrieren und diese als Reaktionen auf eine

---

237 Ebd., S. 619.
238 Vgl. S. 689–692.
239 Ebd., S. 576.
240 Ebd., S. 583.

umfassende Entwertung und Erschöpfung hergebrachter sprachlicher und bildlicher Codes, aber auch bestimmter epistemologischer und symbolischer Systeme konstruieren. Die sich in diesem Zusammenhang und nicht zuletzt auch vor dem Hintergrund der festgestellten Präsenz von Positionen einer «negativen Anthropologie» aufdrängende Frage bestünde nun abschließend sicher darin, wie die Haltung des Romans bzw. der Literatur als solcher, insoweit sie im Text adressiert wird, sich hinsichtlich jener verwilderten Weltverhältnisser bestimmen lässt. Während die Kritik diesbezüglich in ihrer Mehrheit eine pessimistische Auslegung des Romans (oder gar von Bolaños Gesamtwerk[241]) und eine mehr oder weniger vollständige Absenz jeglicher utopischer Positionen postuliert hat, scheint doch gerade der Rückgriff Bolaños auf die hier entwickelte Genealogie einer negativen Anthropologie sowie die in seinen marginalen Figuren und den dialektischen Bildern angelegten Potentiale eine alternative Lektüre zu erlauben: Auch wenn die Tatsache nicht von der Hand zu weisen ist, dass – und die eingangs des Kapitels getätigten Überlegungen zur Geschichtsphilosophie mögen das belegen – *2666* eine umfassende Erosion aller utopischen Horizonte und Narrative sowie einer ganzen Reihe von symbolischen und epistemologischen Systemen und Institutionen moderner Weltbeziehungen konstatiert, scheinen doch gerade etwa in den beschriebenen Figuren wie Florita Almada oder Óscar Amalfitano und ihren imaginär und sprachlich grundierten Widerstandsstrategien bestimmte Perspektiven auf, welche die Hoffnung auf eine *andere Welt* zulassen. Die radikale Fraglität einer solchen Hoffnung ist bei Bolaño unbestritten und doch scheint sich an zahlreichen Stellen des Romans zumindest eine – um einen Ausdruck Bohrers zu gebrauchen – Art «Augenblicks-Utopie» zu artikulieren; diese sei, so Bohrer in seiner Epiphanie-Studie der Moderne,

> Symptom eines Zweifels, aber eines Zweifels, der, als Zweifel konsequent, sich nicht absolut setzt und den utopischen Horizont [...] ‹unbestimmt› offen hält. [...] Die ästhetisch gewordene Wertigkeit der Augenblicks-Utopie ist geschichtsphilosophisch nicht mehr zu qualifizieren, sondern anthropologisch und psychologisch. Telos, Ethik und regulative Idee, die zur begrifflichen Fassung der traditionellen Utopie-Formen verwendbare Kategorien sind, helfen hier nicht weiter.[242]

---

241 Vgl. dazu auch etwa den noch unveröffentlichten Aufsatz von Mariano Siskind: Towards a cosmopolitanism of loss: an essay about the end of the world. In: Gesine Müller/Mariano Siskind (Hg.): *World Literature, Cosmopolitanism, Globality: beyond, against, post, otherwise*. Berlin/Boston: De Gruyter 2019 (im Druck).
242 Karl Heinz Bohrer: Utopie des «Augenblicks» und Fiktionalität. Die Subjektivierung von Zeit in der modernen Literatur. In: Karl Heinz Bohrer: *Plötzlichkeit. Zum Augenblick des ästhetischen Scheins*. Frankfurt am Main: Suhrkamp 1981, S. 180–218, hier: S. 218.

Die Fixierung auf epiphanisch grundierte Augenblicke, wie sie in *2666* so häufig in Gestalt jener beschriebenen Momente von Trance und Halluzination, aber durchaus auch im Kontext bestimmter zwischenmenschlicher Begegnungen aufscheinen, zeitigt in ihrer Skepsis gegenüber möglichen Narrativen von Utopie und Erlösung aber gerade keine «nihilistische Konsequenz»,[243] wie Bohrer festhält. Vielmehr schimmert in ihnen – wie schwach auch immer – die Möglichkeit einer Veränderung der Verhältnisse, wird die grundsätzlich pessimistische Anthropologie, wie sie auch *2666* eignet, partiell punktiert in Richtung einer potentiellen Veränderung der Verhältnisse und einer Konstruktion jener «Brücken über den Abgrund», wie sie Bolaño in seiner eingangs zitierten Präferenz für Pascal im Vergleich zu Nietzsche formuliert. In diesem Sinne wäre der Lektüre Zavalas zuzustimmen, wenn er etwa in eben jenen Formen des Widerstands bestimmter Figuren angesichts der Verbrechen in Mexiko eine «esperanza de una nueva comunidad»[244] sieht und *2666* als politischen Roman erfasst, seien doch «lo político y lo literario [...] formas correspondientes de un mismo deseo y una misma pregunta: la capacidad humana de *imaginar* formas de vida mejores que nuestros presentes, mejores que todos los presentes.»[245] Amalfitano unterstreicht diesen Aspekt einmal mehr, wenn er den Effekt der Literatur wie folgt definiert:

> Convertía el dolor de los otros en la memoria de uno. Convertía el dolor, que es largo y natural y que siempre vence, en memoria particular, que es humana y breve y que siempre se escabulle. Convertía un relato bárbaro de injusticias y abusos, un ulular incoherente sin principio ni fin, en una historia bien estructurada en donde siempre cabía la posibilidad de suicidarse. Convertía la fuga en libertad, incluso si la libertad sólo servía para seguir huyendo. Convertía el caos en orden, aunque fuera al precio de lo que comúnmente se conoce como cordura.[246]

Die Fiktion wird hier letztlich doch zu einer, vielleicht zur einzigen Möglichkeit einer schwachen Form von Ordnung und Erkenntnis inmitten einer chaotischen und barbarischen Welt, in die zugleich immer auch die Utopie einer Gemeinschaftserfahrung eingelassen ist, mit welcher bezeichnenderweise auch der *Teil der Verbrechen* als der vermeintlich radikalste Ausweis einer hoffnungslosen Welt in folgendem Bild endet:

> Las navidades en Santa Teresa se celebraron de la forma usual. Se hicieron posadas, se rompieron piñatas, se bebió tequila y cerveza. Hasta en las calles más humildes se oía

---

243 Ebd.
244 Oswaldo Zavala: *La modernidad insufrible*, S. 196.
245 Ebd., S. 207, Hervorhebung im Original.
246 Roberto Bolaño: *2666*, S. 243–244.

a la gente reír. Algunas de estas calles eran totalmente oscuras, similares a agujeros negros, y las risas que salían de no se sabe dónde eran la única señal, la única información que tenían los vecinos y los extraños para no perderse.[247]

Noch in der absoluten Dunkelheit der Nacht an jenem Zentrum einer dunklen Welt, als das Bolaño Santa Teresa beschreibt, scheint in diesem Schlusssatz jener endlosen Liste an Verbrechen bezeichnenderweise im Lachen und im Bild der gemeinschaftlichen Rituale jene Möglichkeit einer Orientierung auf – *la única información que tenían los vecinos y los extraños para no perderse* –, die sich in all ihrer Zerbrechlichkeit und Flüchtigkeit letztlich doch verzweifelt gegen einen radikalen Nihilismus in einer verwilderten Welt wendet.

Das fröhliche Ende der alten Weltrepublik der Literatur

Wie kaum ein anderer lateinamerikanischer Autor hat Roberto Bolaño auch in den seit Ende der 1990er Jahre neu entflammten Debatten um den Begriff und das Konzept der *Weltliteratur*[248] eine prägende Rolle in zahlreichen internationalen Studien gespielt, sei es als Beispiel für bestimmte sprachliche und/oder translatorische Phänomene, die mit nationalphilologischen Kategorien nicht mehr zu erfassen seien,[249] oder mit Blick auf Texte, die dezidiert zentrale Fragestellungen von Autorschaft und Aneignung innerhalb eines globalen literarischen Feldes

---

[247] Ebd., S. 791.
[248] Den Ausgangspunkt der Debatte bilden insbesondere die Publikationen von Pascale Casanovas bereits erwähntem Werk *La république mondiale des lettres* (1999) und David Damroschs Studie *What is world literature?* (2003), die in der Folge aufgrund ihres euro- oder bzw. anglo- oder frankozentrischen Charakters stark kritisiert wurden. Vgl. dazu aus lateinamerikanistischer Perspektive etwa die Beiträge in den Bänden von Ignacio Sánchez Prado (Hg.): *América Latina en la «literatura mundial»*. Pittsburgh: Instituto Internacional de Literatura Iberoamericana 2006, und Dunia Gras/Gesine Müller (Hg.): *América Latina y la literatura mundial: mercado editorial, redes globales y la invención de un continente*. Madrid/Frankfurt am Main: Iberoamericana/Vervuert 2015, darin insbesondere die Kritik von Ottmar Ette: Desde la filología de la literatura mundial hacia una polilógica filología de las literaturas del mundo (S. 323–367); für eine stärker historiographisch orientierte Kritik dieser Konzepte vgl. meine Überlegungen in Benjamin Loy: La (in)soportable levedad de la tradición.
[249] Vgl. hier etwa die Ausführungen in Rebecca Walkowitz: *Born Translated. The Contemporary Novel in an Age of World Literature*. New York: Columbia University Press 2015, S. 17. Vgl. in diesem Zusammenhang auch die rezente Studie von Jorge Locane: *De la literatura latinoamericana a la literatura (latinoamericana) mundial. Condiciones materiales, procesos y actores*. Berlin/Boston: De Gruyter 2019.

verhandeln.[250] Auch die Bolaño-Kritik als solche hat seine Texte aus unterschiedlichen Perspektiven an Fragen der gegenwärtigen Weltliteratur-Debatte anzuschließen versucht, wenn sie ihn etwa als «extraterritorialen»[251] Autor verortet oder gar zum paradigmatischen Repräsentanten einer «neuen Weltliteratur»[252] ausgerufen hat. Der Fokus dieser Studien allerdings lag dabei häufig eher auf textexternen Fragen der Rezeption und Zirkulation von Bolaños Texten[253] statt auf den möglichen Visionen von Weltliteratur, wie sie seine Werke entwerfen, ganz zu schweigen von den in dieser Arbeit im Zentrum stehenden Dimensionen seiner intertextuellen Auseinandersetzung mit einem weltliterarischen Kanon. Vor diesem Hintergrund (und der Tatsache, dass auf die möglichen Ursachen für Bolaños globalen Erfolg bereits an verschiedenen Stellen in den ersten beiden Kapiteln hingewiesen wurde) sollen auf den abschließenden Seiten dieser Arbeit noch einmal anhand dreier Beispiele – einer weiteren Episode aus *2666* sowie den beiden Erzählungen *Sabios de Sodoma* und *El viaje de Álvaro Rousselot* – verschiedene Aspekte der Inszenierung weltliterarischer Räume und (Text-)Beziehungen bei Bolaño analysiert werden.[254]

Zwei Grundmotive bestimmen in diesem Zusammenhang Bolaños Blick auf die Weltliteratur: Zum einen wird sie wahrgenommen im Sinne Franco Morettis als «one, and unequal: one literature (*Weltliteratur*, singular, as in Goethe and Marx), or perhaps, better, one world literary system (of inter-related literatures); but a system which is different from what Goethe and Marx had hoped for,

---

250 Vgl. hier etwa die Bemerkungen von Emily Apter: Against World Literature, S. 217–319.
251 Vgl. den Gebrauch des steinerschen Konzepts in Ignacio Echevarría: Bolaño internacional.
252 Vgl. Wilfrido Corral: Bolaño traducido sowie meine Kritik an diesem Versuch in Benjamin Loy: Deseos de mundo – Roberto Bolaño y la (no tan nueva) literatura mundial. In: Dunia Gras/Gesine Müller (Hg.): *América Latina y la literatura mundial: mercado editorial, redes globales y la invención de un continente*. Madrid/Frankfurt am Main: Iberoamericana/Vervuert 2015, S. 273–294.
253 Vgl. hier zu ebenfalls die Studien von Echevarría und Corral sowie die dokumentarische Nachzeichnung von Bolaños Rezeption in Spanien und den USA in Esperança Bielsa: *Cosmopolitanism and Translation. Investigations into the experience of the foreign*. New York: Routledge 2016, S. 90–98; außerdem den Artikel von Nicholas Birns: The part about the critics: the world reception of Roberto Bolaño. In: Ignacio López-Calvo (Hg.): *Critical Insights: Roberto Bolaño*. Ipswich: Salem Press 2015, S. 50–64.
254 Erste Ansätze zu einer solchen Analyse, die in dieses Kapitel partiell einfließen, habe ich in Benjamin Loy: Deseos de mundo sowie in Benjamin Loy: Fantasmas de la periferia o la República Mundial de los Plagios: «El viaje de Álvaro Rousselot» de Roberto Bolaño. In: Paula Aguilar/Teresa Basile (Hg.): *Bolaño en sus cuentos*. Leiden: Almenara 2015, S. 138–157, unternommen.

because it's profoundly unequal.»²⁵⁵ Wie bereits in den Analysen von *Los detectives salvajes, Nocturno de Chile* oder auch *Estrella distante* deutlich wurde, folgt Bolaños Wahrnehmung von Literatur einer radikal anti-idealistischen Logik, die gleichermaßen für nationale literarische Felder wie das globale System einer Weltliteratur gilt. Zum anderen nimmt Bolaño – und hier kommt der vielleicht zentrale Satz von *Nocturno de Chile* in Gestalt jenes «Así se hace la literatura» einmal mehr zur Anwendung – nicht nur die Macht- und Abhängigkeitsstrukturen innerhalb der chilenischen Literatur, sondern auch mit Blick auf transnationale Konstellationen ins Visier, wobei er sich insbesondere im Modus des Satirischen an real-existierenden Fallbeispielen abarbeitet, in denen entweder bestimmte Fremd- und Eigenwahrnehmungen von Lateinamerika mit globalen Implikationen eine Rolle spielen (wie in *2666* oder *Sabios de Sodoma*) oder anhand von intertextuellen Konstellationen zwischen Lateinamerika und Europa eine ironische Hinterfragung der Verhältnisse von (vermeintlichem) europäischem Zentrum und lateinamerikanischer Peripherie entwickelt wird. Ein erster Beleg für diese Perspektive wurde bereits im ersten Kapitel dieser Arbeit mit Blick auf die Figur von Max Mirebalais aus *La literatura nazi* geliefert, der als karibischer Autor seine jeweiligen identitären und literarischen Ausrichtungen der gerade dominierenden Lektüremode in Europa anpasst und dadurch Bolaños Spott erntet, da gerade die vermeintliche Authentizität des Autors bzw. seiner Literatur der *Négritude* oder *Créolité* letztlich entlarvt wird als innerhalb des globalen Literaturmarkts verkäufliches Konstrukt.²⁵⁶ Etwas anders gelagert, aber in einer ähnlichen Grundausrichtung erscheint dieses Motiv auch in *2666*, wo der chilenische Philologe Óscar Amalfitano sich eines Büchleins erinnert, das 1978 von einem (falschen) Mapuche-Häuptling, einem gewissen Lonko Kilapán, in Santiago de Chile publiziert wurde. Was zunächst wie eine weitere von Bolaños zahlreichen apokryphen Textschöpfungen erscheint, entpuppt sich bei genauerer Recherche als ein tatsächlich existierendes Werk mit dem Titel *O'Higgins es Araucano: 17 pruebas, tomadas de la historia secreta de la Araucanía*,²⁵⁷ aus dessen Prolog Amalfitano im Folgenden zitiert:

---

255 Franco Moretti: Conjectures on World Literature. In: *New Left Review* 1 (2000), S. 54–68, hier: S. 55–56.

256 Dass dieser Aspekt nicht allein Bolaños polemischem Blick auf das Funktionieren des globalen literarischen Feldes geschuldet ist, sondern tatsächlich in weiten Teilen bestimmten Preis- und Prestigökonomien der Weltliteratur folgt, hat James English in seiner Studie am Beispiel der afrikanischen Literaturen anschaulich gezeigt (vgl. James English: *The economy of prestige: prizes, awards and the circulation of cultural value*. Cambridge: Cambridge University Press 2005, S. 308–311).

257 Lonko Kilapán: *O'Higgins es Araucano: 17 pruebas, tomadas de la historia secreta de la Araucanía*. Santiado de Chile: Editorial Universitaria 1978.

«Prólogo. Si quisiéramos encontrar en los héroes de la Independencia de Chile pruebas de parentesco con los araucanos, sería difícil encontrarlas y más difícil probarlas. Porque en los hermanos Carrera, Mackenna, Freire, Manuel Rodríguez y otros, sólo aflora la ascendencia ibérica. Mas donde el parentesco araucano surge espontáneo y brilla, con luz meridiana, es en Bernardo O'Higgins y para probarlo existen 17 pruebas. Bernardo no es el hijo ilegítimo que describen con lástima algunos historiadores, mientras otros no logran disimular su complacencia. Es el gallardo hijo legítimo del Gobernador de Chile y Virrey del Perú, Ambrosio O'Higgins, irlandés, y de una mujer araucana, perteneciente a una de las principales tribus de la Araucanía. El matrimonio fue consagrado por la ley del Admapu, con el tradicional Gapitun (ceremonia del rapto). La biografía del Libertador rasga el milenario secreto araucano, justo en el Bicentenario de su Natalicio; salta del Litrang* al papel, con la fidelidad con que sólo un epeutufe sabe hacerlo.» Y ahí se acababa el prólogo, firmado por José R. Pichiñual, Cacique de Puerto Saavedra.[258]

Das Buch des Lonko versucht folglich, Belege für die indigene Abstammung des chilenischen Unabhängigkeitshelden und ersten Staatspräsidenten Bernardo O'Higgins zu liefern und damit vermeintlich in einem subversiven Akt die offizielle Geschichtsschreibung zu widerlegen, was der Verfasser insbesondere mit dem Verweis auf die araukanische Herkunft von O'Higgins' Mutter erklärt.[259] Zugleich bringt er eine weitere kontrafaktisch anmutende Theorie ins Spiel, nach welcher die Mapuche bzw. Araukaner keineswegs als die ‹minderwertige Rasse› anzusehen seien, als die sie die spanischen Eroberer und ihre chilenischen Nachfahren stets behandelt haben; vielmehr, so der Lonko weiter, gebe es begründeten Anlass zu der Annahme, dass die Mapuche in Wirklichkeit eine Art ‹migrantisches Volk› seien und ein direktes Verwandtschaftsverhältnis sowohl mit den Griechen der Antike als auch mit germanischen und indischen Stämmen unterhielten, welches kommunikativ durch die Fähigkeit der Araukaner zur Telepathie gesichert und fortgeführt werde. Als vermeintliche Belege führt Kilapán nicht nur die geographische Ähnlichkeit des Araukaner-Reichs und des antiken Griechenlands an,[260] sondern auch eine philologische Analyse, welche die Verwandtschaft der beiden Sprachen belegen soll und bezüglich derer es in *2666* heißt: «La 56: ‹Lautaro, sonido veloz (taros en griego significa veloz).» La 57: «Prom, palabra contracta del griego por Prometeo, Titán que robó la escritura a los dioses, para

---

[258] Roberto Bolaño: *2666*, S. 276–277.
[259] Vgl. den Kommentar von Amalfitano: «El nombre de la madre telépata de O'Higgins. Según Kilapán: Kinturay Treulen, hija de Killenkusi y de Waramanke Treulen. Según la historia oficial: doña Isabel Riquelme» (S. 287).
[260] Vgl. im Original folgende Passage mit der entsprechenden Abbildung: «Tanto el mapa del Estado griego, como el del Estado araucano forman un detal, y están entre los mismos grados de latitud, respectivamente, lo que los hace ser, geográficamente y políticamente iguales, pues las ciudades rectoras están al centro» (Lonko Kilapán: *O'Higgins es Araucano*, S. 22).

dársela a los hombres.» La 58: «Adentunemul, escritura secreta, compuesta de triángulos.» La 59: «Machi, adivina. Del verbo griego mantis, que significa adivinar».[261] Was auf den ersten Blick wie eine jener von Bolaño so geliebten Kuriositäten aus der Welt der Literatur und (Pseudo-)Wissenschaft daherkommt, entpuppt sich allerdings bei genauerer Lektüre als eine hinter der Skurrilität des Buches aufscheinende Reflexion über Fragen von Abstammung, Genealogie und Legitimation, wie sie die europäischen Geisteswissenschaften – und insbesondere die Historiographie und die Philologie – der Moderne in ihren jeweiligen Weltentwürfen geprägt haben.[262] In dem Versuch des Lonkos, eine alternative und abstruse Abstammungslinie der Araukaner und zugleich der chilenischen ‹Rasse› zu entwerfen, äußert sich nicht etwa ein kontrahegemoniales und dekonstruktivistisches Projekt, wie Zavala in einer fulminanten Fehllektüre[263] dieser Passage behauptet, sondern vielmehr eine reformulierte Fortschreibung eben jener Konzepte von Rasse und Geschichte, wie sie die rassistische chilenische Geschichtsschreibung von der vermeintlich primär in der europäischen Abstammung wurzelnden Glorie der Gesellschaft tradiert hat und wie sie auch innerhalb bestimmter sozialer Klassen nach wie vor wirksam ist.[264] Amalfitano deutet diese Problematik in seinem Kommentar des Buches in 2666 an, wenn es bezüglich des zur Hochzeit der Pinochet-Diktatur publizierten Werks heißt:

> Kilapán, bajo este prisma [...] bien podía ser un nom de plume de Pinochet, de los largos insomnios de Pinochet o de sus fructuosas madrugadas, cuando se levantaba a las seis de la mañana o a las cinco y media y tras ducharse y hacer un poco de ejercicio se

---

261 Roberto Bolaño: 2666, S. 284.
262 Vgl. mit Blick auf die Rolle der Philologie im 19. Jahrhundert die grundlegende Studie von Markus Messling: *Gebeugter Geist. Rassismus und Erkenntnis in der modernen europäischen Philologie*. Göttingen: Wallstein 2016.
263 «Sus disparatados enunciados producen estrategias críticas que en el plano intelectual, más que afirmar verdades factuales, articulan un programa político que reconfigura las genealogías históricas de Chile. De este modo, el libro de Kilapán funciona como el reverso simbólico de *El testamento geométrico*: en lugar de someterse a los preceptos fundacionales de occidente, los transforma discursivamente para nivelar la relevancia política y cultural entre el nuevo y el viejo mundo» (Oswaldo Zavala: *La modernidad insufrible*, S. 285).
264 Vgl. zu diesem Aspekt die fundamentale kulturgeschichtliche Studie von Óscar Contardo: *Siútico: arribismo, abajismo y vida social en Chile*. Santiago de Chile: Vergara 2008. Im Ergebnis ähnlich liest auch Lainck diese Passage, wenn er resümiert: «Aunque se pretende escribir en contra de la bastardía de O'Higgins, el argumento del librito se inscribe realmente dentro de la misma narrativa y la perpetúa. Kilapán no reclama los valores de la Ilustración europea por su universalidad para emanciparse de los españoles, sino que trata de reemplazar y sobrepasar aún los valores de los antiguos colonos, al presentar una genealogía todavía más legítima por ser autóctona» (Arndt Lainck: *Las figuras del mal en 2666 de Roberto Bolaño*, S. 95).

encerraba en su biblioteca a repasar las injurias internacionales, a meditar en la mala fama de que gozaba Chile en el extranjero. Pero no había que hacerse demasiadas ilusiones. La prosa de Kilapán, sin duda, podía ser la de Pinochet. Pero también podía ser la de Aylwin o la de Lagos. La prosa de Kilapán podía ser la de Frei (lo que ya era mucho decir) o la de cualquier neofascista de la derecha. En la prosa de Lonko Kilapán no sólo cabían todos los estilos de Chile sino también todas las tendencias políticas, desde los conservadores hasta los comunistas, desde los nuevos liberales hasta los viejos sobrevivientes del MIR.[265]

Die kulturgeschichtliche Logik, die im Text des Lonko Kilapán operiert, so die These Bolaños, unterscheidet sich in diesem Sinne nicht von jenen tief in der chilenischen (und, so ließe sich ergänzen, in allen lateinamerikanischen) Gesellschaft(en) verankerten rassistischen Strukturen bzw. von dem politisch links wie rechts inkorporierten Freund-Feind-Denken. Die weltliterarischen bzw. weltgeschichtlichen und -philologischen Implikationen dieser Episode wiederum ergeben sich aus einem Motiv, dem innerhalb von Bolaños Reflexionen zu diesem Komplex eine zentrale Bedeutung zukommt: die Problematisierung der Persistenz eben jener Grundpfeiler des modernen europäischen Denkens, das mit seinen globalen Ordnungsentwürfen um die eigene Zentralstellung herum von Hegels Geschichtsphilosophie[266] über Schlegels Philologie[267] bis hin zu weltliterarischen Systementwürfen wie Casanovas frankozentrischer Weltrepublik[268] der Literatur und seinen darin aufgehobenen (Genea-)Logiken von Abstammung und Legitimität bis in die Gegenwart hinein auch die Imaginarien und Praktiken der Peripherien dieser Weltsysteme beherrscht. So wie andere Figuren Bolaños wie etwa der Priester Urrutia oder der Autor Salvador Reyes in *Nocturno de Chile* letztlich aus ihrer Fixierung auf die europäische Kultur eine Fortschreibung jener Dominanzverhältnisse zwischen Zentrum und Peripherie befördern, sind auch die historiographisch-philologischen Überlegungen des Lonko Kilapán letztlich nicht mehr als eine rassistisch grundierte, aber durch den indigenen Hintergrund verschleierte *réécriture* bestimmter Konzepte der europäischen Geistes- und

---

[265] Roberto Bolaño: *2666*, S. 286–287.
[266] Vgl. dazu etwa die erhellenden Ausführungen zu Hegels Narrativierung von Welt in Albrecht Koschorke: *Hegel und Wir. Frankfurter Adorno-Vorlesungen 2013*. Berlin: Suhrkamp 2015.
[267] Vgl. dazu die Überlegungen bei Markus Messling: *Gebeugter Geist*, S. 130–181 oder auch den Kommentar zu Schlegels *Über die Sprache und Weisheit der Indier* von Jürgen Trabant: Indien vs. Amerika. In: Philipp Krämer/Markus Lenz u.a. (Hg.): *Rassedenken in der Sprach- und Textreflexion: kommentierte Grundlagentexte des langen 19. Jahrhunderts*. Paderborn: Fink 2015, S. 27–46.
[268] Vgl. dazu ausführlich auch die Überlegungen in Ottmar Ette: Desde la filología de la literatura mundial hacia una polilógica filología de las literaturas del mundo und Benjamin Loy: La (in)soportable levedad de la tradición.

Rassengeschichte, die in letzter Instanz jener Ideologie von der Superiorität bestimmter Kulturen qua Herkunft oder Geschichte folgt.

Dieses Motiv nimmt Bolaño in etwas anders gelagerter Form auch in seiner posthum erschienenen Erzählung *Sabios de Sodoma* wieder auf, die ebenfalls auf eine faktisch belegte Geschichte bzw. die draus resultierenden Texte zurückgreift: Ein nicht näher bestimmter Ich-Erzähler berichtet von seiner Idee, eine Geschichte über eine Reise des trinidadisch-indisch-britischen Schriftstellers und Nobelpreisträgers Vidiadhar Surajprasad Naipaul nach Buenos Aires zu verfassen. Der Clou der Erzählung liegt dabei in der Tatsache, dass sich die vermeintlichen Imaginationen des Autors auf seiner Argentinien-Reise auf einen tatsächlichen (und später auch im Text zitierten) Aufenthalt Naipauls in Buenos Aires im Jahr 1972 beziehen, aus dem dieser eine Serie von Reportagen über das politisch polarisierte Land für die *New York Review* und die *Sunday Times* fertigte, welche später wiederum in Naipauls Essayband *The Writer and the World* gesammelt publiziert wurden.[269] Der Aufhänger der Geschichte Bolaños bezieht sich nun wiederum auf das Motiv des Blicks auf Lateinamerika vom Standpunkt eines (vermeintlich) kosmopolitischen ‹Weltautors› wie Naipaul, der in der kurzen Erzählung von Beginn an von Bolaño als einer jener Großschriftsteller gezeichnet wird, an denen sich sein Werk so häufig abarbeitet, wenn er im Text erscheint als «joven aún, cuarenta años, pero ya con una obra importante a sus espaldas, una obra que carga a sus espaldas pero que no le impide moverse por Buenos Aires con presteza, [...] el peso y el orgullo de una obra, el peso y la responsabilidad de una obra.»[270] Wenngleich der Erzähler bekennt, es handele sich bei Naipaul um einen «escritor que, por otra parte, me parece admirable»,[271] nimmt der Text im Folgenden vor allem auf Naipauls abfällige Beschreibungen der argentinischen Hauptstadt und ihrer Bewohner Bezug, wie sie in den betreffenden Reportagen zum Ausdruck kommen: Neben der Darstellung der argentinischen Gesellschaft als geschichtslos und kriminell – «There is no history in Argentina. There are no archives; there are only graffiti and polemics and school lessons»,[272] heißt es an einer Stelle – diffamiert der selbst aus Trinidad früh nach England übersiedelte Naipaul Buenos Aires als seelenlose und degenerierte Stadt, deren «metropolitan life» er als «an

---

[269] Vgl. Vidiadhar Surajprasad Naipaul: Argentina and the Ghost of Eva Perón, 1972–1991. In: Vidiadhar Surajprasad Naipaul: *The Writer and the World*. New York: Alfred Knopf 2002, S. 346–437.
[270] Roberto Bolaño: Sabios de Sodoma. In: Roberto Bolaño: *El secreto del mal*. Barcelona: Anagrama 2007, S. 49–58, hier: S. 50.
[271] Ebd., S. 51.
[272] V.S. Naipaul: Argentina and the Ghost of Eva Perón, S. 360.

illusion, a colonial mimicry»²⁷³ bezeichnet und mit Blick auf deren Bewohner er bekennt: «It was to have a sense of the incompleteness and degeneracy of the transplanted people.»²⁷⁴ Den herrschenden «[b]arbarism, in a city which has thought of itself as European, in a land which, because of that city, has prided itself on its civilization»,²⁷⁵ sieht Naipaul insbesondere durch einen Aspekt innerhalb einer «society still ruled by a degenerate machismo»²⁷⁶ belegt: die Tatsache, dass mit Blick auf das Sexualleben in der Region «the buggering of women is of special significance in Argentina and other Latin American countries.»²⁷⁷ Die Erklärung Naipauls für diese ungebrochene Präsenz der Sodomie, die ihm aus dem Blickwinkel des vermeintlich zivilisierten Europäers verachtenswert erscheint, liefert er dabei gleich mit, wobei sie Bolaño in seiner Erzählung wie folgt paraphrasiert:

> Busca explicaciones. La que le parece más lógica es achacar la afición nefanda al origen de los argentinos, tierra de emigrantes cuyos abuelos fueron campesinos depauperados de España e Italia. Los campesinos españoles e italianos, de costumbres bárbaras, traen a la pampa no sólo su miseria sino también sus costumbres sexuales, entre las que está la sodomía. Esta explicación parece satisfacerlo. De hecho, es tan evidente que la da por buena sin pensárselo mucho.²⁷⁸

Aus dieser Episode von Naipauls Reportage, die im Gesamtumfang des Textes relativ wenig Raum einnimmt, aber von Bolaño zum titelgebenden Gegenstand seiner Erzählung gemacht wird, erklärt sich denn auch das Interesse Bolaños: Einmal mehr findet sich in diesem Text das Phänomen eines Autors, der selbst aus der Peripherie des Globalen Südens stammt und der sich nach seiner gelungenen Etablierung im europäischen Zentrum gewissermaßen als dessen reinster Vertreter über den Kontinent seiner eigenen Herkunft beugt – ein Aspekt, den etwa auch Pascale Casanova mit Blick auf den unlängst verstorbenen Nobelpreisträger anführt, wenn sie über seine «identification conservatrice» schreibt:

---

273 Ebd., S. 388.
274 Ebd., S. 390.
275 Ebd., S. 394. Vgl. zu diesem Aspekt auch die bislang einzige, allerdings wenig erhellende Lektüre dieser Erzählung, die sie vor allem an den lateinamerikanischen (und insbesondere argentinischen, da von Sarmiento geprägten) Topos von *civilización y barbarie* anschließt, von Moira Álvarez: Sarmiento, Borges, Naipaul, Bolaño. ¿Sabios de Sodoma? In: *Revista Iberoamericana* LXXVIII, 241 (2012), S. 913–931.
276 V.S. Naipaul: Argentina and the Ghost of Eva Perón, S. 384.
277 Ebd., S. 390.
278 Roberto Bolaño: Sabios de Sodoma, S. 55.

L'histoire de V.S. Naipaul, venu des confins de l'Empire britannique, est celle d'un écrivain entièrement identifié aux valeurs littéraires anglaises qui, en l'absence de toute tradition littéraire dans son pays, n'a d'autre choix que de ‹devenir› anglais. [...] il n'a eu de cesse de s'assimiler, de s'intégrer, d'incarner enfin *l'englishness* la plus parfaite. [...] Pour faire cesser son état d'étranger défini d'abord negativement, sans histoire, sans littérature, sans pays (Trinidad n'a pas même ce statut), sans tradition, sans culture propre [...] il s'immerge dans l'‹anglitude›. C'est sans doute ainsi qu'on peut expliquer sa vision du monde décisoirement anglaise, sa volonté presque provocatrice de s'affirmer plus anglais que les Anglais, plus nostalgique qu'eux de l'Empire et d'une puissance perdue de l'Angleterre, sa fierté de se proclamer le produit de la civilisation occidentale. [279]

Bolaño mokiert sich nun in seiner Erzählung, die sicher eher aufgrund ihrer Thematik als wegen ihrer hohen literarischen Qualität von Interesse ist, in der Folge nicht nur über Naipauls Geringschätzung für die argentinische Literatur,[280] sondern eben insbesondere über jene vermeintliche kulturelle Überlegenheit Europas, die der später zum Ritter geschlagene Autor für sich reklamiert und die in der Erzählung mit einer für Bolaño so charakteristischen satirischen Passage attackiert wird:

La explicación, además de inconsistente, carecía de fundamentos históricos o sociales. ¿Qué sabía Naipaul acerca de las costumbres sexuales de los labriegos y terronis españoles e italianos de los últimos cincuenta años del siglo XIX y de los primeros veinticinco años del siglo XX? [...] No digo que no se practicara la sodomía en los buenos matrimonios campesinos de Sicilia y Valencia, pero no con la asiduidad de una costumbre destinada a perdurar allende los mares. Si los emigrantes de Naipaul hubieran provenido de Grecia, bueno, nos lo podríamos pensar dos veces. Es posible que con un general Peronidis Argentina hubiera salido ganando [...]. O un gaucho Fierrescopulos, copia feliz de Ulises, y con un Macedonio Hernandikis arreglando a martillazo limpio el lecho de Procusto. Pero, para bien o para mal, Argentina es lo que es y viene de donde viene, que es, sépanlo, de todo el mundo, menos de París.[281]

In der gräzistischen Verballhornung der argentinischen Nationalidole von Perón bis Martín Fierro demaskiert Bolaño den kulturellen Dünkel Naipauls, der darüber

---

279 Pascale Casanova: *La république mondiale des lettres*, S. 288–290.
280 «En mi cuento, creo, Naipaul se citaba con Bioy en el club de tenis al que Bioy solía acudir, aunque ya no para jugar al tenis sino para tomar un vermuth y conversar con los amigos y tomar el sol, y tanto Bioy como los amigos de Bioy y el club de tenis le parecían a Naipaul un monumento vivo de la estupidez humana, una performance de la cretinización de todo un país», heißt es bei Bolaño (Sabios de Sodoma, S. 53), während Naipaul selbst in seiner Reportage sich vor allem an Borges abarbeitet, an dessen Literatur er kritisiert, sie biete vor allem «much to attract the academic critic» (Argentina and the Ghost of Eva Perón, S. 364) und dem er seine «tasteless [...] jokes about the pampa indians» (S. 366) vorhält.
281 Roberto Bolaño: Sabios de Sodoma, S. 56–57.

hinaus noch eine weitere, in der Erzählung nicht genannte, aber Bolaño höchstwahrscheinlich bekannte Pointe enthällt, die tief in die Niederungen jener allzumenschlichen Dimensionen des literarischen Lebens führt, wie sie allerdings bei Bolaño bekanntlich nicht selten zu finden sind: So schilderte der langjährige Freund und Ziehsohn Naipauls, der amerikanische Schriftsteller Paul Theroux, bereits in seinem 1998 erschienen Buch über die nach dreißig Jahren zerbrochene Freundschaft der beiden die misogynen Tendenzen des Nobelpreisträgers sowie dessen Vorliebe für Prostituierte und die langjährige Beziehung zu seiner Geliebten, ebenso wie Naipauls generell problematisches Denken, das er als «caste conscious, race conscious» bezeichnet.²⁸² Noch expliziter werden diese Dimensionen in der von Naipaul authorisierten Biographie von Patrick French, in welcher dieser in einer bisweilen schmerzlichen Detailliertheit eben jene langjährige Affäre zwischen Naipaul und seiner argentinisch-englischen Geliebten Margaret (alias Margarita) Murray schildert und dabei insbesondere jene gewalttätigen Sexualpraktiken beschrieben werden, über die sich der Autor in seiner Buenos Aires-Reportage so missbilligend auslässt, etwa wenn es heißt: «Margaret was Vidia's ideal woman, a woman of a kind who had existed previously only in his fantasy life: he could string her along and mistreat her, with her abject consent.»²⁸³

Greifen die kurzen Geschichten um diese wahren Begebenheiten der Texte des Lonko Kilapán und V.S. Naipauls auf eher satirisch grundierte Weise die problematischen Dimensionen vermeintlich universalistischer Positionen und Perspektiven und die tatsächlich dahinter liegenden kuluressentialistischen Verbrähmungen auf, lässt sich anhand der ebenfalls posthum in dem Band *El gaucho insufrible* erschienenen Erzählung *El viaje de Álvaro Rousselot* auf ungleich tiefgründigere Weise eine intertextuell grundierte Reflexion Bolaños über das weltliterarische Feld im engeren Sinne finden. Die Geschichte um den

---

282 Paul Theroux: *Sir Vidia's Shadow. A friendship across five continents.* Boston: Houghton Mifflin 1998, S. 344. Den Hinweis auf diesen Text verdanke ich einem Blogeintrag des englischen Autors und Übersetzers Richard Gwyn, der in einem kurzen Beitrag zu Bolaños Erzählung auf dieses pikante Detail aufmerksam macht (vgl. richardgwyn.me/2012/04/13/the-very-special-place-of-love-roberto-Bolaño-v-s-naipaul-and-sodomy/ [letzter Zugriff: 15.8.2018].

283 Patrick French: *The world is what it is. The authorized biography of V.S. Naipaul.* London: Picador 2008, S. 320. Es ist in den gegenwärtigen Zeiten einer zunehmend rasenden *political correctness* gleichwohl bemerkenswert zu beobachten, wie einem Autor wie Naipaul, dessen misogyne und teil rassistische Äußerungen und Positionen lange bekannt waren, trotzdem aufgrund seines zweifellos einzigartigen Werks 2001 noch der Nobelpreis verliehen wurde – eine Tatsache, die den tiefgreifenden Kulturwandel in dieser Hinsicht eindrücklich belegt. Vgl. dazu auch die jüngsten Überlegungen von Hanno Rauterberg: *Wie frei ist die Kunst? Der neue Kulturkampf und die Krise des Liberalismus.* Berlin: Suhrkamp 2018.

fiktiven argentinischen Autor Álvaro Rousselot und einen ebenso fiktiven französischen Regisseur namens Guy Morini nimmt, wie bereits auf dem Klappentext des Erzählbandes im Verweis auf diesen «relato donde resuenan ecos de Bioy Casares y de Resnais» deutlich wird, Bezug auf ein weiteres Kapitel lateinamerikanisch-europäischer Literaturbeziehungen im 20. Jahrhundert: 1961 kommt der von Alain Resnais im Rahmen der sog. *Nouvelle Vague* des französischen Kinos gedrehte Film *L'année dernière à Marienbad* in die Kinos, zu dem wiederum in Alain Robbe-Grillet einer der Hauptvertreter des *Nouveau Roman* das Drehbuch geliefert hatte. Der Film handelt bekanntlich von der Begegnung einer Frau und eines Mannes, beide namenlos, in einem barock anmutenden Hotel, in dem der Mann die Frau davon zu überzeugen versucht, dass sie ihren Ehemann für ihn verlässt. Seine Bitte stützt sich dabei auf ein vermeintliches Versprechen, das die Frau ihm ein Jahr zuvor gegeben hatte, als sie sich in Marienbad kennenlernten, wobei sie sich an dieses Ereignis augenscheinlich nicht mehr erinnern kann. Um genau diese ‹Lücke› herum konstruiert sich im Folgenden die grundlegende Ambiguität des Films bzw. sein phantastischer Effekt, da der reale Zuschauer im Unklaren darüber bleibt, ob dieses Treffen tatsächlich stattgefunden hat und sich die Frau nicht daran erinnern will, oder ihre Behauptung stimmt und die Geschichte des Mannes nur dazu dient, sie für sich zu gewinnen. Schon anhand dieses knappen Resümees wird deutlich, inwiefern der Film eine klare Anspielung auf den 1940 erstmals publizierten Klassiker der phantastischen Literatur *La invención de Morel* des argentinischen Autors Adolfo Bioy Casares ist. Der springende Punkt an dieser intertextuellen Beziehung zwischen den beiden Werken und zugleich der Aufhänger für Bolaños Erzählung und sein Interesse an dieser Geschichte ist nun die Tatsache, dass zum Zeitpunkt der Veröffentlichung des Films weder Resnais noch Robbe-Grillet auch nur den minimalsten Hinweis auf Bioys Novelle geben, «no credit is given, either in the film or the published screenplay. *Last Year at Marienbad* presents itself as a pristine work of high modern art.»[284]

Tatsächlich lässt sich vor allem Robbe-Grillet, der Bioys Text bei Erscheinen der französischen Übersetzung sogar noch eine positive Rezension gewidmet hatte, im Prolog des Drehbuchs hinlänglich über den kreativen Prozess zwischen Resnais und seiner Person aus, wobei er den Film letztlich als Ergebnis der Arbeit eines genialischen Autorenduos darstellt, wenn es heißt: «[N]ous avons dès le début vu le film de la même manière; et non pas en gros de la même manière,

---

[284] Thomas Beltzer: *Last year at Marienbad*: an intertextual meditation. In: *Senses of cinema* 10 (2000), http://sensesofcinema.com/2000/novel–and–film/marienbad/ [letzter Zugriff: 15.08.2018].

mais exactement, dans son architecture d'ensemble comme dans la construction du moindre détail.»[285] Zu keinem Zeitpunkt lässt Robbe-Grillet Zweifel an seiner aus der eigenen Originalität erwachsenen Autorschaft des Werks aufkommen, wenn er in der Folge noch einmal betont: «Je me mis donc à écrire, seul [...] la description du film image par image tel que je le voyais dans ma tête.»[286] Selbst als er in einem Interview für die *Cahiers du cinéma* von André Labarthe und Jacques Rivette explizit nach dem Einfluss von Bioys Novelle gefragt wird, lässt sich Robbe-Grillet nicht zu einem Kommentar hinreißen und verweist stattdessen auf seine genialische Autorkonzeption mit den Worten: «[C]e qui nourrit l'artiste, c'est directement la réalité, et que, si l'art nous passionne, c'est parce qu'on y retrouve déjà des choses qu'on avait envie de faire sous la seule émotion causée par le monde réel. Je ne crois pas qu'on se nourrisse vraiment de l'art, au moment de la création.»[287] Auch Resnais umschifft das Thema weitgehend, indem er zunächst anführt, er sei «mal placé pour en parler, car je ne connais pas ce livre»,[288] nur um nach der anschließenden Erläuterung des Inhalts von Bioys Novelle hinzuzufügen: «Le rapport avec Marienbad est en effet frappant. Mais nous avons eu souvent des surprises de ce genre.»[289] Der entscheidende Punkt in diesem Zusammenhang – und auf ihn wird Bolaños Erzählung besonders eingehen – ist folglich die Tatsache, dass es aus dem Autorverständnis von Resnais und Robbe-Grillet als Vertretern jener der modernen Innovationslogik der Avantgarden folgenden und selbsternannten *neuen* cinematographischen und literarischen Bewegungen in Frankreich bzw. in Paris als jenem immer noch gültigen, um mit Casanova zu sprechen, «‹méridien de Greenwich littéraire› [qui] permet d'évaluer la distance au centre de tous ceux qui appartiennent à l'espace littéraire»,[290] nicht möglich ist, die intertextuelle Bezugnahme auf einen – aus ihrer Sicht – peripheren Autor wie Bioy Casares und einen dem sekundäre Genre des phantastischen Romans entstammenden Text wie *La invención de Morel* offen einzugestehen. Dass auch hier ein klarer kultureller Dünkel zum Ausdruck kommt, wird zudem aus der Tatsache ersichtlich, dass Resnais in den *Cahiers du cinéma* sowie in einem Interview in der englischen DVD-Ausgabe des Films sehr wohl eine Art intertextuelle Genealogie seines Werks nennt, wenn er einen

---

285 Alain Robbe-Grillet: *L'année dernière à Marienbad*. Paris: Éditions de Minuit 1968, S. 9.
286 Ebd., S. 11.
287 André Labarthe/Jacques Rivette: Entretien avec Resnais et Robbe-Grillet. In: *Cahiers du cinéma* 123 (1961), S. 1–21, hier: S. 15.
288 Ebd., S. 14.
289 Ebd.
290 Pascale Casanova: *La république mondiale des lettres*, S. 127.

Bogen spannt von den «vieilles légendes bretonnes»[291] und den russischen Avantgardisten wie Ilja Traubenberg bis zu Regisseuren wie Georg Wilhelm Pabst und Alfred Hitchcock oder den Gemälden von Piero della Francesca und sich damit quasi einen alternativen und seinem modernistischen und europäischen Kunstverständnis angemesseneren erscheinenden Kanon konstruiert, in den er seinen Film einordnet.

Die Episode um Bioys Novelle und die Wiederaufnahme dieses Falls in Bolaños Erzählung ist mit Blick auf das weltliterarische Feld – und die Beziehungen zwischen Europa und Lateinamerika im Besonderen – nun insofern von Interesse, als im Zentrum beider Texte eine Reflexion über die Macht und das Begehren bestimmter Bilder steht, wie sie auch für die kulturelle und literarische Konstellation zwischen den beiden Kontinenten prägend ist: So gemahnt bereits die Konstellation in *La invención de Morel* um den namenlosen, auf eine einsame Insel geflüchteten, venezolanischen Erzähler und die plötzlich dort eintreffende Gruppe europäischer Touristen an die in die Gattungstradition der Robinsonade eingelassenen Dimensionen von Eigen- und Fremdbildern, die sich in der Folge zu einem zentralen Aspekt der Novelle entwickeln, wenn der Erzähler aus seinem Versteck in den Sümpfen der Insel heraus gebannt die Inbesitznahme des Ortes durch die elegante europäische Gesellschaft und insbesondere eine von ihm auf den Namen Faustine getaufte Frau beobachtet. Im Folgenden findet er heraus, dass es sich bei den immer wiederkehrenden Szenen seiner Beobachtung in Wahrheit um Bildsequenzen aus einer Maschine des französischen Erfinders Morel handelt, deren Funktionsmechanismus er im weiteren Verlauf der Erzählung zu durchschauen beginnt. Wenn Nitsch in diesem Zusammenhang treffend bemerkt, dass in Morels Figur und seiner technischen Beherrschung der Insel bzw. den Lernprozess des anfangs verwilderten amerikanischen Höhlenbewohners letztlich die «kulturelle Hegemonie Europas [...] dadurch zwar nicht erschüttert» werde, da der amerikanische Protagonist «der Faszination der importierten Technik [erliegt], so wie er dem Charme der weißen Dame erliegt»,[292] er sich dabei allerdings zugleich Zugang zu dieser Gesellschaft der Europäer verschafft, indem er die Funktionsweise des Apparates durchschaut, dann lässt sich dieser Aspekt im weiteren Sinne auf verblüffende Weise auch auf den ‹weltliterarischen› Status der lateinamerikanischen Literatur im Verhältnis zu Europa bzw. die real-weltliche Rezeption von Bioys Novelle übertragen: Fungierten Europa und insbesondere Frankreich – das Land also,

---

291 André Labarthe/Jacques Rivette: Entretien avec Resnais et Robbe-Grillet, S. 5.
292 Wolfram Nitsch: Die Insel der Reproduktionen. Medium und Spiel in Bioy Casares' Erzählung *La invención de Morel*. In: *Iberoromania* 60 (2004), S. 102–117, hier: S. 112.

aus dem natürlich auch Bioys Erfinder Morel stammt – für die lateinamerikanische Peripherie bis zum Beginn des 20. Jahrhunderts als das ästhetisch-kulturelle Zentrum jener *République mondiale des lettres*, als das es Casanova in ihrem Werk beschreibt,²⁹³ so nimmt *La invención de Morel* diesen Aspekt in der mächtigen Bildermaschine wieder auf, die den ‹barbarischen›Amerikaner zunächst überwältigt; die Tatsache jedoch, dass dieser Zustand der Beherrschung durch die Bilder des anderen zumindest teilweise durch das spätere Verständnis des Apparats durch den Erzähler sowie seinen Eingang in die Gesellschaft dieser Bilder aufgebrochen wird, suggeriert hier bereits auf einer meta-literarischen Ebene den bioyschen Akt der Ermächtigung, wie er für die lateinamerikanische Literatur spätestens ab der Mitte des 20. Jahrhunderts in ihrem weltliterarischen Aufbruch insgesamt prägend sein wird. Darüber hinaus allerdings werden am Beispiel der geschilderten französischen Rezeption der Novelle Bioys diese Transformationen im realen Raum der Weltliteratur anschaulich: Mit seinem meisterhaften Spiel zwischen Realität und Irrealität nimmt *La invención de Morel*, von Borges bekanntlich im Prolog des Textes als «perfecta» bezeichnet,²⁹⁴ eben jene Vorreiterrolle einer (post-)modernen lateinamerikanischen Literatur ein, die durch das ‹Plagiat› von Resnais und Robbe-Grillet gewissermaßen in ihrer Bedeutung vom europäischen Zentrum validiert, wenngleich nicht offiziell anerkannt wird.²⁹⁵ In diesem Sinne lässt sich Bioys Fall mit dem seines Freundes und vielfachen Co-Autors Jorge Luis Borges vergleichen, der, wie de Toro bemerkt, ebenfalls schon in seinen Erzählungen der 1930er und 40er Jahre zurückgreift auf eine «serie de procedimientos textuales que, mucho más tarde, en la segunda mitad del siglo XX, serán difundidos y establecidos por la filosofía posmoderna, por la teoría de la literatura (*nouvelle*

---

293 Vgl. in diesem Zusammenhang auch die Kritik in dem aufschlussreichen Artikel von Hanneken an den lateinamerikanistischen Empörungen über Casanovas Frankozentrismus und ihrer Ignoranz der Existenz einer faktischen «influential position in nineteenth- and twentieth-century Latin American letters, for which Paris *did* count as the center of world literature» (Jaime Hanneken: Going Mundial: What It Really Means to Desire Paris. In: *Modern Language Quarterly* 71, 2 (2010): S. 129–152, hier: S. 132.) Zur Bedeutung von Paris als Ort für die lateinamerikanische Literatur der Moderne vgl. auch ausführlich die Studie von Jason Weiss: *The lights of home: a century of Latin American writers in Paris*. New York: Routledge 2003.
294 Vgl. Adolfo Bioy Casares: *La invención de Morel*. Buenos Aires: Emecé 2010, S. 10.
295 Erst bei einem Besuch Robbe-Grillets in Argentinien im Jahr 1997 soll der französische Romancier gegenüber der Literaturkritikerin Elsa Drucaroff angeblich offen zugegeben haben, dass sein Drehbuch zu Resnais' Film zu weiten Teilen tatsächlich auf Bioys Novelle basierte (vgl. dazu die Angaben in Francisco Pulgarín Hernández: *Anatomía del fracaso. La otra cara del boom. Onetti, Gómez Valderrama, Bioy, Ribeyro*. Medellín: Intermedio Editores 2011, S. 87–88).

critique, Tel Quel) y que van mucho más allá de la teoría y práctica literaria de las vanguardias europeas de los años 50 en adelante.»[296]

Eben vor diesem Hintergrund greift nun Bolaño den Fall von *La invención de Morel* in seiner Erzählung *El viaje de Álvaro Rousselot* wieder auf: Der Protagonist des Textes, ein argentinischer Autor namens Álvaro Rousselot, erscheint dabei von Beginn an wie ein Wiedergänger Bioys, wenn er eingeführt wird als «un prosista ameno y pródigo en argumentos originales» und Vertreter eines «estilo fantástico y detectivesco».[297] Gleichzeitig spielt die Erzählung schon zu Beginn auf die für Bioys Novelle und Resnais' Film so zentrale Frage des Begehrens und seiner Gefahren an, wenn es heißt: «[T]odos terminamos convirtiéndonos en víctimas del objeto de nuestra adoración, tal vez porque toda pasión tiende – con mayor velocidad que el resto de las emociones humanas – a su propio fin, tal vez por la frecuentación excesiva del objeto del deseo.»[298] Allerdings bricht Bolaños Protagonist mit der klassisch-modernistischen Logik jenes lateinamerikanischen ‹Weltbegehrens› im Sinne einer von Europa aus konstituierten Weltrepublik der Literatur, «where a marginal aesthetic subject can hope to inscribe him- or herself to become one with the assumed universality of a world system of literary exchanges.»[299] Rousselot schreibt für sein argentinisches Publikum und ist gerade deshalb so überrascht, als er erfährt, dass ein französischer Regisseur namens Guy Morini offensichtlich auf seinen Romanen basierende Filme dreht, ohne diese in irgendeiner Weise als Quelle anzugeben. Der Clou der Erzählung besteht nun zunächst in der Tatsache, dass Rousselot auf die Plagiate Morinis – schon der Name des Franzosen gemahnt im Anlaut an Bioys Morel, der sich, wie Borges in seinem Prolog erwähnt, ebenfalls auf einen gleichklingenden «inventor isleño»,[300] nämlich Orson Wells' Dr. Moreau, bezieht – nicht etwa mit Empörung reagiert oder gar versucht, die Tat öffentlich zu machen oder Morini gar zur Rechenschaft zu ziehen, sondern die Filme des Franzosen vielmehr als *Formen der Lektüre* seiner eigenen literarischen Werke ansieht:

> [O]ptó por hacer nada, al menos nada legal, y esperó. [...] Siete meses después de sus vacaciones en Punta del Este, cuando aún no había aparecido la versión francesa de *Vida de recién casado*, se estrenó en Buenos Aires la última película de Morini, *Contornos del*

---

296 Alfonso de Toro: Jorge Luis Borges. Los fundamentos del pensamiento occidental del siglo XX: finalización del logocentrismo occidental y virtualidad en la condición posmoderna y poscolonial. In: Myrna Solotorewsky/Ruth Fine (Hg.): *Borges en Jerusalén*. Madrid/Frankfurt am Main: Iberoamericana/Vervuert 2003, S. 13–47, hier: S. 14.
297 Roberto Bolaño: El viaje de Álvaro Rousselot, S. 87 bzw. S. 94.
298 Ebd., S. 88.
299 Mariano Siskind: *Cosmopolitan desires*, S. 125.
300 Adolfo Bioy Casares: *La invención de Morel*, S. 10.

> día, que era exactamente igual que *Vida de recién casado*, pero mejor, es decir: corregida y aumentada de forma considerable, con un método que recordaba en cierto sentido al que había utilizado en su primera película, comprimiendo en la parte central el argumento de Rousselot y dejando el principio y el final de la película como *comentarios*.[301]

Was in dieser Haltung Rousselots zum Ausdruck kommt, ist letztlich nichts Anderes als jene im zweiten Kapitel dieser Arbeit so ausführlich beschriebene, lateinamerikanische Ästhetik eines ‹wilden Lesens›, das sich – wie insbesondere an den Positionen Borges' deutlich wurde – den historiographischen wie ödipalen Logiken von Original und Kopie, von Vorgänger und Nachfolger entzieht und damit immer schon jene Auffassung von Autorschaft und Kanonizität unterwandert, wie sie die europäische Moderne geprägt haben und exemplarisch in den eingangs zitierten Äußerungen Robbe-Grillets und Resnais' zum Ausdruck kommen. Ebenso wie in der Erzählung die Bewegungsrichtung des Begehrens quasi umgekehrt wird – der französische Regisseur ist es nun, der den ‹peripheren› Text inkorporiert und zum Ausgang seiner künstlerischen Arbeit macht –, unterzieht sie auch Paris als Zentrum der Weltliteratur einer ironischen Entwertung. Dies beginnt schon mit der Tatsache, dass Rousselot im Unterschied zum klassischen Topos der lateinamerikanischen Initiationsreise in die französische Hauptstadt zunächst keinerlei Begehren verspürt, sich nach Paris zu begeben und dort evtl. Kapital aus der Tatsache zu schlagen, dass seine Werke nun Grundlage des französischen Autorenkinos sind. Das Motiv von Paris als der begehrten Stadt der Literaten aus aller Welt erscheint bei Bolaño nur noch als Schreckensszenario, wenn Rousselot etwa einen Albtraum schildert, in dem sein noch diese klassische Sehnsucht nach Paris verkörpernder argentinischer Kollege Riquelme erscheint und es heißt:

> Para colmo, esa noche no soñó con Proust sino con Buenos Aires, donde encontraba a miles de Riquelmes instalados en el Pen Club argentino, todos con un billete para viajar a Francia, todos gritando, todos maldiciendo un nombre, el nombre de una persona o de una cosa que Rousselot no oía bien, tal vez se trataba de un trabalenguas, de una contraseña que nadie quería desvelar pero que los devoraba por dentro.[302]

Rousselot hingegen fürchtet sich eher vor der Stadt, in die er eher widerwillig aufbricht, nachdem sich nach einem Besuch der Frankfurter Buchmesse die Gelegenheit dazu ergibt, wobei bereits die Ankunft Paris nicht als die glorreiche *ville lumière* ausweist, sondern dem Protagonisten erscheint, «como si a determinada hora y en determinados barrios la ciudad luz se transformara en una ciudad rusa

---
301 Roberto Bolaño: El viaje de Álvaro Rousselot, S. 93.
302 Ebd., S. 109.

del medievo o en las imágenes de tales ciudades que los directores de cine soviético entregaban de vez en cuando al público en sus películas.»[303] Zugleich erfährt Rousselot Paris nicht mehr als den mythischen Ort der modernen Kunst und Hort der (Welt-)Literatur, sondern vielmehr als einen nurmehr nach ökonomischen Logiken funktionierenden (Welt-)*Literaturmarkt*, was deutlich wird, wenn sein französischer Verleger ihn bei seiner Ankunft zunächst überhaupt nicht erkennt, um ihn dann als erstes darüber zu informieren, «que las ventas de sus libros habían sido muy malas.»[304] Stand die Konfrontation von Bioys ‹babarischem› Amerikaner und dem französischen Erfinder Morel (zumindest teilweise) noch ganz im Zeichen der klassischen Rollenverteilung des Topos' von Zivilisation und Barbarei,[305] so wird diese in Bolaños Erzählung ironisch verkehrt, wenn es mit Blick auf den Verfall des Zentrums der alten Weltrepublik der Literatur heißt: «Los parisinos son unos caníbales. [...] Desde Camus [...] aquí lo único que interesa es el dinero.»[306]

Ihren Höhepunkt erreicht diese Kette der Inversionen von *La invención de Morel* schließlich in der ersten und einzigen Begegnung von Rousselot und Morini in einem Hotel im Norden Frankreichs: «Morini tardó unos segundos en reaccionar, pero cuando lo hizo se levantó de un salto, lanzó un grito de espanto y se perdió por los pasadizos del hotel.»[307] Ganz im Gegensatz zu dem sich vor den europäischen Eindringlingen versteckenden und verschreckten Erzähler von Bioys Novelle, erscheint bei Bolaño Rousselot hier seinem französischen Kopisten als das Gespenst der Peripherie, das ihn auf seiner europäischen Insel heimsucht. Das Motiv des Kopierens bzw. der (bisweilen traumatische Folgen zeitigenden) Suggestionskraft der Fiktion wird dabei in der Erzählung durch einen weiteren intertextuellen Verweis in Gestalt von Gustave Flaubert eingeblendet, wenn es auf der Reise Rousselots durch Nordfrankreich heißt: «El tren se detuvo en Rouen. Otro argentino, él mismo, pero en otras circunstancias, no hubiera tardado un segundo en lanzarse por las calles como un perdiguero tras las huellas de Flaubert.»[308] Mehr noch als an *Madame Bovary* gemahnt der Kontext der Erzählung hier freilich an Flauberts letztes und unvollendet gebliebenes Werk *Bouvard et Pécuchet* über jene beiden Kopisten, die in ihren Bestrebungen nach der beständigen Anhäufung von neuem Wissen schließlich ihren Dilettantismus und ihr Scheitern eingestehen und zurückkehren zu ihrer ursprünglichen Tätigkeit des ‹reinen›

---

303 Ebd., S. 102.
304 Ebd., S. 97.
305 Vgl. hierzu auch ausführlich Wolfram Nitsch: Die Insel der Reproduktionen, S. 110–112.
306 Roberto Bolaño: El viaje de Álvaro Rousselot, S. 98–99.
307 Ebd., S. 111.
308 Ebd., S. 108.

Kopierens, «[c]opier comme autrefois»,³⁰⁹ wie es am Ende des Textes heißt. Im Schicksal dieser beiden grotesken Figuren wird jedoch gleichsam das zentrale Motiv von Bolaños Erzählung und ihrer literaturgeschichtlichen wie -theoretischen Implikationen anschaulich: Die Frage der Autorschaft, auf der Resnais und Robbe-Grillet in ihrem modernistischen Paradigma noch so sehr insistieren, wird in *El viaje de Álvaro Rousselot* ganz im Sinne von Bolaños lateinamerikanischer Ästhetik eines ‹wilden Lesens› ihrer Dringlichkeit und Relevanz beraubt, indem der Protagonist jene fröhliche, von Borges in seinen weltliterarischen Überlegungen so herausgestellte Irreverenz bezüglich seiner Texte und ihrer letztlich unkontrollierbaren Lektüren an den Tag legt und damit zugleich die Konstruiertheit eines westlichen und modernen Autorbegriffs entlarvt, wie sie Roland Barthes bekanntlich ebenfalls mit Blick auf Flauberts Kopisten kritisierte, als er schrieb:

> Wie die ewigen, ebenso erhabenen wie komischen Abschreiber Bouvard und Pécuchet, deren abgrundtiefe Lächerlichkeit genau die Wahrheit der Schrift bezeichnet, kann der Schreiber immer nur eine schon geschehene, niemals originelle Geste nachahmen. Seine einzige Macht besteht darin, die Schriften zu vermischen, und sie miteinander zu konfrontieren, ohne sich jemals auf eine einzelne von ihnen zu stützen.³¹⁰

Bolaño hat in einem ähnliche Sinne in einem Interview in Caracas anlässlich der Verleihung des *Premio Rómulo Gallegos* 1999 die Bedeutung von Flaubert, den er als «superior a todos nosotros» bezeichnet, und seines Kopisten-Duos betont, wenn er *Bouvard et Pécuchet* beschreibt als «laboratorio donde se demuestra una y otra vez, entre muchas otras cosas, la imposibilidad, no solo de la novela total sino de la novela. Pero es una imposibilidad gozosa.»³¹¹ Die Unmöglichkeit des Romans, die Bolaño hier benennt, bezieht sich letztlich auf die in seinem Werk stets präsente Figur des literarischen Textes als unbegrenzbare und unabschließbare Form und die Unkontrollierbarkeit seiner Bedeutungen und Auslegungen, wie sie am Anfang dieser Arbeit so ausführlich entwickelt wurden. Álvaro Rousselot verkörpert dabei einmal mehr die Idee eines ‹Autors›, dem die moderne Idee der Autorschaft völlig fremd ist, was in der Erzählung noch einmal zum Ausdruck kommt, als er auf das Ausbleiben weiterer ‹Plagiate› von Seiten Morinis nicht mit Erleichterung, sondern mit Melancholie reagiert und das Gefühlt hat,

---

309 Gustave Flaubert: *Bouvard et Pécuchet. Œuvre posthume augmentée de La Copie*. In: Flaubert, Gustave: *Œuvres complètes de Gustave Flaubert. Tome 5*. Paris: Club de l'Honnête Homme 1972, S. 275.
310 Roland Barthes: Der Tod des Autors, S. 190.
311 Eduardo Cobos: Hay que mantener la ficción en favor de la conjetura. Entrevista con Roberto Bolaño. In: *Letralia* 286 (2013), verfügbar unter: https://letralia.com/286/entrevistas01.htm [letzter Zugriff: 16.08.2018].

«como si hubiera suspendido su comunicación con él. Tras el alivio, entonces, vino la tristeza. Durante unos días incluso le rondó por la cabeza la idea de haber perdido a su mejor lector, el único para el que verdaderamente escribía, el único que era capaz de responderle.»[312] Diese Entwertung der Vorstellung von Autorschaft und literarischem Text als begrenz- und kontrollierbaren Entitäten wiederum zeitigt mit Blick auf die Frage nach dem ‹Ort› Lateinamerikas innerhalb eines globalen Raums der Literatur entscheidende Folgen, die sich insbesondere aus den literaturgeschichtlichen Dimensionen der Erzählung ergeben: Wenn Flaubert in *Bouvard et Pécuchet* die den Roman (und letztlich die Moderne überhaupt) bestimmenden Geste der schier unendlichen Dialektik von Scheitern und Neubeginn letztlich in den Projekten seiner Protagonisten im Sinne einer Kritik einer geschichtsphilosophischen Fortschrittsideologie entlarvt, dann knüpfen auch Bolaños Erzählung (und sein komplettes Werk) an dieses Motiv an und unterlaufen damit auf entscheidende Weise die ‹Geschäftsgrundlage› der alten, frankozentrischen Weltrepublik der Moderne im Sinne Casanovas, welche bekanntlich eben die literarische Tradition (im Sinne eines über einen langen Zeitraum akkumulierten symbolischen Kapitals) einer Nation bzw. einer Sprache als Basis für ihre universellen Geltungsansprüche definiert.[313] Anders ausgedrückt: In dem Moment, in dem die im zweiten Kapitel dieser Arbeit vorgestellten Text-Vertilger und Form-Destillateure der literarischen Weltperipherien beginnen, sich die Tradition des Zentrums und zugleich seine in einer ‹starken› Autorschaft aufgehobene Deutungshoheit einzuverleiben, beginnt die symmetrisch geordnete Weltrepublik Casanovas mit ihrem fixen Meridiansystem zu zerbröckeln. So stimmig Casanovas Beschreibung des literarischen Weltsystems für das 19. und frühe 20. Jahrhundert insgesamt und trotz mangelnder Differenzierung und Analyse der materiellen Produktionsbedingungen von Literatur auch sein mag, so knapp und kulturpessimistisch handelt sie eben jenen Moment des Übergangs zu einem deutlich polyzentrischeren literarischen Weltsystem ab der Mitte des 20. Jahrhunderts ab, wenn sie schmallippig notiert: «Nous sommes peut-être aujourd'hui dans une phase de transition où l'on passe d'un univers dominé par Paris à un monde polycentrique et pluraliste.»[314] Genau dieses Ende der alten Weltrepublik der Literatur aber inszeniert Bolaño in seiner Erzählung, in der die neue lateinamerikanische Leichtigkeit nicht zuletzt auch in Álvaro Rousselots amourösen

---

312 Roberto Bolaño: El viaje de Álvaro Rousselot, S. 95.
313 Vgl. Pascale Casanova: *La république mondiale des lettres*, S. 119–131.
314 Ebd., S. 229.

Abenteuern in Frankreich zum Ausdruck kommt: Wo Bioys namenloser Erzähler letztlich dem Bild der betörenden, aber stets unerreichbaren Faustine sein Leben hingibt, verliebt sich Rousselot in eine Prostituierte namens Simone, mit der sich zum Ende des Textes eine Beziehung anbahnt. Ihr wirkliches Zustandekommen jedoch bleibt dabei ebenso offen und im Raum des Möglichen wie Rousselots Wahrnehmung seines Schreiben und seiner Zuordnung zu einem fixen nationalen Raum, oder wie es im Schlusssatz der Erzählung heißt, der sich mühelos auf seinen Verfasser Bolaño als jenen so leicht durch die hier untersuchten wilden Bibliotheken der Weltliteratur dahin spazierenden Autor übertragen ließe: «El resto del día Rousselot lo pasó como si en realidad fuera un escritor argentino, algo de lo que había empezado a dudar en los últimos días o tal vez en los últimos años, no sólo en lo que le concernía a él sino también en lo tocante a la posible literatura argentina.»[315]

---

315 Roberto Bolaño: El viaje de Álvaro Rousselot, S. 113.

VI Aus. Lesen. Bolaño posthum

«Pensé si no sería todo un montaje, una trampa para dejarme en ridículo, una broma curiosa apta para ser disfrutada sólo por ellos»[1] – mit diesen Worten beschreibt Udo Berger, der fanatische Wargame-Spieler aus *El Tercer Reich*, sein Unbehagen inmitten der zunehmend unheimlicher werdenden Partie des Kriegsspiels, die er sich an der Costa Brava mit einem mysteriösen Lateinamerikaner liefert, den alle nur den «Verbrannten» nennen, *el quemado*. In Wahrheit erfasst jedoch genau diese Szene eines der vorherrschenden Gefühle des kritischen Bolaño-Lesers: sich auf ein zunächst harmlos anmutendes Spiel mit einem leichtfüßig daherkommenden Werk eingelassen zu haben, in dem sich mit fortdauernder Spiel-, und das heißt bei Bolaño: Lesezeit, ein Sog entwickelt, welcher die Exegese seiner Texte mit einem radikalen Gefühl der Verunsicherung versieht. So sehr sich die Interpretationen dieser Arbeit versucht haben, entlang mehr oder weniger plausibler Hinweise einen Pfad durch den dichten Textwald von Bolaños Werk und den darin verborgenen Lektüren zu bahnen, so oft verdichtete sich auch ein Gefühl, dass dieser Wald in Wirklichkeit auch ein vom Autor sorgsam geplanter Irrgarten sein konnte, in dessen Gassen der Interpretation man sich zu verlieren anschickte, das diebische Lachen des Konstrukteurs dabei wie von Ferne hörend. Wasser auf diese Mühlen des Zweifels konnten dabei zugleich die spärlich tröpfelnden Informationen über die Beschaffenheit von Bolaños tatsächlichen Bibliotheksbeständen sein: Was waren die Benjamin-Bezüge noch wert in dem Moment, in dem Carolina López, Bolaños Witwe, auf Nachfrage schrieb, es existiere kein einziges Buch des deutschen Philosophen in seiner nachgelassenen Bibliothek? Aber erwähnt Bolaño nicht gleichzeitig in den in der Spanischen Nationalbibliothek lagernden Briefen an seinen infrarrealistischen Mitstreiter und späteren Freund und Intimus in der katalanischen Zeit, den Dichter Bruno Montané, einen Besuch in Port Bou 1977 und die Erinnerung an Benjamin? Tatsächlich, so scheint es, stiften die wenigen Informationen über Bolaños realexistierende (und nicht zugängliche) Bibliothek und Lektüren mehr Verwirrung als Aufklärung: Die Bücher seien, so seine Witwe, ohnehin in fast unberührtem Zustand, da der Autor so gut wie nie Randnotizen oder Vermerke darin vorgenommen habe. Zudem ist der in Bolaños langjährigem Wohnort Blanes an der Costa Brava vorhandene Buchbestand nur zu einem gewissen Teil mit der mentalen Bibliothek Bolaños kongruent, handelt es sich doch bei ersterer um eine, wie Bolaño in einem seiner Essays bemerkt,

---

[1] Roberto Bolaño: *El Tercer Reich*, S. 278.

«biblioteca modesta que he perdido en dos ocasiones, con motivo de dos traslados radicales y desastrosos y que he rehecho con paciencia.»[2] Bolaños wilde Bibliothek bleibt also (vorerst) eine weitgehend hypothetische und phantasmatische und jede Lektüre seiner Lektüren lebt in und von diesem charakteristischen Drive seiner Romane, in denen gerade die Absenz seiner mythischen Autorenfiguren von Carlos Wieder über Cesárea Tinajero bis zu Benno von Archimboldi die Phantasie und die Körper seiner Figuren mobilisieren, oder anders formuliert: erst die Lücke und die Flucht der Gesuchten machen den Detektiv.

Zugleich führt die Frage nach Bolaños realer Bibliothek und ihren Beständen mitten hinein in die Niederungen jener posthumen Schriftstellerexistenzen, über die der Autor in seinen Werken so gerne spottete und deren exemplarischer Gegenstand er nach seinem eigenen Ableben geworden ist: Irgendwo zwischen makabrem Totentanz und vulgärer Leichenfledderei hat sich die Verwaltung von Bolaños Erbe seit seinem frühen Tod mit nur fünfzig Jahren an einem heißen Sommertag im Juli 2003 bewegt – ein Phänomen, das der Autor durchaus geahnt haben mag, als er in einem weiteren Text notierte: «Es mejor perder los manuscritos que perder la vida.»[3] Die vielfältigen Dimensionen jener posthumen Schlachten um sein Werk und seine Person – und nicht umsonst antwortete Bolaño in seinem letzten Interview auf die Frage, was er mit dem Wort «posthum» assoziiere, «[s]uena a nombre de gladiador romano»[4] – sind in der einschlägigen Presse im Netz leicht nachzuvollziehen[5] und an dieser Stelle im Detail nicht von Interesse und Relevanz außer dort, wo es tatsächlich um das Werk im engeren Sinn geht. Die ungewöhnliche Konstellation eines Autors, der über 20 Jahre im Verborgenen schrieb und dessen Publikationskarriere zu Lebzeiten kaum ein Jahrzehnt umfasste, sowie die daraus entstehende Menge an hinterlassenem und unveröffentlichtem Material verleihen der, so man das Oxymoron gebrauchen will, posthumen Existenz Bolaños ihre Brisanz. Dabei verfestigt sich der Eindruck, dass nach der Veröffentlichung jener essentiellen Texte wie *2666*, *El gaucho insufrible*, *La Universidad desconocida* und *Los sinsabores del verdadero policía*, aber auch eines brillanten und in sich geschlossenen Frühwerks wie *El Tercer Reich* mit dem Übergang der Werkrechte an die Agentur

---

2 Roberto Bolaño: *Entre paréntesis*, S. 44.
3 Ebd., S. 56.
4 Ebd., S. 342.
5 Einen guten Überblick gibt die Reportage von Karina Sainz Borgo: Roberto Bolaño, el inmortal. In: *Revista Gatopardo* (2016), verfügbar unter: https://gatopardo.com/reportajes/roberto-Bolaño-inmortal/ [letzter Zugriff: 17.08.2018]. Vgl. insgesamt zu den posthumen Publikationen Bolaños auch die Überlegungen bei Oswaldo Zavala: *La modernidad insufrible*, S. 209–238.

des berüchtigten Andrew Wylie (alias *Der Schakal*) und dem Wechsel von seinem Stammhaus Anagrama zu dem zum Medienimperium von Penguin Random House gehörenden Verlag Alfaguara eine neue Phase des *Ausschlachtens* des unveröffentlichten Werks begonnen hat, welche die sorgsame *Auslese* der ersten, maßgeblich von Bolaños Freund, dem spanischen Kritiker Ignacio Echevarría, betreuten Jahre nach seinem Tod nun zu verdrängen scheint. Besonders deutlich wurde dies etwa bei der ersten Publikation unter diesen neuen Bedingungen in Gestalt von *El espíritu de la ciencia-ficción* im Jahr 2016: Der Text, den Bolaño im Alter von 27 Jahren verfasste, ist wenig mehr als eine Art besserer Steinbruch für die *Detectives salvajes*, der selbst für Spezialisten kaum Interessantes bereithält, aber aufgrund der erlangten Berühmtheit des Autors unter dem Label der vermeintlichen Lektüreerfahrung des «ungestümen»[6] Talents des frühen Bolaño vermarktet wird und dabei, in der spanischen Original-Version, mit einem von akademischem Popanz nur so berstenden Prolog des mexikanischen Kritikers Christopher Domínguez Michael[7] daherkommt, wie ihn Bolaño selbst in einer seiner Parodien nicht besser hätte verfassen können.[8] Die paradoxe Wendung, die Bolaños Werk und Figur damit erfahren und die eingangs dieser Arbeit bereits thematisiert wurde, besteht folglich darin, dass sein kritisches literarisches Projekt eine umfassende Vereinnahmung und Erhebung zu einem neuen Status als ‹Klassiker› erfahren hat, oder wie es Zavala treffend formuliert: «[L]o que comienza como un proyecto de crítica y desarticulación de la modernidad literaria en Latinoamérica culmina inevitablemente como la refundación de esa misma modernidad, ahora reificada en la propia figura de Bolaño.»[9] Diese

---

[6] So die Wortwahl in der Bewerbung der deutschen Übersetzung von Christian Hansen, die bezeichnenderweise nicht bei Bolaños deutschem Hausverlag Hanser, sondern bei S. Fischer erschien (in meiner langjährigen Tätigkeit als Gutachter für lateinamerikanische Literatur für den Hanser-Verlag, das sei hier vielleicht erwähnt, hatte ich diese nachgelassenen Manuskripte Bolaños bereits früh geprüft und ihre Ablehnung empfohlen).
[7] Vgl. Roberto Bolaño: *El espíritu de la ciencia-ficción*. Madrid: Alfaguara 2016, S. 9–16.
[8] Etwas anders gelagert ist der Fall der bislang letzten Publikation von *Sepulcros de vaqueros*, der mehrere Prosatexte und Fragmente unterschiedlicher Länge enthält, die zwar qualitativ allesamt nicht überragend sind, aber, wie etwa die titelgebende Erzählung des Bandes, durchaus interessante thematische Orientierungen aufweisen, wenn etwa die ansonsten in keinem seiner Werke vorkommende Landreise Bolaños von Mexiko nach Chile im Jahr 1973 Gegenstand ist (vgl. Roberto Bolaño: *Sepulcros de vaqueros*. Madrid: Alfaguara 2017, S. 87–162).
[9] Oswaldo Zavala: *La modernidad insufrible*, S. 211. Dass diese Arbeit in einer Fortführung dieses Prozesses ihrerseits einen Beitrag zu dieser Art der Kanonisierung leistet, steht dabei freilich außer Frage.

Transformation in Richtung einer Inthronisierung Bolaños als dem zentralen Referenzpunkt der lateinamerikanischen Literatur nach den Autoren des *Boom* und einer prägenden Figur der Weltliteratur des anbrechenden 21. Jahrhunderts hat dabei für eine weiterhin in voller Expansion befindliche künstlerische Auseinandersetzung mit seinen Werken gesorgt. Diese reicht von der Verfilmung seiner *Novelita Lumpen* durch die chilenische Regisseurin Alicia Scherson unter dem Titel *Il Futuro* (2013) über mehrere an sein Leben und Werk angelehnte Dokumentationen bis zu einer unlängst publizierten *Graphic Novel* von *Estrella distante* oder auch den verschiedenen Theaterversionen von *2666*, wie sie in vergangenen Jahren u.a. in Barcelona, Avignon, Chicago, Köln und Berlin zu sehen waren. Jede dieser Auseinandersetzungen entfaltet dabei eine eigene Produktivität und eine eigene Qualität mit Blick auf das ‹Original›, die zwischen dem künstlerisch äußerst gelungenen, die literarische Vorlage fast übertreffenden Film Schersons und der befremdlichen Eventisierung von *2666* in Gestalt der Theaterfassung etwa am Kölner Schauspiel changiert, bei welcher sich die verstörende Lektüreerfahrung dieses Romans zwischen mäßiger Inszenierung und dem zwischen den Akten fleißig gereichten Prosecco und Osterbraten sanft verflüchtigte.

Von unzweifelhaft größerem philologischen Interesse für weitere Explorationen von Bolaños wilder Bibliothek wäre zweifellos die Öffnung seines Archivs, das zwar in kleinen Teilen 2013 ausgestellt war, dessen Verwaltung Bolaños Witwe aber gänzlich in die Hände der beiden Kinder des Paars legen möchte, deren jugendliches Alter allerdings kaum Anlass zur Hoffnung auf eine baldige Möglichkeit einer umfangreicheren Sichtung dieses Material gibt. Die Produktivität einer solchen Analyse lässt sich bereits aus dem erwähnten Korpus jener Briefe Bolaños an Bruno Montané ersehen, die zwar gesichtet, aber eben nicht zitiert werden können. Sie sind insbesondere aufgrund der Zeitspanne von Interesse, die sie umfassen: Sie beginnt mit Briefen aus dem Jahr 1976 im Zeitraum vor Bolaños Übersiedlung nach Europa, in denen der 23-jährige Dichter noch in jenem radikal-verzweifelten Duktus der infrarrealistischen Zeit an den bereits in Spanien weilenden Montané schreibt mit Nachrichten über seine wilde Existenz in jenem, wie es im Roman *La pista de hielo* später heißen wird, «México, es decir en la adolescencia, en la zona borrosa y vacilante que pertenecía a los poetas de hierro»[10]; der Großteil der insgesamt 39 Briefe und 18 Postkarten umfassenden Sammlung allerdings stammt aus den 1980er und 90er Jahren in Katalonien, als Bolaño bereits jene zurückgezogene Existenz, erst in Girona und dann in Blanes, führte, die zum

---

10 Roberto Bolaño: *La pista de hielo*. Barcelona: Anagrama 2009 [1993], S. 9.

Ausgangspunkt für die Schaffung seines literarischen Werks werden sollte. Immer wieder seinen Widerwillen betonend, seinen jeweiligen Schreibtisch zu verlassen, schickt er den in Barcelona ansässigen Montané fortwährend auf literarische Beutezüge mit Anweisungen zu Werken, die von Flaubert und spanischen und amerikanischen Krimis bis zu zahllosen Büchern über den deutschen Russlandfeldzug und andere Themen des Zweiten Weltkriegs reichen. Zugleich berichtet Bolaño immer wieder über seine Lektüren, bei deren Sichtung deutlich wird, inwiefern auch die vorliegende Arbeit nur ein erster Schritt bei der Erkundung von Bolaños wilder Bibliothek sein kann: Wenngleich sich einige der hier untersuchten Texte und Autoren auch in den Briefen finden – allen voran Georges Perec –, so überwiegt doch eine Masse von zahllosen weiteren, die von amerikanischen Science-Fiction-Klassikern wie Philip K. Dick und Ursula Le Guin über Vertreter der modernen Dichtung wie Eugenio Montale bis zur Bolaño gleichfalls in weitreichendem Umfang bekannten russischen Tradition mit Autoren von Bulgakow bis Sinjawski reicht.

Gleichwohl sollten in den vorliegenden Analysen dieser Arbeit zumindest einige der grundlegenden Dimensionen von Bolaños Ästhetik und Politik der Lektüre deutlich geworden sein: Die vielfach postulierte Tatsache, dass Bolaños Werk ohne die Berücksichtigung seiner Lektüren kaum angemessen zu denken ist, wurde im Hinblick auf eine Vielzahl metatextueller wie poetologischer Elemente und Aussagen zunächst als jene *Ästhetik der Lektüre* entwickelt, deren spezifische Ausprägung durch die Klärung des Verhältnisses Bolaños zur lateinamerikanischen Tradition vom Modernismo bis zum *Boom* gleichfalls untermauert werden sollte. Das Ziel dieser Einordnung Bolaños war dabei auch zu zeigen, inwiefern sein Werk innerhalb Lateinamerikas zugleich als Bruch *und* Kontinuität bestimmter kontinentaler Ästhetiken und Logiken verstanden werden muss und bei aller Insistenz auf das insbesondere in der englischsprachigen Rezeption so dominante Bild von Bolaño als einem vermeintlich an keinerlei partikulare Literaturtradition gebundenem (Welt-)Autor diese spezifische Verortung nicht vernachlässigt werden kann. Die in diesem Zusammenhang untersuchten historischen, politischen und ästhetischen Voraussetzungen seines Schreibens vor dem Hintergrund des Scheiterns der revolutionären Utopien in Lateinamerika sowie der Erschöpfung der auf unterschiedliche Weise eng mit ihnen verbundenen literarischen Projekte von Figuren wie Neruda, Paz und den Autoren des *Boom* wurde dabei vor allem mit Blick auf jene ‹mexikanische Konstellation› seines Werks in Gestalt von Büchern wie *Los detectives salvajes* oder *Amuleto* entwickelt, wobei sich schon dort jenes Motiv einer ‹verwilderten› Welt ankündigt, das in den folgenden Romananalysen noch mehrfach eine Rolle spielen würde. In *Nocturno de Chile* erreicht diese Wahrnehmung von der Welt als im Verfall begriffener in der

‹Täterperspektive› des Priesters und Kritikers Urrutia Lacroix eine spezifische Ausprägung, deren formale wie ideengeschichtliche Fundierung im Rückgriff auf jene intertextuelle Matrix in Gestalt der Barock-Ästhetik Góngoras und der ästhetischen Projekte Huysmans' und Jüngers aufgezeigt werden konnte. Innerhalb dieser mit der «chilenischen Konstellation› aus *Nocturno de Chile*, *Estrella distante* und Teilen von *La literatura nazi en América* verbundenen Modernekritik Bolaños ließ sich im Folgenden noch einmal genauer die fundamental politische Prägung von Bolaños *Ästhetik der Lektüre* begreifen: In Abgrenzung von den ästhetischen und ethischen Aporien der Avantgarde, wie sie unter Rückgriff auf ein intertextuelles ‹Amalgam› von den französischen Lettristen bis zur chilenischen Neoavantgarde in *Estrella distante* in Gestalt des ‹Text-Ungeheuers› Carlos Wieder inszeniert wird, entwirft Bolaño eine post-avantgardistisch ‹geimpfte› Ästhetik und Ethik, die an jenen ‹Dichtern der irdischen Welt› geschult ist, wie sie in Gestalt der Werke von Nicanor Parra, Enrique Lihn und William Carlos Williams aufgezeigt wurden. Die Überlegungen zur Präsenz Georges Perecs wiederum als dem wichtigsten nicht-lateinamerikanischen Autor innerhalb von Bolaños weitverzweigtem Referenzuniversum untermauerten die tiefgreifenden Auseinandersetzungen Bolaños mit dem Werk des französischen Romanciers auf seiner Suche nach adäquaten narrativen Darstellungsformen, in denen – wie unter Verweis auf den in allen Werken Bolaños und allen Kapiteln dieser Arbeit stets präsenten Jorge Luis Borges gezeigt wurde – eine profunde Problematisierung der Möglichkeiten und Grenzen des Imaginären und der Fiktion immer schon eingelassen ist.

Die radikalste Ausprägung von Bolaños Inszenierungen einer ‹verwilderten› Welt wurde schließlich anhand seines *opus magnum 2666* und dem eng damit verbundenen *Los sinsabores del verdadero policía* dargestellt, das auf diese Form der Weltwahrnehmung nicht nur mittels einer spezifischen narrativen Formensprache reagiert, sondern zugleich die Frage nach dem Wesen des Menschen und seinem Erkenntnisvermögen in den Mittelpunkt des Romans stellt. Die Bezugnahme auf Texte von Pascal, Sor Juana, Leopardi und Baudelaire lässt sich in diesem Sinne als eine profunde Reflexion über die Begrenztheit dieses Vermögens im Sinne einer «negativen Anthropologie» erfassen, in deren Kontext sich nicht zuletzt ein fundamentaler Zweifel gegenüber der Leistungsfähigkeit der Ordnungs- und Symbolsysteme der Moderne ausdrückt, zu denen nicht nur die Geisteswissenschaften zählen, sondern letztlich auch die Literatur selbst. Während erstere von Bolaño in Gestalt seiner vier europäischen Philologen und ihren naiven kosmopolitischen Idealen in ihrer ganzen Unzulänglichkeit dargestellt werden, widersteht *2666* doch gleichzeitig der Huldigung eines Nihilismus und der Versuchung des Rückfalls in Melancholie oder Reaktion, wie sie etwa bei Bolaños Zeitgenossen wie Houellebecq oder Botho Strauß ihren Widerhall gefunden hat. Stattdessen artikuliert, so die Beobachtung, Bolaños posthumes Meisterwerk bei aller Desillusionierung und Weltverwilderung weiterhin einen politischen Anspruch der Literatur, der sich aus jenem Glauben an ihre Fähigkeit zum Eingriff in die Aufteilung des Sinnlichen und die Wahrnehmung der Welt speist. Diese mit Blick auf Rancière entwickelte «Politik der Lektüre» Bolaños erscheint dabei angesichts der Erfahrung eines Jahrhunderts der gescheiterten Utopien und der Verheerung der Welt durch einen ungezügelten und globalisierten Kapitalismus als einzig verbliebene Möglichkeit einer zugleich skeptischen und doch keineswegs fatalistischen Wahrnehmung des Menschen und seiner Zukunft. Dass der (Welt-)Literatur dabei angesichts des Zerbrechens ihrer alten Logiken von Zentrum und Peripherie und dem Ende der modernen *République mondiale des lettres* neue und befreiende Perspektiven möglich werden, für die nicht zuletzt der globale Erfolg von Bolaños Werk selbst als Beleg dienen mag, wurde in den abschließenden Überlegungen zu drei weltliterarischen Fallbeispielen der besonderen Sorte noch einmal dargelegt.

Trotzdem vermag die hier entwickelte Lektüre Bolaños in jedem Fall nicht mehr als eine erste (Aus-)Lese seiner wilden Bibliothek zu sein, was nicht zuletzt schon mit der Auswahl der hier behandelten Texte von Bolaño deutlich wurde: In der Konzentration auf die – auch von der Kritik – als ‹Hauptwerke› wahrgenommenen Werke wurden andere Romane wie *La pista del hielo*, *Monsieur Pain*, *Una novelita lumpen* oder auch der frühe, vierhändig mit Antoni García Porta verfasste *Consejos de un discípulo de Morrison a un fanático de Joyce* bestenfalls marginal behandelt, ganz zu schweigen vom umfangreichen lyrischen Werk Bolaños oder all den Erzählungen, die hier keine Erwähnung finden konnten. Gleichzeitig versteht sich angesichts der gewaltigen Ausmaße von Werken wie *2666* oder *Los detectives salvajes* gleichsam von selbst, dass auch mit Blick auf diese Romane in den vorliegenden Überlegungen bestenfalls ein erster Schritt in Richtung einer detektivisch verfahrenden Investigation ihrer intertextuellen Ästhetik und Politik unternommen wurde. «Der Philologe muß an das Vorhandensein eines Lichtes von oben glauben [...]. Der Philologe beharrt also auf seiner Betrachtung des Mikroskopischen, weil er darin das Mikrokosmische sieht»,[11] hat Leo Spitzer in einer etwas pathetischen Wendung einmal jene an die Perspektivenarbeit des philologischen Lesers geknüpften Hoffnungen formuliert – sollten die bescheidenen und natürlich von vornherein zum Scheitern verurteilten Domestizierungsversuche von Bolaños wilder Bibliothek in diesem Buch dazu geeignet sein, jenes Licht in Gestalt der Leselampen einiger anderer wilder Detektive zu empfangen und dabei auch

---

[11] Leo Spitzer: Sprachwissenschaft und Literaturwissenschaft, S. 29.

nur einen kleinen Schatten zu werfen, dann wäre damit schon eine – und vielleicht sogar die einzig mögliche und gewollte – Mission der philologischen Kritik gewonnen. Dass dies zugleich der fragile und flüchtige Kern ihres Geschäfts und der literarischen Objekte ihrer Begierde ist, wusste niemand besser als Bolaño selbst, als er in *2666* notierte:

> Durante un tiempo, la Crítica acompaña a la Obra, luego la Crítica se desvanece y son los Lectores quienes la acompañan. El viaje puede ser largo o corto, luego los Lectores mueren uno por uno y la Obra sigue sola, aunque otra Crítica y otros Lectores poco a poco vayan acompasándose a su singladura. Luego la Crítica muere otra vez y los Lectores mueren otra vez y sobre esa huella de huesos sigue la Obra su viaje hacia la Soledad.[12]

---

[12] Roberto Bolaño: *2666*, S. 484.

Bibliographie

Werke Roberto Bolanos

Bolaño, Roberto: Déjenlo todo nuevamente. In: *Correspondencia infra, revista menstrual del movimiento infrarrealista*. Mexiko, octubre-noviembre de (1977), S. 5–11.
Bolaño, Roberto: El universo hinchado. Nueva poesía francesa. In: *Plural* 64 (1977), S. 20–24.
Bolaño, Roberto: *La pista de hielo*. Barcelona: Anagrama 2009 [1993].
Bolaño, Roberto: *La literatura nazi en América*. Barcelona: Anagrama 2010 [1996].
Bolaño, Roberto: *Estrella distante*. Barcelona: Anagrama 1996.
Bolaño, Roberto: *Amuleto*. Barcelona: Anagrama 1999.
Bolaño, Roberto: *Monsieur Pain*. Barcelona: Anagrama 2010 [1999].
Bolaño, Roberto: *Nocturno de Chile*. Barcelona: Anagrama 2000.
Bolaño, Roberto: *Los perros románticos*. Barcelona: Lumen 2000.
Bolaño, Roberto: *Tres*. Barcelona: Acantilado 2000.
Bolaño, Roberto: *Putas asesinas*. Barcelona: Anagrama 2001.
Bolaño, Roberto: *Amberes*. Barcelona: Anagrama 2002.
Bolaño, Roberto: *Una novelita lumpen*. Barcelona: Anagrama 2002.
Bolaño, Roberto: *El gaucho insufrible*. Barcelona: Anagrama 2003.
Bolaño, Roberto: *2666*. Barcelona: Anagrama 2004.
Bolaño, Roberto: *Entre paréntesis. Ensayos, artículos y discursos (1998–2003)*. Barcelona: Anagrama 2004.
Bolaño, Roberto: *La Universidad Desconocida*. Barcelona: Anagrama 2007.
Bolaño, Roberto: *El secreto del mal*. Barcelona: Anagrama 2007.
Bolaño, Roberto: *El Tercer Reich*. Barcelona: Random House 2010.
Bolaño, Roberto: *Los sinsabores del verdadero policía*. Barcelona: Anagrama 2011.
Bolaño, Roberto: *El espíritu de la ciencia-ficción*. Madrid: Alfaguara 2016.
Bolaño, Roberto: *Sepulcros de vaqueros*. Madrid: Alfaguara 2017.
Bolaño, Roberto/Jorge Boccanera: La nueva poesía latinoamericana ¿Crisis o renacimiento? In: *Plural* 68 (1977), S. 41–49.
Bolaño, Roberto/Antoni García Porta: *Consejos de un discípulo de Morrison a un fanático de Joyce, seguido de Diario de Bar*. Barcelona: Acantilado 2006 [1984].

Werke anderer Autoren

Andrade, Oswald de: Manifesto antropófago. Edição crítica e comentada. In: *Periferia* 3, 1 (2011), verfügbar unter: http://www.e-publicacoes.uerj.br/index.php/periferia/article/view/3407 (letzter Zugriff: 05. 10.2017).
Barrie, James Matthew: *Peter Pan*. New York: Puffin Books 2013.
Baudelaire, Charles: Le voyage. In: Charles Baudelaire: *Œuvres complètes I*. Texte établi, présenté et annoté par Claude Pichois. Paris: Gallimard 1975, S. 129–134.
Baudelaire, Charles: Du vin det du hachisch. In: Charles Baudelaire: *Œuvres complètes I*. Texte établi, présenté et annoté par Claude Pichois. Paris: Gallimard 1975, S. 376–398.
Baudelaire, Charles: Exposition universelle, 1855, Beaux-arts. In: Charles Baudelaire: *Œuvres complètes II*. Texte établi, présenté et annoté par Claude Pichois. Paris:Gallimard 1976, S. 575–582.

Baudelaire, Charles: Salon de 1859. In: Charles Baudelaire: *Œuvres complètes II*. Texte établi, présenté et annoté par Claude Pichois. Paris: Gallimard 1976, S. 608–682.

Baudelaire, Charles: Le peintre de la vie moderne. In: Charles Baudelaire: *Œuvres complètes II*. Texte établi, présenté et annoté par Claude Pichois. Paris: Gallimard 1976, S. 683–724.

Bioy Casares, Adolfo: *La invención de Morel*. Buenos Aires: Emecé 2010.

Borges, Jorge Luis: Prólogo. In: Jorge Luis Borges: *Obra poética*. Buenos Aires: Emecé 1977, S. 15–16.

Borges, Jorge Luis: El escritor argentino y la tradición. In: Jorge Luis Borges: *Obras Completas I. (1923–1949)*. Edición Crítica. Anotada por Rolando Costa Picazo e Irma Zangara. Buenos Aires: Emecé 2009, S. 438–444.

Borges, Jorge Luis: Hombre de la esquina rosada. In: Jorge Luis Borges: *Obras Completas I. (1923–1949)*. Edición Crítica. Anotada por Rolando Costa Picazo e Irma Zangara. Buenos Aires: Emecé 2009, S. 628–633.

Borges, Jorge Luis: Tlön, Uqbar, Orbis Tertius. In: Jorge Luis Borges: *Obras Completas I. (1923–1949)*. Edición Crítica. Anotada por Rolando Costa Picazo e Irma Zangara. Buenos Aires: Emecé 2009, S. 831–841.

Borges, Jorge Luis: Pierre Menard, autor del Quijote. In: Jorge Luis Borges: *Obras Completas I. (1923–1949)*. Edición Crítica. Anotada por Rolando Costa Picazo e Irma Zangara. Buenos Aires: Emecé 2009, S. 842–847.

Borges, Jorge Luis: Examen de la obra de Herbert Quain. In: Jorge Luis Borges: *Obras Completas I. (1923–1949)*. Edición Crítica. Anotada por Rolando Costa Picazo e Irma Zangara. Buenos Aires: Emecé 2009, S. 857–860.

Borges, Jorge Luis: El jardín de senderos que se bifurcan. In: Jorge Luis Borges: *Obras Completas I. (1923–1949)*. Edición Crítica. Anotada por Rolando Costa Picazo e Irma Zangara. Buenos Aires: Emecé 2009, S. 867–874.

Borges, Jorge Luis: Funes el memorioso. In: Jorge Luis Borges: *Obras Completas I. (1923–1949)*. Edición Crítica. Anotada por Rolando Costa Picazo e Irma Zangara. Buenos Aires: Emecé 2009, S. 879–884.

Borges, Jorge Luis: Tema del traidor y del héroe. In: Jorge Luis Borges: *Obras Completas I. (1923–1949)*. Edición Crítica. Anotada por Rolando Costa Picazo e Irma Zangara. Buenos Aires: Emecé 2009, S. 889–891.

Borges, Jorge Luis: Emma Zunz. In: Jorge Luis Borges: *Obras Completas I. (1923–1949)*. Edición Crítica. Anotada por Rolando Costa Picazo e Irma Zangara. Buenos Aires: Emecé 2009, S. 1015–1018.

Borges, Jorge Luis: El primer Wells. In: Jorge Luis Borges: *Obras Completas II. (1952–1972)*. Edición Crítica. Anotada por Rolando Costa Picazo e Irma Zangara. Buenos Aires: Emecé 2010, S. 69–70.

Borges, Jorge Luis: Kafka y sus precursores. In: Jorge Luis Borges: *Obras Completas II. (1952–1972)*. Edición Crítica. Anotada por Rolando Costa Picazo e Irma Zangara. Buenos Aires: Emecé 2010, S. 80–81.

Borges, Jorge Luis: Del rigor en la ciencia. In: Jorge Luis Borges: *Obras Completas II. (1952–1972)*. Edición Crítica. Anotada por Rolando Costa Picazo e Irma Zangara. Buenos Aires: Emecé 2010, S. 339.

Borges, Jorge Luis: Prólogo a *Elogio de la sombra*. In: Jorge Luis Borges: *Obras Completas II. (1952–1972)*. Edición Crítica. Anotada por Rolando Costa Picazo e Irma Zangara. Buenos Aires: Emecé 2010, S. 613–614.

Borges, Jorge Luis: Historia de Rosendo Juárez. In: Jorge Luis Borges: *Obras Completas II. (1952–1972)*. Edición Crítica. Anotada por Rolando Costa Picazo e Irma Zangara. Buenos Aires: Emecé 2010, S. 711–714.
Campos, Haroldo: Da razão antropofágica. A Europa sob o signo da devoração. In: *Colóquio/Letras* 62 (1981), S. 10–25.
Cervantes, Miguel de: *Don Quijote de la Mancha*. Edición del IV Centenario. Real Academia Española/Asociación de Academias de la Lengua Española. Madrid: Alfaguara 2004.
Chesterton, Gilbert Keith: The Purple Wig. In: Gilbert Keith Chesterton: *The Father Brown stories*. London: Cassell 1960, S. 244–255.
Cortázar, Julio: *Obra crítica 3*. Hg. von Saúl Sosnowski. Madrid: Alfaguara 1994.
Cortázar, Julio: *Rayuela*. Madrid: Cátedra 2008.
Cruz, Sor Juana Inés de la: Respuesta a Sor Filotea de la Cruz. In: Sor Juana Inés de la Cruz: *Obras completas*. Mexiko-Stadt: Porrúa 1996, S. 827–847.
Cruz, Sor Juana Inés de la: Primero Sueño. In: Sor Juana Inés de la Cruz: *Poesía lírica*. Hg. von José Carlos González Boixo. Madrid: Cátedra 2001, S. 268–300.
Dalí, Salvador: *Journal d'un génie*. Introduction et notes de Michel Déon. Paris: La Table Ronde 1964.
Darío, Rubén: Los colores del estandarte. In: Rubén Darío: *Escritos inéditos. Recogidos de periódicos de Buenos Aires y anotados por E.K. Mapes*. New York: Instituto de las Españas en los Estados Unidos 1938, S. 120–123.
Faulkner, William: *The Marble Faun and A Green Bough*. New York: Random House 1965.
Flaubert, Gustave: *Bouvard et Pécuchet. Œuvre posthume augmentée de La Copie*. In: Gustave Flaubert: *Œuvres complètes de Gustave Flaubert*. Tome 5. Paris: Club de l'Honnête Homme 1972.
Fuentes, Carlos: *La gran novela latinoamericana*. Madrid: Alfaguara 2011.
García Márquez, Gabriel: *El otoño del patriarca*. Buenos Aires: Sudamericana 1975.
Góngora, Luis de: *Soledades*. Madrid: Cátedra 2012.
Heym, Stefan: *Pargfrider*. München: dtv 1998.
Homerus: *Homerische Hynmnen*. Hg. von Gerd von der Gönna und Erika Simon. Übertragung, Einführung und Erläuterung von Karl Arno Pfeiff. Tübingen: Stauffenburg 2002.
Huidobro, Vicente: Arte poética. In: Vicente Huidobro: *Manifiestos*. Santiago de Chile: Editorial Mago 2009.
Huysmans, Joris-Karl: *À Rebours*. Paris: Gallimard 1983.
Huysmans, Joris-Karl: *La-bàs*. Paris: Gallimard 1985.
Jünger, Ernst: *Strahlungen*. Tübingen: Heliopolis-Verlag 1949.
Jünger, Ernst: Sizilischer Brief an den Mann im Mond. In: Ernst Jünger: *Sämtliche Werke. Band 9. Essays III*. Stuttgart: Klett Cotta 1979, S. 9–22.
Jünger, Ernst: Sgraffiti. In: Ernst Jünger: *Sämtliche Werke. Band 9. Essays III*. Stuttgart: Klett-Cotta 1979, S. 331–478.
Jünger, Ernst: *Das Abenteuerliche Herz. Erste Fassung. Aufzeichnungen bei Tag und Nacht*. Stuttgart: Klett-Cotta 1995.
Jünger, Ernst: *Das Abenteuerliche Herz. Figuren und Capriccios*. Stuttgart: Reclam 2010.
Jünger, Ernst: *Auf den Marmorklippen*. Berlin: Ullstein 2014.
Lemebel, Pedro: *Loco afán. Crónicas de Sidario*. Santiago de Chile: LOM 1996.
Lemebel, Pedro: *Poco hombre. Crónicas escogidas*. Santiago de Chile: Ediciones Universidad Diego Portales 2013.

Leopardi, Giacomo: *Canti*. Florenz: Le Lettere 1987.
Leopardi, Giacomo: *Zibaldone di pensieri*. Edizione critica e annotata a cura di Giuseppe Pacella. Vol. 1. Mailand: Garzanti 1991.
Lihn, Enrique: *Poesía de paso*. Havanna: Casa de las Américas 1966.
Lihn, Enrique: Definición de un poeta. In: *Anales de la Universidad de Chile* 137 (1966), S. 35–64.
Lihn, Enrique: *La musiquilla de las pobres esferas*. Santiago de Chile: Editorial Universitaria 1969.
Lihn, Enrique: *Sobre el antiestructuralismo de José Miguel Ibañez Langlois* . Santiago de Chile: Ediciones del Camaleón 1983.
Lihn, Enrique: *El circo en llamas: Una crítica de la vida*. Hg. von Germán Marín. Santiago de Chile: LOM 1996.
Lihn, Enrique: *El Paseo Ahumada*. Santiago de Chile: Ediciones Universidad Diego Portales 2003.
Lihn, Enrique: Notas sobre la vanguardia. In: Adriana Valdés/Ana María Risco (Hg.): *Enrique Lihn. Textos sobre arte*. Santiago de Chile: Ediciones Universidad Diego Portales 2008, S. 488–491.
Luiselli, Valeria: *Los ingrávidos*. Mexiko-Stadt: Sexto Piso 2011.
Malaparte, Curzio: *Kaputt*. Neapel: Casella 1944.
Maistre, Joseph de: *Les soirées de Saint-Pétersbourg: ou, Entretiens sur le gouvernement temporel de la Providence, suivies d'un traité sur les sacrifices*. Tome I. Paris: J.B. Pélagaud 1862.
Marinetti, Filippo Tommaso: Fondation et Manifeste du Futurisme. In: Giovanni Lista (Hg.): *Futurisme. Manifestes – Proclamations – Documents*. Paris: L'Age d'Homme 1973, S. 85–89.
Martí, José: Oscar Wilde. In: José Martí: *Ensayos y crónicas*. Hg. von José Olivio Jiménez. Madrid: Cátedra 2004, S. 79–89.
Naipaul, Vidiadhar Surajprasad: Argentina and the Ghost of Eva Perón, 1972–1991. In: Vidiadhar Surajprasad Naipaul: *The Writer and the World*. New York: Alfred Knopf 2002, S. 346–437.
Neruda, Pablo: Oda a Stalin . In: Pablo Neruda: *Obras completas*. Hg. von Jorge Sanhueza. Buenos Aires: Losada 1962, S. 747.
Naso, Publius Ovidius: *Metamorphosen*. Epos in 15 Büchern. Übersetzt und herausgegeben von Hermann Breitenbach. Stuttgart: Reclam 1977.
Parra, Nicanor: *Obras completas & algo +. De «Gato en el camino» a «Artefactos» (1935–1972)*. Hg. von Niall Binns und Ignacio Echevarría. Barcelona: Galaxia Gutenberg 2006.
Pascal, Blaise: *Pensées opuscules et lettres*. Hg. von Philippe Sellier. Paris: Classiques Garnier 2011.
Paz, Octavio: *Sor Juana Inés de la Cruz o las trampas de la fe*. Barcelona: Círculo de lectores 1992.
Perec, Georges: *l'infra-ordinaire*. Paris: Seuil 1989.
Perec, Georges: *Je suis né*. Paris: Seuil 1990.
Perec, Georges: *L.G. Une aventure des années soixante*. Paris: Seuil 1992.
Perec, Georges: *53 jours*. Texte établi par Harry Mathews et Jacques Roubaud. Paris: Gallimard 1993.
Perec, Georges: *Ellis Island*. Paris: P.O.L. 1995.
Perec, Georges: *Espèces d'espaces*. Paris: Éditions Galilée 2000.

Perec, Georges: *Penser/Classer*. Paris: Seuil 2003.
Perec, Georges: *Entretiens et conférences Vol. I, 1965–1978*. Édition critique établie par Dominique Bertelli et Mireille Ribière. Nantes: Joseph K 2003.
Perec, Georges: *W ou le souvenir d'enfance*. Paris: Gallimard 2006.
Perec, Georges: *La vie mode d'emploi*. In: Georges Perec: *Œuvres/Georges Perec II*. Édition publiée sous la direction de Christelle Reggiani. Paris: Gallimard 2017.
Piglia, Ricardo: *El último lector*. Barcelona: Debolsillo 2014.
Proust, Marcel: *Le temps retrouvé*. Paris: Gallimard 1992.
Reyes, Salvador: *Peregrinajes literarios en Francia*. Santiago de Chile: Editorial Andrés Bello 1968.
Robbe-Grillet, Alain: *L'année dernière à Marienbad*. Paris: Éditions de Minuit 1968.
Saer, Juan José: La selva espesa de lo real. In: Juan José Saer: *El concepto de ficción*. Buenos Aires: Seix Barral 2004, S. 267–271.
Schulz, Bruno: *Das Sanatorium zur Sanduhr*. Aus dem Polnischen neu übersetzt von Doreen Daume. München: Hanser 2013.
Vargas Llosa, Mario/García Márquez, Gabriel: *La novela en América Latina: diálogo entre Mario Vargas Llosa y Gabriel García Márquez*. Lima: Ediciones Copé 2013.
Vidal, Bruno: *Arte marcial*. Santiago de Chile: Porter 1987.
Williams, William Carlos: *The Autobiography of William Carlos Williams*. New York: New Directions 1967.
Williams, William Carlos: *The Collected Poems of William Carlos Williams. Volume I 1909–1939*. Edited by A. Walton Litz and Christopher MacGowan. New York: New Directions 1986.
Williams, William Carlos: *The Collected Poems of William Carlos Williams Volume II 1939–1962*. Edited by Christopher MacGowan. New York: New Directions 1988.
Zurita, Raúl: *Anteparaíso*. Santiago de Chile: Editores Asociados 1982.

Sekundärliteratur

Acuña, Marcela: Una visita ilustre. In: *Ercilla* 3099 (30.11.1998), S. 76.
Adorno, Theodor W.: Einleitung in die Musiksoziologie. Zwölf theoretische Vorlesungen. In: Theodor W. Adorno: *Gesammelte Schriften, Bd. 14: Dissonanzen. Einleitung in die Musiksoziologie*. Frankfurt am Main: Suhrkamp 1997, S. 169–433.
Adriaensen, Brigitte: Memoria, ironía y comunidad: 2666 de Roberto Bolaño. In: *Iberoromania*. 82 (2015), S. 125–136.
Aguayo, Sergio: *De Tlatelolco a Ayotzinapa: las violencias del Estado*. Mexiko-Stadt: Ediciones Proceso 2015.
Aguilar, Paula: Pobre memoria la mía. Literatura y melancolía en el contexto de la postdictadura chilena. In: Edmundo Paz Soldán/Gustavo Faverón (Hg.): *Bolaño salvaje*. Barcelona: Candaya 2008, S. 127–144.
Ainoa, Íñigo: *El universo literario de Roberto Bolaño*. Madrid: Verbum 2015.
Alt, Peter-André: *Ästhetik des Bösen*. München: Beck 2010.
Altenberg, Tilmann: Bolaño against Babel: Multilingualism, Translation and Narration in 2666, «La parte de los críticos». In: *Bulletin of Hispanic Studies* 95, 2 (2018), S. 217–233.
Alvarez, Moira: La voz de Auxilio en «Amuleto» de Roberto Bolaño. In: *Revista de Crítica Literaria Latinoamericana* 38, 75 (2012), S. 419–440.

Alvarez, Moira: Sarmiento, Borges Naipaul, Bolaño. ¿Sabios de Sodoma? In: *Revista Iberoamericana* LXXVIII 241 (2012), S. 913–931.
Amos, Thomas: Lesen. In: Matthias Schöning (Hg.): *Ernst-Jünger-Handbuch: Leben – Werk – Wirkung*. Stuttgart: Metzler 2014, S. 335–338.
Andrews, Chris: *Roberto Bolaño's fiction: an expanding universe*. New York: Columbia University Press 2014.
Apter, Emily: *Against World Literature. On the Politics of Untranslatability*. London: Verso 2013.
Arendt, Hannah: *Über das Böse – Eine Vorlesung zu Fragen der Ethik*. München: Piper 2007.
Arendt, Hannah: *Eichmann in Jerusalem – Ein Bericht von der Banalität des Bösen*. München: Piper 2010.
Arendt, Hannah: *Menschen in finsteren Zeiten*. München: Piper 2012.
Asholt, Wolfgang/Ette, Ottmar (Hg.): *Literaturwissenschaft als Lebenswissenschaft. Programm – Projekte – Perspektiven*. Tübingen: Narr 2010.
Auerbach, Erich: *Dante als Dichter der irdischen Welt*. 2. Auflage mit einem Nachwort von Kurt Flasch. Berlin/New York: De Gruyter 2001.
Avanessian, Armen: *Phänomenologie ironischen Geistes: Ethik, Poetik und Politik der Moderne*. München: Fink 2010.
Avelar, Idelber: *Alegorías de la derrota: la ficción postdictatorial y el trabajo del duelo*. Santiago de Chile: Cuarto propio 2000.
Avelar, Idelber: Ficciones y rituales de la masculinidad en la obra de Borges. In: *La Biblioteca* [Biblioteca Nacional, Buenos Aires] 13 (2013), S. 92–105.
Ayala, Matías: *Lugar incómodo. Poesía y sociedad en Parra Lihn y Martínez*. Santiago de Chile: Ediciones Universidad Alberto Hurtado 2010.
Ayala, Matías: Bolaño, Zurita, Vidal: vanguardia, violencia, sacrificio. In: Ursula Hennigfeld (Hg.): *Roberto Bolaño – escritura, violencia, vida*. Madrid/Frankfurt am Main: Iberoamericana/Vervuert 2015, S. 33–48.
Bachmann-Medick, Doris: *Cultural Turns. Neuorientierungen in den Kulturwissenschaften*. Reinbek: Rowohlt 2006.
Bachtin, Michail: *Die Ästhetik des Wortes*. Aus dem Russischen von Rainer Grübel und Sabine Reese. Frankfurt am Main: Suhrkamp 1979.
Bachtin, Michail: *Literatur und Karneval. Zur Romantheorie und Lachkultur*. Aus dem Russischen von Alexander Kaempfe. Frankfurt am Main: Fischer 1990.
Bachtin, Michail: *Chronotopos*. Aus dem Russischen von Michael Dewey. Frankfurt am Main: Suhrkamp 2008.
Bajter, Ignacio: Alcira Soust, la poeta de Bolaño en busca de la verdadera Auxilio Lacouture. In: *Quimera. Revista de Literatura*. 305 (2009), S. 70–76.
Balke, Friedrich/Engelmeier, Hanna: *Mimesis und Figura: Mit einer Neuausgabe des «Figura» - Aufsatzes von Erich Auerbach*. Paderborn: Fink 2016.
Barthes, Roland: *Roland Barthes par Roland Barthes*. Paris: Seuil 1975.
Barthes, Roland: *La Chambre claire. Note sur la photographie*. Paris: Gallimard 1980.
Barthes, Roland: *Leçon/Lektion. Antrittsvorlesung im Collège de France. Gehalten am 7. Januar 1977*. Aus dem Französischen von Helmut Scheffel. Frankfurt am Main: Suhrkamp 1980.
Barthes, Roland: Arcimboldo oder Rhétoriqueur und Magier. In: Roland Barthes: *Der entgegenkommende und der stumpfe Sinn. Kritische Essays III*. Aus dem Französischen von Dieter Hornig. Frankfurt am Main: Suhrkamp 1990, S. 136–156.

Barthes, Roland: Der Tod des Autors. In: Fotis Jannidis/Gerhard Lauer, u.a. (Hg.): *Texte zur Theorie der Autorschaft*. Stuttgart: Reclam 2000, S. 185–193.
Barros Arana, Diego: *Historia general de Chile III*. Barcelona: Red Ediciones 2017.
Baudrillard, Jean: *Agonie des Realen*. Aus dem Französischen von Lothar Kurzawa und Volker Schaefer. Berlin: Merve 1978.
Baudrillard, Jean: The *trompe-l'oeil*. In: Norman Bryson (Hg.): *Calligram: Essays in New Art History from France*. Cambridge: Cambridge University Press 1989, S. 53–62.
Baxmann, Inge: Ästhetisierung des Raums und nationale Physis. Zur Kontinuität politischer Ästhetik. Vom frühen 20. Jahrhundert zum Nationalsozialismus. In: Karlheinz Barck/Richard Faber (Hg.): *Ästhetik des Politischen. Politik des Ästhetischen*. Würzburg: Königshausen & Neumann 1999, S. 79–96.
Beckert, Jens: *Imagined Futures. Fictional Expectations and Capitalist Dynamics*. Cambridge: Harvard University Press 2016.
Beebee, Thomas O.: «More culture!»: The rules of Art in Roberto Bolaño's *By Night in Chile*. In: Nicholas Birns/Juan De Castro (Hg.): *Roberto Bolaño as World Literature*. New York: Bloomsbury 2017, S. 41–62.
Bellos, David: *Georges Perec. A life in words*. London: Harvill 1993.
Bellos, David: The Old and the New: An Introduction to Georges Perec In: *Review of Contemporary Fiction*. 24 (2009), S. 8–15.
Beltzer, Thomas: *Last year at Marienbad*: an intertextual meditation. In: *Senses of cinema* 10 (2000), verfügbar unter: http://sensesofcinema.com/2000/novel-and-film/marienbad/ [letzter Zugriff: 15.08.2018].
Benedetti, Mario: Nicanor Parra, o el artefacto con Laureles In: *Revista Marcha* (17.10.1969), S. 13–15
Benjamin, Walter: *Charles Baudelaire Ein Lyriker im Zeitalter des Hochkapitalismus* . Frankfurt am Main: Suhrkamp 1974.
Benjamin, Walter: *Ursprung des deutschen Trauerspiels*. Frankfurt am Main: Suhrkamp 1978.
Benjamin, Walter: Die Technik des Kritikers in dreizehn Thesen. In: Rolf Tiedemann (Hg.): *Gesammelte Schriften IV*. Frankfurt am Main: Suhrkamp 1991, S. 108–109.
Benjamin, Walter: Das Passagen-Werk. In: Rolf Tiedemann (Hg.): *Walter Benjamin – Gesammelte Schriften. Band V.1*. Frankfurt am Main: Suhrkamp 1991, S. 9–654.
Benjamin, Walter: Die Aufgabe des Kritikers. In: Rolf Tiedemann (Hg.): *Gesammelte Schriften VI. Fragmente, autobiographische Schriften*. Frankfurt am Main: Suhrkamp 1991, S. 171.
Benjamin, Walter: Die Aufgabe des Übersetzers. In: Walter Benjamin: *Walter Benjamin . Ein Lesebuch*. Leipzig: Edition Suhrkamp Leipzig 1996, S. 45–57.
Benjamin, Walter: Über den Begriff der Geschichte. In: Walter Benjamin: *Gesammelte Werke II*. Frankfurt am Main: Zweitausendeins 2011, S. 957–966.
Benmiloud, Karim: Figures de la mélancholie dans *Nocturno de Chile*. In: Karim Benmiloud/Raphael Estève (Hg.): *Les astres noirs de Roberto Bolaño*. Bordeaux: Presses Universitaires de Bordeaux 2007, S. 109–134.
Benmiloud, Karim: Odeim y Oido en *Nocturno de Chile* de Roberto Bolaño. In: *Aisthesis* 48 (2010), S. 229–243.
Benmiloud, Karim: *Studien zum «Mini-Boom» der «Nueva Narrativa Chilena»: Literatur im Neoliberalismus*. Frankfurt am Main: Peter Lang 1999.
Berlin, Isaiah: *The Roots of Romanticism*. London: Pimlico 2000.
Berndt, Frauke/Tonger-Erk, Lily: *Intertextualität. Eine Einführung*. Berlin: Erich Schmidt Verlag 2013.

Beverley, John: *Aspects of Góngora 's «Soledades»* . Amsterdam: John Benjamins B. V. 1980.
Beverley, John: Introducción. In: Luis de Góngora: *Soledades*. Madrid: Cátedra 2012, S. 9–61.
Bielsa, Esperança: *Cosmopolitanism and Translation. Investigations into the experience of the foreign*. New York: Routledge 2016.
Binns, Niall: *Un vals en un montón de escombros: poesía hispanoamericana entre la modernidad y la postmodernidad (Nicanor Parra, Enrique Lihn)*. Frankfurt am Main: Peter Lang 1999.
Birge Gilardoni-Büch, Karin: *Einbildungskraft als Organon der Ethik. Novalis und Leopardi*. Heidelberg: Winter 2011.
Birns, Nicholas: The part about the critics: the world reception of Roberto Bolaño. In: Ignacio López-Calvo (Hg.): *Critical Insights: Roberto Bolaño*. Ipswich: Salem Press 2015, S. 50–64.
Bisama, Álvarol: Todos somos monstruos. In: Patricia Espinosa (Hg.): *Territorios en fuga. Estudios críticos sobre la obra de Roberto Bolaño*. Santiago de Chile: Frasis 2003, S. 79–94.
Blanco, Mercedes: Les *Solitudes* comme système de figures. In: Jacques Issorel (Hg.): *Crepúsculos pisando. Once estudios sobre las* Soledades *de Góngora* . Perpignan: Presses Universitaires 1995, S. 23–78.
Blejer, Daniella: Pensar/clasificar/denunciar: las resignificaciones del archivo en *2666*. In: Felipe Ríos Baeza (Hg.): *Roberto Bolaño: ruptura y violencia en la literatura finisecular*. Mexiko-Stadt: Éon Ediciones 2010, S. 253–280.
Blejer, Daniella: *Los juegos de la intermedialidad en la cartografía de Roberto Bolaño*. Madrid: Brumaria 2013.
Bloom, Harold: *The anxiety of influence*. New York: Oxford University Press 1973.
Bloom, Harold: *The Western Canon. The Books and School of the Ages*. New York: Riverhead Books 1995.
Blumenberg, Hans: Kopernikus im Selbstverständnis der Neuzeit. In: *Akademie der Wissenschaften und der Literatur in Mainz* 5 (1965), S. 339–368.
Blumenberg, Hans: *Die Lesbarkeit der Welt*. Frankfurt am Main: Suhrkamp 1993.
Blumenberg, Hans: *Paradigmen zu einer Metaphorologie*. Kommentar von Anselm Haverkamp unter Mitarbeit von Dirk Mende und Mariele Nientied. Frankfurt am Main: Suhrkamp 2013.
Boero Vargas, Mario: El factor teológico-clerical en la obra *Nocturno de Chile* de Roberto Bolaño: tránsitos entre Sebastián Urrutia Lacroix y José Miguel Ibáñez Langlois. In: *Transmodernity* 2, 1 (2012), S. 53–74.
Bohrer, Karl Heinz: *Die Ästhetik des Schreckens. Die pessimistische Romantik und Ernst Jüngers Frühwerk*. München: Hanser 1978.
Bohrer, Karl Heinz: Utopie des ‹Augenblicks› und Fiktionalität. Die Subjektivierung von Zeit in der modernen Literatur. In: Karl Heinz Bohrer: *Plötzlichkeit. Zum Augenblick des ästhetischen Scheins*. Frankfurt am Main: Suhrkamp 1981, S. 180–218.
Bohrer, Karl Heinz: *Ästhetische Negativität*. München: Hanser 2002.
Bolognese, Chiara: *Pistas de un naufragio. Cartografía de Roberto Bolaño*. Santiago de Chile: Editorial Margen 2009.
Bolognese, Chiara: Roberto Bolaño y sus comienzos literarios: El infrarrealismo entre realidad y ficción. In: *Acta Literaria*. 39, II (2009), S. 131–140.
Bolognese, Chiara: Roberto Bolaño y Raúl *Zurita*: referencias cruzadas. In: *Anales de Literatura Chilena* 11, 14 (2010), S. 259–272.
Boltanski, Luc: *Énigmes et complots: Une enquête à propos d'enquêtes*. Paris: Gallimard 2012.

Borchmeyer, Florian: *Die Ordnung des Unbekannten. Von der Erfindung der neuen Welt*. Berlin: Matthes & Seitz 2009.
Boullosa, Carmen: Carmen Boullosa entrevista a Roberto Bolaño. In: Celina Manzoni (Hg.): *Roberto Bolaño. La escritura como tauromaquia*. Buenos Aires: Corregidor 2002, S. 105–114.
Bourdieu, Pierre: *Die Regeln der Kunst. Genese und Struktur des literarischen Feldes*. Aus dem Französischen von Bernd Schwibs und Achim Russer. Frankfurt am Main: Suhrkamp 1999.
Braithwaite, Andrés (Hg.): *Bolaño por sí mismo – entrevistas escogidas*. Santiago de Chile: Ediciones Universidad Diego Portales 2006.
Breuer, Stefan: *Die radikale Rechte in Deutschland 1871–1945*. Stuttgart: Reclam 2010.
Briceño, Ximena: El crimen para la venganza: «Emma Zunz» en el borde del melodrama. In: *Variaciones Borges* 25 (2008), S. 137–154.
Briceño, Ximena/Hoyos, Héctor : «Así se hace literatura»: historia literaria y políticas del olvido en *Nocturno de Chile* y *Soldados de Salamina*. In: *Revista Iberoamericana* 76, 232–233 (2010), S. 601–620.
Brunner, José Joaquín: *Un espejo trizado: Ensayos sobre cultura y políticas culturales*. Santiago de Chile: Flacso 1988.
Burgelin, Claude: Préface. In: Perec, Georges: *L.G. Une aventure des années soixante*. Paris: Seuil 1992, S. 7–23.
Bürger, Peter: *Theorie der Avantgarde*. Frankfurt am Main: Suhrkamp 1974.
Bürger, Peter: *Der französische Surrealismus. Studien zur avantgardistischen Literatur*. Frankfurt am Main: Suhrkamp 1996
Candia, Alexis: *El «paraíso infernal» en la narrativa de Roberto Bolaño*. Santiago de Chile: Cuarto propio 2011.
Callsen, Berit: Hacia un saber ser. Reflexiones (meta-)críticas sobre epistemologías de la subjetividad en Sor Juana Inés de la Cruz. In: Barbara Ventarola (Hg.): *Ingenio y feminidad. Nuevos enfoques sobre la estética de Sor Juana Inés de la Cruz*. Madrid/Frankfurt am Main: Iberoamericana/Vervuert 2017, S. 99–120.
Casado, Miguel: *Literalmente y en todos los sentidos. Desde la poesía de Roberto Bolaño*. Madrid: Libros de la resistencia 2015.
Casanova, Pascale: *La république mondiale des lettres*. Paris: Seuil 1999.
Castellanos Moya, Horacio: Sobre el mito Bolaño. In: *La Nación* (19.09.2009), verfügbar unter: http://www.lanacion.com.ar/1176451-sobre-el-mito-bolano [letzter Zugriff: 09.03.2017].
Chemris, Crystal Anne: *Góngora 's* Soledades *and the problem of Modernity*. Woodbridge: Tamesis 2008.
Chiampi, Irlemar: *Barroco y modernidad*. Mexiko-Stadt: Fondo de cultura económica 2000.
Chihaia, Matei: Bolaño y Drácula. Cuatro modelos para hablar del autor. In: Ursula Hennigfeld (Hg.): *Roberto Bolaño. Violencia, escritura, vida*. Madrid/Frankfurt am Main: Iberoamericana/Vervuert 2015, S. 155–172.
Christgau, Nataniel: *Tod und Text. Zu Roberto Bolanos 2666*. Berlin: Matthes & Seitz 2016.
Cobas Carral, Andrea: «La estupidez no es nuestro fuerte». Tres manifiestos del infrarrealismo mexicano. In: *Osamayor. Graduate Student Review* XVII, 17 (2006), S. 11–29.
Cobas Carral, Andrea/Garibotto, Verónica: Un epitafio en el desierto. Poesía y revolución en *Los detectives salvajes*. In: Edmundo Paz Soldán/Gustavo Faverón (Hg.): *Bolaño salvaje*. Barcelona: Candaya 2008, S. 163–189.

Cobos, Eduardo: Hay que mantener la ficción en favor de la conjetura. Entrevista con Roberto Bolaño. In: *Letralia*. 286 (2013), verfügbar unter: https://letralia.com/286/entrevistas01.html [letzter Zugriff: 16.08.2018].
Cohen, Jeffrey: Monster culture (Seven theses). In: Jeffrey Cohen (Hg.): *Monster theory. Reading culture*. Minneapolis: University of Minnesota Press 1996, S. 3–25.
Colebrook, Claire: *Irony*. London: Routledge 2004.
Compagnon, Antoine: *Les antimodernes. De Joseph de Maistre à Roland Barthes*. Paris: Gallimard 2005.
Contardo, Óscar: *Siútico: arribismo, abajismo y vida social en Chile*. Santiago de Chile: Vergara 2008.
Copestake, Ian: *The Ethics of William Carlos Williams's Poetry*. Rochester: Camden House 2010.
Cori, Paola: Ephemera: The Feeling of Time in Leopardi 's «Canto notturno» . In: *Italian Studies* 67, 1 (2012), S. 70–91.
Corral, Wilfrido: *Bolaño traducido: nueva literatura mundial*. Madrid: Escalera 2011.
Corral, Wilfrido: Bolaño, Ethics, and the Experts. In: Nicholas Birns/Juan De Castro (Hg.): *Roberto Bolaño as World Literature*. New York: Bloomsbury 2017, S. 101–124.
Cuadra, César: *La antipoesía de Nicanor Parra . Un Legado para todos & para nadi*e. Santiago de Chile: Museo Histórico Nacional 2012.
Culler, Jonathan: *Dekonstruktion. Derrida und die poststrukturalistische Literaturtheorie*. Aus dem Englischen von Manfred Momberger. Reinbek: Rowohlt 1999.
Crouch, Percy: *Postdemokratie*. Aus dem Englischen von Nikolaus Gramm. Berlin: Suhrkamp 2008.
DaCosta Kaufmann, Thomas: Caprices of Art and Nature: Arcimboldo and the Monstrous. In: Ekkehard Mai/Joachim Rees (Hg.): *Kunstform Capriccio. Von der Groteske zur Spieltheorie der Moderne*. Köln: König 1998, S. 33–51.
DaCosta Kaufmann, Thomas: *Arcimboldo. Visual jokes, natural history, and still-life painting*. Chicago: The University of Chicago Press 2009.
Damrosch, David: *What is World Literature?* Princeton: Princeton University Press 2003.
Dawes, Greg: *Verses against the darkness: Pablo Neruda 's poetry and politics*. Lewisburg: Bucknell University Press 2006.
Deckard, Sharae: Peripheral Realism, Millennial Capitalism, and Roberto Bolano's *2666*. In: *Modern Language Quarterly* 73 (2012), S. 351–372.
Deleuze, Gilles: *Le pli. Leibniz et le Baroque*. Paris: Les Éditions de Minuit 1988.
De los Ríos, Valeria: Mapas y fotografías en la obra de Roberto Bolaño. In: Edmundo Paz Soldán/Gustavo Faverón (Hg.): *Bolaño salvaje*. Barcelona: Candaya 2008, S. 237–258.
Del Valle, José: Glotopolítica, ideología y discurso: categorías para el estudio del estatus simbólico del español. In: José del Valle (Hg.): *La lengua, ¿patria común?: ideas e ideologías del español*. Madrid/Frankfurt am Main: Iberoamericana/Vervuert 2007, S. 13–30.
De Man, Paul: Die Rhetorik der Zeitlichkeit. In: Paul de Man: *Die Ideologie des Ästhetischen*. Aus dem Amerikanischen von Jürgen Blasius. Frankfurt am Main: Suhrkamp 1993, S. 83–130.
Derrida, Jacques: *Positionen*. Aus dem Französischen von Dorothea Schmidt. Graz 1986: Böhlau.

Derrida, Jacques: Some Statements and Truisms about Neologisms, Newisms, Postisms, Parasitisms, and other small Seismisms. In: Jacques Derrida: *The States of Theory*. New York: Columbia University Press 1989, S. 63–94.

Dés, Mihaly: Entrevista a Roberto Bolaño: «Al final no tuvimos ninguna pared donde apoyarnos». In: *Lateral* 40 (1998), S. 8–9.

D'haen, Theo: How many canons do we need? World Literature, National Literature, European Literature. In: Liviu Papdima/David Damrosch u.a. (Hg.): *The Canonical Debate Today. Crossing Disciplinary and Cultural Boundaries*. Amsterdam: Rodopi 2011, S. 19–37.

Draganovic, Julia: *Figürliche Schrift: zur darstellerischen Umsetzung von Weltanschauung in Ernst Jüngers erzählerischem Werk*. Würzburg: Königshausen & Neumann 1998.

Dünne, Jörg/Hansen, Christian: Welt, Literatur und Kriegsspiel: Roberto Bolaños *El Tercer Reich*. In: Gesine Müller (Hg.): *Verlag Macht Weltliteratur. Lateinamerikanisch-deutsche Kulturtransfers zwischen internationalem Literaturbetrieb und Übersetzungspolitik*. Berlin: tranvía 2014, S. 257–274.

Echevarría, Ignacio: *Desvíos: un recorrido crítico por la reciente narrativa latinoamericana*. Santiago de Chile: Ediciones Universidad Diego Portales 2007.

Echevarría, Ignacio: Bolaño internacional: algunas reflexiones en torno al éxito internacional de Roberto Bolaño. In: *Estudios Públicos*. 130 (2013), S. 175–202.

Eco, Umberto: *Das offene Kunstwerk*. Aus dem Italienischen von Rolf Eichler. Frankfurt am Main: Suhrkamp 1977.

Eco, Umberto: *Lector in fabula*. Aus dem Italienischen von Heinz-Georg Held. München: Hanser 1987.

Eco, Umberto: *Die Grenzen der Interpretation*. Aus dem Italienischen von Günter Memmert. München: dtv 1995.

Ehrlicher, Hanno: *Die Kunst der Zerstörung. Gewaltphantasien und Manifestationspraktiken europäischer Avantgarden*. Berlin: Akademie Verlag 2001.

Eismann, Gael: *Hôtel Majestic. Ordre et sécurité en France occupée (1940-1944)*. Paris: Tallandier 2010.

Engel, Manfred: Kanon – pragmatisch. Mit einem Exkurs zur Literaturwissenschaft als moralischer Anstalt. In: Nicholas Saul/Ricarda Schmidt (Hg.): *Literarische Wertung und Kanonbildung*. Würzburg: Könighausen & Neumann 2007, S. 23–34.

English, James: *The economy of prestige: prizes, awards and the circulation of cultural value*. Cambridge: Cambridge University Press 2005.

Enzensberger, Hans Magnus: Nachwort. In: William Carlos Williams: *Die Worte, die Worte, die Worte. Gedichte*. Übertragen von Hans Magnus Enzensberger. Berlin: Suhrkamp 2016, S. 174–204.

Enzian, Felix Johannes: Vom unwilligen Vollstrecker zum distanzierten Betrachter. Wie Ernst Jünger seine Rolle bei einer Hinrichtung inszeniert hat. In: Tobias Wimbauer (Hg.): *Ernst Jünger in Paris. Ernst Jünger, Sophie Ravoux, die Burgunderszene und eine Hinrichtung*. Hagen: Eisenhut-Verlag 2011, S. 97–103.

Ercolino, Stefano: *The Maximalist Novel. From Thomas Pynchon's* Gravity's Rainbow *to Roberto Bolaño's* 2666. New York: Bloomsbury 2014.

Erll, Astrid: *Kollektives Gedächtnis und Erinnerungskulturen*. Stuttgart: Metzler 2005.

Errázuriz, Luis: Política cultural del regímen militar chileno (1973–1976). In: *Aisthesis* 40 (2006), S. 62–78.

Estève, Raphael: Jünger et la technique dans *Nocturno de Chile*. In: Karim Benmiloud/Raphael Estève (Hg.): *Les astres noirs de Roberto Bolaño*. Bordeaux: Presses Universitaires de Bordeaux 2007, S. 135–160.
Espinosa, Patricia: Secreto y simulacro en *2666*. In: *Estudios filológicos* 41 (2006), S. 71–79.
Ette, Ottmar: Asymmetrie der Beziehungen. Zehn Thesen zum Dialog der Literaturen Lateinamerikas und Europas. In: Birgit Scharlau (Hg.): *Lateinamerika denken. Kulturtheoretische Grenzgänge zwischen Moderne und Postmoderne*. Tübingen: Narr 1994, S. 297–326.
Ette, Ottmar: *Literatur in Bewegung. Raum und Dynamik grenzüberschreitenden Schreibens in Europa und Amerika*. Weilerswist: Velbrück Wissenschaft 2001.
Ette, Ottmar: *ÜberLebenswissen. Die Aufgabe der Philologie*. Berlin: Kadmos 2004.
Ette, Ottmar: *ZwischenWeltenSchreiben. Literaturen ohne festen Wohnsitz*. Berlin: Kadmos 2005.
Ette, Ottmar: Wörter – Mächte – Stämme. Cornelius de Pauw und der Disput um eine neue Welt. In: Ottmar Ette/Markus Messling (Hg.): *Wort – Macht – Stamm. Rassismus und Determinismus in der Philologie (18./19. Jh.)*. Paderborn: Fink 2012, S. 107–136.
Ette, Ottmar: *TransArea. Eine literarische Globalisierungsgeschichte*. Berlin/Boston: De Gruyter 2012.
Ette, Ottmar: *Viellogische Philologie. Die Literaturen der Welt und das Beispiel einer transarealen Literatur*. Berlin: tranvía 2013.
Ette, Ottmar: Desde la filología de la literatura mundial hacia una polilógica filología de las literaturas del mundo. In: Dunia Gras/Gesine Müller (Hg.): *América Latina y la literatura mundial. Mercado editorial, redes globales y la invención de un continente*. Madrid/Frankfurt am Main: Iberoamericana/Vervuert 2015, S. 323–367.
Ette, Ottmar: *Der Fall Jauss: Wege des Verstehens in eine Zukunft der Philologie*. Berlin: Kadmos 2016.
Ette, Ottmar/Kasper, Judith (Hg.): *Unfälle der Sprache: literarische und philologische Erkundungen der Sprache*. Wien: Turia+Kant 2015.
Fabre, Luis Felipe: *Leyendo agujeros. Ensayos sobre (des)escritura, antiescritura y no escritura*. Mexiko-Stadt: Conaculta 2005.
Ferman, Claudia: Cuerpos masculinos en devenir: sociedades disciplinarias y afectos en la narrativa latinoamericana reciente (Bolaño, Feinmann, Saer, Gutiérrez). In: Mabel Moraña/Ignacio Sánchez Prado (Hg.): *El lenguaje de las emociones. Afecto y cultura en América Latina*. Madrid/Frankfurt am Main: Iberoamericana/Vervuert 2012, S. 151–172.
Fernández Díaz, Javier: *La alegría de las influencias: Roberto Bolaño y la literatura estadounidense*. Murcia: Universidad de Murcia 2017.
Fernández Retamar, Roberto: *Todo Caliban*. San Juan: Ed. Callejón 2003.
Fielbaum, Alejandro: La crítica de la no crítica. Lectura política de la defensa del estructuralismo de Enrique Lihn. In: *Revista de Derecho y Humanidades* 23 (2014), S. 259–303.
Figal, Günter: Stereoskopische Erfahrung. Jünger, Das Abenteuerliche Herz. In: Günter Figal: *Kunst. Philosophische Betrachtungen*. Tübingen: Mohr Siebeck 2012, S. 49–61.
Finchelstein, Federico: *Transatlantic Fascism. Ideology, Violence, and the Sacred in Argentina and Italy, 1919–1945*. Durham: Duke University Press 2010.
Fischer, Alexander: *Dédoublement. Wahrnehmungsstruktur und ironisches Erzählverfahren der Décadence (Huysmans, Wilde, Hofmannsthal, H. Mann)*. Würzburg: Ergon 2010.

Fischer, Carl: Lorenza Böttner: From Chilean Exceptionalism to Queer Inclusion. In: *American Quarterly* 66, 3 (2014), S. 749–765.
Flores, Tatiana: *Mexico's Revolutionary Avant-Gardes. From Estridentismo to ¡30–30!*. New Haven: Yale University Press 2013.
Foucault, Michel: *Die Ordnung der Dinge. Eine Archäologie der Humanwissenschaften*. Aus dem Französischen von Ulrich Köppen. Frankfurt am Main: Suhrkamp 1976.
Foucault, Michel: *Die Anormalen. Vorlesungen am Collège de France (1974–1975)*. Aus dem Französischen von Michaela Ott und Konrad Honsel. Frankfurt am Main: Suhrkamp 2007.
Franco, Jean: Pastiche in Contemporary Latin American Literature. In: *Studies in 20th & 21st Century Literature* 14, 1 (1990), S. 95–107.
Franco, Jean: *Decadencia y caída de la ciudad letrada. La literatura latinoamericana durante la guerra fría*. Barcelona: Debate 2003.
Franco, Jean: Questions for Bolano. In: *Journal of Latin American Cultural Studies* 18, 2–3 (2009): S. 207–217.
Franke, William: The Canon Question and the Value of Theory: Towards a New (Non-)Concept of Universality. In: Liviu Papdima/David Damrosch u.a. (Hg.): *The Canonical Debate Today. Crossing Disciplinary and Cultural Boundaries*. Amsterdam: Rodopi 2011, S. 55–71.
French, Patrick: *The world is what it is. The authorized biography of V.S. Naipaul*. London: Picador 2008.
Freud, Sigmund: *Zur Psychopathologie des Alltagslebens*. Frankfurt am Main: Fischer 2004.
Friedrich, Hugo: *Die Struktur der modernen Lyrik. Von der Mitte des neunzehnten bis zur Mitte des zwanzigsten Jahrhunderts*. Reinbek: Rowohlt 2006.
Gadamer, Hans Georg: *Wahrheit und Methode. Grundzüge einer philosophischen Hermeneutik*. Tübingen: Mohr 1990.
Gandolfo, Elvio: Prólogo. In: Nicanor Parra: *Parranda larga*. Madrid: Alfaguara 2010, S. 9–16.
García, Mauricio: Abel Romero: conversación con un gentleman. *Ergocomics* (2003), verfügbar unter: http://ergocomics.cl/wp/2003/08/abel-romero/ [letzter Zugriff: 23.03.2018].
Gelz, Andreas: *Postavantgardistische Ästhetik. Positionen der französischen und italienischen Gegenwartsliteratur*. Tübingen: Niemeyer 1996.
Gelz, Andreas: *Der Glanz des Helden. Über das Heroische in der französischen Literatur des 17. bis 19. Jahrhunderts*. Göttingen: Wallstein 2016.
Genette, Gérard: *Palimpseste: die Literatur auf zweiter Stufe*. Aus dem Französischen von Wolfram Bayer und Dieter Hornig. Frankfurt am Main: Suhrkamp 1993.
Gilman, Claudia: *Entre la pluma y el fusil. Debates y dilemas del escritor revolucionario en América Latina*. Buenos Aires: Siglo XXI Editores Argentina 2003.
Girard, Bertrand: *Lettrisme – L'ultime avant-garde*. Dijon: les presses du réel 2010.
Glantz, Margo: Das Mehl in der Küchenphilosophie. Zum Verhältnis zwischen Alltagswissen und Wissenschaftswissen bei Sor Juana Inés de la Cruz (ca. 1651–1695). In: Friedrike Hassauer (Hg.): *Heißer Streit und kalte Ordnung. Epochen der Querelle des femmes zwischen Mittelalter und Gegenwart*. Göttingen: Wallstein 2008, S. 283–306.
Gómez, Antonio: El boom de Roberto Bolaño: literatura mundial en un español nuevo. In: *Insula* 787–788 (2012), S. 34–36.
Gómez, Cristián: Dulce infierno caribeño. In: Guido Arroyo/David Bustos (Hg.): *Horroroso Chile. Ensayos sobre las tensiones políticas en la obra de Enrique Lihn*. Santiago de Chile: Alquimia Ediciones 2013, S. 81–89.
González, José Eduardo: *Borges and the politics of form*. New York: Garland 1998.

González Palomares, José: El palimpsesto infrarrealista: Tras las huellas del manifiesto poético en la narrativa de Roberto Bolaño. In: *Romanische Studien* 1 (2015), S. 53–68.

González Palomares, José: El palimpsesto infrarrealista: Narrativa anti-institucional en Roberto Bolaño: dialogismo, humor y crítica en *Los detectives salvajes* y *2666*. In: Ursula Hennigfeld (Hg.): *Roberto Bolaño – escritura, violencia, vida*. Madrid/Frankfurt am Main: Iberoamericana/Vervuert 2015, S. 201–218.

Gorak, Jan: *The Making of the Modern canon. Genesis and Crisis of a Literary Idea*. London: Athlone 1991.

Gras, Dunia: Entrevista con Roberto Bolaño. In: *Cuadernos Hispanoamericanos* 604 (2000), S. 53–65.

Gras, Dunia/Müller, Gesine (Hg.): *América Latina y la literatura mundial: mercado editorial, redes globales y la invención de un continente*. Madrid/Frankfurt am Main: Iberoamericana/Vervuert 2015.

Grant, Michael/Hazel, John: *Lexikon der antiken Mythen und Gestalten*. Berlin: List 2014.

Greenblatt, Stephen: *Shakespearean Negotiations: The Circulation of Social Energy in Renaissance England*. Berkeley: University of California Press 1988.

Gugelberger, Georg (Hg.): *The Real Thing. Testimonial Discourse and Latin America*. Durham: Duke University Press 1996.

Gumbrecht, Hans Ulrich: *Die Macht der Philologie*. Frankfurt am Main: Suhrkamp 2003.

Gumbrecht, Hans Ulrich: *Stimmungen lesen. Über eine verdeckte Wirklichkeit der Literatur*. München: Hanser 2011.

Gumbrecht, Hans Ulrich: Kaskaden der Modernisierung. In: Jürgen Klein (Hg.): *Hans Ulrich Gumbrecht. Präsenz*. Berlin: Suhrkamp 2012, S. 26–48.

Haberkorn, Tobias: Gibt es eine präsemantische Ordnung? Derridas Begriff der *Kraft* und die Unordnung von Bolaños *2666*. In: Eva Noller/Christian Haß (Hg.): *Was bedeutet Ordnung? Was ordnet Bedeutung?* Berlin/Boston: De Gruyter 2015, S. 231–244.

Hallet, Wolfgang: Intertextualität als methodisches Konzept einer kulturwissenschaftlichen Literaturwissenschaft. In: Marion Gymnich/Birgit Neumann u.a. (Hg.): *Kulturelles Wissen und Intertextualität. Theoriekonzeptionen und Fallstudien zur Kontextualisierung von Literatur*. Trier: Wissenschaftlicher Verlag 2006, S. 53–70.

Hamacher, Werner: *Für – die Philologie*. In: Jürgen Paul Schwindt (Hg.): *Was ist eine philologische Frage? Beiträge zur Erkundung einer theoretischen Einstellung*. Frankfurt am Main: Suhrkamp 2009, S. 21–60.

Hanneken, Jaime: Going Mundial: What It Really Means to Desire Paris. In: *Modern Language Quarterly* 71, 2 (2010), S. 129–152.

Hartwig, Susanne: La sombra del cámara: literatura y ética en los tiempos de la virtualidad (Roberto Bolaño, *Estrella distante*, 1996). In: Susanne Hartwig (Hg.): *Culto del mal, cultura del mal: Realidad, virtualidad, representación*. Madrid/Frankfurt am Main: Iberoamericana/Vervuert 2014, S. 21–42.

Hartwig, Susanne: ¿Impunidad o justicia por mano propia? In: Susanne Hartwig (Hg.): *Ser y deber ser: dilemas morales y conflictos éticos del siglo XX vistos a través de la ficción*. Madrid/Frankfurt am Main: Iberoamericana/Vervuert 2017, S. 53–72.

Harvey, David: *A brief history of Neoliberalism*. New York: Oxford University Press 2007.

Haverkamp, Anselm: *Figura cryptica. Theorie der literarischen Latenz*. Frankfurt am Main: Suhrkamp 2002.

Herf, Jeffrey: *Reactionary Modernism. Technology, Culture and Politics in Weimar and the 3rd Reich*. Cambridge: Cambridge University Press 1984.

Herlinghaus, Hermann: Placebo Intellectuals in the Wake of Cosmopolitanism: A «Pharmacological» Approach to Roberto Bolaño's novel *2666*. In: *The Global South* 5, 1 (2011), S. 101–119.
Herlinghaus, Hermann: *Narcoepics. A global aesthetics of sobriety*. New York: Bloomsbury 2013.
Hernández, Sònia/Puig, Marta: Entrañable huraño. Entrevista con Sònia Hernández y Marta Puig. In: Edmundo Paz Soldán/Gustavo Faverón (Hg.): *Bolaño salvaje*. Barcelona: Candaya 2008, S. 475–478.
Herold, Milan: *Der lyrische Augenblick als Paradigma des modernen Bewusstseins. Kant, Schlegel, Leopardi, Baudelaire, Rilke*. Göttingen: Bonn University Press 2017.
Herralde, Jorge: *Para Roberto Bolaño*. Santiago de Chile: Catalonia 2005.
Hinz, Manfred: Futurismus und Faschismus. In: Wolfgang Asholt/Walter Fähnders (Hg.): *Der Blick vom Wolkenkratzer. Avantgarde – Avantgardekritik – Avantgardeforschung*. Amsterdam: Rodopi 2000, S. 449–466.
Howe, Jan Niklas: *Monstrosität: Abweichungen in Literatur und Wissenschaften des 19. Jahrhunderts*. Berlin/Boston: De Gruyter 2016.
Hoyos, Héctor: *Beyond Bolaño. The Global Latin American Novel*. New York: Columbia University Press 2015.
Hoyos, Héctor: Bolaño como excusa: Contra la representación sinecdótica en la Literatura Mundial. In: *Letra anexa* 1 (2015), S. 92–106.
Huergo, Humberto: Afasia y negración en las *Soledades* de Góngora. In: *Bulletin of Hispanic Studies* 81 (2004), S. 317–334.
Huergo, Humberto: Algunos lugares oscuros de las *Soledades* de Góngora. Notas sobre el pasaje de la cetrería. In: *Bulletin of Hispanic Studies* 87 (2010), S. 17–41.
Ibañez Langlois, José Miguel: *El marxismo: visión crítica*. Santiago de Chile: Edición Nueva Universitaria 1973.
Ingold, Felix Philipp: *Literatur und Aviatik. Europäische Flugdichtung 1909–1927*. Basel: Birkhäuser 1978.
Insua, Juan/Miles, Valerie (Hg.): *Archivo Bolaño. 1977–2003*. Barcelona: Centro de Cultura Contemporánea de Barcelona 2013.
Iser, Wolfgang: *Der Akt des Lesens. Theorie ästhetischer Wirkung*. Stuttgart: Fink 1994.
Jang, Sung-Hyun: Ernst Jüngers Roman *Auf den Marmorklippen*: Ein Werk der inneren Emigation oder ein faschistisches Buch? In: *New German Review* 9, 48 (1993), S. 30–44.
Jáuregui, Carlos: *Canibalia. Canibalismo, calibanismo, antropofagia cultural y consumo en América Latina*. Madrid/Frankfurt am Main: Iberoamericana/Vervuert 2008.
Jay, Martin: Scopic regimes of modernity. In: Hal Foster (Hg.): *Vision and Visuality. Discussions in Contemporary Culture*. Seattle: Bay Press 1988, S. 3–23.
Jennerjahn, Ina: Escritos en los cielos y fotografías del infierno. Las «acciones de arte» de Carlos Ramírez Hoffman, según Roberto Bolaño. In: *Revista de crítica literaria latinoamericana*, 56 (2002), S. 69–89.
Kablitz, Andreas: Pascals Zeiten. Zeitanalyse und Geschichte in den Pensées. In: Rudolf Behrens/Andreas Gipper u.a. (Hg.): *Croisements d'anthroplogies. Pascals* Pensées *im Geflecht der Anthropologien*. Heidelberg: Winter 2005, S.111–129.
Kablitz, Andreas: Theorie der Literatur und Kunst der Interpretation. Zu einigen Blindstellen literaturwissenschaftlicher Theoriebildung. In: *Poetica* 41 (2009), S. 219–231.
Kablitz, Andreas: *Zwischen Rhetorik und Ontologie. Struktur und Geschichte der Allegorie im Spiegel der jüngeren Literaturwissenschaft*. Heidelberg: Winter 2016.

Kasper, Judith: *Sprachen des Vergessens. Proust, Perec und Barthes zwischen Verlust und Eingedenken*. München: Fink 2003.
Kierkegaard, Sören: *Über den Begriff der Ironie mit ständiger Rücksicht auf Sokrates*. Aus dem Dänischen von Emanuel Hirsch. München: Diederichs 1991.
Kilapán, Lonko: *O'Higgins es Araucano: 17 pruebas, tomadas de la historia secreta de la Araucanía*. Santiado de Chile: Editorial Universitaria 1978.
Killy, Walther: *Deutscher Kitsch: ein Versuch mit Beispielen*. Göttingen: Vandenhoeck & Ruprecht 1961.
Klaiber, Jeffrey: *The Church, Dictatorships, and Democracy in Latin America*. Maryknoll: Orbis Books 1998.
Klengel, Susanne: Surrealistische und estridentistische Prä-Texte: Zur poetischen Spurensicherung des mexikanischen Infrarealismus in Roberto Bolaños *Los detectives salvajes*. In: Nanette Rißler-Pipka/Michael Lommel u.a. (Hg.): *Der Surrealismus in der Mediengesellschaft zwischen Kunst und Kommerz*. Bielefeld: transcript 2009, S. 127–139.
Klengel, Susanne: *Jünger Bolaño. Die erschreckende Schönheit des Ornaments*. Würzburg: Könighausen & Neumann 2019.
Koppenfels, Martin von: *Immune Erzähler. Flaubert und die Affektpolitik des modernen Romans*. München: Fink 2007.
Koschorke, Albrecht: Die Männer und die Moderne. In: Wolfgang Asholt/Walter Fähnders (Hg.): *Der Blick vom Wolkenkratzer. Avantgarde – Avantgardekritik – Avantgardeforschung*. Amsterdam: Rodopi 2000, S. 141– 162.
Koschorke, Albrecht: *Hegel und Wir. Frankfurter Adorno-Vorlesungen 2013*. Berlin: Suhrkamp 2015.
Koschorke, Albrecht/Kaminskij, Konstantin (Hg.): *Despoten dichten. Sprachkunst und Gewalt*. Konstanz: Konstanz University Press 2011.
Kugli, Ana/Opitz, Michael: *Brecht-Lexikon*. Stuttgart: Metzler 2006.
Kurz, Gerhard: Zu einer Hermeneutik der literarischen Allegorie. In: Walter Haug (Hg.): *Formen und Funktionen der Allegorie*. Stuttgart: Metzler 1978, S. 12–24.
Kracauer, Siegfried: Die Photographie. In: Siegfried Kracauer: *Das Ornament der Masse. Essays*. Frankfurt am Main: Suhrkamp 1977, S. 21–39.
Kramer, Kirsten: Narratives of Mobility: The (Living) Dead as Transcultural Migrants in Bolaño's *2666*. In: *forum for inter–american research* 11, 1 (2018), S. 110–130.
Krämer, Sybille: Was also ist eine Spur? Und worin besteht ihre epistemologische Rolle? Eine Bestandsaufnahme. In: Sybille Krämer/Werner Kogge u.a. (Hg.): *Spur. Spurenlesen als Orientierungstechnik und Wissenskunst*. Frankfurt am Main: Suhrkamp 2007, S. 11–36.
Krämer, Sybille: Immanenz und Transzendenz der Spur: Über das epistemologische Doppelleben der Spur. In: Sybille Krämer/Werner Kogge u.a. (Hg.): *Spur. Spurenlesen als Orientierungstechnik und Wissenskunst*. Frankfurt am Main: Suhrkamp 2007, S. 155–181.
Kraus, Anna: *sin título. Operaciones de lo visual en 2666 de Roberto Bolaño*. Leiden: Almenara 2018.
Kristeva, Julia: Wort, Dialog und Roman bei Bachtin. In: Jens Ihwe (Hg.): *Literaturwissenschaft und Linguistik. Bd. III*. Frankfurt am Main: Fischer 1972, S. 345–375.
Labarthe, André/Rivette, Jacques: Entretien avec Resnais et Robbe-Grillet. In: *Cahiers du cinéma* 123 (1961), S. 1–21.
Laera, Alejandra: Los premios literarios: recompensas y espectáculo. In: Luis Cárcamo-Huechante/Álvaro Fernández Bravo u.a. (Hg.): *El valor de la cultura. Arte, literatura y mercado en América Latina*. Rosario: Beatriz Viterbo Editora, S. 43–65.

Lagos Schuffeneger, Humberto: *El general Pinochet y el mesianismo politico*. Santiago de Chile: LOM 2011.
Lainck, Arndt: *Las figuras del mal en 2666 de Roberto Bolaño*. Berlin: LIT 2014.
Lastra, Pedro: *Conversaciones con Enrique Lihn*. Santiago de Chile: Editorial Universitaria 2008.
Lay Brander, Miriam: *Acto de derroche*: Bolaños *2666* und die Globalisierung des Kriminalromans. In: *Archiv für das Studium der neueren Sprachen und Literaturen* 252, 1 (2015), S. 122–137.
Lechner, Norbert: *Los patios interiores de la democracia: Subjetividad y política*. Santiago de Chile: Fondo de Cultura Económica 1990.
Leddy, Annette: One Classic, One Modern: The Brief Correspondence of Roberto Bolaño and Enrique Lihn . In: *east of borneo* (2011), verfügbar unter: https://eastofborneo.org/articles/one-classic-one-modern-the-brief-correspondence-of-roberto-bolano-and-enrique-lihn/ [letzter Zugriff: 11.01.2018].
Leibowitz, Herbert: «*Something Urgent I Have to Say to You*» . *The Life and Works of William Carlos Williams* . New York: Farrar, Straus and Giroux 2011.
Leicht, Alexander: *The Search for a Democratic Aesthetics. Robert Rauschenberg, Walker Evans, William Carlos Williams*. Heidelberg: Winter 2012.
Lejeune, Philippe: *La mémoire et l'oblique. Georges Perec autobiographe*. Paris: P.O.L 1991.
Lentz, Michael: *Lautpoesie/-musik nach 1945. Eine kritisch-dokumentarische Bestandsaufnahme*. Band 1. Wien: edition selene 2000.
Lethen, Helmut: *Verhaltenslehren der Kälte. Lebensversuche zwischen den Kriegen*. Frankfurt am Main: Suhrkamp 1994.
Levinson, Brett: *The Ends of Literature. The Latin American «Boom» in the Neoliberal Marketplace*. Stanford: Stanford University Press 2001.
Levinson, Brett: Case closed: madness and dissociation in 2666. In: *Journal of Latin American Cultural Studies* 18, 2–3 (2009), S. 177–191.
Locane, Jorge: *De la literatura latinoamericana a la literatura (latinoamericana) mundial. Condiciones materiales, procesos y actores*. Berlin/Boston: De Gruyter 2019.
Long, Ryan: Traumatic Time in Roberto Bolaño's *Amuleto* and the Archive of 1968. In: *Bulletin of Latin American Research* 29 (2010), S. 128–143.
Long, Ryan: Roberto Bolaño's queer poetics. In: Ignacio López-Calvo (Hg.*)*: *Critical Insights: Roberto Bolaño*. Ipswich: Salem Press 2015, S. 150–166.
López-Calvo, Ignacio: Introduction. In: Ignacio López-Calvo (Hg.): *Roberto Bolaño, a less distant star. Critical Essays*. New York: Palgrave Macmillan 2015, S. 1–14.
López-Vicuña, Ignacio: Looking into the Fragmented Mirror: Bolaño's *Los Sinsabores del verdadero policía*. In: Ignacio López-Calvo (Hg.): *Critical Insights: Roberto Bolaño*. Ipswich: Salem Press 2015, S. 97–119.
Loy, Benjamin: Escritores bárbaros, detectives distantes y un cura amnésico – escenificaciones de la (post-)dictadura chilena en la obra de Roberto Bolaño. In: Annette Paatz/Janett Reinstädler (Hg.): *Arpillera sobre Chile. Cine, teatro y literatura antes y después de 1973*. Berlin: tranvía 2013, S. 117–138.
Loy, Benjamin: «Solamente cumplo con mi deber» – las dictaduras y la banalidad del mal en la literatura y el cine contemporáneos de Chile y Argentina. In: Susanne Hartwig (Hg.): *Culto del mal, cultura del mal: Realidad, virtualidad, representación*. Madrid/Frankfurt am Main: Iberoamericana/Vervuert 2014, S. 183–198.

Loy, Benjamin: El nacimiento del detective vacunado en el espíritu de la (pos)modernidad – la búsqueda de huellas como paradigma en la obra de Roberto Bolaño. In: Luca Melchior/Albert Göschl u.a. (Hg.): *Spurensuche (in) der Romania. Beiträge zum XXVIII. Forum Junge Romanistik*. Frankfurt am Main: Peter Lang 2014, S. 85–94.

Loy, Benjamin: Dimensiones de una escritura horroris/zada – violencia y (los límites del) humor en la obra de Roberto Bolaño. In: Ursula Hennigfeld (Hg.): *Roberto Bolaño – escritura, violencia, vida*. Madrid/Frankfurt am Main: Iberoamericana/Vervuert 2015, S. 137–154.

Loy, Benjamin: Deseos de mundo – Roberto Bolaño y la (no tan nueva) literatura mundial. In: Dunia Gras/Gesine Müller (Hg.): *América Latina y la literatura mundial: mercado editorial, redes globales y la invención de un continente*. Madrid/Frankfurt am Main: Iberoamericana/Vervuert 2015, S. 273–294.

Loy, Benjamin: Fantasmas de la periferia o la República Mundial de los Plagios: «El viaje de Álvaro Rousselot» de Roberto Bolaño. In: Paula Aguilar/Teresa Basile (Hg.): *Bolaño en sus cuentos*. Leiden: Almenara 2015, S. 138–157.

Loy, Benjamin: Chistes par(r)a reordenar el canon – Roberto Bolaño, Nicanor Parra y la poesía chilena. In: *Romanische Studien* 1 (2015), S. 45–60.

Loy, Benjamin: *Leer en filigrana* – Zur Produktivität und Praxis von Metaphern als Wissensformen in den lateinamerikanischen Literaturen zwischen Moderne und Postmoderne. In: Graduiertenkolleg Literarische Form (Hg.): *Formen des Wissens. Epistemische Funktionen literarischer Verfahren*. Heidelberg: Winter 2017, S. 335–366.

Loy, Benjamin: De oposiciones, apropiaciones y traducciones (anti)poéticas: lecturas cruzadas de Nicanor Parra y Roberto Bolaño. In: Silke Jansen/Gesine Müller (Hg.): *La traducción desde, en y hacia Latinoamérica. Perspectivas literarias y lingüísticas*. Madrid/Frankfurt am Main: Iberoamericana/Vervuert 2017, S. 211–228.

Loy, Benjamin: Nach den Elegien: Überlegungen zu einer kritischen Literaturwissenschaft. In: Julian Drews/Anne Kern u.a. (Hg.): *Romanistik in Bewegung. Aufgaben und Ziele einer Philologie im Wandel*. Berlin: Kadmos Kulturverlag 2017, S. 115–137.

Loy, Benjamin: Mocking World Literature and Canon Parodies in Roberto Bolaño's Fiction. In: Nicholas Birns/Juan De Castro (Hg.): *Roberto Bolaño as World Literature*. New York: Bloomsbury 2017, S. 153–166.

Loy, Benjamin: La (in)soportable levedad de la tradición: hacia una lectura latinoamericana de la literatura mundial. In: *Inti: Revista de literatura hispánica* 85–86 (2017), S. 36–52.

Loy, Benjamin: La ironía como cuestión de Wieder y muerte: *Estrella distante* de Roberto Bolaño. In: Brigitte Adriaensen/Carlos van Tongeren (Hg.): *Ironía y violencia en la literatura latinoamericana*. Pittsburgh: Instituto Internacional de Literatura Iberoamericana 2018, S. 189–203.

Loy, Benjamin: «Il a cédé à un mouvement d'humeur, excusable dans un homme qui n'a pas le sou» – Moderne, Kapitalismus und Affektkontrolle in Flauberts *Éducation sentimentale*. In: Susanne Schlünder/Andrea Stahl (Hg.): *Affektökonomien. Konzepte und Kodierungen im 18. und 19. Jahrhundert*. Paderborn: Fink 2018, S. 187–204.

Loy, Benjamin: The Precarious State of the Art: Writing the Global South and Critical Cosmopolitanism in the Works of J.M. Coetzee and Roberto Bolaño. In: Gesine Müller/Jorge Locane u.a. (Hg.): *Re-mapping World Literature. Writing, Book Markets, and Epistemologies between Latin America and the Global South*. Berlin/Boston: De Gruyter 2018, S. 91–116.

Loy, Benjamin: Der Teil der Kritiker: die deutschsprachige Bolaño-Rezeption zwischen Exotismus-Perpetuierung und globaler Prestige-Ökonomie. In: Stephanie Catani (Hg.): *Bolaño: Autor und Werk im deutschsprachigen Kontext*. Bielefeld: transcript 2019 [im Druck].

Loy, Benjamin: Glotopolíticas literarias entre resistencia y mercado: Bolaño en traducción, la traducción en Bolaño. In: Gustavo Guerrero/Gesine Müller u.a. (Hg.): *Cartografías de la literatura (latinoamericana) mundial y sus alternativas. Circuitos, actores y procesos.* Berlin/Boston: De Gruyter 2019 [im Druck].

Ludmer, Josefina: Tricks of the Weak. In: Stephanie Merrim (Hg.): *Feminist Perspectives on Sor Juana Inés de la Cruz*. Detroit: Wayne State University Press 1999, S. 86–93.

Lukács, Georg: *Die Theorie des Romans. Ein geschichtsphilosophischer Versuch über die Formen der großen Epik*. München: dtv 2000.

Ly, Nadine: La République ailée dans les *Solitudes*. In: Jacques Issorel (Hg.): *Crepúsculos pisando. Once estudios sobre las* Soledades *de Góngora*. Perpignan: Presses Universitaires 1995, S. 141–179.

Madariaga Caro, Montserrat: *Bolaño infra. 1975–1977. Los años que inspiraron* Los detectives salvajes. Santiago de Chile: RIL 2010.

Mader, Hubert Michael: *Die Helden vom Heldenberg: Pargfrieder und seine «Walhalla» der k. k. Armee*. Graz: Vehling 2008.

Magné, Bernard: Les sutures dans *W ou le souvenir d'enfance*. In: *Cahiers Georges Perec* 2 (1988) – *W ou le souvenir d'enfance: une fiction*, S. 39–56.

Magné, Bernard: *Perecollages. 1981–1988*. Toulouse: Les Cahiers de Littérature 1989.

Magné, Bernard: *Georges Perec*. Paris: Éditions Nathan 1999.

Mandolessi, Silvana: El arte según Wieder: estética y política de lo abyecto en *Estrella distante*. In: *Chasqui – Revista de Literatura Latinoamericana* 40, 2 (2011), S. 65–79.

Manzi, Joaquín: Alemania en pedazos. In: *mitologías hoy* 7 (2013), S. 57–71.

Manzoni, Celina: Narrar lo inefable. El juego del doble y los desplazamientos en *Estrella distante*. In: Celina Manzoni (Hg.): *Bolaño Roberto: la escritura como tauromaquia*. Buenos Aires: Corregidor 2002, S. 39–50.

Manzoni, Celina: Ficción de futuro y lucha por el canon en la narrativa de Roberto Bolaño. In: Edmundo Paz Soldán/Gustavo Faverón (Hg.): *Bolaño salvaje*. Barcelona: Candaya 2008, S. 335–358.

McSherry, Patrice: *Predatory States. Operation Condor and Covert War in Latin America.* Lanham: Rowman & Littlefield Publishers 2005.

Menke, Bettine: Ursprung des deutschen Trauerspiels. In: Burkhardt Lindner (Hg.): *Benjamin - Handbuch. Leben–Werk–Wirkung*. Stuttgart: Metzler 2011. S. 210–228.

Menke, Bettine: Allegorie: «Ostentation der Faktur» und «Theorie». Einleitung. In: Ulla Haselstein (Hg.): *Allegorie. DFG-Symposion*. Berlin/Boston: De Gruyter 2016, S. 113–135.

Menke, Bettine/Haverkamp, Anselm: Allegorie. In: Karlheinz Barck/Martin Fontius u.a. (Hg.): *Ästhetische Grundbegriffe*. Stuttgart: Metzler 2000, S. 49–104.

Merrim, Stephanie: Still Ringing True: Sor Juana's Early/Postmodernity. In: Sara Castro-Klarén (Hg.): *Narrativa Femenina en América Latina. Prácticas y Perspectivas Teóricas*. Madrid/Frankfurt am Main: Iberoamericana/Vervuert 2003, S. 39–55.

Messling, Markus: *2666*: Die Moderne als Echolot der Globalisierung. Roberto Bolaño und das Erbe Baudelaires. In: Ottmar Ette/Uwe Wirth (Hg.): *Nach der Hybridität. Zukünfte der Kulturtheorie*. Berlin: tranvía 2014, S. 199–215.

Messling, Markus: *Gebeugter Geist. Rassismus und Erkenntnis in der modernen europäischen Philologie*. Göttingen: Wallstein 2016.
Meyer-Clason, Curt: Nachwort. In: Gabriel García Márquez: *Der Herbst des Patriarchen*. Übersetzung ins Deutsche von Curt Meyer-Clason. Frankfurt am Main: Fischer 2004, S. 277–281.
Michelena, Luis: *Diccionario general vasco*. Bilbao: Real Academia de la Lengua Vasca 2004.
Miles, Valerie: A journey forward to the origin. In: Juan Insua/Valerie Miles (Hg.): *Archivo Bolaño. 1977–2003*. Barcelona: Centro de Cultura Contemporánea de Barcelona, S. 136–141.
Miles, Valerie: Todos los días recibo correos con el mismo lamento: «Leemos basura». In: *El País* (9.12.2014), verfügbar unter: http://cultura.elpais.com/cultura/2014/12/08/actualidad/1418055903_266402.html. [letzter Zugriff: 10.03.2017].
Minnes, Mark: *Ein atlantisches Siglo de Oro. Literatur und ozeanische Bewegung im frühen 17. Jahrhundert*. Berlin/Boston: De Gruyter 2017.
Mitchell, Allan: *The Devil's Captain. Ernst Jünger in Nazi Paris, 1941–1944*. New York: Berghahn Books 2011.
Mittman, Asa Simon/Dendle, Peter (Hg.): *The Ashgate Research Companion to Monsters and the Monstrous*. Farnham: Ashgate 2012.
Molloy, Sylvia: Voracidad y solipsismo en la poesía de Darío. In: *Sin nombre* XI, 3 (1980), S. 7–15
Montané Krebs, Bruno: Prefiguraciones de la Universidad Desconocida. In: Universidad Pompeu Fabra (Hg.): *Jornadas Homenaje Roberto Bolaño (1953 – 2003): simposio internacional*. Barcelona: Universidad Pompeu Fabra 2005, S. 95–104.
Montfrans, Manet van: *Georges Perec. La contrainte du réel*. Amsterdam: Rodopi 1999.
Mora, Carmen de: La tradición apocalíptica en Bolaño: *Los detectives salvajes* y *Nocturno de Chile*. In: Geneviève Fabry (Hg.): *Los imaginarios apocalípticos en la literatura hispanoamericana contemporánea*. Frankfurt am Main: Peter Lang 2010, S. 203–222.
Morales, Leonidas: *De muertos y sobrevivientes: narración chilena moderna*. Santiago de Chile: Cuarto propio 2008.
Moraña, Mabel: *El monstruo como máquina de guerra*. Madrid/Frankfurt am Main: Iberoamericana/Vervuert 2017.
Morat, Daniel: *Von der Tat zur Gelassenheit: konservatives Denken bei Martin Heidegger, Ernst Jünger und Friedrich Georg Jünger. 1920–1960*. Göttingen: Wallstein 2007.
Morel, Philippe: Die Kompositköpfe Arcimboldos, die Grotesken und die Ästhetik des Paradoxen. In: Sylvia Ferino-Pagden (Hg.): *Arcimboldo. 1526–1593*. Ausstellungskatalog des Kunsthistorischen Museums Wien. Mailand: Skira 2008, S. 221–231.
Moretti, Franco: Conjectures on World Literature. In: *New Left Review* 1 (2000), S. 54–68.
Mudrovcic, María Eugenia: Políticas culturales en los procesos de integración regionaL: el sector editorial en el Mercosur. In: *Revista Iberoamericana* LXVII, 197 (2001), S. 755–766.
Müller, Gesine: *Die Boom-Autoren heute: García Márquez, Fuentes, Vargas Llosa, Donoso und ihr Abschied von den «großen identitätsstiftenden Entwürfen»*. Madrid/Frankfurt am Main: Iberoamericana/Vervuert 2004.
Munjic, Sanda: A Reflection on Greed Through Bird Imagery: Ovidian Pre-Text in Góngora's «Solitudes». In: Alison Keith/Stephen Rupp (Hg.): *Metamorphoses: The Changing Face of Ovid in Medieval and Early Modern Europe*. Toronto: Centre for Renaissance and Reformation Studies 2007, S. 251–266.

Myerston, Jacobo: The classicist in the cave: Bolaño's theory of reading in *By Night in Chile*. In: *Classical Receptions Journal* 8, 4 (2016), S. 554–573.
Neumann, Birgit/Nünning, Ansgar: Kulturelles Wissen und Intertextualität: Grundbegriffe und Forschungsansätze zur Kontextualisierung von Literatur. In: Marion Gymnich/Birgit Neumann u.a. (Hg.): *Kulturelles Wissen und Intertextualität. Theoriekonzeptionen und Fallstudien zur Kontextualisierung von Literatur*. Trier: Wissenschaftlicher Verlag 2006, S. 3–28.
Neumeister, Sebastian: Leopardi und der Wunsch zu wissen. In: Marc Föcking/Volker Steinkamp (Hg.): *Giacomo Leopardi. Dichtung und Wissenschaft im frühen 19. Jahrhundert*. Münster: LIT 2004, S. 11–22.
Nitsch, Wolfram: Die Insel der Reproduktionen. Medium und Spiel in Bioy Casares' Erzählung *La invención de Morel*. In: *Iberoromania* 60 (2004), S. 102–117.
Nitschack, Horst: Walter Benjamin in Lateinamerika: Rezeption, Appropriation und Recycling. In: Gesine Müller (Hg.): *Verlag Macht Weltliteratur. Lateinamerikanisch-deutsche Kulturtransfers zwischen internationalem Literaturbetrieb und Übersetzungspolitik*. Berlin: tranvía 2014, S. 239–256.
Nonnenmacher, Kai: *Das schwarze Licht der Moderne: zur Ästhetikgeschichte der Blindheit*. Tübingen: Niemeyer 2006.
Nünning, Ansgar/Sommer, Roy: Kulturwissenschaftliche Literaturwissenschaft: Disziplinäre Ansätze, theoretische Positionen und transdisziplinäre Perspektiven. In: Ansgar Nünning/ Roy Sommer (Hg.): *Kulturwissenschaftliche Literaturwissenschaft. Disziplinäre Ansätze – Theoretische Positionen – Transdisziplinäre Perspektiven*. Tübingen: Narr, S. 9–29.
Nussbaum, Martha: *Cultivating Humanity. A classical defense of reform in liberal education*. Cambridge: Harvard University Press 1997.
O'Bryen, Rory: Writing with the Ghost of Pierre Menard: Authorship, Responsibility, and Justice in Roberto Bolaño's *Distant Star*. In: Ignacio López-Calvo (Hg.): *Roberto Bolaño, a less distant star. Critical Essays*. New York: Palgrave Macmillan 2015, S. 17–34.
O'Donnell, Guillermo: *El estado burocrático autoritario 1966–1973: triunfos, derrotas y crisis*. Buenos Aires: Prometeo 2009.
O'Hara, Edgar: El poeta y sus cautiverios (Enrique Lihn en la década del ochenta). In: *Inti. Revista de literatura hispánica* 43–44 (1996), S. 45–74.
Oliver, María Paz: *El arte de irse por las ramas. La digresión en la novela latinoamericana contemporánea*. Amsterdam: Brill/Rodopi 2016.
Olmos, Alberto: Bolaño y yo: la historia jamás contada. In: *El Confidencial* (4.10.2016), verfügbar unter: http://blogs.elconfidencial.com/cultura/mala-fama/2016-10-04/bo lano-y-yo-la-historia-jamas-contada_1269498 [letzter Zugriff: 09.03.2017].
Ortega, Julio: Para una teoría del texto latinoamericano: Colón, Garcilaso y el discurso de la abundancia. In: *Revista de Crítica Literaria Latinoamericana* XIV, 28 (1988), S. 101–115.
Overthun, Rasmus: Das Monströse und das Normale. Konstellationen einer Ästhetik des Monströsen. In: Achim Geisenhanslüke/Georg Mein (Hg.): *Monströse Ordnungen. Zur Typologie und Ästhetik des Anormalen*. Bielefeld: transcript 2009, S. 43–79.
Peña, Juan Cristóbal: *La secreta vida literaria de Augusto Pinochet*. Santiago de Chile: Random House 2015.
Pérez, Alberto Julián: La enciclopedia poética de Rubén Darío. In: *Revista Iberoamericana*, CXLVI–CXLVII (1989), S. 329–338.
Pfister, Manfred: Konzepte der Intertextualität. In: Ulrich Broich/Manfred Pfister (Hg.): *Intertextualität. Formen, Funktionen, anglistische Fallstudien*. Tübingen: Niemeyer 1985, S. 1–30.

Piña, Juan Andrés: Nicanor Parra: La antipoesía no es un juego de salón. In: Juan Andrés Piña (Hg.): *Conversaciones con la poesía chilena*. Santiago de Chile: Pehuén 1990, S. 13–51.
Pinto, Rodrigo: Las listas de Bolaño y Perec. In: *Revista UDP 9* (2012), S. 173–176.
Pirot, François: *Recherches sur les connaissances littéraires des troubadours occitans et catalans des XIIe et XIIIe siècles*. Barcelona: Real Academia de Buenas Letras Barcelona 1972.
Pollack, Sarah: Latin America Translated (Again): Roberto Bolaño's *The Savage Detectives* in the United States. In: *Comparative Literature* 61, 3 (2009), S. 346–365.
Przybos, Julia: Un tableau peut en cacher un autre: sur *Là-bas* de Huysmans. In: *Nineteenth-Century French Studies* 27, 3–4 (1999), S. 384–401.
Pulgarín Hernández, Francisco: *Anatomía del fracaso. La otra cara del boom. Onetti, Gómez Valderrama, Bioy, Ribeyro*. Medellín: Intermedio Editores 2011.
Pyta, Wolfram: *Hitler Der Künstler als Politiker und Feldherr. Eine Herrschaftsanalyse*. München: Siedler 2015.
Rama, Angel: *La novela en América Latina. Panoramas 1920–1980*. Santiago de Chile: Ediciones Universidad Alberto Hurtado 2008.
Rancière, Jacques: *Politik der Literatur*. Aus dem Französischen von Richard Steurer. Wien: Passagen Verlag 2011.
Rancière, Jacques: *Politik und Ästhetik im Gespräch mit Peter Engelmann*. Aus dem Französischen von Gwendolin Engels. Wien: Passagen Verlag 2016.
Rauterberg, Hanno: *Wie frei ist die Kunst? Der neue Kulturkampf und die Krise des Liberalismus*. Berlin: Suhrkamp 2018.
Ravelo Blancas, Patricia: *Miradas etnológicas: violencia sexual y de género en Ciudad Juárez, Chihuahua; estructura, política, cultura y subjetividad*. Mexiko-Stadt: Ed. Eón 2012.
Rebolledo, Javier: *La danza de los cuervos: el destino final de los detenidos desaparecidos (investigación)*. Santiago de Chile: Ceibo 2012.
Richard, Nelly: *Márgenes e instituciones: arte en Chile desde 1973*. Santiago de Chile: Metales pesados 2007.
Ricœur, Paul: Der Text als Modell: hermeneutisches Verstehen. In: Stephan Kammer/Roger Lüdeke (Hg.): *Texte zur Theorie des Textes*. Stuttgart: Reclam 2005, S. 184–207.
Riesenfellner, Stefan: Der «Heldenberg» – die militärische und dynastische «Walhalla» Österreichs. In: Stefan Riesenfellner (Hg.): *Steinernes Bewußtsein I.: die öffentliche Repräsentation staatlicher und nationaler Identität Österreichs in seinen Denkmälern*. Wien: Böhlau 1998, S. 13–30.
Rinke, Stefan: *Kleine Geschichte Chiles*. München: Beck 2007.
Ríos Baeza, Felipe: *Roberto Bolaño. Una narrativa en el margen. Desestabilizaciones en el canon y la cultura*. Valencia: Tirant Humanidades 2013.
Ritte, Jürgen: *Das Sprachspiel der Moderne: eine Studie zur Literarästhetik Georges Perecs*. Köln: Janus-Verlag 1992.
Freire, Raúl, Rodríguez: Ulysses's last voyage: Bolaño and the allegorical figuration of hell. In: Ignacio López-Calvo (Hg.): *Roberto Bolaño, a less distant star. Critical Essays*. New York: Palgrave Macmillan 2015, S. 85–103.
Rohkrämer, Thomas: *Eine andere Moderne? Zivilisationskritik, Natur und Technik in Deutschland 1880–1930*. Paderborn: Schöningh 1999.
Rowe, William: *Poets of contemporary Latin America. History and the inner life*. Oxford: Oxford University Press 2000.
Rubel, Alexander: Zur Quelle der «Stereoskopischen Wahrnehmung». Ernst Jünger und Joris-Karl Huysmans' *À rebours*. In: *Études littéraires allemandes* 65 (2010), 4, S. 925–939.

Rubel, Alexander: Verminte Brücken über die Seine. Ernst Jüngers literarische
    Selbststilisierung in den Pariser Tagebüchern. In: Tobias Wimbauer (Hg.): *Ernst Jünger in
    Paris. Ernst Jünger, Sophie Ravoux, die Burgunderszene und eine Hinrichtung*. Hagen:
    Eisenhut-Verlag 2011, S. 104–124.
Rubel, Alexander: *Die Ordnung der Dinge. Ernst Jüngers Autorschaft als transzendentale
    Sinnsuche*. Würzburg: Könighausen & Neumann 2018.
Sabat de Rivers, Georgina: A Feminist Reading of Sor Juana's *Dream*. In: Stephanie Merrim
    (Hg.): *Feminist Perspectives on Sor Juana Inés de la Cruz*. Detroit: Wayne State University
    Press 1999, S. 142–161.
Salas Camus, Pedro: *2666. En búsqueda de la totalidad perdida*. Raleigh: Editorial
    A Contracorriente 2018.
Saldarriaga, Patricia: *Los espacios del Primero Sueño de Sor Juana Inés de la Cruz.
    Arquitectura y cuerpo femenino*. Madrid/Frankfurt am Main: Iberoamericana/Vervuert
    2006.
Sánchez, Pablo: *La emancipación engañosa. Una crónica transatlántica del Boom
    (1963–1972)*. Alicante: Cuadernos de América sin nombre 2009.
Sánchez Mariño, Joaquín: Los rastros y los mitos de Bolaño. In: *La Nación* (12.07.2015),
    verfügbar unter: www.lanacion.com.ar/1808789-los-rastros-y-los-mitos-de-bolano
    [letzter Zugriff: 09.03.2017].
Sánchez Prado, Ignacio (Hg.): *América Latina en la «literatura mundial»* . Pittsburgh: Instituto
    Internacional de Literatura Iberoamericana 2006.
Sánchez Prado, Ignacio (Hg.): Más allá del mercado. El uso de la literatura latinoamericana en
    la era neoliberal. In: José Ramón Ruisánchez Serra (Hg.): *Libro Mercado. Literatura
    y Neoliberalismo*. Mexiko-Stadt: Universidad Iberoamericana 2015, S. 15–40.
Sarlo, Beatriz: *Siete ensaysos sobre Walter Benjamin*. Buenos Aires: Fondeo de Cultura
    Económica de Argentina 2000.
Sasse, Sylvia/Zanetti, Sandro: Statt der Sterne. Literarische Gestirne bei Mallarmé und
    Chlebnikov. In: Maximilian Bergengruen/Davide Giuriato u.a. (Hg.): *Gestirn und Literatur
    im 20. Jahrhundert*. Frankfurt am Main: Fischer 2006, S. 103–119.
Sauri, Emilio: «A la pinche modernidad»: Literary Form and the End of History in Roberto
    Bolaño's *Los detectives salvajes*. In: *MLN* 125, 2 (2010), S. 406–432.
Schiebler, Ralf: Dalí und die Wissenschaften. Der Angélus von Millet und die paranoisch-
    kritische Methode. In: Gerhard Kolberg (Hg.): *Salvador Dalí. La Gare de Perpignan. Pop,
    Op, Yes-yes, Pompier*. Köln: Hatje Cantz Verlag 2006, S. 39–59.
Schmidt-Bergmann, Hansgeorg: *Futurismus. Geschichte, Ästhetik, Dokument*. Reinbek:
    Rowohlt 2009.
Schleiermacher, Friedrich Daniel Ernst: *Ästhetik*. Hg. von Thomas Lehnerer. Hamburg: Felix
    Meiner Verlag 1984.
Schock, Ralph (Hg.): *«Cher Georges» – «Cher Eugen» . Die Korrespondenz zwischen Eugen
    Helmlé und Georges Perec*. St. Ingbert: Conte Verlag 2015.
Schopf, Federico: El problema de la conversión poética en la obra de Pablo Neruda . In: *Atenea*
    488 (2003), S. 47–78.
Schopf, Federico: La antipoesía: ¿comienzo o final de una época? In: Roland Spiller (Hg.):
    Memoria, duelo y narración: Chile después de Pinochet: literatura, cine, sociedad.
    Madrid/Frankfurt am Main: Iberoamericana/Vervuert 2004, S. 185–210.
Schulze, Peter: *Strategien kultureller Kannibalisierung. Postkoloniale Repräsentationen vom
    brasilianischen Modernismo zum Cinema Novo*. Bielefeld: transcript 2015.

Schumann, Peter B.: Der kultivierte «Wilde» . Roberto Bolaños Bibliothek. *Deutschlandradio Kultur* (04.05.2010), verfügbar unter: http://www.deutschlandradiokultur.de/der-kulti vierte-wilde.974.de.html?dram:article_id=150683 [letzter Zugriff: 12.03.2017].
Scullion, Rosemarie: Georges Perec, *W*, and the Memory of Vichy France. In: *SubStance* 87 (1998), S. 107–129.
Sellami, Samir: Zur Politik der Intertextualität in Roberto Bolaños «Estrella Distante». In: *Romanische Studien* 1, 1 (2015): S. 111–134.
Silva, Patricio: *In the name of reason: technocrats and politics in Chile*. University Park: University of Pennsylvania Press 2008.
Sinno, Neige: *Lectores entre líneas. Roberto Bolaño, Ricardo Piglia y Sergio Pitol*. Mexiko-Stadt: Aldus 2011.
Siskind, Mariano: *Cosmopolitan Desires. Global Modernity and World Literature in Latin America*. Evanston: Northwestern University Press 2014.
Siskind, Mariano: Towards a cosmopolitanism of loss: an essay about the end of the world. In: Gesine Müller/Mariano Siskind (Hg.): *World Literature, Cosmopolitanism, Globality: beyond, against, post, otherwise*. Berlin/Boston: De Gruyter 2019 [im Druck].
Sjöberg, Sami: *The Vanguard Messiah. Lettrism between Jewish Mysticism and the Avant-Garde*. Berlin/Boston: De Gruyter 2015.
Sloterdijk, Peter: *Die schrecklichen Kinder der Neuzeit. Über das anti-genealogische Experiment der Moderne*. Berlin: Suhrkamp 2015.
Spitzer, Leo: Sprachwissenschaft und Literaturwissenschaft. In: Leo Spitzer: *Texterklärungen. Aufsätze zur europäischen Literatur*. Frankfurt am Main: Fischer 1990, S. 7–33.
Spitzer, Leo: Linguistics and Literary History. In: Leo Spitzer: *Linguistics and Literary History. Essays in Stilistics*. Princeton: Princeton University Press 2016, S. 1–40.
Solotorevsky, Myrna: El espesor escritural en novelas de Roberto Bolaño. In: *Mitologías hoy* 7 (2013), S. 163–171.
Stackelberg, Jürgen von: Das Menschenbild der französischen Klassik. Überlegungen zu Stierles Begriff der negativen Anthropologie. In: *Romanische Forschungen* 104 (1992), S. 388–396.
Stangneth, Bettina: *Eichmann vor Jerusalem: das unbehelligte Leben eines Massenmörders*. Hamburg: Arche 2011.
Steiner, George: *Nach Babel. Aspekte der Sprache und des Übersetzens*. Übersetzt von Monika Plessner unter Mitwirkung von Henriette Beese. Frankfurt am Main: Suhrkamp 2004.
Steinhagen, Harald: Zu Walter Benjamins Begriff der Allegorie. In: Walter Haug (Hg.): *Formen und Funktionen der Allegorie*. Stuttgart: Metzler 1978, S. 666–685.
Stiegler, Bernd: Technik. In: Matthias Schöning (Hg.): *Ernst-Jünger-Handbuch: Leben – Werk – Wirkung*. Stuttgart: Metzler 2014, S. 351–353.
Stierle, Karlheinz: Die Modernität der französischen Klassik. Negative Anthropologie und funktionaler Stil. In: Fritz Nies/Karlheinz Stierle (Hg.): *Französische Klassik. Theorie. Literatur. Malerei*. München: Fink 1985, S. 81–136.
Stockhammer, Robert: *Zaubertexte. Die Wiederkehr der Magie und die Literatur 1880–1945*. Berlin/Boston: De Gruyter 2015.
Stolzmann, Uwe: Entrevista a Roberto Bolaño. In: Augusta López Bernasocchi/José Manuel López de Abiada (Hg.): *Roberto Bolaño. Estrella cercana. Ensayos sobre su obra*. Madrid: Verbum 2012, S. 364–376.
Streim, Georg: Das abenteuerliche Herz. Aufzeichnungen bei Tag und Nacht (1929). In: Matthias Schöning (Hg.): *Ernst-Jünger-Handbuch: Leben – Werk – Wirkung*. Stuttgart: Metzler 2014, S. 91–99.

Subercaseaux, Bernardo: *Historia de las ideas y de la cultura en Chile. Volumen III*. Santiago de Chile: Universitaria 2011.
Swigg, Richard: *Quick, said the bird. Williams, Eliot, Moore, and the spoken word*. Iowa City: University of Iowa Press 2012.
Thayer, Willy: El Golpe como consumación de la vanguardia. In: Willy Thayer: *El fragmento repetido. Escritos en estado de excepción*. Santiago de Chile: Metales pesados 2006, S. 15–46.
Theroux, Paul: *Sir Vidia's Shadow. A friendship across five continents*. Boston: Houghton Mifflin 1998.
Toro, Alfonso de: Jorge Luis Borges . Los fundamentos del pensamiento occidental del siglo XX: finalización del logrocentrismo occidental y virtualidad en la condición posmoderna y poscolonial. In: Myrna Solotorewsky/Ruth Fine (Hg.): *Borges en Jerusalén*. Madrid/Frankfurt am Main: Iberoamericana/Vervuert 2003, S. 13–47.
Toro, Alfonso de: Jorge Luis Borges o la literatura del deseo: descentración – simulación del canon y estrategias postmodernas. In: *Taller de Letras* 39 (2006), S. 101–126.
Torres, Antonia: *Las trampas de la nación: la nación como problema en la poesía chilena de postdictadura; lenguaje, sujeto, espacio*. Frankfurt am Main: Peter Lang 2013.
Trabant, Jürgen: Indien vs. Amerika. In: Philipp Krämer/Markus Lenz u.a. (Hg.): *Rassedenken in der Sprach- und Textreflexion: kommentierte Grundlagentexte des langen 19. Jahrhunderts*. Paderborn: Fink 2015, S. 27–46.
Travis, Christopher: *Resisting Alienation. The Literary Work of Enrique Lihn* . Lewisburg: Bucknell University Press 2010.
Ueckmann, Natascha: *Ästhetik des Chaos in der Karibik*. Créolisation *und* Neobarroco *in franko- und hispanophonen Literaturen*. Bielefeld: transcript 2014.
Valdivia Orozco, Pablo: *Weltenvielfalt. Eine romantheoretische Studie im Ausgang von Gabriel García Márquez, Sandra Cisneros und Roberto Bolaño*. Berlin/Boston: De Gruyter 2013.
Van Reijen, Willem: Labyrinth und Ruine. Die Wiederkehr des Barock in der Postmoderne. In: Willem Van Reijen (Hg.): *Allegorie und Melancholie*. Frankfurt am Main: Suhrkamp 1992, S. 261–291.
Ventarola, Barbara: Sor Juana y las nociones tradicionales del ingenio. Estrategias de autoestilización en la Respuesta a Sor Filotea. In: Barbara Ventarola (Hg.): *Ingenio y feminidad. Nuevos enfoques sobre la estética de Sor Juana Inés de la Cruz*. Madrid/Frankfurt am Main: Iberoamericana/Vervuert 2017, S. 27–69.
Vila-Matas, Enrique: Un plato fuerte de la China destruida. In: *El País* (6.09.2003), verfügbar unter: https://elpais.com/diario/2003/09/06/babelia/1062805156_850215.html (letzter Zugriff: 14.03.2018).
Villavivencio, Juan Carlos: Introducción. In: Jorge Teillier: *Nostalgia de la Tierra*. Edición de Juan Carlos Villavicencio. Madrid: Cátedra 2013, S. 34–112.
Vinken, Barbara: MAKE WAR NOT LOVE: Pulp Fiction oder Marinettis *Mafarka*. In: Wolfgang Asholt/Walter Fähnders (Hg.): *Der Blick vom Wolkenkratzer. Avantgarde – Avantgardekritik – Avantgardeforschung*. Amsterdam: Rodopi 2000, S. 183–204.
Walker, Carlos: La reflexión visual en Roberto Bolaño. Narración, dictadura y vanguardias en *Estrella distante*. In: *Ciencia Política* 11, 22 (2016), S. 189–212.
Walkowitz, Rebecca: *Born Translated. The Contemporary Novel in an Age of World Literature*. New York: Columbia University Press 2015.

Warning, Rainer: Chaos und Kosmos. Kontingenzbewältigung in der *Comédie humaine*.
  In: Hans Ulrich Gumbrecht/Karlheinz Stierle u.a. (Hg.): *Honoré de Balzac*. München: Fink 1980, S. 9–58.
Warnken, Cristián: La belleza de pensar. *UC Televisión Chile* (1999), verfügbar unter: https://www.youtube.com/watch?v=4opmK0SO-J8 [Letzter Zugriff: 14.04.2018].
Weber, Max: *Wissenschaft als Beruf*. Stuttgart: Reclam 1995.
Weder, Christine: Sternbilder und die Ordnung der Texte. Anmerkungen zur Konstellationsforschung. In: Maximilian Bergengruen/Davide Giuriato u.a. (Hg.): *Gestirn und Literatur im 20. Jahrhundert*. Frankfurt am Main: Fischer 2006, S. 326–341.
Wehr, Christian: Originalität und Reproduktion. Zur Paradoxierung hermeneutischer und ästhetizistischer Textmodelle in Jorge Luis Borges' *Pierre Menard, autor del Quijote*. In: *Romanistisches Jahrbuch* 51 (2000), S. 351–369.
Wehr, Christian: Allegorie – Groteske – Legende: Stationen des Diktatorenromans. In: *Romanische Forschungen* 117, 3 (2005), S. 310–343.
Weinberg, Liliana: *Literatura latinoamericana. Descolonizar la imaginación*. Mexiko-Stadt: UNAM 2004.
Weiss, Jason: *The lights of home: a century of Latin American writers in Paris*. New York: Routledge 2003.
Weiß, Volker: *Moderne Antimoderne: Arthur Moeller van den Bruck und der Wandel des Konservatismus*. Paderborn: Ferdinand Schöningh 2012.
Wellek, René: *The attack on literature and other essays*. Chapel Hill: University of North Carolina Press.
Werner, Micha: Kann Phantasie moralisch werden? Erkundigungen bezüglich eines fragwürdigen Topos. In: Jean-Pierre Wils (Hg.): *Anthropologie und Ethik: Biologische, sozialwissenschaftliche und philosophische Überlegungen*. Tübingen: Francke 1997, S. 41–63.
White, Eric: William Carlos Williams and the local. In: Christopher Macgowan (Hg.): *The Cambridge Companion to William Carlos Williams*. New York: Cambridge University Press 2016, S. 8–23.
Williams, Gareth: Sovereignty and melancholic paralysis in Roberto Bolaño. In: *Latin American Journal of Cultural Studies* 18, 2–3 (2009), S. 125–140.
Wimbauer, Tobias: Kelche sind Körper. Der Hintergrund der «Erdbeeren in Burgunder»-Szene. In: Tobias Wimbauer (Hg.): *Ernst Jünger in Paris. Ernst Jünger, Sophie Ravoux, die Burgunderszene und eine Hinrichtung*. Hagen: Eisenhut-Verlag 2011, S. 9–75.
Winter, Rainer/Zima, Peter: *Kritische Theorie heute*. Bielefeld: transcript 2015.
Yúdice, George: La reconfiguración de políticas culturales y mercados culturales en los noventa y siglo XXI en América Latina. In: *Revista Iberoamericana* LXVII, 197 (2001), S. 639–659.
Zamora, Louis/Kaup, Monika (Hg.): *Baroque New Worlds: Representation, Transculturation, Counterconquest*. Durham: Duke University Press 2010.
Zapata Gacitúa, Juan/Fuentes Leal, Mariela: La figura y la escritura de Enrique Lihn en la obra de Roberto Bolaño. In: *Anales de literatura chilena* 23 (2015), S. 109–124.
Zavala, Oswaldo: *La modernidad insufrible: Roberto Bolaño en los límites de la literatura latinoamericana contemporánea*. Chapel Hill: University of North Carolin Press 2016.
Zepp, Susanne: *Jorge Luis Borges und die Skepsis*. Stuttgart: Steiner Verlag 2003.
Zwierlein, Eduard: Kommentar. In: Blaise Pascal: *Gedanken*. Aus dem Französischen von Ulrich Kunzmann. Berlin: Suhrkamp 2012, S. 215–459.

Namenregister

Allende, Salvador 69, 94, 131, 136, 139, 144, 173, 181, 201, 212, 308
Alt, Peter-André 175–177
Alvarez, Moira 67, 416
Amos, Thomas 177, 184
Andrade, Oswald de 109
Andrews, Chris 12, 23, 34, 49, 62, 65, 66, 318, 394
Apter, Emily 338, 410
Arcimboldo, Giuseppe 32, 122–126
Arendt, Hannah 58, 207, 208, 211, 396
Asturias, Miguel Angel 96, 111, 147
Aub, Max 292, 312
Auerbach, Erich V, 248, 306
Avanessian, Armen 221, 222
Avelar, Idelber 91–97, 136–139, 322, 325
Ayala, Matías 204, 225, 260, 269, 273, 327

Bachtin, Michail 32, 33, 257–260
Barrie, James Matthew 391, 392, 393
Barthes, Roland 5, 31, 56, 87, 123, 124, 222, 237, 290, 297, 313, 426
Baudelaire, Charles 43, 142, 177, 215, 222, 228, 334, 350, 352, 373, 377, 378, 380, 394, 400–404, 434
Baxmann, Inge 228, 242
Bellos, David 276, 285
Benjamin, Walter V, 41, 42, 43, 53, 56, 70, 71, 72, 133–153, 199, 203, 376, 377, 401, 404, 429
Berlin, Isaiah 238
Bernanos, Georges 165
Beverley, John 154, 155, 156, 159, 160, 164
Binns, Niall 266
Bioy Casares, Adolfo 17, 18, 44, 90, 335, 417–428
Bisama, Álvaro 26
Blejer, Daniella 279, 382, 383
Bloom, Harold 14, 15, 32, 35, 116
Blumenberg, Hans 153, 339, 340, 341, 404
Boccanera, Jorge Alejandro 46, 79, 81
Bohrer, Karl Heinz 175, 186, 204, 206, 210, 372–374, 407, 408

Bolognese, Chiara 26, 79, 225
Borchmeyer, Florian 105, 106
Borges, Jorge Luis V, 2, 3, 6, 18–22, 28, 32, 33, 40, 42, 43, 63, 74, 78, 79, 91, 93, 94, 108, 111–118, 126, 155, 210, 214, 276, 306, 312, 318–325, 386, 416–426, 434
Böttner, Lorenza 328
Bourdieu, Pierre 6, 10
Braithwaite, Andrés 4, 9, 15, 16, 17, 33, 40, 45, 46, 48, 54, 55, 59, 70, 78, 89, 94, 102, 128, 129, 137, 140, 141, 171, 225, 245, 264, 276, 344, 351
Brecht, Bertolt 2, 17, 267
Breton, André 48, 80, 242
Briceño, Ximena 322
Brunner, José Joaquín 173
Bulgakow, Michail 44, 433
Bürger, Peter 13, 80, 175, 180, 235, 242

Callejas, Mariana 132, 133, 140, 161, 171, 328
Callsen, Berit 369, 370
Camus, Albert 40, 425
Candia, Alexis 50, 332
Carpentier, Alejo 96, 111
Casado, Miguel 264
Casanova, Pascale 107, 115, 409, 414–427
Cervantes, Miguel de 82, 87, 88, 152
Chesterton, Gilbert Keith 44, 131, 138, 139, 143, 149, 179
Chlebnikov, Velimir 215
Christgau, Nataniel 52, 336
Cobas Carral, Andrea 11, 79, 80, 99
Colebrook, Claire 221
Corral, Wilfrido 8, 12, 27, 410
Cortázar, Julio 18, 22, 89–93, 111, 112, 292, 315
Cruz, Sor Juana Inés de la 43, 152, 334, 350, 365–377, 434
Cuadra, César 269, 272

DaCosta Kauffmann, Thomas 122, 125, 126
Dalí, Salvador 288, 289

Dalton, Roque 70, 73, 297
Darío, Rubén 56, 106, 107, 108, 110, 116
Dawes, Greg 73
de Cabrera, Guereau 288
de Campos, Haroldo 110
de las Casas, Bartolomeo 104
de Maistre, Joseph 236, 237, 238
de Man, Paul 133, 135, 139, 149, 150
Deleuze, Gilles 152
Derrida, Jacques 31, 37, 61
Desnos, Robert 3
di Benedetto, Antonio 100
Díaz Arrieta, Hernán 130
Dick, Philipp K. 365, 433
Donoso, José 75, 245
Draganovic, Julia 193, 194
Duchamp, Marcel 357
Dünne, Jörg 38, 39
Dürer, Albrecht 195
D'Annunzio, Gabriele 221, 228

Echevarría, Ignacio 8, 22, 35, 69, 255, 410, 431
Eco, Umberto 34–38
Ehrlicher, Hanno 224, 241
Eichmann, Adolf 207, 208
Eismann, Gael 192
Enzensberger, Hans Magnus 251
Enzian, Felix Johannes 191
Ercilla, Alonso de 56
Ercolino, Stefano 28, 349
Estève, Raphael 131, 141, 206
Ette, Ottmar VII, 26–28, 48, 51, 71, 87, 103, 105, 106, 119, 211, 272, 292, 300, 301, 312, 409, 414

Faulkner, William 112, 212, 214
Fernández Retamar, Roberto 92, 110
Finchelstein, Federico 227
Fischer, Alexander 205
Flaubert, Gustave 6, 40, 176, 425–427, 433
Foster Wallace, David 27
Foucault, Michel 59, 60, 63, 82, 83, 87, 152, 153, 333
Franco, Jean 2, 45, 68, 76, 77, 92, 96, 105
Freud, Sigmund 338

Friedrich, Hugo 6, 174, 183, 184, 220, 221, 246, 253, 257, 258, 306
Fuentes, Carlos 50, 96, 100, 111, 246

Gadamer, Hans-Georg 6
Gandolfo, Elvio 259
García Márquez, Gabriel 2, 7, 12, 24, 50, 89, 90, 93, 96, 135, 147, 149
García Porta, Antoni 276, 277, 435
Garcilaso, Inca 104–106
Garibotto, Verónica 11, 79, 99
Gelz, Andreas 33, 291, 305, 327
Genette, Gérard 34, 36, 37
Gilman, Claudia 68, 69, 73, 91, 92, 94
Girard, Bernard 232–236
Gómez, Antonio 9
Góngora, Luis de 44, 129, 144, 149, 151–178, 186, 192, 383, 434
Gras, Dunia 77, 78, 409, 410
Grass, Günter 119
Groussac, Paul 107
Gurevich, Georgij 80

Hamacher, Werner 28
Hansen, Christian 38, 39, 256, 431
Hartwig, Susanne 206, 290, 307, 314, 315
Haverkamp, Anselm 133–135, 143, 339
Hegel, Georg Wilhelm Friedrich 170, 354, 414
Herf, Jeffrey 202
Herlinghaus, Hermann 121, 241, 387, 388, 404
Hinz, Manfred 227
Hitler, Adolf 74, 75, 236, 242
Hoffmann, E.T.A. 219
Howe, Jan Niklas 59, 60
Hoyos, Héctor 8, 12, 28, 203, 219, 220, 226, 227, 275
Huergo, Humberto 156, 169
Huidobro, Vicente 111, 224
Huysmans, Joris-Karl 44, 129, 141, 149, 152, 158, 172–184, 193, 194, 200, 205, 220, 434

Ibáñez Langlois, José Miguel 128, 132, 142, 225, 292
Ingold, Felix Philipp 227, 228

Iser, Wolfgang 24, 36
Isou, Isidore 220, 228, 229–236

Jáuregui, Carlos 64, 103, 104, 110
Jennerjahn, Ina 226
Jünger, Ernst 23, 44, 129, 131, 141, 148, 149, 152, 161, 164, 165, 172–177, 182–210, 220, 434

Kablitz, Andreas 30, 31, 134, 353, 354, 355
Kafka, Franz 2, 114, 115
Kasper, Judith 290, 294, 301–303
Kierkegaard, Sören 221
Kilapán, Lonko 411–414, 418
Klee, Paul 71
Klengel, Susanne VIII, 23, 24, 66, 81, 132, 183, 197, 198, 215
Kolumbus, Christoph 104
Koschorke, Albrecht 242, 326, 414
Krämer, Sybille 294, 295, 414
Krassnoff, Miguel 162
Kraus, Anna 381

Laera, Alejandra 101
Lainck, Arndt 12, 119, 369, 372, 413
Lay Brander, Miriam 338, 349
Lechner, Norbert 173
Leicht, Alexander 252
Lejeune, Philippe 282, 293
Lentz, Michael 229, 232, 234
Leopardi, Giacomo 43, 334, 350, 372–378, 434
Lethen, Helmut 204
Levinson, Brett 104, 106, 336, 337, 405
Lezama Lima, José 109, 111, 114, 116, 154
Lichtenberg, Georg Christoph 351, 354
Lihn, Enrique 2, 44, 79, 132, 142, 216, 225, 243–275, 292, 327, 434
Lira, Rodrigo 261, 262
Long, Ryan 67, 328
López, Carolina VIII, 276, 429
López-Calvo, Ignacio VIII, 24, 130, 318, 328, 410
López-Vicuña, Ignacio 328

Loy, Benjamin 7, 8, 11, 13, 28, 30, 33, 41, 50, 62, 64, 102, 114, 129, 142, 207, 221, 244, 256, 257, 302, 330, 378, 385, 409, 410, 414
Ludmer, Josefina 370
Luiselli, Valeria 9, 10
Lukács, Georg 174

Magné, Bernard 285–288
Malaparte, Curzio 286
Manfred Pfister, Manfred 29
Manganelli, Giorgio 128
Mansour, Joye 243, 244
Manzoni, Celina 16, 84, 283
Marinetti, Filippo Tommaso 44, 203, 215, 227, 233, 234, 305
Martí, José 106–109, 116
Marx, Karl 70, 354, 410
Mauriac, François 111, 165
McCullers, Carson 3
Melville, Herman 44
Merrim, Stephanie 366, 369, 370
Messling, Markus 48, 51, 103, 333–335, 345, 346, 352, 356, 377, 388, 413, 414
Mills, John Stuart 49
Molloy, Sylvia 108
Montané Krebs, Bruno 39, 275, 276, 429, 432, 433
Moraña, Mabel 59, 72, 103, 122, 326
Morat, Daniel 183–185
Moretti, Franco 410, 411
Müller, Gesine VII, 35, 38, 50, 92, 93, 149, 275, 407, 409, 410
Murakami, Haruki 27

Naipaul, Vidiadhar Surajprasad 44, 335, 415–418
Neruda, Pablo 15, 61, 69–81, 90, 91, 92, 111, 130, 139, 144, 156, 181, 199, 200, 210, 244, 263, 265, 266, 267, 273, 279, 433
Nietzsche, Friedrich 182, 351, 408
Nitsch, Wolfram 421, 425
Nussbaum, Martha 51, 52

O'Hara, Edgar 225, 257, 266
Onetti, Juan Carlos 111, 422
Ortega, Julio 104
Ovid 164, 166, 168
O'Donnell, Guillermo 138, 202
O'Higgins, Bernardo 412, 413

Parra, Nicanor 2, 13, 32, 33, 44, 53, 56, 72, 74, 78, 79, 81, 113, 155, 216, 230, 244–275, 292, 327, 434
Parra, Violeta 243
Pascal, Blaise 43, 334, 350–377, 394, 408, 434
Paz, Octavio 61, 69, 72–78, 86, 90–92, 139, 244, 279, 366, 377, 433
Perec, Georges 3, 18, 33, 35, 44, 79, 113, 120, 121, 155, 216, 262, 275–307, 312, 319, 433, 434
Pérez, Alberto Julián 106–108, 181
Petrarca, Francesco 149, 248
Pfister, Manfred 30, 33, 34
Picasso, Pablo 163
Piglia, Ricardo 23, 29, 36, 53
Piña, Juan Andrés 86, 269
Pinochet, Augusto 8, 132, 138, 140, 148, 164, 167, 170, 173, 183, 203, 212, 219, 220, 225, 237, 238, 244, 283, 284, 308, 413, 414
Pinto, Rodrigo 275, 278
Pizarnik, Alejandra 243, 244
Plath, Sylvia 243, 244
Poe, Edgar Allan 179
Polanski, Roman 310
Proust, Marcel 96, 190, 290, 424
Pückler-Muskau, Hermann von 4
Pyta, Wolfram 242

Rabelais, François 259–262
Ramírez Sánchez, Illich 219
Rancière, Jacques 47, 51, 60, 74, 75, 94, 381, 435
Ratzinger, Joseph 162
Rebolledo, Javier 162
Resnais, Alain 419–426
Reyes, Alfonso 109
Reyes, Salvador 161, 182, 186–188, 196, 198, 414

Ricœur, Paul 6, 7
Rinke, Stefan 173
Ríos Baeza, Felipe 32, 279
Robbe-Grillet, Alain 44, 96, 335, 419–422, 426
Rodríguez, Sergio 130, 332, 406, 412
Rohkrämer, Thomas 205, 206
Romero, Abel 308
Rousseau, Jean-Jacques 149
Rowe, William 73, 75, 77, 265
Rubel, Alexander 192
Rulfo, Juan 111

Sábato, Ernesto 17
Saer, Juan José 44
Sánchez Prado, Ignacio 65, 102, 326, 409
Sauri, Emilio 112, 113
Scherson, Alicia 432
Schleiermacher, Friedrich 6
Schopf, Federico 73, 244
Schulz, Bruno 44, 315–317
Silva, José Asunción 162
Siskind, Mariano 95, 96, 109, 136, 407, 423
Sjöberg, Sami 229, 230
Sloterdijk, Peter 21, 22, 182, 237
Soust Scaffo, Alcira 66
Spitzer, Leo 261–263, 435
Stalin, Josef 45, 73, 74, 271
Steiner, George 254, 298, 305
Steiner, George 254, 298, 305
Stierle, Karlheinz 336, 352, 353, 358, 359, 360, 370, 377
Stockhammer, Robert VIII, 28, 179
Streim, Georg 194
Susanne Klengel: 23

Thayer, Willy 226, 227
Tolstoi, Leo 44, 210
Toro, Alfonso de VII, 117, 422, 423
Townley, Michael 132
Twain, Mark 44

Valdivia Orozco, Pablo 12, 19, 24, 50, 52, 53, 66, 78, 113–116, 332, 339
Vallejo, César 101, 111, 210, 273
Vargas Llosa, Mario 7, 50, 90, 91, 93, 96

Ventarola, Barbara 369, 370
Vidal, Bruno 203, 204, 225, 315
Vila-Matas, Enrique 275, 278
Villavivencio, Juan Carlos 247
Vinken, Barbara 328

Walker, Carlos 227, 237, 252
Warning, Rainer 336
Weber, Max 174
Weinberg, Liliana 94, 95
Wellek, René 15
Wilde, Oscar 108, 109

Williams, William Carlos 44, 216, 249, 250–257, 265, 271, 318, 323, 434
Wimbauer, Tobias 190–192
Wylie, Andrew 431

Yúdice, George 97

Zavala, Oswaldo 12, 333, 340, 363, 371, 375, 393, 408, 413, 430, 431
Zurita, Raúl 204, 215, 216, 224–226, 258, 318

www.ingramcontent.com/pod-product-compliance
Lightning Source LLC
Chambersburg PA
CBHW031409230426
43668CB00007B/252